STORIA DELLA FAMIGLIA DI GIANFRANCESCO

di
Lama dei Peligni

VOLUME I
dalle antiche origini al XVII secolo

versione Beta

di

DOMENICO DI GIANFRANCESCO

Copyright © 2023 Domenico Di Gianfrancesco
Tutti i diritti riservati.
Codice ISBN: 9798864549001
Casa editrice: Independently published

INDICE

Premessa	pag.	1
Capitolo 1 La storia della ricerca	pag.	3
Capitolo 2 Le antiche origini	pag.	25
Capitolo 3 XVI e XVII secolo	pag.	75
Capitolo 4 Il trasferimento a Lama dei Peligni	pag.	229
Appendici	pag.	273
Appendice 1 La questione delle lettere di cambio nel sec. XVII presso la Regia Dogana di Puglia	pag.	275
Appendice 2 La normativa sui ceti nell'antico Regno delle Due Sicilie	pag.	279
Appendice 3 La *Universitas Civium*	pag.	289
Appendice 4 Economia, attività fieristiche, commerci e prestito nel Regno di Napoli attraverso l'attività dei mercanti ebraici molisani	pag.	307
Appendice 5 Angari e franci. Il villanaggio meridionale	pag.	345
Tavola genealogica	pag.	383

Carissimo lettore,
anzi, considerando che questo volume è destinato esclusivamente ai discendenti di Giovanni Aloisio Valerio Di Gianfrancesco, sarebbe più giusto dire: carissimo familiare.

Dopo anni di rinvii, motivati sempre da una non meglio definita attesa di qualche ulteriore dato decisivo per la nostra storia familiare, mi sono alla fine convinto di completare almeno questo primo volume, iniziato ormai un decennio fa, e di stamparlo. Devo ammettere però che, come avrai modo di accertare leggendo, in più di un caso l'attesa è stata premiata con il reperimento di notizie di una certa rilevanza; l'ultima è del settembre di quest'anno (2023), proprio mentre mi accingevo a farne la revisione finale. Nonostante ciò, è ormai necessario mettere un punto alla fase di ricerca e iniziare a tirare le somme del lavoro finora compiuto.

A ogni buon conto, la mole dell'opera mi ha indotto a prendere la decisione di dividerla in tre volumi, di cui due di storia ed un terzo dedicato esclusivamente alle biografie di tutti gli antenati presenti nel nostro albero genealogico.

La particolare complessità di realizzazione di questo volume è dovuta al fatto che si basa su un articolato lavoro di ponderazione dei pochi dati disponibili, nel tentativo di organizzali in "ipotesi" attendibili sulla base della produzione letteraria concernente la storia locale e, soprattutto, regnicola, relativa al periodo in esame.

Il volume successivo sarà incentrato sui secoli XVIII e XIX, periodi questi per i quali la storia ed il profilo socioeconomico della famiglia appaiono più definiti rispetto ai secoli precedenti e la disponibilità di documenti come il Catasto Onciario o l'anagrafe comunale renderanno, con tutta probabilità, meno faticosa l'opera.

Il XX secolo verrà invece lasciato, come credo sia giusto, a ciascun nucleo familiare che potrà ricostruirlo in base ai propri ricordi e alle proprie reminiscenze. Nulla vieterà tuttavia di decidere di condividerle e creare un quarto volume collettivo.

Ti evidenzio infine che, come ben precisato nel titolo, il volume è nella sua versione Beta. Come nel linguaggio informatico la versione beta è la versione di un software non definitiva, che viene messa a disposizione di un numero consistente di utenti, confidando nel fatto che dall'uso che essi ne faranno, possano individuarsi bug o incompatibilità del software stesso in modo da poterlo migliorare e renderlo definitivo, così io confido nell'aiuto tuo e di chi avrà la pazienza di leggere il libro affinché mi vengano segnalati errori, lacune, incompletezze, scarsa comprensibilità, ridondanze e quant'altro, inclusi gli errori grammaticali e di battitura. Ancora più gradite saranno le segnalazioni relative alla maggiore o minore ragionevolezza delle ricostruzioni proposte o la formulazione di ipotesi alternative.

Mimmo

Per eventuali contatti:

0039 351 8501641

domenico.digianfrancesco@yahoo.it

Un grazie immenso a mia moglie Simona e a mio figlio Giulio Valerio che mi hanno favorito e aiutato in tutti i modi nella realizzazione di questo lavoro, accettando di buon grado anche le lunghe giornate che ho trascorso al computer, immerso tra carte sparse ovunque.

Ripongo la mia fiducia in Giulio Valerio, al quale il libro è dedicato, affinché aggiunga un altro "capitolo" a questa lunga e ininterrotta catena di uomini ed eventi che è la nostra storia.

" ...Tutti quelli che con l'opere loro hando trovato cose utili a l'homo, sono stati degni di laude, et maxime quelli che con la intentione loro hando supplito dove la natura ha mancato, et perché la industriosa Arte magnifica della Lana è introdotta non solo ad utilità del l'homo, ma etiam ad ornamento di quello, per questo è stata degna di laude ... "

L'Aquila – Statuto dell'Arte della Lana degli inizi del XIV secolo – Volgarizzazione del 1544

"Coloro che non hanno riguardo per i propri antenati non possono averne per i propri posteri."
Edmund Burke

Premessa

Scopo di questa opera è ricostruire la storia della famiglia Di Gianfrancesco descrivendo gli eventi che, nel corso dei secoli, hanno interessato gli individui a essa appartenuti e che hanno contribuito a favorirne l'ascesa sociale, a determinarne il successivo declino e quindi l'ulteriore ripresa.

Non si tratta di una famiglia della grande nobiltà meridionale, ma della classe intermedia della provincia, un gruppo sociale purtroppo poco studiato. Poiché la produzione storiografica meridionale ha generalmente privilegiato l'esame della grande feudalità e del mondo contadino, l'ostacolo maggiore, nello studio di singole famiglie del patriziato, delle élite e della classe intermedia della "provincia", è costituita quindi proprio dalla scarsa letteratura reperibile, aspetto questo che pone non pochi problemi.

Nel caso della famiglia Di Gianfrancesco non si dispone neanche di quel genere di atti solitamente usati per ricostruire le vicende di un gruppo familiare: corrispondenza privata, libri di famiglia, bilanci o libri contabili.

La prima grande difficoltà è stata quindi proprio quella di reperire le informazioni necessarie, potendo contare su un numero limitato di documenti quali gli atti notarili, le cronache locali, gli atti giudiziari e i registri parrocchiali. In questo modo alcuni aspetti della vita familiare sono inizialmente risultati incerti e nebulosi rendendo necessaria una complessa opera di deduzione, allo scopo di definirli meglio.

Il tentativo di condividere con il lettore il metodo adottato e renderlo partecipe di tutte le argomentazioni utilizzate, a volte ha trasformato parti di questo libro in un lungo elenco di dati e notizie. La scelta è stata voluta nella speranza che, fornendo tutto il materiale disponibile, il lettore possa a sua volta offrire il suo personale contributo alla ricostruzione storica.

Dopo un dettagliato resoconto di come la ricerca si è svolta nel corso degli anni viene illustrata la ricostruzione della storia familiare dalla più remota antichità fino al medioevo, effettuata anche grazie all'apporto fornito dalla genealogia genetica.

Segue quindi l'analisi della documentazione relativa ai secoli XVI e XVII e il conseguente ritratto della dimensione economico sociale della famiglia in quel periodo. I successivi secoli verranno invece affrontati in un secondo volume, mentre un terzo sarà dedicato alla biografia di tutti i membri della famiglia.

Il presente volume si chiude con alcune appendici tratte da articoli o saggi, ritenuti utili ad ampliare la conoscenza di alcuni argomenti quali le lettere di cambio, la mercatura o l'organizzazione delle *Universitates*, senza appesantire ulteriormente la parte puramente storico genealogica.

CAPITOLO 1

La storia della ricerca

La ricerca sulla famiglia, iniziata nel gennaio 1996 con un carattere esclusivamente genealogico, in poco tempo acquisì, quasi naturalmente, una connotazione sempre più storica, protraendosi, a causa di ciò, per diversi anni.

Nel corso di questo lungo arco di tempo sono state varie le ipotesi e le piste seguite nel tentativo di ricostruire le alterne vicende familiari nel modo più rigoroso; in alcuni casi, soprattutto per i secoli più lontani, si è arrivati a veri ribaltamenti delle tesi elaborate inizialmente.

Interessante e illuminante al riguardo è la rilettura degli appunti presi man mano che la ricerca proseguiva, che rivelano come la stessa ipotesi di partenza dello studio sia stata, ben presto, oggetto di una necessaria revisione, anche se limitatamente a quelle che si ritenevano fossero le cause del fenomeno. L'attuale presenza a Lama dei Peligni di pochi soggetti legati alla famiglia, infatti, aveva fatto inizialmente supporre che la presenza in questo luogo fosse limitata a poche generazioni, situazione questa che aveva determinato uno scarso incremento del numero dei membri.

L'ipotesi che la famiglia non fosse originaria di Lama dei Peligni si confermava ben presto esatta, anche se il numero di generazione che vi si erano succedute si palesava maggiore di quanto si fosse supposto, mentre lo scarso numero dei membri attuali si rivelava dovuto sia alla scarsa prolificità di alcuni rami sia all'elevato tasso di mortalità patito, in particolare nel XIX secolo.

I registri della parrocchia di San Nicola di Lama dei Peligni consentirono di accertare la provenienza dalla vicina Taranta Peligna di Giovanni Aloisio Valerio, il quale sarebbe diventato il capostipite della famiglia di Lama. Insieme a lui si trasferirono anche il fratello Apollonio Marco Antonio, la sorella Dionora e la cugina Mariagrazia. Tutti sposarono abitanti di Lama.

I registri parrocchiali di Taranta Peligna, anche se incompleti, consentirono a loro volta l'identificazione di altre due generazioni del filo genealogico, cioè quella del padre di Giovanni Aloisio Valerio, ovvero di Giovanni Leonardo e dei suoi collaterali, nonché del nonno Serafino.

A questo punto la perdita dei registri più antichi, a esclusione di quello dei battezzati che inizia nel 1624, cioè pochi decenni dopo che il concilio di Trento li rese obbligatori, non permise di acquisire altre e più dettagliate notizie.

Il passo successivo riguardò la consultazione dei protocolli notarili conservati presso gli Archivi di Stato della regione Abruzzo e di Chieti *in primis*.

Purtroppo, una serie di errori di interpretazione di fatti di per sé reali portò quasi subito la ricerca su di una falsa "pista", che si rivelò tale solo per un autentico caso fortuito.

Al riguardo al tempo si appuntava: *"La presenza stessa a Taranta è, sempre allo stato dei fatti, documentata per poco più di cinquant'anni anche se non si hanno notizie di eventuale altri luoghi di immigrazione. La possibilità che anche Taranta non sia il luogo di origine della famiglia Di Gianfrancesco è ricollegabile a due considerazioni: a) nella "Numerazione dei fuochi nelle terre della valle del Sangro del 1447" non è riportata nessuna famiglia con questo cognome mentre sono già presenti famiglie quali del Pizzo, de Urso ecc.; b) attorno al secondo decennio del XVII sec., più precisamente dopo il 1624, anno di inizio del LIBRO DEI BATTEZZATI più antico conservato nell'archivio della parrocchiale di San Nicola, si ha notizia di pochi individui con cognome di Gianfrancesco, in più strettamente imparentati tra loro. Si ritiene, ancora una volta che la permanenza nello stesso luogo da più generazioni dovrebbe determinare la presenza di molti più soggetti con vincoli di parentela molto meno prossimi (sic). Considerazioni simili, effettuate nel corso delle ricerche nell'archivio della parrocchiale di San Nicola di Lama, prima della scoperta della provenienza della famiglia da Taranta, si sono dimostrate esatte."*

Questa ipotesi costituiva quindi il punto di partenza della ricerca effettuata sui repertori dei notai custoditi nell'Archivio di Stato di Chieti.

Anche se con qualche leggera forzatura, quasi immediatamente si trovò quella che sembrava una conferma della detta ipotesi in diverse notizie rinvenute negli atti rogati dall'unico notaio reperito, Costantino de Pactis[1], la cui presenza a Taranta è documentata dal 1590 al 1609 e di cui, purtroppo, gli unici protocolli conservati riguardano gli anni 1590, 1591, 1595, 1599, 1600, 1601, 1604, 1606, 1607, 1609.

---

[1] Nel registro dei notai dell'Archivio di Stato di Chieti è indicato con il cognome "*de Paolis*"

Si rinvennero una serie di atti rogati verso la fine del XVI secolo, riferiti a un Nardo *de Ioanne francisco* e, successivamente, a Caterina *Schiavutti*, indicata come moglie vedova di Nardo e tutrice dei tre figli, Ottaviano, Giovanni Andrea e Giovanni Marco. In uno di questi strumenti notarili veniva puntualizzato che Nardo proveniva dal *Castrum* di Pennadomo.

Diversi erano gli indizi che facevano supporre un legame familiare con Nardo. Innanzi tutto, gli anni di nascita stimati per figli di Nardo concordava con l'anno di nascita stimato per Serafino. Nardo non era nativo di Taranta e lo stesso suo nome era un ipocoristico aferetico di Leonardo, nome del secondo figlio di Serafino. Ciò faceva pensare alla possibilità che potesse essere padre di Serafino considerata la nota abitudine di riproporre i nomi degli antenati più recenti. Il fatto che nessuno dei figli di Nardo riportati negli atti notarili avesse come nome Serafino, veniva giustificato ipotizzando un cambiamento del nome utilizzato nella vita quotidiana rispetto a quello di battesimo, evento non improbabile per i tempi. Tale cambiamento poteva essere dovuto ai motivi più vari quali, per fare un esempio, il fatto che Serafino fosse un ulteriore nome di uno di loro andato in disuso nella quotidianità e per questo non riportato negli atti notarili.

Sempre negli appunti del periodo si legge: *"Lo studio degli atti di tale notaio apporta ulteriori interessanti notizie alla ricerca. Un atto del novembre del 1595 viene rogato in Lama, nella casa di Pier Marino de Ioanne Francisco sita in contrada della piazza confinante da due lati con la via pubblica da un lato con i beni di Bernardino Longobardo e di Vito de Vito e dalla parte inferiore con i beni di Alberto Nunzio (?) de Boba (Bomba) (?). Nel suddetto atto Pier Marino dona alla propria figlia Palma la casa di cui sopra, formata da due membri. Allo stato dei fatti non si può sapere con certezza se Pier Marino sia il membro di un ramo della famiglia giunto a Lama verso la fine del XVI secolo e poi estintosi oppure un caso di omonimia del cognome. Le uniche certezze sono: la numerazione dei fuochi del 1447 riportata dal Faraglia nella quale non sono presenti a Lama famiglie con cognome di Gianfrancesco ed il fatto che nella seconda metà del 1600 gli unici di Gianfrancesco presenti sono Lorenzo Luigi Valerio, i suoi figli ed i suoi parenti".*

Sempre partendo da questa ipotesi, divenuta ormai un punto fermo, venne iniziata la ricerca negli atti notarili conservati presso la Sezione distaccata dell'Archivio di Stato di Lanciano.

Qui furono rinvenuti numerosi strumenti rogati dai notai di Lama dei Peligni a partire dagli ultimi decenni del XVIII secolo e fino al 1870 circa, rivelatisi interessanti per la ricostruzione degli aspetti economici, sociali della famiglia oltre che per i rapporti intercorrenti tra i suoi membri.

Durante questa fase, quasi immediatamente, si palesò un dilemma sulle possibili motivazioni del fatto che non fossero stati rinvenuti strumenti rogati da membri della famiglia anteriormente alla fine del 1700. Oltre questo, tuttavia, soprattutto altri due fatti vennero a costituire spunti di riflessioni, inizialmente in modo del tutto marginale, e che solo successivamente imposero all'indagine la svolta decisiva.

Il primo spunto, in ordine di rinvenimento, venne fornito dal notaio Francesco *de Camillis* il quale benché di Lama dei Peligni aveva tuttavia rogato soprattutto a Castel di Sangro e in altri luoghi; il 31 gennaio 1630 redasse a Lama dei Peligni uno strumento con cui Marco *de Petricone* di Taranta dichiarava di possedere un fondo di sei tomoli confinante, tra l'altro, con i beni di Ottavio *de Nardo* della Penna.

Il secondo spunto di riflessione venne invece fornito dal notaio Nicola *Mancini Senior* di Torricella. Questo notaio aveva la consuetudine di indicare, in testa all'atto, il nome di colui a favore del quale veniva rogato. Senza questa consuetudine, verificando che lo strumento era stato rogato a Castel di Sangro, quindi molto lontano da quei luoghi, limitrofi a Lama e Taranta, che, erroneamente, si ritenevano interessati dalla presenza della famiglia, non se ne sarebbe approfondito il contenuto e di conseguenza non si sarebbe accertato che riguardava Serafino *di Gianfrancesco*. L'intestazione dello strumento "*Pro Seraphino Joannis francisci*" spinse invece a leggerlo facendo scoprire che si trattava una protesta per una lettera di cambio[2] non onorata, con la quale Francesco *Mancino* di Messina, si era impegnato a restituire, in occasione della fiera della Maddalena di Castel di Sangro del 22 luglio del 1622, la somma di ducati 313.4.10 a Girolamo *Salvato* e Serafino *di Giovanfrancesco* in solido. Dal corpo della lettera di cambio, redatta in volgare e riportata per intero nella protesta, si apprese che era stata stilata ad Aversa il 22 maggio dello stesso anno dal Notaio Giovanni Leonardo *Biancolella* di Aversa. Il tutto fu reso ancora più interessante dal fatto che nella pagina successiva, in data 23 luglio 1622, sempre a Castel di Sangro era stato rogato un altro strumento di protesta per conto di un Ascanio *Joannis francisci* a seguito della mancata restituzione di ducati 150. A questa protesta ne facevano seguito altre tre riguardanti

---

[2] Per approfondire l'argomento delle lettere di cambio vedi Appendice 1.

somme non restituite ad Ascanio da cittadini di Taranta, in virtù di altrettante lettere di cambio stilate a Taranta dal notaio Prospero *Rota*. I ducati complessivamente non recuperati da Ascanio ammontavano a circa 441 che, aggiunti ai 313 di Serafino raggiungevano il considerevole importo di ducati 754.

Che il rinvenimento di queste notizie rappresentasse una felicissima coincidenza, appare ancora più evidente se si considera che negli anni in cui è documentata l'attività del notaio Mancini, ovvero dal 1619 al 1633, lo stesso rogò in occasione della fiera della Maddalena solo due o tre volte.

I primi e più immediati risultati conseguiti furono l'aggiunta di un probabile altro membro alla genealogia familiare e l'estensione dell'area territoriale interessata dell'indagine che, da quella strettamente compresa nell'alta valle dell'Aventino, a questo punto si estendeva a zone distanti, come Castel di Sangro e Aversa.

Anche il contesto sociale in cui poteva essere inserita la famiglia al tempo ne era necessariamente interessato, era infatti da valutare attentamente il fatto che, probabilmente, non dovesse essere comune non incassare, nell'arco di due giorni, ingenti somme di denaro senza subirne effetti economici catastrofici.

Il vero colpo di scena fu tuttavia conseguenza di un altro fatto, inizialmente sottovalutato, ovvero il corpo di due delle quattro lettere di cambio a favore di Ascanio che, come già detto, era scritte in volgare e erano state rogate a Taranta da un notaio del luogo. In queste due lettere di cambio Ascanio venina indicato con il cognome *Marcocioni*, mentre nelle altre due con il cognome *di Gianfrancesco*; nell'intestazione e nel corpo di tutti i quattro gli atti di protesta veniva invece sempre individuato con il cognome *Joannis francisci*.

Purtroppo, la iniziale certezza della validità dell'ipotesi che Nardo fosse il capostipite del ramo di Taranta della famiglia di Gianfrancesco e che questo ramo provenisse da Pennadonomo, non consentiva di comprendere appieno l'importanza degli spunti sopra citati. Questo convincimento era anche conseguenza della mancanza di certezze circa il modo di formazione e trasmissione dei cognomi, nonché riguardo al periodo della loro stabilizzazione.

Scrive il Faraglia nel suo articolo sulla numerazione dei fuochi nelle terre della Valle dell'Alto Sangro fatta nel 1447: *"Nell'Abruzzo, come in altre regioni alla metà del secolo XV, uffizii, dignità, luoghi, provenienza, arti, mestieri, virtù, vizii, qualità, difetti personali, soprannomi, avevano già dato a buona parte delle famiglie il cognome, ma un numero grandissimo di esse aveva ancora una specificazione temporanea, il patronimico che durava una generazione"*.

Anche Emidio De Felice, nell'introduzione al suo dizionario dei cognomi italiani, oltre a concordare essenzialmente con il Faraglia per quanto riguarda l'origine dei cognomi, pone il momento della loro stabilizzazione in un arco di tempo che va all'incirca tra la fine del medioevo e l'inizio dell'età moderna.

Tutto ciò faceva supporre, con monolitica certezza, che il cognome della famiglia si fosse già stabilizzato nel periodo a cavallo tra la fine del XVI e gli inizi del XVII secolo determinando quindi, come ovvia conseguenza, la ricerca delle persone individuate dal cognome *di Gianfrancesco* o dalle sue varianti.

Tuttavia, la lunga e attenta ricerca, comportando la lettura e lo studio di centinaia di atti e documenti, lentamente portava a dare un peso diverso a una parte dell'affermazione del Faraglia precedentemente riportata ovvero: *"un numero grandissimo di esse aveva ancora una specificazione temporanea, il patronimico che durava una generazione"*. A un certo punto, infatti questo nuovo assunto divenne il punto di partenza di un riesame di quanto fino a quel momento letto, studiato, vagliato e supposto. Sostanzialmente si prese in esame l'ipotesi che anche a Taranta Peligna in molti casi, sia prima che dopo l'adozione dei registri parrocchiali, la maggior parte dei cognomi fosse costituita essenzialmente da patronimici, nella forma genitiva o con il *"de"* e l'ablativo, e avesse la durata di una generazione o poco più. La cosa poteva anche essere una necessità pratica, sentita per distinguere, nella quotidianità, i vari "rami" di una stessa famiglia.

L'ipotesi trovava immediato sostegno e conferma dal già riferito strumento del notaio Francesco *de Camillis* del 31 gennaio 1630, in cui compariva un Ottavio *di Nardo* della Penna. Un Ottavio *di Nardo* veniva citato anche in un atto stilato pochi anni prima dal Notaio Nicola *Mancini Senior*, nonché in altri (anche insieme ad un Don Mario) risalenti sempre al periodo in esame.

La rilettura e lo studio dei documenti appena citati oltre che di numerosi altri, portò a una ricostruzione molto diversa delle vicende storico familiari e di quelli che si ritenevano essere gli antenati della famiglia. Si accertò infatti che Nardo, originario di Pennadomo, essendo con molta probabilità figlio di un Giovanfrancesco (nome diffusissimo nel XVI secolo) negli atti notarili venisse indicato come *de Joanne francisco*. I suoi figli, e in particolare Ottavio, divenuti maggiorenni e dopo la morte del padre, non vennero più individuati come *de Ioanne francisco* (cioè, figli di Giovanfrancesco) ma come *de Nardo* (figli di Nardo).

Utile alla comprensione di come il fenomeno della variazione del cognome, nella Taranta dell'epoca, fosse diffuso a tutti i livelli sociali può essere l'analisi di alcuni degli svariati casi individuati. Il primo, anche se il più incerto, potrebbe essere quello della famiglia Sauro. I Sauro sono stati una della più importanti famiglie tarantolesi, almeno nel XVI e XVII secolo. Per comprenderne l'importante collocazione sociale può essere utile ciò che, tra le altre cose, con riferimento a questa famiglia scrive Romeo Como nel suo libro "Quando al calar che fanno....La mena delle pecore nel periodo della prima professazione 1553 – 1615" [3] (pag. 150): «*A Taranta Peligna si distinguono due grossi proprietari: i Sauro e i Rota. Annibale Sauro, vecchio allevatore, cede nel 1593 la sua attività al figlio Giuseppe, il quale la porta avanti fino al 1607, anno in cui la passa a sua volta al fratello Marcantonio. L'azienda, potenziata del padre Annibale, si compone di oltre 3 mila capi e per tutto il periodo non subisce variazioni di rilievo. Nel 1603 un altro figlio di Annibale, Finadamo, inizia la sua attività di medio allevatore con 300 capi.*». Da quanto accertato per mezzo dei documenti di *de Pactis* il passaggio dell'attività di allevatore da Giuseppe al fratello Marcantonio nel 1607 avvenne a causa della sua morte. Nel protocollo degli strumenti rogati da *de Pactis* in quell'anno è infatti presente il suo testamento stilato in data 29 agosto (pag. 66 recto). Il documento aiuta a definire il livello socioeconomico della famiglia fornendo diverse informazioni interessanti. Tra le altre sue volontà, Giuseppe dispone che al momento del futuro matrimonio a ciascuna delle due figlie, Giulia e Caterina, venga data una dote del valore di mille ducati, di cui ottocento in contanti e duecento in beni mobili da corredo. Dispone anche che Maddalena, sua terza figlia «*… se faccia bezzoca*[4] *…*» e che comunque le vengano assegnati ducati cinquecento, di cui trecento in contanti e duecento in beni mobili. Nomina eredi i suoi figli Vincenzo e Francesco, ancora minori, mentre i fratelli Finadamo e Marcantonio vengono nominati esecutori testamentari. Probabilmente è proprio in questa veste che Marcantonio inizia a gestire le greggi di Giuseppe. Nella numerazione dei fuochi del Faraglia non risulta nessun Sauro tra i capi famiglia del 1447. Nessun Sauro compare anche nell'importantissimo documento del 27 novembre 1503 con cui il Capitolo Lateranense dona all'Università della Taranta il terreno su cui verrà edificata la chiesa di San Biagio, nonostante in esso siano elencati moltissimi capi famiglia. Viene invece nominato un Francesco *Marangoni*[5] (nel testo originale parrebbe più leggere *margamgioni* quindi margagnoni) altrimenti detto "*Lo Sauro*". Alla fine del 1500 in base ai documenti del notaio *de Pactis* e allo studio del citato Como, la famiglia Sauro appare invece solidamente presente nella società tarantolese. Dai protocolli del notaio *de Pactis* si accerta anche la contemporanea presenza a Taranta di una

---

[3] Bastogi editrice S.r.L. – Foggia 2011.
[4] Il termine 'bizzoca' aveva antiche origini e si riferiva a donne che non potendo o non volendo abbracciare la vita monastica, rimanevano nella propria casa e ambiente a vivere una particolare esperienza religiosa, a volte spontanea, a volte guidata dagli Ordini mendicanti, nei quali si inserivano come Terziarie. Venivano anche chiamate "monache di casa".
[5] Merlino I.V., *Taranta Peligna, antico paese attivo*, Tip. Asti, Pescara 1973.

famiglia *Margagnoni* per cui potrebbe essere ipotizzabile che i Sauro fossero un ramo della famiglia *Margagnoni* distintosi da essa prendendo come cognome il soprannome del capostipite. Per questa famiglia, tuttavia, ci sono alcuni altri indizi che possono far supporre che sia un ramo della famiglia Sauro di Sulmona [6] trasferitosi a Taranta per necessità professionali, così come forse i Merlini. In particolare, sappiamo che Annibale *Sauro* nomina suo esecutore testamentario e tutore dei suoi eredi Orazio *de Berardino* di Sulmona (*de Pactis*: 20 marzo 1599 – pag. 12 v., 25 maggio 1599 – pag. 18 r.). In uno strumento del 18 luglio 1601 Giuseppe Sauro dichiara che Orazio *de Berardino* della città di Sulmona è loro antenato (*de Pactis* pag. 37 r.). Fabio Maiorano nel suo testo "Sulmona dei nobili e degli onorati", a ulteriore conferma, attesta la presenza di una famiglia Grua o de Berardino.

Potrebbe quindi anche essere possibile l'ipotesi contraria, ovvero che i Margagnoni siano un ramo dei Sauro.

Oltre ai Sauro, su cui, come premesso, i dubbi sono forse più delle certezze, ci sono numerosi altri casi inequivocabili di variazione del cognome di famiglie residenti a Taranta nel periodo in esame, anche di elevato livello sociale.

È sicuramente indiscutibile il caso abbondantemente descritto in precedenza dei di Gianfrancesco/di Nardo. Per quanto riguardo la collocazione sociale, oltre ai numerosi strumenti di *de Pactis*, è da tenere presente che Como pone Nardo *di Giovan Francesco* tra i medi allevatori, anche se il suo patrimonio viene però sottostimato, in quanto Como considera Nardo *di Giovan Francesco* e Nardo *della Penna* due persone distinte.

Un altro caso è rappresentato dai *de Benedictis* che cambiano il cognome in *de Sempronio*. Si cita al riguardo uno strumento rogato da *de Pactis* il 7 settembre 1604 *In terra faræ Sancti martinj et proprie In domo di Donato marronj*, di detta terra con cui si costituiscono il sopraddetto Donato *marronus*, da una parte, e Giovanni Camillo *de Ognibene*, di Taranta, dall'altra parte. Donato dichiara che Antonello, suo figlio legittimo e naturale, avendo contratto matrimonio in data 9 marzo 1595 con Giulia, figlia legittima e naturale del fu Sempronio *de Benedictis*, della terra di Taranta, aveva ricevuto diversi beni mobili da Biagio e Renzo *de Sempronio*, fratelli carnali di detta Giulia, tra cui una certa casa di due membri *cum toto celo* e due camere, sita *In contrata dellj frainilj*, di proprietà di detti Renzo e Biagio. Detta casa era stata consegnata in luogo del residuo di dote, ammontante a ducati

---

[6] Fabio Maiorano, Sulmona dei nobili e degli onorati - Accademia degli Agghiacciati, 2007.

cinquantasei, carlini nove e grana quattro, in carlini d'argento, a Giovanni Augustino *de ognibene* primo marito della menzionata Giulia, con patto di restituzione al momento del versamento di detti ducati da parte di qualunque persona di detta stirpe. Il menzionato Giovanni Camillo[7], che è nipote carnale del fu Giovanni Augustino, versa la somma dovuta, per cui Donato gli consegna la casa affinché venga restituita a Biagio e Renzo. Negli anni successivi il cognome *de Benedictis* cadrà in disuso e i membri della famiglia saranno individuati solo come *de Sempronio*.

Anche i *Col'Antonio* cambiano il loro cognome in *Canzano* come dimostrato in contratto enfiteutico rogato dal notaio Carlo *de Angelis* il 19 giugno 1695 a favore di Antonio *Canzano alias Colantonio* e in un altro strumento dello stesso notaio datato 5 novembre 1700 in cui compare Domenico *Col'Antonio, alias Canzano*.

Un ulteriore, ultimo caso di evidente cambiamento di cognome patronimico tra generazioni della stessa famiglia che si può citare è quello dei di Chio/di Ferdinando.

Dai protocolli di *de Pactis* apprendiamo che l'11 aprile 1595 Amato Antonio *colarellj* vende a Giovanni di Ferdinando *de chio* una casa di due membri *cum toto celo ciò è la casa che fò dj Aulerio Spetiale et la casa che fò dj canova e carrabba sita in contrata del castello con tutti i suoi diritti*. Il 28 novembre 1599 Giovan Bernardino di Giovan Bernardino[8] di Ferdinando *de chio*, vende e assegna a Giovanni di Ferdinando *de chio* una casa di una camera, sita *In contrata del castello*. La casa è franca da qualsiasi onere e confina da un lato, dalla parte inferiore e dalla parte superiore i beni di Giovanni di Ferdinando *de chio* e dall'altro lato i beni di Bonfiglio di Ferdinando *de chio* e viene venduta al prezzo di ducati quattro, che il venditore dichiara di aver già ricevuto dall'acquirente. In uno strumento di compravendita del 13 ottobre 1600, tra i confinanti di un territorio sito in contrada *delli maglianesi* viene elencato anche Ferdinando *de Chio*. Vi è poi un Bernardino *de Chio* che compare tra i testi di uno strumento del 25 luglio 1606 e in un altro del 19 agosto dello stesso anno. In un documento rogato il 3 marzo 1607, in occasione di un'assemblea dei cittadini tarantolesi, vengono citati, tra gli altri, Bernardino *de Chio*, Giovanni Bernardino di Giovan Giulio *de Chio* e Bonfiglio *de Chio*.

Questa selezione di alcuni degli strumenti in cui compaiono membri della famiglia di Chio consente la ricostruzione di una, seppur semplice, genealogia della stessa. Ferdinando (Bernardino potrebbero essere suo fratello) con molta

---

[7] Che è anche genero di Biagio *Marcocioni*.
[8] Più probabilmente si dovrebbe trattare di Giovan Bernardino di Giovan Giulio di Ferdinando di Chio.

probabilità proviene dall'omonima isola greca[9], ragion per cui al fine di una sua chiara identificazione viene indicato come *de Chio*. Ferdinando ha tre figli: Giovanni e Bonfiglio che, a loro volta, negli strumenti di *de Pactis*, vengono indicati come (figlio) di Ferdinando *de Chio*. Vi è poi Giovan Giulio che (probabilmente) compare nello strumento (errato) del 28 novembre 1599 e sicuramente in quello del 3 marzo 1607. Questi due documenti assieme farebbero quindi supporre che Giovan Giulio sia un terzo figlio di Giovanni (forse il più grande, avendo già un nipote maggiorenne). A questo punto diventano interessanti uno strumento del 23 marzo 1607 (pag. 41 r.) rogato in casa di Natale *Falchinj*, sita in contrada dell'Aravecchia, con cui Giovan Bernardino di Giovan Giulio di Ferdinando permuta una vigna, un secondo strumento del 18 novembre 1607 (pag. 81 r.) nel quale, tra alcuni tarantolesi che rendono delle testimonianze, compare un Giovanni Bernardino di Giovan Giulio di Ferrante (forma spagnola di Ferdinando) e un terzo strumento del 22 giugno 1609 con il quale Pierleo *Sauri* consegna la dote della figlia Virgilia al marito Giovan Bernardino di Giovan Giulio *di Ferdinando*. Tutto fa ritenere che Giovanni Bernardino sia il nipote di Ferdinando *de Chio* e che, sempre ai fini di una chiara identificazione, nei documenti notarili non venga più indicato con *de Chio*, zona di provenienza del nonno, ma con il nome di quest'ultimo e quindi di Ferdinando. La necessità dell'uso del *de Chio* poteva anche essere dovuta alla contemporanea presenza nella Taranta di fine '500 dei figli di un certo Marcantonio *de Ferdinando* dai quali dovevano distinguersi[10]. Probabilmente è la stessa condizione in cui si trovavano Biagio e Ascanio che, figli di Giovanfrancesco, venivano indicati con il cognome *Marcocioni* proprio per distinguerli da Nardo di Gianfrancesco (che viene anche indicato come Nardo *della Penna*) e dai suoi figli prima che a loro volta prendano il cognome *de Nardo*.

    Alla famiglia *di Chio* potrebbe, a questo punto, appartenere anche Laura *Falchinj*, moglie del fu Giovan Giulio *de ferdinando*, la quale il 20 novembre 1607 (82 v.), in casa di suo nipote Natale, sita in contrada dell'Aravecchia (dove Giovan Bernardino ha rogato la permuta del 23 marzo 1607), detta le sue ultime volontà testamentarie assegnando beni a sua figlia Virgilia, a suo nipote Natale *Falchino*, a un altro suo nipote Ausilio e a Giovanni Andrea (figlio di Virgilia e quindi nipote di Laura), nominando erede universale suo figlio Giovan Bernardino e affidando l'incarico di esecutore testamentario a suo genero Iacobo *de Ausilio*.

---

[9] Notaio Berto de Bertolinis. 4 agosto 1575 - i fratelli de Marinis dichiarano che quando, negli anni scorsi, la città e tutta l'isola di Chio fu occupata e saccheggiata dai turchi, il loro padre Tommaso Castagnola si traferì a Bomba. C. Marciani – Regestri Marciani – vol.7/4 – Japadre editore 1989.
[10] Al riguardo: *de Pactis* 23 settembre 1591 e 3 luglio 1591.

Altri casi accertati sono quelli dei *Bruno* in *de Gratiano* o dei *cicchino* in *francischino* di cui si dirà approfonditamente più avanti.

Riprendendo il racconto della ricerca genealogica, dopo questa lunga riflessione, si ritenne che l'istituzione dei registri parrocchiali, avvenuta con molta probabilità attorno al 1620, introdotti anche al fine di consentire una conoscenza sistematica dei parrocchiani, soprattutto al fine di evitare matrimoni tra consanguinei, avesse determinato necessariamente una stabilizzazione dei cognomi, per cui Ottavio diede origine a un lignaggio, quello dei Di Nardo, i cui ultimi discendenti sono tutt'ora presenti a Taranta.

Le conseguenze di tutto ciò portarono, a quel punto, a far ritenere che Gianfrancesco fosse il nome di un ascendente prossimo di Ascanio e di Serafino (che si ipotizzava legati da un rapporto padre-figlio), mentre *Marcociono* il cognome con il quale lo stesso Gianfrancesco e la sua discendenza venissero individuati fino agli inizi del XVII secolo, con molta probabilità anch'esso un patronimico riferito al genitore di Giovanfrancesco.

Alla luce di questo nuovo orientamento, divenne quindi necessario un lungo e attento riesame degli atti già consultati, e in particolare quelli del notaio *de Pactis*. Le numerose e immediate conferme che si ebbero fecero abbandonare rapidamente ogni incertezza al riguardo.

Iniziando dal 1609 e ripercorrendo a ritroso i repertori del notaio Costantino *de Pactis*, immediatamente si rinvennero due atti, di cui uno rogato il 13 marzo e l'altro l'8 novembre, in cui Serafino *marcocione* veniva indicato come teste letterato. In un altro invece compariva, sempre in qualità di teste letterato, un Biagio *marcociono* e infine in un ultimo veniva riferito che alcuni beni di Biagio *de marcociono* confinavano con una casa, sita in contrada *da piedi la ripa*, che Domenico *de Bonanoncte* ("da Buonanotte", l'odierna Montebello sul Sangro in provincia di Chieti) ma abitante a Taranta, vendeva a Giovanni Donato *de Lippis*.

La possibilità che Serafino *marcociono* e Serafino *de Joannefrancisco* fossero la stessa persona era ancora molto bassa ma la sua stessa menzione incoraggiava a ritenere che si fosse finalmente imboccata la strada giusta. L'avere, inoltre, rintracciato anche un Biagio *marcociono* fece supporre la possibilità di una famiglia numerosa e, quindi, una presenza a Taranta non limitata a pochissime persone.

I dubbi dovevano comunque durare poco in quanto anche il successivo repertorio disponibile, quello del 1607, fornì ulteriori conferme.

Un primo atto, rogato il primo di gennaio, sanciva l'acquisto da parte di Ascanio *marcociono* di un terreno aratorio di proprietà di Pietro Antonio *de falco*, sito in contrada *della valle delli tesci* al prezzo di carlini 15. A questo faceva seguito un atto datato 24 gennaio i cui Serafino compariva come letterato al testamento di Drusiana *de petrucone*, in casa degli eredi di Giovan Bernardino *Bruni* e uno del 28 con cui Ascanio *marcociono*, nella propria casa in contrada *da piedi la ripa*, acquistava da Pierfrancesco e Colangelo, figli di Piero *de luzio*, un terreno seminativo di tre tomoli e mezzo in contrada *della difesa* al prezzo di carlini 28.

Tuttavia, la prima e fondamentale convalida della nuova ipotesi venne da un atto rogato nel mese di marzo, in cui Serafino, presente sempre in qualità di teste letterato, era indicato come "*Ascanii marcocioni*", cioè figlio di Ascanio Marcocioni.

Due atti successivi, relativi ad altrettante assemblee dell'Università della Terra della Taranta, stilati uno nel mese di maggio e uno del mese giugno, fornirono altri tasselli all'indagine. In quello del 3 maggio, nell'elenco dei cittadini convocati, comparivano un Biagio *de Joanne francisco* e Ascanio *marcociono*, mentre in quello del 17 giugno veniva nominato solo Ascanio *Marcocionus*. Di seguito, il 18 giugno, Ascanio, nella propria abitazione in contrada *da piedi la ripa*, faceva rogare consecutivamente due atti con il primo dei quali acquistava da Giovanni Andrea *de magistro Horatio* una casa di un membro "*con toto celo*" al prezzo di ducati 17 mentre con il secondo acquistava un'altra casa terranea da Floriana *de Troilo* al prezzo di ducati 11. Le due abitazioni, ubicate in contrada *del ponte*, erano confinanti. Seguivano quindi ulteriori due atti, uno del 31 agosto e uno del 5 settembre in cui Serafino *marcociono* era teste letterato e un altro atto del 19 settembre con cui Ascanio e Biagio *marcocioni* vendevano a Mariano *de Baptista* una vigna "*vitata ed arbustata*" e con il peso di una salma di vino mosto da versare agli eredi del fu Benedetto *Morelli*, sita in contrada *della purella* (?) per il convenuto prezzo di ducati 35.

Alla fine del riesame del 1607 era quindi definitivamente accertato che Serafino fosse figlio di Ascanio e che tra Ascanio e Biagio *marcociono* vi fosse un rapporto di stretta parentale, probabilmente fratelli, possedendo congiuntamente la vigna in contrada *della purella* venduta a Mariano *de Baptista*. Inoltre, il rogito del 3 maggio, riportando un Biagio *de Joanne francisco* di cui non vi è altra menzione in nessun altro documento, fece supporre che in quel periodo i membri della famiglia venissero individuati sia con il cognome *marcociono* (come famiglia) che *di Gianfrancesco* (per indicare il "ramo" di appartenenza).

Il registro del 1606 conteneva solo un atto rogato in casa di Ascanio *marcocioni* che tuttavia non lo riguardava e un atto del 19 agosto rogato in casa di Nicola Ranallo *de Urso* (probabilmente quello della lettera di cambio 1622) alla stesura del quale Serafino presenziò in qualità di testimone e in cui era ancora una volta individuato come "*Ascanii marcocioni*".

Nel successivo repertorio disponibile, ovvero quello del 1604 si rinvenivano solo un caso di testimonianza di Biagio *marcocionus* e due casi di Ascanio.

In un atto di vendita del volume del 1600 Ascanio *marcocioni* veniva elencato tra i confinanti di un terreno in contrada *della fonte delli pulcini*. Per la prima volta, inoltre, veniva nominato Fedele *de Blasio* i cui eredi confinavano con un orto venduto, sito in contrada di *porta di recchia*. Molto importante era anche l'atto del 17 giugno del 1600 con cui Giovanferdinando *de chio* costituiva la dote della propria figlia Cidonia che veniva sposata da Biagio *marcocionus*; alla stesura dello strumento dotale Ascanio era presente come testimone.

Con il solco ormai tracciato, la ricerca proseguiva non solo per gli altri protocolli del notaio *de Pactis* ma interessava la rilettura dei protocolli di tutti gli altri notai custoditi presso l'Archivio di Stato di Chieti, presso la Sezione distaccata di Lanciano e presso la Sezione distaccata di Sulmona. Quest'ultima veniva interessata dalla ricerca ipotizzando sia contatti tra i due versanti della Maiella sia la presenza di notai dell'area nella fiera di Castel di Sangro.

Nel corso della ricerca sono stati esaminati i protocolli dei seguenti notai.

Archivio di Stato di Chieti

Costantino   **de Pactis**   di Taranta Peligna

Anni: 1590 – 1591 – 1595 - 1599 – 1600 – 1601 – 1604 – 1606 – 1607 – 1609.

Donato   **Trozzi**   di Palena

Anni: dal 1637 al 1659 (volume 1) e dal 1660 al 1682 (volume 2)

Marcantonio   **de Nigris**   di Lama dei Peligni

Anni: dal 1650 al 1656

Nicola   **Florio**   di Lama dei Peligni

Anni: dal 1786 al 1803

Giovan Giacomo   **Antonini**   di Lanciano

Anno: 1617

Giuseppe   **Penna**   di Rapino

Anni: 1631 – 1632 – 1633

Giacomo   **Tavani**   di Guardiagrele

Anni: dal 1570 al 1573 (volume 1), dal 1574 al 1579 (volume 2), dal 1580 al 1589 (volume 3), dal 1598 al 1602 (volume 4), 1603 (volume 5), 1604 (volume 6), 1605 (volume 7)

Bonifacio   **Tavani**   di Guardiagrele

Anni: dal 1597 al 1599

Angelo   **Finamore**   di Palombaro

Anni: dal 1594 al 1603

Sezione distaccata di Lanciano

Francesco   de Camillis   di Lama dei Peligni

Anni: dal 1629 al 1635

Sebastiano   Paolucci   di Lama dei Peligni

Anni: dal 1624 al 1650

Donato Modesto   Ardente   di Lama dei Peligni

Anni: dal 1783 al 1790 (volume unico), dal 1791 al 1796 (volume unico), dal 1797 al 1817 (volume unico – mancano gli anni 1811, 1812, 1813, 1814, 1815)

Nicola   Florio   di Lama dei Peligni

Anni dal 1786 al 1803

Gennaro   d'Orazio   di Lama dei Peligni

Anni: dal 1832 al 1878 (48 volumi, uno per anno)

Enrico   Madonna   di Lama dei Peligni

Anni: 1850 – 1851 – 1852 – 1853 – 1854 – 1855 – 1856

Nicola **Mancini Senior** di Torricella Peligna

Anni: dal 1619 al 1624 (volume 1), dal 1625 al 1627 (volume 2), dal 1628 al 1633 (volume 3)

Filippo **Mirolli** di Torricella Peligna

Anni: dal 1620 al 1627 (volume 1), dal 1628 al 1636 (volume 2), dal 1637 al 1644 (volume 3)

Costantino **Mancini** di Torricella Peligna

Anni: dal 1623 al 1626 (volume 1), dal 1627 al 1633 (volume 2), dal 1635 al 1639 (volume 39 – manca il 1634

Carlo **de Angelis** di Torricella Peligna

Anni: dal 1650 al 1678 (volume 1), dal 1679 al 1687 (volume 2), dal 1687 al 1704 (volume 3)

Daniele **de Angelis** di Torricella Peligna

Anni: dal 1683 al 1688 (volume1), dal 1689 al 1693 (volume 2), dal 1694 al 1699 (volume 3 – manca l'anno 1698), dal 1700 al 1709 (volume 4 – manca l'anno 1707), dal 1710 al 1712 (volume 5), dal 1713 al 1716 (volume 6)

Isidoro **Mancini** di Torricella Peligna

Anni: 1647 – 1648 (volume 1), 1648 – 1649 – 1650 – 1651 (volume 2), dal 1654 al 1662 (volume 3), dal 1663 al 1671 (volume 4), dal 1672 al 1678 (volume 5)

Claudio **Paglione** di Gessopalena

Anni: dal 1580 al 1592 (volume 1), dal 1594 al 1609 (volume 2)

Orazio **Sirolli** di Gessopalena

Anni: dal 1623 al 1629 (volume 1), dal 1630 al 1631 (volume 2), dal 1631 al 1641 (volume 3), dal 1642 al 1645 (volume 4)

Giovanfrancesco **de Stefanis** di Lettopalena

Anni: 1634 – 1644

Gianfrancesco **Cannarsa** di Lanciano

Anni: 1618 – 1619 – 1622 – 1627 – 1637

Silverio **de Blasiis** di Lanciano

Anni: 1608 – 1609 – 1610 – 1607 (volume 2), dal 1614 al 1619 (volume 3), 1620 – 1621 – 1622 (volume 4)

Giangiacomo **Antonini** di Lanciano

Anni: 1613 – 1616 – 1617 (presso archivio di Chieti) – 1618 – 1619 – 1621 – 1622 – 1623 – 1625 – 1626 – 1627 – 1628 – 1629 – 1630.

Cesare   **Primiani**   di Atessa

Anni: dal 1562 al 1568 (volume 1), dal 1569 al 1579 (volume 2), dal 1580 al 1586 (volume 3) dal 1587 al 1591 (volume 4), anni dal 1591 al 1596 (volume 5).

Pronio   **de Lautentiis**   di Atessa

Anni: dal 1563 al 1601 (volume 1), dal 1575 al 1585 (volume 2 – ricerca effettuata fino al 1577)

Sezione distaccata di Sulmona

Giovannantonio   Ricci   di Anversa

Anni: 1578 – 1583 – 1587 – 1598 – 1600 – 1605.

Marcantonio   Ricci   di Anversa

Anni: 1630 – 1633 – 1634 – 1635 (si traferisce a Scanno) – 1637 – 1638 – 1642 – 1643 (torna ad Aversa) – 1644 – 1645.

Donato   **de Liberatore**   di Castel di Sangro

Anni: 1666 – 1667 -1668 -1669 – 1670.

Nanno   **di Nanno**   di Capo di Giove

Anni: 1618/1621 – 1628/1629 (va a Sulmona) – 1630/1631 – 1634/1635 – 1640/1641 – 1642/1645.

Cristoforo **Rubeis** di Alfedena

Anni: dal 1597 al 1639. Dal 1640 al 1655 solo gli indici.

Antonio **di Roberto** di Pescocostanzo

Anni: 1566 – 1570 – 1578 – 1581 – 1582 – 1587 – 1590 – 1594 – 1595 – 1596 - 1597 – 1598 – 1600 – 1601 – 1602 – 1603 – 1604 – 1605 – 1606 – 1608 – 1609 – 1610 – 1611 – 1612 – 1613 – 1614 – 1615 – 1616 – 1617 – 1618 – 1619.

Giacomo **Pitassi** di Pescocostanzo

Anni: 1595 – 1596 – 1597 – 1598 – 1599 – 1600 – 1601 – 1602 – 1603 – 1604 – 1607 – 1608.

Geronimo **Gallo** di Pescocostanzo

Anni: dal 1580 al 1603.

Geronimo **Mancini** di Pescocostanzo

Anni: 1609 – 1610 – 1611 – 1612 – 1613 – 1614 – 1616 – 1617 – 1618 – 1619 – 1621 – 1622 – 1623 (solo luglio) – 1624 – 1625 – 1626 – 1627 – 1628 – 1629 – 1630 – 1631 – 1632 – 1633 (solo luglio) – 1634 (solo luglio) – 1635 (solo luglio) – 1636 (solo luglio) – 1637 (solo luglio) – 1638 (solo luglio) – 1639 (solo luglio) – 1640 – 1641 – 1642 – 1643 – 1644 – 1645 – 1646 – 1647 – 1648 – 1649 -1650 – 1651 – 1652 – 1653 – 1654 – 1655 – 1656 – 1658 – 1659 – 1660 (solo indice).

Bernardino   **Mazziotti**   di Alfedena

Repertorio.

Giulio   **Campana**   di Sulmona

Anni: 1598 (fino a pag. 38) – 1600 (indice) – 1601 (metà su indice) – 1602 (indice) – 1603 (indice) –1604/1605 (in parte su indici) – 1606 – 1608 – 1609 – 1610 – 1611.

Nel corso della ricerca sono stati altresì esaminati le seguenti raccolte di atti notarili;

- Regesti Marciani – Fondi del notariato e del decurionato di area frentana (secc. XVI-XIX) – a cura di Corrado Marciani – volumi da I a VII;

- In terra Casularum – a cura di Nicola FIORENTINO – volumi da I a XIV.

Dopo aver studiato una mole così grande di documenti presenti negli archivi di stato e parrocchiali ubicati nel territorio in cui si aveva la certezza che avesse vissuto la famiglia negli ultimi 500 anni circa, tutti i più importati testi di storia, locale e non, tutto ciò che era presente nel web, sostanzialmente dopo aver consultato tutto il consultabile, la ricerca sembrò ormai giunta a un punto morto.

Certamente la si sarebbe potuta estendere all'Archivio di Stato di Foggia in considerazione del fenomeno della transumanza che vedeva il trasferimento dall'Abruzzo in Puglia delle greggi di pecore durante in periodo invernale. Forse anche gli archivi molisani e quelli campani, in particolare quello di Caserta dove sono custoditi i protocolli del notaio *Biancolella* che rogò la più volte accennata lettera di cambio.

Tuttavia, una visita effettuata all'Archivio di Stato di Napoli, alla ricerca di documenti utili alla ricostruzione della storia più antica di Taranta rese chiarissime le difficoltà che si sarebbero incontrate. Una sorta di ricerca dell'ago nel pagliaio, oltretutto con i pagliai a centinaia di chilometri dalla propria residenza.

Di fronte a ciò sembrò ormai giunto il momento di mettere la parola fine alla ricerca, prendendo atto degli innegabili impedimenti e ostacoli e rassegandosi a una ricostruzione storico genealogica che, comunque abbracciava, cinque secoli.

Ancora una volta però il caso, come già era accaduto anni prima, impresse una ennesima svolta allo studio. Il 15 febbraio 2001 erano stati infatti pubblicati i primi risultati del sequenziamento del genoma umano, un'impresa scientifica straordinaria che ha cambiato il volto della medicina e non solo. Questo evento aveva reso meno costosa l'indagine genetica, innescandone un aumento della richiesta. Tale circuito virtuoso nel giro di pochi anni aveva fatto sì che l'indagine genetica divenisse alla portata di molti e che consequenzialmente, tra le altre cose, sorgessero delle aziende specializzate nel suo uso genealogico.

Fu quindi più che spontaneo prendere la decisone di sottoporsi a un test al fine di avere un'idea, ancorché approssimativa, del più lontano passato della famiglia. In alcuni anni i risultati conseguiti, innanzitutto grazie alle notizie ottenute dalla società Family Tree DNA ma anche da My Heritage e infine da My True Ancestry, sono stati più che ragguardevoli. Si è potuto tracciare infatti un ipotetico cammino storico degli antenati che risale indietro di migliaia di anni. Non era certamente una ricostruzione puntuale come quella ottenuta grazie ai documenti ma, avendo solide basi archeologiche e scientifiche, innegabilmente ha una sua fondatezza, giungendo addirittura a fornire un possibile collegamento stretto con gli antenati più antichi presenti nell'albero genealogico familiare.

A questo punto, con grande soddisfazione, si ritenne di poter considerare conclusa la ricerca. Certamente non conclusa in maniera definitiva in quanto è altamente probabile che negli anni futuri potrebbero ottenersi ulteriori informazioni dalla genetica in primis, ma anche da una eventuale ripresa dello studio documentale. Con grande gioia sarà allora necessario aggiornare quanto al momento viene formalizzato nella presente opera che costituisce il punto di arrivo di anni di una appassionata ricerca: la ricerca di sé stessi.

CAPITOLO 2

Le antiche origini

Essendo il frutto dell'applicazione della genetica alla ricerca genealogica, la ricostruzione della storia più antica della famiglia può essere più facilmente compresa dopo una breve illustrazione e spiegazione di termini e concetti specifici, di cui si consiglia la lettura.

Test genealogico del DNA

Un test genealogico del DNA è un test basato sul DNA che esamina posizioni specifiche del genoma di una persona, al fine di trovare o verificare relazioni genealogiche ancestrali o (con minore affidabilità) per stimare la miscela etnica di un individuo come parte della genealogia genetica. Poiché diverse società di test utilizzano diversi gruppi etnici di riferimento e diversi algoritmi di corrispondenza, le stime di etnia per un individuo potrebbero anche variare tra i vari test, a volte in modo drammatico.

Esistono tre tipi principali di test genealogici del DNA, ognuno dei quali esamina una parte diversa del genoma e è utile per diversi tipi di ricerca genealogica: autosomico (che include X-DNA), Y-DNA e mtDNA.

I test del DNA autosomico esaminano le coppie cromosomiche 1–22 e la parte X del 23° cromosoma. Gli autosomi (coppie cromosomiche 1–22) vengono ereditati da entrambi i genitori e da tutti gli antenati recenti. Il cromosoma X segue uno schema ereditario speciale, perché le femmine (XX) ereditano un cromosoma X da ciascuno dei loro genitori, mentre i maschi (XY) ereditano un cromosoma X dalla madre e un cromosoma Y dal padre (XY). Le stime sull'etnia sono spesso incluse in questo tipo di test.

Y-DNA guarda il cromosoma Y, che viene tramandato di padre in figlio. Pertanto, il test Y-DNA può essere eseguito solo dai maschi per esplorare la loro linea paterna diretta.

mtDNA guarda i mitocondri, che vengono trasmessi da madre a figlio. Pertanto, il test del mtDNA può essere eseguito sia da maschi che da femmine ed esplora la propria linea materna diretta.

Y-DNA e mtDNA non possono essere utilizzati per le stime di etnia, ma possono essere utilizzati per trovare il proprio aplogruppo, che è distribuito geograficamente in modo non uniforme. Le aziende di test del DNA hanno spesso etichettato gli aplogruppi in base al continente o all'etnia (ad esempio, un "aplogruppo africano" o un "aplogruppo vichingo"), ma queste etichette possono essere speculative o fuorvianti.

Test del DNA autosomico

È usato per stabilire l'origine etnica, oltre a connessioni relative su tutti rami del proprio albero genealogico. È disponibile sia per i maschi che per le femmine.
Il DNA autosomico è contenuto nelle 22 coppie di cromosomi non coinvolti nella determinazione del sesso di una persona. Il DNA autosomico si ricombina in ogni generazione e la nuova prole riceve un set di cromosomi da ogni genitore. Questi sono ereditati esattamente allo stesso modo da entrambi i genitori e all'incirca allo stesso modo dai nonni per circa altre tre generazioni di antenati. Pertanto, il numero di marcatori (una delle due o più varianti conosciute nel genoma in una particolare posizione - noti come polimorfismi a singolo nucleotide o SNP) ereditati da uno specifico antenato diminuisce di circa la metà con ogni generazione successiva; cioè, un individuo riceve metà dei propri marcatori da ciascun genitore, circa un quarto da ciascun nonno; circa un ottavo da ogni bisnonno, ecc. L'ereditarietà è più casuale e disuguale da antenati più distanti. In generale, un test genealogico del DNA potrebbe testare circa 700.000 SNP (punti specifici nel genoma).
I test del DNA autosomico (atDNA) esaminano quindi i marcatori genetici trovati nelle 22 coppie cromosomiche che contengono DNA miscelato casualmente da entrambi i genitori, praticamente tutti i cromosomi tranne il cromosoma sessuale. Il DNA autosomico contiene quasi l'intero genoma, o progetto, del corpo umano; vi si trovano i geni che determinano le caratteristiche fisiche, dal colore dei capelli alla suscettibilità alle malattie. Poiché il DNA autosomico è ereditato da entrambi i genitori e da tutti e quattro i nonni, può essere utilizzato per testare le relazioni in tutte le linee familiari. Come applicazione genealogica, i test autosomici sono stati originariamente introdotti come strumento per determinare le origini biogeografiche o la percentuale di vari gruppi di popolazione (africani, europei, ecc.) che esistono nel proprio DNA. I laboratori ora offrono, tuttavia, test autosomici familiari estesi, che possono aiutare a verificare le relazioni biologiche attraverso la

generazione dei nonni e potenzialmente indicare corrispondenze ancestrali fino a cinque o sei generazioni, e talvolta oltre. I test autosomici possono determinare un gran numero di corrispondenze del DNA sia per i maschi che per le femmine. Ogni corrispondenza mostrerà tipicamente un grado stimato di parentela, cioè una corrispondenza familiare stretta, 1°- 2° cugino, 3°- 4° cugino, ecc. Il grado più lontano di relazione è solitamente il livello "6° cugino o ulteriore". Tuttavia, a causa della natura casuale di quale e di quanto DNA è ereditato da ciascuna persona testata dai loro antenati comuni, è possibile trarre conclusioni precise sulle relazioni solo per i parenti stretti. La ricerca genealogica tradizionale e la condivisione di alberi genealogici è tipicamente richiesta per l'interpretazione dei risultati. I test autosomici vengono utilizzati anche per stimare il mix etnico.

Il test del campione prevede tre fasi:
- identificazione della coppia di basi del DNA in posizioni SNP specifiche,
- confronto con i risultati precedentemente memorizzati,
- interpretazione delle corrispondenze.

Identificazione della coppia di basi
Tutti i principali fornitori di servizi utilizzano apparecchiature con chip forniti da "Illumina". Il chip determina quali posizioni SNP vengono testate. Diverse versioni del chip vengono utilizzate da diversi fornitori di servizi. Inoltre, le versioni aggiornate del chip "Illumina" possono testare diversi set di posizioni SNP. L'elenco delle posizioni SNP e delle coppie di basi in tale posizione è solitamente disponibile per il cliente come "dati grezzi". A volte i dati grezzi possono essere caricati su un altro fornitore di servizi per produrre un'ulteriore interpretazione e corrispondenze. Per ulteriori analisi, i dati possono anche essere caricati su GEDmatch (un set di strumenti web di terze parti che analizza i dati grezzi dei principali fornitori di servizi).

Identificazione delle corrispondenze
La componente principale di un test del DNA autosomico è l'abbinamento di altri individui. Laddove l'individuo sottoposto a test ha un numero di SNP consecutivi in comune con un individuo precedentemente testato nel database dell'azienda, si può dedurre che condividono un segmento di DNA in quella parte del loro genoma. Se il segmento è più lungo di un "valore soglia" fissato dalla società di test, questi due individui sono considerati una corrispondenza (match). A differenza dell'identificazione delle coppie di basi, le basi di dati su cui viene testato il nuovo campione e gli algoritmi utilizzati per determinare una corrispondenza sono proprietari e specifici di ciascuna azienda. L'unità per i segmenti di DNA è il **centimorgan (cM)**.

Per fare un confronto, un genoma umano completo è di circa 6500 cM. Più breve è la lunghezza della corrispondenza, maggiori sono le possibilità che sia falsata. Una statistica importante per la successiva interpretazione è la lunghezza del DNA condiviso (o la percentuale del genoma condiviso).

Interpretazione delle corrispondenze autosomiche

La maggior parte delle aziende mostra ai clienti quanti cM condividono e in quanti segmenti. Dal numero di cM e dei segmenti si può stimare la relazione tra i due individui; tuttavia, a causa della natura casuale dell'ereditarietà del DNA, le stime di relazione, specialmente per i parenti lontani, sono solo approssimative. Alcuni cugini più lontani non corrisponderanno affatto. Sebbene le informazioni su SNP specifici possano essere utilizzate per alcuni scopi (es., suggerendo un probabile colore degli occhi), **l'informazione chiave è la percentuale di DNA condivisa da due individui**. Questo può indicare la vicinanza della relazione. Tuttavia, non mostra il rapporto di parentela dei due individui, ad esempio, il 50% condiviso suggerisce una relazione genitore/figlio, ma non identifica quale individuo è il genitore. Su questi dati possono essere eseguite varie tecniche e analisi avanzate. Ciò include funzionalità come corrispondenze in comune/condivise, browser cromosomici e triangolazione. Questa analisi è spesso richiesta se le prove del DNA vengono utilizzate per dimostrare o confutare una relazione specifica.

Test del DNA del cromosoma X

I risultati SNP del cromosoma X sono spesso inclusi nei test del DNA autosomico. Sia i maschi che le femmine ricevono un cromosoma X dalla madre, ma solo le femmine ricevono un secondo cromosoma X dal padre. Il cromosoma X ha un percorso speciale di modelli di ereditarietà e può essere utile per restringere in modo significativo le possibili linee di antenati rispetto al DNA autosomico. Ad esempio, una corrispondenza del cromosoma X con un maschio può provenire solo dal suo lato materno. Come il DNA autosomico, il DNA del cromosoma X viene sottoposto a ricombinazione casuale a ogni generazione (ad eccezione dei cromosomi X padre-figlia, che vengono trasmessi invariati). Esistono grafici di ereditarietà specializzati che descrivono i possibili modelli di ereditarietà del DNA del cromosoma X per maschi e femmine.

I test MtDNA e Y-DNA sono molto più oggettivi. Tuttavia, danno un numero considerevolmente inferiore di corrispondenze del DNA, se del caso (a seconda della società che esegue il test), poiché sono limitate alle relazioni rispettivamente lungo una linea femminile rigorosa e una linea maschile rigorosa. I test MtDNA e Y-DNA vengono utilizzati per identificare culture archeologiche e percorsi di migrazione degli antenati di una persona lungo la linea di una madre rigorosa o la linea di un padre rigoroso. Sulla base di MtDNA e Y-DNA, è possibile identificare l'aplogruppo di una persona. Il test mtDNA può essere eseguito sia da maschi che da femmine, perché ognuno eredita il proprio mtDNA dalla madre, poiché il DNA mitocondriale si trova nella cellula uovo. Il test Y-DNA può essere eseguito solo da un maschio, poiché solo i maschi hanno un cromosoma Y.

Test Y-DNA

Usato per solo lignaggio paterno ed è disponibile solo per i maschi.
Il cromosoma Y è uno della 23ª coppia di cromosomi umani. Solo i maschi hanno un cromosoma Y, perché le donne hanno due cromosomi X nella loro 23^ coppia. L'ascendenza patrilineare di un uomo, o ascendenza di linea maschile, può essere tracciata utilizzando il DNA sul suo cromosoma Y (Y-DNA), perché il cromosoma Y viene trasmesso da un padre a figlio quasi invariato. I risultati del test di un uomo vengono confrontati con i risultati di un altro uomo per determinare il periodo di tempo in cui i due individui hanno condiviso un antenato comune più recente, o MRCA, nelle loro linee patrilineari dirette. Se i risultati dei loro test sono molto vicini, sono correlati entro un lasso di tempo genealogicamente utile.
Esistono due tipi di test del DNA: STR e SNP.

Marker (Marcatori) STR

Il più comune è il test STR (breve ripetizione in tandem). Una certa sezione del DNA viene esaminata per un pattern che si ripete (es. ATCG). **Il numero di volte che si ripete è il valore del marker**. Gli STR mutano abbastanza frequentemente. I risultati di due individui vengono quindi confrontati per vedere se c'è una corrispondenza. Le società di DNA di solito forniscono una stima di quanto due persone siano strettamente correlate, in termini di generazioni o anni, in base alla differenza tra i loro risultati.

L'analisi dell'Y-DNA verifica una serie specifica di marcatori Short Tandem Repeat (STR) del cromosoma Y. Il numero di marcatori testati dalla maggior parte delle aziende di test del DNA può variare da un minimo di 12 a un massimo di 111, con 67 che sono comunemente considerati una quantità utile. La verifica di marcatori aggiuntivi raffina generalmente il periodo di tempo previsto in cui due individui sono collegati, ed è quindi utile per affermare o confutare una connessione genealogica sulla linea paterna diretta. Ad esempio: hai testato 12 marcatori e scopri di essere una corrispondenza esatta (12 per 12) con un altro individuo. Questo ti dice che c'è circa il 50% di possibilità che voi due condividiate un antenato comune entro 7 generazioni e una probabilità del 95% che l'antenato comune sia entro 23 generazioni. Se hai testato 67 marcatori, tuttavia, e hai trovato una corrispondenza esatta (67 per 67) con un altro individuo, allora c'è una probabilità del 50% che voi due condividiate un antenato comune entro due generazioni e una probabilità del 95% che l'antenato comune è entro 6 generazioni.

Marker (Marcatori) SNP e aplogruppi

L' aplogruppo di una persona può spesso essere dedotto dai risultati STR, ma può essere dimostrato solo con un test SNP del cromosoma Y (test Y-SNP). Un polimorfismo a singolo nucleotide (SNP) è una modifica a un singolo nucleotide in una sequenza di DNA. I tipici test Y-DNA SNP testano da 20.000 a 35.000 SNP.

Ottenere un test SNP consente una risoluzione molto più alta rispetto agli STR. Può essere utilizzato per fornire ulteriori informazioni sulla relazione tra due individui e per confermare gli aplogruppi. Tutti gli uomini umani discendono nella linea paterna da un singolo uomo chiamato Adamo cromosomico Y, che visse probabilmente tra 200.000 e 300.000 anni fa. Si può disegnare un "albero genealogico" che mostra come gli uomini oggi discendono da lui. I diversi rami di questo albero sono aplogruppi diversi. La maggior parte degli aplogruppi può essere ulteriormente suddivisa più volte in **sotto cladi**. Alcune sotto cladi risalgono agli ultimi 1000 anni, il che significa che sono vicine a quello che mediamente può essere considerato il periodo coperto dalla genealogica tradizionale (dal 1500 in poi).

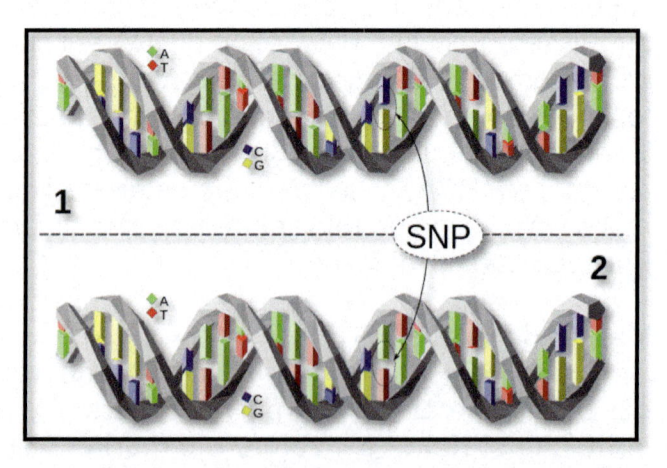

L'aplotipo del Y-DNA è quindi un codice genetico unico per la linea paterna ancestrale. L'aplotipo sarà lo stesso o estremamente simile per tutti gli antenati maschi sulla linea paterna. Pertanto, una volta testati i marcatori STR Y-DNA, si usa l'aplotipo per verificare se due individui sono discendenti dello stesso antenato paterno distante, nonché trovare potenzialmente connessioni con altri che sono collegati al lignaggio paterno.

I risultati di Y-DNA non hanno alcun significato reale se presi da soli. Il valore sta nel confrontare propri risultati specifici, o aplotipo, con altri individui con cui si pensa di essere correlati per vedere quanti indicatori corrispondono. Maggiore è la corrispondenza dei marker testati maggiore è la possibilità di un antenato condiviso. A seconda del numero di corrispondenze esatte e del numero di marcatori testati, si può anche determinare approssimativamente quanto tempo addietro è probabile che questo antenato comune abbia vissuto (entro 5 generazioni, 16 generazioni, ecc.).

Test mtDNA

Usato per il lignaggio materno profondo (distante). È disponibile per tutte le femmine e per i maschi che con esso testano il lignaggio materno.

Il mitocondrio è un componente di una cellula umana e contiene il proprio DNA. Il DNA mitocondriale di solito ha 16.569 coppie di basi (il numero può variare leggermente a seconda delle mutazioni di addizione o delezione) ed è molto più piccolo del DNA del genoma umano che ha 3,2 miliardi di coppie di basi. Il DNA mitocondriale (mtDNA) è contenuto nel citoplasma della cellula, piuttosto che nel nucleo, e viene trasmesso da una madre alla prole sia maschile che femminile senza miscelazione. Ciò significa che il mtDNA del figlio/a è uguale al mtDNA della madre, che è lo stesso del mtDNA di sua madre, e così via. Il mtDNA cambia molto lentamente, quindi non può essere utilizzato per determinare relazioni strette e per stabilire una relazione generale. Se due persone hanno una corrispondenza esatta nel loro mtDNA, allora ci sono ottime possibilità che condividano un antenato materno comune, ma spesso può essere difficile determinare se si tratta di un antenato recente o di uno che visse centinaia o addirittura migliaia di anni fa. Puoi anche usare un test mtDNA per saperne di più sulla origine etnica o per rintracciare il lignaggio materno verso una delle sette "figlie di Eva" ovvero quelle donne preistoriche che condividevano un antenato materno comune chiamato Eva Mitocondriale.

Sono disponibili numerosi test del mtDNA che analizzano diverse regioni della sequenza del mtDNA. È importante tenere presente con questo test che il mtDNA di un maschio proviene solo da sua madre e non viene trasmesso alla sua prole. Per questo motivo, il test mtDNA è utile solo per le femmine o per un maschio che verifica il lignaggio di sua madre.

La distanza genetica

La distanza genetica è una misura della divergenza genetica tra specie o tra popolazioni all'interno di una specie, indipendentemente dal fatto che la distanza misuri il tempo dall'antenato comune o il grado di differenziazione. Le popolazioni con molti alleli[11] simili hanno piccole distanze genetiche. Ciò indica che sono strettamente imparentati e hanno un recente antenato comune. La distanza genetica è utile per ricostruire la storia delle popolazioni. Ad esempio, le prove dalla distanza genetica suggeriscono che le popolazioni dell'Africa subsahariana e dell'Eurasia si sono discostate circa 100.000 anni fa.

Fondamento biologico

Nel genoma di un organismo, ogni gene si trova in un luogo specifico chiamato locus per quel gene. Le variazioni alleliche in questi loci causano variazioni fenotipiche all'interno delle specie (ad es. Colore dei capelli, colore degli occhi). Tuttavia, la maggior parte degli alleli non ha un impatto osservabile sul fenotipo. All'interno di una popolazione i nuovi alleli generati dalla mutazione muoiono o si diffondono nella popolazione. Quando una popolazione viene suddivisa in diverse popolazioni, isolate per fattori geografici o ecologici, le mutazioni che si verificano dopo la scissione saranno presenti solo nella popolazione isolata. La fluttuazione casuale delle frequenze alleliche produce anche differenziazione genetica tra le popolazioni. Questo processo è noto come deriva genetica. Esaminando le differenze tra le frequenze alleliche tra le popolazioni e calcolando la distanza genetica, si può stimare quanto tempo fa le due popolazioni sono state separate.

Marker genetico

Un marker genetico è un gene o una sequenza di DNA con una posizione nota su un cromosoma che può essere utilizzato per identificare individui o specie. Può essere descritto come una variazione (che può sorgere a causa di mutazione o alterazione nei loci genomici) che può essere osservata. Un marcatore genetico

---

[11] Nelle cellule diploidi, le istruzioni per ciascun carattere sono contenute in due geni, uno di origine paterna e uno di origine materna. Essi formano una coppia genica. I due geni di ogni coppia genica sono detti alleli: ogni individuo è dunque sempre dotato per lo stesso carattere di due alleli, che possono essere uguali o diversi.

può essere una breve sequenza di DNA, come una sequenza che circonda un singolo cambiamento di coppia di basi (polimorfismo a singolo nucleotide, SNP), o una lunga, come i minisatelliti.

Stime di etnia

Molte aziende offrono una ripartizione percentuale per etnia o regione. Generalmente il mondo è suddiviso in circa 20–25 regioni e viene indicata la percentuale approssimativa di DNA ereditato da ciascuna di esse. Questo di solito viene fatto confrontando la frequenza di ciascun marker di DNA autosomico testato con molti gruppi di popolazione. L'affidabilità di questo tipo di test dipende dalla dimensione comparativa della popolazione, dal numero di marker testati, dal valore informativo di ascendenza degli SNP testati e dal grado di mescolanza nella persona testata. Le prime stime sull'etnia erano spesso estremamente imprecise, ma poiché le aziende ricevono più campioni nel tempo, le stime sull'etnia sono diventate più accurate. Le società di test come Ancestry.com aggiornano spesso e regolarmente le stime sull'etnia, il che ha causato alcune controversie da parte dei clienti durante l'aggiornamento dei risultati. I test autosomici di solito riportano le proporzioni etniche dell'individuo. Questi tentano di misurare il patrimonio geografico misto di un individuo identificando marcatori particolari, chiamati **marcatori informativi di ascendenza o AIM**, che sono associati a popolazioni di specifiche aree geografiche.

Il DNA Antico

Molto importante è stato il recente ingresso nel panorama della genealogia genetica della società My True Ancestry che si è specializzata nel DNA antico. I campioni di questo DNA vengono recuperati da scavi archeologici e il DNA viene scansionato in un processo complesso che allinea i dati con il genoma umano. I campioni che sono di alta qualità possono quindi essere elaborati come campioni di DNA antico. Combinando quindi le più recenti tecniche archeogenetiche con potenti algoritmi di miscela e cloud computing, MyTrueAncestry confronta accuratamente chiunque con un'ampia varietà di campioni di DNA antico. Tramite la triangolazione dei dati e il raggruppamento, un soggetto può essere classificato e confrontato con antenati separati anche da migliaia di anni.

§

L'APLOGRUPPO DI FAMIGLIA

Come già detto, l'idea di sottoporsi a un test del DNA portò a prendere in considerazione la possibilità di servirsi della società statunitense Family Tree DNA la quale, dopo l'invio del campione, procedette al test dell'Y DNA, del mtDNA e, da ultimo, del DNA autosomico. I risultati ottenuti vennero successivamente elaborati anche attraverso piattaforme o programmi forniti da altre società. Tra queste le più utili alla ricostruzione della storia familiare sono state senz'altro la My Heritage e la My True Ancestry.

Il primo importantissimo risultato ottenuto fu la determinazione dell'aplogruppo che venne individuato con il G e, specificatamente, nella subclade che attualmente (giugno 2022) è M406 - PF3296 – Y82047 ed infine G-FT395946, che può essere considerato l'aplogruppo di famiglia.

La linea paterna di G-FT395946 si è formata quando si è ramificata dall'antenato G-Y82047 intorno al 1450 a.C.

Storia dell'aplogruppo G[12]

Oggi la distribuzione dell'aplogruppo G abbraccia un territorio che va dall'Europa occidentale e dall'Africa nord-occidentale fino all'Asia centrale, all'India e all'Africa orientale, sebbene sia presente quasi ovunque con basse frequenze (in genere tra l'1 e il 10% della popolazione totale). Le uniche eccezioni sono rappresentate dal Caucaso, dall'Italia centrale e meridionale e dalla Sardegna, dove le frequenze sono comprese tipicamente tra il 15 e il 30%.

La gran parte degli Europei appartiene alla sotto clade G2a e molti degli Europei settentrionali e occidentali cadono specificatamente nel gruppo G2a-L140 (o, in misura minore, nel gruppo G2a-M406). Quasi tutti i G2b europei (L72+, prima noto come G2c) sono ebrei ashkenaziti. È possibile trovare G2b dal Medioriente al Pakistan, ed è quasi certamente una delle sotto cladi portate dagli agricoltori neolitici arrivati dall'Iran occidentale, dove G2b è stato identificato da Broushaki et al. (2016) in un campione di 9.250 anni fa.

L'aplogruppo G1 è predominante in Iran, ma anche nel Levante, tra gli ebrei ashkenaziti e in Asia centrale (soprattutto in Kazakhstan).

---

[12] Fonte: https://www.eupedia.com/europe/Haplogroup_G2a_Y-DNA.shtml.

G2a conta per il 5-10% di tutta la popolazione dell'Europa mediterranea, ed è relativamente raro in Europa settentrionale. In Europa l'aplogruppo G2 supera il 10% solo in Cantabria nella Spagna settentrionale, nel Portogallo settentrionale, nell'Italia centrale e meridionale (specialmente sugli Appennini), in Sardegna, in Grecia settentrionale (Tessaglia), a Creta e tra i Gagauzi della Moldavia: tutte regioni montane e relativamente isolate. Le altre aree dove si trova con una frequenza vicina al 10% includono le Asturie della Spagna settentrionale, l'Alvernia nella Francia centrale, la Svizzera, la Sicilia, le isole dell'Egeo e Cipro.

Origini

L'aplogruppo G deriva dal macro aplogruppo F che si pensa rappresenti la seconda migrazione principale fuori dall'Africa dell'Homo sapiens, avvenuta almeno 60.000 anni fa. Mentre la prima migrazione degli aplogruppi C e D aveva seguito le coste dell'Asia meridionale fino a raggiungere l'Oceania e l'estremo Oriente, l'aplogruppo F è penetrato attraverso la penisola Arabica e si è stabilito in Medioriente. Il suo ramo principale, il macro aplogruppo IJK, sarebbe poi diventato l'antenato comune dell'80% delle genti eurasiatiche. L'aplogruppo G si è formato circa 50.000 anni fa come linea laterale dell'aplogruppo IJK, ma sembra abbia avuto una partenza lenta, e che si sia evoluto in modo isolato per decine di migliaia di anni, possibilmente nel Vicino Oriente. È rimasto quindi tagliato fuori dall'ondata di colonizzazione dell'Eurasia.

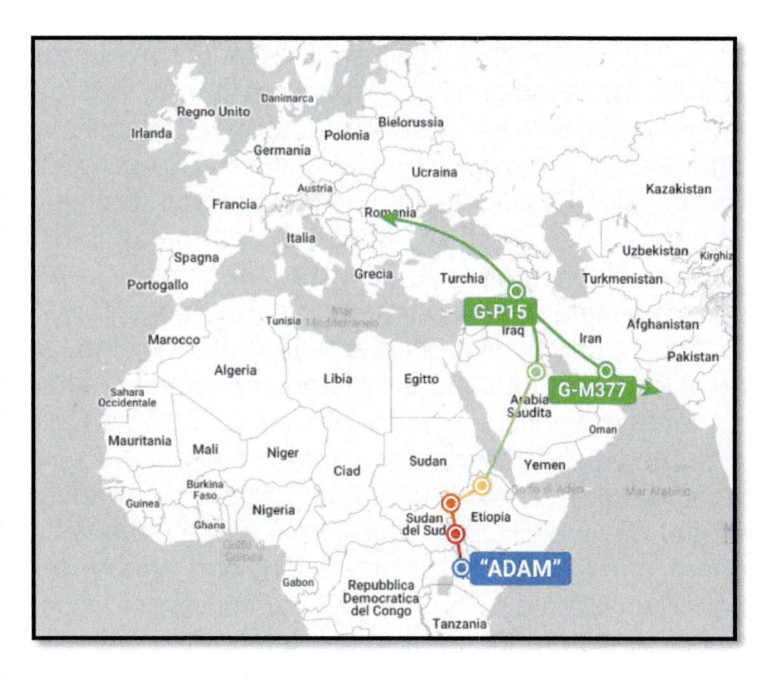

Fino al 2016, erano state identificate 303 mutazioni (SNP) che definiscono l'aplogruppo G, confermando che questa linea paterna è stata sottoposta a un importante effetto collo di bottiglia prima di dividersi negli aplogruppi G1 e G2. G1

potrebbe aver avuto origine intorno all'odierno Iran all'inizio dell'Ultimo massimo glaciale (LGM), circa 26.000 anni fa. G2 si sarebbe sviluppato circa nello stesso periodo in Asia occidentale. È molto probabile che a quei tempi gli esseri umani vivessero come cacciatori-raccoglitori prevalentemente raccolti in piccole tribù nomadi o seminomadi. I membri dell'aplogruppo G2 sono fortemente collegati allo sviluppo delle prime forme di agricoltura apparse nella Mezzaluna fertile a cominciare da 11.500 anni fa. Il ramo G2a si è espanso nella penisola Anatolica, nel Caucaso e in Europa, mentre G2b si è diffuso dall'Iran verso la Mezzaluna fertile e a est verso il Pakistan. Oggi si trova soprattutto tra i Libanesi e tra gli Ebrei, ma anche, con basse frequenze, nella penisola Arabica, in Siria, in Iran, in Afghanistan e in Pakistan.

    Al momento, è stato analizzato il DNA-Y proveniente da siti dell'alto Neolitico ritrovati nella penisola Anatolica, in Iran, in Israele, in Giordania, così come in molte delle culture neolitiche europee (Neolitico tessalico in Grecia, cultura Starčevo in Ungheria/Croazia, cultura della ceramica lineare (LBK) in Germania, Remedello in Italia e cultura della ceramica cardiale in Francia sudoccidentale e in Spagna). Tutti questi siti mostrano una maggioranza d'individui G2a, se si escludono i siti del Levante. Ciò indica che, almeno in Anatolia/Iran e in Europa, l'agricoltura è stata diffusa da membri dell'aplogruppo G. Lazaridis et al. (2016) hanno testato 44 campioni provenienti dall'antico Vicino Oriente, inclusi alcuni agricoltori neolitici della Giordania e dell'Iran occidentale, e hanno trovato un campione G2b risalente al Neolitico preceramico (circa 7.250 a.C.) e un campione G2a1 risalente al primo Neolitico ceramico (circa 5.700 a.C.). Entrambi questi campioni provenivano dall'Iran. I pochi campioni prelevati nel Levante appartenevano agli aplogruppi CT, E1b, H2 e T, ma non si può ancora escludere che l'aplogruppo G apparirà prima o poi in altri campioni non ancora testati. Mathieson et al. (2015) hanno analizzato il DNA-Y di 13 agricoltori dell'inizio del Neolitico vissuti nel sito di Barcin Höyük (6500-6200 a.C.) nel nordest della Turchia. Otto di questi appartenevano all'aplogruppo G2a (sotto cladi G2a2a-PF3146, G2a2a1b-L91, G2a2a1b1-PF3247, G2a2b-L30, G2a2b2a-P303, G2a2b2a1c-CTS342). Gli altri campioni appartenevano agli aplogruppi C1a2, H2, I, I2c e J2a. Questi aplogruppi minori sono apparsi anche tra gli agricoltori neolitici dei Balcani, ma anche in questo caso erano inseriti tra una maggioranza di G2a. Occasionalmente, sono state identificate altre linee tipiche del Vicino Oriente, come un campione T1a ritrovato nella cultura LBK e un R1b-V88 nella Spagna nordoccidentale. Si pensa che le tribù T1a abbiano addomesticato ovini e caprini tra i monti Zagros, mentre le tribù R1b avrebbero addomesticato i bovini nel nord della Mezzaluna fertile.

È nella parte settentrionale della Mezzaluna fertile che si riscontra la variabilità genetica più marcata all'interno dell'aplogruppo G, tra il Levante e il Caucaso, il che è un buon indicatore del fatto che questa regione possa esserne stata la terra d'origine. Si pensa che i primi agricoltori neolitici siano partiti da quest'area per poi muoversi verso occidente nella penisola Anatolica e in Europa, mentre a est si sarebbero spostati verso l'Asia meridionale e a sud verso la penisola Arabica e l'Africa settentrionale e orientale. Fino a oggi, le uniche genti G2a che non presentano le sotto cladi derivate P15 o L149.1 sono state trovate esclusivamente nelle parti meridionali del Caucaso.

Storia dell'aplogruppo G2a

Diverse migrazioni storiche hanno portato in Europa differenti sotto cladi dell'aplogruppo G, o lo hanno ridistribuito geograficamente.

Agricoltori neolitici e mandriani di montagna

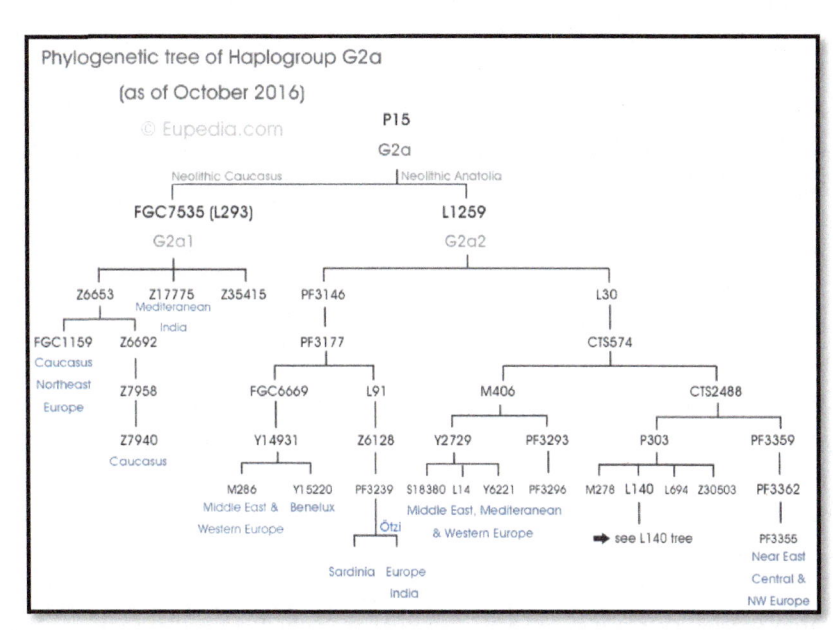

Le analisi dei resti neolitici recuperati in differenti parti di Europa hanno confermato che l'aplogruppo G2a era la linea dominante degli agricoltori del Neolitico e dei mandriani che migrarono dalla penisola Anatolica verso l'Europa tra 9.000 e 6.000 anni fa. La coltivazione dei cereali e dei legumi nacque per la prima volta 11.500 anni fa nella Mezzaluna fertile in quelle che oggi sono Israele/Palestina, la Giordania, il Libano, la Siria e l'Iraq, ma, almeno per i primi due millenni e mezzo della sua storia, non si espanse mai molto oltre i confini di queste regioni. La ragione di questo ritardo risiede nel fatto che le prime forme di agricoltura erano troppo rudimentali perché potessero permettere da sole il sostentamento dell'individuo, ed erano più che altro un'integrazione della dieta dei cacciatori-raccoglitori. Le prime coltivazioni iniziarono con il grano, i fichi e i legumi. La domesticazione del grano e dell'orzo fu un processo lungo che necessitò la selezione di piante in possesso di mutazioni in grado di produrre spighe più grandi e meno fragili. Le pianure alluvionali della Mesopotamia erano il luogo ideale per la coltivazione primitiva dei cereali, dato che non avevano bisogno di essere irrigate.

La ceramica nacque nel Vicino Oriente (Mesopotamia settentrionale) approssimativamente 9.000 anni fa. Lo sviluppo di questa tecnica sembra coincidere con l'espansione improvvisa dei coltivatori G2a verso la Turchia occidentale e verso l'Europa. La ceramica permise di immagazzinare più facilmente i cereali e i legumi, e potrebbe aver facilitato i commerci con i vicini allevatori di ovini, caprini, bovini e suini. Le capre e le pecore sono state addomesticate per la prima volta circa 11.000 anni fa sui monti Zagros e sul Tauro, al margine settentrionale della Mezzaluna fertile. Tuttavia, queste non furono introdotte nel Levante fino a circa 8.500 anni fa, appena dopo la comparsa della ceramica

L'insediamento neolitico di Çatalhöyük nella Turchia centromeridionale fu fondato dai coltivatori di cereali e legumi che portarono con loro anche le capre e le pecore domestiche. Solo qualche secolo più tardi (circa 6.500 a.C.) furono introdotti a Çatalhöyük e in altri siti dell'Anatolia centrale anche i bovini, presumibilmente grazie ai commerci con i vicini orientali. Sempre circa 8.500 anni fa, gli agricoltori neolitici G2a arrivarono nella Turchia nordoccidentale e in Tessaglia (nella Grecia centrale), come testimoniato dagli antichi genomi sequenziati da Mathieson et al. (2015) e Hofmanová et al. (2015). Questi contadini si espansero rapidamente dalla Tessaglia neolitica attraverso i Balcani e attraverso il bacino del Danubio fino a raggiungere la Serbia, l'Ungheria e la Romania intorno al 5.800 a.C.. Raggiunsero poi la Germania nel 5.500 a.C., e infine il Belgio e la Francia settentrionale nel 5.200 a.C. Antichi scheletri provenienti dalla cultura Starčevo–Kőrös–Criș culture (6.000-4.500 a.C.) in Ungheria e in Croazia e dalla cultura della ceramica lineare (5.550-4.500 a.C.) in Ungheria e in Germania hanno confermato che G2a (sia G2a2a che G2a2b) sono rimaste le linee paterne principali anche dopo che gli agricoltori si mescolarono alle popolazioni autoctone incontrate durante la loro avanzata.

A partire da 7.800 anni fa, gli agricoltori che producevano ceramica cardiale arrivarono con i loro ovini, caprini e con i loro fichi sulle coste del Mar di Marmara, nel nordovest della penisola Anatolica. Queste genti attraversarono poi l'Egeo via mare e colonizzarono la penisola italiana, le coste illiriche, la Francia meridionale e la penisola Iberica. Qui nacque la cultura della ceramica cardiale (5.000-1.500 a.C.). Ancora una volta, le analisi di antichi campioni di DNA hanno mostrato anche all'interno di questa cultura una prevalenza di G2a, con frequenze superiori all'80% (contro il 50% in Europa centrale e sudorientale).

Ciò nonostante, insieme alla maggioranza di G2a, in molti siti neolitici sono stati trovati anche altri gruppi minoritari ma sostanziali, inclusi C1a2, H2, I*, I2a1, I2c e J2a nella penisola Anatolica, C1a2, E-M78, H2, I*, I1, I2a, I2a1, J2 e T1a in Europa centrale e sudorientale (Starcevo, Sopot, LBK), così come E-V13, H2, I2a1, I2a2a1 e R1b-V88 in Europa occidentale (ceramica cardiale, cultura megalitica). H2 e T1a sono stati ritrovati in siti del Neolitico preceramico levantino e, insieme a G2a, sono innegabilmente collegati ai primi sviluppi dell'agricoltura. Ciò detto, C1a2 è stato trovato anche nella Spagna mesolitica (Olalde et al. 2014) e, dato che si tratta di una linea molto antica associata ai primi Europei paleolitici, potrebbe essere stata presente in tutta Europa e in Turchia già prima del Neolitico. Anche E1b1b è stato identificato in siti del Neolitico preceramico del Levante, ma le sue sotto cladi potrebbero non essere E-M78 o E-V13 ma, più probabilmente, E1b1b1* o E-M123. Pure R1b-V88 si è diffuso sicuramente dal Vicino Oriente, anche se è passato per una via diversa: i pastori di bovini emigrati attraverso l'Africa settentrionale hanno poi attraversato il mare per raggiungere la penisola Iberica. Gli altri gruppi rappresentano probabilmente i cacciatori-raccoglitori assimilati lungo il cammino e i discendenti degli Anatolici occidentali del Mesolitico (I*, I2c, J2) e degli Europei dello stesso periodo (E-V13, I*, I1, I2a, I2a1, I2a2). È interessante notare che molte di queste linee, come C1a2, H2 e I* oggi sono virtualmente estinte quasi ovunque, mentre altre sono molto rare, almeno in Europa (I2c, R1b-V88).

Mathieson et al. (2017) hanno testato numerosi individui dei Balcani neolitici e calcolitici e hanno trovato le cladi L91 (Neolitico Medio in Bulgaria), P303 (Neolitico Medio in Bulgaria e nella cultura di Cucuteni-Trypillian), Z1903 (in Bulgaria calcolitica), L42 (nella cultura di Cucuteni-Trypillian) e PF3359 (nella cultura di Varna).

L'Uomo del Similaun (Ötzi), che visse sulle Alpi italiane durante il Calcolitico, apparteneva all'aplogruppo G2a2a2 (L91), una sotto clade relativamente rara che oggi si trova in Medioriente, in Europa meridionale (specialmente in Sicilia, in Sardegna e in Corsica) e in Africa settentrionale. G2a2 (PF3146) si trova altrimenti, con basse frequenze, dal Levante fino all'Europa occidentale. In conclusione, gli agricoltori neolitici europei sarebbero appartenuti ai gruppi G2a2a (PFF3146) e G2a2b (L30) e le loro sottocladi.

Oggi G2a si trova più che altro nelle regioni montane dell'Europa, per esempio sui monti Appennini (15-25%) e in Sardegna (12%) in Italia, in Cantabria (10%) e nelle Asturie (8%) nella Spagna settentrionale, in Austria (8%), in Alvernia (8%) e in Provenza (7%) nella Francia sudorientale, in Svizzera (7.5%), nelle parti montane della Boemia (5-10%), in Romania (6.5%) e in Grecia (6.5.%). Effettivamente il terreno collinare dell'Europa meridionale si è rivelato ideale per le mandrie di capre portate dagli uomini G2a all'inizio del Neolitico. Tuttavia la spiegazione più plausibile è che le montagne abbiano fatto da rifugio per le tribù G2a dopo che i Protoindoeuropei invasero l'Europa provenendo dalle steppe della Russia e dell'Ucraina durante le Età del rame e del bronzo (vedi storia di R1a e R1b).

Le genti delle steppe erano quasi esclusivamente pastori di bovini e di cavalli, e si stabilirono inizialmente nelle regioni pianeggianti come la pianura ungherese, le pianure dell'Europa settentrionale e le regioni baltiche. Anche dopo aver raggiunto l'Europa occidentale, preferirono le regioni relativamente piatte come i Paesi Bassi, la Francia occidentale e le isole Britanniche, dove le linee R1b oggi superano il 60% e, in alcuni posti, l'80% della popolazione. Infatti, le odierne percentuali di G2a raggiungono i loro massimi proprio nelle regioni invase per ultime dalle genti R1a e R1b. Gli Indoeuropei non penetrarono nella penisola Iberica almeno fino al 1.800 a.C. e non si distribuirono nell'intera penisola fino al 1.200 a.C., così che sacche di G2a sopravvissero in aree particolarmente isolate come i Pirenei, le montagne della Cantabria e delle Asturie, il Portogallo settentrionale o sugli aridi altopiani de La Mancia. I Proto-italici attraversarono le Alpi muovendosi verso l'Italia a partire dal 1.300 a.C., e si stabilirono soprattutto nelle aree settentrionali. Questo spiegherebbe il gradiente Nord-Sud di R1b che si rileva nell'Italia moderna e che è sostanzialmente speculare alla distribuzione degli aplogoruppi neolitici come G2a, J1 e T1a. I Sardi parlarono una lingua non indoeuropea fino alla conquista romana, avvenuta 2.000 anni fa.

La mappa della distribuzione di tutte le sottocladi G2a non rivela quanto profondamente i Protoindoeuropei eradicarono le linee G2a dalla metà settentrionale dell'Europa solo perché anch'essi portarono con loro alcune linee G2a che avevano precedentemente assimilato alla periferia delle steppe pontiche, apparteneva a cladi profonde di G2a-L140 come L13 e Z1816 (vedi sotto). Oggi, le linee neolitiche di G2a si trovano soprattutto nella penisola Anatolica, nella parte meridionale dei Balcani, negli Appennini, nella Francia centrale e nei Pirenei. In Europa settentrionale, dove prevalgono le varianti indoeuropee di G2a, questa linea rappresenta invece solo una microscopica frazione di tutti i G2a.

Le popolazioni G2a potrebbero essere state tra le prime nella storia umana ad aver acquisito gli alleli per la pelle chiara. Un cacciatore-raccoglitore ritrovato nella Spagna settentrionale e risalente a 7.000 anni fa è stato analizzato da Olalde et al. 2014 e presenta ancora la pelle scura. Al contrario, gli agricoltori dell'inizio del Neolitico ritrovati nei Balcani e in Germania, possedevano già gli stessi alleli per la pelle chiara che troviamo negli Europei moderni. Non è ancora chiaro quando e tra quali aplogruppi comparvero queste mutazioni, ma è stato suggerito che la nuova dieta indotta dalla coltivazione dei cereali avrebbe causato delle deficienze di vitamina D che, normalmente, veniva assorbita dal pesce e dalla carne. Le mutazioni per la pelle chiara sarebbero così state selezionate positivamente tra gli agricoltori neolitici per stimolare la produzione di questa vitamina a partire dalla luce solare, in modo da compensare la mancanza di carne.

I rami indoeuropei di G2a

Contrariamente agli altri rami di G2a, che prevalgono nelle aree montane, alcune sotto cladi di G2a-L140 si trovano uniformemente distribuite in tutta l'Europa, perfino in Scandinavia e in Russia, dove gli agricoltori neolitici hanno avuto un impatto minore. Cosa ben più importante, G2a-L140 e le sue sotto cladi si trovano anche nel Caucaso, in Asia centrale e in tutta l'India, specialmente tra le caste più alte che rappresentano i discendenti degli invasori Indoeuropei dell'Età del bronzo. La presenza combinata di G2a-L140 sia in Europa che in India rappresenta un'argomentazione a favore della sua dispersione indoeuropea.

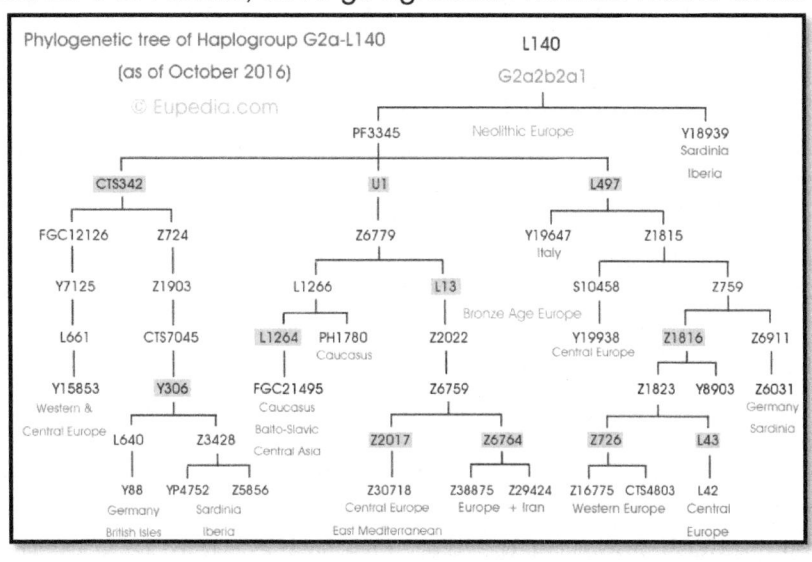

Comunque, lo stesso L140 è emerso più di 11.000 anni fa, all'inizio del Neolitico preceramico, e parrebbe troppo antico per essere nato tra gli Indoeuropei. Solo alcune delle sue sotto cladi più profonde sarebbero riuscite a raggiungere le steppe pontico-caspiche, per poi essere assorbite dagli allevatori di queste regioni prima del periodo di Jamna ed essere infine redistribuite in Europa e in Asia dalle migrazioni Indoeuropee. Dobbiamo quindi cercare quali sotto cladi si sono espanse a partire dall'inizio dell'Età del bronzo disperdendosi dall'Europa settentrionale a quella centrale e nell'Asia meridionale. I principali candidati sono:

L1264, che si trova nel Caucaso settentrionale, nelle regioni baltiche, nei paesi germanici e slavi così come in Asia centrale e in India. È apparso 8.000 anni fa, ma il suo TMRCA ha solo 4.500 anni. Si sarebbe propagato insieme all'aplogruppo R1a (rami Proto-balto-slavo e Proto-indoiraniano).

L13 è nato 10.500 anni fa, ma i suoi portatori odierni discendono tutti da un antenato comune che visse solo 5.000 anni fa, in corrispondenza del periodo Jamna. Nonostante la sua giovane età, si trova in tutta Europa, in Russia, in Asia centrale, in Iran, in Caucaso e nel Levante. Questo ramo si sarebbe diffuso insieme a entrambi gli aplogruppi R1a e R1b.

Z1816 è presente in tutta l'Europa occidentale e centrale, specie nei paesi germanici. Yfull stima la sua età di formazione intorno ai 4.500 anni, ma la sua sotto clade L42 è stata identificata in un particolare individuo proveniente dalla cultura di Cucuteni-Trypillian vissuto tra i 4.900 e i 5.600 anni fa. Questo ramo potrebbe essere stato assimilato dai protoindoeuropei attraverso il contatto con le genti tardo Tryipillian che migrarono dalle steppe pontiche mischiandosi con le tribù Jamna. Più tardi si sarebbe diffusa nei paesi germanici e celtici insieme all'aplogruppo R1b

La terra di origine di R1b1a1a2 (M269) e dei parlanti le lingue pre-protoindoeuropee si presume fosse situata nella penisola Anatolica orientale e/o nel Caucaso settentrionale. Il Caucaso stesso è una zona calda per quanto riguarda l'aplogruppo G. Quindi è più che probabile che una minoranza di uomini caucasici appartenenti a questo aplogruppo (e forse anche a J2b) si sia integrata nella comunità R1b che ha attraversato il Caucaso per poi stabilirsi sulle coste settentrionali e orientali del Mar Nero, in un periodo compreso tra il 7.000 e il 4.500 a.C.

Una teoria alternativa vuole che G2a-L140 sia arrivato in Europa centrale e orientale dalla penisola Anatolica durante il Neolitico (un fatto confermato da analisi di antichi campioni di DNA). Una volta raggiunta l'Europa sudorientale, individui appartenenti al ramo U1 hanno fondato intorno alla Moldavia la cultura Cucuteni-Trypillian (insieme a uomini di altri aplogruppi, in particolare I2a1b-L621). Questa cultura commerciava attivamente con le vicine culture delle steppe e all'inizio del periodo Jamna (circa 3.500 a.C.) nelle steppe pontico-caspiche, le genti Cucuteni-Trypillian hanno cominciato a espandersi verso est proprio nelle steppe di quella che oggi è l'Ucraina occidentale, lasciando così i loro villaggi (che a quei tempi erano i più grandi del mondo). Come i loro vicini Jamna, adottarono pertanto uno stile di vita sempre più nomade. Quando i Protoindoeuropei cominciarono la loro espansione massiva, gli uomini G2a1-U1 appartenenti alle sotto cladi L13 e L1264 si sarebbero uniti alle tribù R1b e R1a nella loro invasione dell'Europa prima e dell'Asia centrale e meridionale dopo.

Redistribuzione romana

Nell'Età del ferro, la popolazione G2a europea era stata decimata dalle invasioni degli Indoeuropei, seguiti dagli armamenti e dalle tecniche di guerra celtiche. I G2a cercarono rifugio sulle montagne.

Gli antichi Latini e i Romani discendono dalle tribù italiche che invasero la penisola italiana a partire dal 1.200 a.C. Sembra siano appartenuti prevalentemente agli aplogruppi R1b-U152, ma avrebbero portato con loro anche una minoranza sostanziale di linee G2a-L140, specialmente le sotto cladi L13, L1264 e Z1816. La terra di origine del Latini nell'Italia centrale oggi è uno dei punti caldi in Europa per quanto riguarda l'aplogruppo G2a. L'alta incidenza di G2a nel Lazio potrebbe essere dovuta alla presenza contemporanea delle sotto cladi indoeuropee L13, L1264 e Z1816 insieme alle linee delle genti dell'inizio del Neolitico che discesero dagli Appennini per stabilirsi a Roma dopo essere state assorbite dalla civilizzazione romana.

Se gli antichi Romani e le altre genti romanizzate della penisola Italiana hanno avuto un qualche impatto genetico su altre parti dell'impero Romano (come in effetti dovrebbe essere), di certo hanno contribuito ad aumentare moderatamente le linee G2a (oltre a R1b-U152 e J2) entro i confini dell'Impero. Oggi l'aplogruppo G è molto più raro nei paesi nordici e nei paesi baltici rispetto alla Gran Bretagna, nonostante l'agricoltura abbia raggiunto queste regioni nello stesso periodo. Non è quindi da escludere che una parte del G2a presente in Gran Bretagna, e in special modo nel Galles (dove si ha il picco di G2a), sia di origine romana. Un'altra ragione potrebbe essere che le pianure boschive della Germania settentrionale, della Polonia e del Baltico fossero troppo povere di metalli e non fossero sufficientemente attraenti per i lavoratori dell'Età del Bronzo provenienti dal Caucaso. L'Europa nordorientale presenta anche una percentuale piuttosto bassa di aplogruppo R1b. Questo rinforza l'ipotesi che i due aplogruppi si siano diffusi insieme durante l'Età del bronzo.

Sotto clade M406

La sotto clade G-M406 ha una frequenza di picco in Cappadocia, Anatolia mediterranea e Anatolia centrale (6-7%) e non viene rilevato nella maggior parte delle altre regioni con notevole frequenza P303. Il tempo di espansione del G-M406 in Anatolia è di circa 10/12.000 anni fa, che corrisponde al miglioramento climatico all'inizio dell'Olocene e all'inizio di sedentari insediamenti cacciatori-raccoglitori in luoghi, come Gobekli Tepi nel sud-est dell'Anatolia, ritenuto fondamentale per l'addomesticamento delle colture (grano e orzo) che hanno spinto lo sviluppo del Neolitico. G2a3a-M406 ha una modesta presenza in Tessaglia e nel Peloponneso (4%),10 aree dei primi insediamenti neolitici greci. Più lontanamente, G2a3a-M406 si verifica in Italia (3%) con un Td di 8100 anni fa, coerente con il modello di colonizzazione neolitica marittima della penisola italiana dall'Anatolia costiera e/o dal Levante. Infine, ad est, il G2a3a-M406 ha un tempo di espansione di 8800 anni fa in Iran, un orizzonte temporale che corrisponde ai primi insediamenti neolitici dei monti Zagros in Iran. Così, G2a3a-M406, insieme ad altri lignaggi, come J2a3b1-M92 e J2a4h2-DYS445=616, potrebbe monitorare l'espansione del Neolitico dall'Anatolia centro-mediterranea alla Grecia/Italia e all'Iran.

Dalla sottoclade M406 deriva la M3317 da cui, a sua volta, circa 6/7.000 anni fa deriva la PF3293. Da questa infine origina la sottoclade PF3296 cui seguono Y82047 e G-FT395946.

Va sempre ricordato che queste sigle alfanumeriche sono i "nomi" di quegli uomini che, subendo una piccola mutazione nel loro Y DNA, diedero origine ad una discendenza arrivata fino ai giorni nostri. PF3296, M3317 o M406 sono a tutti gli effetti antenati della famiglia Di Gianfrancesco, esattamente come lo sono Serafino o Ascanio. L'unica differenza è che di loro, purtroppo, non sapremo mai il nome.

IL DNA AUTOSOMICO

I successivi risultati ottenuti furono quelli legati all'analisi del DNA autosomico, cui era consequenziale la conoscenza di ulteriori e più dettagliate notizie relative alle più antiche origini della famiglia. Con questi dati diventava infatti possibile tracciare un sentiero storico genealogico attendibile che da quell'uomo che aveva avuto la mutazione indicata con la fredda sigla G-FT395946 poteva arrivare fino a tempi più recenti, riallacciandosi con la ricostruzione genealogica documentale.

In base alle ricerche più aggiornata sulle antiche migrazioni nel continente europeo si è giunti alla conclusione che ci sono tre grandi gruppi che hanno avuto un effetto duraturo sugli attuali popoli di origine europea: Cacciatori-Raccoglitori, Primi Agricoltori e Invasori dell'età dei metalli. Partendo da ciò la società Family Tree DNA per prima cosa comunicava le percentuali di DNA autosomico derivante da questi antichi gruppi europei che, in base al loro test, risultavano ancora presenti nel DNA. Esse sono le seguenti:

- 17% Invasore dell'età del metallo
- 64% Coltivatore
- 19% Cacciatore-Raccoglitore
- 0% non europeo

Già di per sé queste importanti informazioni potevano dare un'idea della provenienza più antica della famiglia. Basta seguire, ad esempio, il sentiero percorso dagli agricoltori (gruppo particolarmente legato all'aplogruppo familiare G) nel loro spostamento dalla Mezzaluna fertile verso l'Europa per riconoscervi i luoghi di affermazione delle sottocladi M406, PF3293 e PF 3296, che come già detto sono veri e propri antenati della famiglia. Tuttavia, la società Family Tree DNA fornì un ulteriore strumento di approfondimento che, confrontando il proprio DNA autosomico con 90 popolazioni mondiali di riferimento, determina la percentuale di appartenenza a queste popolazioni di origine. Di fatto è il passaggio, successivo, che consentì di individuare l'area di maggiore stanziamento della famiglia ponendosi cronologicamente tra PF3296 e gli antenati più recenti.

Le percentuali del mix genetico delle popolazioni di origine che venne individuato erano le seguenti:

Europa   **94%**

così suddiviso:

<u>Europa Meridionale</u>

Penisola italiana	48%
Grecia e Balcani	33%
Sardegna	7%

<u>Europa Occidentale</u>

Europa centrale	6%

Medio Oriente e Nord Africa   <7%

Levante del Sud   <4%
(attuale Giordania, Israele, Libano, Siria meridionale)

Anatolia, Armenia e Mesopotamia   <2%

Ebrei Mizrahi   <1%
(area che comprende gli attuali Israele, Libano, Siria Giordania, Iran e parte dell'Iraq).

Per quanto riguarda la componente medio orientale Family Tree DNA evidenziava che la percentuale di DNA in comune con quelle popolazioni era estremamente bassa per cui l'attribuzione ad esse non poteva essere certa.

Di fatto si ebbe la conferma di quanto già acclarato seguendo il percorso degli agricoltori. In linea di massima basandosi sulle aree con più alta percentuale di presenza, l'idea fu che la famiglia, a partire dal PF3296, si fosse spostata lungo la rotta degli agricoltori diffondendosi in Grecia, nella penisola balcanica meridionale e quindi, con molta probabilità, fosse giunta in Italia molto presto. Le percentuali basse o poco significative si ritennero legate in primis al fatto che il DNA autosomico deriva da entrambi i genitori per diverse generazioni precedenti e quindi è conseguenza di matrimoni con persone aventi legami genetici anche con quelle aree le quali, proprio per la bassissima frequenza, non potevano aver visto la presenza effettiva di antenati della famiglia.

Ovviamente il vuoto temporale tra gli antenati del XVI e i dati ottenuti con il DNA era notevole e tante le incertezze che ne derivavano. Si suppone che la famiglia Di Gianfrancesco fosse presente in Italia da molto tempo e non vi fosse invece giunta con una delle tante invasioni che avevano interessato la penisola dalla caduta dell'Impero Romano fino a tempi recenti. Molto probabilmente non vi era giunta neanche a seguito della mobilità di persone che si era creata all'interno dei territori sottoposti a Roma. Rimanevano tuttavia priva di certezza i luoghi dove la famiglia si fosse insediata prima di raggiungere Taranta Peligna e in quali periodi.

Una prima serie di chiarimenti al riguardo venne da una delle tante piattaforme di genealogia genetica utilizzate nel corso degli anni. Particolarmente utile fu, al riguardo, il sito della società My Heritage che, consentendo il caricamento dei dati grezzi forniti dalla Family Tree DNA, fornì una sua stima sulle etnie e, soprattutto, sui gruppi genetici di appartenenza della famiglia. Al riguardo My Heritage precisa: «*In ciascuna regione del mondo c'è un insieme specifico di caratteristiche genetiche che sono condivise tra i discendenti delle popolazioni native del luogo. Pur con l'aumento della migrazione delle popolazioni, la ricerca ha dimostrato che queste caratteristiche sono distintive di ciascuna regione, consentendoci di determinare dei modelli genetici. Confrontiamo il tuo DNA con questi modelli per stimare quale percentuale del tuo DNA derivi da ciascuna regione. Quanto più alta è questa percentuale, tanto più puoi essere fiducioso nell'accuratezza dei risultati. I Gruppi Genetici fanno fare progressi alla tua Stima di Etnia, analizzando più di 2100 regioni per identificare quelle specifiche a cui appartieni nell'ambito di ciascun gruppo etnico. I tuoi Gruppi Genetici sono elencati senza valori percentuali, tuttavia ti offrono una comprensione di maggiore dettaglio dei risultati riguardanti la tua etnia.*» Con riguardo ai Gruppi Etnici la società dichiara anche: «*I Gruppi Genetici forniscono una migliore comprensione dei luoghi da cui provengono i tuoi antenati, spaziando tra più di 2100 regioni geografiche. Essere membro di un Gruppo Genetico significa che ci sono similitudini tra il tuo DNA e quello dei padri e delle madri fondatori del gruppo. Ai Gruppi Genetici sono assegnati livelli variabili di confidenza. Un livello di confidenza elevato fornisce un'indicazione attendibile che appartieni effettivamente a quel Gruppo Genetico, mentre un livello di confidenza più ridotto riflette un'indicazione meno decisiva.».*

Con riguardo alla etnia, la stima fatta di My Heritage (settembre 2023) non differisce molto da quella di Family Tree DNA.

Europa

Italiano	42,2%
Greco e italiano meridionale	38,6%
Scandinavo	3,4%

Medio Oriente

Mediorientale	14,1%

Asia occidentale

Asia occidentale	1,7%

La similitudine dei dati è evidente anche dal punto di vista grafico; le aree interessate sono le stesse anche se con un maggiore coinvolgimento della penisola scandinava a fronte di una diminuzione dei territori dell'Europa centrale. Questo fenomeno può essere conseguenza di una maggiore definizione dei campioni utilizzati dalla società in questione che colloca in una più remota ascendenza vichinga[13] campioni che invece family Tree DNA colloca nell'Europa centrale.

---

[13] La Scandinavia è una regione dell'Europa settentrionale che comprende la Svezia, la Norvegia e la Danimarca. I popoli scandinavi condividono un comune retaggio culturale germanico settentrionale. Nell'antichità le tribù germaniche si sono spostate verso sud nell'Europa continentale lungo le rotte commerciali, di pesca e di conquista, finendo poi per entrare in collisione con i romani. L'emigrazione dalla regione scandinava verso altre parti dell'Europa ebbe inizio secoli fa. Durante il Medioevo, i Vichinghi, marinai norreni che saccheggiavano e commerciavano partendo dalle regioni scandinave e raggiungendo ampie aree dell'Europa, lasciarono la propria impronta genetica in tutto il continente. I Vichinghi viaggiarono anche verso ovest in Groenlandia e si spinsero fino a un'area costiera dell'America settentrionale che raggiunsero nel X secolo e

Molto più utile ai fini genealogici è invece la stima dei gruppi etnici. Al riguardo è importante premettere che, nella maggior parte dei casi, i gruppi prendono il nome dall'area di maggior diffusione più recente e non da quella più antica.

Partendo da un livello di confidenza elevato, cioè, indicante una alta attendibilità di appartenenza al gruppo, il primo risultato è, ovviamente, il gruppo Italia. L'indicazione dei luoghi di diffusione di questo gruppo etnico nel corso dei secoli fornisce notizie importantissime. Infatti, selezionando il periodo compreso tra il 1650 ed il 1700 (il più antico disponibile per questo gruppo) esso risulta attestato soprattutto in Toscana (comune di Barga - LU), Campania (comune di Omignano - SA) e Sicilia (Palermo). Correlati a questo gruppo, e quindi con elevata affinità genetica (perciò utili per una maggiore localizzazione della famiglia), per il periodo storico in esame risultano i seguenti gruppi: Avellino, Catania (1 e 2), Altavilla Milicia (PA), Panni (FG), Molise, Lucca, Caltanisetta ed Agrigento, Sicilia e Sardegna, Trabia (PA).

Nella successiva fascia temporale, compresa tra il 1700 ed il 1750, il gruppo risulta attestato anche in Abruzzo oltre che a Lucca, Omignano e Palermo. I gruppi genetici affini sono identici ai precedenti.

Il successivo arco temporale dal 1750 al 1800 vede il gruppo espandere la sua presenza ulteriormente in Italia in località quali a Lucca, Pisa, Avellino, Benevento, Omignano, Casteltermini (AG), Palermo, Roma, Genova, Maglione (TO), Gallicano (LU o Roma?), Cavarzere (VE) e, ovviamente, in Abruzzo.

Tra il 1800 ed il 1850 il gruppo seguita a essere sempre più diffuso in Italia ed è presente anche nel Regno Unito (Bristol e Bath in particolare) e in Austria.

Molto interessante è il fatto che in questo periodo le aree di maggior diffusione del gruppo sono l'Abruzzo e la Toscana. Nel periodo che va dal 1850 al 1900 il gruppo ulteriormente diffuso nel centro sud dell'Italia e nella Toscana settentrionale in particolare, ma anche in Sicilia e Sardegna, oltre a confermare la sua presenza a Bristol e in altri centri del Regno Unito. Fa inoltre la sua prima comparsa negli Stati Uniti.

La distribuzione del gruppo dal XVII al XIX secolo è ritenuta utile anche al fine di valutare gli apporti genetici provenienti da altre famiglie non collegate strettamente con l'area dell'Aventino; la sua distribuzione nel corso del XX secolo non appare invece utile agli stessi fini ed è quindi tralasciata.

---

chiamarono Vinland (e che probabilmente corrisponde a Terranova). Popolazioni di etnia scandinava si insediarono inoltre nelle isole Fær Øer e in Islanda, dove formarono una comunità molto isolata e con forte endogamia.

Abbassando il livello di confidenza con i gruppi genetici al valore medio si evidenziano altri tre gruppi ritenuti particolarmente significativi ai fini della ricerca genealogica: il gruppo Italia – Lazio, il gruppo Italia – Campania ed il gruppo Italia – Filignano (IS). La sola rappresentazione cartografica delle aree interessate dai gruppi già di per sé pare indicare delle coordinate di una probabile area di origine della famiglia.

Il periodo temporale più antico disponibile per il Gruppo Genetico Italia – Lazio copre l'arco 1700 – 1750. La distribuzione dei membri del gruppo in quel periodo, in ordine decrescente di incidenza, interessa i centri di Frosinone, l'isola di Ponza, Barano d'Ischia (NA), Civitella Roveto (AQ), Sarnano (MC), Palata (CB) e Castiglione d'Orcia (SI). Sicuramente tale periodo non è strettamente connesso con la famiglia in quanto allora era già stanziata a Lama dei Peligni, ma può essere comunque utile in quanto le relazioni genetiche con quelle zone potrebbero aiutare a comprendere l'area della sua più antica origine, oltre che di eventuali famiglie con cui ci si è imparentati. Interessanti sono anche i Gruppi Genetici correlati che vedono al primo posto quello di Italia – Filignano, al secondo quello di Italia – Lazio, seguono quindi Italia – Arpino (FR), Italia – Frosinone 1 e 2, Italia – Piemonte e Veneto. A questo punto nell'elenco compare il gruppo Italia – Panni (FG) località in comune con il Gruppo Genetico Italia. Concludono l'elenco il gruppo correlato New York e New Jersey 2 ed infine Italia – Campobasso.

Il successivo cinquantennio vede il gruppo cambiare di poco la propria distribuzione. È sempre presente a Frosinone, a Ponza, a Civitella Roveto (AQ) ed a Sarnano (MC). All'elenco si aggiungono i centri di Pazzano (RC) e di Azzano Decimo mentre scompaiono Barano d'Ischia e Palata. Anche i gruppi correlati rimangono gli stessi ad eccezione dell'aggiunta del gruppo Italia – Napoli 1.

Il periodo che va dal 1800 al 1850 vede una ulteriore espansione delle aree di presenza del gruppo che oltre ad essere sempre attestato a Frosinone, Ponza, che rimangono in cima alla graduatoria per tasso di presenza, fa la sua comparsa a Pratella (CE), Napoli, L'Aquila, Pazzano (RC), Pordenone, Sarnano (MC), Campobasso, Pisa, Siena e Veneto. La graduatoria dei gruppi correlati rimane invariata. Sostanzialmente inalterata rimane la distribuzione del gruppo tra il 1850 e il 1900 mentre successivamente si espande in Sicilia e Sardegna anche se con tassi minimi.

Il secondo dei gruppi genetici a livello di confidenza medio, indicato da My Heritage è Italia – Campania. Questo, oltre ad avere una disponibilità di dati maggiore rispetto ai precedenti, in quanto risalenti agli inizi del 1600, presenta già nella fase più antica una distribuzione in varie zone oltre i confini della penisola italiana. Le località di prevalente presenza sono la Campania, soprattutto Benevento, ma anche Cosenza e Treviso. A queste località fanno seguito: in Francia Tours-sur-Marne e Prats-de-Mollo-la-Preste. In Germania il Renania-Palatinato con Hirschthal ma anche il centro di Königswinter. In Spagna, infine, il centro di Albacete. L'elenco dei gruppi correlati vede, in ordine decrescente di presenza, Italia – Napoli, Italia – Avellino, Italia – Piemonte e Veneto, Italia – Puglia e Campania, Italia – Avellino e Salerno, Italia – Ruoti (PZ), Italia – Campania, Italia – Benevento, Italia centrale 3 ed infine, ancora una volta, Italia – Panni (FG).

Una così ampia diffusione in Europa è innegabilmente indice di contatti stabili con quelle aree che potrebbero essere frutto di rapporti commerciali soprattutto in considerazione dell'importanza che aveva il Regno di Napoli, ma anche militari o politici. Al riguardo si rammenta che Carlo D'Angiò spostò la capitale del Regno di Sicilia da Palermo a Napoli a causa del fatto che la vita economica del regno e la sua componente socioculturale, trovavano in Napoli il luogo perfetto nel quale esprimersi al meglio. I commerci divennero sempre più floridi e il mecenatismo reale attirò in città personaggi del calibro di Boccaccio, Petrarca e Giotto. Evidente fu quindi la crescita anche nel campo delle arti. Napoli già all'epoca era diventata un importante centro culturale.

Le vicissitudini della storia portarono, nel 1442, nel destino del capoluogo campano, gli Aragonesi. Il re Alfonso il Magnanimo riformò le istituzioni urbane, accrescendo il ruolo della città come polo gravitazionale a livello amministrativo e culturale. Napoli divenne il baricentro dei possedimenti del monarca che andavano dall'Aragona alla Sicilia. Grazie agli sforzi dei sovrani angioini e aragonesi Napoli divenne un centro fiorente, punto di riferimento di tutto il Mezzogiorno. La città aprì le sue porte all'Europa del tempo. Apertura che ebbe la sua fase culminante nella stagione umanistico-rinascimentale. Conseguentemente alle Guerre d'Italia, Napoli passò sotto l'influenza degli Asburgo di Spagna. Si aprì, quindi, una lunga fase di vicereame, bollata negativamente dalla storiografia forse in maniera troppo precipitosa. I sovrani spagnoli, infatti, tennero in grande considerazione la città che ottenne molti privilegi. Il più importante fu sicuramente quello di vice capitale del vasto e potente impero asburgico. Se dunque, a quel tempo, Madrid era la città più importante del mondo, Napoli in quanto vice capitale, divenne il secondo gioiello più prezioso che la corona madrilena sfoggiava con orgoglio. Altro beneficio degno di nota riservato dai sovrani Asburgo alla città, fu la completa esenzione dalle tasse, escluse quelle municipali. Questa concatenazione di privilegi fece crescere ancora di più la città che raggiunse i 400.000 abitanti nella seconda metà del XVII secolo. Napoli, grazie al rapporto particolare con Madrid, era diventata il principale centro dei commerci e dei traffici mercantili, sede di una fiorente attività artigianale. Al viceré Pedro de Toledo venne attribuita, tra le altre cose, la costruzione del quarto castello della città: Castel Sant'Elmo che domina il capoluogo dalla collina del Vomero. Anche sotto gli Asburgo, Napoli non tradì la sua vocazione artistica: tra i grandi che hanno lasciato la loro impronta, in questa fase, ricordiamo Caravaggio, Bernini e Salvator Rosa. Certo, tra tanti aspetti positivi, non mancarono i problemi. Su tutti la rivolta di Masaniello e la peste del 1656.

Una seconda ipotesi sui legami tra questo gruppo e il centro Europa può derivare da un recente (settembre 2023) *upgrade* del portale di Family Tree DNA di cui si dirà più avanti.

Il cinquantennio dal 1650 al 1700 vede una riduzione della diffusione del gruppo che scompare dalla Germania e dalla Spagna, mentre si espande in Campania e nelle aree a cavallo tra il Molise e la Puglia. Nel periodo successivo (1700 – 1750) il gruppo genetico seguita a espandersi. Non solo tornano ad essere segnalate presenze in Spagna ed in Germania ma fa anche in Austria e nell'America del nord (sulla costa orientale ed in piccola parte su quella occidentale). Molto interessante è l'espansione in Italia dove vengono individuate presenze anche in Puglia (Castellana Grotte – BA) e in Abruzzo dove viene segnalato a Castel di Sangro (AQ) ma, dalla cartografia fornita da My Heritage parrebbe presente anche in provincia di Teramo e di Chieti. La tendenza positiva della diffusione si mantiene costante anche nei periodi successivi, con presenze segnalate in sempre più località abruzzesi e delle regioni limitrofe.

L'ultimo livello di confidenza previsto da My Heritage è quello basso, ovvero quello con meno similitudini genetiche con i soggetti individuati come fondatori dei gruppi e quindi con scarsa probabilità di appartenenza agli stessi; a questo livello il risultato più importante era il gruppo Italia – Chieti.

Recentemente (settembre 2023) il livello di confidenza con questo gruppo da basso è stato innalzato a medio per cui non si può più ritenere valida l'ipotesi precedentemente formulata ovvero che l'essere in presenza di un legame con gruppo ad un basso livello di confidenza determinava una forte incertezza circa la possibilità di una presenza da lungo tempo nella ragione Abruzzo.

A seguito del detto cambio di livello ulteriori importanti spunti di riflessione emergono dall'analisi storica delle aree di presenza dei membri del gruppo Italia - Chieti.

Il periodo più arcaico del gruppo va dal 1600 al 1650 e lo vede attestato a Vasto (CH), Bagnara Calabra (RC), Avellino, Maddaloni (CE), Napoli, Sora (FR) e Roma. I gruppi genetici correlati risultano essere, in ordine decrescente, Italia – Abruzzo e Lazio, Italia – Palena (CH), Sud Italia, Italia 2, Italia – Abruzzo, Italia – Teramo, Italia Centrale 2, Italia – Teramo e Ascoli Piceno, Italia - L'Aquila 2, Albanesi in Serbia, Macedonia del Nord e Albania.

Nel periodo successivo (1650 – 1700) si registra un'espansione delle zone di presenze e uno spostamento verso l'Abruzzo del gruppo. L'elenco comprende Chieti, Altomonte (CS), Napoli, Roma e Genova. Inizialmente venivano anche espressamente indicate Gessopalena (CH), Lanciano (CH), Vasto (CH); attualmente (settembre 2023) sono deducibili solo dalla cartografia fornita. La presenza del gruppo a Genova potrebbe essere conseguenza degli intensi rapporti commerciali esistenti tra questa città e Napoli, dove era insediata una cospicua colonia di mercanti e banchieri genovesi anche se, già nel successivo cinquantennio (1700 – 1750) la presenza in Liguria scompare come scompare quasi completamente anche in Campania. Di fatto esclusa Roma e Sala Consilina (SA), la presenza del gruppo è attestata solo a Chieti e nella sua provincia.

La tendenza alla concentrazione nella provincia di Chieti prosegue nel cinquantennio successivo in cui però vengono registrate presenze anche nei centri di Ceccano (FR) e di Milano. Per il resto il gruppo pur rimanendo presente in Campania ormai è concentrato nell'area Teatina. Tale tendenza si conferma anche nei periodi successivi con una espansione pressoché in tutto l'Abruzzo ma anche in altre aree della penisola italiana, coprendo dalla Sicilia all'Alto Adige.

La sequenza storica dei luoghi di maggiore diffusione di questo gruppo faceva immediatamente supporre che, a prescindere dal nome, l'origine dello stesso non poteva essere la provincia di Chieti ma con molta più probabilità l'area tra Napoli, Caserta e Salerno. Anche in questo caso la presenza di suoi membri nell'importante porto commerciale di Vasto, sin dal periodo più arcaico a poteva essere legata a traffici mercantili gestititi da rami spostatisi in quel luogo, appartenenti gruppi familiari di origine campana. Lo stesso poteva valere per la presenza a Lanciano (CH), nota per le sue fiere e anche a Gessopalena (CH), uno dei tanti centri della valle del fiume Aventino, nota per la produzione laniera.

Una riflessione simile vale per ognuno degli altri gruppi genetici con cui la famiglia è collegata ai vari livelli di confidenza. Nessuno ha remote origini abruzzesi, ma i vari centri della regione vengono interessati nelle fasi di espansione degli stessi. La principale o una delle aree di loro origine può essere sempre ricompresa nel territorio a ovest degli Appennini compreso tra Roma e Salerno. Innegabilmente la maggiore frequenza statistica delle presenze si registra in quelle zone e ciò poteva fare di quell'area la più favorita come arcaico luogo di provenienza della famiglia.

A conclusione dell'analisi dei risultati vanno evidenziati altri gruppi genetici che, ancorché apparentemente anomali, possono contribuire a rendere chiaro il quadro d'insieme del mix genetico familiare.

Il primo gruppo è il Portogallo – Azzorre 6 a livello di confidenza medio. Gli individui connessi con questo gruppo, che prende il nome dalle isole portoghesi presenti nell'Oceano Atlantico, nel periodo più arcaico risultano presenti, oltre che ovviamente nelle isole di che trattasi ed in Portogallo, anche, e forse in misura maggioritaria, nella Francia centro settentrionale e nell'area centro meridionale dell'Inghilterra. Non mancano poi le presenze nel continente americano. Ciò che rende interessante il gruppo ai fini della ricerca genealogica è che con il passare del tempo le presenze dei suoi membri si sposta sempre più verso il sud, soprattutto dalla seconda metà del XVIII secolo, periodo in cui fa la sua comparsa nell'area di Roma, in Calabria e in Abruzzo, in provincia di Chieti in particolare. Il gruppo rimarrà presente in Italia fino ai giorni nostri, gravitando sempre tra il Lazio e l'Abruzzo. È difficile, in base ai dati disponibili, stabilire se questo gruppo abbia avuto origine tra Francia e Inghilterra per poi spostarsi a sud in Portogallo e da lì altrove o, viceversa, sia arrivato in Europa centrale dal Portogallo.

Che la famiglia abbia importanti legami con il Portogallo è innegabilmente dimostrato dalla connessione con altri due gruppi genetici: il gruppo Brasile, a livello di confidenza medio, e il gruppo Portogallo – Azzorre 1 a livello di confidenza basso. Il gruppo Brasile nel periodo più antico è, ovviamente, presente solo in Portogallo, nella città di Lisbona. Da lì si diffonde soprattutto in Sud America e nel cinquantennio tra il 1750 – 1800 risulta attestato anche in Italia a Roma e nella zona di Gaeta. Da lì con il tempo si diffonderà anche in Calabria, Veneto e Lombardia. Il gruppo Azzorre 1 origina anch'esso dal Portogallo dove, nel periodo 1600 – 1650, è presente a Lisbona. In questo caso, seguendone la diffusione, si ha proprio l'idea di un gruppo legato a famiglie di navigatori ed esploratori portoghesi. Nel periodo 1650 – 1700 è attestato nelle isole Capo Verde e in California. Nel cinquantennio successivo si aggiungono le Canarie, tra il 1750 e il 1800 e tra il 1800 ed il 1850, oltre che nelle Azzorre è presente in Bretagna. Successivamente è attestato in Brasile, California e costa nordorientale degli Stati Uniti, Germania centrale, Inghilterra centro meridionale e, per la prima volta in Italia, nell'area di Roma e nel nord ovest della Calabria.

L'ultimo e, apparentemente, più anomalo gruppo genetico da prendere in considerazione è quello che My Heritage nomina Lituania e Polonia. Le zone di più antica attestazione del gruppo sono collocate soprattutto nella Germania centro meridionale, ma anche in Belgio, Slovacchia, Francia, Inghilterra centro meridionale e costa nord-orientale degli Stati Uniti. Ciò che lo rende interessante dal punto di vista genealogico è la presenza in Italia, oltre che in Veneto, soprattutto nella provincia di Chieti. Dalla cartografia la località di presenza, che purtroppo non viene indicata nell'elenco di quelle prevalenti, parrebbe essere collocata a cavallo tra l'Abruzzo e il Molise. Per quanto riguarda la Germania vengono indicate le seguenti aree:
- Baden-Württemberg
- Regione di Stoccarda
- Baviera
- Assia
- Regione di Darmstadt
- Nord Reno-Westfalia
- Regione di Münster
- Renania-Palatinato
- Alzey-Worms.

Si evidenzia come la Renania-Palatinato fosse una regione di antica presenza anche del gruppo Italia – Campania e che il centro di Königswinte, anch'esso di antica presenza del gruppo Italia – Campania. si trova nella regione Nord Reno-Westfalia.

Nei periodi successivi si vede questo gruppo attestato sempre di più nelle aree precedentemente indicate e in altre quali l'intera penisola scandinava o la

Russia. Per quanto riguarda l'Italia si nota una intensa presenza in tutte le regioni del centro sud, nella zona di Lanciano e in altre aree dell'Abruzzo quali L'Aquila. La presenza attestata sin dagli inizi del XVII secolo (che potrebbe estendersi anche alla fine del secolo precedente) nell'area a cavallo tra Abruzzo e Molise fa ovviamente supporre che in quel periodo o in quello immediatamente successivo vi possa essere stata una connessione, anche indiretta (attraverso soggetti imparentati con questo gruppo con cui membri della famiglia abbiano a loro volta contratto matrimonio). Considerando l'area di origine ed i luoghi di diffusione si potrebbe supporre che si trattasse soprattutto di gruppi di mercanti, tedeschi in particolare che avevano consistenti colonie in Abruzzo. Anche l'ipotesi di Ebrei Askenaziti non sarebbe da escludersi. Considerando che Family Tree DNA ritiene che il 6% del DNA autosomico sia connesso con l'Europa Centrale, definizione che ricomprende la Francia, i Paesi Bassi, la Danimarca, la Germania, la Svizzera, l'Austria, la Repubblica Ceca, la zona occidentale della Polonia e le aree meridionali della Svezia e dell'Inghilterra, vi si potrebbe vedere un legame con questi ultimi gruppi genetici.

Anche queste ultime ipotesi possono essere riviste alla luce del già accennato *upgrade* di Family Tree DNA che si accennerà più avanti.

L'insieme dei dati ottenuti dall'analisi dei dati forniti da Family Tree DNA e da My Heritage, in particolare di questi gruppi genetici e dei relativi gruppi correlati, forniva già di per sé delle indicazioni utili alla individuazione di una macroarea di provenienza, anteriore al periodo coperto dai documenti storici rintracciati.

Tuttavia, fu il contributo fornito da un'ulteriore piattaforma internet specializzata in genealogia genetica, la My True Ancestry, ad imprimere una importante svolta. Questa, infatti, combinando le più recenti tecniche archeogenetiche con potenti algoritmi di miscela può confrontare accuratamente i dati grezzi forniti da chiunque con un'ampia varietà di campioni di DNA antico.

Tramite la triangolazione dei dati e il raggruppamento, un soggetto può essere classificato e confrontato con antenati separati da migliaia di anni. Particolarmente importati sono i risultati di "Deep Dive" che rappresentano corrispondenze cromosomiche comprovate tra il soggetto e il campione antico. I campioni antichi sono individui vissuti nel lontano passato. Una corrispondenza di questo tipo con il campione significa che si condividono i marcatori genetici e indica una generica condivisione di antenati (minore è la distanza genetica, più si è vicini). Una corrispondenza profonda o "Deep Dive" significa che si condividono segmenti di DNA con il campione e ciò fornisce prove dirette di antenati comuni con l'individuo. I confronti Deep Dive vengono calcolati utilizzando lunghezze SNP (marker DNA) consecutive in cui gli alleli corrispondono tra il kit e il campione. I valori cM sono un sottoprodotto di quello basato sulla lunghezza del cromosoma e di vari fattori legati all'età e alla qualità del campione.

Prima di andare avanti è opportuno rammentare che il DNA autosomico contiene la maggior parte del DNA che ci rende ciò che siamo. Per via del modo in cui è trasmesso di generazione in generazione, solitamente non riusciamo a identificare quale specifico antenato ci ha passato determinati geni, a meno che non mettiamo a confronto i nostri geni con quelli di persone che sappiamo essere in relazione diretta con noi, e vedere quali tratti di DNA combaciano. Il nostro DNA autosomico è, teoricamente, rappresentativo della nostra intera genealogia; il contributo genetico medio per ciascun antenato è pari al 50% da parte di ciascun genitore, al 25% da parte di ciascun nonno, il 12,5% viene invece da ciascun bisnonno, e via a scendere. È importante avere presente però che, se è vero che ogni bambino eredita il 50% del proprio DNA da ciascun genitore, il contributo da ogni singolo nonno può variare rispetto al previsto 25%, e attestarsi al 27%, al 23%, al 23,5% e così via. L'eredità genetica è quindi calcolata in media. Ciò significa che il contributo di un nonno può oscillare addirittura tra lo 0 e il 50%. In termini di affinità genetica quindi, almeno teoricamente, genitori e figli hanno il 50% del DNA autosomico in comune. Lo stesso è vero per i fratelli e le sorelle, figli della stessa coppia di genitori, anche loro hanno in comune la metà del loro codice genetico. Con i nonni, che hanno passato la metà del loro DNA autosomico ad uno dei nostri genitori che poi ne hanno passato la metà a noi, l'affinità genetica scende al 25%. Lo stesso vale per i nostri zii che, essendo fratelli o sorelle di nostro padre o di nostra madre, condividono il 50% del DNA con nostro padre o nostra madre. Con i cugini di primo grado, figli degli zii, condividiamo il 12,5% del codice genetico. Poi gli intrecci di parentela diventano complicati: con il figlio di nostro cugino di primo grado condividiamo poco più del 6% ma, se consideriamo l'affinità tra il DNA dei figli di cugini di primo grado, la percentuale cala a 3,2%. Facendo un ulteriore passo generazionale per arrivare al terzo grado di parentela, tra i figli di cugini di secondo grado si scende allo 0,7%. Se l'affinità del codice genetico scende con l'affievolirsi del grado di parentela, il numero delle persone coinvolte sale in modo considerevole. Supponendo di avere a che fare con famiglie con due-tre figli, ognuno di noi ha, mediamente, 7,5 primi cugini, 37,5 secondi cugini e 187,5 terzi cugini. Ovviamente, nel caso di figli unici i numeri diminuiscono. Un ulteriore importante aspetto da tenere ben presente nella valutazione dei risultati è il fatto che

il DNA autosomico va indietro di 5 – 7 generazioni coprendo quindi un periodo che, al massimo, arriva agli inizi dell'Ottocento. Per questa ragione si può pensare che i dati forniti da My True Ancestry siano da ritenersi non collegabili a recenti apporti genetici, conseguenza di unioni matrimoniali degli ultimi secoli, ma solo il prodotto del più antico passato della famiglia.

Il primo dato importante da cui partire è rappresentato da quella che, secondo My True Ancestry è la vicinanza genetica alle moderne popolazioni ottenuta confrontando i dati grezzi del DNA autosomico. Il risultato ottenuto è così ricapitolato:

popolazione	distanza genetica
Grecia Centrale	5,108
Sicilia Orientale	5,263
Italia Abruzzo	6,358
Sud Italia	6,868
Ashkenazi	7,857
Grecia Creta	8,579
Sicilia Occidentale	9,169
Grecia Isole	9,278

Il valore della distanza genetica è da intendersi nel seguente modo: 5 vicinanza alla popolazione, 10 possibilità di essere inseriti in questa popolazione, 15 indica una popolazione correlata. Sostanzialmente, oscillando i valori tra poco più di 5 e meno di 10, il collegamento genetico con tutte le moderne popolazioni nell'elenco è da ritenersi più o meno stretto. È importante puntualizzare che questo elenco è la fotografia della mistura genetica dell'autore della ricerca e solo in parte può essere condiviso con membri di altri rami della famiglia in quanto è il frutto dell'apporto di entrambi i genitori e dei loro stretti ascendenti. Ciononostante, può essere fonte di informazioni importanti per la ricerca. La prima cosa che balza immediatamente all'occhio è la vicinanza alle sole popolazioni del centro sud dell'Italia e della Grecia.

L'ulteriore importante informazione fornita da My True Ancestry è relativa alla distanza genetica dalle popolazioni antiche. In questo caso il valore indicativo della distanza genetica va inteso in questo modo: fino a 10 è da considerarsi l'antica ascendenza, fino a 20 significa che con la popolazione vi è un legame ancestrale, fino a 30 significa che forse vi è una correlazione. Il risultato fornito è il seguente:

Romano Ellenico + Romano	2,651
Romano Ellenico + Tracio	5,335
Romano + Cario	5,583
Ellenico Romano	6,006
Ellenico Romano + Cario	6,185
Antico Greco + Ellenico Romano	6,331
Romano	10,44
Antico Greco	12,17
Cario	13,08
Tracio	13,85

Al fine di una maggiore comprensione del dato appare utile un preliminare e breve riepilogo di alcune informazioni sulle antiche popolazioni nell'elenco.

Per "Romani Ellenici" si fa riferimento a quei greci che, a partire dal X secolo a.C., quindi alcune centinaia di anni prima della tradizionale fondazione di Roma (753 a.C.), iniziarono a colonizzare l'Italia meridionale. Si stabilirono lungo la costa della Sicilia e sul litorale delle regioni oggi note come Campania, Calabria, Puglia e Basilicata. I Romani in seguito si riferiranno a questo territorio, che comprende la punta dello stivale d'Italia, come Magna Grecia[14]. I coloni portarono la civiltà ellenica, inclusa la democrazia in stile

---

[14] Un intenso programma di colonizzazione fu intrapreso da Siracusa, all'epoca della tirannide di Dionisio il grande, intorno al 387-385 a.C. Questo fenomeno interessò tutto l'Adriatico, e in particolare portò alla fondazione in Italia di Ankón (Ancona) e di Adria (Adria); nella costa dalmata vide la fondazione di Issa (attuale Lissa), Pharos (attuale Cittavecchia di Lesina), Dimos (attuale Lesina); nella costa albanese venne fondata invece Lissos (attuale Alessio). Issa a sua volta poi fondò Tragyrion (attuale Traù), Korkyra Melaina (attuale Curzola) ed Epetion (attuale Stobreč, sobborgo di Spalato). Con questo programma di colonizzazione, Dionisio il Grande si assicurò un controllo totale sulle rotte adriatiche che portavano il grano

greco e la lingua greca in questa terra, interagirono con le tribù italiche native e hanno avuto un impatto duraturo sullo sviluppo della cultura di Roma. Le città elleniche furono infine assorbite nella Repubblica Romana. Napoli, la Neapolis greca, divenne romana nel 327 a.C. La Sicilia, inizialmente popolata dai Fenici e dalla loro colonia Cartagine, fu anche pesantemente colonizzata dai Greci. Siracusa, sulla costa sud-orientale della Sicilia, era la città greca più popolosa del mondo nel III secolo a.C. Tutta la Sicilia era romana nel 212 a.C., conquistata durante le guerre puniche contro Cartagine.

Per quanto riguarda la popolazione definita "Romana" secondo la teoria maggiormente accettata, c'è da dire che diversamente dall'ipotesi della storiografia greco-romana di un'origine dall'Asia minore, i Latini, appartenenti alle genti indoeuropee, discesero in Italia nel corso del II millennio a.C., provenienti forse dall'Europa centrale danubiana. Secondo Theodor Mommsen, che formulò la propria tesi soprattutto su basi linguistiche, la migrazione latina avvenne via terra, seguendo il percorso naturale dato dalla dorsale appenninica da nord a sud, seguendo il versante occidentale della penisola. La migrazione del gruppo latino si sarebbe estesa dal Lazio fino all'attuale Calabria. In seguito ai successivi arrivi di Sanniti e Greci, la presenza di popolazioni latine si sarebbe contratta, fino a coincidere con il *Latium Vetus* (o *Latium Priscum*), che grosso modo era delimitato dal Tevere a nord, dai Monti Prenestini e da un breve tratto del fiume Trerus a est, dai Monti Lepini e i Monti Ausoni a sud, e dal mar Tirreno a occidente. La presunta presenza di genti latine nelle terre a sud del Lazio è comunque definita dal Mommsen non documentabile. Per lo storico tedesco la presenza di genti latine in Campania (tra i quali lo studioso annovera gli Ausoni), si desume dal nome di alcune località campane come Nola (città nuova) o *Volturnus* (dal latino volvere), che attesterebbero la presenza di genti latine prima dell'arrivo dei Greci e dei Sanniti. Per quanto riguarda la presenza di genti latine nelle terre che poi sarebbero state occupate dai Lucani e Bruzi, è definita dal Mommsen probabile, anche se non documentabile. Anche le altre popolazioni italiche di epoca storica, quali Umbri, Volsci, Piceni, Marsi e Sabini, appartenevano al gruppo di popolazioni di lingua indoeuropea, stanziatesi in Italia a seguito di migrazioni via terra, lungo la dorsale appenninica, seguendo un percorso da nord a sud, successive a quella dei Latini. Invece le

---

verso la madrepatria, permettendo così a Siracusa di competere con gli Etruschi in questo commercio. Inoltre, risolse un grave problema di politica interna, mandando a popolare la colonia di Ankón con dissidenti politici. Prima della colonizzazione siracusana già erano presenti nell'Adriatico orientale alcune colonie greche: nell'attuale territorio albanese sorgevano Apollonia e Epidamnos-Dyrrachion (attuale Durazzo); nell'odierno territorio croato era invece la colonia di Epidayron (attuale Ragusavecchia). Le colonie adriatiche siracusane non vengono annoverate in senso stretto come parte della Magna Grecia.

prime evidenze archeologiche ascrivibili a una popolazione di lingua indoeuropea, distinta da una precedente cultura appenninica, risalgono a non prima del XIII a.C. L'archeologia rileva che dalla fine dell'età del bronzo il territorio a sud del Tevere fu caratterizzato dalla cosiddetta facies laziale o cultura laziale (X-VI secolo a.C.), regionalizzazione della precedente cultura protovillanoviana (collegabile con la civiltà dei campi di urne dell'Europa centrale) che uniformò l'area tirrenica della Toscana e del Lazio fra il XII e il X secolo a.C. sovrapponendosi alla cultura appenninica che dominava la regione nei secoli precedenti. Secondo David W. Anthony, queste popolazioni di cultura protovillanoviana erano originarie della regione dell'attuale Ungheria orientale, mentre secondo l'archeologo Kristian Kristiansen, queste originavano dalla regione compresa tra la Moravia e l'Austria.

Alla cultura laziale viene associata la formazione dell'*ethnos* latino che sul finire del secondo millennio a.C. si era già costituito in una serie di comunità (menzionate da Plinio il Vecchio) che avevano come centro principale Alba «Longa».

Sebbene i miti riguardanti la fondazione di Roma siano sicuramente affascinanti e con una base storica, è impossibile farvi un totale affidamento, in quanto si tratta di fonti tramandate per lo più oralmente e che hanno subito diversi cambiamenti nel corso dei vari secoli, stravolgendone il contenuto. La realtà dei fatti è, almeno in parte, diversa da come ci viene raccontata e ha ragioni molto più pratiche, di natura economica e commerciale. Per via del suo particolare carattere commerciale, questo luogo è frequentato fin dall'VIII secolo a.C. dai Greci e dai Fenici, oltre che dagli Etruschi e delle altre popolazioni italiche. Il Tevere, inoltre, costituisce il confine naturale tra due differenti culture che, fin dalla fine dell'età del bronzo (dopo il 1000 a.C.), vanno ormai contrapponendosi anche etnicamente: la cultura laziale a sud (il *Latium vetus* dei Latini-Falisci) e quella villanoviana a nord (l'Etruria degli Etruschi).

I "Traci" erano una popolazione indoeuropea storicamente stanziata nell'estremità sudorientale della penisola balcanica, nella regione che da loro ha preso il nome (Tracia, corrispondente grossomodo alle odierne Bulgaria meridionale, Turchia europea e Grecia nordorientale) e in alcune aree adiacenti, espandendosi a nord fino al basso corso del Danubio. Lo storico greco Erodito affermò che i Traci erano secondi solo agli Indiani per numero, e se non fosse stato per la loro mancanza di unità sarebbero stati i più potenti del mondo. La mancanza di unità portò alla sconfitta della Tracia da parte del re Dario dell'Impero Persiano nel VI secolo a.C. Dopo che i greci sconfissero i persiani nel 479 a.C., la maggior parte delle tribù tracie furono unite sotto il dominio di Teres I che governava il regno di Odriso.

Suo figlio Sitalces allargò il regno a una potenza regionale che si estendeva dall'Egeo al Danubio. Quando iniziò la Guerra Pelloponesiana in Grecia, si alleò con gli Ateniesi per combattere contro i Macedoni e gli Spartani. L'alleanza con gli Ateniesi durò circa 100 anni fino a quando il Regno Tracio Odriso minacciò Atene.

La "Caria" era la regione dell'Anatolia occidentale lungo la costa dalla metà della Ionia a sud fino alla Licia e ad est fino alla Frigia, inclusa Rodi. Ai nativi si unirono i coloni greci ionici e dorici che crearono una nuova città-stato. I Cariani furono descritti da Erodoto - un nativo della Caria - come di discendenza minoica mentre i Cariani si consideravano continentali dell'Anatolia che si dedicavano alla navigazione marittima simile ai Misi e ai Lidi. Parlavano cariano, una lingua anatolica nativa strettamente imparentata con il luvio, una lingua indoeuropea anatolica. Il Mausoleo di Alicarnasso era una delle sette meraviglie del mondo ed è stato costruito in Caria. Uno dei Cari più famosi era Artemisia, regina di Alicarnasso. Durante la seconda invasione persiana della Grecia nel 480-479 a.C., Caria era alleata di Serse I e combatté in entrambe le battaglie di Salamina, dove la regina Artemisio comandava un contingente di 70 navi carie. Dopo che i persiani fallirono, le città della Caria divennero membri della lega di Delo guidata dagli ateniesi. Successivamente furono incorporati nell'impero macedone in seguito alle conquiste di Alessandro Magno.

Infine, per quanto riguarda gli "Antichi Greci" il riferimento è alle popolazioni Micenee. La Grecia micenea (1600-1100 a.C.) rappresentò la prima civiltà avanzata nella Grecia continentale con i suoi stati sontuosi, l'organizzazione urbana, le opere d'arte e il sistema di scrittura. Micene era il sito più importante insieme a centri di potere come Atene, Tebe, il Peloponneso, Pylos, Tirinto, Orchomenos e Iolcos. I micenei avevano insediamenti influenti in tutto il Mar Egeo, nel Levante, a Cipro e in Italia.

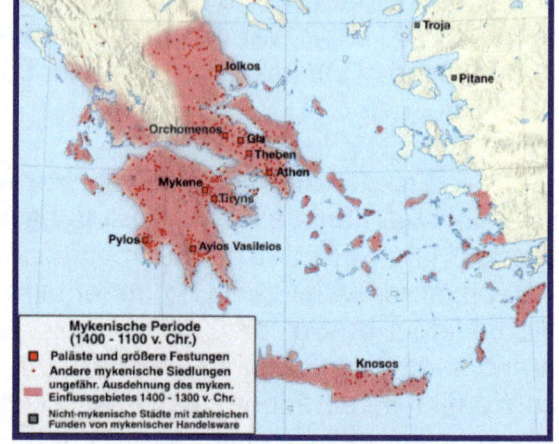

I micenei hanno introdotto molte innovazioni nei settori dell'ingegneria, dell'architettura, delle infrastrutture militari e del commercio. La società era dominata dall'élite dei guerrieri. Il capo della società era il re. Il commercio su vaste aree del Mediterraneo era essenziale per l'economia. Sono state importate materie prime come metalli, avorio e vetro. L'olio d'oliva era una delle principali esportazioni polivalenti. I greci micenei raggiunsero una forte interazione commerciale e culturale con altre persone dell'età del bronzo che vivevano nella regione, inclusi cananei, assiri ed egiziani. Cipro era una delle principali stazioni intermedie per il commercio, con notevoli merci micenee trovate lì. In seguito al crollo intorno al 1100 a.C., l'area entrò nel medioevo greco. Molti micenei fuggirono in posti come la Sicilia durante questo periodo.

§

Facendo un confronto tra la vicinanza genetica alle popolazioni moderne e la vicinanza genetica alle popolazioni antiche appare subito evidente la similitudine delle stesse, sono quasi coincidenti. In entrambi è fortissima la componente greca così come la componente definita italiana nell'elenco delle popolazioni moderne, che si sovrappone, in parte, a quelle definite ellenico romane nella tabella delle popolazioni antiche. Di fatto si tratta delle stesse popolazioni stanziate nei medesimi territori da alcune migliaia di anni che diventano inevitabilmente le aree in cui collocare le antiche origini della famiglia. La differenza non eccessiva tra le popolazioni antiche indicate da Family Tree Maker e da My Heritage ed i risultati di My True Ancestry rientra in parte nell'ineliminabile scostamento tra i risultati dei differenti algoritmi utilizzati dalle varie compagnie e in parte potrebbe essere attribuito a quanto indietro nel tempo risalgono i gruppi di riferimento delle stesse.

Utile anche da questo punto di vista è il terzo dato fornito da My True Ancestry, ovvero la ripartizione ancestrale personalizzata Deep Dive del DNA ovvero la percentuale (con il dovuto arrotondamento) per ciascuna epoca del corredo genetico dei popoli antichi presente nel DNA dell'autore della ricerca (settembre 2023).

Neolitico:
55,7% Proto Antichi Greci, 39,8% Proto Minoici, 4,6% Proto Sicani.

Età del Bronzo
68,7% Traci, 31,3% Antichi Greci.

Età del Ferro

61,1% Traci, 14,7% Fenici, 12,6% Macedoni, 6,9% Cartaginesi, 4,7% Antichi Egiziani.

Età Romana
47,7% Romani, 43,6% Romano Ellenici, 3,6% Lidi, 3,4% Corinzi, 1% Traci, 0,6% Antichi Greci.

Età Oscura
43,% Romani, 26,2% Cari, 25,4% Romano Ellenici, 1,7% Traci, 1,5 Antichi Greci, 1,7% Sanniti, 0,6% Pontici.

La predominanza del DNA del centro sud Italia e della penisola greca è ulteriormente confermata, mentre il DNA riconducibile ad aree dell'Europa Centrale è assente. Dal punto di vista cronologico la successione del DNA denota uno spostamento dall'area greca a quella italica.

A questo punto, raccordando tutti i dati menzionati con le aree di ritrovamento degli antichi campioni di DNA, sia Deep Dive che non, si può tracciare un percorso che, con approssimazione accettabile, definisca le tappe storiche della famiglia.

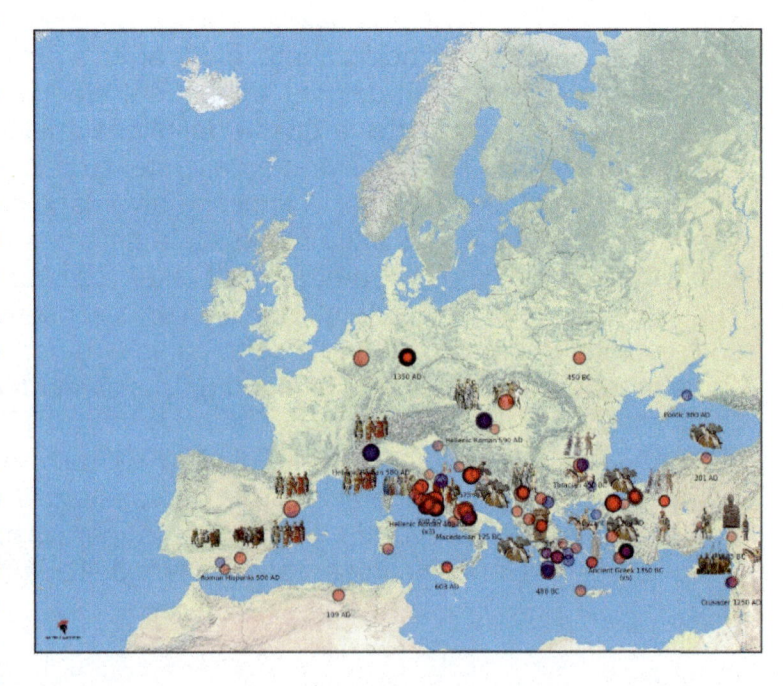

Nell'estate del 2023 Family Tree DNA ha messo a disposizione dei clienti che avevano effettuato il test Big Y 700 un nuovo strumento denominato Globetrekker. Globetrekker stima le posizioni geografiche degli antenati del cliente e le migrazioni in tutto il mondo sulla base del più grande database di sequenze Y-

DNA ad alta copertura, risultati di DNA antico da resti archeologici e posizioni ancestrali segnalate dagli utenti. Quelle fornite sono le migliori stime del momento anche se possono cambiare nel tempo man mano che più persone testano il loro Y-DNA e forniscono informazioni sulla loro ascendenza in linea paterna.

Per quanto riguarda l'antenato della famiglia denominato G-FT395946, Family Tree DNA, oltre a stimare che la mutazione del cromosoma Y sia avvenuta attorno al 1445 a.C., ipotizza che la stessa sia avvenuta nella penisola italiana.

Ovviamente la geolocalizzazione dell'antenato FT395946 è del tutto indicativa e non deve essere presa "alla lettera", così come le localizzazioni di tutti i precedenti antenati. Di fatto la cartografia fornita da Family Tree DNA si sovrappone a quella di My True Ancestry confermando una lontanissima origine greco anatolica della famiglia. Vengono però aggiunti due elementi particolarmente interessanti, il primo dei quali è il verificarsi dell'accennata mutazione nella penisola italiana attorno al 1450 a.C. Se tale ipotesi, attualmente solo altamente probabile, dovesse diventare una certezza significherebbe che la famiglia è giunta nella penisola, probabilmente lungo le rotte commerciali provenienti dall'Egeo, durante la tarda età del bronzo, più di settecento anni prima della fondazione di Roma. A favore dell'attendibilità di tutto ciò potrebbe giocare anche il fatto che la mutazione di Y82047, "padre" genetico dell'antenato FT395946, venga spazialmente collocata in Sicilia e temporalmente "solo" 150 anni prima.

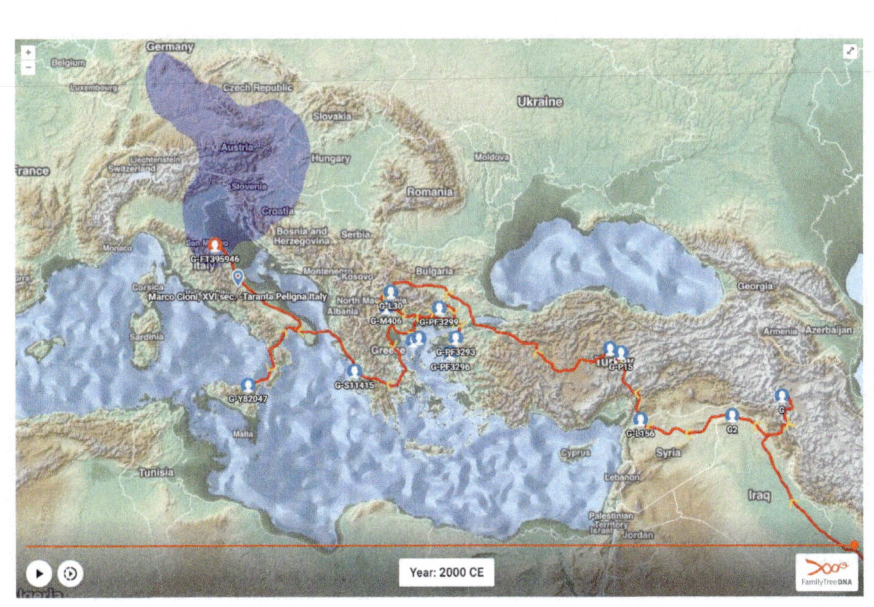

Del resto, l'Italia meridionale e la Sicilia durante l'età del Bronzo sono teatro di intensi contatti tra gruppi di indigeni e navigatori micenei, documentati dal rinvenimento di ceramiche e oggetti in metallo di produzione egea in numerosi contesti protostorici italiani, sia in abitati che in necropoli. È questo un fenomeno di lunga durata, attestato senza interruzioni dal XVI all'XI sec. a.C. Le relazioni micenee con l'Occidente e con l'Italia in particolare sono finalizzate all'approvvigionamento di materie prime, tra cui soprattutto i metalli, per soddisfare i bisogni e i consumi delle nuove aristocrazie peloponnesiache. I primi contatti sono documentati da ceramiche del Tardo Mesoelladico e del Miceneo I e II, di produzione peloponnesiaca, rinvenute nell'arcipelago flegreo (Vivara) e in quello eoliano (Lipari e Filicudi) e, più limitatamente, in Puglia (nel Gargano e a Porto Perone presso Taranto).

La maggiore intensità dei contatti si è stabilita nei secoli XIV e XIII a.C., quando il dominio dei regni micenei si estende anche a Creta; ceramiche del Miceneo III A-B sono state rinvenute in varie aree della penisola e della Sicilia (in particolar modo si segnalano il Brindisino, il Golfo di Taranto, la Calabria ionica, le Eolie, Ustica, il Siracusano, l'Agrigentino) e anche oltre (la Sardegna, la penisola iberica). Adesso il processo non è gestito dai soli centri micenei del Peloponneso, ma coinvolge anche le isole di Creta, Rodi e Cipro.

Alla rotta tirrenica tradizionale, che attraverso lo Stretto di Messina e le Eolie punta verso il Golfo di Napoli, se ne aggiunge ora una più meridionale, che collega i porti del Levante (ubicati nel Libano, a Cipro, a Rodi, lungo le coste meridionali di Creta) con la Sicilia orientale e meridionale e con la Sardegna meridionale attraverso gli scali intermedi del delta del Nilo, delle coste della Libia, di Malta e di Pantelleria. A partire dal XIII sec. a.C., nei punti più strategici di queste rotte, si vengono a costituire importanti empori frequentati dai Micenei, come Thapsos e Cannatello in Sicilia, o Scoglio del Tonno presso Taranto, dove si sono rinvenuti anche idoletti fittili micenei. In passato si è spesso equivocato sulla reale natura di questi centri, talvolta interpretati come stanziamenti micenei veri e propri, quasi delle "colonie" ante litteram. Il progredire delle scoperte e degli studi consente, invece, di meglio inquadrarli come entità costiere dal carattere prevalentemente portuale, frequentati dai naviganti egeo levantini coinvolti nei traffici mediterranei.

Il collasso della civiltà palaziale micenea, tra la fine del XIII e l'inizio del XII secolo a.C., determina un rallentamento nei rapporti tra Oriente ed Occidente; tuttavia, ancora per il XII sec. a.C. sono attestate ceramiche del Miceneo III C in Italia e in Sicilia. Con l'XI sec. a.C., in conseguenza di rivolgimenti sociali e di movimenti di popolazioni che coinvolgono il continente greco (calata dei Dori), le importazioni cessano del tutto e ha inizio, tanto nel mondo egeo che in quello peninsulare e siciliano, una lunga fase di chiusura. Saranno i Fenici a ereditare dai Micenei di Rodi e Cipro quel patrimonio di conoscenze sulle risorse e sugli approdi del lontano Occidente e sulle rotte per raggiungerlo[15].

Il secondo elemento importate aggiunto da Family Tree DNA è l'individuazione di un "figlio" di FT395946, la cui mutazione è denominata FT395633 ed è avvenuta all'incirca nel 700 d.C. nella odierna Germania. Ciò starebbe a significare che uno o più rami discendenti da FT395946 si trasferirono in Germania dove, appunto nel 700 d.C., uno dei suoi discendenti subì una ulteriore mutazione, dando origine ad un ramo specifico. Sul quando e perché arrivarono in quell'area si può azzardare una ipotesi che, tra l'altro, si incastra e chiarisce alcuni dei risultati forniti da My Heritage precedentemente accennati.

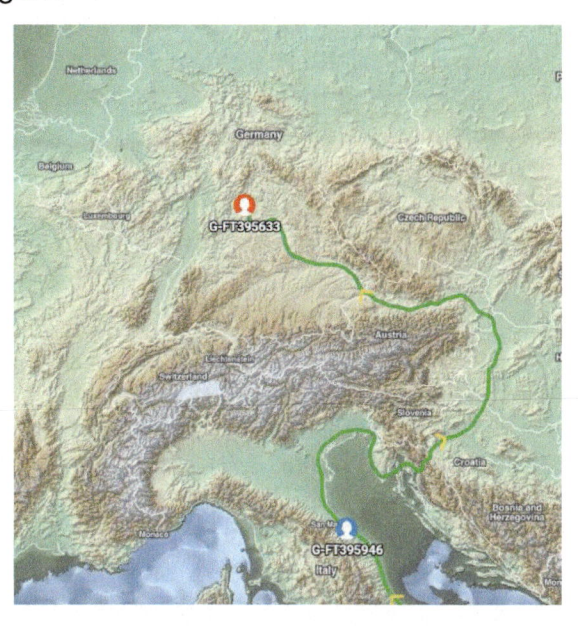

Attualmente in Germania sono stati individuati due discendenti di FT395633; uno di questi è certamente originario del Baden-Württemberg, regione della Germania sud-occidentale, al confine con Francia e Svizzera, mentre il secondo, in base alla diffusione del cognome, può essere originario delle seguenti aree: Baviera, dove vive l'88 per cento dei portatori del cognome; Baden-Württemberg, dove vive il 9 per cento e Renania Settentrionale-Vestfalia, dove vive il 3 per cento. La Baviera, anch'essa posta nel sud della Germania, confina ad ovest con il Baden-Württemberg; questi due Land, tra le altre cose, hanno in comune tra di loro e con la Renania Settentrionale-Vestfalia il fatto di essere state importati zone di confine dell'Impero Romano. Ovviamente ciò determinò nella zona una consistente presenza romana, soprattutto di legionari e in particolare della Legio II e III Italica. La Legio III fu una arruolata dall'Imperatore Marco Aurelio (121 – 180 d.C.) attorno al 165 d.C., in vista della sua campagna contro i Marcomanni, tribù germaniche che vivevano tra il Reno, il Meno e il Danubio superiore. Il *cognomen* Italica fa ritenere che i reclutati fossero originari del suolo italico; era soprannominata

---

[15] G.F. La Torre – *Sicilia e Magna Grecia* – Laterza.

Concors, "armoniosa", dato che Marco Aurelio aveva un co-imperatore, Lucio Vero, con cui voleva sottolineare che viveva in armonia. L'emblema della legione era una cicogna, come uccello altamente combattivo che si nutre anche di serpenti, così come la legione uccideva i nemici.

Subito dopo la sua fondazione la III Italica, insieme alla II Italica e alla I Adiutrix, venne stanziata nelle province danubiane, combattendo le invasioni delle province romane di Rezia[16] e Norico[17] da parte del Marcomanni. I romani avevano conquistato la Rezia e la Vindelicia[18] già nel 15 a.C., a seguito delle campagne condotte da Druso e Tiberio. Sappiamo poi che una subunità composta da soldati di II e III Italica era in servizio a *Salonae* (vicino alla moderna Spalato) in Dalmazia.

In seguito alle invasioni dei Catti, un'antica popolazione germanica stanziata nell'Assia centro-settentrionale e nel sud della Bassa Sassonia, nel 172 venne collocata ad Eining[19] sul sito già esistente di un precedente forte ausiliario. Più tardi la legione costruì il campo definitivo di Regina Castra, l'odierna Ratisbona, progettato come postazione fortemente difensiva. Un'iscrizione dell'edificio può essere datata all'anno 179, poco prima della morte di Marco Aurelio. Già nel 90 i Romani vi avevano edificato un piccolo forte, appartenente al sistema difensivo del *limes* germanico-retico, ma a quel punto divenne un vero e proprio castrum. I soldati erano attivi anche in altre città della Raetia, come nella capitale della provincia di *Augusta Vindelicum* (oggi Augusta), che era abbastanza vicina a Ratisbona. Questo perché il comandante della legione di solito serviva anche come governatore della *Raetia*, e spesso ufficiali e soldati legionari erano impiegati nella burocrazia provinciale.

La legione viene ancora menzionata da fonti del tardo IV secolo nelle province danubiane, sebbene fosse ora divisa in sei unità più piccole. Cinque di loro sorvegliavano i guadi del fiume contro gli Alamanni e gli Ostrogoti, e devono averlo fatto fino a quando la frontiera del Danubio non crollò nel terzo quarto del quinto secolo e Ratisbona fu occupata dai Bavaresi. La sesta unità era stata trasferita a Illirico, dove viene menzionata come gemella della III Herculia.

---

[16] Provincia dell'Impero Romano, comprendente i territori alpini e subalpini compresi fra l'odierno Alto Adige, la Baviera meridionale, parte della Svizzera, dell'Austria occidentale e del versante alpino italiano, corrispondenti all'omonima regione storica che deve il suo nome all'antico popolo dei Reti.

[17] Provincia romana, corrispondente all'attuale Austria centrale (ad ovest di Vienna), a parte della Baviera, alla Slovenia nord-orientale e a parte dell'arco alpino italiano nord-orientale. Esso confinava a ovest con la Rezia lungo il fiume Inn, a sud con l'Italia lungo il crinale delle Alpi Carniche, ad est con la Pannonia e a nord con le popolazioni barbariche di Marcomanni e Naristi, a cui si aggiunsero, a partire dal III secolo, Alemanni, Iutungi e Vandali.

[18] Area delimitata a nord dal Danubio, ed in seguito dal Limes renano di Adriano, a est dal fiume Oenus (Inn), a sud dalla Rezia e ad ovest dai territori degli Elvezi. Corrispondeva dunque alla parte nordorientale della Svizzera, al Baden sudorientale ed al sud del Württemberg e della Baviera.

[19] Comune tedesco del circondario di Kelheim, nella Bassa Baviera.

La II Italica venne anch'essa reclutata in parte nell'Italia e in parte nel Noricum, una delle province sul Danubio minacciate dai Marcomanni. Così Marco Aurelio volle prevenire eventuali nuovi attacchi da parte delle genti germaniche suebe dei Marcomanni e dei Quadi.

Alle dipendenze del nuovo comando sembra fosse posta anche la legio II Italica, posta a guardia dei passi alpini a Locica nei pressi della latina Celeia (Celje), poco distante da Aemona.

Durante le guerre marcomanniche, la legione soggiornò in diversi luoghi presso il Danubio che faceva da confine, e sicuramente a Locica, non molto distante dalla latina civitas Celeia, dove sorgeva un forte e dove la II Italica soggiornò per alcuni anni, nella "Praetentura Italiae et Alpium" di nuova costruzione, a protezione del fronte settentrionale-orientale dell'Italia romana. Proprio a causa della legione Celeia divenne presto una delle più fiorenti colonie romane, e possedeva numerosi grandi edifici, tra i quali il tempio di Marte che era famoso in tutto l'impero.

Nel 171 è certa la presenza della II Italica nel Norico. È probabile che la legione facesse parte, insieme alla I Adiutrix e III Italica, di un'armata comandata da Publius Helvius Pertinax, il futuro imperatore, con il compito di mettere in sicurezza le province di Raetia e Norico. Contemporaneamente, i soldati della II e III Italica stavano costruendo le mura della città di Salona (Spalato).

Venne trasferita nel Norico lungo il Danubio, attorno al 173, a guardia del vicino popolo germanico dei Naristi, sotto l'autorità di un *procurator Augusti*, con sede a Virunum, quindi una provincia procuratoria e il suo esercito era costituito da sole truppe ausiliarie. Vennero edificati forti, fortini e torri di avvistamento militari lungo l'intera forntiera: a Boiodurum, Stanacum, Lentia, Locus Felicis, Arelape, Faviana, Astura e Commagena.

Nel 175 d.c. la II Italica venne stanziata a Lauriacum (l'attuale Enns), divenuta ora nuova capitale della provincia. Il comando del distretto fu affidato a *Q. Antistius Adventus*, militare di carriera di origine africana, *consul suffectus* nel 166-167, che ricoprì la carica di "*legatus Augusti ad praetenturam Italiae et Alpium expeditione Germanica*".

Il primo quartier generale fu stabilito ad Albing; durante il regno di Commodo (attorno al 190), fu trasferita nella vicina Lauriacum, la moderna Enns.

Così nel 180 la II Italica trovò una base permanente a Lauriacum (Lorch) alla confluenza dell'Enns e del Danubio. Lauriaco, conquistata dall'Impero Romano sotto Claudio (10 a.C. - 54 d.C.), divenne un importante forte di milizie ausiliare a guardia del confine danubiano, di fronte alle tribù germaniche di Naristi e Marcomanni.

Nel 205, questa base, sicuramente in legno, venne ricostruita in pietra, e sarebbe rimasta in uso fino alla fine della presenza romana nel Norico.

Nel 193, la II Italica marciò verso Roma con l'imperatore Settimio Severo, che combatteva per il potere. Il nuovo imperatore la ricompensò con il titolo di Fidelis (leale) in riconoscimento del suo supporto. Successivamente Settimio Severo impiegò la II Italica contro le ribellioni di Pescennio Nigro e Clodio Albino, e nelle sue campagne contro i Parti.

Nel III secolo la II Italica partecipò alle guerre di Massimino in Dacia e ad almeno una campagna contro i Visigoti. Durante il conflitto tra l'imperatore Gallieno e il suo rivale Postumus, la legione sostenne il primo, dal quale fu premiata con cognomi come Pia V Fidelis V ("cinque volte fedele e leale"), Pia VI Fidelis VI, e infine Pia VII Fidelis VII.

In seguito alla riforma costantiniana dell'esercito romano numerosi distaccamenti legionari (*vexillationes*) che erano stati inviati lontani dalla base principale della "legione madre", non fecero più ritorno e vennero trasformati in unità legionarie indipendenti (di 1.000 armati circa). Questo è il caso della *legio comitatensis* chiamata *Secundani Italiciani* che al tempo della *Notitia dignitatum* apparteneva al *Numerus intra Africam*.

Esistono testimonianze della II Italica che fosse ancora nel Norico all'inizio del V secolo.

Lo stanziamento di romani provenienti dall'Italia potrebbe spiegare al meglio la presenza nell'area di discendenti di FT395946, che vanno considerati autentici "membri delle famiglia". Contestualmente potrebbe spiegare il legame esistente con il gruppo genetico denominato da My Heritage Lituania e Polonia che, come già detto, vede le zone di più antica attestazione del gruppo collocate soprattutto nella Germania centro meridionale, ma che vede presenze anche in Italia, sia in Veneto ma soprattutto nella zona a cavallo tra l'Abruzzo e il Molise. Per quanto riguarda questo gruppo in Germania vengono, tra le altre, riportate nelle seguenti regioni: Baden-Württemberg, Baviera, Renania settentrionale-Vestfalia, Renania-Palatinato. Si rammenta che la Renania-Palatinato era una regione di antica presenza anche del gruppo Italia – Campania e che la città di Königswinte, anch'esso di antica presenza del gruppo Italia – Campania si trova nella regione Renania settentrionale-Vestfalia. Troverebbero anche spiegazione le corrispondenze genetiche antiche e moderne riscontrate nell'area centro orientale dell'Europa.

Per concludere si riporta quanto si scriveva prima dell'aggiornamento di Family Tree DNA più volte citato: «*Partendo dall'area turco anatolica i membri della famiglia si spostarono in area minoica, micenea e tracia. Il periodo di arrivo in Italia è incerto, in quanto, se da una parte potrebbe coincidere con la fondazione delle prime colonie greche, molte corrispondenze Deep Dive suggeriscono una lunga permanenza in area tracia, per cui l'arrivo nella penisola potrebbe essere successivo alla conquista romana di quella zona (tra il 146 a.C. al 46 d.C.).*

Nel periodo imperiale elementi della famiglia sono sicuramente attestati in Italia, stabiliti in un'area, compresa tra Roma e le attuali Campania, Basilicata e Puglia, dove sono rimasti anche nelle epoche successive; probabilmente proprio in quella zona di incrocio delle etnie stimate da MyHeritage evidenziata a pagina 50.»

Family Tree DNA ha sciolto il dubbio circa il periodo di arrivo nella penisola italiana dei più antichi antenati collocando l'evento tra il 1600 ed il 1450 a.C. Per cui, come già detto, la famiglia è da ritenersi discendente dalle antiche genti che abitavano la penisola prima della fondazione di Roma. A tutt'oggi (settembre 2023) la sua presenza nel periodo imperiale, ma anche nel Medioevo e nel successivo Rinascimento nell'area tra Roma, Campania, Basilicata e Puglia rimane l'ipotesi più accreditata dai dati a disposizione.

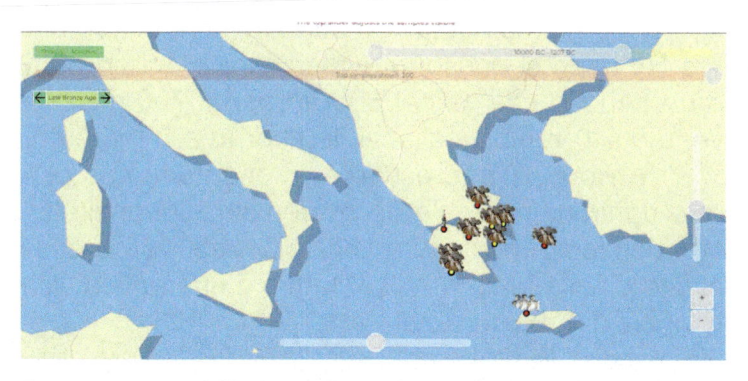

Questa conclusione trova supporto nelle informazioni fornite da My True Ancestry. Si può infatti vedere come i campioni antichi riportati nella cartografia (nella maggior parte di color giallo e quindi di tipo Deep Dive) riferibili alla tarda età del bronzo siano collocati in area greco cretese.

Nella successiva età del ferro, quindi dopo il probabile arrivo nella penisola italiana dell'antenato FT395946, la distribuzione dei campioni geneticamente vicini alla famiglia sono ubicati essenzialmente nell'area attorno a Roma.

Si ritiene opportuno ribadire che gli individui maschi riportati nella cartografia non sono membri della famiglia, in quanto nessuno di essi è portatore della mutazione del cromosoma Y FT395946; per gli individui di sesso femminile non si può essere così categorici in quanto non essendo portatrici del cromosoma Y non si può escludere il fatto che possano essere figlie di qualche discendente di FT395946. Sicuramente però tutti hanno collegamenti genetici più o meno intensi, indicativi quindi di una maggiore o minore consanguineità con membri della famiglia.

Per quanto riguarda il periodo immediatamente successivo alla fine dell'Impero Romano si possono evidenziare in modo particolare sei campioni, risalenti ad un periodo che va dal 600 a dopo il 700 d.C., rinvenuti a Venosa (PZ) e uno rivenuto a Tarquinia collocabile attorno alla metà dell'800 d.C.

Ancora più interessante, in quanto temporalmente più vicina al periodo coperto dai documenti c'è da evidenziare innanzitutto un considerevole numero di corrispondenze risalenti al 900 a.C., al 1100 e al 1355 con resti umani rinvenuti nel sito di Villa Magna. Villa Magna è una antica villa romana situata ad Anagni in provincia di Frosinone, al confine con il territorio del comune di Sgurgola, nel Lazio. La villa si trova nella valle del Sacco, a 65 Km a sud di Roma, ai piedi del monte Giuliano (monti Lepini). Sembra che il nome derivi dal ricordo locale di una grande villa imperiale (II-V secolo), occupata successivamente dal monastero di San Pietro a Villamagna (IX-XIII secolo). Si trattava probabilmente di una villa rustica di epoca tardo repubblicana che alla fine del I sec. d.c. era annoverata tra le proprietà imperiali. Secondo alcuni storici, la splendida villa sarebbe stata di proprietà del condottiero romano Pompeo Magno, passando dopo la sua morte, avvenuta nel 49 a.C., e quella dei suoi figli Gneo e Sesto, al demanio di Roma, divenendo località di riposo degli imperatori romani della famiglia degli Antonini. Alla villa si giungeva attraverso la strada dal bivio sulla Casilina sotto Anagni, nella località oggi denominata "Osteria della Fontana". Secondo altri la villa risalirebbe al II secolo, ai tempi di Adriano (76 - 138). In una lettera del 144-145 al suo precettore Frontone, Marco Aurelio (121 - 180) descrive, all'età di 23 anni, la sua visita di due giorni nella residenza, dove soggiornava anche l'imperatore Antonino Pio (86 - 161), suo padre adottivo: « *Siamo usciti a caccia, abbiamo fatto grandi cose; abbiamo sentito che erano stati catturati dei cinghiali, ma non abbiamo visto nulla. Abbiamo scalato una collina abbastanza ripida; poi nel pomeriggio siamo tornati a casa, io ai miei libri. Quindi, togliendomi gli stivali e i vestiti, ho letto sul mio letto per due ore l'orazione di Catone sulla proprietà di Pulchra e un'altra in cui metteva in dubbio un tribuno. È inutile mandarmi dei libri, perché questi mi hanno seguito fin qui.... Noi stiamo bene. Ho dormito un po' troppo, a causa del mio leggero raffreddore, che sembra essersi calmato. Dalle cinque alle nove ho letto l'Agricoltura di Catone e ho scritto, meno male, grazie a Dio, di ieri. Poi ho reso omaggio a mio padre...Pulitomi la gola sono andato da mio padre e l'ho assistito nel sacrificio. Poi sono andato a pranzo. ... »*[20]. Sotto Settimio Severo (146 – 211 d.C.), nel 207, la strada che da Anagni conduceva alla villa venne lastricata, come apprendiamo da un'iscrizione oggi conservata nella cattedrale di Anagni. Dopo l'abbandono le rovine della villa furono a più riprese occupate da piccoli insediamenti produttivi (VI e IX secolo). Un documento del 23 ottobre del 976 descrive l'occupazione del sito a opera del monastero di San Pietro, da parte di tre nobili di Anagni, quando ebbe la grande tenuta di Villamagna. Il monastero poi decadde e venne soppresso nel 1297 da papa Bonifacio VIII e i resti vennero usati come fortilizio per una piccola guarnigione. Peraltro nei documenti il sito è citato come castrum (1301 e 1333), di cui è successivamente attestata la rovina (*castrum dirutum*) in un documento del 1478

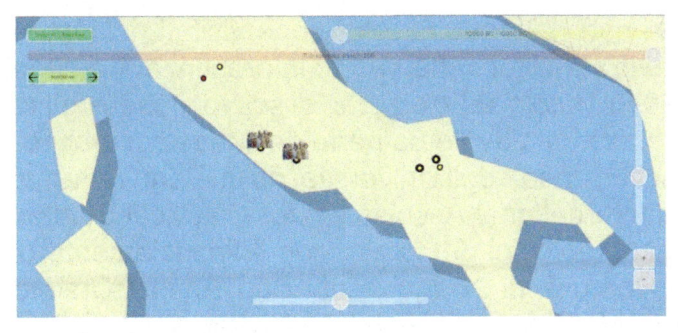

---

[20] Lettera di Marco Aurelio a Frontone.

e l'incendio (Villa magna combusta est) nel 1498.I resti furono visitati nel Settecento dall'archeologo scozzese Gavin Hamilton, che riportò la presenza di alcune statue. A partire dal 2006 e fino al 2010 il sito è stato oggetto di scavo archeologico, sia per il periodo romano che per quello medievale da parte del Museo di archeologia e antropologia (sezione mediterranea) dell'Università della Pennsylvania, della British School at Rome, della International Association for Classical Studies e della Soprintendenza per i beni archeologici del Lazio, con il finanziamento di base della Fondazione 1984, del Comune di Anagni e del BancAnagni Credito Cooperativo. Lo scavo è stato diretto da Elizabeth Fentress, Andrew Wallace Hadrill e Sandra Gatti. Gli scavi hanno permesso di rimettere in luce una cantina per il vino che era anche riccamente ornata di marmi, il quartiere degli schiavi e una serie di insediamenti e cimiteri del periodo altomedievale.

Il territorio della villa ricade in quella macroarea individuata grazie ai dati forniti da My Heritage, contribuendo quindi ad aumentare le possibilità che sia la zona da cui la famiglia giunse a Taranta.

Sono interessanti anche le 4 corrispondenze Deep Dive nell'area di Foggia datati tra il 1150 ed il 1240 d.C. e quelle con resti rinvenuti nella Basilica di San Lorenzo a Roma risalenti al 1350 circa.

CAPITOLO 3

La storia recente

La storia della famiglia Di Gianfrancesco basata su documenti va dal XVI secolo ad oggi e può essere suddivisa in quattro fasi.

La prima fase, che va dai primi del 1500 a verso la fine del secolo successivo, vede la famiglia coesa, in una elevata posizione economica e sociale nell'ambito della comunità di Taranta, dedita all'esercizio di attività creditizie oltre che, con molta probabilità, mercantili.

Nel periodo successivo, collocabile temporalmente tra la fine del XVII secolo e la fine del XVIII, la famiglia sembra ridotta a pochi individui, con molta probabilità a causa della peste del 1656, colpita dalla crisi che in quel periodo investì l'economia del Regno, comprese le attività mercantili e commerciali, e indotta, quasi sicuramente, ad abbandonare Taranta per trasferirsi nella vicina Lama. Tutto ciò innescò una lenta decadenza, plausibilmente acuita ulteriormente, nella seconda metà del XVIII secolo, dalla estrema contrapposizione e litigiosità interna alla famiglia stessa. Tale perdita di compattezza nell'ambito dei singoli nuclei familiari, fece sì che preziose forze, iniziative e risorse andassero sprecate in *"liti"* legali piuttosto che investite in progettualità economiche. I membri della famiglia, probabilmente anche a causa di ciò, non compresero in tempo o comunque appieno, il mutamento in atto della società e quindi la necessità di adeguarsi alle nuove tendenze economiche. La crisi del '600 fu devastante per l'Italia e il continente europeo. I tempi d'oro della libera mercatura iniziavano a tramontare, sempre più persone infatti tendevano a investire i propri capitali in terreni o altre forme di rendita, anziché metterli a rischio in commerci sempre meno remunerativi e dagli esiti sempre più incerti. Basta scorrere gli atti notarili rogati nelle fiere per rendersi conto di come le lettere di cambio e i debiti venissero sempre meno onorati. La famiglia, nel suo complesso, mantenne comunque un tenore di vita più che decoroso anche nel periodo peggiore, individuabile, come già detto, nella seconda metà del XVIII secolo.

Con l'inizio del XIX secolo, momento da cui si può far partire il terzo periodo, si comincia a percepire una lentissima ripresa, forse favorita anche dal ricompattamento dei nuclei familiari i cui componenti non riusciranno tuttavia a recuperare da subito il ruolo e le posizioni dei periodi migliori; bisognerà, per questo, aspettare il XX secolo, e in particolare gli anni che seguono la fine della Seconda Guerra Mondiale.

Questi anni possono anche costituire il momento d'inizio del quarto e ultimo periodo purtroppo caratterizzato da un sostanziale abbandono di Lama da parte della maggior parte dei membri della famiglia, i quali sono spinti a cercare altrove quelle opportunità che una società, tornata finalmente flessibile, può offrire.

Essi, questa volta in tempo, hanno percepito i segnali di un imminente rinnovamento, comprendendo altresì che esso non poteva investire, almeno inizialmente, la loro terra. Ancora una volta l'hanno lasciata con coraggio e hanno affrontato i disagi e le difficoltà tipiche di coloro che vengono a trovarsi soli in luoghi e comunità a loro estranee. Si assiste in quegli anni alla rinascita della temerarietà, dell'iniziativa, della volontà di crescita, per altro mai mancata in assoluto e che forse erano stati i motivi che nel XVI secolo avevano fatto giungere la famiglia a Taranta, centro la cui industria laniera era in crescita grazie anche ai suoi feudatari, i Malvezzi di Bologna, e che successivamente, con il mutare delle condizioni economiche, l'aveva indotta, verso la fine del 1600, a trasferirsi nella vicina Lama.

IL PRIMO PERIODO

XVI e XVII secolo

"..... Il termine uomini d'affari è riservato a coloro che operano al di là del mercato locale, che comprano o vendono, sia all'interno sia all'esterno dell'agglomerato in cui risiedono e dei suoi dintorni immediati, prodotti che essi lavorano o soltanto trasmettono; che fanno operazioni finanziarie con forestieri oltre che con i propri concittadini......Questi uomini venivano chiamati, con un termine assai vago, mercatores. L'espressione uomini d'affari, per la sua identica imprecisione, ne è l'equivalente più prossimo......"

Yves Renourd *"Storia degli uomini d'affari italiani nel medioevo"*

Prima di affrontare l'analisi dettagliata dei documenti disponibili potrebbe essere utile avere un quadro d'insieme di quella che, con tutta probabilità, era la vita sociale e economica a Taranta durante questo periodo. Tuttavia, la carenza di fonti si riverbera ovviamente anche su questo aspetto, rendendone problematica e difficoltosa la ricostruzione.

Si ritiene perciò più praticabile e altrettanto utile fare ricorso a un validissimo lavoro su Solofra realizzato da Mimma De Maio. Questo centro in provincia di Avellino era contraddistinto soprattutto da una importante attività di lavorazione e di concia delle pelli, oltre che da tutte le attività artigianali legate all'industria armentizia (pelli, lana, scarpe, cinghie, cordame, oropelle[21]) e mercantili. Come Taranta, durante questo periodo può essere considerato un centro "protoindustriale" caratterizzato da una larga diffusione di attività a domicilio e familiari con lavoro non specializzato e non corporativizzato, con un ceto mercantile di finanziatori non distinto da quello rurale né da quello artigianale" (F. Barra), il tutto coagulato dalla mercatura.

Attività mercantile e finanziaria

La vita economica solofrana all'inizio del XVI secolo si articolava intorno alla mercatura, non solo perché questa era l'attività più importante in un ambiente

---

[21] Detta anche battiloro, era un'arte inizialmente così chiamata perché l'oro, ridotto in sottili fogli, veniva usato per impreziosire le pelli con le quali si facevano oggetti o indumenti di valore alimentando un artigianato di lusso e ricercato.

produttivo, ma perché era legata all'attività finanziaria. Infatti, il mercante era anche il finanziatore del commercio.

La compravendita avveniva attraverso un particolare rapporto tra due soggetti un mercante-finanziatore che forniva la merce e un mercante-imprenditore che si impegnava per la sua vendita e per la restituzione del danaro corrispondente al valore della merce compreso il guadagno. L'affare avveniva attraverso un vero e proprio patto societario tra le due persone che terminava quando veniva restituito il denaro. Doveva perciò essere registrato in un atto legale che veniva stipulato da un notaio, il quale aveva il suo ufficio nella zona del commercio. A Solofra in questo periodo c'erano ben quattro notai privati, più uno civico, che svolgevano questo compito.

Un altro tipo di rapporto mercantile era costituito da una società più duratura tra due o più contraenti, che si impegnavano ciascuno con la propria competenza e ponendo una determinata somma. In questo patto veniva indicato il denaro versato "*ad usum bone mercantie*" e chi lo usava, venivano descritti i ruoli svolti da ognuno, le modalità per la restituzione del capitale e per la divisione del guadagno in parti che dipendevano dal ruolo delle persone impegnate nell'affare, veniva prescritto il divieto di fare sleale concorrenza o affari al di fuori della società, l'obbligo di tenere i conti e di investire il guadagno in nuove mercanzie, veniva raccomandato di non fare debiti se non con persone facoltose, si richiamavano alcune regole, come la partecipazione diretta e personale al "mercimonio", l'obbligo di svolgere ogni attività con diligenza; veniva richiamato il rapporto di fiducia personale; si indicava la possibilità di assumere garzoni, di usare cavalli o altri animali da soma.

Un altro tipo di società era quella che univa l'artigiano all'operaio, il quale poteva impegnare una parte del suo guadagno e anche il lavoro nell'impresa del padrone di cui usava gli attrezzi. Infine, c'era la società per la riscossione dei tributi, infatti, questi erano anticipati all'Universitas da alcune persone che poi raccoglievano in proprio le entrate.

Tutte le attività economiche si basavano molto sulla cooperazione tra le persone e su una vita comunitaria abbastanza solidale, cosa resa possibile dal fatto che sia le attività artigianali che quelle mercantili e finanziarie avvenivano tra persone legate da rapporti familiari più o meno ampi. Inoltre, le persone non svolgevano sempre lo stesso ruolo: chi dava la merce-capitale era anche chi la produceva e poteva in un altro affare essere colui che la riceveva.

Tra queste persone poi prevalse la figura di colui che finanziava l'attività mercantile che era in posizione favorevole, poiché il suo guadagno era sempre assicurato, mentre il mercante-imprenditore correva tutto il rischio della mercatura ("*risico, periculo et fortuna*"). E fu costui che divenne solo finanziatore e fu al centro della vita economica solofrana. Si formò così il ceto dirigente costituito da alcune famiglie facoltose che dominavano l'economia locale e soprattutto la finanza pubblica, perché in grado di anticipare il denaro dei tributi guadagnando sulla loro riscossione e quindi controllando la gestione della *Universitas*, che in effetti era un grosso affare economico.

L'attività finanziaria si basava essenzialmente sul credito, il quale doveva essere assicurato da un pegno che veniva dato al creditore come garanzia fino all'estinzione del debito. Il pegno era un bene e cioè una casa, un terreno, ma anche un cortile, un cellaro, e poi selve, vigne, botteghe. Il bene impegnato era usato dal creditore (godimento dei frutti o il suo fitto) e costituiva l'interesse (chiamato "giusto guadagno"). In questo modo si evitava di parlare di interesse che era a quel tempo vietato.

Per tutto questo e poiché l'attività mercantile era il cuore della vita economica solofrana si comprende come fosse importante a Solofra l'esistenza della piccola proprietà, come il patrimonio familiare fosse coinvolto nell'attività mercantile e fosse una sua parte integrante. Esso permetteva il commercio e l'attività produttiva, ma correva anche i rischi mercantili poiché, se non si fosse potuto restituire il debito, si sarebbe perso il bene impegnato. Per questo motivo c'era un rigido sistema di trasmissione dei beni che ruotavano intorno agli uomini; perciò, ogni attività economica solofrana poggiava sull'intera famiglia, la quale diventava essa stessa impresa; perciò, era importante la continuità della famiglia, il fatto che il patrimonio non venisse diviso; perciò, c'erano varie protezioni a sua difesa. C'erano persone a tutela dei minori e delle donne, curatori testamentari, gestori patrimoniali; perciò, i testamenti spesso venivano stilati in occasione di operazioni finanziarie ed erano corretti o cancellati al termine; perciò, frequenti erano le divisioni dei beni, poiché l'impegno mercantile cadeva solo sulla parte che spettava a chi si poneva nel negozio.

Questa logica finanziario-mercantile determinava anche i limiti di eredità delle donne e regolava tutta l'ampia materia ereditaria femminile, toccava i contratti matrimoniali, che erano veri e propri atti economici dove la dote era un trasferimento di denaro che lo sposo doveva "impegnare bene" e "far fruttare" nell'impresa-famiglia a cui la donna partecipava. Il matrimonio era un ampliamento di tale impresa, non solo per i beni che la donna portava, ma anche per le alleanze che permetteva con l'allargarsi del raggio d'azione commerciale. La logica dei matrimoni era dettata da una sottilissima e stretta rete di convenienze e necessità oggi incomprensibile, ma che faceva parte integrante e perfettamente interagente con questo sistema economico.

Circa la funzione della donna in questo meccanismo, c'è da dire che essa poteva disporre della dote quando c'era una giusta causa, vendere un bene col consenso del marito o, in mancanza, dei figli, partecipare alla formazione della dote delle figlie, rispettando il criterio di salvaguardare i beni dotali. Essa inoltre poteva amministrare i beni dei figli alla morte del marito, solo se o fino a quando non si risposava. Anche per i minori emergono regole tutte tese alla protezione del patrimonio, amministrato rispettando il loro mantenimento e l'educazione adatta allo stato sociale.

Di questa stessa logica faceva parte l'istituto della emancipazione, che dipendeva dal fatto che i figli erano sottoposti alla tutela del padre (*patria potestas*) fino a quando questi non moriva. Quando questi voleva staccarsi dalla impresa familiare e iniziare da solo la mercatura, il padre, per salvaguardare il patrimonio e per permettergli l'autonoma attività mercantile, gli assegnava una rendita, non il distacco della sua parte del patrimonio, e dichiarava che il figlio era "*sapiente, discreto e capace a reggersi da sé, a negoziare e trafficare*", dopo di che non rispondeva dei debiti da lui contratti.

Data la fisionomia di questo sistema finanziario era facile che si instaurassero forme di usura - quando per esempio una vendita era conclusa per un prezzo inferiore al valore effettivo - poiché il limite tra l'usura e il "*lecito guadagno*" non era chiaramente definibile. Bisogna anche considerare che il secondo soggetto della contrattazione, l'imprenditore, per il suo guadagno ("*lucro*") doveva fare i conti con le fluttuazioni del mercato, che allora erano legate a ogni singolo mercato e che facevano sì che fosse lui a correre il maggior rischio.

Erano possibili varie forme di speculazioni. Nei contratti di compravendita, per esempio, si stabiliva con precisione il denaro impegnato ma non la quantità di merce, che era indicata col termine generico di "*certa quantitatis*". Qui si nascondeva sia il sicuro guadagno dell'uno che quello più incerto dell'altro, oltre che la possibilità di altre speculazioni. Il creditore poteva pretendere ancora forme di interesse nascoste, come l'uso di qualche bene o i frutti di qualche fondo, poteva anche valersi della clausola finale, che diceva che l'atto era scaduto se il capitale veniva versato, altrimenti il debitore era tassato del doppio della somma non pagata o, se c'era il pegno, diveniva proprietario dello stesso, oppure poteva pretendere un supplemento. Ma l'usura si insinuava in ogni atto dove c'era un prestito, poiché non c'era la possibilità di controlli sicuri, né di porre un freno alle pretese di chi andava oltre il "lecito guadagno". In questo clima si comprende il grande valore dell'opera della Chiesa, le cui istituzioni, intervenendo nel prestito, proteggevano il piccolo credito e davano respiro al commercio.

Vita sociale

La società solofrana quale emerge dagli atti notarili dell'inizio del XVI secolo, era legata alle attività economiche prevalenti - produttive e finanziarie - dove il possesso fondiario era funzionale sia alla produzione che alle attività finanziarie. In essa si può distinguere un ampio ceto che forma un unico nucleo con caratterizzazioni ben precise.

Questa società si era irrobustita nei momenti più vivi del XIV secolo e si era arricchita con un quasi continuo trasferimento immigratorio dalle zone ove giungeva il suo commercio. Era costituita da una parte emergente e da una minore, che però non era in opposizione alla prima, perché l'accesso ad essa non le era precluso. Infatti, il processo di emancipazione sociale era determinato dalla ricchezza, che creava il vero discrimine nella scala sociale solofrana, alla quale tutti potevano accedere attraverso le attività artigianali e mercantili. Inoltre, gli stadi dell'ascesa sociale erano ben visibili, mediante alcuni parametri (avere un sacerdote nella famiglia o un notaio o un giudice, acquistare una cappellania) e ciò dava sicurezza ed eliminava perniciosi contrasti di classe.

La parte alta di questa comunità aveva un vasto campo d'azione perché contemporaneamente esercitava commercio, artigianato e finanze, o agricoltura e pastorizia, ma soprattutto trovava libero gioco della sua affermazione nel reggimento della Universitas, per le caratteristiche della sua gestione, che era prettamente economica e tributaria. Attraverso questa via si era andata formando l'egemonia di alcune famiglie, una sorta di ceto medio dirigente, un patriziato locale, favorito dalla necessità di poggiare sulla consistenza economica i rischi della gestione del potere, e che permise la presa di possesso di alcune cariche che passavano di famiglia in famiglia, tutte legate da un'accorta politica matrimoniale.

Il segno che indicava l'appartenenza alla parte più alta di questa comunità era l'accesso allo stato ecclesiale e a quello curiale, che era determinato dall'avere in seno alla famiglia un notaio, un doctor *utriusque juris* o, più facilmente, un membro dello stato clericale. Su un piano elettivo minore si trovava chi era detto "*letterato*", che cioè aveva dimestichezza con la scrittura e il far di conto, perché in una società mercantile era diffuso e necessario l'uso di queste conoscenze di base e il "fisico" che non godeva ancora di particolare distinzione.

Chi entrava nel clero godeva di prerogative e distinzioni soprattutto sociali, aveva raggiunto, cioè, uno status economico, legato alla gestione delle cappellanie. Il sacerdote spesso faceva da centro-guida del suo nucleo familiare: consigliava, proteggeva, dirimeva le questioni, come un legale. Appartenere a questo ceto a Solofra significò subito molto, per le caratteristiche che in loco acquistò la istituzione ecclesiale che era a sostegno delle attività economiche. Qui si era creata una non meno importante tradizione monastica intorno a S. Agostino, sia all'indomani della sua istituzione, quando il monastero fu, attraverso S. Maria di Alto Spirito, sotto la gestione di Montevergine, sia quando entrò nell'egida del monastero di S. Agostino di Napoli.

L'espansione delle attività economico-commerciali solofrane e le sue stesse esigenze pratiche determinarono l'altro indirizzo, quello notarile. L'attività notarile si sviluppò per il grande valore che avevano acquisito alcune cariche della corte - del mastrogiurato e dei giudici -, caricandosi di un forte significato perché con essa la legalità entrava nella comunità, e configurandosi come un punto fermo nella precarietà dei tempi e persino garante e custode delle consuetudini soprattutto quelle non scritte, poiché ogni atto notarile era stipulato esplicitamente nel loro rispetto. Il fatto che nei luoghi mercantili più notai presiedessero alle attività commerciali li pose al centro di tutti i rapporti finanziari, rendendoli persone estremamente influenti e i loro uffici molto frequentati. Per questo motivo la figura del notaio, nelle località mercantili, era di grande spessore.

Il ceto notarile solofrano acquistò valore perché la figura del notaio, apparendo come persona di fiducia della intera comunità, permetteva di non perdersi nei meandri della mercatura. L'attività di compravendita avveniva infatti attraverso un atto notarile di particolare importanza, perché consentiva la stessa attività mercantile che si poggiava soprattutto sul credito e perché dava sicurezza al mercante, che affidava la merce a un collega o si legava a lui in un rapporto societario su cui si basava gran parte del commercio locale. Molte erano le transazioni notarili di carattere commerciale che regolavano la vita economica locale.

Il notaio, che era eletto dalla Universitas con approvazione della Regia Curia e doveva essere dottore, di buona fede e reputazione, a Solofra fu un individuo che faceva parte del ceto produttivo locale, non era quindi estraneo allo spirito imprenditoriale e commerciale. All'inizio ci furono notai non locali che si trasferirono e operarono a Solofra - si è nella seconda metà del XIV secolo - perché allora molti atti richiedevano un notaio forestiere, poi l'attività notarile si consolidò seguendo lo sviluppo dell'attività mercantile, infatti, diversi sono i notai solofrani che si possono individuare nel secolo precedente (XV), alla fine del quale questo ceto appariva già forte di una sostanziosa tradizione. I notai solofrani, che operavano all'inizio del XVI secolo - contemporaneamente quattro, oltre a quello regio, come prevedeva la riforma ferrantina - facevano parte di famiglie che si profilavano bene all'interno del ceto locale, di quell'ambito che dominava la vita pubblica attraverso l'esercizio dei pubblici uffici e la gestione dell'*Universitas*, che era insomma al vertice della economia.

Il ceto notarile solofrano però non era una consorteria né un gruppo chiuso solo più avanti l'attività diverrà una tradizione familiare, una specie di feudalizzazione dell'ufficio ma in questo si entra nelle modalità comportamentali dell'epoca. Tuttavia, considerando i notai del secolo precedente si può già individuare una costante notarile in talune famiglie solofrane. Da questo ceto emergerà quello togato, che sarà un nerbo importante della compagine solofrana nel mantenere i rapporti con la capitale e sostenervi il trasferimento degli interessi economici locali.

Comportamenti della società artigiano-mercantile solofrana

Interessante è lo studio, all'interno della società solofrana, di una dialettica delle alleanze familiari, guidata da motivi economici o dalla politica di dominio nel casale o di conquista di altri casali. In ogni casale dominavano una o più famiglie in genere legate da rapporti familiari che li rendevano forti e il trasferimento ad un altro casale avveniva attraverso un'alleanza familiare. Il nuovo ceppo spesso subiva una trasformazione nominale quasi acquistava un segno distintivo del trasferimento oppure faceva diramare dal ceppo principale alcuni rami che si renderanno autonomi,

In aggiunta le alleanze familiari determinavano lo sviluppo dell'attività artigianale della concia, che avveniva in concerie possedute da più famiglie legate tra loro.

Un'ultima caratteristica di questa società è il fatto che non fosse privo di cultura, sia per la necessità della scrittura commerciale, che per la pratica mercantile e del fondaco, che richiedevano libri di mercatura. Ogni azienda aveva dei libri contabili, che registravano gli introiti e i prelievi, il ritiro di una somma da parte di un socio, la spesa per un viaggio, ma anche semplicemente la dislocazione delle pelli nelle varie fosse[22], visto che vi dovevano rimanere molto tempo e data la precarietà dell'esistenza. Dato che non c'era un obbligo preciso per questi libri, ve ne erano di vari tipi. Nei testamenti si citano tali libri specie in relazione al dare e

---

[22] Anticamente, la concia prevedeva la triturazione fine delle cortecce che poi venivano lasciate agire sulle pelli in una fossa grazie all'aggiunta dell'acqua, che scioglieva i tannini, permettendo così l'assorbimento da parte dei pellami, rendendoli eterni ed atti all'uso.

all'avere (*recoglienze*), o nei contratti societari, che, nella ripartizione degli incarichi, esplicitamente definiscono chi tiene l'onere dei libri.

L'esigenza di apprendere i primi rudimenti del sapere, che non è solo al servizio della parte alta di questa società, è soddisfatta sia dalle immancabili scuole private - ne è documentata una - che, cosa eminentemente significativa, da una vera e propria scuola al servizio di quella parte della comunità che ne aveva bisogno, ne faceva uso e la gestiva. Questo tipo di scuola solofrana appare una vera e propria istituzione con delle regole, un programma, una durata, che dovevano essere rispettati, con un docente obbligato da una convenzione, e aveva naturalmente un costo da ripartire tra gli studenti, i quali a loro volta erano sottoposti a dei precisi obblighi.

In più, la circostanza che l'insegnante che prestava la sua opera a Solofra provenisse da Padova, fa arguire che la sua scelta fosse dettata anche da motivazioni culturali, visto che la città veneta era un importante centro del razionalismo aristotelico, diffuso anche a Salerno, che ne fu un vivace centro, tanto da alimentare uno scontro tra due correnti: quella che si legava al tradizionalismo medioevale e quello che invece volgeva verso un'indagine interpretativa dei grandi maestri dell'antichità. Non è quindi da sottovalutare l'influsso che in questa diatriba portò l'insegnante padovano, se si considera che il Cinquecento solofrano espresse proprio un filosofo aristotelico, Camillo Maffei, appartenente a una delle famiglie più in vista della società locale e che ebbe rapporti col centro padovano. A parte le esigenze dell'ambiente mercantile, Solofra dunque risentì, attraverso gli studenti che accedevano allo studio di Salerno, del risveglio culturale sostenuto dagli aragonesi.

C'erano però in loco altri momenti di apprendimento: quello che avveniva nelle botteghe a favore dell'apprendista, come dimostrano alcuni contratti di lavoro (*submissio*), e quello legato alle Confraternite, che consentivano di acquisire una cultura comune all'interno della organizzazione, visto che avevano, come si presume avvenisse anche a Solofra per le sue due Confraternite esistenti - di S. Maria delle Grazie e di S. Croce - momenti di gestione del tempo festivo.

Il mercato solofrano era sorretto da un complesso sistema di approvvigionamento finanziario, che poche volte era in contanti (*pecunia numerata*), spesso era sostituito da altro credito. C'era soprattutto l'uso di affidare la merce a chi intraprendeva il viaggio mercimoniale girando di fiera in fiera e ricevendo al ritorno altra merce o denaro.

Il credito era erogato anche attraverso forme legate alla fideiussione posta su qualsiasi bene: una casa, un terreno, un cortile, un cellaro, e poi selve, vigne, botteghe. Il bene veniva preso in possesso momentaneamente sia per soddisfare la garanzia sia per incamerare l'interesse (detto giusto guadagno) che allora era proibito oppure proprio per incamerare con il suo uso il denaro dato in presto.

Era il mutuo ipotecario a cui veniva data la forma di una vendita di un bene con atto di ricompera, l'interesse era costituito dall'uso temporaneo del bene.

Per effettuare questo tipo di prestito si aveva un primo atto chiamato *emptio* con la descrizione del bene da alienare con vari patti per la sua tenuta e per il suo uso con l'indicazione del denaro impegnato nella vendita del bene, che in effetti era quello prestato. Spesso l'atto conteneva anche il patto di retrovendita che assicurava la restituzione del bene alla estinzione del debito. Questo era seguito da un mutuo, un atto che conteneva solo l'ammontare della somma prestata e la scadenza con la formula della pena in caso di insolvenza. C'era poi un terzo atto che conteneva l'impegno della retrovendita, quando questo non era contenuto nell'*emptio*.

La retrovendita era un atto di protezione del bene in quanto conteneva clausole sul suo uso e sul suo miglioramento, sul diritto di venderlo e donarlo.

Si aveva un prestito (mutuo) garantito da un pegno mascherato da un contratto di vendita e integrato da uno di retrovendita. I tre atti potevano anche essere registrati non di seguito o da diversi notai per non far scoprire il trucco con cui veniva effettuato il prestito con interesse.

Il bene veniva anche ceduto a un terzo che si assumeva il debito oppure da chi lo aveva avuto in garanzia e aveva bisogno di moneta liquida quindi, lo usava a sua volta come garanzia. Potevano perciò avvenire vari passaggi del bene in un giro che a volte risultava molto complesso.

Il debitore poteva liquidare in anticipo la partita, diminuire il proprio debito con versamenti parziali che erano anche precisati in una specie di rateizzo ad intervalli regolari o con rate più alte all'inizio o viceversa.

Il patrimonio familiare era completamente coinvolto nel credito, diventava parte integrante dell'attività mercantile. permetteva il commercio e l'attività produttiva.

La chiesa operavano mutui attivi o passivi, cioè la compera o la vendita di annue entrate.

Attraverso le chiese la comunità solofrana gestì fin dal XV secolo il prestito del denaro su pegno regolato da una bolla di Niccolò V nel 1432. Per accedere ai prestiti si usò il contratto detto "bollare" (permesso dalla bolla) che era un vero contratto di mutuo. Il proprietario di immobili, che aveva bisogno di denaro liquido, poteva ricorrere a questi enti ecclesiastici, che concedevano il denaro mascherando il prestito sotto forma di acquisto di un censo o canone (compera di annue entrate) gravante sui beni del richiedente, che venivano usati dall'ente ecclesiastico momentaneamente e restituiti all'estinzione del debito. L'ente ecclesiastico poteva anche dare al richiedente delle annue entrate su un bene già da esso posseduto (in seguito ad un *jus* di patronato).

Il finanziatore privato investiva sulle partite di gabelle anticipando il denaro garantito dal gettito delle imposte dirette e indirette che raccoglievano i gabellieri o che si preoccupavano di riscuotere tramite propri agenti nel corso dell'anno. Poi si chiameranno arrendamenti (una specie di titoli del debito pubblico).
C'erano coloro che amministravano i beni delle chiese, i legati testamentari.
Solo nella seconda metà del XVI secolo a Napoli si cominciò a fare attività creditizia che fu utilizzata dai mercanti solofrani attraverso la fede di credito che attestava l'avvenuto deposito. Non doveva essere inferiore a 10 ducati e circolava mediante girata. Spesso aveva il motivo del trasferimento del denaro.

§

Le dinamiche sociali ed economiche di Taranta non dovevano essere dissimili da quella appena descritte anzi, come sarà chiaro nel prosieguo analizzando i documenti disponibili, molte appaiono assolutamente sovrapponibili, tanto che verranno esplicitamente richiamati molti passaggi dello scritto appena riportato.
Come già detto, i documenti riguardanti la famiglia Di Gianfrancesco risalenti a questi secoli sono scarsi; nonostante ciò, partendo da diverse circostanze, certe ed incontrovertibili, si è avuto modo di ricavare una serie di dati e di informazioni che, analizzati con ragionamento deduttivo, hanno consentito di tracciare un quadro sufficientemente completo.

Sicuramente la fonte più importante di documenti è rappresentata dai protocolli del notaio Costantino *de Pactis* di cui sono rimasti disponibili i volumi relativi agli anni 1590, 1591, 1595, 1599, 1600, 1601, 1604, 1606, 1607, 1609.

Il documento più antico di questo notaio, tra quelli importanti ai fini della ricerca, è datato 23 settembre 1591 e viene rogato in casa di Cesare *Paglionus*. Si tratta del testamento di Marzia, figlia del *quondam Nardi de Odorisio*, alla cui stesura partecipano i testi "...*hon: Bonfilius ferdinandi: JoannesMarcus picconus: Josueus Saurus: lucas Antonius de Pizzo: Visius Paglionus: leonardus pagliunus illetterati et Blasius marcocioni letterato...*".

Dai protocolli del notaio si apprende poi che il 20 ottobre del medesimo anno 1591, l'*onorevole* Fedele *de Blasio* fa stilare il suo testamento nella propria casa sita in contrada di *porta di recchia*.

Nel volume che raccoglie gli strumenti rogati nel 1595 si trova un primo atto utile alla ricerca il 4 aprile, relativo a una vendita tra cittadini di Lama, ma rogato a Taranta, al quale assiste come teste letterato Fedele *de Blasio*. Segue un secondo atto datato 11 aprile tra i cui testimoni è presente l'onorevole Biagio *marcocioni*. Un terzo atto è datato 17 settembre; si tratta di un testamento a cui è presente, tra gli altri testimoni, il magnifico Fedele *de Blasio*. Infine, un quarto documento, datato 8 ottobre, viene rogato in casa dell'onorevole Fedele *de Blasio*, e consiste in una donazione reciproca dei propri beni tra il detto Fedele e sua moglie Vittoria di Domenico *Masci Mancini*.

Passando all'anno 1599, il 26 gennaio viene stilato uno strumento con cui Fedele *de Blasio* dona il proprio patrimonio a Marcotullio *Francischino*[23]; segue uno strumento di vendita del 4 luglio al quale Ascanio presenzia come testimone. Il 4 settembre viene rogato il testamento di Turigio *de Falco* alla presenza, tra gli altri, di Biagio. Sempre Biagio *de marcocione* il 31 ottobre testimonia alla costituzione di dote di Caterina *de Cardonia*. Il 1599 si chiude con uno strumento rogato in data 17 novembre, molto importante ai fini della ricerca. Si tratta dell'atto con il quale Piriteo Malvezzi, *utile signore di Taranta e di Quadri,* vende a Tommaso *de Marianello* una casa terranea sita in contrada *porta di recchia*, appartenuta al defunto Fedele *de Marcocione* e della quale era venuto in possesso a seguito della morte di Fedele senza figli legittimi.

È opportuno a questo punto chiarire quali sono i dati che fanno inequivocabilmente ritenere che Fedele *de Blasio*, Fedele *de Marcocione* e Fedele *de Blasio Marcociono* siano la stessa persona. Innanzitutto, al riguardo sappiamo che Fedele *de marcocione* muore prima del 17 novembre 1599, in quanto in quella data la sua casa viene ceduta a Tommaso *de Marianello* e sappiamo anche che Fedele *de blasio* muore prima del 28 febbraio 1600, in quanto in quella data *de Pactis* roga un atto nel quale vengono citati i suoi eredi tra i confinanti di un orto sito, come la casa di cui si dirà dopo, in contrada *di porta di recchia*. Da quella data in

---

[23] In realtà, come verrà dimostrato più avanti, si tratta di Marco Tullio *cicchino*.

poi non si hanno notizie ufficiali neanche di Fedele *de Blasio Marcocioni*. Inoltre, sempre dagli atti di *de Pactis*, sappiamo che sia Fedele *de marcocione* che Fedele *de Blasio* posseggono una terrata in contrada di *porta di recchia*. Già solo queste notizie forniscono utili elementi allo scopo e rendono difficile pensare a delle coincidenze; se tre persone con nomi simili abitano nello stesso posto e muoiono praticamente assieme è poco probabile che si tratti di persone diverse. Tuttavia, la conferma decisiva viene da due atti rogati dal notaio Cesari *Primiani* di Atessa. Nel primo in ordine temporale, datato 22 dicembre 1570, il marchese Piriteo Malvezzi vende a Giovanni Paolo *Masci Palena* di Taranta una vigna sita *in contrada dell'inzappina seu la portelluccia* che, tra l'altro, confina "*da piedi*" in parte con i beni di Marco *cione* e in parte con i beni di Fedele *Blasii* di Marco *Cione*. È evidente che queste due ultime proprietà sono affiancate. Nel secondo strumento, datato 3 aprile 1571, lo stesso Giovanni Paolo *Masci Palena* e Marco *Cioni* permutano tra loro due vigne; quella che Marco cede a Giovanni Paolo confina "*da capo*" con i beni dello stesso Giovanni Paolo e, da un lato, con i beni di Fedele *Blasii*. Le vigne di Marco e Fedele sono evidentemente affiancate. Analizzando poi i confini dal punto di vista della proprietà di Giovanni Paolo avremo che la sua vigna "da piedi" confina in parte con i beni di Marco Cioni e in parte con i beni di Fedele di Blasio; si tratta evidentemente della stessa vigna cedutagli il 22 dicembre 1570 da Piriteo Malvezzi e quindi Fedele *di Blasio* e Fedele *de Blasio Marco Cioni* non possono che essere la stessa persona.

Nell'anno 1600, Ascanio viene menzionato come proprietario di beni confinanti con un terreno aratorio, sito in contrada Porta di Recchia, che Marino *de Salvo* scambia con un orto di proprietà di Mariano *de Baptista* ubicato in contrada Fonte dei Pulcini che, come già detto, tra l'altro confina con gli eredi di Fedele di Blasio; lo strumento viene rogato il 28 febbraio, in casa di Mariano *de Baptista*. Altro strumento importante conservato nel volume del 1600 è la costituzione della dote di Cidonia di Chio, la quale sposa Biagio *Marcocionus*; l'atto è datato 17 giugno.

Nel successivo protocollo del 1604, Biagio *marcociono* viene indicato come testimone presente alla costituzione della dote di Laura di Chio, sorella della moglie, a seguito delle nozze con GiovanCamillo *de Ognibene*. Ascanio viene a sua volta riportato, sempre come testimone, in due atti rogati entrambi il 4 dicembre in casa di Marco Tullio Cicchino: il primo è il testamento del medesimo Marco Tullio mentre con il secondo, ancora Marco Tullio vende una vigna sita in contrada di *Terra roscia* al prezzo di ducati dieci e mezzo.

Il 31 gennaio dell'anno 1606 viene stipulato un atto di compravendita in casa di Ascanio *marcocioni* benché non sia coinvolto come parte in causa. Il 19 agosto, Serafino *Ascanii marcocioni* assiste, come teste letterato, alla stesura di uno strumento in casa di Nicola Ranallo *de Urso*.

Per l'anno 1606 c'è da menzionare anche lo strumento con cui L'Università di Taranta prende in prestito mille ducati dai fratelli Giuseppe e Marcantonio Sauro. Tra coloro che si fanno garanti della restituzione della somma, impegnandosi personalmente con il proprio patrimonio, viene citato anche Ascanio.

Il volume del 1607 fornisce diverse notizie interessanti. Vi è un primo atto datato 1° gennaio con cui Ascanio *marcociono* acquista un terreno aratorio da Pietro Antonio *de Falco* sito in contrada la *Valle delli resci* al prezzo di carlini 15. Il 24 gennaio Serafino è testimone al testamento di Druisiana *de Petrocone*, rogato in casa degli eredi di Giovan Bernardino *Bruni*; il 28 dello stesso mese Ascanio, nella propria casa in contrada da Piedi la Ripa, acquista da Pierfrancesco e Colangelo, figli di Piero di Luzio, un terreno seminativo di tre tomoli e mezzo sito in contrada della *difensa*, al prezzo di carlini 28. Seguono due atti relativi ad assemblee dei capi famiglia dell'Università della Taranta in cui nel primo, del 3 maggio, tra i cittadini presenti compaiono Ascanio *Marociono* e Biagio, che per la prima volta viene indicato con il cognome *de Joannefrancisco*; nel seguente atto del 17 giugno viene menzionato solo Ascanio *Marcocionus*. Successivamente, il 18 giugno Ascanio, nella propria abitazione, fa rogare contestualmente due strumenti con i quali acquista una casa da Giovanni Andrea *de magistro Horatio* di un membro "...*con toto celo...*" al prezzo di ducati 17 ed una casa terranea da Filomena *de Troilo* al prezzo di ducati 11. Le due abitazioni sono confinanti e sono ubicate in Contrada del Ponte. Seguono due atti, uno del 31 agosto e uno del 5 settembre alla stesura dei quali partecipa Serafino in qualità di teste letterato; quindi, un atto del 19 settembre con il quale Ascanio e Biagio *Marcocioni* vendono a Mariano *de Baptista* una vigna "...*vitata e arbustata...*" e con il peso di una salma di vino mosto da versare agli eredi del fu Benedetto *Morelli*, sita in contrada della Purella (?) al prezzo di ducati 35. Molto importante è, sempre per l'anno 1607, lo strumento dotale di Floriana, figlia di Mariano *de Baptista*, a seguito delle sue nozze con Bernardino *de Matteo* di Civitaluparella. Infatti, dal documento, che porta la data del 17 novembre, si apprende che moglie di Mariano era la defunta Dionora *de Marcocione* e che Ascanio *marcocione* e Leonardo *Colantonio* erano i parenti più prossimi di Floriana.

Nel volume del 1609 sono presenti due atti, datati 13 marzo e 8 novembre, in cui, tra i testi letterati, compare Serafino e un terzo, del 15 ottobre, nel quale, sempre tra i testi letterati viene invece menzionato Biagio *marcociono*. Infine, in un quarto atto del 13 aprile, Biagio risulta proprietario di una casa sita in contrada da Piedi la Ripa confinante con quella che Domenico *de Bonanocte*[24], abitante a Taranta da diverso tempo, vende a Giovanni Donato *de Lippis*.

Per quanto i più numerosi, quelli di *de Pactis* non sono gli unici documenti disponibili e neanche i più antichi. Dal punto di vista cronologico, infatti, i documenti più antichi sono tre strumenti redatti dal Notaio Cesare Primiani di Atessa.

Il primo dei tre è datato 22 ottobre 1570 e viene rogato in occasione di un pubblico parlamento dell'Università presieduta dai "... *nobiles* ..." uomini di reggimento di Taranta tra cui compare anche Fedele *de Blasio*; a questo segue il già menzionato strumento di vendita di una vigna confinante, tra l'altro con i beni di Marco di Cione e di Fedele (figlio) di Blasio (figlio) di Marco (figlio) di Cione. L'ultimo documento del notaio Primiani è quello del 3 aprile 1571, cioè lo strumento con cui gli *onorabili* GianPaolo *Masci Palene* e Marco *Cioni* permutano delle vigne di loro rispettiva proprietà.

A questo punto, purtroppo, si apre un vuoto documentale di diversi decenni, solo in parte colmato dai protocolli del *de Pactis*; bisogna infatti aspettare il 1618 per rintracciare atti importanti ai fini della ricerca. Il 16 marzo del detto anno 1618 il notaio Gian Giacomo Antonini redige un documento con cui tre esperti provvedono alla divisione tra gli eredi del patrimonio di Prospero *Rota*. L'atto è di notevole importanza sotto diversi punti di vista e non solo perché i tre esperti erano, nell'ordine di menzione nel documento, Ascanio *di Giovanfrancesco*, Finadamo *Sauri* e Brandolino *de Rigo* e quindi utile ai fini della ricostruzione storica e genealogica familiare, ma anche perché in esso si ritrova una dettagliatissima descrizione del patrimonio di una importante famiglia della Taranta di quel secolo.

Segue quindi un altro vuoto di quattro anni prima di incontrare cinque documenti che sicuramente sono tra i più importanti. Essi risalgono al 23 e 24 luglio del 1622 e sono le "proteste" che Serafino e Ascanio fanno redigere dal notaio Nicola Mancini di Torricella, in occasione della Fiera della Maddalena di Castel di Sangro, a seguito del mancato recupero di somme da loro precedentemente prestate e che dovevano essere restituite in forza delle lettere di cambio di cui erano in possesso. La somma complessivamente persa o comunque non recuperata ammonta a circa 700 ducati; una cifra considerevole se si tiene conto che i fratelli

---

[24] Proveniente da Buonanotte, l'odierna Montebello del Sangro in provincia di Chieti.

Sauro a garanzia del loro prestito di 1.500 ducati all'Università della Taranta avevano avuto anche il patrimonio personale di otto cittadini tarantolesi. Tuttavia, l'importanza dei documenti è legata soprattutto al fatto che, in uno di essi, viene sancita indiscutibilmente la corrispondenza della famiglia *di Gianfrancesco* con la famiglia *Marcocioni*, in quanto questi due cognomi sono usati indifferentemente con riferimento ad Ascanio.

L'ultimo documento relativo al periodo in esame è datato 21 gennaio 1672, ben cinquant'anni dopo le lettere di cambio, e vede Giovanni Leonardo *di Gianfrancesco* agire in qualità del Procuratore del Monte di Pietà di Taranta. Di lì a poco i suoi figli, ovvero Giovanni Aloisio Valerio e Apollonio Marcantonio, si trasferiranno a Lama e con essi tutti gli altri membri della famiglia.

Recentemente (estate 2022), sono stati rinvenuti altri documenti utili per la storia familiare in un registro conservato nel fondo della Regia Camera della Sommaria dell'Archivio di Stato di Napoli (Partium, vol. 963, fasc. 6). Tale registro contiene copia degli atti del processo che, fra il 1729 e il 1736, vide contrapposti i rappresentanti dell'Università della Taranta e i marchesi Fabrizio, Lucio Vittorio e Sigismondo Malvezzi, feudatari di tale terra, chiamati in giudizio da parte degli abitanti di Taranta a causa della richiesta di diritti baronali considerati indebiti e ingiustificati. Per un'ampia parte (da f. 1 R. a 39 V.) il contenzioso è costituito da *relevi* e dichiarazioni di entrambe le parti sui diritti di cui godono o hanno goduto negli anni immediatamente precedenti al processo.

Il registro si apre con la copia di un documento, datato 10 marzo 1729, con cui il Camerario e gli Uomini di Reggimento della Taranta fanno fede dei beni burgensatici posseduti dai Malvezzi in detta terra, così come risultavano ai fogli 76 e 77 del catasto (ovviamente preonciario). In questo elenco vengono riportate coppe tre, che furono di *detta Nella*, poste *sopra la vigna di Serafino* e, successivamente altri tomoli due, posti sempre al di sopra della *vigna di Serafino di Gio:Fran:co*.

Inoltre, a pagina 84 *recto* e *verso*, viene riportata in copia la seguente *fede* redatta nel 1636 dal Camerario e dagli uomini di reggimento di Taranta circa l'agente ed erario del Marchese Malvezzi dalla quale si apprende che Serafino ricopriva il ruolo di uomo di reggimento.

A dì 5 di s(ette)mbre 1636 nella Taranta
Fassi fede per noi sottoscritti cam(erar)i et huomini di gover/no di detta Terra in conformità del v(ost)ro so(ttoscri)to / ordine, come l'il(ustr)e Sig(no)re march(es)e Malvezzi utile / sig(no)re e barone di detta terra per molti anni ha / tenuta, e tiene per suo aggente et erario Gio(vanni) //

f. 84v
Batt(ist)a Tartaglia, il quale aveva esatto ed al p(rese)nte esigge / tutti corpi de intrade spettante a detto ill(ustr)e Sig(nor)e March(es)e, / che per la verità l'abbiamo fatta fare la p(rese)nte per mano / del m(agnifi)co ord(ina)rio cancelliere, confirmata di v(ost)re proprie / mani e sigillata col vero e solito siggillo dell'/uni(versi)tà nella Taranta, oggi il dì ed anno quo sup(r)a et / in fede
Gio(vanni) Gregorio Marrama cam(erari)o = Pieralviso Sauri uno / di reg(imen)to = Aurelio de Domine uno de reg(imen)to = / Serafino di Gio(vanni) Fran(ces)co de reg(imen)to / Pietro de Regio / de reg(imen)to = + segno di croce di propr(ri)a mano di / Ciccho Sauro de reg(imen)to = de Mariotta cancell)ier)re
Locus sigilli

§

L'analisi dei dati sopra elencati può essere fatta partendo da diversi punti; probabilmente uno dei più immediati è rappresentato dai titoli e dalle qualifiche con cui alcuni membri della famiglia vengono designati in diversi documenti, oltre che dagli incarichi svolti.

TITOLI ED INCARICHI

Ripercorrendo cronologicamente l'insieme dei documenti di cui si dispone, il primo atto da analizzare nell'ottica anzidetta è, ancora una volta, quello rogato il 22 ottobre 1570 dal notaio Cesare Primiani di Atessa.

Viene rogato all'interno della chiesa di San Biagio di Taranta ove «*...il massaro, il sindaco, gli eletti e molti altri cittadini di Taranta asseriscono che nei mesi scorsi contrattarono l'acquisto di una certa quantità di grano con Orazio Carrafa al quale Filippo Sciarra, loro procuratore, diede D. 397, tareni 1 e grana 6 che era il prezzo convenuto. Ora siccome il Carrafa nega di aver ricevuta la somma, l'Università gli intenta causa e nomina procuratore il mag.co pier Giovanni Perrone di Napoli perché recuperi la somma*»[25]. Il documento inizia affermando che alla presenza del giudice regio e del notaio si sono personalmente costituiti i "*...**nobiles** mag.r Blasio Marrama, vice cameraio e sindaco della terra della Taranta, Gian-Paolo Masci Palenae, Pietro Giovanni Ursi, [...], Vitus [...] et Fidelis Blasii...*".

---
[25] Regesti Marciani, a cura di Corrado Marciani. Japadre editore, l'Aquila – 1989. Vol. 7/IV, pag. 64.

Per poter proseguire questa analisi partendo da una base solida e non farsi prendere da fantasticherie o inseguire vaghe chimere, potrebbe essere di grande utilità riportare innanzitutto ciò che scrive il Marchese di Villabianca nell'appendice del suo libro intitolato "Sicilia nobile", stampato a Palermo nel 1754, riguardo i titoli che usavano dare gli antichi notai: «*Quindi fu alcerto singolare quella legge, che fu ordinata ne' primi anni del passato secolo (il XVII), per cui appare l'abolizione degli antichi titoli, che al merito del ceto delle persone scrivevano i Notaj pubblici ne' loro documenti. Solevano costoro dare il titolo di Messere, cioè Mio Signore agli onesti Cittadini, il trattamento di Onorabile agli Artefici, quello di Eccellente ai Professori di Medicina, e il titolo di Nobili e Magnifici prestavano alle Persone Nobili di minore, e maggiore estrazione.*» Un utile approfondimento è fornito al riguardo anche in Appendice 2.

Si può ritenere molto probabile che il termine *nobiles*, riferito ad alcuni dei presenti alla stesura del documento, compreso Fedele, non fosse usato accidentalmente da Primiani, ma indicasse effettivamente una "nobiltà", se non proprio *ex origine*, quanto meno una nobiltà *ex dignitate*, dovuta quindi al vivere *more nobilium* di quelle persone.

Da parte sua *de Pactis*, negli strumenti di fine XVI secolo, si riferisce a Fedele definendolo quasi sempre *honorabilis*. Quando nell'ottobre del 1591 roga il suo testamento dichiara infatti di trovarsi nella casa "……dell'*hon. Fidelis de Blasio, sita in contrada di porta di recchia…*" dove lui, il giudice a contratti Giacomo Antonio *de Lippis* e i *magnifici*[26] testimoni sono stati convocati dal "…*sopradetto hon. Fidelis de Blasio …*". In un successivo strumento, datato 17 settembre 1595, *de Pactis* attesta di essersi recato in casa Marco Antonio *Vernisio*, in contrada del Castello, per stilarne il testamento. In questa occasione è accompagnato da Pietro Battista *Natale*, giudice ai contratti e da otto testi *magnifici*[27] tra cui compare Fedele *de Blasio*. L'8 ottobre dello stesso anno 1595 dichiara di essersi recato nuovamente nella casa "…..*dell'hon Fidelis de Blasio….*", dove roga uno strumento di mortificazione di beni tra il menzionato "….*hon fidele de Blasio dictae terrae (Tarantæ) et Victoria Dominici Massii Mancinii uxore dicti Fidelis….*".

---

[26] Si tratta dei *m.ci* Giovanni Francesco *Saurus*, Leonardo *de galitio*, Flaminio *saurus*, Francesco *de Scacco*, Marco Antono *macchiolo*, Vincenzo *petroconus*, letterati; Cesare *pizzidentis*, illetterato; tutti della terra della Taranta.
[27] Sono i *m.ci* Giovanni Augustino *de novello*, Sante *mariocto*, *m.r* Giovanni Giulio *marramus*, Fedele *de Blasio*, Gigante *vernisius*, Ferdinando *cistus*, Marco antonio *schiabuctus*, il Rev.do Don Angelo *colarellus*, letterati; tutti di Taranta.

In diversi altri strumenti *de Pactis* si limita invece a nominarlo, senza attribuirgli alcun titolo. Non è facile capire quale sia la ragione di ciò; si può però affermare con sicurezza che anche per altri notabili tarantolesi *de Pactis*, in più occasioni, tralascia titoli e appellativi per cui doveva trattarsi di una "omissione" comune. Esemplificativo al riguardo può essere l'ultimo documento redatto per conto di Fedele, il quale il 26 gennaio del 1599 dona tutto il proprio patrimonio a Marcotullio *Francischino*[28] il quale, affinché la donazione si valida, si impegna a "...*manutenerlo, calsarlo e vestirlo sua vita durante come richiede la sua persona et infine di sua morte sia tenuto farlo sepelire...*" In tutto il documento non appare un solo titolo riferito ai presenti. Il *de Pactis* innanzi tutto attesta che lo strumento viene rogato in casa degli eredi di Annibale *Sauro*, omettendo qualsiasi titolo per questa importante figura che, tanto per fare un esempio, nel suo testamento del 12 aprile 1595 viene appellato *magnifico*. Anche i testimoni vengono semplicemente menzionati, eppure tra loro vi sono personaggi quali Biagio *Mancino* che risulta essere *honorabiles* in un atto dello stesso *de Pactis* datato 28 luglio 1590 e che nel 1607 è uomo di reggimento di Taranta. Anche per Damiano *de Bruno* accade la stessa cosa, nel precedente documento dell'8 ottobre 1595 è appellato "magnifico" mentre in quello del 1599 viene semplicemente menzionato. Questa carenza di titoli si fa sempre più evidente a partire dal 1600, chiaramente in applicazione della legge cui accenna il Villabianca, al punto che il 19 febbraio 1600 roga tre strumenti nei quali attesta la costituzione di Piriteo Malvezzi, utile signore delle terre di Taranta e Quadri senza però anteporgli nessun titolo o appellativo.

Il notaio Cesare Primiani il 3 aprile del 1571 roga il già citato strumento di permuta di beni tra *"... Giovan Paolo Masci Palenæ e Marci Ciono ..."* definendoli *Hon.li*.

Anche Biagio in alcuni strumenti di *de Pactis* in cui compare come testimone viene definto *honorabilis*; precisamente il 23 settembre 1591 insieme a Bonfilio *di Ferdinando*, Giovanni Marco *Piccone*, Josue' (?) *Sauro*, Luca Antonio *de Pizzo*, Visio *Paglione* e Leonardo *Paglione* e l'11 marzo 1595 insieme a Benedetto *de Antonio* e Giulio Cesare *Vernisio*.

Al fine di comprendere in cosa consistesse questa onorabilità, potrebbe essere interessante leggere, innanzitutto, ciò che scrive Alberto Tenenti in "L'Italia del Quattrocento"[29] riferendosi ai membri più distinti degli ambienti urbani: "...*più*

---

[28] In realtà, come verrà dimostrato più avanti, si tratta di Marco Tullio *cicchino*.
[29] Alberto Tenenti "L'Italia del quattrocento" – Editori Laterza – anno 1996 – pag. 109 e segg.

che di gloria, per essi si parlò di onore, il che significava pubblico riconoscimento dei meriti individuali e della preminenza del casato. ...L'onore era infatti legato molto meno a imprese risonanti ma episodiche, costituendo piuttosto un tributo riscosso costantemente ed un attributo che non doveva abbandonare l'individuo o il casato in nessuna situazione in cui vi fossero dei testimoni. Assai più che l'immagine, esso costituiva il vero volto sociale...In parecchie formulazioni quattrocentesche la ricerca dell'onore risultò appaiata a quella dell'utile. Innegabilmente l'acquisizione di qualsiasi vantaggio di tipo materiale si traduceva in un accrescimento del potere e del credito del casato e di ognuno dei suoi membri...".

Utile al riguardo può essere anche riportare un estratto dell'Appendice 2 in cui si legge che sotto il primo ceto, quello dei nobili, stava il secondo, quello dei civili, anche detti *"onorati dal/del popolo"* o tout-court *"onorati"*; questa dizione di *"onorati"* era usata con riferimento ai corpi civici di quelle città in cui il relativo sedile – detto dunque "seconda piazza" – aveva una storia particolarmente degna di nota. Una legge del 1774 annovera esemplificativamente fra i componenti del secondo ceto *"li notai, li mercadanti, li cerusici e gli speziali"*. Si deve osservare che tali categorie sono in qualche modo i livelli minori di altre categorie professionali tradizionalmente nobili perché composte da laureati (una delle ragioni per cui la laurea comportava nobiltà – oltre quelle di tipo sostanziale – era che la sua natura di *privilegium* proveniente dal sovrano la faceva assomigliare straordinariamente anche nell'aspetto a un diploma di concessione di titolo; né era infrequente che le armi del laureato venissero miniate sulla pergamena): i notai rispetto ai dottori di leggi, i chirurghi (non laureati) e i farmacisti (diplomati su due livelli) rispetto ai dottori di medicina e gli stessi mercanti al dettaglio rispetto a taluni grandi mercanti che – in via eccezionale – erano stati in passato destinatari di antichi privilegi (erano i mercanti di lana e seta *"però, sempre li figli de' medesimi si stimino, per le circostanze della loro educazione, e beni di fortuna, del di loro padre, in istato di potersi mantenere col decoro corrispondente alla distinzione ..."*). Questi civili non erano paragonabili o, comunque, riconducibili a un ceto borghese: erano un ceto intermedio fra i nobili e il popolo più basso, nel senso che spesso si tramandavano l'arte o la professione, e sovente erano composti da famiglie in transito, in ascesa verso lo status nobile. Arricchendosi, molti di costoro erano in grado di fare studiare i propri figli o di avviarli a qualche posizione cospicua che funzionava da trampolino per il salto successivo. I più interessanti fra costoro erano i notai e gli speziali di medicina (cioè, i farmacisti che avevano completato il loro livello di studio). I notai in particolare erano in una posizione tale da sollecitare – in determinati casi – una preminenza di fatto maggiore di quella accordata dalla legge o da certa consuetudine. Da un lato, essi prendevano le distanze dai *"tabelliones"*, cioè da coloro che si limitavano a raccogliere dichiarazioni scritte; dall'altro, fino a tutto il Cinquecento e forse anche oltre (almeno la prima metà del Seicento), l'esercizio del notariato era considerato in termini abbastanza pacifici come carica nobilitante o giù di lì, tanto che qua e là, alla metà del Seicento si trovano ancora notai eletti fra i sindaci dei nobili nelle università cittadine.

Le famiglie dei civili vivevano con grande dignità la dimensione della partecipazione all'amministrazione civica. Nobili e civili, ciascuno per proprio conto, esprimevano i sindaci e via via le altre gerarchie amministrative e giudiziarie dell'università cittadina. Votavano annualmente con un sistema di palle bianche e nere e tenevano le rispettive riunioni in luoghi appunto detti "sedili", secondo una tradizione che gli antichi Greci avevano portato in Calabria e che da lì si era irradiata ai Regni di Napoli e di Sicilia. Si potrebbe pensare che i sindaci dei nobili e dei civili, che ogni cittadina meridionale espresse annualmente fino all'eversione della feudalità in epoca napoleonica, fossero una delle ultime sopravvivenze istituzionali conosciute della stagione dell'antica Roma repubblicana, che appunto esprimeva mandati congiunti e sovrapposti a un console patrizio e a un console plebeo (i Romani, naturalmente, usavano la parola plebeo in senso diverso rispetto a quello d'epoca moderna). Il punto su cui tutti gli ordinamenti – centrali e locali – dell'Antico Regime si soffermavano era l'individuazione dei limiti e delle linee di confine fra i diversi ceti. Ciò metteva evidentemente in gioco i livelli di coinvolgimento decisionale della *res publica* cittadina. Chi votava con i nobili, chi votava con i civili, chi non votava affatto. Nota giustamente Giovanni Montroni nel suo testo del 1996 sui primi ceti napolitani nel secolo scorso: *"La nobiltà in definitiva costituiva un'area sociale assai diversificata; in particolare presentava un nucleo centrale dai caratteri assai marcati e facilmente identificabile, ma aveva confini che, procedendo da questo nucleo centrale verso l'esterno, divenivano via via più incerti. In questo contesto una definizione troppo rigida della nobiltà meridionale, così come propone la storiografia tedesca, vanificherebbe quasi completamente l'oggetto dell'indagine"*.

Cito, come esempio della suddivisione della cittadinanza in ceti, gli statuti (*rectius* capitoli) del 1594 dell'Università di Monteleone in Calabria, l'attuale Vibo Valentia; in essi la ripartizione è molto evidente: *"alii Nobiles, alii Honorati, seu civiles, alii Artifices, alii denique Plebei"*.

Altri segni che indicavano l'appartenenza alla parte più alta di una comunità era quindi anche l'accesso allo stato ecclesiale e a quello curiale, cioè l'avere in seno alla famiglia un notaio, un *doctor utriusque juris* o, più facilmente un membro dello stato clericale; su un piano leggermente minore si trovava chi era detto *letterato*, cioè chi aveva dimestichezza con la scrittura e il far di conto, anche perché in una società mercantile era necessario l'uso di queste conoscenze, ed il *fisicus* che non godeva ancora di particolare distinzione.

Al riguardo non si hanno notizie di membri della famiglia che abbiano rivestito cariche ecclesiali o curiali, mentre sicuramente sono letterati Fedele *de Blasio*, Biagio, e Serafino di Ascanio

§

Un'ulteriore conferma se non della nobiltà, quanto meno della onorabilità dei componenti della famiglia può venire dalla circostanza che fossero chiamati a coprire il ruolo di testimone in occasione della stesura di atti notarili e, quindi, a comprovarne la veridicità e la validità; forse anche il fatto che in alcuni casi gli strumenti venissero rogati nelle loro abitazioni potrebbe attestare il prestigio di cui godevano.

Con riferimento a ciò è utile evidenziare che sin dal 1220, nella Curia di Capua, l'imperatore Federico II promulgava una "*dilucida constitutio*", ricompresa nel *Liber Constitutionum* con il titolo *De instrumentis conficiendis* (Const. I, 80), che, abrogando espressamente le consuetudini osservate "*in alcune parti del nostro Regno*", oltre a ribadire la nomina regia dei notai, disponeva che gli *instrumenta* fossero per il futuro redatti "*in scrittura comune e leggibile*", "abolendo del tutto il modo di scrivere che finora si praticava nella città di Napoli, nel ducato di Amalfi e Sorrento" e imponendo che, entro due anni dalla promulgazione della norma, i documenti venissero ricopiati "in scrittura comune e leggibile" (Friderici II Liber, 2001, p. LXXIX). Del pari s'imponeva l'utilizzazione della pergamena come materiale scrittorio.

Connessa a quella norma era la Const. I, 82, *De fide instrumentorum*, ove si ribadiva la funzione pubblica del notaio, depositario di una *fides* che non poteva, né doveva, mai venir meno. Innovando la disciplina relativa alla *confectio* del documento notarile, s'imponevano nuove formalità che abrogavano le tradizioni fino ad allora osservate.

Le innovazioni più significative riguardavano, in particolare, la duplice sottoscrizione del documento da parte del *notarius* e dello *iudex ad contractus*, alla quale si aggiungeva la *subscriptio* dei *testes*, non richiesta dal diritto romano (Caravale, 1982, p. 106).

La duplice sottoscrizione del documento da parte del *notarius* e del giudice ai contratti, cui si aggiungeva la sottoscrizione dei testimoni, rispondeva all'obiettivo *"di stabilire un reciproco controllo tra notaio e giudice sulla rispondenza del testo documentale alla volontà negoziale espressa dalle parti e di aggiungere a tale controllo quello dei testimoni i quali, con la sottoscrizione, venivano a condividere la responsabilità dell'atto"* (ibid., pp. 106-107).

Se la nomina regia e il doppio accertamento, a livello locale e centrale, della preparazione professionale dei notai rappresentavano una garanzia nei confronti delle parti, che potevano rivolgersi loro con fiducia, non era però *"la redazione notarile dell'instrumentum a conferirgli la publica fides. Questa risultava invece da un complesso di elementi, quali la sottoscrizione delle parti, dei testimoni e soprattutto dei giudici ai contratti"* (Romano, 1993, p. 65) ed è stato osservato che *"le costituzioni melfitane di Federico II impongono un arresto improvviso; sancendo solennemente la presenza dei giudici ai contratti nella documentazione, sembra che la figura del notaio sia relegata di nuovo in sottordine"* (Pratesi, 1983, p. 771).

Tutto ciò fa ritenere certa l'appartenenza dei membri della famiglia a quel gruppo sociale che veniva individuato con il termine di *boni homines* ovvero *"… dal punto di vista strettamente giuridico … le persone degne di fede, legittimate a testimoniare nelle inchieste di carattere giudiziario o ad assolvere funzioni di giudice o notaio…"* mentre da un punto di vista sociale, gli appartenenti ai gruppi più eminenti e cioè, non solo *"… i gruppi più forti dal punto di vista economico, ma piuttosto quei settori della società che grazie ad una solida base fondiaria (economica in genere, n.d.a.) sono attivi in sede locale, legati al mondo ecclesiastico e signorile…"*[30]

§

L'onorabilità a livello sociale e l'affidabilità a livello tecnico sono probabilmente i motivi che faranno sì che ad Ascanio e ad altri due tarantolesi, venga affidato l'onere di procedere alla divisione tra gli eredi del patrimonio di Flaminio *Rota*. Il 16 marzo 1618 il notaio GianGiacomo Antonini roga a Taranta lo strumento di divisione dell'eredità. La famiglia Rota era originaria di Auletta in provincia di Salerno, come attestato in un atto rogato dal notaio *de Pactis* il 22 settembre 1601. Nel sito internet del comune si legge: *"Il 17 di Novembre Carlo V è ad Auletta ospite*

---

[30] Luigi Provero, "L'Italia dei poteri locali" – pag. 189

del Conte Fabrizio Gesualdo, della moglie Sveva Caracciolo e del figlio Luigi IV. Rimane qui, il sovrano, per oltre quindici giorni. Il giorno del suo arrivo il conte Fabrizio fa coprire di un tappeto rosso tutto il percorso, dalla porta del paese a Nord fino alla stanza posta sulla gradinata della scala centrale del castello che, da quel momento, prende il nome di sala di Carlo V. La nobiltà del luogo è presente e fa la sua parte. I Cappelli, i Rota, i Pantuliano, i Parrella, i Carusi, i Soldoeri, gli Abbondati, i Ferra non mancano di far sentire il loro sostegno economico al sovrano e alla gente del luogo." Originario di Auletta era anche Carlo Rota[31] che, nato agli inizi del Seicento, studiò Giurisprudenza a Napoli sotto la guida di Domenico Coscia. In "*Biblioteca napoletana, et apparato e gli huomini illustri in lettere di Napoli, e del regno delle famiglie, terre, città e religioni, che sono nello stesso regno. Dalle loro origini, per tutto l'anno 1678. Opera del dottor Nicolò Toppi patritio di Chieti*" edito nel 1678, si legge "*CARLO ROTA gentil'huomo Auletano, et Lettore nel publico Studio di Napoli del Ius Civile straordinario nel 1660 ha dato alla luce: Pratticabilium Conclufionum Juris Florilegium. Neap. [...] Jacobi Gaffari 1644. in fol. Legalis Androginus, sìve tractatus de privilegijs Mulierum Neap. tjp. Ioaunìt Francijci Pacj*". Esercitò la professione di notaio in Auletta, poi fu Rettore di Diritto Civile nell'università di Napoli. È stato autore di numerose opere letterarie tra cui "La Partenope languente" pubblicata nel 1682, ma scritta a breve distanza dall'epidemia di peste napoletana del 1656. Il figlio Nicola fu Canonico e vicario Generale a Napoli.

Nella chiesa di S. Domenico Maggiore a Napoli e precisamente nella IV cappella della navata sinistra, troviamo la tomba di Alfonso Rota. Sul pavimento della cappella è ancora visibile lo stemma della famiglia mentre su una parete vi è l'effigie della moglie di Antonio Rota.

Come già detto i Rota di Taranta, insieme ai Sauro, erano i più importanti allevatori del paese. Secondo Romeo Como[32] «*Benedetto Morello, grosso allevatore tarantolese, nel 1593, dismette la sua attività iniziata forse molti anni prima vendendo oltre cinquemila capi a Flaminio Rota*[33] "*commorante nella Tarantola*", *il quale dopo dodici anni di attività, la cede alla figlia Virginia che, per sua sfortuna, dopo la grande moria*[34] *si ritrova con soli quattrocento capi*»

Flaminio Rota sicuramente muore anteriormente al giugno 1607, forse nel 1604 o 1605 come si può ricavare dalla cessione delle pecore alla figlia Virginia

---

[31] Dizionario geografico-storico-civile del regimo delle due Sicilie di Raffaele Mastriani – 1838.
[32] Opera citata. Pag. 150.
[33] In realtà Flaminio Rota è donatario di Morello.
[34] Del 1611-1612.

riportata da Como. In realtà nello strumento di divisione Virgilia viene indicata come madre dei figli.

Va precisato però che il 29 marzo 1604 *de Pactis* roga uno strumento con cui Anchise *Accettella*, della terra del Gesso, vende a Muzio *macchiola*, di Taranta, uno stiglio[35] aromatario *ciò la mitta delle vasa scattole et altre che se trova in suo favore in servitio di detta vase ad esso consegnate da flaminio Rota com'à marito de Vittoria di Benedetto Morello di detta terra*. È probabile che Vittoria sia la prima moglie di Flaminio e ciò spiegherebbe la donazione di Benedetto Morello.

Come si intuisce leggendo lo strumento del notaio Antonini, quasi immediatamente dovette aprirsi una lite tra gli eredi di Flaminio ovvero i figli Imperio, Prospero e Benedetto, le figlie Dea e Flaminia e la moglie Virgilia di Giovanni. Viene da pensare che la questione fosse legata alla differente "maternità" dei vari figli di Flaminio, anche se non ci sono prove al riguardo. La lite finì dinnanzi alla Regia Doganella di Lanciano che, come già detto, pose termine alla questione nel 1618 quando incaricò tre esperti affinché apprezzassero e dividessero i beni in questione. Vennero nominati Ascanio *di Giovanfrancesco*, su designazione e per parte di Imperio; Finadamo *Sauri*, su designazione e per parte di Prospero nonché, dalla detta Corte venne incaricato Brandolino *de Rigo*, per parte di Benedetto, assente e, quindi, non in grado di designare personalmente. Le "...*cartucce seu divisione fatte di mobili e stabili tra noi benedetto, prospero e Imperio figli del q.m Flaminio Rota et da noi Ascanio di gio:fran.co, brandoino de rigo e finadamo Sauro homini deputati dal Cammiss.o della Regia Dohanella de Apruzzo...*" costituiscono un importante documento anche al fine di una dettagliata ricostruzione del patrimonio, delle attività e persino degli arredi e degli utensili di casa di una importante famiglia della Taranta del XVII secolo e, quindi, un punto di riferimento di massima per avere un'idea delle condizioni di vita di coloro che, in qualche modo, erano socialmente vicini a quella famiglia. Si tratta di un'eredità cospicua, costituita da sei case, quattro stalle, un fondaco, un purgatorio in affitto dall'Abbazia di Santa Maria del Letto, tre tiratori, vari terreni, vigne, orti, cinque buoi, pecore, giumente, asini, capre, uno stipo, nove casse, due forzieri con serrature, diciotto *quatri in telari*[36], oggetti in rame, in stagno, bronzi, ecc. Nell'elenco vengono menzionate persino delle "*scritture*" che vengono lasciate in comune tra gli eredi e per che le quali si stabilisce che "...*nascendoci lite si debbano pagare tertiantini...*". Ne viene fuori l'immagine di una famiglia molto benestante, sicuramente impegnata in attività di

---

[35] Stiglio: mobilio, arredo di un negozio.
[36] Probabilmente quadri su tela.

produzione e lavorazione di pannilana, come attestano il purgatorio e i tiratori; probabilmente anche dedita alla commercializzazione del prodotto, come possono far pensare il fondaco e le scritture; con notevole disponibilità di denaro contante alla cui custodia potevano essere deputati i due forzieri con serratura, quando non veniva investito in altre attività economiche, di credito o in immobili, quali le case, i vari terreni ecc.

La figura dell'estimatore era, come del resto è tuttora, di grande importanza, e il relativo incarico derivava innegabilmente da rispetto e stima sociale. A conferma di ciò può essere utile fare riferimento, ad esempio, ai requisiti previsti per gli "apprezzatori" che dovevano procedere alla redazione del Catasto Onciario. Per questi veniva disposto che dovevano essere scelti *"tra i più pratici, di conosciuta probità, timorati di Dio, ed intesi del valore e della rendita dei territori e delle altre cose di campagna, informati e pratici al più che sia possibile delle contrade, del di loro distretto, ed essere essi stessi dei veri attuali possessori"*. Per evidente analogia Ascanio di Gianfrancesco, Finadamo Sauro e Brandoliono de Rigo dovevano essere a conoscenza del "valore", nel senso più ampio, e della rendita dei beni di cui dovevano procedere alla divisione, essendo essi stessi proprietari di beni dello stesso tipo.

Nello specifico, la considerazione e la stima nei confronti di Ascanio e Finadamo provenivano direttamente da due dei figli di Flaminio Rota che gli affidavano personalmente l'incarico. Per Brandolino l'incarico veniva disposto dalla Corte, segno anche questo di apprezzamento a livello sociale.

Si può supporre che le parti, nell'incaricare il proprio perito optassero per chi dava loro il massimo delle garanzie e non avesse nessuna forma di "soggezione" nei confronti degli altri periti. C'è da ritenere quindi che tra Ascanio e Finadamo ma anche Brandolino vi fosse una sostanziale uguaglianza in termini di capacità e forza "contrattuale" che doveva derivare sicuramente dalla loro esperienza e conoscenza ma anche dalla loro equivalenza in termini di posizione e peso sociale.

Finadamo era uno dei figli del magnifico Annibale Sauro, di cui si è già detto. Su di lui in particolare, da Romeo Como si apprende che «*Nel 1603 un altro figlio di Annibale, Finadamo, inizia la sua attività di medio allevatore con 300 capi*» e che proseguì in questa sua attività fino al 1614. Uno strumento del notaio Cesare Primiani datato 20 settembre 1577[37] viene rogato *in Terra Tarantæ et proprie in domibus* del magnifico Finadamo *Sauri*, sita in *contrata dicta lo fraynile* dove, al

---

[37] Regesti Marciani, a cura di Corrado Marciani. Japadre editore, l'Aquila – 1989. Vol. 7/IV, pag. 79.

momento abita l'Illustrissimo Piriteo Malvezzi di Bologna, utile signore e barone di Taranta.

Brandolino iniziò la sua attività come allevatore medio nel 1600 con 260 capi e la terminò nel 1614 con 820. Viene citato dal *de Pactis* con il titolo di *honorabilis* il 2 marzo 1595 e magnifico l'11 marzo 1595.

Il menzionato lavoro di Como consente di accertare che Ascanio, come tutta la famiglia, non fosse un allevatore, come sicuramente non lo erano in maniera esclusiva né Finadamo né Bandolino. Ciononostante, il "valore sociale" di Ascanio, frutto delle sue capacità e della sua posizione all'interno della comunità di Taranta, non doveva discostarsi da quella di Finadamo e Brandolino.

§

Una ulteriore circostanza da prendere in considerazione, nel tentativo di ricostruire la storia familiare, è il fatto che il governo delle *Universites* del Regno era usualmente in mano ai patriziati e alle élite locali; al popolo "minuto" era riservato un ruolo per lo più passivo o marginale. C'è da ritenere che anche Taranta, sicuramente non un importante centro urbano ma innegabilmente un rilevante centro protoindustriale e produttivo, non fosse da meno. Vi era quindi presente un "ceto dirigente", costituito per lo più dalla piccola nobiltà locale, dagli esercenti le libere professioni curiali e mediche, dai grossi allevatori e dai mercanti, favorito, nei rischi di gestione del potere, dalla propria solidità economica. Ciò determinò, anche qui, una sorta di "presa di possesso", da parte di questo "ceto", non solo delle cariche pubbliche, che passavano di famiglia in famiglia, spesso tutte legate da un'accorta politica matrimoniale, ma anche dello stesso organo principale dell'amministrazione dell'*Universitas*, nonché vera molla di sviluppo di tutta la comunità, ovvero il Pubblico Parlamento, attraverso in quale, nel corso delle riunioni, i cittadini esercitavano il potere deliberativo e da cui, benché formalmente aperto a tutti i "capi fuoco", rimanevano di fatto esclusi i membri delle famiglie meno prestigiose e influenti.

A dimostrazione di ciò, si può effettuare un confronto tra il numero dei fuochi[38] presenti a Taranta nei secoli di che trattasi, così come riportati nei censimenti, e il numero dei cittadini presenti in alcune delle riunioni del Pubblico Parlamento.

---

[38] « *La numerazione dei fuochi (fuoco = nucleo familiare) era un vero e proprio censimento dei beni e delle persone, condotto casa per casa, con la descrizione nominativa del capofuoco (cioè, del capofamiglia) e di ogni altro convivente, moglie, figli, altri parenti, servi, garzoni, di cui si segnalavano l'età, lo stato civile, il mestiere. A tale rilevazione procedeva un numeratore delegato dal Governo e inviato in ogni Università, dove veniva affiancato dai deputati locali. Questo numeratore era tenuto a farsi consegnare dagli amministratori del luogo qualsiasi documentazione atta a determinare i beni, i redditi, i censi, di cui*

Lorenzo Giustiniani, nel suo "*Dizionario Geografico ragionato del Regno di Napoli*" (opera in 13 volumi stampata tra il 1797 ed il 1816), per Taranta riporta i seguenti dati: anno 1532 – fuochi 170; anno 1545 – fuochi 188; anno 1561 – fuochi 273; anno 1595 – fuochi 242; anno 1648 – fuochi 150; anno 1669 – fuochi 65. Nella edizione del 1601 della "*Descrittione del regno di Napoli*" di Scipione Mazzella, in quell'anno a Taranta risultano presenti 237 fuochi.

Al parlamento del 27 novembre 1503, che deliberò sulla donazione del sito su cui costruire la nuova chiesa di San Biagio, furono presenti 53 cittadini, oltre a 8 uomini di governo, 3 testimoni e il giudice ai contratti; in totale 65 cittadini[39]. Considerando che nella numerazione del 1447 i fuochi di Taranta erano 71 e che in quella del 1532 erano 170, considerando un incremento medio di circa un fuoco all'anno, si può supporre che nel 1503 i fuochi fossero circa 130. Stando così le cose, ad una pubblica riunione particolarmente importante per la comunità tarantolese partecipò la metà dei capifuoco. Se poi consideriamo una media di circa 4,8 persone a fuoco[40], furono presenti 65 persone su circa 624.

Al parlamento del 22 ottobre 1570, convocato per decidere sulla causa contro Orazio Carrafa che negava di aver ricevuto dall'Università di Taranta ducati 397 come pagamento di una certa quantità di grano, furono presenti 6 uomini di governo e 93 cittadini[41]. Anche in questo caso, considerando i 273 fuochi del 1561 ed i 242 del 1595, si può supporre che nel 1570 a Taranta fossero presenti circa 260 fuochi, suppergiù 1.250 persone. Nonostante numeri così grandi, al parlamento partecipò solo il 30% dei capifuoco.

Dai protocolli di *de Pactis* si viene a conoscenza del fatto che, in occasione del Pubblico Parlamento del 7 novembre, 1604 furono presenti 6 uomini di reggimento e 74 tarantolesi; a quello del 3 maggio 1607 parteciparono 8 uomini di reggimento e 127 cittadini e a quello del 17 giugno del 1607 furono presenti 9 uomini di reggimento e 78 cittadini. Volendo ritenere ancora in atto la tendenza alla diminuzione dei fuochi iniziata dopo il 1563, si può supporre che, essendo presenti 237 fuochi nel 1601, tra il 1604 ed il 1607 il numero dei fuochi di Taranta potesse oscillare dai 200 ai 220, con una popolazione tra i 960 ed i 1060 abitanti. Anche in

---

il capofuoco beneficiava. Le numerazioni dei fuochi erano, dunque, effettivi rilevamenti: da questi rilevamenti ostiatim (effettuati, cioè, casa per casa) si passava alla determinazione dei fuochi fiscali. È certamente difficile stabilire un rapporto costante tra fuochi fiscali e popolazione censita, ma si ritiene, approssimativamente, di poter adottare un numeratore di 4 o 4,5 per ciascun fuoco e poter utilizzare così i fuochi fiscali per il calcolo della popolazione. ». Una fonte per lo studio della popolazione del Regno Di Napoli: la numerazione dei fuochi del 1732 - A cura di Maria Rosaria BARBAGALLO DE Divitiis - ROMA 1977.

[39] Italo Vincenzo Merlino; *Taranta Peligna, Antico Paese Attivo* - Pescara, Edizioni Asti, 1973.
[40] Nella numerazione del 1447 erano presenti 346 abitanti divisi in 71 fuochi, quindi circa 4,8 abitanti per ciascun fuoco.
[41] Notaio Cesare Primiani di Atessa.

questi tre casi, la percentuale di coloro che presero parte alle riunioni oscillò tra il 30% e il 50% circa dei capifuoco.

Pur volendo ammettere la possibilità di casi di assenza per ineluttabili impedimenti o impegni (dalla malattia all'assenza per affari), è di tutta evidenza la circostanza che una grossa fetta delle famiglie di Taranta non fosse partecipe delle attività deliberative e decisionali dell'*Universitas*. Ricordiamo brevemente che gli ufficiali e gli uomini di Reggimento di fatto erano gli esecutori delle delibere prese nel corso dei Parlamenti. Era nel corso di queste assemblee, attraverso il dibattito e, forse, lo scontro tra "fazioni", che si formavano le maggioranze che decidevano la "politica" della comunità, per cui era la partecipazione ad esse, ma soprattutto l'ottenimento della prevalenza numerica, attraverso alleanze e accordi, a misurare il maggiore o minore potere sulla *Universitas* di uno o più gruppi familiari.

Considerando i numeri precedentemente riportati, si può infine supporre che un'importante porzione degli abitanti di Taranta non abbia lasciato tracce di sé nei documenti o che queste siano minime; una sorta di "invisibili" della storia. Anche scorrendo i protocolli notarili di *de Pactis* ci si accorge che nei documenti sono presenti un numero di individui notevolmente inferiore a quella che poteva essere la "popolazione attiva" di Taranta, appartenenti, tra l'altro, ad un circoscritto numero di ben definiti gruppi familiari.

Al riguardo sappiamo con certezza che i membri della famiglia di Gianfrancesco furono presenti in maniera sistematica alla maggior parte dei Parlamenti di cui si ha notizia. Inoltre, come già detto, è accertato che il 22 ottobre 1570 il Reggimento di Taranta era composto dai « *nobiles mag.r Blasio Marrama, vice cameraio e sindaco della terra della Taranta, GianPaolo Masci Palenæ, Pietro Giovanni Ursi, […], Vitus […] et* **Fidelis Blasii**…» e che il 5 settembre 1636[42] **Serafino di GiovanFrancesco** fu uomo di reggimento, insieme a Pieralviso (forse Piero Luigi) *Sauri*, Aurelio *de Domine*, Pietro de Regio (probabilmente Rigo), Ciccho *Sauro*, Giovanni Gregorio *Marrama* camerario e *de Mariotta* cancelliere. Come si vede chiaramente, in entrambi i casi gli uomini di governo di Taranta sono individui appartenenti alle famiglie costituenti l'élite economica e sociale del periodo. Fedele e Serafino, quindi, non potevano essere da meno o, volendo essere proprio pessimisti, non potevano essere troppo da meno.

Sempre nell'ottica delle cariche ricoperte da membri della famiglia e indicative di rilevanza e prestigio sociale, un altro dato apprezzabile viene da uno

---

[42] Regia Camera della Sommaria – Processi – Attuari diversi - stanza 116 – busta 963 – foto Disc_0015.

strumento rogato dal notaio de Angelis il 21 gennaio 1672 con il quale Giovanni Leonardo *di GiovanFrancesco* e Antonio *Porreca*, procuratori del Sacro Monte di Pietà di Taranta, affittano alcuni beni del Monte a Giovanni *Falciglia*.

Per capire il senso del dato si può partire da uno strumento di *de Pactis* dal quale si viene a conoscenza che, nel marzo del 1604, erano procuratori del Monti di Pietà Giuseppe *Saurus*, Marco Antonio *vernisio* e Giosuè *Saurus* ovvero, ancora una volta membri di famiglie tra le più in vista di Taranta. Di fronte a ciò non si può che ribadire quanto già detto per le cariche di amministratore pubblico, ovvero che Giovanni Leonardo non poteva essere da meno o, volendo essere proprio pessimisti, non poteva essere troppo da meno.

Premesso ciò, bisogna anche trattare, almeno per sommi capi, la nascita, le ragioni e le funzioni dei Monti di Pietà.

I pochi autori che hanno trattato della nascita di alcuni Monti di Pietà nel Regno di Napoli, dove fecero la loro apparizione molto tempo dopo rispetto all'Italia centrale, hanno richiamato lo sviluppo che il fenomeno segnò in altre parti d'Italia e, in specie, nell'Italia centrale, legandola in primis alle predicazioni francescane, animate senza dubbio da spirito cristiano e da motivazioni filantropiche e antiusura, ma soprattutto all'espulsione degli ebrei dal Regno[43].

Per quanto riguardo questo ultimo aspetto, innegabilmente il ruolo economico che gli ebrei svolsero nel Regno durante il XV secolo, come del resto altrove in Italia, è ben noto. Le loro attività si spostavano dal settore produttivo a quello commerciale e creditizio con tale rapidità di movimento di capitali dall'uno all'altro settore da poterli definire mercanti-banchieri.

La loro presenza era tollerata proprio perché facevano "girare" l'economia locale, anche se a volte non mancavano episodi di intolleranza. Spesso erano coinvolti in prestiti alle università o direttamente alla Corte.

È vero sì quindi che le attività commerciali e industriali che si svolgevano a Napoli e nelle altre città di provincia erano alimentate da capitali spesso forniti da ebrei, che in gran numero vi si erano insediati, ma non è possibile sostenere che la loro espulsione abbia comportato la scomparsa di una massa rilevante di denaro dalla circolazione. Restavano pur sempre i grossi mercanti-banchieri genovesi, fiorentini, veneziani, oltre a operatori commerciali locali che muovevano grosse quantità di denaro.

Del resto nelle stesse richieste di regio assenso per la creazione di Monti di Pietà, pur mettendo in rilievo che la ragione principale per la quale si intendeva

---

[43] Per un approfondimento vedi Appendice 4.

fare opera così pia era «*per evitare l'usure che facilmente possono accascare*», ma mai questa pratica venne attribuita a un gruppo in particolare. Va notato che per l'istituzione di un Monte di Pietà nel Regno di Napoli, più che la bolla papale – come erano soliti fare i fondatori dei monti nell'Italia centrale – si richiedeva il "regio assenso" alla Corte napoletana, con il quale ci si metteva sotto la protezione del Re e quindi sotto la sua giurisdizione, in modo da evitare «*l'intricarsi della fabbrica di S. Pietro del suo Signor Arcivescovo, di qualsivoglia altro superiore*». Una volta eretti in enti morali con personalità giuridica, l'unico tribunale al quale i monti potevano eventualmente essere sottoposti era quello civile, e nulla dovevano, in termini fiscali, alla Chiesa. Questo dimostra come il fenomeno della laicizzazione delle confraternite registratosi nella seconda metà del '700, come riflesso del più vasto processo di laicizzazione della società, in effetti, si era già avuto nei Monti, probabilmente dettato dalla loro principale finalità, il prestito su pegno a interesse, che costituiva attività creditizia piuttosto che attività assistenziale.[44]

Antonio Muratori, nel trattato dedicato alla carità cristiana, riflettendo sulla realtà dell'Italia centrale nell'esaminare l'utilità di quelle istituzioni che facevano il prestito su pegno, aveva sottolineato lo stretto legame che esisteva tra queste istituzioni, le scelte di politica economica e la congiuntura[45]. Le stesse riflessioni possono essere estese anche al Regno di Napoli e la cosa è tanto più ovvia se vengono elaborati i dati relativi all'apertura dei Monti di Pietà per periodi trentennali.

Prima della cacciata degli ebrei esistevano solo quattro Monti di Pietà: a L'Aquila, fondato nel 1466; a Sulmona nel 1471; a Pescocostanzo nel 1517; e quello di Lecce nel 1520. Numero assai esiguo, se si confronta con il numero dei Monti che si aprirono, ad esempio, nell'area emiliano-romagnola. Qui, infatti, tra il 1471 e il 1500, vennero fondati ben sedici Monti. Fu infatti soprattutto nella seconda metà del '500 che si diffusero i Monti di Pietà nel Mezzogiorno. Gli anni più fecondi furono quelli compresi tra il 1561 e il 1650, periodo in cui – ricordiamolo – nell'anno 1571 agli ebrei venne concessa la possibilità di svolgere le proprie attività mercantili nel Regno, previa licenza reale. Il punto più alto fu raggiunto nel trentennio 1591-1620, quando invece nelle regioni dell'Italia centrale il fenomeno di diffusione dei Monti di Pietà era in netto declino.

L'elevato numero di Monti aperti nelle province in quegli anni fu la risultante di una fase economica che, come sostiene Luigi de Rosa, terminati gli effetti della

---

[44] Avallone, *Una banca al servizio del "povero bisognoso". I Monti di pietà nel Regno di Napoli (secc. XV-XVIII)*, pagg. 84-85.
[45] L.A. Muratori, *Della carità cristiana*, in Opere, a. c. di G. Falco e F. Forti, Ricciardi, Milano - Napoli, 1964, 412-417.

crescita avutasi nei primi cinquant'anni di dominazione spagnola, aveva cominciato a mostrare i suoi primi cedimenti a partire dal secondo '500; cedimenti che culminarono in una devastante crisi che incise su tutti i settori negli anni '20 del secolo successivo[46]. Terra di Lavoro fu la provincia che registrò l'apertura del maggior numero di Monti di Pietà; ma mentre in questa provincia la loro istituzione si concentrò nel trentennio compreso tra il 1561 e il 1590, nel trentennio successivo 1591-1620 la creazione dei Monti fu frequente e diffusa, nell'ordine, in Calabria Citra e Ultra e nel Principato Citra. Fu proprio in quel periodo che la provincia calabrese, dopo aver sperimentato uno sviluppo agrario in particolare tra il 1540 e il 1580 – sviluppo che ebbe effetti anche sulle attività manifatturiere e mercantili – fu travolta, forse in modo più dannoso che altrove, dalla crisi economica che investì tutto il Regno. Il trentennio successivo, invece, il primato toccò alla Terra di Lavoro e a Napoli, dove l'incidenza maggiore fu esercitata dai Monti aperti dagli otto banchi napoletani, i quali, reduci dalla crisi monetaria del 1622, ebbero l'autorizzazione sovrana a concedere prestiti su pegno a interesse per sostenere le spese ordinarie di gestione.

I Monti di Pietà furono da principio delle istituzioni prevalentemente cittadine, in seguito si diffusero nei centri meno urbanizzati, o comunque di quelle aree di prevalente demanialità o fortemente influenzate dalla realtà socioeconomica dei grossi nuclei cittadini più prossimi. In termini assoluti, fu Terra di Lavoro a detenere il primato dei Monti di Pietà tra XV e XVIII secolo, seguita dalle Calabrie, dall'Abruzzo e dai Principati. In posizione intermedia si trovava Terra di Bari e Terra d'Otranto. Mentre un minor numero di Monti di Pietà fu istituito nelle province caratterizzate da un'economia agro-pastorale, come Basilicata, Capitanata e Molise. In quei centri, definiti dalla letteratura *agro-towns*, la più modesta domanda del credito venne in qualche modo soddisfatta con altre forme rudimentali di credito, come i Monti frumentari. Quando alla fine degli anni Settanta del XVIII secolo cominciarono i lavori preparatori per la creazione di un Monte Frumentario del Regno, dall'indagine sui Monti frumentari locali venne fuori che questi erano più di 500 e che la maggior parte era distribuita tra Molise, Basilicata, Principato Ultra, e via di seguito.

La nascita e la diffusione dei Monti di Pietà nel Regno furono facilitate anche da un altro importante fattore. Essi, infatti, costituiscono una variante dello spirito

---

[46] L. De Rosa, *Il Mezzogiorno spagnolo tra crescita e decadenza*, Il Saggiatore, Milano 1987, 15-32; Id., *Il Mezzogiorno agli inizi del Seicento*, Laterza, Roma – Bari 1994, XIX.

associativo che si andò affermando a partire dalla seconda metà del '500 in presenza di una congiuntura economica né stabile né frequentemente favorevole. In quegli anni si andava sviluppando in città e nelle province una pluralità di associazioni a carattere religioso e laicale (confraternite, conservatori, monti di famiglia) che avevano come obiettivo l'assistenza delle persone bisognose <u>appartenenti a uno stesso gruppo sociale o professionale</u>. La nozione di povertà non era essenziale in queste istituzioni e non sempre fu contemplata dai loro statuti. <u>Si trattava di forme assistenziali intese spesso in maniera mutualistica, limitate soltanto agli aderenti agli specifici sodalizi e raramente estese alla comunità</u> in cui i sodalizi erano operanti.

Fu proprio grazie a queste particolari associazioni che i Monti di Pietà si diffusero dopo il 1541, in quanto o <u>affiancarono alla loro ordinaria attività assistenziale quella del prestito su pegno</u>, oppure gemmarono una nuova istituzione del tutto autonoma, per l'appunto un Monte, destinato ad affrontare il bisogno di credito di un più vasto universo di categorie sociali: molte delle quali, soprattutto in provincia, avvertivano, per il rarefarsi della circolazione metallica, gravi strettezze di liquidità.

A conferma del ruolo assunto da queste associazioni nella nascita dei Monti di Pietà ci aiuta l'elaborazione dei dati in base ai fondatori dei Monti di Pietà nel Regno ove si osserva che in questa prima fase furono le confraternite a detenere il primato per quanto riguarda i fondatori. Dal XVII secolo in poi furono invece i privati, e questo accadeva soprattutto in provincia.

– Fondatori dei Monti di Pietà tra XV e XVIII secolo

Fondatori	XV sec.: prima del	XVI sec.: tra 1510 e	XVI sec.: dopo il	XVII sec.	XVIII sec.
Corporazioni			1	2	
Clero	2		5	6	3
Università			5	1	
Confraternite		2	16	9	1
Privati		1	13	27	4
Banco				8	
Ospedale				1	
Sconosciuti	1	8	15	22	2
TOTALE	4	11	55	76	10

(fonte: elaborazione dei dati in Avallone, "Una banca")

Ricapitolando si può dire che, se la prima ondata di fondazioni di Monti di Pietà nell'area emiliano romagnola fu un effetto della predicazione anti-usuraia dei frati minori osservanti, e la seconda ondata il riflesso di una congiuntura economica sfavorevole, risulta evidente da quanto esposto che, nel caso meridionale, vi fu un'unica ondata di grande diffusione, legata alla grande crisi economica di fine '500. Fu dunque un fenomeno più di carattere congiunturale, legato, tra l'altro, a un mercato che soffriva da un lato per la mancanza di moneta metallica e, dall'altro, di istituzioni creditizie che permettessero una maggiore dinamicità al sistema monetario. Aiutare i "*poveri bisognosi*" con il piccolo prestito su pegno rappresentò una dignitosa alternativa all'elemosina, circoscritta alla mera sopravvivenza del "povero strutturale", il quale mai avrebbe rimesso in circolazione produttivamente quel denaro avuto per carità cristiana. Il "povero congiunturale" viene dunque visto in una nuova ottica, e cioè quella commerciale, e dal quale, laddove il prestito presupponeva il pagamento di un interesse, poterne trarre un profitto da reinvestire nel servizio di prestito su pegno. Andare a impegnare un oggetto non doveva considerarsi come un'onta che macchiava l'onore della famiglia, ma – come sosteneva Genovesi, fautore di un *deficit spending* ante litteram – questi debiti rappresentavano «*una mercanzia utilissima, la quale ben maneggiata può in non molto tempo arricchire una famiglia, che ha delle buone terre, e dell'industria*». Pagando tassi intorno al 4-5% sarebbe stato possibile ricavarne almeno il 20%, con investimenti produttivi: «*dirò ad un padre di famiglia, non fate debiti per giocare, per lussureggiare, per dare ad altri prodigalmente: ma fatene, e quanti più sono necessari, per accrescere i frutti delle vostre terre*»[47].

A differenza dei Monti dell'area centrale, nati per iniziativa di religiosi e comunque fermamente tenuti sotto controllo dall'autorità ecclesiastica, i Monti di Pietà nel Regno di Napoli furono una forte espressione di volontà laiche, con la netta intenzione di mantenere fuori dalla gestione il potere ecclesiastico, attraverso la richiesta di regio assenso per la loro costituzione.

Inoltre, mentre nella realtà centro-settentrionale la città era per lo più responsabile delle sorti dei Monti, perché era la città stessa responsabile delle sorti dei suoi cittadini più deboli, nella realtà meridionale i Monti erano, invece, lasciati all'iniziativa privata, sia essi singoli cittadini sia riuniti in confraternite, e solo raramente rientravano in un progetto di carattere municipale.

Questo a conferma che il problema della povertà, sia di carattere strutturale

---

[47] A. Genovesi, *Delle lezioni di commercio o sia d'economia civile*, Simone, Napoli 1765, 343.

sia di carattere congiunturale, non era di alcun interesse statale ed era demandato all'iniziativa dei privati. Solo nella seconda metà del '600, con l'esperimento dell'Ospizio di S. Gennaro extra moenia, esperimento tra l'altro mal riuscito, si avrà un primo timido tentativo di intervento statale, che sarà ripetuto nella seconda metà del '700 con l'opera elefantiaca del Grande Albergo dei Poveri voluto da Carlo di Borbone.

Anche nel settore creditizio lo Stato ebbe sempre un ruolo marginale, semplicemente di controllo soprattutto nelle istituzioni creditizie della capitale. Il credito nella provincia era anch'esso demandato all'iniziativa privata, spesso confondendosi con le pratiche di mercatura, ambito questo in cui doveva essere inserita la famiglia di Gianfrancesco.

Per quanto riguarda specificatamente Taranta, dai protocolli del *de Pactis* si viene a sapere che il Monte nasce per iniziativa della *Universitas* e che il 22 giugno 1599 Baldovino *de guidone* viene delegato a comparire nell'Urbe, dinnanzi al Santissimo Padre, Papa Clemente ottavo, nella Camera Apostolica e dinnanzi a qualunque giudice, apostolico o secolare, al fine di ottenere *licentiam cum consensu et beneplacito* della Sedia Apostolica alla costituzione del Sacro Monte a beneficio dei poveri in detta Terra della Taranta. Ciò non esclude la sovrapponibilità al Monte di Taranta di quanto detto sopra, sia in termini di ragioni che di finalità dell'istituzione la quale appare essenzialmente creditizia e diretta, con tutta probabilità, da un "gruppo sociale" ben definito e costituito degli esercenti le attività produttive di Taranta per far fronte alle necessità finanziarie.

POLITICHE MATRIMONIALI

Abbiamo già accennato al "matrimonio" sia nel corso della descrizione della società solofrana, sia parlando della "presa di possesso" di alcune cariche pubbliche delle *Universitates* che «tendevano a passare di famiglia in famiglia, spesso tutte legate da un'accorta politica matrimoniale».

L'importanza che il matrimonio ha da sempre avuto nelle società del passato, deriva anche dal fatto che esso aveva svariate funzioni sociali: innanzitutto assicurava la propagazione del casato attraverso la discendenza patrilineare, inoltre faceva intrecciare relazioni, spesso strategiche, con altri gruppi familiari. La scelta del coniuge, quindi diventava questione di interesse collettivo e mirava soprattutto a favorire il bene dell'intero casato familiare[48].

Durante i secoli passati, dunque, nella scelta gli interessi familiari prevalevano su quelli del singolo individuo, che vedeva così ridotta al minimo la propria libertà di azione in campo matrimoniale; questo avveniva indistintamente sia per le donne che per gli uomini, obbligati a sacrificare i propri desideri alla volontà delle famiglie. Quando si doveva concludere un'alleanza matrimoniale ciò che contava maggiormente erano le relazioni tra le famiglie dei futuri sposi e in particolare la loro collocazione all'interno della società: si cercava, cioè, di concludere unioni endogamiche, cioè tra famiglie simili per appartenenza sociale, mestiere, luogo di residenza; oppure ipergamiche, cioè cercando di realizzare un'alleanza matrimoniale con una famiglia di status superiore per realizzare un percorso di mobilità sociale ascendente.

Tali strategie permettevano alle famiglie di consolidare i rapporti parentali e di accrescere, o quanto meno mantenere, i propri patrimoni e il peso sociale in seno alla comunità.

La dote era uno strumento per la gestione del patrimonio attraverso le generazioni. Alle nozze, infatti si accompagnava la trasmissione della proprietà: il passaggio sotto il controllo del marito di una parte dei beni della famiglia della sposa, o della sposa stessa, che le venivano assegnati per mezzo di un notaio con un atto dotale o contratto matrimoniale. Esso dava allo sposo l'amministrazione di quei beni, che servivano a sostenere gli oneri del matrimonio per la parte della sposa[49].

Il corredo, la sua composizione, il suo valore invece esprimevano la collocazione nella gerarchia economica e sociale della famiglia di appartenenza della sposa.

Questa breve premessa sull'importanza sociale dell'istituto del matrimonio ci fa ritenere che ulteriori elementi utili alla ricostruzione della storia della famiglia e della sua collocazione sociale, possano essere ricavati proprio dall'approfondimento e dalla conoscenza dei gruppi familiari con le quali i suoi membri, in quel periodo, si unirono attraverso il vincolo del matrimonio.

---

[48] L. Fabbri, *Trattatistica e pratica dell'alleanza matrimoniale*, in Michela de Giorgio, Cristiane Klapish-Zuber, a cura di, *Storia del matrimonio*, Bari 1996, cit. pag. 93-94.
[49] Ida Fazio, *Percorsi coniugali nell'Italia moderna*, in Michela de Giorgio, Cristiane Klapish-Zuber, a cura di, *Storia del matrimonio*, cit., pag. 164-165.

Famiglia de Baptista

Il primo documento da prendere in esame per la ricostruzione di questo gruppo familiare è uno strumento dotale rogato da *de Pactis* in data 17 novembre 1607 *in domibus*, di Mariano *de Baptista*, sito in contrada di Pietranzero con cui il notaio attesta la consegna, da parte dello stesso Mariano, della dote di sua figlia Floriana, a seguito del matrimonio con Giovanni Bernardino *de Macteo* di Civitaluparella. Alla stesura dell'atto, in qualità di mundualdi di Floriana, sono presenti Ascanio *marcocionj* e Leonardo *de Col'antonio* che vengono definiti suoi parenti più prossimi[50]. I beni consegnati a Floriana ammontano a un valore di ducati duecento e sono costituiti da pannamenti e denaro, dati in parte anche per dote della defunta madre Dionora *de Marcocione*.

Premesso che la figura del mundualdo verrà approfondita successivamente, si può anticipare che, per una donna, dichiararsi di vivere secondo il diritto romano equivaleva a poter operare senza questa figura (tipica del diritto longobardo), la cui presenza fino al XIII secolo pare diffusa in tutti i ceti sociali. A partire dal XIV secolo l'aristocrazia risulta più indipendente rispetto a una consuetudine che sembra voler abbandonare, mentre il ceto dei giudici, notai, medici rimane più conservatore. Ma sono soprattutto gli artigiani e i piccoli proprietari rurali che si dimostrano tenacemente attaccati alla tradizione di affiancare alla donna un rappresentante della famiglia d'origine. Successivamente il numero delle donne che agiscono senza mundualdo aumenta ulteriormente estendendosi alle classi medio alte. È quindi evidente l'evoluzione del costume che faceva sì che la figura del mundualdo, pur non scomparendo definitivamente, venisse sistematicamente adoperata sempre più solo dai ceti medio bassi sia in campagna come in città. A Taranta la presenza dei mundualdi che intervenivano a tutela dei patrimoni della famiglia della donna è documentata ancora nel XVII, anche per le famiglie di più elevato status sociale.

Il primo dato, certamente incontrovertibile, che si ricava dal suddetto documento notarile è che una donna della famiglia di Gianfrancesco, ovvero Dionora

---

[50] Vi erano mundualdi naturali, cioè, il padre rispetto alle figlie, o il fratello per conto delle sorelle, e in mancanza di essi gli agnati. L'*adgnatio* è un istituto del diritto romano. Il termine sta ad indicare il rapporto di parentela tra due persone discendenti da un *pater familias* comune.

Marcocione, era andata in moglie a Mariano *de Baptista*. Da ciò deriva l'esigenza di indagare al meglio la figura di Mariano, infatti, per quanto premesso precedentemente, sia che si tratti di un matrimonio endogamico che ipergamico, la ricostruzione dello stato sociale ed economico di Mariano fornisce un contributo alla ricostruzione di quello familiare. Questo ovviamente anche nel caso di un matrimonio ipergamico in quanto, da quanto finora già accertato, la famiglia aveva collocazione sociale più che elevata per cui, tra i coniugi, non poteva esserci stata una distanza consistente. La riflessione inoltre deve tener conto anche del fatto che il valore della dote da assegnare a Dionora al tempo del matrimonio con Mariano doveva essere adeguato allo status del marito ma, nel contempo, sostenibile dalla famiglia di origine.

Un buon punto di partenza per inquadrare la famiglia *de Bapitsta* potrebbe essere la circostanza che Mariano non abita *in domo*, cioè in una casa, quantunque spesso composta da più *membri* e stanze, ma *in domibus* che, tradotto letteralmente significa "nelle case". Probabilmente doveva trattarsi se non di un vero e proprio "palazzo", quanto meno di un complesso costituito da più *domus* accorpate a seguito dell'acquisto degli immobili e ristrutturate in modo da realizzare un unico corpo organico e omogeneo. «*Sembra potersi chiaramente riconoscere, nell'ambito generale delle case palaziate, quella particolare fattispecie delle "case coniunctae", nate dall'accorpamento di più abitazioni precedenti. Da un punto di vista socio-economico si potrebbe ricondurre l'affermazione del modello S-3* (quello di cui si sta trattando n.d.a.) *a quel fermento edilizio, connesso allo sviluppo che investe la città a partire dalla metà del XIII e fino al XIV secolo, espressione del potere e della ricchezza dei ceti dominanti, in questo periodo mercanti ed artigiani, non solo proprietari fondiari*»[51].

D'aiuto per la comprensione dell'essenza di una *"domibus"* può essere l'individuazione, grazie a *de Pactis*, di altre famiglie che abitavano in strutture così definite. Scorrendo i suoi protocolli a titolo di esempio si possono citare, tra gli altri, i seguenti casi.

Il 28 luglio 1590 sappiamo che, *In terra faræ s.ti martinj et proprie In domibus* degli eredi del magnifico Donatuccio *Lanutj* della città di Chieti sita *in contrata della porta*, si costituisce l'onorabile Giovanni antonio *Cicchinus*, della terra della Taranta ma abitante nella terra della Fara. I Lanuto, presenti a Fara sin dalla numerazione dei fuochi del 1447, erano una importante famiglia, i cui membri sono

---

[51] *Case e torri medievali IV* - a cura di Elisabetta De Minicis - Copyright 2014 by Edizioni Kappa, Via Silvio Benco 2 - 00177 Roma. Pag. 160.

sovente indicati come magnifici[52], che vennero associati alla nobiltà teatina e furono sicuramente titolari della baronia di Torrengentile (CH) nel XVIII secolo. Ciò deve far supporre che la loro residenza a Fara San Martino dovesse essere un edificio di una certa importanza, adeguato al loro *status* nobiliare.

Il 13 dicembre 1590 *de Pactis* roga un altro strumento, *In Terra montisnigrj et proprie In domibus* del magnifico Domenico *Rubej* sita *in contrata dell'hospitale*. I Rubei, da quello che si apprende attraverso i numerosi strumenti del notaio tarantolese, sono una famiglia i cui membri vengono spesso definiti magnifici e risultano proprietari di beni burgensatici e feudali.

Il 1° settembre 1591, *In terra Tarantæ et proprie In domibus* della magnifica Mirandola *marrama sitis in contrata dellj frainilj*, *de Pactis* roga uno strumento di compravendita di una casa tra Raimondo *forconus* di Taranta e il magnifico Ottavio *Caraccio* della terra di Palena ma abitante nella terra della Taranta. I Marrama sono una famiglia i cui membri sono sovente appellati magnifici o onorabili dal notaio *de Pactis*. Nello specifico Marandola è moglie del magnifico Ottavio Caraccio (*de Pactis*, 21 dicembre 1599).

Il 22 febbraio 1595 *In terra Lamæ et proprie In domibus* degli eredi del fu Marino *maraschia* site *In platea publica* si costituiscono i magnifici Giovanni Germano e Alessandro *maraschi*. I Maraschia sono una importante famiglia lamese del tempo, i cui membri vengono spesso appellati magnifici. Fanno parte della famiglia il Rev.do Don Donato Maraschia ed i notai Sante e Piero.

Il 12 aprile 1595 *In Terra Tarantæ et proprie In domibus* del magnifico Annibale *Saurj* sita *In contrata dellj frainilj*, viene rogato il testamento del detto Annibale. Ricordiamo velocemente che i Sauro erano la più grande famiglia di allevatori di Taranta e che nel 1595 Giuseppe, il figlio di Annibale cui era stata ceduta l'azienda di famiglia alcuni anni prima, dichiara alla Regia Dogana di Foggia 3.210 ovini[53].

Come ultimo esempio di *de Pactis* citiamo lo strumento dell'8 giugno 1595 rogato *In terra Tarantæ et proprie In domibus* del magnifico Giovanni Alfonso *de lippis* sita *In contrata del castello*. La famiglia *de Lippis* era di elevatissimo livello sociale, come può facilmente ricavarsi dalla frequente attribuzione del titolo di magnifico ai suoi membri, dalla presenza di sacerdoti e giudici regi ai contratti. Nel 1586 Don Vincenzo Bizone, Visitatore per conto del Vescovo di Chieti riposò nella casa del nobile Alfonso Lippi[54]. Tra i documenti custoditi presso l'archivio di stato

---

[52] Notaio Angelo Finamore – 9 maggio 1595.
[53] Romeo Como. Opera cit. – Tav. C.
[54] Merlino I.V., Taranta Peligna, antico paese attivo, Tip. Asti, Pescara 1973 – pag.57.

di Napoli (Regia Camera della Sommaria Segreteria. Partium – Inventario f. 6 at; f. 10) ne esiste di uno che riguarda *l'Egregio Napolione de Lippis per il feudo detto de Lippis sito in territorio di Taranta et dela Lama; per il pagamento del adoha alli signori di ditte terre.*

Concludiamo la riflessione sull'argomento riportando quando scritto in uno strumento rogato dal notaio Giovanni Giacomo Antonini il 5 aprile 1623 e regestato da Corrado Marciani (vol. 7/5 pag. 167) con cui «Marcantonio Scioli di Guardiagrele, tutore testamentario di Scipione e Girolamo Sciola figli ed eredi del fu Giovanni Battista Barone di Arielli e Villanova, vende al Dott. Antonio Arcangelo di Lanciano il feudo di Arielli e Villanova *"cum eius Castro seu fortellitio,* **domibus seu palatio***, hominibus vaxalli vaxallorumque redditibus,…* ecc.». In questo strumento, attraverso l'uso del termine "*seu*" viene chiaramente resa l'equivalenza semantica tra la parola *domibus* e la parola palazzo.

Potendosi quindi ritenere certo che Mariano dimorasse in una abitazione di particolare rilevanza e dimensioni tipica di persone appartenenti agli strati più alti della società, un ulteriore contributo per la sua collocazione socioeconomica può venire dalle qualifiche e dai titoli che *de Pactis* gli attribuisce negli strumenti che roga fino alla fine del XVI secolo.

Scorrendo rapidamente i suoi protocolli abbiamo un primo documento datato 21 luglio 1591, rogato a Taranta, nella casa di Brandizio *de Benedictis*, sita in contrata di Porta di Recchia. Si tratta del testamento di Giovanni *de Benedictis* al quale sono testimoni i reverendi Don Tommaso *de Baptista*, Don Luigi *de Laurito*, Don Antonio *Cocchitto*, Don Fulvio *Sciarra*, e gli onorabili Mariano *de Baptista*, falco *Picconus*, […] *Masci Mancini*, di Taranta oltre al magnifico Alessandro *Maraschia* di Lama.

L'11 marzo 1595 nella casa degli eredi del defunto Giovanni Agostino *de Ognibene* sita in contrada dei Frainili, gli onorabili Lorenzo e Biagio *de Sempronio*, consegnano la dote della loro sorella Giulia a seguito del matrimonio con Antonello, figlio del magnifico Donato *Marrone* di Fara San Martino. Sono presenti come testi i magnifici Mariano *de Baptista*, Pierfrancesco *Natale*, Baldovino *de rigo* e Nardo *de Joannefrancisco*.

Il 13 marzo 1595, *In quadam apotheca* del Divino Nicola sita in piazza, *de Pactis* roga uno strumento al quale assistono come testimoni i magnifici Giovanni Giulio *Marrama*, Mariano *de Baptista*, Antonio *Forcone*, Porziano *Schiavutto*.

In un altro strumento rogato il 16 aprile 1595 in casa dell'onorabile Giulio Cesare *de Gratiano* sita In contrata *da pedj la ripa*, Giovanni Domenico *Morgagnone*, procuratore dell'Università di Taranta, vende a Piero Luigi di Giulio Cesare *de Gratiano* un orto sito in *contrata del Ponte*. Sono testimoni i magnifici Giovanni Giulio *Marrama*, Mariano *de Baptista* e Paolo di Silvio *Schiavutti*.

Vi è poi uno strumento del 4 novembre 1595 rogato in casa dell'onorabile Donato Antonio *Marrama*, sita in piazza, al quale presenziano come testimoni i magnifici Giovanni Agostino *de Novello*[55], Mariano *de Baptista*, Marco Antonio *Schiavutti* e Antonio *de Ognibene*.

Questa veloce carrellata si può concludere con un ulteriore strumento del 14 febbraio 1604 con il quale Giuseppe *Saurus*, chiede al notaio *de Pactis* di riassumere e di redigere in pubblica forma un contratto stipulato alla presenza del notaio Antonio Naturale che non poté essere ufficializzato a causa della morte improvvisa del notaio. In data 4 marzo 1594 *In domibus* della magnifica Università, sita nella pubblica piazza si erano costituiti da una parte il magnifico Annibale *Sauro* e il nobile Giovanni Alfonso *lippis* dall'altra parte. Il magnifico Annibale si dichiarava vero signore e padrone di un certo terreno, sito in contrata detta l'Inzappina, con undici piedi di olivi e due di fichi, confinante da capo i beni di Don Tarquinio Sciarra, da piedi i beni della nobile *Jer.ma* figlia di Annibale *cocchictus*, della terra di Palena, moglie di Giovan Donato, figlio di detto Giovanni Alfonso, da un lato i beni di Pierleone *vernisio* e dall'altro lato sempre i beni della menzionata *Jer.ma*. Annibale dichiarava altresì di possedere un altro terreno, in contrada dell'*Ischia*, che fu di Giovanfrancesco *Saurj*, confinante da capo con la via pubblica, da piedi e da un lato i beni di detto Giovanni Alfonso e dall'altro lato i beni di Sante *morellj, francam nemini vendita*. Da parte sua Giovanni Alfonso dichiarava di possedere, sempre come vero padrone, un certo territorio con piedi di olivi, sito in *contrata dell'inzappina*, confinante da capo con la via vicinale, da piedi i beni dell'erede di Sempronio *Cialonj*, da un lato i beni degli eredi di Bernardino *naturalj* e gli eredi di Benedetto *marzanj* e dall'altro lato i beni di detto Annibale, gravato da un *reddito sive censu* di una salma di vino mosto alla misura napoletana. I due permutano i territori di rispettiva proprietà. Alla stipula del contratto sono presenti Giovanni Antonio *de lippis*, in qualità di giudice, il magnifico Gasparro *de Angelis* da Roccamonfina, Capitano di Taranta e *li nobili* Ottavio *Caraccio*, Flaminio *Sauro*, Mariano *battista*, pierleone *Sauro*, Pierleone *verniso*.

Dai protocolli di *de Pactis* sappiamo anche che Mariano ha rivestito la carica

---

[55] Uno dei Giudici ai Contratti di Taranta.

di Priore della Confraternita del Santissimo Sacramento di Taranta prima del 1601 (*de Pactis* – 13 gennaio 1601), che era *letterato* e che è stato spessissimo testimone in occasione della stesura di molteplici strumenti oltre che acquirente in numerosissime compravendite. Interessanti sono anche i molteplici contratti di enfiteusi che stipula (nove nel solo 1604) con i quali in cambio di una somma di denaro il venditore gli concedeva un censo enfiteutico su un determinato immobile, che veniva pagato in una soluzione annuale o a rate. Il censo doveva essere pagato da chi aveva il possesso dell'immobile. Di fatto era un mutuo, non sempre redimibile. Nel ricevere la somma richiesta come prezzo del censo il venditore accettava su un immobile di sua proprietà l'imposizione del peso che gravava sull'immobile anche se passava da una persona all'altra perché era tenuto a pagarlo chi aveva il possesso dell'immobile. L'acquirente del censo non poteva rinunziarvi richiedendo la restituzione della somma versata per l'acquisto. Il debitore (il proprietario dell'immobile o chi lo possedeva in quel momento) poteva affrancarlo restituendo la somma convenuta e data al venditore (del censo) all'atto della stipula dell'*emptio censi*. Si tratta in tutta evidenza di operazioni di credito alle quali Mariano doveva essere dedito, indicative di una consistente disponibilità di denaro contante.

Il 20 gennaio 1600 Mariano è il Camerario della terra di Taranta in occasione della stipula di un importante accordo con la famiglia Malvezzi.[56]

Per completare la rapida ricostruzione della figura di Mariano si può ricordare che dal lavoro di Romeo Como[57] (Tav. C) apprendiamo che Mariano nel 1608 inizia la sua attività di allevatore medio con seicento capi vendutigli da Flaminio *Rota*. L'anno successivo alla Regia Dogana di Foggia ne professa 900, 1.110 nel 1610, 1.310 nel 1611; in tutti questi anni gli incrementi sono dovuti ad acquisti che fa da Flaminio Rota e da sua moglie Virginia. Nel 1612, dopo la grande moria di animali che vi fu nel Tavoliere, ha solo 230 capi, dopo di che cessa l'attività.

Alla famiglia *de Baptista* apparteneva anche Don Tommaso, che nel 1592, dopo la morte dell'arciprete Don Ursino *de Benedictis*, fu nominato economo[58], il magnifico Leonardo (*de Pactis* - 2 settembre 1590) e l'onorabile Giovanni Domenico (*de Pactis* - 4 agosto 1591).

Si può concludere quindi, senza alcun timore di smentita, che la famiglia di Mariano appartenesse quantomeno al ceto dei "*civili*", così come precedentemente definito.

---

[56] Regia Camera della Sommaria – Processi – Attuari deversi - stanza 116 – busta 963 – foto Disc_00120.
[57] Opera citata.
[58] Merlino I.V., Taranta Peligna, antico paese attivo, Tip. Asti, Pescara 1973 – pag.59.

Famiglia Colantonio

La circostanza che, nello strumento dotale di Floriana *de Baptista*, Dionora sia individuata con il cognome *de Marcocione*, fa ritenere che sia sorella degli altri membri della famiglia individuati con lo stesso cognome, quindi di Ascanio e Biagio. Che Ascanio presenzi come mundualdo è perciò facilmente comprensibile; una riflessione più profonda è invece necessaria per provare ad inquadrare Leonardo Colantonio. Per far ciò si deve partire dalla figura del mundualdo.

Il mundio (in latino *mundium*) era un istituto del diritto consuetudinario longobardo, consistente nel potere di protezione del capofamiglia (mundualdo) sugli altri membri del gruppo familiare (la fara), e tra questi in particolare sulle donne, in cambio di vari tipi di sottomissione. La consolidata tradizione di una parziale incapacità giuridica femminile comportava in gran parte dell'Italia medievale e moderna l'obbligo che il marito e/o uno o due congiunti dovessero dare il proprio assenso ai contratti. Evitando totalmente qualunque tentativo di ricostruzione storica e differente applicazione a livello territoriale dell'istituto e volendo sintetizzare al massimo si può dire che la più importante e più evidente ragione alla base del mundio era la volontà della famiglia di origine di controllare doti e patrimoni femminili. La continuità della presenza dei mundualdi, rappresentanti della famiglia di origine presso la coppia coniugale, era legata ai robusti interessi economici che facevano capo alle donne sposate, che cumulavano la dote fornita dal padre al *morgincap*[59] e al *meffio*[60] conferiti dal marito. Ricordiamo anche che, come già detto, partire dal XIV secolo l'aristocrazia risulta più indipendente rispetto a questa consuetudine che sembra voler abbandonare, mentre il ceto dei giudici, notai, medici rimane più conservatore. Ma sono soprattutto gli artigiani e i piccoli proprietari rurali che si dimostrano tenacemente attaccati alla tradizione di affiancare alla donna un rappresentante della famiglia d'origine. Successivamente il numero delle donne che agiscono senza mundualdo aumenta ulteriormente estendendosi alle classi medio alte. È quindi evidente l'evoluzione del costume che faceva sì che la figura del

---

[59] Il morgengabio (morgengabe, morgengab, morgingab), o dono del mattino, era il regalo che secondo il rito longobardo il marito faceva alla propria moglie il giorno immediatamente dopo la prima notte di nozze. Era anche chiamato *praetium virginitatis* o *morgincapitis*.

[60] Nel diritto germanico, prezzo con cui il futuro marito acquistava, da chi ne aveva il potere, la potestà sulla donna; tale prezzo, originariamente convenuto in buoi, destrieri e armi, venne fissato, secondo le varie leggi, in una determinata somma di denaro, che più tardi diventò un assegno dello sposo in favore della sposa per il caso di vedovanza, avvicinandosi all'istituto della Morgengabe con cui poi si fuse.

mundualdo, pur non scomparendo definitivamente, venisse sistematicamente adoperata sempre più solo dai ceti medio bassi sia in campagna come in città. In età rinascimentale l'intervento del rappresentante della famiglia di origine della donna rimaneva una misura precauzionale contro le alienazioni che potevano essere fatte dal marito. Come già detto, a Taranta la presenza dei mundualdi a tutela dei patrimoni della famiglia della donna è documentata ancora nel XVII, anche per le famiglie di più elevato status sociale.

Partendo quindi dal concetto che la presenza del mundualdo serviva essenzialmente a tutelare i beni che la donna aveva avuto in dote dalla famiglia di provenienza, ricostruiamo l'origine dei beni della dote di Floriana, attraverso i loro passaggi di madre in figlia.

Dionora, nel momento in cui sposa Mariano, viene fornita di una dote composta da beni e, probabilmente, denaro in parte trasmessi dal padre (Giovanfrancesco) e in parte dalla madre. Mariano nel momento in cui consegna la dote di Floriana, figlia sua e della ormai defunta Dionora, precisa che una parte di essa è per conto della madre. Appare evidente quindi che una porzione degli averi che Floriana riceve provengono direttamente dalla famiglia di origine della nonna materna, moglie di Gianfrancesco *Cioni* e genitrice della madre Dionora oltre che dello zio Ascanio. Proprio per la presenza di Leonardo Colantonio allo strumento dotale, con molta probabilità si può ritenere che la detta famiglia di origine dovesse essere quella dei Colantonio la quale, oltre a quella dei di Gianfrancesco, aveva l'interesse a vedere garantiti e tutelati i propri beni nel momento in cui venivano trasmessi a Floriana. Tutto ciò in altre parole fa quindi supporre che Leonardo de Colantonio fosse un membro della famiglia di nascita della madre di Dionora e di Ascanio e che presenziasse come mundualdo per questa ragione. La presenza di parenti di parte materna, in qualità di mundualdi, è attestata anche nello strumento dotale di Livia *de Col'Antonio*, figlia di Giovan Pietro, rogato da *de Pactis* il 18 novembre 1606 (pag. 74 R.) in casa degli eredi di Piero Nicola *de pompeo*, in occasione del suo matrimonio con Francesco Antonio di Giovan Vincenzo *merlinj*. In esso si legge (pag. 75 V.) che Don(il nome è incomprensibile) *Sciarra*, abate di Santa Maria di Quadri, si impegna a versare al marito di Livia, sua nipote, ducati dieci in moneta d'argento entro un anno. Essendo Livia una Colantonio, deve trattarsi di uno zio da parte di madre. Successivamente (pag. 76 R.) si legge che sono presenti come mundualdi Giovanni Antonio di Cola *Sciarra*, *eis avij*, quindi suo nonno, e un altro Sciarra, il cui nome non è leggibile, definito *eis patruj*. Il termine *patruus, patrui* si traduce in zio paterno o fratello del padre ma, come detto in precedenza Livia, è una Colantonio per cui deve trattarsi di un errore di *de Pactis* che avrebbe dovuto invece usare il termine *avunculus, avunculi* per indicare quello che è, in tutta evidenza, uno zio da parte di madre.

A questo punto le stesse ragioni che hanno indotto a indagare la famiglia di Mariano *de Baptista* fanno sì che sia importante approfondire la famiglia Colantonio.

Il 7 aprile 1595 in occasione della stesura di uno strumento da parte di *de Pactis* oltre al rev.do Don Angelo *carloctus*, sono testimoni i magnifici Ottavio *caraccius*, Giovanni Donato *de lippis*, Giulio Cesare *vernisius*, Leonardo *de col'antonio*, Ferdinando *cistus*, tutti letterati.

In un altro strumento di *de Pactis*, datato 4 maggio 1595, Leonardo compare tra i testimoni, con il titolo di onorabile.

Un mese dopo, il 4 giugno 1595, in occasione di un altro rogito sono presenti come testimoni i magnifici Prospero *mansuetus*, Giovanni Agostino *de novello*, Desiderio *de paulo* e Leonardo *de col'antonio*.

Il 23 agosto dello stesso anno *de Pactis* roga alla presenza dei testi magnifici Muzio *macchiola*, Sebastiano *de Carbonio*, Leonardo *de col'antonio*.

In uno strumento del notaio Angelo Macciocchino[61] rogato in data 10 settembre 1538 *In bancho Juris* della fiera di Lanciano, Giovanni Salmezza di Bergamo costituisce suo procuratore Battista Colantonio di Taranta, al fine di recuperare quattrocento libbre di lana bianca agostina da alcuni cittadini di Rocca Valle Scura ai quali erano state precedentemente vendute e, con tutta probabilità, non pagate.

Il 9 giugno 1541, sempre. *In bancho Juris* della fiera di Lanciano, lo stesso notaio redige uno strumento con il quale Battista di Colantonio e Furia *de Castro Gepsi*, entrambi abitanti a Taranta, dichiarano di dover dare a Giovanni Pulcino di Bergamo ducati 104 in carlini, a carlini 10 per ducato, per l'acquisto di rubbie di lana bianca, venduta al prezzo di carlini 20 al rubbio. I debitori si impegnano a pagare metà della somma in occasione della fiera di Tutti i Santi di Nocera e metà alla fiera della Quarantana di Nocera.

In uno strumento del notaio Giova Battista Robbio[62] rogato nella piazza pubblica di Vasto in data 11 marzo 1551, il mercante milanese Battista Bertolla dichiara di aver ricevuto ducati 43.2.5 da Battista Colantonio e Biagio Nerone di Taranta come pagamento di una certa quantità di lana *agnina* (d'agnello) che aveva loro venduto.

---

[61] Regesti Marciani, a cura di Corrado Marciani. Japadre editore, l'Aquila – 1987. Vol. 7/I, pag. 106.
[62] Regesti Marciani, a cura di Corrado Marciani. Japadre editore, l'Aquila – 1987. Vol. 7/III, pag. 246.

Il 20 marzo 1606 (*de Pactis* - pag. 19 V.) Leonardo *de Col'Antonio* affitta una sua vigna con territorio a Giovanni di Cicco *desiatj*, di Taranta, il quale si impegna a coltivarla e migliorarla impiantandovi viti e altri alberi da frutto e a versargli ogni anno, nel mese di ottobre, una salma di vino mosto.

Dello strumento dotale di Livia *de Col'Antonio*, figlia di Giovan Pietro, rogato da *de Pactis* il 18 novembre 1606 (pag. 74 R.) si è già detto in precedenza. Da esso si evince il legame dei Colantonio con la famiglia Sciarra che fa sì che Livia abbia come zio l'abate di Santa Maria di Quadri[63]. Il valore complessivo dei beni dotali ammonta a ducati 75.8 e tra i testimoni compare anche Leonardo de Colantonio. Nella stessa data, immediatamente prima del suddetto strumento dotale, *de Pactis* redige l'atto con cui Grandonia *de Vito* consegna la propria dote in occasione del suo matrimonio con Giovan Pietro *de Colantonio*. Entrambi gli strumenti sono rogati in casa di Piernicola *de pompeo*, evidenziando, forse, un legame anche con questo gruppo familiare.

In data 28 dicembre 1607, nella sua casa in contrada *dell'aravecchia*, Leonardo *de Col'antonio* acquista un terreno aratorio di circa due tomoli da Maria, figlia ed erede del fu *magister* Iannini. La vendita è con patto di ricompera entro sei anni. Si tratta, in sostanza, di un prestito che Leonardo fa a Maria, garantito dalla momentanea trasmissione della proprietà del bene.

Il 5 settembre 1607 (pag. 68 R.) Francesca *Carlocta*, moglie di Nicola di Rinaldo *de Urso*, incarica *de Pactis* di formalizzare uno strumento di dote stilato dal notaio Antonio Naturale ma non ufficializzato anche in questo caso a causa della morte improvvisa del notaio. Lo strumento è datato 6 agosto 1588 e viene rogato *in domibus* di Giovanni Domenico *de Col'antonio*, sita in contrada *dj porta dj recchia*. A seguito del matrimonio di Francesca, figlia del fu Giovanni Bernardino *Carloctj* e figliastra di detto Giovanni Domenico con Pompilio *de marzano*, il detto Giovanni Domenico e Giovanni *Carlocto* consegnano la dote di Francesca che ammonta a ducati 83.1.5. Alla trascrizione della dote presenzia come testimone letterato Leonardo *de Colantonio*.

Il 20 gennaio 1600 Leonardo è uomo di reggimento della terra di Taranta in

---

[63] Nella Bolla corografica di Lucio III del 1183 – trascritta anche dall'Antinori – si elenca l'ambito di influenza della sede vescovile valvense di S. Pelino, tra le varie pertinenze cita anche la chiesa di S. Maria di Quadri. Del cenobio al contrario non si hanno attestazioni documentarie antecedenti al XIV secolo. Al 1308 risale la prima citazione del «*monasterium Sancte Marie de Quadris*» che ricorre con una certa continuità tra il 1308 e il 1328 nell'elenco delle decime spettanti alla Curia Romana; il monastero viene citato spesso con riferimento alle sue rendite e ad un patrimonio di *cellae* ed *ecclesiae subiectae*. Il possesso di una consistenza patrimoniale è altrimenti noto da una copia del 1577 di un inventario dei beni mobili e immobili spettanti all'abbazia che estendeva la sua influenza tra gli altri sui territori di Borrello, Sant'Angelo, Pescopennataro, Pizzoferrato e Civitaluparella. Il complesso religioso inizia ad accogliere le visite pastorali del vescovo di Valva con una certa regolarità dalla fine del XV secolo.

occasione della stipula di una importante accordo con la famiglia Malvezzi.[64] Si rammenta che nella stessa occasione Mariano *de Baptista* è il Camerario di Taranta cosa questa che fa pensare alla accennata "presa di possesso" delle cariche cittadine da parte di gruppi di famiglie tra loro spesso legate anche da vincoli di parentela.

Benché i documenti, al momento disponibili, non siano numerosi, è evidente il coinvolgimento di questo gruppo familiare in attività di mercatura e credito di ampio respiro, come attestato dai documenti del 1538, del 1541 e del 1551. È altrettanto evidente il prestigio sociale goduto indicato dai titoli e dagli incarichi oltre che dalla presenza in famiglia di un abate. Si può quindi affermare che anche il gruppo familiare dei Colantonio appartenesse alla élite economico sociale della Taranta del XVI e XVII secolo.

Famiglia de Chio

Sempre nell'ottica dell'analisi delle "politiche matrimoniali" operate dalla famiglia nei secoli XVI e XVII e ritenute utili alla ricostruzione della sua collocazione sociale ed economica, si deve prendere in esame il matrimonio di Biagio, fratello di Dionora e di Ascanio, con Cidonia di Chio, avvenuto nell'estate del 1600.

In base alla elaborazione dei dati genealogici, all'epoca del matrimonio Biagio poteva avere un'età che oscillava tra i 40 ed i 50 anni. Con tutta probabilità per lui deve essersi trattato di un secondo matrimonio. Del resto, considerando che nel periodo 1590-1593 una carestia tra le più pesanti investì larga parte della penisola determinando una notevole mortalità, sia in maniera diretta, per denutrizione, sia per le malattie, come il tifo, che abitualmente accompagnavano le carestie e che il protocollo del 1591 del notaio *de Pactis* è in buona parte costituito da testamenti, è lecito pensare che anche Taranta ne sia stata colpita. Non va poi dimenticato che, a prescindere da questo, i casi di morte prematura erano da ritenersi comuni al tempo.

Cidonia è figlia di Giovanni di Ferdinando di Chio da cui, in data 17 giugno 1600, riceve una dote ammontante a ducati 74.4. Si tratta una delle doti più cospicue tra quelle formalizzate da *de Pactis* nel periodo. Basti pensare che la dote che Pier luigi *Saurus* consegna in occasione del matrimonio della figlia Giulia con *magister* Giovanni augustino *Sciarra*, il 31 luglio 1604, ammonta a ducati 79.4.5 o che

---

[64] Regia Camera della Sommaria – Processi – Attuari diversi – stanza 116 – busta 963 – foto Disc_00120.

la dote che il magnifico Giovanni Flaminio *de Creta*[65], figlio del fu Francesco, consegna il 2 luglio 1581 in occasione del matrimonio della sorella Liberata, ammonta a ducati 64[66]. Certamente non è paragonabile a quella di cui il 9 maggio 1595 viene dotata la magnifica Angela *Lanuto* di Fara San Martino che ammonta a ducati 550[67] o quella di cui, attorno al 1630, viene dotata Maddalena *Sauri* che ammonta a ducati 700[68].

Le notizie sulla famiglia di Chio sono scarse; il cognome *de Chio* fa pensare a un nucleo familiare che fuggito, dall'omonima isola caduta in mano ai Turchi nel 1566, si era stabilito a Taranta. Il primo documento disponibile risale all'11 aprile 1595 e viene rogato da *de Pactis*. Si tratta di una compravendita con cui Amato antonio *colarellj* vende a Giovanni di Ferdinando *de chio* una casa di due membri *cum toto celo ciò è la casa che fò dj Aulerio Spetiale et la casa che fò dj canova e carrabba sita in contrata del castello con tutti i suoi diritti*. La casa confina da un lato con i beni del detto venditore, *da piedi supter pensile* con i beni di Antonello di Aurelio *Camerarij* ed i beni dello stesso venditore, dall'altro lato sempre i beni del venditore, di fronte la via pubblica, dall'altro lato la ripa e viene venduta al prezzo di ducati quaranta, consegnati in carlini d'argento contanti dall'acquirente. È da notare che la casa venduta è composta da due membri <u>accorpati in un'unica abitazione</u>, ovvero dalla "casa che era appartenuta ad Aurelio Speziale e quella che era stata di Carrabba", a dimostrazione della diffusione di questa pratica.

Il 28 novembre 1599 Giovan Bernardino di Giovan Bernardino (in realtà deve trattarsi, come già detto, di Giovan Giulio) di Ferdinando *de chio*, vende e assegna a Giovanni di Ferdinando *de chio* una casa di una camera, sita *In contrata del castello*. La casa è franca da qualsiasi onere e confina da un lato, dalla parte inferiore e dalla parte superiore con i beni di Giovanni di Ferdinando *de chio* e dall'altro lato i beni di Bonfiglio di Ferdinando *de chio* e viene venduta al prezzo di ducati quattro, in carlini d'argento, che il venditore dichiara di aver già ricevuto dall'acquirente. Confrontando i confini delle vendite parrebbe che, partito dalla casa di due stanze, Giovanni di Chio nel corso degli anni abbia espanso la sua proprietà tanto da circondare (da un lato, dalla parte inferiore e dalla parte superiore) e inglobare la stanza di proprietà di Giovanni Bernardino (probabilmente il nipote, figlio del fratello). Si tratta sicuramente di un tentativo di realizzazione uno di di quei "palazzi" costituiti da più *domus* accorpate a seguito dell'acquisto di più

---

[65] Definito magnifico in uno strumento del notaio C. Paglione datato 12 marzo 1596.
[66] Costantino de Pactis. Volume 1606, pagg. 35 V. – 37 V.
[67] Notaio Angelo Finamore. ASCH, volume unico pag. 74 V.
[68] Notaio Costantino Mancini di Torricella. ASCH, volume 2 pagina 85.

immobili e ristrutturate in modo da realizzare un unico corpo organico e omogeneo, di cui si accennava precedentemente. Quella porzione della contrada del Castello sembrerebbe quasi "colonizzata" dalla famiglia di Chio, stante l'assenza di altri confinanti.

La conferma di ciò viene da un atto che *de Pactis* roga il 20 marzo 1606 con cui Giovanni di Ferdinando e i suoi figli Bernardino e Feliciano vendono a Caterina Schiavutti, vedova di Nardo di Gianfrancesco, ducati cinque annui sui primi frutti di alcune loro proprietà al prezzo di ducati 50 (che gli vengono versati in cianfroni spagnoli[69] e tarini di Filippo). Tra queste proprietà compare anche una casa di quattro membri sita in contrada del castello confinante da un lato con i beni di Amato Antonio Colarelli, dall'altro lato i beni di Bonfiglio di Ferdinando, sotto il pensile con i beni di Giovanni Antonio di Cola Sciarra e di Porziano Schiavutti. La vendita è, ovviamente con patto di affrancazione. Si tratta in sostanza di una operazione di finanziamento, un prestito garantito dai beni reali, non per necessità di sussistenza ma allo scopo di investire in attività e beni produttivi, come dimostrato dal fatto che immediatamente dopo aver incassato il denaro, con lo strumento successivo, Giovanni di Ferdinando acquista dalla stessa Caterina Schiavutti una vigna in contrada *della defensa* al prezzo di ducati 35.

Il 21 gennaio 1606 Bonfiglio di Ferdinando *de chio* viene nominato esecutore testamentario da Ausonia, figlia del defunto Francesco *de Ramundino* e moglie di Nicola Angelo *porcarius*.

Giovanni Bernardino di Giovan Giulio di Ferdinando, sposa Virgilia *Sauri*, figlia di Pier Leone come attestato nello strumento dotale del 22 giugno 1609 (*de Pactis* – pag 22 r.).

Il 15 febbraio 1625 il notaio Mancini, stila uno strumento con cui il barone Giovan Battista Valignani concede un prestito di ducati 2.000 all'Università di Taranta ponendo una ipoteca sui beni della stessa Università e su quelli privati di alcuni cittadini ovvero il notaio Prospero Rota, Francesco Caraccio, Berardino de Pactis, Pietro de Petricone, Pietro Antonio Sauro, Berardino Forcone, Marano(?) di Pietro Nicola, Francesco de Alò, Giovanni Bruno, ed anche Bernardino di Chio (probabilmente il figlio di Giovanni).

L'insieme di queste notizie fa intravedere, anche in questo caso, una famiglia sicuramente collocabile tra gli strati più alti della società tarantolese del tempo.

---

[69] Nome dato a Napoli agli scudi maltagliati coniati durante l'assedio del 1528, del valore di 8 carlini, e poi ai mezzi ducati d'argento di Filippo III e di Filippo IV, del valore di 5 carlini.

Famiglia Masci Mancino

Fedele di Biagio *Marcocioni*, che secondo la ricostruzione genealogica sarebbe cugino di Ascanio, di Biagio e di Dionora, sposa Vittoria, figlia di Domenico Masci Mancino[70]. Dagli atti di *de Pactis* risulta che, tra la fine del XVI e gli inizi del XVII secolo, a Taranta erano presenti un gruppo familiare con il cognome Mancino e un altro gruppo familiare indicato come Masci Mancino. Determinare se quest'ultimo fosse un ramo della famiglia Mancino è, al momento, difficile per cui si prenderanno in considerazione solo gli individui con il doppio cognome Masci Mancino.

La prima notizia che si ha risale al 22 ottobre 1570, quando il notaio Primiani attesta quanto accaduto in occasione di un parlamento dell'Università di Taranta, convocato al fine di intentare una causa contro Orazio Carrafa per la mancata consegna di una certa quantità di grano, già pagato. Tra i *cives* intervenuti compare Novello *masci mancini*.

Il 5 luglio 1591 *de Pactis* roga il testamento di Marcantonio *de Benedictis*, il quale nomina esecutore testamentario l'onorabile Novello *massij mancinj*. Alla stesura dell'atto, tra gli altri testimoni, presenzia anche un Bonfiglio *mancinus*.

Il 21 luglio 1591 gli *onorabili* Mariano *de Baptista*, Falco *picconus*, Adante[71] *massij mancinj*, di Taranta e il magnifico Alessandro *Maraschia* di Lama, tutti letterati, compaiono come testimoni al testamento di Giovanni *de Benedictis*.

Il 31 agosto 1591 Giovanni Agostino *de ognibene*, Mariano *de Baptista*, Novello *massij mancinj*, Sante *Impitia*, letterati, e altri tarantolesi compaiono come testimoni alla stesura del documento dotale con cui l'*hon.* Giulio Cesare *de gratiano* consegna la dote della figlia Aurifina in occasione del suo matrimonio con l'*hon.* Battista *Schabuctus*.

Il 9 settembre 1595 i magnifici Prospero *mansueto*, Muzio *macchiolo*, Flaminio *Saurus*, Manlio *picconus*, Biagio *venturinj*, Giovanni Agostino *de novello*, Sante *mariotto*, Adamiano *de Bruno*, Dante *massij mancini*, tutti letterati, testimoniano al testamento di Cesarea *de fantasia*, moglie di Liberato *Curtj*.

Adante è presente anche al testamento di Marzia di Angelo *de Liscio*, moglie del defunto Donato *colarelli*, rogato il 16 febbraio 1599; alla compravendita di una casa tra Ferdinando *de novello* e Piero Giovanni *de pizzo* del 4 luglio 1599, in cui compare con il nome Dante; il 18 settembre 1599, quando Giovanni Bernardino di Giovan Giulio *de ferdinando* (di Chio) *dedit et consignavit dotis* a Giacomo *de*

---

[70] Notaio Costantino de Pactis – 8 ottobre 1595, pag. 43 R.
[71] La pagina è rovinata, si intravede una probabile A maiuscola per cui si pensa che si tratti di Adante.

auxilio, a causa del legittimo matrimonio con Aurimilia, sua sorella carnale; in una compravendita del 20 settembre 1599.

Il 2 ottobre 1599 Ottavio *Caraccius*, Giovanni Antonio *marramus*, Leonardo *de Col'antonio*, Dante *massij mancinj*, tutti letterati, presenziano come testimoni in occasione dell'inventario che Colangelo *porcarus,* Pierluigi *Saurus* e Giovan Sante *de falcocchio*, in qualità di esecutori del testamento di Antonio *de falcocchio,* decidono di fare dei beni costituenti l'eredità giacente, a favore di tutti gli aventi diritto alla stessa.

Il 29 dicembre 1600 [Biagio] *de Venturino*, Leonardo *de Col'antonio*, Dante *massio mancino*, tutti letterati, sono testimoni a una compravendita tra Domenico *de fantasia*, e Tommaso *de Marianello*.

Il 12 febbraio 1600 Marco Aurelio *natalis*, Gentile *marramus*, Dante *massj mancinj*, Biagio *mancinus*, Pietro Antonio *cocchictus*, tutti letterati, testimoniano a una compravendita tra Giacomo Antonio, Giovan Donato e Mario *de lippis*, loro fratello minore, i quali vendono a Varenzio *de Riccio* una vigna sita *In contrata della valle delli tesi*, franca anche dalla terziaria della corte baronale.

Il 16 marzo 1600 Muzio *macchiola*, Monaco *de caruso*, Dante *massij mancini* e Giovanni Augustino *de venturino*, tutti letterati, in qualità di testimoni presenziano alla vendita, da parte del barone Piriteo Malvezzi, di una terrata baronale che era appartenuta al defunto Giovanni Paolo *palenij* e che gli era pervenuta a seguito della morte di quest'ultimo senza figli legittimi.

Dante è ancora testimone il 25 novembre, insieme a Pierleo Sauro e Francesco Scacco.

Il 20 gennaio 1604 Marco Tullio *cicchinus*, Dante *massij mancinj*, Giovan Donato *de lippis* e Biagio *caraccius* intervengono, come testi, a un contratto enfiteutico tra Don Angelo *colarellj* e suo fratello carnale Antonio Piero, da una parte, e Flaminio *Rota* dall'altra.

Il 1° agosto 1604 Giovan Donato *lippi*, Muzio *macchiola*, Dante *massij mancinj*, Benedetto *cepollonus*, Geronimo *macchiola*, tutti letterati, testimoniano in occasione di un contratto enfiteutico tra Ferdinando *cistus* e ancora Flaminio *Rota*.

Il 31 ottobre 1604 Basilico, figlio del defunto Domenico *masij mancinj*, quindi, con tutta probabilità, cognato di Fedele, monaco dell'ordine di San Benedetto Celestino, dichiara che, a seguito dei matrimoni tra sua sorella Lucrezia e Francesco *colarellus* e tra Camilla, altra sua sorella, e Giulio *de Simione*, aveva già consegnato loro le doti da parte del padre Domenico. Basilico, tuttavia, integra le due doti con altri beni.

Il 21 novembre 1604 Adante *massij mancinj* è uno dei testimoni alla consegna di una dote. Un Adante *de mascio mancino* (il nome è chiaramente leggibile a pag. 13V.) compare come testimone il 10 marzo 1606, in occasione della stipula di sei strumenti rogati in casa degli eredi di Annibale Sauro, di cui quattro contratti di locazione con i quali Giuseppe, Finadamo e Marcantonio *Sauri* affittano un loro primo territorio a Pietro *de colarello*, un secondo a Sipio *Mancino*, un terzo a Giovanni Salvo di Donato *de Palmadesso* e un quarto a Giovanni Domenico *Margagnoni*; vi è poi un atto con cui Giovanni Augustino *de Novello* cede un suo territorio ai fratelli Sauro ed un ultimo con cui i detti fratelli Sauro vendono una loro casa di un membro a Giosuè *Sauro*.

Il 13 giugno 1606 Adante è teste a una permuta di proprietà tra Marino *Lonardinus* e Bernardino *Carrabba*.

È interessante anche lo strumento dotale del 10 settembre 1606 con cui Giovanni Bernardino di Giovan Giulio di Ferdinando (di Chio) consegna la dote di sua sorella Plusea in occasione del suo matrimonio con Cristofaro *Vernisio*, al quale presenzia come testimone anche Dante, quasi a dimostrare i legami esistenti tra persone dello stesso gruppo sociale collegati anche da legami parentali.

Il 26 dicembre 1607 è testimone al testamento di Pietro di Natale. Numerosi sono gli altri rogiti ai quali Dante presenzia come testimone; per brevità ci si limita a citarne un ultimo che si ritiene significativo.

Il 10 settembre 1607 (pag. 71 R.), nella casa di Mariano *de Baptista*, sita in contrada *di petranzero*, Ascanio e Biagio *marco cionj* vendono al detto Mariano una loro vigna, sita in contrada *della portelluccia*, confinante *circum circa* con i beni di Mariano al prezzo, di tutto rispetto, di ducati 35. Viene da pensare che i due fratelli, forse, abbiano "tirato" sul prezzo approfittando del fatto che, acquistando la loro vigna, Mariano (che è loro cognato) avrebbe messo assieme un'unica ed estesa proprietà, composta di diversi territori. Al rogito, oltre al dottor Santorio *de Santorio*, di Lama, e Biagio *Mancino*, presenziano come testimoni Adante *massij mancinj* e Leonardo *de Col'antonio*, dando l'idea di una sorta di "affare" in famiglia.

Per concludere la disanima dei documenti sulla famiglia Masci Mancino si possono prendere in considerazione due strumenti rogati nell'aprile del 1606 a pochi giorni di distanza (il 20 ed il 30) che vedono interessata Camilla di Domenico *mascj mancinj*. Essendo figlia "di Domenico", dovrebbe essere sorella di Vittoria e quindi cognata di Fedele. Il padre (Domenico) al momento della stesura degli atti è morto, come evidenzia la formula *quondam* anteposta al suo nome nello strumento del 30 aprile. Con lo strumento del 20 aprile la detta Camilla, vedova *Jure*

Romano vivens, da atto che la dote che le era stata assegnata dal padre al momento del matrimonio con Giulio, figlio di Biagio *de Simione*, le viene restituita dal suocero a seguito della "dissoluzione del matrimonio" dovuta alla morte di Giulio. A causa dello sfrido[72] subito dalla stessa con il passare del tempo, Biagio ne reintegra il valore aggiungendo due maniche di velluto carmesino, del valore di carlini ventotto, e un altro oggetto non identificabile a causa della mancanza di parte della pagina, il cui valore è di carlini cinque. Dieci giorni dopo, il 30 aprile 1607, Camilla consegna la propria dote, il cui valore ammonta a ducati 66.5, a seguito del suo matrimonio con Baldassarre *Verna* di Fara San Martino. Tra i testimoni sembrerebbe di leggere un Arruffa di Fara San Martino, altro gruppo familiare legato ai Di Gianfrancesco che verrà studiato più avanti.

Il ramo di Fedele di Biagio si estingue entro la fine del XVI secolo. Il 26 gennaio 1599 Fedele *de Blasio*, con un apposito strumento notarile, dona il proprio patrimonio a Marcotullio *francischino*[73]; con uno strumento rogato in data 17 novembre 1599 Piriteo Malvezzi *utile signore di Taranta e di Quadri,* vende a Tommaso *de Marianello* una casa terranea sita in contrada *Porta di Recchia* che era appartenuta al defunto Fedele *de Marcocione*, della quale era venuto in possesso a seguito della morte di Fedele in assenza di figli legittimi. I due figli Leonardo e Serafino sono certamente già deceduti nel momento in cui fa redigere il proprio testamento, nell'ottobre del 1591; sono in vita solo i nipoti, figli di Serafino. Se nel 1599 dona tutto il suo patrimonio a Marcotullio *francischino* evidentemente anche questi sono nel frattempo deceduti, tanto che alla fine dello stesso anno Piriteo Malvezzi vende la sua terranea di cui era tornato in possesso in base al principio della "manomorta".

§

Della moglie di Serafino, figlio di Fedele di Biagio Marcocioni, non si hanno notizie mentre della moglie del fratello Leonardo si conosce solo il nome di battesimo: Marzia. Ciò rendo impossibile indagare i legami matrimoniali di entrambi.

Dalla ricostruzione genealogica si viene a invece sapere che Ascanio ebbe due figli: Serafino e Torquenzia. Per quanto riguarda Serafino, dai registri parrocchiali di San Nicola di Taranta, si apprende che sua moglie, Maria Grazia della terra di Fara San Martino, fu madrina al battesimo di Caterina, figlia di Colantonio

---

[72] Calo quantitativo e talora consumo che subiscono prodotti, materiali, merci, ecc.
[73] In realtà di tratta di Marco Tullio *cicchino*.

de Colantonio. Purtroppo, poiché anche negli atti di battesimo dei suoi figli (Giovanni Aloisio il 29/01/1629) e Antonia (il 13/6/1633) viene indicata nello stesso modo, anche su di lei non è possibile investigare oltre.

Poiché gli aspetti relativi al comparatico verranno trattati successivamente, per il momento si seguitano ad approfondire le strategie matrimoniali.

Famiglia de Pompeo

Con riferimento a Torquenzia, dall'atto di battesimo della figlia Liberata, nata il 22 agosto 1628, si viene a conoscenza che era sposata con Mariano *de Pompeo*.

La prima notizia che si ha sulla famiglia *de Pompeo* di Taranta risale al 22 ottobre 1570, quando il notaio Primiani attesta quanto accaduto in occasione del pubblico parlamento dell'Università di Taranta indetto al fine di intentare causa a Orazio Carrafa per la mancata consegna di una certa quantità di grano, già pagato. Tra i *cives* intervenuti compare Rinaldo (?) *Pompei*.

Il 10 agosto 1591 (*de Pactis* - pag. 18 r.) il magnifico Pier Nicola *de pompeo* partecipa, in veste di testimone letterato, alla stesura dell'atto con cui Falcone *merlinj* dispone alcune modifiche al suo precedente testamento.

Il magnifico Donatuccio *de pompeo* è teste letterato alla stesura del testamento di Giulia *de Benedictis*, moglie di Giovanni Agostino *de ognibene*[74].

Il 18 settembre 1591 i magnifici Giovanni Onofrio *de pactis utis medecine doctor*, Prospero *mansuetus*, Matteo *Cocchictus*, Sante *marioctus*, Sebastiano *de Camillo*, Pier Nicola *de pompeo*, Flaminio *Saurus*, Pier Francesco *de natale*, tutti letterati, e Giovanni Alfonso *de lippis*, illetterato, presenziano al testamento del magnifico Giovanni paolo *Palenij*.

Il 9 maggio 1601 l'*honesta mulier* Giulia di Donatuccio di Cola *mazzocchi*, della terra di Palena, moglie del defunto Piernicola *de pompeo* della terra della Taranta, vedova *jure romano vivens*, vende al Capitano Giovanni Geronimo *de georgijs de Magliano* e a Marco Tullio Cicchini[75], della terra della Taranta, una certa casa terranea, sita *In contrata da piedj la ripa*, con patto di ricompera allo stesso prezzo entro nove anni, al costo di ducati 26.

---

[74] De Pactis attesta che è figlio di Ognibene *de Roberto*. Poiché il cognome Ognibene è presente in molti altri dei successivi strumenti di de Pactis, potrebbe trattarsi di un ulteriore cambio di cognome.

[75] Nel documento è scritto *francischino,* ma da un successivo atto dell'8 novembre 1604 si viene a conoscenza che si tratta di Cicchino.

Da uno strumento rogato da *de Pactis* il 7 marzo 1604, si apprende che Giovanni Dinuccio *Impiccia* dichiara che, come risulta nello strumento pubblico rogato per mano dello stesso notaio Costantino *de Pactis*, negli anni precedenti il fu Sante *Impitia*, suo padre, acquistò una certa vigna, sita In contrata della valle *dellj tesi*, da Pompeo e Donatuccio, figli del fu Piernicola *de pompeo*. Detta vigna era stata gravata dell'onere di un annuo reddito, *sive censu*, di una salma di vino mosto a favore del fu Annibale *Sauro*, da Imperia, moglie di Biagio *del Duca*, primo possessore della stessa, e dai suoi figli, come risulta da uno strumento rogato dallo stesso notaio Costantino *de Pactis* in data 4 aprile 1586. Il menzionato Giovanni, volendo evitare una lite con gli eredi di detto Annibale, sottomette nuovamente la vigna a enfiteusi e assegna a Giuseppe l'annuo reddito, *sive censum*, di una salma di vino mosto, alla misura napoletana, da consegnarsi al tempo della vendemmia, nel mese di ottobre, a partire dal successivo anno 1605.

Il 14 luglio 1604 uno dei due figli di Piernicola *de pompeo*, di cui non si comprende il nome, è testimone al testamento di Giulia di Biagio *Cola russo*.

Il 16 febbraio 1600 (pag. 10 V.), Giovanni Donato *merlinus* chiede che da *de Pactis* venga redatto in pubblica forma un certo *rogitum protocollum et contractum testamenti* rogato in precedenza dal defunto notaio Antonio *natularem* dinnanzi al previsto giudice con i necessari testi ma non reso in pubblica forma a causa delle morte notaio stesso. Dal testo che *de Pactis* trascrive, si viene a conoscenza che al detto testamento di Giovanni Donato *merlinus*, rogato il *die ultimo Februarij 1592*, aveva preso parte come testimone letterato Pompeo *de peronicola* (pag. 12 V.); potrebbe trattarsi del Pompeo *de peronicola de pompeo*, fratello di Donatuccio, di cui allo strumento del 7 marzo 1604.

Il 18 novembre 1606 (pag. 74 R.) *de Pactis* roga gli strumenti dotali di Livia *de Col'Antonio*, figlia di Giovan Pietro, e quello di Aurigenta *de Vito* (che sposa Giovan Pietro Colantonio) di cui si è già detto in precedenza. La pagina del protocollo è rovinata e macchiata ma si riesce comunque a capire che gli atti vengono stilati in casa degli eredi del fu Piernicola *de pompeo*.

Giulia di Donato di Cola *mazzocchi*, di cui si è detto parlando dello strumento del 9 maggio 1601, ricompare in due strumenti consecutivi del 9 gennaio 1607 (pagg. 9 V. e 10 V.). Dal primo documento si viene a conoscenza del fatto che, nel frattempo, Giulia ha sposato Giovanni Battista *de Castellanis*, di Lama dei Peligni, il quale, in accordo con lei, vende una casa di un membro che le era pervenuta in dote. La casa è sita in contrada *da pedj la ripa* e confina *supra pensile* con i beni Marco *de petrocone*, *subter pensile* con i beni di Giovanni *de ninno*, da un lato i beni di Torre (?) e di Giovancamillo di Sante *lombardi*, dall'altro lato i beni degli eredi del defunto Cicco *Lombardo*, di fronte e dall'altro lato la via pubblica e Marco *de Petrocone*. Non volendo lasciare la moglie priva di dote le assegna in cambio una casa di tre membri che possiede *in terra Lamæ* e precisamente in piazza. La cosa interessante di questo e del successivo strumento è che da essi risulta che il fu Piernicola *de pompeo*, aveva avuto un figlio da Giulia il cui nome è Maranto. Con il secondo strumento, Giulia e Maranto *de Pompeo* vengono nominati donatari da parte di Giovanni Battista *de Castellanis* di tutti i beni sua proprietà. A entrambi gli strumenti presenzia come testimone letterato Leonardo de Colantonio.

Da uno strumento del 10 giugno 1607 (pag. 54 V.) si viene a conoscenza che gli eredi di Piernicola *de pompeo* hanno una casa in contrada *da piedi la ripa*. Potrebbe essere la casa che, con uno strumento del notaio de Angelis datato 21 gennaio 1672, gli amministratori del Monte di Pietà dichiarano essere stata riparata dal Monte perché *in pericolo ruinandi* e che concedono in enfiteusi a Giovanni *falcilia*. La casa apparteneva al defunto Mariano *de Pompeo* e dovrebbe essere sita dove si dice *Paralipa*. Piedi la ripa sembra l'ipotesi più probabile.

Il 5 settembre 1607 Francesca *carlocta*, moglie di Nicola Ranallo *de urso*, chiede a *de Pactis* di redigere in pubblica forma, uno strumento rogato precedentemente dal defunto notaio Antonio *Naturalem* ma non formalizzato a causa della morte dello stesso notaio. Lo strumento risale al 6 agosto 1588 e venne stilato *in domibus* di Giovanni Domenico *de Col'antonio*. Tra i testi presenti compare anche *l'hon.* Piernicola *de pompeo*.

Una breve riflessione meritano i due strumenti consecutivi del 9 gennaio 1607 (pagg. 9 V. e 10 V.). Di primo acchito verrebbe da pensare che nel secondo documento *de Pactis* faccia un po' di confusione con i cognomi, attestando che Maranto sia figlio del fu Piernicola *de santo lombardo*, mentre dal primo sappiamo che de Santo Lombardo erano due dei confinanti con la casa venduta da Giulia. Il problema però sorge in considerazione del più volte evidenziato uso approssimativo che si faceva dei cognomi a Taranta. Dal terzo volume dei Regesti Marciani[76], in data 13 dicembre 1553, si viene a conoscenza che il notaio Giovanni Battista Robbio roga uno strumento con cui Antonello Camerino di Gessopalena e Pompeo de Santis Lombardo di Taranta, dichiarano di dover dare a Battista Bertollo milanese, ducati 172 e ½ « ... *ex ultime et finalis calculi et computi de tucte le lane quale dicono li predicti debitori haver havuto e receputo dal ditto ms. baptista creditore presente et acceptante per tucto lo tempo passato fin al presente di* ». Ciò

---

[76] *Regesti Marciani*, a cura di Corrado Marciani. Japadre editore, l'Aquila – 1989. Vol. 7/III, pag. 270.

attesterebbe l'esistenza di un Pompeo di Sante Lombardo in un periodo che lo renderebbe compatibile come padre di Pier Nicola. In questo caso i de Pompeo sarebbero un ramo della famiglia Lombardo. Tuttavia, in assenza di altre conferme, si ritiene di non prendere in ulteriore considerazione questa ipotesi.

Dal punto di vista genealogico la ricostruzione è estremamente semplice. Rinaldo e Piernicola dovrebbero essere coevi ed entrambi figli di Pompeo. Da Piernicola sarebbero nati Pompeo[77], Donatuccio e Maranto. Maranto dovrebbe essere il più piccolo dei fratelli, cosa questa che lo renderebbe sovrapponibile a Mariano, il marito di Torquenzia.

I documenti disponibili sulla famiglia de Pompeo non sono numerosi ma danno comunque l'immagine di una famiglia di letterati e magnifici di buon livello sociale, anche se, forse, distante dai de Battista e dai Colantonio.

§

Marcantonio e Giovanni Leonardo, figli di Serafino e di Maria Grazia di Fara San Martino, sono l'ultima generazione che vive interamente a Taranta e, quindi, a essere ricompresa in quello che è stato definito il Primo Periodo. I loro figli, infatti, benché nati a Taranta, si traferiranno ben presto nella vicina Lama dove si sposeranno e si stabiliranno.

Famiglia de Arruffo

Dagli atti di nascita dei figli di Marcantonio, ovvero Mariagrazia e Giuseppe, si viene a conoscenza che sua moglie era Giulia de Arruffa (*Arruppha*).

Uno strumento di concordia rogato dal notaio de Angelis il 4 giugno 1701 consente di accertare che Giulia era di Fara San Martino e che suo fratello era Baldassarre Arruffa. Lo strumento è rogato a Taranta, nella casa del Reverendo Don Giuseppe *Marrama*. Sono presenti Filippo *Vernisi*, Priore del Santissimo Sacramento di Taranta e Pietro *Schiavutti*, Priore della Venerabile Cappella di San Rocco, i quali dichiarano che: « ... *vertendo lite nella Corte Arci.le di Chieti tra Baldassarre Arruffa della Fara Santo Martino colle sopradette Cappelle per la restituzione della dote della quondam Giulia Arruffa sorella di detto Baldassarre; che*

---

[77] Classico caso di riproposizione del nome del nonno.

fu moglie del quondam Marco Antonio di Giovanfrancesco figlio di Serafino Giovanfrancesco; e per che dette Cappelle furono heredi vigore Testamenti di detto Serafino per la qual cosa il detto Baldassarre pretendeva la restituzione della dote di sua sorella con la supposizione che Serafino Padre non poteva gravare la sua Nuora nel Testamento predetto con lasciare a dette Cappelle. Intentandosi dunque detto giudizio, e costituitosi in actis il Procuratore, per mancanza di prove à beneficio di dette Cappelle causata dalla lunghezza del tempo per esservi trascorsi da circa 43 anni in circa furono necessari far emanare Capi di scomunica con essersi pubblicati tanto in questa Terra della Taranta; quanto in quella della Fara patria di detto Baldassarre; dalla pubblicazione de quali ne nacquero molte [?] de Cittadini antichi, si dell'una, come dell'altra Terra e da quelle bastanti costavasi la restituzione di detta Dote fatta à detto Baldassarre; e suoi fratelli, mentre i Testi [?] asserivano aver veduto, quando il detto Baldassarre con due muli con Casse, Rame et altro che riportò in Terra della Fara et essendosi prodotte [?] revele nella Corte Arcivescovile cesso il detto Baldassarre di proseguire il giudizio; conoscendo non haver altra pretenzione contra dette Cappelle.». Nonostante ciò, Mattia (*sic*) di Prospero, moglie vedova di Baldassare, e il loro figlio Francesco, pur sapendo di non avere sufficienti elementi per ottenere la restituzione della dote di Giulia, per interposta persona avevano tuttavia avvicinato il menzionato Arciprete Don Giuseppe *Marrama* affinché persuadesse i Priori delle dette Cappelle a corrispondere loro un indennizzo. I Priori quindi « ... *hanno determinato per ultimo e finale pagamento per una* [?] *docati Cinque per ciascheduna Cappella...*». A motivazione di questo pagamento veniva posto lo stato di grave indigenza in cui versava la famiglia del defunto Baldassarre. In considerazione del fatto che il documento è del 1701 e che la "tempesta" della crisi economica, rafforzata dalla peste, aveva ormai dispiegato i suoi effetti, questo stato di bisogno poteva pure essere reale e non semplicemente dichiarato come espediente convenzionale. A prescindere da ciò, tuttavia, il comportamento dei Priori fa sorgere qualche serio dubbio circa la reale correttezza delle pretese di Baldassarre. Solo l'intima certezza della fondatezza delle sue richieste avrebbe potuto infatti determinare le Cappelle a versare alla sua famiglia i detti ducati cinque, ottenendo in cambio l'esplicita rinuncia a qualunque pretesa futura. Grazie a questo documento abbiamo la sicurezza che Marcantonio, la moglie Giulia ed il figlio Giuseppe abbiano trovato la morte nella peste del 1656. Il padre Serafino è invece sopravvissuto insieme all'altro figlio, Giovanni Leonardo, per cui per lui sarebbe stato normale, nella logica del tempo, disporre, in punto di morte, un donativo per delle cappelle (in particolare per quella di San

Rocco) come "ringraziamento" per lo scampato pericolo. Non sarebbe da escludere quindi che, nel far ciò, abbia elargito beni facenti parte della dote della nuora Giulia. Confrontato con i donativi alle cappelle presenti nei testamenti rogati da *de Pactis*, ammontanti mediamente a pochi carlini, il donativo fatto da Serafino doveva essere di una certa consistenza, tanto da indurre i Priori a versare alla famiglia dieci ducati in totale, somma oltretutto sicuramente inferiore al valore di ciò che avevano ricevuto, proprio perché frutto di una transazione. Considerando infine che Baldassarre aveva comunque riportato a Fara *due muli con Casse, Rame et altro,* si può ritenere che la dote di Giulia fosse di un ammontare considerevole. Un'ultima osservazione da farsi a margine di questo atto notarile riguarda Maria Grazia, figlia di Marcantonio e di Giulia. Maria Grazia, come sarà precisato più avanti, si trasferì a Lama insieme ai figli di Giovanni Leonardo, suoi cugini. Per effetto di questo documento ne divengono chiare le ragioni; se, come accertato, nel 1656 Maria Grazie perse tutta la famiglia, lo zio Giovanni Leonardo l'avrà sicuramente accolta in casa e avrà vissuto con lui e i cugini divenendo partecipe di tutti gli avvenimenti e le scelte della famiglia di "adozione".

tornando alla famiglia *de Arrupho*, il notaio *de Pactis* non è di alcuna utilità; basilari sono invece i Regesti Marciani e i documenti rogati da altri notai, rinvenuti nel corso della ricerca.

Partendo dai Regesti Marciani, la prima notizia che si ha sugli Arruffo viene da uno strumento rogato dal notaio G. N. Mancini nel 1579 che riguarda la vendita da parte di Placido *Aruffo* di quaranta pecore bianche a Giovan Berardino Lanuto di Fara, per quaranta ducati[78]. Il 16 settembre 1580 lo stesso notaio roga un altro strumento con cui ancora Placido *Aruffa* di Fara San Martino vende al magnifico Giovanni Bernardino Lanuto di Chieti sessanta pecore bianche dette gentili *"fine bonas et recipientes"* per ducati sessanta in carlini d'argento (Vol. 7/II – pag. 327). Sempre Mancini, il 17 settembre 1583, *In nundinis Lanc.i*, roga uno strumento con cui Nicolangelo *Aruffa* di Fara San Martino vende a Donatangelo Memmo di Lettomanoppello un annuo reddito di ducati nove in carlini d'argento sopra una casa di otto vani, sita in Fara San Martino, al prezzo di ducati novanta, con patto *"affrancandi"* (Vol. 7/II – pag. 388). Ancora Mancini il 1° ottobre 1587, *In nundinis Lanc.i*, attesta che Ferdinando e Angelo d'Arruffa, di Fara San Martino, ricevono da Nicolantonio Lanuto di Fara San Martino, ducati 182.0.16, a titolo di prestito grazioso[79], che promettono di restituire alla prossima fiera di Lucera (Vol. 7/III –

---

[78] Regesti Marciani, a cura di Corrado Marciani. Japadre editore, l'Aquila – 1988. Vol. 7/II, pag. 255.
[79] È un tipo di finanziamento personale tra privati in cui la persona che concede il finanziamento lo fa senza richiedere un interesse sul prestito.

pag. 63).

Oltre quanto rinvenuto nei Regesti Marciani, il notaio Angelo Finamore di Palombaro, in data 9 maggio 1595 (pag. 74 R.) roga lo strumento dotale della magnifica Angela Lanuto della città di Chieti, figlia del defunto Magnifico Nicolantonio, che ammonta a ducati 550; a esso partecipano i magnifici Giulio Cesare e Ottavio *Lanuti*, per parte di Angela, mentre i magnifici Colangelo *de Arruffa* e Baldassarre *de Arruffa* partecipano quali testi letterati (pag. 30 del protocollo).

Un Giovan Giulio *de Arruffa* compare come teste in uno strumento del 2 gennaio 1601 (pag. 256), in uno del 29 marzo 1601 (pag. 278) e un altro del 2 dicembre 1600 (pag. 287); in quest'ultimo è presente anche Giovan Battista *de Arruffo*. Si tratta di tre cancellazioni di debiti censuali da parte di Giulio Cesare Lanuto di Chieti, rogate sempre del notaio Finamore. Una cosa interessante al riguardo è il fatto che i tre strumenti di istituzione del censo erano stati rogati dal notaio Costantino *de Pactis*.

In data 30 aprile 1606 *de Pactis* roga lo strumento con cui Camilla figlia del defunto Domenico *mascj mancini* consegna la propria dote in occasione del matrimonio con Baldassarre *Verna* di Fara San Martino. La pagina dove sono elencati i testimoni è danneggiata, ma tra quelli di Fara si legge chiaramente …*ruffa*, cosa che fa pensare alla presenza di un membro della famiglia Arruffo (pag. 32 V.).

Il quadro che viene fuori da questi documenti è quello di una famiglia di *mercatores* letterati di buon livello economico, come dimostrato dalla casa di ben otto vani, molto legata alla più potente famiglia dei Lanuto, dai cui ricevono una ingente somma di denaro senza dover dare alcuna garanzia[80] e pagare nessun interesse. La famiglia Lanuto è presente a Fara San Martino sin dai tempi della numerazione dei fuochi del 1447, ma evidentemente in quel periodo era in fase di trasferimento nella città di Chieti alla cui nobiltà verrà ascritta. Al riguardo Antonio Di Vincenzo nell'estratto da: "*La Chiesa di S. Giovanni Battista nel Solstizio d'Estate IV Edizione – Giugno 2008*" scrive: « *La primitiva chiesa di San Giovanni Battista, edificata, come già accennato, nel 1530 e annessa al nuovo monastero gerosolimitano, costruito invece intra moenia nel 1523, fu interessata, verso la fine del XVII sec., da un intervento di totale ricostruzione, che culminò con la realizzazione dell'aulico apparato decorativo a stucco degli interni: opera di elevato interesse artistico commissionata dalla Priora teatina Maria Anna Lanuti e eseguita dal mastro stuccatore lombardo Giambattista Gianni. … I baroni Lanuti, nobili di Chieti (14), diedero al convento di Penne madre Maria Anna, priora e committente,*

---

[80] Il prestito a titolo grazioso.

come già accennato, proprio degli stucchi barocchi. Lo stemma è uno stemma alludente, ossia la figura in esso contenuta, un agnello (pecora - ovino in generale) che mira il sole, allude al cognome della famiglia: agnello, vello, lana, lanuto (aggettivo che significa ricoperto di lana), Lanuti. Lo stemma Lanuti si trova anche nella pala raffigurante la Madonna con San Francesco da Paola. L'opera d'arte, che ora il Museo Civico Diocesano custodisce, commissionata dalla Priora Maria Anna per l'altare della Carità del convento pennese, fu dipinta dal padovano Antonio Zanchi nel 1705.».

La moglie del magnifico Nicolantonio Lanuto, che nel 1595 consegna la dote della propria figlia Angela, è Santina *de Vito* di Palena[81], a maggior tutela della quale e pur vivendo *Jure romano*, in occasione della stesura del rogito, Giovanni Antonio Cicchino di Taranta, funge da mundualdo in quanto "affine". Poiché l'affinità è il vincolo che unisce un coniuge e i parenti dell'altro coniuge e, quindi, tutti i parenti di un coniuge sono affini con l'altro coniuge, sono considerati affini, ad esempio, i cognati, la suocera, la nuora, ecc. Ciò fa sì che si possano fare due ipotesi sul rapporto tra Santina e Giovanni Antonio: la prima è che sia la suocera e quindi che quest'ultimo abbia sposato un'altra figlia di Santina, ovvero una Lanuto; la seconda è che siano cognati ovvero che Giovanni Antonio abbia sposato una *de Vito* di Palena. La questione del rapporto tra Giovanni Antonio Cicchino, i de Vito di Palena e i Lanuto ha la sua importanza in quanto la seconda moglie di Giovanni Leonardo, altro figlio di Serafino, è una Cicchino di Fara, gruppo familiare che verrà approfondito nelle prossime pagine, subito dopo aver tracciato e delineato il ritratto della famiglia della sua prima moglie.

Famiglia Forconio o Forcone

Dall'atto di battesimo di Pietro Aloisio (Luigi) si viene a sapere che nel luglio 1654 Giovanni Leonardo è sposato con Maria *Forconio*. Il matrimonio è di breve durata; infatti, fin dall'estate del 1657 l'Abruzzo Citra venne completamente contagiato dalla peste. Nello stesso periodo l'epidemia si diffuse anche nella parte centrale del territorio provinciale (a Lettopalena, a Lama dei Peligni e a Civitella Messer Raimondo)[82]; Maria, insieme a Pietro Alosio, furono due delle migliaia di vittime del contagio.

---

[81] Bonifacio *de Vito*, della terra di Palena, è il marito di Felicia *Saura*, figlia ed erede del fu *Doctoris* Giovanni donato *Saurj*. De Pactis, 17 febbraio 1600 – pag. 12 V.
[82] Idamaria Fusco: "La peste del 1656-58 nel Regno di Napoli: diffusione e mortalità" - Istituto di studi sulle società del

Partendo ancora una volta dai protocolli di *de Pactis* il primo documento utile alla conoscenza della famiglia Forcone è una compravendita del 31 agosto 1591 alla quale presenziano come testimoni gli *hon.* Sante *marioctus*, Marco Antonio di Paolo *Schiabuctus*, Sebastiano *de Camillo*, letterati; Antonio *forconus* e Placido *mansuetus*, illetterati.

Il 1° settembre 1591 Raimondo *forconus* vende una sua casa, sita *in contrata dj petranzerj*, al magnifico Ottavio *Caraccio* di Palena ma abitante a Taranta. La casa confina in più parti con i beni di Antonio *Forconi*.

Il 31 luglio dello stesso anno Antonio è tra gli onorabili testi che presenziano alla stesura del testamento dell'*hon.* Giovanni Battista *Gratiani*.

In data 10 agosto 1591 i *m.ci* (magnifici) Pier Nicola *de pompeo*, Giovanni Ferdinando *carloctus*, Cesano *carloctus*, letterati, Antonio *forconus*, Giovanni *del duca* e Biagio *de Domino de cinanna*, illetterati, sono presenti al testamento di Falcone *merlinj*.

Il 7 settembre 1591 l'*hon.* Giovanni Battista *Pintj* fa rogare da *de Pactis* il suo testamento; tra i vari debitori che vengono elencati, compare anche Raimondo *forconus*, "obbligato" per 12 carlini.

Il 13 marzo 1595 i magnifici Giovanni Giulio *marramus*, Mariano *de Battista*, letterati, insieme ad Antonio *forconus* e Ponziano *schiabuctus*, illetterati, sono testi alla vendita di un reddito annuo tra lamesi.

Il 5 giugno 1599 Bernardino di Raimondo *forconus* riceve la dote di Caradonna, figlia di Merlino di Carangelo *de merlino*. Non si tratta di una dote particolarmente importante in quanto il suo valore ammonta a ducati 32.5.0. Presenziano, in qualità di testimoni, Mariano *de baptista*, Prospero *mansueto*, Gentile *marramo*, letterati, Guerino *del Urso* e Antonio *forcone*, illetterati.

Bernardino *forconj* il 23 novembre 1599 è tra i testimoni dello strumento con cui Granobila *de federico quaglialacte*, moglie vedova del fu Berardino di Falco *piccone*, consegna la dote di sua figlia Mirandola al marito Giovanni di Rosato *de Alò*.

In data 9 ottobre 1600 Antonio *forconus*, in qualità di tutore di Bernardino *de Salvo*, vende a Consilio *macchiola* un orto *in contrata del ponte*, al prezzo di carlini 25.

Il 26 novembre 1600, in casa degli eredi del fu Giovanni Battista *pintj*, Antonio *forcunus* compare tra i testimoni dello strumento con cui viene concluso un

---

Mediterraneo, Napoli. 2007, pag 71.

accordo tra Carindola, figlia di Orazio *de Leompruno*[83] e Francesca e Felicita, figlie del fu Giovanni Battista *Pintj*.

Il 18 dicembre 1600 Antonio *forconus* presenzia come testimone a uno strumento di compravendita di un casaleno.

Il Rev.do Don Angelo *Carloctus*, Marco *Schiabuctus*, Don Vito *de Vito*, letterati, insieme ad Antonio *forconus*, Giovanni Sante *de liberato*, illetterati, il 17 gennaio 1601 presenziano alla stesura dello strumento con cui Lucrezia *Tizzona*, della terra di Guardiagrele, moglie del defunto notaio Pirro *de falco*, di Taranta, consegna la dote della figlia Midonia al marito Marino *de Salvo*. Ricondiamo che Antonio è tutore di Bernardino *de Salvo* (9 ottobre 1600), a dimostrazione del legame tra le due famiglie

Il 26 agosto dello stesso anno Bernardino *forcunus*, insieme a Don Angelo *Colarellus* e Finadamo *Saurus*, viene chiamato a testimoniare in occasione della stesura dello strumento con cui Dionora di Domenico *Sciarra*, moglie di Pietro Battista *margagnonj*, dà quietanza ai fratelli per la dote cha ha da loro ricevuto.

Il 27 agosto 1601 *de Pactis* roga uno strumento con cui Giuseppe *Saurus*, un tempo priore del Santissimo Sacramento di Taranta, e Guerino *de Urso*, un tempo priore della confraternita del Divino Rocco asseriscono che al tempo del loro ufficio e priorato vendettero a Bernardino e Nunziato *forconj*, fratelli carnali, una certa casa con una certa camera, lasciata dalla defunta Alviana *de Salvo* al detto Santissimo Sacramento e alla confraternita del Divino Rocco. Poiché di tale vendita non era stato fatto nessuno strumento, "adesso per allora" assegnano e danno ai suddetti fratelli la detta casa, anche a nome dei loro successori nel detto ufficio di priore, al prezzo di ducati ventidue, di cui undici già ricevuti e incassati da detti venditori e altri undici versati al momento della stesura dello strumento.

In data 15 settembre 1601, Antonio *forcunus* compare tra i testi dello strumento con cui Dilettina di Giovan Marco(?) *de Rosato*, moglie del defunto Bernardino de *Librato*, consegna la dote della figlia Bernardina al marito Giovanni di Ferdinando *de chio*.

Il 1° febbraio 1604 si costituisce Antonio *forconus* insieme a Pierleo *Saurus*, Polidoro *macchiolo*, Ferdinando *cistus* e Renzo *de sempronio*, in quanto uomini di reggimento per l'anno in corso, da una parte, mentre dall'altra parte si costituisce Flaminio *Rota*, in qualità di erede e donatario del fu Benedetto *morellj*. Flaminio retrovende, al prezzo di ducati 500, gli annui ducati cinquanta sui primi frutti e introiti di alcuni beni della Università di Taranta e altri ducati cinquanta annui sugli

---

[83] Vedi de Pactis – 16 maggio 1604 – pag. 74 Verso.

introiti della gabella della farina della stessa università, acquistati dal fu Benedetto *morellus* e dal fu Nicola *Morello*, padre di Benedetto, il 24 settembre 1571 e il 30 gennaio 1584.

Il 7 febbraio 1604 si costituisce Bernardino, figlio ed erede del fu Piero Leone *de salvo*, il quale asserisce che, tra i beni ereditari paterni, gli era rimasta una certa casa di diversi membri, sita *In contrata di petranzero*, confinante da un lato con i beni di Mariano *de Venturino*, dall'altro lato, verso la via pubblica, con i beni di Giovan Giacomo *de profeta*, dall'altro lato ancora con i beni di Mariano *de Venturino*, i beni di Bernardino *forconj* e i beni di Baldo *de Serafino*, da piedi *subter pensile* con i beni di Riccio *de Riccio* e di Antonio *forconj*. Bernardino *de Salvo*, al fine di una maggiore cautela, con il consenso, l'autorità e il beneplacito di Giacomo Antonio *de lippis, uti donatario* dello stesso Bernardino, come da pubblico strumento di donazione rogato dal notaio Ascanio *fontana* di Napoli in data 29 gennaio 1602, *ob multa grata utilia fructuosa et accepta servitia et beneficia* che lo stesso Bernardino confessa di aver ricevuto da Pietro Antonio e Angelillo, figli del fu Matteo *cocchictj*, dona agli stessi la casa di più membri come precedentemente identificata, riservandosi una certa camera situata accanto alla casa di Antonio *forconj*, che era stato suo tutore.

Il 28 febbraio 1604, Antonio *forconus* vende a Flaminio Rota un censo enfiteutico su una sua vigna sita *In contrata dell'Jnzappina*. Il 9 marzo dello stesso anno anche Bernardino vende a Mariano *de Baptista* un censo annuo su una sua vigna. Antonio *forconus* partecipa al pubblico parlamento del 7 novembre 1604 con cui i cittadini di Taranta danno l'incarico a Gentile *marramj* di trattare la riduzione della rata annuale del reddito, *sive censum*, che il barone Ferdinando *de palma* ha sui primi frutti della gabella della farina, su quella dei panni e su altri beni dell'Università della Taranta.

In data 10 gennaio 1607 Marta di Pieralmanti *Juppa*, moglie di Tranquillo *mansuetj*, vende un terreno a Baldovino *de Rigo*. Poiché il terreno che Marta vende le è pervenuto in dote, il marito con un successivo strumento notarile, la reintegra assegnandole un terreno di sua proprietà; Nunziato *forcono* è una dei quattro testi letterati presenti alla stesura di entrambi gli strumenti.

Da uno strumento di *de Pactis* datato 6 febbraio 1607 si viene a conoscenza del fatto che Antonio *forcunus* nell'anno 1583 aveva sposato Santria di Matteo *de Croce* ricevendo una dote di ducati dieci a cui, nel 1604, si erano aggiunti altri ducati dieci a seguito dell'accordo fra lei e la sorella su una casa del padre che era loro pervenuta in eredità. Antonio reintegra la moglie dei detti venti ducati, che evidentemente ha utilizzato, e le assegna una sua casa di un membro sita in contrada *di petranzero*.

Il 25 febbraio 1607 Nunziato *forcono*, Leonardo *de Col'antonio*, Prospero *mansueto* e Ferdinando *cisto* sono testimoni ad uno strumento di retrovendita di due terreni tra Cesarea di Pietro *Cisto*, moglie di Baldovino *de Rigo*[84], e Pierleone *Sauro*.

L'ultimo documento di *de Pactis* utile è quello in cui Bernardino *forcono* compare tra i testi illetterati a una compravendita tra Renzo *Carrabba* e Francesco *de Cesare*.

Bernardino *forcone* è uno dei testimoni presenti alla stipula della lettera di cambio con cui Giovanni Donato *de Lippis* e Ferdinando *Cisto*, si impegnano a restituire ad Ascanio i ducati 150 che hanno ricevuto da lui in occasione della fiera della Maddalena del 24 luglio 1622.

Sempre Bernardino, nel 1624, pone a garanzia di un prestito di 1.500 ducati, concesso all'Università della Taranta dal Barone Valignani, una sua vigna di diecimila viti e un orto "*murato cum lapidibus à secco*".

Infine, il notaio Carlo de Angelis di Torricella roga due strumenti interessanti. Il primo, datato 5 marzo 1669, è lo strumento di consegna della dote di Adriana Forcone, sorella dell'arciprete Bernardino Forcone che ammonta a ducati 128. Il secondo è del 4 febbraio 1692 e viene rogato a Taranta, in casa di Vincenzo *Carusi*. Livia *forcone*, moglie del detto Vincenzo, sorella del defunto Reverendo Bernardino Forcone, dona i beni che ha ricevuto in eredità dal fratello al figlio, il chierico Domenico Carusi. Lo strumento elenca diversi beni tra cui « ... *la mità della Casa di più Membri Pesolari e, Terranei con tutte comodità sita e posita ... in contrada dove si dice della Pietransiera ...*», una vigna di un migliaio di viti circa, con alberi da frutto e con un orto contiguo, diversi altri territori, una rendita annuale di tre salme di vino mosto.

Una ultima osservazione viene da uno strumento del notaio Giovanni Domenico Mancini, regestato da Corrado Marciani, datato 30 giugno 1586, dal quale si viene a conoscenza che la contrada di Pietrasero è anche detta *lo peschio de lo gisso* e *l'ara di forconi*[85] facendo supporre l'esistenza, in quella contrada, di una vasta area di proprietà di questa famiglia, talmente importante da essere identificata con il nome dei proprietari.

L'immagine che viene fuori da questi dati è quella di una famiglia quasi certamente non ai livelli dei Colantonio o dei di Battista ma comunque in una buona

---

[84] Como lo inserisce nella catogoria dei medi allevatori, partendo con 200 capi nel 1600 ed arrivando a 820 nel 1614.
[85] Regesti Marciani, a cura di Corrado Marciani. Japadre editore, l'Aquila – 1989. Vol. 7/III, pag. 37.

collocazione nella società di Taranta, rientrando nel gruppo di coloro che amministravano e guidavano la collettività, facendosi anche carico di garantirne i debiti con il proprio patrimonio, e pervenendo all'arcipretura. Una riflessione potrebbe essere fatta sul Bernardino che testimonia alla stesura della lettera di cambio di Ascanio. Ovviamente la sua presenza potrebbe essere indicativa della fiducia che Ascanio ha nei suoi confronti, forse anche sulla base di precedenti "affari" trattati assieme. Ciò li potrebbe rendere coevi per cui, come Ascanio è il nonno di Giovanni Leonardo, così Bernardino potrebbe essere il nonno di Maria, moglie di Giovanni Leonardo. Si potrebbe a questo punto arrivare a ipotizzare che, in base alla nota abitudine di riproporre i nomi degli antenati diretti, l'arciprete Bernardino potrebbe a sua volta esserne il nipote e quindi il fratello di Maria (moglie di Giovanni Leonardo) oltre che di Adriana e di Livia (moglie di Vincenzo *Carusi*).

Famiglia de Cicchino

Il 19 luglio 1658 nasce Anna (battezzata il 20 luglio), seconda figlia di Giovanni Leonardo e Isabella *de Cicchino*.

In Abruzzo, l'epidemia di peste si risolse più lentamente che altrove. L'Abruzzo Ultra ritornò alla normalità intorno al mese di febbraio del 1658, mentre più difficile si presentò la situazione dell'altro Abruzzo. L'Abruzzo Citra, infatti, per quanto libero dal male già a metà novembre del 1657 (ASN-1, fascio 225, fasc. non numerato), dovette fare i conti con l'epidemia nuovamente scoppiata a Rosello, centro al confine con il Contado di Molise. Questo quadro fa supporre che Giovanni Leonardo si sia risposato con Isabella subito dopo la morte di Maria. Immediatamente dopo il matrimonio nacque Anna e, negli anni a seguire, gli altri quattro figli.

Alla famiglia Cicchino si era già accennato precedentemente, evidenziandone i rapporti con Fara San Martino e con la famiglia Lanuto; adesso è il momento di approfondirne la conoscenza attraverso i numerosi documenti a disposizione e nel far ciò si può, forse, riuscire anche definire in maniera più chiara alcuni aspetti della storia della famiglia Di Gianfrancesco.

Iniziando, come sempre, dai protocolli di *de Pactis*, il primo documento disponibile è datato 28 luglio 1590 e viene rogato *In terra faræ s.ti martinj et proprie In domibus* degli eredi del magnifico Donatuccio *Lanutj*, della città di Chieti, sita *in contrata della porta*. Si tratta del già citato strumento con cui l'*hon.* Giovanni Antonio *Cicchinus*, della terra di Taranta ma abitante nella terra di Fara San Martino consegna la dote della figlia Prisinzia a seguito del matrimonio con l'*hon*. Novello *de Massimo*, della terra di Fara San Martino. Il valore della dote è di ducati 65.8.2 per cui, in rapporto con le altre del periodo, è da ritenersi medio alta. Alla consegna della dote è presente in qualità di mundualdo l'*hon.* Marco Tullio *Cicchino* dalla Terra di Taranta, che viene definito suo consanguineo, e assistono come testimoni il Rev. Don Ercole *Sciarra* di Taranta, il Magnifico Cardone *Lanutus* di Chieti, gli *hon.* Biagio *Mancinus* della terra di Taranta e Angelo *Alleva* della terra di Fara San Martino.

    L'evento si svolge quindi nel palazzo che il ramo dei Lanuto trasferitosi a Chieti ha evidentemente mantenuto a Fara e che Donatuccio Lanuti mette a disposizione di Giovanni Antonio Cicchino per la stesura dello strumento. Ciò dimostra ulteriormente l'esistenza di un saldo legame tra Lanuto e Cicchino, di cui il rapporto di "affinità" tra Santina, moglie del magnifico Nicolantonio Lanuto, e Giovanni Antonio Cicchino doveva essere una delle tante manifestazioni. I Cicchino sono evidentemente di Taranta da dove Giovanni Antonio Cicchino si è trasferito a Fara.

    Il 31 luglio 1591 *de Pactis* roga il testamento di Giovanni Battista *gratiani* nella sua casa in contrada *da pedj la ripa*. Tra le varie disposizioni date, si ritiene che debbano essere analizzate le seguenti. Innanzitutto, dispone che il suo corpo venga seppellito nel monumento sepolcrale dei suoi antenati, ordina quindi una serie di legati per suo figlio Damiano, suo figlio Antonio, per le sue nipoti Mirandola e Fulvia, entrambe figlie di Antonio. Nomina, infine, erede universale di tutti i suoi beni mobili e stabili, presenti o futuri, dovunque siti o posti, merci, mercanzie, crediti e debiti, suo figlio Adamiano. Incarica dell'esecuzione del testamento gli *hon.* M… *franceschinum* e Giulio Cesare "suo" non meglio definito in quanto manca la parte della pagina. Questo testamento va confrontato con il testamento di Virgilia *de gratiano*, moglie di Marco Tullio *francischino*, rogato il 25 agosto 1595 nella casa di Marco Tullio *In contrata da pedj la ripa*. Tra le altre sue ultime volontà, Vurgilia dispone che il suo corpo debba essere seppellito nel monumento sepolcrale dei suoi antenati, sito nella chiesa di San Biagio e prevede tre legati a favore di Mirandola, figlia di suo nipote Antonio *de Bruno*, a favore di Amodea, moglie dell'altro suo nipote Damiano *de Bruno* e infine a favore di Caterina, figlia di suo fratello Giulio Cesare. Nomina, infine, erede universale di tutti i suoi beni dotali suo marito Marco Tullio *franceschinum*, finché rimarrà in vita, quindi, una volta morto, lascia eredi universali Giulio Cesare *de gratiano,* suo fratello, per una parte e, per l'altra parte, Antonio e Damiano *de Bruno*, suoi nipoti. Prima di trarre delle conclusioni si deve prendere in considerazione un ulteriore documento ovvero il testamento di Marco Tullio *cicchino* rogato il 4 dicembre 1604 nella sua casa *da pedj la ripa*, che verrà comunque approfondito più avanti. In questo momento si ritiene importante evidenziare che Marco Tullio precisa che la sua prima moglie era stata Virgilia di Graziano *Bruno*. A questo punto si chiarisce immediatamente in che modo Antonio e Damiano (*de Bruno*) potessero essere nipoti di Virgilia *de gratiano* essendo evidente che, poiché è una Bruno, era loro zia. Essendo Damiano e Antonio figli di Giovan Battista *gratiani*, ne deriva che quest'ultimo e Virgilia dovevano essere fratelli. A conferma della riflessione c'è da tenere presente che in entrambi i testamenti Mirandola è figlia di un Antonio. Ulteriori conseguenze di questa analisi sono che Marco Tullio *francischino* e Marco Tullio *cicchino* sono la stessa persona e che gli esecutori testamentari nominati da Giovani Battista *gratiani* sono Marco Tullio *francischino* e Giulio Cesare di Graziano *Bruno*, il quale essendo fratello di Virgilia è anche fratello di Giovanni Battista. Si può concludere quindi asserendo di trovarsi di fronte a un ennesimo caso di uso alternativo di cognomi diversi (*francischino* o *cicchino* e *gratiano* o *Bruno*) per la stessa persona o per lo stesso gruppo familiare, ma anche ad un cambiamento definitivo di cognome per un ramo della famiglia Bruno, avendo dimostrato, senza possibilità di smentita, che i *de gratiano* sono membri della famiglia Bruno. Di Giovanni Battista, Giulio Cesare e di Antonio de Graziano parla molto Como nel suo testo definendoli medi proprietari, con un numero di capi che nel tempo varia dai 500 ai 1.000, e capi collettiva[86]. Dopo questa lunga digressione sulla famiglia Bruno, necessaria però al fine di inquadrare meglio Marco Tullio, si può riprendere l'esame dei Cicchino.

Il 31 dicembre 1591 l'*hon.* Marco Tullio *francischinus* è tra i testi letterati presenti alla stesura del testamento dell'*hon.* Marco Antonio *mancinj*, rogato in casa del defunto magnifico Iacone *mancinj*.

Il 4 novembre 1595, *In Terra Tarantæ et proprie In domo* dell'*hon.* Donato Antonio *marramj*, sita *In contrata della piazza*, il detto *hon.* Donato Antonio *marramj* dichiara di essere proprietario di un pezzo di terra aratorio della capacità di tre coppe circa, sito nel territorio di Fara San Martino e precisamente *In contrata del vallone dell'hospitale*, confinante da tre lati con i beni di Ottavio e Cicchino di Giovanni Antonio *cicchino*. Contestualmente l'*hon.* Giovanni Antonio *de cicchino* dichiara di possedere un terreno aratorio della capacità di un tomolo circa, sito nella terra di Taranta e precisamente *In contrata della Rocca*. Donato Antonio Marrama e Giovanni Antonio permutano i terreni di rispettiva proprietà. Il documento

---

[86] I proprietari delle greggi meno numerose, in occasione della transumanza, si raggruppavano in "collettive" di pastori e affidavano i loro capi di bestiame ad un "capo collettiva".

è molto importante in quanto da esso si apprende che Giovanni Antonio ha due figli, Ottavio e Cicchino, i quali, essendo proprietari di beni in contrada del Vallone dell'Ospedale, devono aver raggiunto la maggiore età. È altresì evidente la volontà di Giovanni Antonio di radicare i propri interessi e attività economiche a Fara San Martino, dismettendo i propri beni siti a Taranta a favore di proprietà ubicate nel territorio di Fara.

Il 28 febbraio 1599 Marco Tullio *Cicchinus* compare in qualità di teste letterato in occasione della stesura di uno strumento di restituzione di dote.

Il 25 aprile 1599, nella sua casa in contrada *da pedj la ripa*, Marco Tullio *Cicchinus* asserisce che nell'anno 1597, quando contrasse matrimonio con Marzia di Galizio di Giacomo *de Joanne*[87], di Taranta, ricevette diversi mobili dotali che erano stati riconsegnati alla stessa Marzia dall'erede del suo secondo marito, il defunto Giovanni Marco *Leporini* di Lama, come risulta nel pubblico strumento rogato per mano dello stesso notaio *de Pactis* in data 29 agosto 1592. Dichiara altresì che per *sfrido et mancamento* di alcuni beni ne ricevette in sostituzione altri, valutati da amici comuni, come anche risulta nel pubblico strumento rogato per mano del notaio *de Pactis* in data 7 marzo 1597. Poiché della ricezione di questi beni non ne venne fatta una "cautela"[88] a favore di Marzia e volendo quindi Marco Tullio fare salva Marzia, *ex nunc per tunc* dichiara di aver avuto e ricevuto i già menzionati beni, oltre a dieci anelli d'oro stimati ducati dieci, in carlini d'argento alla ragione di carlini dieci per ducato, oltre a cinque camicie da donna, stimate ducati sei, alla stessa ragione. Marco Tullio si impegna quindi a tenere e governare bene i beni di cui sopra, a non venderli senza l'espressa licenza e autorità della menzionata Marzia, sua moglie, e dà tutte le altre solite garanzie. È interessante notare che il secondo marito di Marzia è un membro della importante famiglia Leporino di Lama. Dal solo valore degli anelli d'oro e delle camicie parrebbe trattarsi di una dote di una certa importanza. Infine, è da evidenziare che Marco Tullio abita nella stessa contrada di Ascanio.

Il 24 giugno 1599, alla presenza dei testi letterati Curzio *Paglionus*, della terra del Gesso, Ottavio *Caraccius*, Mariano *de Baptista*, Leonardo *de Col'antonio*,

---

[87] Si rammenta che Virgilia, moglie di Flaminio Rota era una *de Joanne*.
[88] Per garantire l'esecuzione di un negozio giuridico, spesso i contraenti ricorrevano a certi mezzi che erano chiamati "cautele", mezzi che servivano a tutelare il buon diritto dell'interessato, da eventuali danni che gli potevano derivare dalla mala fede altrui. Vi erano diversi tipi di cautele tra cui, nello specifico, la *lex Iulia de fundo dotali*, in virtù della quale il marito non poteva alienare, né ipotecare i beni immobili dotali della moglie, senza il consenso di lei. Più tardi, probabilmente nel 530, Giustiniano perfezionò tale imposizione proibendo l'alienazione dei beni dotali della moglie, nonché l'accensione d'ipoteca su di essi, anche nell'eventualità del consenso della moglie. La *lex Iulia de fundo dotali*, emanata da Augusto e perfezionata da Giustiniano, si trova assai spesso menzionata nei documenti notarili medievali, insieme con altri *beneficia* in difesa delle donne.

di Taranta, Biagio *de Venturino* promette solennemente e si impegna a stare e rimanere incarcerato nel carcere civile sotto l'edificio dell'Università dove si amministra la giustizia e dal quale promette di non allontanarsi e dove è stato rinchiuso a causa di una querela presentata contro di lui da Marco Tullio *Cicchinum*.

Il 16 novembre 1599 Marco Tullio *cicchinus* insieme a Placido *macchiola*, Benedetto *cepollunus*, letterati, Dionisio *de falco* e Giovan Bernardino *de Adario*, illetterati, compare come testimone in uno strumento rogato in casa di Flaminio *Rota* con cui *m.r* Giovan Giulio *vernisius*, di Taranta ma abitante a Fara San Martino, su procura di suo fratello Pietro Sante *vernisio*, vende a Flaminio una sua casa *pensile cum toto celo*, sita *In contrata del valso*. Lo stesso giorno Marco Tullio testimonia ad un altro atto di compravendita, ancora a favore di Flaminio *Rota*.

Il 21 agosto 1601 agosto Marco Tullio *cicchinus* è uno dei testimoni alla stesura del testamento di Flaminio *de creta*. Per inciso, Flaminio, definito anche magnifico in alcuni atti notarili[89], è tra i personaggi più in vista del periodo; nel testamento dichiara, tra l'altro, che nomina erede universale in tutti i suoi beni, mobili e stabili, presenti e futuri ovunque posti, il Monte di Pietà di Taranta *con pacto che li procuratori dj detto monte alle sue case siano tenuti farcj l'arma dj detto monte con epitaffio che dica dette case ce l'have lassate flaminio dj creta della Taranta*.

Il 22 settembre 1601, nella sua casa, Flaminio Rota *de Auletta* vende a Virgilia *de Joanne*, della terra di Casalanguida, seicento ovini consistenti in pecore, castrati, montoni e capre, tutti con i suoi segni e marchi, al prezzo di ducati mille e cinquecento, in carlini d'argento a ragione, ricevuti in denaro contante dalla detta compratrice. Marco Tullio *cicchinus* compare tra i testi di questa importante vendita dai risvolti alquanto strani. Infatti, Virgilia è la moglie di Flaminio e, dai dati riportati da Como[90], il numero dei capi professati da quest'ultimo alla dogana di Foggia non evidenzia alcuna riduzione. Un'ultima osservazione su questo documento è che la casa di Flaminio è *In contrata del ponte* che è un altro nome della contrada *da pedi la ripa*[91].

Il 20 gennaio 1604 Marco Tullio compare tra i testimoni di due contratti enfiteutici a favore di Flaminio *Rota*. Nel secondo, tra i testi, figura anche Dante *massij mancinj*.

Il 10 febbraio 1604 lo stesso Marco Tullio dà una sua vigna in enfiteusi a Flaminio *Rota*.

---

[89] Notaio Paglioni, 22 marzo 1596.
[90] Romeo Como. Opera cit.
[91] Cfr: de Pactis – protocollo anno 1606, pag. 31 V.: «... *In contrata da pedj la ripa seu del ponte* ...»

Il 29 marzo 1604 Marco Tullio *francischinus* è teste letterato in occasione di due compravendite di terreno.

Il 31 luglio dello stesso anno Piero Luigi *Saurus* consegna la dote della figlia Giulia in occasione del matrimonio con *m.r* Giovanni Augustino *Sciarra*; tra i testi del documento compare anche Marco Tullio *cicchinus.*

L' 8 novembre successivo Domenico *de Georgijs* da Magliano, su procura di suo zio, il Capitano Giovanni Geronimo *de Georgijs* da Magliano, dichiara che in data 9 maggio 1601 il predetto Capitano Giovanni Geronimo e Marcotullio *cicchinus* avevano formalizzato l'acquisto di una certa casa terranea, sita *contrata da piedi la ripa*, con patto di retrovendita entro sette anni, da Giulia, moglie del defunto Pier Nicola *de pompeo* di Taranta e che successivamente Marco Tullio aveva ceduto la sua parte della casa al detto Capitano Giovanni Geronimo e al detto Domenico, in solido. Domenico, quindi, retrovende la casa all'avente diritto. Si tratta di una ennesima operazione di prestito su pegno con cui Giovanni Geronimo e Marco Tullio "investono" la loro liquidità dando del denaro a Giulia che cede loro la proprietà di una casa, la quale potrà essere riscattata entro sette anni mediante la restituzione della somma (e, ovviamente di qualche forma di interesse). Evidentemente Marco Tullio ha voluto disinvestire prima del tempo cedendo il suo credito al nipote di Giovanni Geronimo. Nello strumento del 9 maggio 1601 viene indicato con il cognome *francischinus*, ad ulteriore conferma di quanto precedentemente detto.

Un altro documento molto importante risale al 4 dicembre 1604 ed è il testamento di Marco Tullio di cui si è già accennato poco prima. Lo strumento è rogato nella casa di Marco Tullio *In contrata del ponte*[92]. Tra le varie volontà e disposizioni, Marco Tullio *declara esser creditore di Gio: ant.o cicchino suo fratello Carnale In certa quantità de denarij sia per vendita di pannj come per altre cause: per questo lassa che gli siano donatj e che non gli sia domandato dall'infrascritto suo herede*. Ciò rende innanzitutto certa la strettissima parentela tra Giovanni Antonio Cicchino che risiede a Fara San Martino ed è affine di Santina *de Vito*, di cui si è già più volte detto, e Marco Tullio. Il debito legato alla vendita di pannilana e ad altre ragioni fa pensare che i due fratelli fossero impegnati in attività di "mercatura". Dallo strumento, come già detto, si viene anche a conoscenza del fatto che la prima moglie di Marco Tullio fosse Virgilia *di Gratiano Bruno*, per la famiglia della quale dispone la restituzione della dote avuta al momento del matrimonio (e nonostante avesse sposato già dal 1597 Marzia), dalla quale però vuole che vengano

---

[92] Nello strumento del 25 aprile 1599 la casa era ubicata *da pedj la ripa*. È una delle tante dimostrazioni dell'uso di nomi diversi per la stessa contrada.

defalcati *li lassitj … pagatj, cera offerte pagate* per il funerale e *lj vestimenti che se porrò alla sepoltura detta Vergilia, ciò è una veste di stamitto verde guarnita di velluto nigro, uno paro di maniche di stamitto paonazzo guarnite di velluto nigro et una coppia di mappe.* Dal documento si viene a sapere anche che per la vigna data in enfiteusi a Flaminio *Rota* il 10 febbraio 1604, Marco Tullio aveva anche dato in pegno allo stesso Flaminio (… *per maggior sua cautela* …) una veste di *stamitto Incarnato addobata di velluto nigro* che apparteneva alla moglie Marzia, per cui stabilisce che si giunga a un accordo con Flaminio e che la veste venga restituita alla moglie. Marco Tullio dichiara inoltre che al momento del matrimonio, dalla moglie Marzia aveva ricevuto diversi beni che non erano stati riportati nel relativo strumento dotale e che aveva venduto "…*per soj debisogni*…", ovvero "…*uno paro dj lenzola venduto alla moglie dj flaminio Rota per prezzo dj docatj sei e mezzo, un'altro paro dj lenzola à Don Angelo Carlotto docatj quattro e mezzo, una callara grande ad un Ramaro di Agnone docatj quattro et carlini otto, item un callaro dj latta, una callara, una conca, doj vaccilj dj ottone, una callarotta vendutj a Quintio piccone per prezzo dj docatj quattordicj nec non una casa di doj membrj venduta a Cesare de Nofrio per prezzo di docatj dodicj*…". Il fatto che nomini erede universale di tutti i suoi beni sua moglie Marzia *de Galitio* fa pensare che Marco Tullio non abbia avuto figli o che questi, molto più probabilmente, gli siano premorti. Nomina esecutore testamentale il *Doctor* Piriteo *quaglialactem* e tra i testimoni compare Ascanio *marcocione*. L'ultima osservazione sullo strumento riguarda l'evidente consuetudine di non riportare sempre tutto fedelmente nei documenti notarili, sia dotali che, ad esempio, in quelli enfiteutici. Nello specifico, nello strumento dotale di Marzia non erano stati elencati beni per un valore di circa quarantuno ducati! La motivazione sarà chiara più avanti, quando si parlerà della tassazione imposta dai Malvezzi persino sui matrimoni.

Lo stesso giorno, con un altro strumento notarile al quale presenzia ancora Ascanio *marcocione*, Marco Tullio trasferisce *ex nunc per tunc* a Giovanni Marco di Domenico *Sciarra* una sua vigna con cortina, sita *In contrata dj terra roscia*, sulla quale, con lui, negli anni passati, aveva stipulato un contratto enfiteutico.

La morte di Marco Tullio, avvenuta dopo la stesura del testamento e confermata da alcuni strumenti di *de Pactis*, determina l'estinzione del ramo tarantolese della famiglia Cicchino.

Uno di questi documenti è datato 20 marzo 1606 (pag. 19 V.); con esso Leonardo *de Col'Antonio* affitta una sua vigna con territorio a Giovanni di Cicco *desiatj*, di Taranta. Tra i confinanti della vigna viene indicato anche un generico erede del fu Marco Tullio *cicchini*. Un altro è del 30 aprile 1606 e viene rogato nella casa dell'erede del defunto Marco Tullio *cicchinus.*

Definitivi al riguardo e più interessanti dal punto di vista storico genealogico sono due strumenti datati 19 e 20 agosto 1606. Il primo è rogato in casa di Nicola Ranallo *de Urso*, sita anche questa in contrada *da piedi la ripa*, nel quale Giovanni *de Pactis* dichiara di essere stato nominato curatore della eredità giacente di Marco Tullio *cicchinj* dalla Curia della Terra di Taranta al fine di liquidare alcuni creditori. Al temine della prescritta procedura vende al suddetto Nicola Ranallo una vigna di Marco Tullio, sita *in contrata della valle dellj resci*, al prezzo di ducati 30.5.0. Tra i vari testimoni presenti al rogito figura anche Serafino *Ascanij marcocionj*. Lo strumento del 20 aprile viene invece rogato nella casa degli eredi di Marco Tullio. Si costituiscono Giulio Cesare e Antonio *Bruni* da una parte e ancora Giovanni *de Pactis*, sempre nella sua veste di curatore, dall'altra parte. I fratelli *Brunj* dichiarano che il 13 ottobre 1571, a seguito del matrimonio della loro sorella Virgilia con Marco Tullio, era stata consegnata una dote del valore di ducati 53.5.0. Giovanni *de Pactis*, anche in ossequio a quanto disposto nel testamento, fatte le dovute defalcazioni, restituisce la dote a Giulio Cesare e Antonio.

Per quanto riguarda il ramo di Fara San Martino della famiglia Cicchino, purtroppo non si hanno moltissime notizie in quanto una serie di documenti notarili non furono presi nella dovuta considerazione nella fase delle ricerche negli archivi di stato, per cui non vennero fotocopiati ma ci si limitò ad alcuni appunti.

Da uno strumento del notaio Claudio Paglioni di Gessopalena si viene a sapere che il 28 novembre 1598 Giovanni Antonio *de Cicchino* è uomo di reggimento di Fara San Martino. Questo strumento è interessante anche per la presenza, sempre tra gli uomini di reggimento, di un certo Donato di Gianfrancesco, cosa questa che richiede una articolata riflessione che verrà affrontata più avanti.

In due strumenti rogati da *de Pactis* datato 11 luglio 1609, tra i testi tarantolesi è presente Cicchino *de cicchino*. Deve trattarsi sicuramente di quel Cicchino, figlio Giovanni Antonio *cicchino* che risulta tra i confinanti di un territorio sito nel territorio di Fara San Martino e precisamente *In contrata del vallone dell'hospitale* che il 4 novembre 1595 viene venduto dall'*hon.* Donato Antonio *marramj*.

Negli appunti presi con riferimento al notaio Orazio Sirolli, che roga a Gessopalena dal 1623 al 1645, si legge che in molti suoi strumenti compaiono "de Cicchino", "Cicchini" o "de Cicchini" di Fara San Martino. In attesa di un eventuale riesame dei citati documenti notarili, al momento si può comunque pensare che i due figli di Giovanni Antonio abbiano avuto a loro volta una discendenza, cosa questa che trova conferma anche negli appunti relativi al notaio Nicola Mancini senior di Torricella in uno strumento del quale, in data 25 settembre 1631, compare un Pier Battista Cicchino di Fara San Martino.

Pier Battista compare anche in uno strumento del notaio Sebastiano Paolucci, datato 3 febbraio 1634. L'atto viene rogato nella casa di Tommaso *Cichini* in contrada *da piedi alla piazza* e vede la costituzione da una parte di Caterina *de attilio* della terra di Palombaro, la quale dichiara di essere *avia* (nonna) e tutrice di Costanza, Isabella e Giovanna, figlie ed eredi del defunto Pietro Battista *Cichini*, e dall'altra parte di Maddalena *de mariano*, vedova del detto Pietro Battista "premorto". Caterina, in nome e per conto di Costanza, Isabella e Giovanna, che sono minori e assenti al momento del rogito, restituisce la dote a Maddalena, ammontante a ducati duecento. Tra i testi è presente Menco *Cichino*.

Lo strumento è interessante sotto molteplici punti di vista. Innanzitutto, consente di individuare altri due membri del ramo farese della famiglia Cicchino, ovvero Tommaso e Menco, oltre alle tre figlie di Pietro Battista; conferma il rapporto con Palombaro della famiglia Cicchino ma, soprattutto, l'elevato ammontare della dote della moglie fa supporre un conseguente elevato stato economico sociale. Tutto ciò è importante ai fini della ricostruzione storica della famiglia Di Gianfrancesco attraverso le politiche matrimoniali del tempo perché, essendo stata accertata l'estinzione del ramo tarantolese dei Cicchino, la moglie di Giovanni Leonardo doveva provenire da Fara. Si potrebbe addirittura ipotizzare che possa essere proprio la seconda delle figlie di Pietro Battista considerando che, essendo minorenne nel 1634, potrebbe avere avuto un'età adeguata a sposare nel 1657 Giovanni Leonardo, persino in seconde nozze, e dare alla luce l'ultimo figlio nel 1669.

§

Prima di passare all'analisi dei comparatici, si ritiene di dover trattare e approfondire delle ulteriori circostanze che, pur non rientrando strettamente nel tema delle "politiche matrimoniali", sono comunque ad esse connesse.

È certo che attorno al 1620, Serafino di Ascanio sposò una donna di Fara San Martino della quale, purtroppo, si conosce solo il nome di battesimo: Marzia. Una trentina di anni dopo, il suo primo figlio, Marcantonio, sposò a sua volta una donna di Fara, Giulia *de Arrupha*. Infine, come appena visto, Giovanni Leonardo, secondo figlio di Serafino, dopo la morte della sua prima moglie nella peste del 1654, sposò in seconde nozze un'altra donna di Fara San Martino, Isabella *de Cicchino*.

Tutto ciò fa ovviamente ritenere che i rapporti della famiglia Di Gianfrancesco con Fara San Martino non fossero occasionali ma datati, solidi e assidui, anche in base a quanto ripetutamente asserito circa le dinamiche sottostanti gli accordi matrimoniali.

Oltre ciò non vanno però trascurati neanche altri piccoli fatti che, se osservati nel complesso, potrebbero offrire alcuni ulteriori spunti di riflessione utili alla ricostruzione della storia familiare.

Dai numerosi documenti riportati finora e da quelli che verranno illustrati successivamente, a cui si rimanda, si è avuto modo di verificare come i rapporti tra famiglie di Taranta e di Fara non fossero infrequenti, così come i casi di loro trasferimento dall'uno all'altro centro. Si citano qui, a titolo di esempio, lo strumento rogato da *de Pactis* l'11 marzo 1595 nella casa degli eredi del defunto Giovanni Agostino *de Ognibene* sita in contrada dei Frainili, con il quale gli onorabili Lorenzo e Biagio *de Sempronio*, consegnano la dote della loro sorella Giulia a seguito del matrimonio con Antonello, figlio del magnifico Donato *Marrone* di Fara San Martino al quale sono presenti come testi i magnifici Mariano *de Baptista*, Pierfrancesco *Natale*, Baldovino *de rigo* e Nardo *de Joannefrancisco*, oppure lo strumento del 23 marzo 1604 con cui Giovanni Perfetto *de falco* vende a Liberato *de marrone*, di Fara San Martino, una casa di due membri *cum toto celo* appartenente a sua moglie Chiara di Rocco *de Gentile*, sita in quella terra e precisamente *In contrata della piana de Santi*, al prezzo di ducati quaranta. Il 16 novembre 1599 il *magister* Giovan Giulio *vernisius* di Taranta ma abitante nella terra di Fara San Martino il quale agisce per conto di suo fratello Pietro Sante *vernisio*, vende e assegna a Flaminio *Rota* una casa *pensile cum toto celo*, sita *In contrata del valso*. Particolarmente significativo per la storia familiare rimane però il trasferimento a Fara di un ramo dei *de Cicchino* dal quale discende la moglie di Giovanni Leonardo.

Come accennato precedentemente, il 23 novembre 1598 Marco Tullio *de Cicchino* è uomo di reggimento della terra di Fara San Martino insieme, tra gli altri, ad un Donato *Joannis Francisci*. Ovviamente una informazione di questo tipo fa sorgere immediatamente diversi interrogativi. Per prima cosa viene da chiedersi se Donato possa essere un membro della famiglia di Gianfrancesco di Taranta trasferitosi a Fara, forse sulla scorta del trasferimento di Marco Tullio o di qualche altro cittadino tarantolese col quale era in "affari" oppure a seguito di un matrimonio oppure semplicemente perché attratti a Fara, ciascuno per proprio conto, da ragioni legate alle loro attività di "mercatura". Non sarebbe impossibile neanche il contrario, ovvero che Marco Tullio si sia trasferito in un secondo tempo rispetto a Donato per ragioni simili. In ogni caso, la stretta relazione tra le due famiglie (non dimentichiamo che Fedele nomina erede universale il fratello di Marco Tullio) potrebbe rendere plausibile per entrambi un cambiamento di residenza sulla base di un legame affaristico.

Donato, come del resto Marco Tullio, per essere uomo di reggimento nel 1598, con tutta probabilità doveva essere ben inserito nelle dinamiche e nella rete di relazioni della società farese, per cui il suo arrivo a Fara non doveva essere recentissimo. Si può anche supporre che nel momento in cui rivestiva la carica di uomo di reggimento non fosse particolarmente giovane d'età; ciò non solo lo renderebbe coetaneo di Dionora, Ascanio e Biagio ma, tenendo conto del patronimico "di Gianfrancesco", potrebbe far supporre che possa essere un quarto fratello.

Il 13 settembre 1607, il notaio Paglioni roga in occasione di un ulteriore Pubblico Parlamento di Fara San Martino nel quale Donato *Joannis Francisci* è ancora tra gli uomini di Reggimento.

Sulla scia di questa apparente vicinanza di interessi tra le famiglie *de Cicchino* e di Gianfrancesco, una ulteriore questione merita di essere esplorata

Come precedentemente riferito, da uno strumento del notaio Sebastiano Paolucci datato 3 febbraio 1634, rogato a Fara nella casa di Tommaso *Cichini* sita in contrada *da piedi alla piazza*, si viene a conoscenza che Caterina *de attilio* della terra di Palombaro, è *avia* (nonna) e tutrice di Costanza, Isabella e Giovanna, figlie minori ed eredi del defunto Pietro Battista *Cichini*, per conto delle quali restituisce la dote a Maddalena *de mariano*, vedova del detto Pietro Battista, ammontante a ducati duecento. Il documento, come già rilevato, mette in evidenza il fatto che il suocero di Giovanni Leonardo aveva sposato una donna di Palombaro.

In un altro strumento rogato, ancora una volta dal notaio Paglione, il 13 dicembre 1606 a Palombaro, e precisamente *in domibus* di Don Francesco *de Ugno*, si costituiscono Lippo *Joannis Francisci* della Terra della Taranta, ma abitante a Palombaro, e sua moglie Angela di Giovanni Donato i quali, *pro maiori eorum commoditate*, vendono una loro casa terranea e un piccolo terreno a Don Francesco d'Ugni al prezzo di ducati trentacinque.

Da quanto detto sopra si deduce che, all'incirca nello stesso periodo, Pietro Battista *Cichini* sposava una donna di Palombaro e un Lippo *Joannis Francisci* si trasferiva da Taranta a Palombaro dove sposava una donna del luogo. Si seguita ad avere l'impressione di una sorta di lenta e simbiotica migrazione di entrambi i gruppi familiari.

Mentre su Donato non si ha nessuna certezza circa la sua possibile origine tarantolese, per Lippo la cosa è invece chiaramente dichiarata nel documento, per cui la riflessione fatta per Donato sulla sua eventuale appartenenza alla famiglia Di Gianfrancesco, potrebbe, a maggior ragione, essere valida per Lippo.

Tuttavia, nonostante la sensazione di attendibilità (soprattutto per Lippo) degli indizi riportati, la mancanza, in ambedue i casi, di qualunque ulteriore riscontro o conferma in grado di escludere qualsivoglia dubbio collegato alla nota incertezza derivante dalla indeterminatezza dei cognomi tarantolesi, ha indotto ad escludere entrambi dall'albero genealogico della famiglia Di Gianfrancesco.

Un'ultima riflessione da fare prende le mosse dalle scelte effettuate per i matrimoni della maggior parte dei figli di Giovanni Aloisio Valerio; Giovanni Leonardo, Anna e Serafino sposarono infatti cittadini di Taranta. La seconda generazione di Di Gianfrancesco presente a Lama dei Peligni sembra quindi mantenere un saldo legame con la terra di provenienza attraverso le dette scelte matrimoniali che, non va mai dimenticato, erano parte importante delle strategie socioeconomiche della famiglia. In questa ottica è ovvio che rispetto a quella di Lama, luogo di recente inserimento, la rete di relazioni che poteva dare più garanzie e sicurezze era quella di Taranta, della quale la famiglia era stata parte per oltre un centinaio di anni.

Detto ciò, non può non balzare agli occhi il possibile parallelo con i sopra descritti matrimoni di membri della famiglia con donne di Fara San Martino. Ammettendo che la generazione di Marco sia quella che è giunta per prima a Taranta, la famiglia potrebbe aver comunque mantenuto intense relazioni con il luogo di provenienza, ovvero Fara, tanto che alcune generazioni dopo il trasferimento a Taranta i suoi discendenti seguitano ancora a sposare donne di quel luogo. Una breve e finale considerazione da farsi sulla questione riguarda la famiglia Colantonio. Sappiamo con certezza che un Battista Colantonio è presente a Taranta sin dal 1538, ma dai due rogiti del notaio Paglione precedentemente citati, si viene a conoscenza che tra i cittadini di Fara presenti ai Pubblici Parlamenti del 25 novembre 1598 e del 28 gennaio 1607 compare un Giovan Giulio *Colantonio*. Tenendo conto di ciò, viene naturale prendere in considerazione la possibilità che anche i Colantonio possano avere avuto relazioni con Fara come i Cicchino, se non addirittura qualche loro ramo essersi trasferito da lì a Taranta, come appena ipotizzato per i Di Gianfrancesco. Se così fosse, la Colantonio sposata da GiovanFrancesco e madre di Ascanio, Dionora e Biagio potrebbe essere indicativa del mantenimento dei rapporti con Fara da parte della famiglia attraverso il matrimonio con donne di quel posto sin dalla prima generazione successiva al trasferimento a Taranta.

Al momento, stante la mancanza di ulteriori riscontri, queste ipotesi sono da ritenersi più che "azzardate", tanto da non potersi ritenere formalmente parte della storia della famiglia; tuttavia, non per questo devono essere totalmente rigettabili, soprattutto in considerazione del fatto che solo perché si sono perseguite caparbiamente "ipotesi azzardate" questa ricerca non si è conclusa in poco tempo e con scarsi risultati.

COMPARATICI

Il comparatico (sia esso di battesimo, cresima, e matrimonio) era un sistema di relazioni sociali e di alleanza. Nutini e Bell scrivono nel primo volume di *Ritual kinkship* (1980): «*la definizione più comune di comparatico si incentra sulla relazione stabilita fra una coppia di padrini e un individuo o più individui nell'acquisizione dei principali sacramenti della Chiesa cattolica che possono più o meno estendersi ai genitori del battezzato e del cresimato o degli sposi*».

Il battesimo, in particolare, costituiva non solo il rito di accettazione del neonato nella comunità dei cristiani, ma anche un importante momento d'espansione e riconfigurazione di una rete di rapporti sociali formali, tramite l'istituto del padrinato. Al battesimo, infatti, era riconosciuta la capacità di generare un tipo specifico di parentela, detta "*cognatio spiritualis*", tra quanti avevano preso parte al rito (il neonato e i suoi genitori da una parte, i padrini e le madrine dall'altra), includendo in seguito anche i loro congiunti e perfino i loro figli (Guerreau-Jalabert 1995; 2004). La cerimonia battesimale, rito pubblico per eccellenza, spesso seguito da feste e grandi incontri tra parenti, sodali, amici e alleati, portava la comunità a conoscenza dei nuovi legami che erano appena stati istituiti, rendendoli chiaramente visibili. In quel periodo il padrinato poneva in relazione i gruppi sociali in modo complesso, con una compresenza di scelte di tipo orizzontale (tra "pari") e verticale. Nel caso dei ceti più elevati, si verificava una sorta di "endogamia spirituale", evitando le scelte di padrini provenienti dagli strati più bassi. Nel caso dei ceti intermedi, caratterizzati al contrario dalla tendenza verso la mobilità e l'elevazione del proprio status, vi era la tendenza ad acquisire legami di tipo verticale.

Essenziali per questo tipo di analisi sono quindi i registri parrocchiali, il più antico dei quali attualmente disponibile a Taranta risale agli inizi del XVII secolo.

Ripercorrendo l'albero genealogico, il primo comparatico di cui si ha notizia è di Serafino il quale il 29 settembre 1635, insieme ad Ascabilia *Sauri*, è padrino al battesimo di Caterina, figlia di Nicola Antonio *de Nicolao Antonio* (ovviamente si tratta di Colantonio) e di Marzia *de Ninnis*. Il 21 settembre 16... sua moglie Maria

Grazia è madrina al battesimo di un'altra Caterina, ugualmente figlia di Colantonio *de Colantonio* e Marzia *de Ninnis*.

L'unica figlia di Torquenzia di cui si ha notizia, di nome Liberata, ha come madrina Laudonia, moglie di Giacomo *Marrami*.

Giulia *de Arrupho*, moglie di Marcantonio, primo figlio di Serafino, il 13 maggio 1651, il 21 settembre 1652 e il 16 luglio 1655, è madrina al battesimo di un figlio di Matteo *Bruno* e di Margherita *Raphaeli*. In tutti e tre i casi al bambino viene imposto il nome di Giuseppe, segno evidente che i primi due morirono in tenerissima età.

Giovanni Leonardo, secondo figlio di Serafino, il 23 dicembre 1649 è padrino di Giuseppe Antonio, figlio di Cintio *Marzocca* e di sua moglie Giovanna, mentre tra la fine di luglio e gli inizi di agosto del 1660 è padrino al battesimo di Giacomo, figlio di Mario *Lippis* e di Maddalena *Bruna*.

Il terzo figlio di Serafino, Giovanni Aloisio, viene battezzato il 29 gennaio 1629 e ha come padrini Dionisio *de Falco* e Cesaria, moglie di Paralinfo *de Falco*.

Antonia, quarta figlia di Serafino, ha come padrino Pietro Giovanni *de Urso*.

I due figli di Marcantonio, Maria Grazia e Giuseppe, come padrini hanno entrambi il Rev. Don Giovanni *Carosius* e Vittoria, moglie del notaio Giovanni Nicola *Campanæ*.

Giovanni Leonardo ha sei figli i quali che insieme ai due figli di Marcantonio, rappresentano l'ultima generazione della famiglia Di Gianfrancesco nata a Taranta. Pietro Aloisio, il 20 luglio 1654 ha per padrino il rev. Don Bernardino *Mansuetus*; Anna, il 20 luglio 1658, ha l'ostetrica Caterina, moglie di Vincenzo da Pizzoferrato; Maria Grazia ha invece Giuseppe *de Circonis* da Pacentro; Giovanni Aloiso Valerio ha come madrina Maria *de Papa* da Lama; il padrino di Apollonio Marco Antonio è il rev. Don Francesco *de Coladonato* da Fallascoso; Dionora infine ha come madrina ancora una volta l'ostetrica Caterina.

Cominciando dai casi in cui membri della famiglia o le loro mogli vengono richiesti come padrini o madrine di battesimo e che, da quanto detto prima, potrebbero essere essenzialmente di tipo orizzontale o verticale dal punto di vista dei genitori dei battezzati, oltre ai Colantonio e ai Sauro, di cui si è già ampiamente parlato, l'analisi dei comparatici richiede l'approfondimento di altri gruppi familiari. Ovviamente anche in questo caso la base del lavoro è costituita dai protocolli di *de Pactis* in quanto, ancorché anteriori dai 30 ai 50 anni rispetto alle date dei battesimi, rimangono una fonte importante di informazioni quando si tratta di dover procedere alla ricostruzione della storia di un gruppo familiare, anche in considerazione che, come nel caso di Serafino, alcuni individui potevano essere già in vita in quel periodo o, eventualmente, essere i figli di chi compare negli strumenti di *de Pactis*. Oltretutto un arco temporale di cinquanta anni interessa dalle due alle tre generazioni; ciò, di massima, non consente un eccessivo distanziamento dei rami familiari e quindi un radicale mutamento delle condizioni economico sociali del gruppo familiare.

Famiglia de Ninnis

La prima notizia riguardante individui riconducibili a questo gruppo familiare risale al 3 luglio 1591, quando *de Pactis* roga il testamento di Giulio Cesare figlio di Marcantonio *de ferdinando* al quale è presente come testimone Bernardino *de ninno*.

Il 4 gennaio 1595 si costituiscono Giovanni *de ninno*, suo figlio Orlando e sua nuora Caradonna *falchina*, moglie di detto Orlando la quale, con l'espresso consenso del suocero Giovanni e del marito Orlando, vende a Piriteo *morgognonj* un pezzo di terreno con undici piedi di olive, sito *In contrata dell'Inzappina*, con patto di retrovendita entro tre anni.

Il 2 marzo 1595 Giovanni *de ninno* è tra i confinanti di una casa sita in contrada *da pedj la ripa* che Baldovino *de Rigo* dà in permuta a Pacidonia, moglie del defunto Santi *cistj* e di un'altra casa, sempre in contrada *da pedj la ripa*, che nello stesso giorno Giulia, moglie del defunto Piernicola *de pompeo* vende all'*hon.* Baldovino *de Rigo*.

Un documento che potrebbe essere particolarmente importante è il testamento di Annibale *Saurj*, che *de Pactis* roga il 12 aprile 1595, dal quale, nonostante sia danneggiato e privo di diverse pagine, si viene a conoscenza che «... *esso magnifico testatore have maritata la magnifica sua legittima et naturale figlia...*», forse di nome Isabella, con il «... *magnifico Gio:francesco de Ninis e che l'have promesso docatj mille di dote.*». Si tratta della dote più importante del periodo e dei decenni successivi.

Il 28 febbraio 1599 Giovanni *de ninno* è teste in occasione della restituzione della dote di Perfetta, sorella di Adario di Antonio *de Adario*, da parte degli eredi di Maldrano *de m.ro Antonio*.

Il 4 luglio 1599 Ferdinando *de novello* vende una casa della moglie Dionora di Cicco *de ninno*, sita in contrada *da piedj la ripa*, al prezzo di ducati trenta, assegnandole in sostituzione una sua casa di tre membri, sita sempre in contrada *da pedj la ripa*. A entrambi i rogiti, tra gli altri testi, sono presenti Dante *massij mancinj* e Ascanio *marcocionus*.

Salvatore di Bernardino *de ninno*, l'8 ottobre 1599, presenzia al testamento di Giovanni Vincenzo *merlinj*.

Il 17 giugno 1600 Bernardino *de ninno*, insieme a Mariano *de Baptista*, Sante *mariocta*, Ascanio *marcocionus* e Quinzio *picconus*, è testimone alla consegna della dote di Cidonia, figlia di Giovanni Bernardino *de Chio*, a seguito del suo matrimonio con Biagio *marcocionus*.

Il 29 luglio 1600 Altobella *canorna*, vedova del defunto Domenico di Petruzio *pintj*, consegna la dote della figlia Imperia a seguito del matrimonio con Luca Antono *del pizzo* di Taranta. Sono testi il rev. Don Antonio *cocchictus*, Ottavio *caraccius*, Paolo *Schiabuctus* e Bernardino *de ninno*.

Il 9 maggio 1601 Giovanni *de ninno* è uno dei confinanti con la casa, sita in contrada *da pedj la ripa*, che Giulia di Donatuccio di Cola *mazzocchi* di Palena, moglie del defunto Piernicola *de pompeo*, vende per ducati ventisei al capitano Giovanni Geronimo *de georgijs* da Magliano (per ducati 15) e a Marco Tullio *Cicchino*[93](per ducati 11).

Il 26 agosto 1601 i fratelli Marco e Biagio di Domenico *Sciarra* consegnano la dote, del valore di ducati 45.4.0, in occasione del matrimonio della sorella Dionora con Pier Battista *margagnonus*. Bernardino *de ninno* e Altobello *macchiola* sono presenti *loco mundualdorum* in quanto consanguinei di Dionora. Anche in questo caso viene da pensare che siano membri di famiglie legate alla madre di Dionora.

Il 29 febbraio 1604 (fu un anno bisestile) Orazio *de ninno* assegna una sua vigna in enfiteusi a Piriteo *margagnonj* al prezzo di ducati dodici.

L'8 novembre 1604 Giovanni *de ninno* è ancora tra i confinanti della casa di Giulia di Donatuccio di Cola *mazzocchi*.

Il 22 marzo 1606 Orazio *de ninno* è tra i confinanti di una vigna sita in contrada *del coll'alto* sulla quale Colangelo *porcarius* ha un reddito annuo di una salma di vino mosto che vende a Piero Leone *Saurus*.

In uno strumento rogato il 10 luglio 1606 Orazio *de ninno* è elencato tra i confinanti di una casa che Baldo *de Serafino* vende a Cesare *de Nofrio*.

---

[93] Come già visto, nel documento è scritto *francischino* ma da un atto ad esso collegato, datato 8 novembre 1604, si viene a conoscenza che si tratta di Marco Tullio Cicchino.

Il 17 dicembre 1606 Giovanni *de ninno* compare tra i confinanti di una vigna sita in contrada *dj peschio minardo* che Sebastaino di Giovanni *de profeta* vende a Marco *petrocone*. La stessa vigna con gli stessi confinanti viene retrovenduta per diritto di parentela a Pietro *de cent'anni* in data 15 gennaio 1607.

Il 3 maggio 1607 (pag. 48 V.) Bernardino *de ninno* è tra i cittadini che partecipano a un pubblico parlamento finalizzato a conferire a Giovanni Domenico *margagnoni* la procura al fine di perseguire alcuni tarantolesi responsabili di un reato.

Il 17 giugno 1607 Dionora di Cicco *de ninno*, moglie di Ferdinando *de novello*, permuta una casa di sua proprietà con un'altra di proprietà di Giulio Cesare *de Bruno*. Entrambe le case sono site in contrada *da pedj la ripa*.

Il 3 aprile 1609 Orazio *de ninno* è tra i confinanti con una vigna, sita in contrada *dj colle alto*, che Nicola Angelo *porcarj* vende a Piero Leone *Sauro*.

L'8 novembre 1609 Pietro di Berardino *de ninno* è teste letterato, insieme a Serafino, a uno strumento di donazione.

Il gruppo familiare risulterebbe composto da quattro individui che parrebbero coevi ovvero Bernardino, Giovanni, Orazio e Dionora. Quest'ultima è figlia di un certo Cicco che dovrebbe essere l'ipocoristico di Francesco, il quale apparterrebbe alla generazione precedente. Giovanni ha un figlio di nome Orlando mentre Bernardino ha due figli, Salvatore e Pietro; questa generazione potrebbe essere quella dei genitori di Marzia. Su Orlando sappiamo che deve essere morto poco dopo lo strumento del 4 gennaio 1595 perchè il 3 settembre 1595 sua moglie Caradonna risulta essere vedova; da ciò si deduce che, con riguardo a Marzia, l'ipotesi più probabile è che sia figlia di Pietro o Salvatore, sempre che non discenda da Giovanfrancesco *de Ninis*, genero di Annibale *Sauro*.

Un dilemma rilevante è rappresentato proprio da Giovanfrancesco *de Ninis*, marito di Isabella Sauro, il quale non compare in nessun altro documento di *de Pactis* e il cui cognome è leggermente diverso da quello degli altri membri del gruppo familiare.

Per fare luce sulla questione si deve cercare di capire al meglio come possa essere collocata la famiglia *de ninno* nell'ambito della società tarantolese del periodo, partendo dalla certezza che tale status, negli anni Trenta del XVII secolo, aveva reso possibile il matrimonio di Marzia con un Colantonio. Le notizie che dà *de Pactis* al riguardo sono veramente esigue; si riferiscono essenzialmente ad alcuni casi in cui i suoi membri testimoniano, anche se spesso assieme a personaggi di rilievo come Ottavo Caraccio, e alle loro proprietà, principalmente in contrada *da pedj la ripa*. Manca qualunque minimo riferimento ad attività economiche e produttive. Occorre quindi allargare l'orizzonte cercando di analizzare, anche per loro, il dato ricavabile dalle politiche matrimoniale che hanno posto in essere. In questo ambito sappiamo che Dionora nel 1599 è sposata con Ferdinando *de novello* sul quale però scarseggiano le notizie. Sappiamo da *de Pactis* (13 aprile 1595 – pag. 19R.) che è figlio di Novello *de novello* e di Letizia *de cipollone* oltre che fratello di Giovanni Agostino. Giovanni Agostino è definito magnifico da *de Pactis* in alcuni suoi strumenti (4 giugno 1595 – pag. 25 R.; 25 agosto 1595 – pag. 33 R.; 9 settembre 1595 – pag. 35 R. – 17 settembre 1595 – pag 37 R.; 8 ottobre 1595 – pag. 43 R.; 4 novembre 1595 – pag. 47 R.) e dal 1599 compare spessissimo come giudice ai contratti. Sappiamo anche è sposato con Camilla figlia di Antonio di Cesare *de falco*, un'altra importante famiglia di cui parleremo più avanti. Già solo questi pochi elementi sono di per sé sufficienti a far ritenere che la famiglia di Ferdinando *de novello* nella quale era entrata Dionora *de* ninno, fosse di elevato rango socioeconomico.

Un'altra famiglia da approfondire per inquadrare al meglio di *de ninno* è quella dei Falchino. Caradonna potrebbe essere figlia di Giovanni Claudio Falchino (e Francesca *de Rosato*) il quale, nel suo testamento, aveva stabilito una dote di cento ducati per il matrimonio della figlia Plusea (*de Pactis* 19 giugno 1595 – pag. 27 R.). È comunque sicuramente nipote di Olimpia *falchinj* che vive nella casa del defunto Gregorio *falchinj* e moglie di Nardo *de sciottola* (*de Pactis* 16 novembre 1599 – pag. 77 V). Da uno strumento che *de Pactis* roga il 17 luglio 1604 si apprende che Giovanni Claudio Falchino viveva in una *domibus* che, lo ricordiamo, era sostanzialmente un palazzo.

Non sono da sottovalutare i già citati casi del 4 luglio 1599 quando Ferdinando *de novello* vende una casa della moglie Dionora di Cicco *de ninno*, sita in contrada *da piedj la ripa*, al prezzo di ducati trenta, assegnandole subito dopo in sostituzione una sua casa di tre membri sempre in contrada *da pedj la ripa* al cui rogito, tra gli altri testi, sono presenti Dante *massij mancinj* e Ascanio *marcocionus*, oppure quello del 17 giugno 1600 quando Bernardino *de ninno*, insieme a Mariano *de Baptista*, Ascanio *marcocionus* e altri, è testimone alla consegna della dote di Cidonia, figlia di Giovanni Bernardino *de Chio*, a seguito del suo matrimonio con Biagio *marcocionus*. Da questi documenti viene alla luce la rete di relazioni sociali che collega le varie famiglie.

Non volendosi prolungare oltremisura, si può comunque ritenere senza particolari dubbi, che, anche in base anche alle loro "politiche matrimoniali", i *de ninno* fossero legati a membri di famiglie di elevata collocazione sociale, dai quali non potevano distanziarsi troppo.

Va comunque aggiunto un ultimo elemento da tenere in considerazione al riguardo, ovvero il fatto che tra gli appunti presi nel corso della ricerca relativamente al notaio Giacomo Tavani di Guardiagrele si legge che nel 1602 (volume 4, pag 162 V.) un *de Ninnis* è presente a Fara San Martino.

A questo punto su Giovanfrancesco si possono avanzare alcune ipotesi. La prima è che potrebbe essere il membro più importante di questo gruppo familiare. Del resto al battesimo del figlio di Marzia *de Ninnis* e di Colantonio, oltre al padrino Serafino, compare, come madrina, Ascabilia *Sauri*, ovvero un membro della famiglia della moglie di Giovanfrancesco e da cui Marzia può distare una o, al massimo, due generazioni. Non sarebbe da escludere a priori che Giovanfrancesco si sia trasferito a Fara San Martino considerando i numerosi casi accertati di trasferimenti di questo tipo. L'altra ipotesi è che sia assolutamente estraneo alla famiglia *de ninno* e quindi che i *de Ninis* siano una importante famiglia (e la dote promessa lo dimostra senza possibilità di smentita) non abitante a Taranta e non collegata con i *de ninno*.

In entrambe le ipotesi si può comunque sostenere che Marzia, moglie di Colantonio *de Colantonio*, sia membro di una famiglia di elevato livello sociale ed economico. Il fatto che Serafino nel 1635 e, qualche anno dopo la moglie Maria Grazia, vengano richiesti da Colantonio e Marzia come padrino e madrina dei loro figli, rappresenta una ulteriore conferma del fatto che anche i Marcocioni sono altrettanto agiati e ben collocati socialmente; del resto, solo dieci anni prima, insieme al padre Ascanio, era sicuramente impegnato in attività di credito nelle fiere del Regno.

Famiglia Bruno

Come già detto il 13 maggio 1651, il 21 settembre 1652 e il 16 luglio 1655 Matteo *Bruno* e Margherita *Raphaeli* per il battesimo di loro figlio Giuseppe vollero come madrina Giulia *de Arrupho*, moglie di Marcantonio.

La presenza a Taranta di questo gruppo familiare è attestata sin dagli inizi del XVI secolo, infatti nel documento di donazione del sito per l'edificazione della nuova chiesa di San Biagio, del 27 novembre 1503, Antonio *Brunj* presenzia in qualità di «... *letterato dell'anno giudice, specialmente deputato per le cause e i contratti ...*»[94].

Il volume dell'anno 1590 dei protocolli di *de Pactis* si apre con la parte finale di uno strumento dotale, la cui parte iniziale è inserita alla fine del volume del 1609. Dalla lettura delle due parti si viene a conoscenza che in una data non definita del dell'anno 1590 l'*hon.* Antonio *de Urso* consegna la dote della figlia Persola in occasione del matrimonio con l'*hon.* Mascio di Ciancio *Impitia*. Giovanni Battista di Graziano *de bruno* è presente *loco mundualdj*.

Il 31 luglio 1591, l'*hon.* Giovanni Bernardino *de Bruno* è teste letterato al testamento *dell'hon.* Giovanni Battista *gratiani*. Di questo documento e delle sue conseguenze si è già precedentemente parlato approfondendo la famiglia Cicchino. Per comodità del lettore, tuttavia, si riporta quando già scritto. «*Il 31 luglio 1591 de Pactis roga il testamento di Giovanni Battista gratiani nella sua casa in contrada da pedj la ripa. Tra le varie disposizioni date, si ritiene che debbano essere analizzate le seguenti. Innanzitutto, dispone che il suo corpo venga seppellito nel monumento sepolcrale dei suoi antenati, ordina quindi una serie di legati per suo figlio Damiano, suo figlio Antonio, per le sue nipoti Mirandola e Fulvia, entrambe figlie di Antonio. Nomina, infine, erede universale di tutti i suoi beni mobili e stabili, presenti o futuri, dovunque siti o posti, merci, mercanzie, crediti e debiti, suo figlio Adamiano. Incarica dell'esecuzione del testamento gli hon. M... francischinum e Giulio Cesare "suo" non meglio definito in quanto manca la parte della pagina. Questo testamento va confrontato con il testamento di Virgilia de gratiano, moglie di Marco Tullio francischino, rogato il 25 agosto 1595 nella casa di Marco Tullio In contrata da pedj la ripa. Tra le altre sue ultime volontà, Vurgilia dispone che il suo corpo debba essere seppellito nel monumento sepolcrale dei suoi antenati, sito nella chiesa di San Biagio e prevede tre legati a favore di Mirandola, figlia di suo nipote Antonio de Bruno, a favore di Amodea, moglie dell'altro suo nipote Damiano de Bruno e infine a favore di Caterina, figlia di suo fratello Giulio Cesare. Nomina, infine, erede universale di tutti i suoi beni dotali suo marito Marco Tullio francischinum, finché rimarrà in vita, quindi, una volta morto, lascia eredi universali Giulio Cesare de gratiano, suo fratello, per una parte e, per l'altra parte, Antonio e Damiano de Bruno, suoi nipoti. Prima di trarre delle conclusioni si deve prendere in considerazione un ulteriore documento ovvero il testamento di Marco Tullio cicchino rogato il 4 dicembre 1604 nella sua casa da pedj la ripa, che verrà comunque approfondito più avanti. In questo momento si ritiene importante evidenziare che*

---

[94] Italo Vincenzo Merlino; *Taranta Peligna, Antico Paese Attivo* - Pescara, Edizioni Asti, 1973.

Marco Tullio precisa che la sua prima moglie era stata Virgilia di Graziano Bruno. A questo punto si chiarisce immediatamente in che modo Antonio e Damiano (de Bruno) potessero essere nipoti di Virgilia de gratiano essendo evidente che, poiché è una Bruno, era loro zia. Essendo Damiano e Antonio figli di Giovan Battista gratiani, ne deriva che quest'ultimo e Virgilia dovevano essere fratelli. A conferma della riflessione c'è da tenere presente che in entrambi i testamenti Mirandola è figlia di un Antonio. Ulteriori conseguenze di questa analisi sono che Marco Tullio francischino e Marco Tullio cicchino sono la stessa persona e che gli esecutori testamentari nominati da Giovani Battista gratiani sono Marco Tullio francischino e Giulio Cesare di Graziano Bruno, il quale essendo fratello di Virgilia è anche fratello di Giovanni Battista. Si può concludere quindi asserendo di trovarsi di fronte a un ennesimo caso di uso alternativo di cognomi diversi (francischino o cicchino e gratiano o Bruno) per la stessa persona o per lo stesso gruppo familiare, ma anche ad un cambiamento definitivo di cognome per un ramo della famiglia Bruno, avendo dimostrato, senza possibilità di smentita, che i de gratiano sono membri della famiglia Bruno. Di Giovanni Battista, Giulio Cesare e di Antonio de Graziano parla molto Como nel suo testo definendoli medi proprietari, con un numero di capi che nel tempo varia dai 500 ai 1.000, e capi collettiva».

Il 4 agosto 1595 Damiano e suo zio Giulio Cesare sono presenti come testi, letterato il primo e illetterato il secondo, allo strumento con cui Giacomo e Domenico *de fantasia* consegnano la dote della sorella Cesarea in occasione del matrimonio con Liberato *curtus*. Al rogito è presente anche Donato Antonio *marramj* in qualità di munduado, in quanto parente più prossimo di Cesarea.

Come già detto, il 25 agosto 1595 in casa dell'*hon.* Marco Tullio *francischinj*[95], sita *In contrata del ponte*, Virgilia *de gratiano*[96], moglie di detto Marco Tullio, fa rogare il suo testamento. Tra le sue ultime volontà risulta interessante innanzitutto il fatto che il suo corpo doveva essere seppellito nel monumento sepolcrale dei suoi antenati sito nella chiesa di San Biagio, confermando in questo modo l'importanza sociale della famiglia. Successivamente Virgilia dispone due legati a favore di Mirandola, figlia di suo nipote Antonio *de Bruno*, e a favore di Amodea, moglie dell'altro suo nipote Damiano *de Bruno*. Nomina, infine, erede universale di tutti i suoi beni dotali suo marito Marco Tullio *francischinum* (Cicchino), finché rimarrà in vita, quindi, una volta morto, lascia eredi universali Giulio Cesare *de gratiano* (Bruno), suo fratello, per una parte e, per l'altra parte, Antonio e Damiano *de Bruno*, suoi nipoti. Virgilia rappresenta quindi un importante anello

---

[95] In realtà si tratta di Marco Tullio *cicchinj*, come si accerterà da uno strumento di de Pactis del 4 dicembre 1604.
[96] In realtà si tratta di Virgilia di Graziano *Bruno*, come si accerterà da uno strumento di de Pactis del 4 dicembre 1604.

di unione tra le famiglie *cicchino* e *de Bruno*. Come già detto, per poter essere pienamente inquadrato il documento va letto in collegamento con il testamento di Marco Tullio *cicchini* datato 4 dicembre 1604 da cui si apprende che *francischinj* è in realtà *cicchino* e che "*de Graziano*" sottintende "figlia di Graziano *Bruni*".

Il 9 settembre 1595, a un mese dal matrimonio, Cesarea *de fantasia* fa rogare il suo testamento a cui presenzia come teste il magnifico Damiano *de Bruno*, insieme, tra gli altri, al magnifico Dante *massij mancinj*.

Il magnifico Damiano, insieme anche a Prospero *mansuetus*, Giovanni Agostino *de novello*, è testimone anche al testamento di Fedele *de blasio*, rogato l'8 ottobre 1595.

L'*hon.* Antonio torna a testimoniare il 29 ottobre 1595, in occasione della compravendita di terreno.

Il 26 gennaio 1599, nella casa degli eredi del fu Annibale *Saurj* che era appartenuta a Sante *de mazzocco*, sita *In contrata da pedj la ripa*, Fedele di Biagio *marcociono* dona a Marco Tullio *francischino*[97] tutti i suoi beni mobili e stabili, presenti e futuri, compresi ducati venticinque che devono essere recuperati dalla confraternita del S.mo corpo di Cristo, « ... *con patto che detto Marcotulio donatario sia tenuto manutenerlo calsarlo e, vestirlo sua vita durante come rechiede la sua persona et In fine dj sua morte sia tenuto farlj l'offitio et farlo sepelire...*». Tra i testi compare Damiano *de Bruno*. Il documento evidenzia ancora la rete di relazioni e i collegamenti tra le varie famiglie; dei Bruno con i Cicchino e di questi con i Marcioni, a dimostrazione dell'antichità e solidità di questi legami.

Un altro documento interessante è del 25 maggio 1595 quando Giulio Cesare *de Bruno*, Nardo *de Joannefranc.o*, Prospero *mansueto* e Dezio *pizzidentis*, per conto dell'ospedale della terra di Taranta, vendono a Orazio *de Berardino*, da Sulmona, quale tutore degli eredi del fu Annibale *Saurj*, un territorio sito *In contrata di S.to Blasio*. Tra i testi letterati vi sono Mariano *de baptista* e Antonio *brunus*.

Il 16 febbraio 1600 Antonio è teste letterato in occasione della ufficializzazione del testamento di Battista di Giulio Antonio *merlinj*, rogato il 29 febbraio 1592 dal notaio Antonio *natulare* ma non reso in pubblica forma a causa della sua morte; Antonio era stato testimone anche in quella occasione.

L'11 settembre 1600 il marchese Piriteo Malvezzi vende a Mariano *de Baptista* un terreno sito in contrada *dj S.to Nicolao* che confina, tra l'altro con i beni di Antonio *brunj* e degli eredi di Damiano *Brunj*, permettendo di accertare quindi la morte di quest'ultimo.

---

[97] Come appena visto, si tratta di Marco Tullio *cicchino*.

Il 19 aprile 1601 i testi letterati Prospero *mansueto*, Tommaso *caraccio*, Pietro *Brunus* e Giacomo antonio *marranus* presenziano alla stesura di un documento con cui Antonia, figlia ed erede del defunto dottor Aloisio *de Rosatis* di Lama, legittima moglie di Pietro Antonio *cocchictj*, di Taranta, vende un suo terreno.

Il 1° marzo 1604, in casa di Mariano *de Baptista*, i testi letterati Gentile *marramus*, Antonio *de Bruno*, Giovanni Antonio *marramus* e Pier Sante *Cepollonus* sono presenti alla stesura di tre atti notarili consecutivi.

Da un testamento rogato il 14 luglio 1604 si apprende che il fu Antonio di Ippolito *de Bruno* possedeva una casa in contrada *da pedj la ripa*. La testatrice, Giulia di Biagio *de Cola russo*, moglie di Domenico *de Bonanocte*[98], chiede che il suo corpo venga seppellito nel monumento sepolcrale della confraternita di San Rocco o in quello dei *de Bruno*. Non è chiaro cosa unisca la testatrice ai *de Bruno* tanto da poter aspirare a essere seppellita nella loro tomba di famiglia, ma il fatto che questi ne posseggono una all'interno di San Biagio, come già visto nel testamento di Virgilia *de gratiano* (Bruno) datato 25 agosto 1595, ne conferma ulteriormente l'importanza sociale e l'antichità della presenza a Taranta.

Il 3 settembre 1604 Antonio *de Bruno* vende a Mariano *de Baptista* un terreno sito *In contrata di Santo Nicolao*. I testi sono *m.r* Francesco *natalis*, *m.r* Giacomo *marianus*, letterati, e *m.r* Eugenio *canovo*, illetterato. Questa presenza di soli *magistri* dà quasi l'impressione di membri di una "corporazione" di qualche "arte" che presenzia alla stesura del documento, anche se Antonio, come nessun altro membro della famiglia Bruno, viene mai appellato *magister* nei protocolli di *de Pactis*, per cui non dovrebbe esserne parte.

Giulio Cesare *de Bruno* è tra gli abitanti di Taranta che partecipano al pubblico parlamento del 7 novembre 1604 con il quale viene deciso di incaricare Gentile *marramj* di trattare con il barone Ferdinando de Palma al fine di ottenere la riduzione della rata annuale che l'Università paga per un prestito di 2.246 ducati.

Da uno strumento dell'8 novembre 1604 si apprende che i beni di Antonio e Giulio Cesare *de Bruno* confinano "da piedi" con una casa di Giulia, moglie del fu Pier Nicola *de pompeo*.

Il 4 dicembre 1604 Marco Tullio *cicchinj* fa rogare il suo testamento, già ampiamente trattato, nel quale ribadisce che Virgilia di Graziano *Bruno* era stata la sua prima moglie.

Il 10 marzo 1606 Giuseppe, Finadamo e Marcantonio *Saurj* vendono un loro

---

[98] Odierna Montebello sul Sangro (Ch).

terreno confinante, tra l'altro, con i beni di Giulio Cesare *Brunj* e di Bernardino di Rinaldo *de Bruno*.

In data 25 luglio 1606 Angelo di Giovanni di Tommaso *cipollono* dichiara che nell'anno 1566 contrasse matrimonio con Altilia di Piermatteo di Antonio *Bruni* in occasione del quale suo padre, Giovanni di Tommaso, ricevette diversi beni dotali del valore di ducati 54.4, come risultava nello strumento redatto in data 9 novembre 1566 dal reverendo Don Ursino *cialonj* a causa della mancanza di notai. Considerando una ventina di anni per generazione, Altilia potrebbe essere la discendente diretta di quell'Antonio che nel 1503 presenziò, in qualità di giudice dell'anno, alla donazione del sito di San Biagio.

Il 19 agosto 1606 Antonio, insieme a Bernardino *de chio* e a Serafino di Ascanio *marcocionj*, è teste letterato a uno strumento rogato in casa di Nicola Ranallo *de Urso* per la definizione di alcuni debiti connessi con l'eredità pendente di Marco Tullio *cicchino*.

Il 4 agosto 1606 viene rogato l'ulteriore strumento collegabile al testamento *dell'hon.* Giovanni Battista *gratiani* del 31 luglio 1591 e del successivo testamento di Virgilia *de gratiano*. Lo strumento è stilato in casa degli eredi di Marco Tullio *cicchino*, sita in contrada *da pedj la ripa*. Si costituiscono Giulio Cesare e Antonio *Brunj* i quali dichiarano che il 13 ottobre 1571, a seguito del matrimonio di Virgilia, sorella carnale di Giulio Cesare e zia di Antonio[99], Marco Tullio ricevette diversi beni dotali del valore complessivi di ducati cinquantatré e mezzo che vengono restituiti defalcati delle spese del suo funerale.

A pagina 49 verso del volume dell'anno 1606 inizia lo strumento con il quale i fratelli Sauro concedono il più volte citato prestito di mille ducati all'Università di Taranta. Tra i cittadini che se ne fanno garanti, oltre ad Ascanio *marcocionj* e Leonardo *de Col'Antonio*, compare anche Giulio Cesare *Brunum*.

Un altro documento interessante è il testamento di Drusiana *de petrocone* che, in base al contenuto dell'atto, dovrebbe essere la moglie del defunto Giovanni Bernardino *Brunj*. Lo strumento viene stilato il 24 gennaio 1607 nella casa di detto Giovanni Bernardino, sita *In contrata da pedj la ripa*, e Druisiana, tra le altre sue ultime volontà, dispone che il suo corpo sia sepolto nel monumento funebre degli antenati del defunto Giovanni Bernardino, posto all'interno della chiesa di San Biagio. Stabilisce anche che a sua figlia Cornelia siano dati 30 ducati in beni dotali presi dalla sua dote e istituisce eredi universali i suoi figli Biagio e Giovanni Bernardino. Dell'esecuzione del testamento viene incaricato Giovanni Donato *Lippi*.

---

[99] Anche in questo caso de Pactis usa il termine latino *patruus-patrui* che significa zio paterno invece di *avunculus avunculi*, che significa zio materno.

L'ultima cosa da evidenziarsi in questo documento è la presenza di Serafino *marcociono* tra i testi.

Il 12 Marzo 1607, nella casa di Giulio Cesare *Brunj*, viene rogato uno strumento nel quale risulta che Sebastiano *de camillo*, avendo ricevuto dalla curia dell'università di Taranta l'incarico di curatore di Biagio *de Simione* a causa delle sue gravi condizioni di salute, aveva venduto, a estinzione di candela, un terreno di Biagio per far fronte alle sue necessità economiche poiché « ...*In quest'anno penurioso* ...» essendo «...*vecchio povero storpio non solo de manj e, piedj ma anco dj lingua tanto che non puote parlare in alcun modo e, per che è forzato per la sua povertà* ... ». Giovanni Bernardino *de Chio* aveva effettuato un'offerta risultata vincente per conto di Geronimo *macchiola*, per cui viene rogato lo strumento di assegnazione del terreno a quest'ultimo. Tra i testi, oltre Polidoro *macchiola*, compaiono Bernardino *de chio* e Serafino di Ascanio *marcocionj*.

In un documento rogato il 3 maggio 1607, in occasione di un'assemblea degli abitanti di Taranta, compaiono Giovanni Battista *Brunus* e Biagio *Brunus*.

Il 17 giugno 1607 Giulio Cesare, nella sua abitazione *In contrata da pedj la ripa*, fa stipulare uno strumento di permuta di una sua casa con un'altra di proprietà di Dionora di Cicco *de ninno*. Entrambe le case sono in contrada da *pedj la ripa* ma quella che Giulio Cesare riceve da Dionora confina con una casa degli eredi di Damiano *Brunj*. Considerando che pochi giorni prima (11 giugno 1607) aveva acquistato il diritto di appoggio su una parete di proprietà di una sua vicina, potrebbe essere plausibile che Giulio Cesare stia cercando di realizzare un consistente ampliamento della sua abitazione.

Un ultimo atto, tra quelli di *de Pactis*, che merita di essere citato è uno strumento dotale del 7 novembre 1609. Nel documento si legge che viene rogato in casa degli eredi del defunto Giovanni Bernardino *de palmisciano*, in contrada *da pedj la ripa* e che si costituiscono Biagio e Giovanni Bernardino *de Bruno* da una parte, e Ottavio di Marco Antonio *merlinj* dall'altra parte. I due fratelli *de Bruno* consegnano la dote della loro sorella Cornelia a seguito del matrimonio con Ottavio. Si tratta evidentemente dei figli che Druisiana *de petrocono* nomina nel suo testamento del 24 gennaio 1607, il cui padre era il defunto Giovanni Bernardino *Brunj* e non *de palmisciano*. Il problema si chiarisce nella parte finale del documento nella quale Cornelia dà quietanza della dote ricevuta e *de Pactis* precisa che è figlia del defunto Giovanni Bernardino *Brunj*, sorella di Biagio e Giovanni Bernardino *Brunj* oltre che moglie di Ottavio di Marco Antonio *merlinj*. Al rogito sono presenti in qualità di mundualdi Marco *de petrocone* e Giovanni Donato *de lipps* che *de Pactis* afferma essere consanguinei di Cornelia. Come risulta nel suo testamento del 24 gennaio Marco è il fratello di Druisiana, infatti ha lo stesso cognome, per cui Giovanni Donato *de lippis*, deve essere presente in rappresentanza della famiglia di origine di Druisina da parte materna. Ciò costituisce una ennesima e chiarissima conferma della giustezza della riflessione fatta con riferimento alla madre di Ascanio e Dionora in occasione dell'approfondimento della famiglia *de Baptista* oltre che un ulteriore caso di uso disinvolto di cognomi diversi per la stessa persona. Tra i testi compare Antonio *Bruno.*

Quelli elencati sono solo una parte dei rogiti di *de Pactis* in cui compaiono membri di questa famiglia in veste di teste o in cui vengono citate loro proprietà, molti altri non sono stati ritenuti essenziali alla ricostruzione e quindi non riportati.

Un'ultima notizia sulla famiglia Bruno giunge dagli appunti presi nel corso della ricerca e relativi al notaio Filippo Mirolli di Torricella da cui si viene a conoscenza dell'esistenza di due lettere di cambio di Salvatore *de Antrillo* di Torricella a favore di Pietro Bruno in data 5 gennaio e 2 febbraio 1626. Pietro Bruno è anche uomo di reggimento il 5 settembre 1626[100].

L'elevata importanza della famiglia Bruno appare evidente solo leggendo i dati riportati e senza necessitare di ulteriori riflessioni. Potrebbe invece essere interessante provare a ricostruirne una breve genealogia.

Sappiamo con certezza che Antonio, figlio di Bruno, nel 1503 è giudice ai contratti; si può quindi supporre che per poter svolgere tale funzione avesse, all'epoca, un'età di almeno quaranta anni, con una forbice compresa tra i trenta (quindi relativamente giovane) e i cinquanta (quindi più avanti negli anni). Ciò farebbe sì che l'anno di nascita di Antonio vada da circa il 1450 a circa il 1470. Il padre Bruno potrebbe di conseguenza essere nato quanto meno in un periodo che va dal 1420 al 1450. Tenendo conto del fatto che la nipote Altilia, nata dal figlio Piermatteo, contrae matrimonio nel 1566 e considerando una media di trenta anni a generazione, per Antonio parrebbe più probabile una nascita attorno al 1470 e per Bruno attorno al 1450. Oltre ad Antonio potrebbero essere figli di Bruno: Ippolito, e Graziano. Ippolito ha sicuramente un figlio di nome Antonio (nome dello zio) mentre Graziano ne ha tre: Giovanni Battista, Giulio Cesare e Virgilia. Su Virgilia si sa che sposa Marco Tullio Cicchino mentre, per quanto riguarda Giulio Cesare, si ha notizia di una sola figlia di nome Aurifina. Giovanni Battista, infine, ha sicuramente due figli: Antonio e Damiano. Antonio a sua volta ha due figlie di nome Mirandola e Fulvia mentre di Damiano si conosce solo il nome della moglie: Amodea (che ha sposato prima dell'11 settembre 1600, data del testamento della zia

---

[100] Regia Camera della Sommaria – Processi – Attuari diversi -stanza 116 – busta 963 – foto Disc_0014

Virgilia). Di più difficile collocazione genealogica sono invece Rinaldo, Giovanni Bernardino e Pietro. Rinaldo ha un figlio di nome Bernardino che nel 1606 compare tra i confinanti di un terreno venduto dai fratelli Sauro; solo ipotizzando che in tale anno Bernardino abbia almeno 70 o 80 anni e che il padre l'abbia avuto ad un'età di oltre i 40 anni potrebbe essere plausibile che Rinaldo sia figlio di Bruno.

Partendo dal testamento della moglie Druisiana e tenendo conto delle sue ultime volontà verso i figli Giovanni Bernardino, Biagio e Cornelia, appare improbabile che l'età di questi ultimi possa essere così avanzata da far supporre che il loro padre Giovanni Bernardino sia nato alla fine del XV secolo. Se invece Bernardino, figlio di Ippolito, e Giovanni Bernardino dovessero essere la stessa persona allora si avrebbe il seguente un filo genealogico: Bruno → Ippolito → (Giovanni) Bernardino → figli di Giovanni Bernardino (ovvero Biagio, Giovanni Bernardino e Cornelia). Tale sequenza potrebbe facilmente coprire i circa 150 anni che intercorrono tra i citati documenti di *de Pactis* e il periodo di probabile nascita di Bruno. Impossibile da collocare genealogicamente sono invece Pietro e lo stesso Matteo. Quest'ultimo potrebbe essere il nipote di uno dei figli di Giovanni Bernardino e Drusiana o, forse, di Damiano e Amodea.

Famiglia Raffaele

Come sappiamo, tra il 1651 e il 1655, Matteo *Bruno* è sposato con Margherita *Raphaeli*; approfondire quindi la conoscenza di questo gruppo familiare è di aiuto alla ricostruzione dello status della famiglia Bruno in quel periodo e, di conseguenza, anche della famiglia Di Gianfrancesco.

La prima notizia su questo gruppo familiare ricavabile dai protocolli di *de Pactis* risale al 22 maggio 1599. Si tratta della dote che Biagio *de venturino* consegna a Raffaele di Sanità *de raffaele* a seguito del matrimonio con sua sorella Midonia *de venturino*. La dote ha un valore modesto ammontando a ducati 27.4.5.

Il 24 giugno 1599 Raffaele *de Rafaele* si fa garante del rispetto dell'impegno assunto da Biagio *de Venturino* (che a questo punto sappiamo essere il suocero) di rimanere nel carcere di Taranta a seguito di una denuncia presentata da Marco Tullio *cicchino*.

Il volume del 1600 non contiene documenti relativi a questa famiglia mentre in quello del 1601, il giorno 7 marzo, compare per la prima volta un Cesare *de raffaele*, il quale presenzia come testimone letterato in occasione della stesura di due rogiti notarili. Il 27 maggio, il 20 giugno, il 29 luglio, il 27 agosto e il 1° ottobre sono le altre date in cui Cesare presenzia come testimone ad atti rogati da *de Pactis*.

Si tratta per lo più di documenti di un certo rilievo ai quali spesso intervengono come parti o testimoni personaggi di spicco della società tarantolese e non solo. Il primo dei due documenti, quello del 7 marzo, consiste nella trascrizione, ad opera di *de Pactis*, di uno strumento dotale stilato dal notaio Pirro *de falco* in data 27 settembre 1579 ma non reso in pubblica forma a causa della morte improvvisa dello stesso. Il secondo vede costituirsi Giuseppe *Saurus* il quale retrovende all'avente diritto una casa comperata anni prima da suo padre, il defunto Annibale. Il 27 maggio Cesare presenzia alla vendita di un terreno da parte di Sante di Federico *Corvacchiola*, importante famiglia di Lama con la quale, tra l'altro, la famiglia Di Gianfrancesco si imparenterà un secolo dopo. Il 20 giugno 1620 vede ancora una volta la costituzione di due abitanti della vicina Lama che permutano dei terreni di rispettiva proprietà; il primo dei due, in particolare è Alessandro *marascha* membro di un'altra ragguardevole famiglia. Il 29 luglio Cesare *de Rafaele* insieme a Giovanni antonio *marramus*, Prospero *mansueto*, pietro antonio *Cocchictus*, Don Vito *de vito*, Giovanni *de Pactis*, Pierleo *vernisius* e Giovanni Augustino *Sciarra*, tutti letterati, testimonia in occasione del testamento di Marco Sante *de profeta*. Il 27 agosto si costituiscono Giuseppe *Saurus*, un tempo priore del Santissimo Sacramento, e Guerino *de Urso*, un tempo priore della confraternita del Divino Rocco, i quali fanno formalizzare la vendita fatta Bernardino e Nunziato *forconj* di una certa casa di proprietà delle dette confraternite. Sono testimoni letterati Cesare *de Rafaele*, Benedetto *de Antonio*, Leonardo *de Col'antonio* e Renzo *pizzidentis*. Il 1° ottobre i testi letterati *doctor* Piriteo *quaglialacte*, Mariano *de Baptista*, Gentile *marramus*, m.r Giovanni augustino *Sciarra* e Cesare *de Raffaele* presenziano alla donazione da parte di Giovanni Antonio di Cola *Sciarra* e Blasiola *de Honufrio* di tutto il loro patrimonio a favore dei figli Giovanni Augustino e Tiberio.

In data 4 gennaio 1604 Giuseppe *Saurus* fa rogare sei strumenti notarili di cui quattro contratti di affitto enfiteutico e due di acquisto di terreno, il primo dei quali da Francesco di Tullio *de quatrino* e il secondo da Biagio e Salvino *mancinj*. A tutti e sei gli strumenti presenziano come testimoni letterati i Rev.di Don Antonio *cocchictus*, Don Angelo *colarellj*, Cesare *de Raffaele* e *magister* Alessio *margagnonus* come teste illetterato.

Il 7 febbraio 1604 Giovanni antonio *marramj*, Marco *schiabuctus*, francesco *cialonus*, Marino *de Salvo*, Desiderio *schiabuctus* e Cesare *de Raffaele*, tutti letterati, presenziano alla donazione di una casa di diversi membri da parte di Bernardino di Piero Leone *de salvo*.

Il 20 e il 29 febbraio 1604 Cesare testimonia in occasione di tre contratti enfiteutici; di cui due rogati il 20 e uno il 29.

Il 7 marzo 1604 Cesare *de Raffaele* insieme al Rev.do Don Antonio *cocchictus* e a Ottavio *Caraccius* è testimone in occasione di un ennesimo strumento a favore di Giuseppe di Annibale *Sauro*.

Il 9 marzo successivo è teste insieme a Tommaso *Caraccius*, *m.r* Giacomo *de Russo* e Leonardo *de Col'antonio*.

Il 17 aprile 1604 Cesare *de Raffaele*, insieme a Sante *de mariotto* e Gentile *marramus* presenzia come teste a quattro atti rogati in casa di Mariano *de Baptista*, tre dei quali riguardano Aurigenta, figlia di Giovan Domenico *de Baptista*.

Il 25 aprile 1604 *de Pactis* roga un importante strumento in casa di Cesare *de Raffaele*, sita *In contrata dell'aravecchia*. Sono presenti testi di rilievo quali il *Doctor fisicus* Antonio *Camerinus*, della terra del Gesso, il Rev.do Don Antonio *Cocchictus*, Prospero *mansuetus et magister* Saverio *Ingargiola*, tutti letterati di Taranta. Muzio *macchiola* vende a Cesare di Sanità *de Raffaele* alcuni *bona aromataria* rinvenuti in vasi e scatole di detta aromataria, valutati ducati ottanta in carlini d'argento da Padovano *Peschium* della terra del Gesso, oltre ad altri beni quali *la banca della spetiaria per ducatj cinque: doj mortalj de mitallo per docatj dece e mezzo: un piso dj ottone pieno per carlini sette e mezzo: uno setaccio di seta per carlini tre e mezzo: doj boccherj di stagno per calini quattro: sej carrabbe di vetro per carlini tre: un'orinaro con la casa per grana quindicj: uno paro di forfice per grana dodicj e mezzo: doj postillj di ferro per carlinj doj: due spatane di ottone per grana quindicj: sej vasa di vetro per carlinj tre: tre pietre di marmo per carlinj cinque.*Il valore di tutta la merce venduta ammonta a ducati novantanove, carlini quattro e grana sette e mezzo, in carlini d'argento, somma che Muzio dichiara di aver ricevuto e incassato da detto Cesare. Il documento consente di accertare sia che Cesare e Raffaele sono fratelli sia che Cesare era uno speziale.

Al riguardo, nel 1498 con i Capitula dal Re di Napoli Federico d'Aragona (1496-1501) è richiesto agli speziali il possesso di un titolo specifico vidimato dal Protomedico per l'autorizzazione all'esercizio della professione. Questi provvedimenti dichiarano di fatto l'esistenza degli speziali di medicina cedolati, da sottoporre ad un determinato esame, e ne definiscono l'elemento distintivo rispetto agli speziali manuali, il cui esercizio "(...) *è assai differente dall'esercizio di comporre le predette cose medicinali, ad essi non sono approvati all'effetto di fare composti della forma, e maniere come si approvano gli altri Speziali di medicina, non possono fare, né tenere, né contrattare le dette cose composte di medicinali. Debbono avere semplici, che non sono composti e si tengono e si contrattano come sono*

(...)". In effetti, gli speziali di medicina hanno conoscenze più specialistiche in campo medico e farmaceutico mentre gli speziali manuali, più propriamente droghieri, sono semplici mercanti e produttori di droghe, unguenti e profumi che, tuttavia, avendo sviluppato un'incontestabile esperienza di manipolatori di droghe, aromi e unguenti, sovente sono coinvolti dai medici per la preparazione delle loro ricette per cui nel tempo si attribuiscono ulteriori competenze, estendendo la loro attività fino all'elaborazione vera e propria di composti medicamentosi, prerogativa esclusiva degli speziali di medicina. Un profilo dettagliato dell'antico speziale del periodo spagnolo è tramandato con una Prammatica del 1577, contenente istruzioni per l'attività del Protomedico, in cui sono riportati con precisione i "requisiti per l'idoneità o privilegio all'esercizio pubblico di speziale" ovvero nato da legittimo matrimonio, battezzato, non essere inquisito da autorità giudiziaria, godere di buona fama, conoscere la grammatica e avere un attestato rilasciato da un maestro di pubblica scuola; aver fatto pratica per almeno sei anni presso uno speziale approvato. Con la Prammatica del 1581 e successivamente con quella del 1679 le autorità stabiliscono in modo chiaro i limiti delle categorie degli speziali di medicina e degli speziali manuali e ne sono stabilite le competenze in relazione alla formazione: agli speziali di medicina, quali artigiani specializzati, è riconosciuta dignità e professionalità derivanti dalla specifica attività ed è richiesto loro l'obbligo di frequentare un corso di studi al termine del quale, e dopo un'opportuna verifica, sono dichiarati idonei all'esercizio[101]. Non è possibile capire a quale delle due categorie appartenesse Cesare, anche se, nella peggiore delle ipotesi, l'acquisto di tutto l'occorrente per una bottega aromataria e l'apertura della stessa, come si accerterà più avanti, fanno di lui quanto meno un mercante.

Cesare compare come testimone anche il 16 maggio 1604, il 12 giugno, il 13 agosto insieme al Rev.do Don Angelo *Carloctus* e Mariano *de Baptista*; il 23 agosto, il 27 agosto, il 6 novembre, l'8 novembre e il 23 novembre.

Il 4 dicembre 1604 Cesare *de Raffaele*, Giulio *quaglialacte*, Benedetto *cepollono, m.r* Mario *Ingargiola*, di Taranta, Emilio *probo*, di Colle delle Macine, letterati; Ascanio *marcocione*, Cristofaro *verniso*, Pompeo *di Amatangelo* e Colangelo *porcario*, illetterati; tutti di Taranta sono presenti al testamento di Marco Tullio Cicchino.

---

[101] Tratto da: Raimondo Villano, *Speziali nel Regno di Napoli - L'epoca aragonese e spagnola* – Napoli, 2010.

In data 31 gennaio 1606, in casa di Ascanio *marcocionj*, *de Pactis* roga due strumenti notarili alla presenza di Vincenzo *camerino*, della terra di Gesso, Marco *petrocono*, Cesare *de Rafaele*, Giovanni Gennaro *macchiola*.

Il 10 marzo 1606, nella casa degli eredi del defunto Annibale *Saurj*, *de Pactis* roga sei strumenti notarili consecutivi a favore dei fratelli Sauro. Sono presenti in qualità di testimoni i reverendi Don Antonio *cocchicto*, Don Angelo *colarello*, Don Vito *de Vito*, Adante *massj mancinj* e Cesare *de Raffaele*.

Il 12 aprile dello stesso anno Cesare presenzia come testimone a una esecuzione promossa da Caterina *schiabucta* su una vigna di Guerino *de Urso* per un debito non pagato di ducati 15.24.5.

Il 24 settembre 1606 Cesare acquista una casa *cum camera* sita in contrada *del valso* al prezzo di ducati diciotto. Il documento è molto danneggiato per cui non è dato sapere chi sia il venditore né i nomi dei testimoni. L'unico dato accertabile è che l'atto viene rogato nella bottega di Mariano *de Baptista* sita in piazza. Immediatamente dopo Cesare permuta con il fratello Raffaele la detta casa insieme ad un suo orto ricevendone in cambio un'altra "*superioris*", nel senso di posta a un piano superiore, sita in contrada *dell'aravecchia* confinante, tra l'altro, con i suoi beni. Deve trattarsi dell'ennesimo caso di ampliamento ed espansione della propria residenza attraverso l'inglobamento in un'unica struttura di più corpi di abitazione confinanti.

In data 8 dicembre 1606, in casa degli eredi di Sante *mazzocco* sita in contrada *del ponte*, Cesare permuta una sua vigna sita in contrada *della defensa* con una vigna di proprietà di Nella, che parrebbe essere figlia del defunto Sante *de mazzocco* e moglie di Giovanni di Ascenzo *de populo*, sita in contrada *della valle dellj rescj*.

Il 3 gennaio 1607, nella casa del defunto notaio Pirro *de falco*, Lucrezia *Tizzonj* di Guardiagrele, vedova del detto notaio *de falco*, fa raccogliere le sue ultime volontà da *de Pactis*, alla presenza di diversi testimoni, tra cui Cesare *de Raffaele*.

Il 17 febbraio dello stesso anno, in casa di Mariano *de Baptista*, Pompeo di Amatangelo *mansueto*, vende una sua casa terranea al detto Mariano. Compaiono come testi Uranio *Santuccio*, da Posta[102], U.J.D.[103] e capitano della Terra della Taranta, Pierleone *vernisio* e Cesare *de Raffaele*.

---

[102] Posta è un comune italiano attualmente in provincia di Rieti. Fino al 1927 faceva parte della provincia de L'Aquila e, dal 1233 al 1861, per più di 600 anni, è stato parte integrante del giustizierato d'Abruzzo e della provincia Abruzzo Ulteriore Secondo, nel distretto di Cittaducale, con capoluogo L'Aquila.

[103] *Utriusque Iuris Doctor*: espressione («l'uno e l'altro diritto») che designava i diritti civile e canonico, entrambi universali, sull'unione dei quali si reggeva il sistema del diritto comune.

In data 10 aprile 1607 nella *domo Aromataria* di Mariano *de Baptista*, Giovanni Donato *de lippis*, per i favori ricevuti, dona a quest'ultimo un suo terreno. Ancora una volta Cesare *de Raffaele* viene richiesto come teste.

Il 19 giugno 1607, nell'*Aromataria* di Cesare *de Raffaele* sita in contrada *dell'Aravecchia*, Donato *Maraschia* vende a Natale *de Rito* un terreno di sua proprietà, sito nel territorio di Lama. Lo strumento, oltre a dare conferma degli stretti rapporti tra i Maraschia di Lama e Cesare fornisce ulteriori spunti di riflessione sulla sua attività. Infatti, come sappiano dallo strumento del 25 aprile 1604, Cesare abitava in contrada dell'*aravecchia* e, come suggerito dalla permuta del 24 settembre 1606, con molta probabilità stava cercando di ampliare la sua casa. Doveva quindi trattarsi di un complesso abitativo comprensivo anche della bottega posta a piano terra. Il fatto che nel 1607 abbia la bottega in contrada dell'Aravecchia può far ritenere che i prodotti, i mobili e le suppellettili acquistati da Muzio *macchiola* il 25 aprile 1604 li abbia trasferiti nella sua bottega dal posto in cui erano precedentemente, per cui la sua attività di speziale doveva essere già attiva in precedenza. Se infatti l'inizio di detta attività fosse da collocarsi successivamente all'acquisto dei detti prodotti sarebbe stato più logico lasciarli in quella che parrebbe essere una spezieria già avviata (acquista infatti di tutto, dal bancone ai più semplici prodotti) per iniziare lì la sua attività.

Nella bottega Cesare *de Raffale* vengono rogati da *de Pactis* altri strumenti notarili in data 19 agosto 1607, 15 settembre 1607, 14 dicembre 1607, 4 ottobre 1609 e 8 novembre 1609.

Il 29 agosto 1607, nella casa degli eredi di Annibale *Saurj* in contrada *dellj frainilj*, *de Pactis* roga il testamento di Giuseppe *Saurj*. Cesare, che aveva già presenziato come testimone in occasione di numerosi strumenti fatti rogare da Giuseppe, interviene anche in questa occasione, insieme ad altri personaggi di spicco quali il Rev. Don Antonio *Cocchicto*, Pierleone *Sauro*, Biagio *Caraccio*, Giovanni Donato *lippi*, Donato *Cocco* da Campo di Giove, letterati, oltre a Dezio *pizzodente* e m.r Domenico *de Domino*.

Cesare compare come teste in altri strumenti di *de Pactis* rogati il 27 luglio 1607, il 18 novembre 1607, il 14 dicembre 1607, il 13 aprile 1609, il 13 ottobre 1609 e l'8 novembre 1609.

Per quanto riguarda Raffaele *de Raffaele* l'ultima notizia che lo riguarda risale al 17 giugno 1607 quando presenzia a un pubblico parlamento dell'Università di Taranta.

Dagli appunti presi sul notaio Carlo de Angelis di Torricella risulta che il 3 luglio 1686, Camilla Raffaele in occasione del matrimonio con Francesco Profeta riceve una dote di cento ducati e che il 1° agosto 1699 Maddalena Raffaeli riceve anch'essa la propria dote ma non è indicato il valore né il marito.

Scorrendo questi dati si ha l'idea che Raffaele e Cesare siano due fratelli traferitisi da relativamente poco tempo a Taranta dove, comunque, soprattutto Cesare doveva avere una collocazione sociale di una certa rilevanza anche in considerazione dell'attività di speziale. Sembrerebbe infatti che abbia dei rapporti con Giuseppe Sauro, con la famiglia Maraschia di Lama e con Mariano *de Baptista* oltre che, nelle occasioni in cui viene richiesto come testimone, spesso si trova ad intervenire insieme a personaggi di rilevo del periodo.

La Margherita *Raphaeli*, moglie Matteo *Bruno*, che attorno alla metà del XVII secolo chiese a Giulia *de Arrupho*, moglie di Marcantonio, di essere madrina del proprio figlio, deve essere la discendente di uno dei due fratelli.

Famiglia de Lippis

Come già detto, dai registri dei battezzati di San Nicola di Taranta si apprende che Giovanni Leonardo, secondo figlio di Serafino, viene richiesto come padrino in due occasioni. In una di queste, tra la fine di luglio e gli inizi di agosto del 1660, lo è di Giacomo, figlio di Mario *Lippis* e Maddalena *Bruna*.

I Lippis o de Lippis sono una tra le più antiche famiglie tarantolesi, la cui presenza in paese è attestata sin dai tempi della numerazione dei fuochi del 1447. Come negli altri casi, la ricostruzione della storia di questo gruppo familiare partirà da *de Pactis* per poi estendersi ad altre fonti documentali.

Giacomo Antonio *de lippis* è uno dei giudici a contratto che operano a Taranta durante il periodo coperto dai protocolli del notaio *de Pactis*; il suo primo intervento documentato risale all'8 novembre 1590 mentre l'ultimo è del 27 novembre 1609.

L'11 agosto 1591, tra i testi letterati presenti al testamento dell'*hon.* Marco Antonio *vernisio*, viene per la prima volta attestata la presenza dell'*hon.* Giovanni Donato *de lippis* il quale, il 7 settembre 1591 presenzia anche al testamento dell'*hon.* Giovanni Battista *Pintj*.

Il 18 settembre dello stesso anno i *magnifici* Giovanni Onofrio *de pactis utis medecine doctor*, Prospero *mansuetus*, Matteo *Cocchictus*, Sante *marioctus*, Sebastiano *de Camillo*, Pier Nicola *de pompeo*, Flaminio *Saurus*, Pier Francesco *de natale*, letterati e Giovanni Alfonso *de lippis*, illetterato, presenziano al testamento del magnifico Giovanni Paolo *palenij*, marito della magnifica Lucrezia *de lippis*. Dal testamento si viene a conoscenza anche del nome della madre di Lucrezia: madama Agata. Nel testamento, tra le altre cose, Giovanni Paolo nomina erede universale il figlio che sta aspettando Lucrezia o, nel caso non nasca, la stessa Lucrezia, a patto però che non possa risposare un uomo di Taranta. Dai successivi documenti si apprenderà che il bambino non nascerà o comunque non vivrà e che Lucrezia risposerà un uomo di Atri.

Il 31 dicembre 1591, in casa degli eredi del defunto magnifico Iacone *mancinj* in contrada dell'Aravecchia, viene rogato il testamento dell'*hon.* Marco Antonio *mancinj* il quale nomina esecutore testamentario Giacomo Antonio *de lippis*, presente anche in qualità di giudice ai contratti.

Il 7 aprile 1595 Giovanni Donato *de lippis* presenzia ancora una volta come testimone a un atto di donazione.

Il 4 giugno 1595 il magnifico Giacomo Antonio *de lippis*, priore del S.mo Sacramento residente nella Venerabile Chiesa del Divino Nicola di Taranta, dai beni della detta confraternita vende a Muzio *macchiolo* un orto sito *in contrata del ponte*.

In data 8 giugno 1595, *In domibus* del magnifico Giovanni Alfonso *de lippis* sita *In contrata del castello*, Rinaldo *de gasbarre* vende al magnifico Giovanni Alfonso *de lippis* un pezzo di terra aratorio.

Il 3 settembre successivo i *magnifici* Giovanni Donato *de lippis*, Benedetto *cepollonus*, Benedetto *de Antonio*, Nicola Rinaldo *de urso*, sono testi letterati in occasione della compravendita di un terreno.

Il 21 aprile 1599 Giovanni Donato interviene alla stesura del testamento di Dionora, figlia di Bernardino alias *Zocchi* da *Jencano* e moglie di Domenico *de fantasia*.

Il 27 luglio 1599 Giovanni Alfonso risulta essere morto in quanto *de Pactis* viene chiamato a rogare un interessante strumento nella casa degli eredi di Giovanni Alfonso, in contrada *del castello*. In quella occasione si costituiscono Mariano *de Salvo* e Dorotea *de Salvo*, moglie di Giacomo Antonio *de lippis*, da una parte, e Flaminio *de urso* il quale agisce per parte di Monforte, suo fratello carnale, dall'altra parte. Marino e Dorotea asseriscono che negli anni passati Monforte, nella strada pubblica, dove si dice *petranzero*, aveva aggredito Alviana *de Salvo*, moglie dello stesso Monforte, sorella carnale di Dorotea e zia paterna del menzionato Mariano, e con una *accettella percussit Ipsam Alvianam In capite pluribus* volontariamente, causandone la morte. Volendo risolvere "cristianamente" l'offesa, le due parti raggiungono una *concordiam* valida in perpetuo ovvero Dorotea e Mariano, spontaneamente perdonano, rimettono e liberano il detto Monforte per la morte e l'omicidio. Le parti, inoltre, si promettono *una alterj et altera alterj* e in particolare Flaminio *de Urso* per conto di Monforte, *nello futuro tempore non offendere nec offendj facere* né nella persona né nei beni, *nec consentire In consiliis, nec verbis, nec factis*. Oltre l'intrigante ricostruzione di un omicidio del XVI secolo, il documento fornisce interessanti dati storico genealogici. Consente infatti di sapere che il giudice ai contratti Giacomo Antonio *de lippis* era sposato con una *de Salvo* la cui sorella era a sua volta sposata con un *de Urso*; ciò porta alla luce ulteriori maglie di quella rete di relazioni sociali nella quale era inserita anche la famiglia di Gianfrancesco.

Il 21 dicembre 1599 i testi letterati Don Angelo *Carlocto*, Don Antonio *Cocchicto*, Prospero *mansueto*, Benedetto *de Antonio*, Gianfrancesco *Leonio* da Agnone *Doctor In medicina*, Don Fulvio *Sciarra*, Giovan Donato *lippi* e Marco *Schiabucto* intervengono alla stesura di uno strumento di concordia tra Giuseppe *Saurus* e i suoi fratelli carnali Finadamo e Marco Antonio, figli ed eredi del fu Annibale *Saurj*, da una parte, e Mirandola *marrama* e suo figlio Biagio *caraccius*, con l'espresso consenso, autorità e beneplacito di Ottavio *Caraccj*, marito di detta Mirandola, dall'altra parte.

Il 7 febbraio 1600 ancora Giovanni Donato *lippi*, insieme a Polidoro *macchiola* e Gentile *marramus*, partecipano, in qualità di testi, alla redazione di una concordia tra due abitanti di Lama.

Uno strumento del 12 febbraio 1600 fornisce, tra l'altro, un ulteriore importante contributo alla ricostruzione della genealogia dei de Lippis. Si costituiscono infatti Giacomo Antonio, Giovanni Donato e il loro fratello carnale Mario, ancora minorenne ma che, come viene garantito, ratificherà l'atto una volta raggiunta la maggiore età. I fratelli de Lippis vendono una loro vigna a Varrenzio *de Riccio* al prezzo di ducati trenta.

Il giorno successivo gli stessi fratelli vendono a Flaminio *Rota* due grossi appezzamenti di terreno contigui, posti in contrada *della costa di Santo petro*, al prezzo di ducati cento.

Il 14 febbraio 1600 Geronimo di Giulio antonio *merlinj* chiede che venga redatto in pubblica forma un certo *rogitum protocollum et contractum donationis* fatto e rogato dinnanzi al previsto giudice e ai necessari testimoni da un notaio premorto. Si tratta di una donazione *inter vivos* a favore di Geronimo *merlino* da parte di Pierbattista e Fabrizio *de merlinis*, stilata l'8 del mese di febbraio 1592, nel palazzo di Benedetto *morellj* sito nella pubblica piazza, alla quale furono presenti in qualità di testi il nobile Giacomo antonio *de lippis*, Giudice regio, il notaio Antonio *naturale*, i testi Don Angelo *carlotto*, il magnifico ms.(?) Geronimo *Chrispo dj*

Adrj(?), Marcantonio *macchiola*, Cenzo *petrocone*, Cocco *de virgilio*, Nardo *della Penna*.

Il 18 febbraio 1600, nei pressi della bottega di Giovanni Donato *lippi* sita nella pubblica piazza Giovanni Donato e Giacomo Antonio *de lippis* dichiarano che negli anni precedenti avevano comprato da Ottavio *Caraccio* una bottega sita nella pubblica piazza, al prezzo di ducati diciannove. Poiché, *rei veritate*, la detta bottega spettava per diritto di vicinanza a Giovanni Tommaso *pizzidentem*, Giovanni Donato e Giocomo Antonio, *ex nunc per tunc*, retrovendono e danno allo stesso Giovanni Antonio la menzionata bottega al prezzo di ducati dieci.

Le ragioni di uno sconto di quasi il 50% rispetto al prezzo di acquisto della bottega oltre che delle precedenti altre due vendite, forse, sono da trovarsi nello strumento rogato da *de Pactis* in data 14 aprile 1600 in casa di Flaminio *Rota*, sita in contrada *della piazza*. Nell'occasione si costituisce, da una parte, Marco Antonio di Camillo *de pizzo*, baiuolo della terra di Taranta e, dall'altra parte, Baldovino *de Rigo*. Marco Antonio dichiara che nei mesi precedenti a istanza di Piriteo Malvezzi di Bologna, utile signore delle terre di Taranta e Quadri, a causa di debiti insoluti era stata portata a termine una esecuzione forzata sopra diversi immobili di Giacomo Antonio e Giovanni Donati *de lippis* e più precisamente sopra due tintorie site in contrada *della pagliara*. A seguito della decisione della Corte di Taranta, il 7 febbraio 1600 dal baiulo erano stati fatti i previsti bandi nei soliti posti per la vendita delle tintorie, quindi era stata accesa la candela, a spegnimento della quale l'unica proposta era venuta da Baldovino con un'offerta di quaranta ducati, per cui Marco Antonio gli vende e assegna le due tintorie.

Il 30 aprile successivo sempre in casa di Flaminio *Rota* si costituisce, da una parte, Luca Antonio *de mando* baiulo di Taranta e il notaio Antonio *falciglia* di Montenerodomo, dall'altra parte. A seguito della suddetta esecuzione forzata richiesta dal marchese Piriteo Malvezzi, il baiulo assegna e vende al notaio *falciglia* diversi beni immobili di proprietà dei fratelli *de Lippis* ovvero *una terra aratoria seminata con olive cerque e, morj con un pagliaro nella contrata della costa dellj canj restata al detto not.o Horatio per docatj cinquanta: Item un'altra terra aratoria alla contrata della portelluccia confina gli jeredj dj Anibal Saurj restata al subdetto not.o Horatio per docatj dodicj: Item una terra aratoria e, vineata alla contrata dj S.to Nicola confina Flaminio dj creta et Ant.o bruno restata al subdetto nt.o Oratio per docatj quaranta: Item un'altra terra seminata alla contrata dj terra roscia confina gli heredj dj Anibal Sauro e, petro natale restata al subdetto notario Horatio per docatj dodicj: Item un'altra terra aratoria seminata alla contrata della defensa confina not.o Costantino de pactis et S.ta Maria restata al subdetto not.o Horatio per docatj sej: Item uno pezzo dj terra seminata et vigna nella contrata della valle dellj resj restata al medesmo not.o Horatio per docatj cinquanta: Item un'altra terra seminata alla valle petrazzuna restata al medesmo per docati dece: Item Il pagliaro seu stalla con l'horto contiguo nella contrata del ponte restata al detto not.o Harazio per docatj sessanta*. Il tutto per un totale di ducati duecentoquaranta. È interessante il fatto che l'8 maggio successivo il notaio Orazio *falciglia* retrovenderà a Piriteo Malvezzi tutti i suddetti beni allo stesso prezzo di ducati duecentoquaranta.

Il 16 maggio 1600 Piriteo Malvezzi vende a Giovanni Perfetto *de falco* una casa terranea che era appartenuta a defunto Giovanni Paolo *palenj* e di cui era tornato in possesso a seguito della morte di Giovanni Paolo senza eradi maschi, la quale confina anche con gli eredi del defunto dottore Pirro *de lippis*.

La vendita all'asta del patrimonio dei de Lippis prosegue il 22 giugno 1600 quando Giovanni Perfetto *de falco* dichiara *che gli giornj passatj mentre che ad Instantiam del Marchese Piritheo Malvezzj se bannivano li stabilj delli heredj di Gio:Alfonso lippi à lume di cannela nella piazza pu.ca luj offerse ad una terra aratoria e, da horto sita nella contrata dell'Ischia ottanta docatj per persona da nominare da luj et à luj come più offerente restò la detta aratoria e da horto e, pero adesso declara che la detta offerta la fece per Flaminio Rota per tanto fa Instantia che à detto flaminio se debbia concedere per Il detto prezzo offerto e, farsegli le debite cautele*. A seguito di ciò il baiulo Luca Antonio *de mando* vende e assegna a Flaminio *Rota* il terreno. Nel documento si legge che il terreno messo all'asta confina soprattutto con i beni di Flaminio *Rota* per cui viene da pensare che quest'ultimo abbia preferito agire in maniera anonima per evitare un rialzo eccessivo del bene; non è da escludere in assoluto però anche una speculazione posta in essere autonomamente da parte di Giovanni Perfetto il quale, sapendo del possibile interesse da parte di Flaminio, gli abbia offerto il terreno, magari a prezzo maggiorato ma sottobanco, dopo esserselo aggiudicato.

Sempre il 22 giugno il baiuolo assegna a Marino *Schiabuctus* una piccola vigna dei fratelli de Lipps, sita in contrada *dell'Ischia*.

Il 3 luglio 1600, sempre a seguito dell'azione legale di Piriteo Malvezzi, Pirro *de falco*, in nome e per conto della corte di Taranta, vende e assegna ad Altobello *macchiola* una casa dei fratelli de Lippis, sita in contrada *del castello*, che era appartenuta a Marco *de Domino*, confinante sui due lati con altri beni dei de Lippis, di fronte con la via pubblica e sul reto con *la ripa*, per la quale aveva offerto ducati trenta.

Lo stesso giorno Piriteo Malvezzi vende, sempre ad Altobello *macchiola*, una casa appartenuta a Giovanni Paolo *palenj*, sita in contrada *del castello,* la quale confina da un lato con i beni degli eredi di Giovanni Alfonso *de lippis* e dall'altro lato con i beni degli eredi del defunto dottor Pirro *de lippis*.

Da uno strumento del 29 agosto 1600 apprendiamo che il 25 luglio 1551 Don Matteucio (?) *de lippis* aveva stilato lo strumento dotale di Imperia di Mascio *Impitia* in occasione del matrimonio con Cesare *paglionj*.

Il 1° febbraio 1604, nella sua casa in contrada *del ponte*, si costituisce Flaminio *Rota* in qualità di erede e donatario del fu Benedetto *morellj*, da una parte, e Antonio *forconus*, Pierleo *Saurus*, Polidoro *macchiolo*, Ferdinando *cistus* e Renzo *de sempronio*, in quanto uomini di reggimento, dall'altra parte. Flaminio asserisce che il fu Benedetto *morellus* e il fu Nicola *Morello*, padre di Benedetto, comprarono, con patto di retrovendita, cinquanta ducati annui sui primi frutti e introiti di alcuni beni dell'università di Taranta e altri ducati cinquanta annui sugli introiti della gabella della farina della stessa università, come da strumenti rogati dal fu notaio Pirro *de falco* di cui uno in data 24 settembre 1571 e l'altro in data 30 gennaio 1584. Su richiesta dei menzionati uomini di reggimento, Flaminio retrovende i detti ducati annui e li assegna in perpetuo agli uomini di reggimento di detta università al prezzo di ducati cinquecento, che dichiara di aver ricevuto da Muzio *macchiola*, affittuario della gabella del macello, per ducati centoventisei, da Giovan Donato *lippi*, affittuario della gabella dei panni, per ducati centonovantasette e dai precedenti uomini di reggimento, alla fine del precedente anno appena terminato, per i ducati restanti. È evidente quindi, che nonostante l'esecuzione forzata su diversi beni, i fratelli de Lippis seguitano a godere di un buon livello di agiatezza economica. Giovanni Donato, infatti, oltre a essere l'affittuario della gabella dei panni, che a Taranta doveva rendere parecchio, acquista anche una parte dei diritti su altre entrate dell'università sborsando ben centoventisei ducati.

Il 6 febbraio successivo, sempre in casa di Flaminio *Rota*, si costituiscono Bernardino, figlio ed erede del fu Piero Leone *de salvo* e Giacomo Antonio *de lippis*, donatario di detto Bernardino, da una parte, e Flaminio *Rota* dall'altra parte. Bernardino dichiara che tra i beni dell'eredità paterna vi era una vigna sita *In contrata del casale.* Detta vigna, al momento del rogito, è posseduta da Flaminio *Rota* quale erede e donatario del fu Benedetto *Morellj*, come recupero di un censo annuo di ducati cinque, venduto per ducati cinquanta al detto fu Benedetto da parte del padre di Bernardino, come risulta in un pubblico strumento rogato dal notaio Antonio *naturalis* in data 2 gennaio 1581. A causa di ciò tra Bernardino e Flaminio era in atto una *lite* giudiziaria nella quale si era introdotto Giacomo Antonio de Lippis, nominato donatario di Bernardino, come risulta in un pubblico strumento rogato dal notaio Ascanio *fontana* di Napoli, in data 29 gennaio 1602. Poiché le parti non vogliono persistere nella lite ma risolverla amichevolmente, giungono alla seguente concordia: Bernardino e Giacomo Antonio cedono a Flaminio la vigna mentre Flaminio assegna loro un reddito annuo di ducati cinque. Tutto fa pensare che Bernardino abbia donato a Giacomo Antonio per assicurarsi un alleato in grado di opporsi a Flaminio *Rota* e ciò potrebbe ulteriormente dimostrare che il prestigio dei de Lippis non fosse stato particolarmente scalfito dall'insolvenza nei confronti di Piriteo Malvezzi. L'ipotesi potrebbe trovare conferma dal fatto che il giorno successivo, 7 febbraio 1604, Bernardino, figlio ed erede del fu Piero Leone *de salvo*, in uno strumento rogato da *de Pactis* dichiara che, tra i beni ereditari paterni, gli è rimasta una certa casa di diversi membri, sita *In contrata di petranzero*. Detto ciò, Bernardino, al fine di una maggiore cautela, *ob multa grata utilia fructuosa et accepta servitia et beneficia* che lo stesso Bernardino confessa di aver ricevuto da Pietro Antonio e Angelillo, figli del fu Matteo *cocchictj*, dona loro la casa di più membri ricevuta in eredità dal padre, riservandosi l'uso di una camera. Poiché, come chiaramente specificato nel documento, la donazione avviene con il consenso, l'autorità e il beneplacito di Giacomo Antonio *de lippis, uti donatario* di Bernardino, c'è da ritenere questa sia stata concessa proprio perché la donazione intercorsa tra loro doveva essere legata alla tutela di Bernardino contro Flaminio *Rota*, se così non fosse stato si può supporre che Giacomo Antonio difficilmente avrebbe acconsentito alla donazione della una casa, oltretutto di dimensioni ragguardevoli.

Il 13 febbraio Giovanni Donato *de lippis* presenzia in qualità di testimone a un accordo tra Biagio *mancinus* e Flaminio *Rota* per la restituzione di un debito.

Il 14 febbraio 1604 Giuseppe *Saurus* chiede che venga redatto in pubblica forma un contratto che era stato rogato, dinnanzi al previsto giudice e ai necessari testimoni, dal notaio Antonio *naturalem*, morto prima che vi potesse provvedere. Lo strumento, datato 4 marzo 1594, consisteva in una permuta di terreni tra il magnifico Annibale *Sauro* e il nobile Giovanni Alfonso *lippis*. Uno dei terreni che il magnifico Annibale permuta, sito *In contrata detta l'Inzappina* e con undici piedi di olivi e due di fichi, confina, tra l'altro, con i beni della nobile *Jer.ma* figlia di Annibale *cocchictus*, della terra di Palena, moglie di Giovan Donato, figlio di detto Giovanni Alfonso.

Il 19 febbraio 1604 Giovanni Donato *lippis* e per la prima volta Mario *lippis*, divenuto evidentemente maggiorenne, sono testimoni alla compravendita di una casa.

Il 27 marzo 1604 il Barone Giovanni Vincenzo *Torricella*, Giovanni Battista *Camelus U.J.D.* da L'Aquila, Capitano delle terre di Taranta e Quadri, Giacomo Antonio *de lippis*, Marco *Schiabuctus*, Natale *de Natale*, di Taranta; il notaio Finamore *de Stefanis*, della terra del Letto; i Rev.di Don Antonio *cocchictus* e Don Angelo *Colarellj*, di Taranta, sono testimoni a un accordo tra Marco Antonio *de Tornese*, della terra di Magliano, suo fratello Domenico nonché Vittoria e Giovanna, figlie del fu Giovanni Battista *Tornesi*, altro fratello, assenti, da una parte, e Flaminio *Rota*, della terra della Taranta, *procurator* del marchese Piriteo Malvezzi, come da procura redatta il 14 novembre 1603. Flaminio deve *exigere et recuperare* da Marco Antonio *tornesi* ducati 1.700 per conto del marchese Piriteo, per un censo di ducati cento sui primi frutti della molitura e della battitura (del mulino e della gualchiera) dello stesso Marchese Piriteo, siti nella terra della Taranta, in contrada del ponte, venduti dal defunto Giulio Cesare *Marinello*, *procuratorio nomine* di detto marchese Piriteo, al defunto Francesco *tornesi* da Magliano, avo di detto Marco Antonio, al prezzo di ducati 1.000, come risulta in uno strumento pubblico rogato per mano del defunto notaio Bruno *falconj* di Atessa in data 18 giugno 1573. Flaminio *Rota* e Marcantonio *tornesi* convengono di prescrivere e annullare il menzionato strumento censuale e si accordano stabilendo che Marcantonio verserà ducati 1.500 nel seguente modo: ducati 200 entro il 22 luglio dell'anno 1604 mentre i rimanenti 1.300 in tre rate da ducati 433, carlini 3, grana 3 e cavalli 4 da versarsi entro il 22 luglio del successivo anno 1605 e così di anno in anno fino alla completa estinzione del debito. L'importanza del documento in termini di parti interessate, valore del debito e qualità dei testimoni fa supporre ancora una volta che il valore sociale della famiglia de Lippis seguitasse a essere alto.

  Un altro importantissimo strumento viene rogato il 31 maggio 1604 nella sede dell'Università di Palena alla presenza del Rev. Don Falco *de Gentile*, della terra di Palena; dei reverendi Don Antonio *Cocchictus*, Don Vito *de Vito* e di Giovanni Donato *de lippis*, della terra della Taranta, in qualità di testimoni e di Don Luzio de Sangro, Governatore della Terra di Palena e del suo comitato. Il principe di Conca affitta agli uomini delle terre di Palena, Letto, Lama e Montenero tutti gli introiti baronali insieme alle funzioni fiscali delle dette terre e dei feudi denominati *colle farurnj, pizzj, casceria, lo castello Ricinuso*; inoltre gli introiti dovuti dall'Università *et particulares* della Terra della Taranta e con patto di ricompera per i diritti di peso, misura, taglia e portolania; *item* gli annui introiti dovuti dall'Università *seu particulares* della terra di Civitaluparella, con patto di ricompera; *item* gli annui introiti dovuti dall'Università *seu particulares* della terra di Torricella, con patto di ricompera; *item* gli annui introiti dovuti dall'Università *seu particulares* della terra di Pescocostanzo, con patto di ricompera; *item* gli annui introiti dovuti dall'Università *seu particulares* della terra di Campo di Giove, con patto di ricompera; *item* gli annui introiti dovuti dall'Università *seu particulares* della terra di Colle delle Macine per i diritti di taglia; *item* gli annui introiti dovuti dall'Università *seu particulares* della terra di Quadri per i diritti di peso, misura e portolania.

Ancora Giovanni Donato *lippj* è uno dei testimoni in un contratto enfiteutico tra Ferdinando *cistus* e Flaminio *Rota*, datato 1° agosto 1604.

Il 1° dicembre 1604 gli eredi di Giovanni Alfonso *de lippis* sono ancora in possesso della casa in contrada *del castello* in quanto risultano tra i confinanti di un'altra casa venduta dai fratelli Sauro a Cesare di Marcantonio *de Cesare*.

In data 20 marzo 1606, Mario *de lippis*, maggiorenne almeno dal 1604, interviene, come testimone, alla stesura di tre strumenti consecutivi. Il primo, al quale partecipa insieme a Leonardo *de Col'antonio*, vede Giovanni Ferdinando *de chio* e i suoi figli Bernardino e Feliciano vendere a Caterina, vedova di Nardo *de Joannefrancisco*, un reddito annuo di ducati cinque sulla loro casa di quattro membri e un terreno, al prezzo di ducati cinquanta. Si tratta in sostanza di un prestito garantito dai beni. Con il secondo, al quale Leonardo *de Col'antonio* è ancora presente come testimone, Giovanni Ferdinando *de chio* acquista da Caterina una vigna in contrada *della defensa* al prezzo di ducati trentacinque. Con il terzo, infine, Leonardo *de Col'antonio* affitta in enfiteusi una sua vigna a Giovanni di Cicco *desiati* che si impegna ad apportarvi migliorie e versare un censo annuo di una salma e mezza di vino mosto alla misura napoletana.

Il 4 giugno 1606 Vincenzo *petroconus*, al termine di un lungo procedimento giudiziario, ottiene la trascrizione in un pubblico strumento dell'atto con cui, il 2 luglio 1581, gli era stata consegnata la dote di sua moglie Liberata *de Creta* dai fratelli Flaminio e Vittorio, ammontante a ducati sessantaquattro. Uno dei testi è Giacomo Antonio *de lippis*.

In data 24 gennaio 1607 Druisiana *de petrocone*, vedova del defunto Giovanni Bernardino *Brunj*, fa rogare da *de Pactis* il suo testamento del quale nomina esecutore Giovanni Donato de Lippis. Tra i testi compare Serafino *marcociono*.

L'11 marzo dello stesso anno Mario *lippi* interviene in qualità di teste alla stesura di uno strumento con il quale Pomponia di Donato *Paglionj* vende una vigna a Biagio *de Sempronio* mentre Giovanni Donato *lippj* interviene alla vendita di una parte di vigna di Salvatore *de Cesare* a Giovanni Marino *Colarello*.

Ancora Giovanni Donato, in data 10 aprile 1607, presenzia come testimone in due strumenti rogati nella *Apoteca* degli eredi di Annibale *Saurj*. Con il primo Mariano *de Baptista* acquista una vigna, sita nella terra di Fara San Martino, da

Gesmundo *de faenza* abitante a Fara, mentre con il secondo Mariano gli affitta la vigna appena comprata per due salme annue di vino mosto alla misura napoletana. Immediatamente dopo, nella *domo Aromataria* di Mariano *de Baptista*, Giovanni Donato dona a Mariano un terreno aratorio di mezza salma per i favori che ha ricevuto da lui e che spera di ricevere ancora in futuro.

Mario viene ancora convocato in qualità di testimone il 25 maggio e il 19 giugno 1607.

Giovanni Donato interviene come teste il 29 agosto 1607, in occasione della stesura del testamento di Giuseppe *Sauro*, il 5 settembre 1607, insieme a Don Vito *de Vito* e Serafino *marcociono*, e il 27 novembre 1607.

Il 13 dicembre 1607, in casa degli eredi del defunto Francesco *marramj* in contrada *dellj frainilj*, si costituisce Mirandola *marrama*, moglie di Ottavio *Caraccio*, da una parte e dall'altra parte Crispo *de chrispo* della città di Atri, tutore di Giovanni Bernardino *chrispi*, erede di Lucrezia *lippi* e della stessa Lucrezia, quale erede del defunto Giovanni Paolo *palenæ*, come risulta nel suo testamento del 18 settembre 1591. Mirandola sostiene di dover recuperare duecento ducati sopra i beni di Giovanni Paolo, per cui Crispo si accorda con lei per porre fine alla lite giudiziaria in atto.

Il 25 gennaio 1609, nella casa degli eredi di Giovanni Alfonso *de lippis*, viene rogato uno strumento di compravendita al quale intervengono, in qualità di testimoni, Mario e Giovanni Giacomo *lippis*. Poiché il Giudice regio è Giacomo Antonio *de lippis*, deve ritenersi che Giovanni Giacomo sia il figlio di uno dei tre fratelli *de lippis* giunto a maggiore età e quindi fatto intervenire per la prima volta nel ruolo di teste.

Il 13 aprile 1609 Giovanni Donato acquista da Domenico *de Bonanocte* una terrana in contrada *da pedj la ripa*, posta tra i beni degli eredi di Giovanni Bernardino *palmiscianj*, che abbiamo visto essere un *de Bruno*, e i beni di Biagio *de marcociono*.

Il 30 aprile 1609 *de Pactis* roga due strumenti ai quali presenzia come teste Don Mario *de lippis*. L'ipotesi più plausibile parrebbe quella che il più giovane dei figli di Giovanni Alfonso sia stato avviato al sacerdozio. Tuttavia, da un incartamento custodito presso l'Archivio di Stato di Napoli si viene a sapere che un Mario *de Lippis* di Taranta, tra il 1607 e il 1608 e per i quattro anni successivi, studia legge a Roma, conseguendo il titolo di dottore *utriusque iuris* il 20 maggio 1613. Il 7 ottobre 1616 il titolo gli viene riconosciuto dal Collegio di Napoli. Per cui potrebbe essere più probabile che sia questo il figlio di Giovanni Alfonso e che il Don Mario sia una persona diversa, forse uno zio.

In data 8 agosto 1609 Giovanni Donato consegna la dote di sua sorella Pomponia, del valore di ducati centotrentadue, in occasione del matrimonio con Angelillo *cocchictus*,.

L'ultimo documento di *de Pactis* in cui si hanno informazioni sui *de lippis* è datato 7 novembre 1609 e viene stilato in casa degli eredi di Giovanni Bernardino *de Palmisciano*, ovvero *de Bruno*. Biagio e Giovanni Bernardino *de Bruno* assegnano la dote della loro sorella Cornelia, del valore di ducati 59.6.0, a seguito del matrimonio con Ottavio di Marco Antonio *merlinj*. Cornelia dà quietanza di quanto ricevuto dai fratelli alla presenza anche di Marco *de petrocone* e di Giovanni Donati *de Lippis*, suoi consanguinei intervenuti in qualità di mundualdi.

Già solo dai protocolli di *de Pactis*, considerando le qualifiche, gli incarichi, i titoli accademici, i ruoli, ma anche le proprietà di cui vengono privati senza tuttavia che ne derivi una grossa caduta in termini socioeconomici, la qualità e il tipo degli strumenti ai quali partecipano, ecc., viene chiaramente alla luce l'elevatissimo status sociale di questo gruppo familiare. Si delineano anche le maglie di quella rete di relazioni tra gruppi familiari che stiamo cercando di portare in superficie. Basta solo pensare all'ultimo documento citato dal quale si viene a sapere che già all'inizio del XVII secolo una *de Lippis* aveva sposato un *Bruno*, evidenziando un antico legame tra le due famiglie che porterà al matrimonio, verso gli anni 50 dello stesso secolo, tra Mario Lippi e Maddalena Bruno. Al riguardo, considerando che gli unici *de Lippis* documentati sono i tre figli di Giovanni Alfonso e tenendo conto che, quasi sicuramente, Mario non intraprende la carriera ecclesiastica, si può affermare con ragionevole certezza che tutti i *de Lippis* dei secoli successivi, quindi anche il Mario marito di Maddalena, discendono da loro.

Altre notizie importanti dono fornite da ulteriori documenti a diposizione. Innanzitutto, presso l'Archivio di Stato di Napoli, nell'inventario della Regia Camera della Sommaria, nella descrizione del volume mancante dell'anno 1480[104] si legge: « *at Egregio Napolione de Lippis per il feudo detto de Lippis sito in territorio di Taranta et dela Lama; per il pagamento del adoha alli signori di ditte terre.*». Per la piena comprensione di questa breve nota si rende necessario un rapido approfondimento del concetto di feudo e della relativa adoa. I feudi potevano ottenersi per concessione regia, per successione, a titolo di dote, per compravendita[105], per

---

[104] Inventario 5 19r., f. 6 at; f. 10.
[105] I feudi erano considerati per principio inalienabili. Basti ricordare a questo proposito le costituzioni di Ruggero I e di

permuta. In questo ultimi due casi si potevano ottenere dal precedente proprietario o direttamente dalla Curia. Il feudo posseduto personalmente e ottenuto direttamente dal Re, dalla Curia o da altro feudatario era detto *in demanium* o *in capite*. Chi possedeva un feudo *in demanium* et *in capite*, poteva concederlo ad altri, gravando questa concessione con l'obbligo di un servizio da prestare al concedente. I feudi oggetto di tale subconcessione furono detti inizialmente *quaternati secundum quid* per differenziarli da quelli posseduti *in demanium* che si definivano *quaternati simpliciter*. Anche la subconcessione, al pari della vendita, necessitava del regio assenso. Il feudo, che poteva essere integro[106] o non integro, o come anche si diceva *feudum et pars feudi*, poteva consistere in città, castelli, villaggi, terre abitate o disabitate, case, terreni, vigne, selve e mulini. Potevano consistere anche nel possesso di un certo numero di *villani, affidati e raccomandati*[107]. Tutti i feudatari, grandi e piccoli, laici ed ecclesiastici, avevano l'obbligo di prestare il servizio militare. Chi non poteva farlo personalmente (ecclesiastici, donne, inabili), era tenuto a pagare una contribuzione che veniva detta *adohamentum*. La quota di adoa pagata in tempo di guerra poteva essere richiesta dal barone al suo vassallo. Inizialmente la somma da richiedersi fu stabilita in un terzo, mentre in seguito, il Re Carlo II d'Angiò, nel 1289, consentì che venisse aumentata fino alla metà. L'obbligo del servizio militare veniva assolto, oltre che con la propria persona, anche prestando un certo numero di militi, che era diverso, a seconda del valore del feudo. In genere per ogni 20 once di rendita feudale il barone, oltre la sua persona, doveva condurre un milite. Per milite non deve intendersi la singola persona, bensì un uomo convenientemente fornito di armi e cavalli e quant'altro necessario, accompagnato da due scudieri e un armigero. Solo qualche raro privilegio poteva esentare il feudatario dal prestare il servizio militare. I feudatari *in capite* rispondevano, per questo servizio, direttamente al sovrano, mentre i suffeudatari rispondevano al feudatario *a quo tenebant*. Nel 1307 da Corrado II sancì che, se il feudatario non poteva o preferiva non dare tale servizio, era tenuto a versare l'adoa o adoha in quantità tali da permettere al sovrano di fornirsi di truppe mercenarie.

Federico II che ne vietavano espressamente l'alienazione. Tuttavia, nella prassi, l'alienazione divenne un fenomeno ricorrente come dimostrano ad es. alcune regie prammatiche negli anni 1531 (n. 4 di Carlo V), 1581 e 1586 (prammatiche "De feudis", nn. XVII e XXVI). Essa, però, non poteva avvenire sic et simpliciter con la vendita, ma si considerò, necessario ed essenziale, il Regio Assenso. In questo modo si creava un espediente per mezzo del quale si restituiva nelle mani del re la prerogativa della grazia sovrana.
[106] Il feudo intero o integro era quello la cui rendita equivaleva alla prestazione del servizio di un milite.
[107] Gli affidati o recommendati, erano uomini liberi che andando a vivere in un altro luogo, si raccomandavano alla protezione del feudatario al quale dovevano solo rendite e presenti (*redditus et salutes*), non anche opere personali (*servitia*) ai quali erano invece tenuti i villani.

Possiamo quindi affermare che Napoleone *de Lippis* fosse in possesso di un suffeudo (*quaternati secundum quid*) per il quale era tenuto a pagare la dovuta adoa ai concedenti. Se una persona possedeva un feudo era, ovviamente, un feudatario e se un feudatario pagava le tasse connesse al suo feudo era ovviamente un nobile, non solo perché viveva *more nobilium* ma in quanto la concessione del feudo aveva avuto la necessità dell'assenso regio e quindi del riconoscimento reale. Tutto ciò, di conseguenza, potrebbero indicare un uso proprio dell'aggettivo "nobile" da parte di *de Pactis* con riguardo ai discendenti di Napoleone.

Altrettanto appropriato potrebbe apparire l'uso dell'aggettivo nobile da parte di *de Pactis* nei confronti di altri tarantolesi. Al riguardo si può prendere in esame un suo strumento del 28 settembre 1604, con cui si costituisce Marco di Jacobuccio *de Ranallo*, della terra di Palena, figlio ed erede del detto fu Jacobuccio ed erede di suo fratello Donato *de Ranallo*, il quale asserisce di avere e possedere *uti verum dominum* la dodicesima parte del feudo *de pranendente*(?), inabitato, in comune e indiviso con gli eredi del fu Giulio *Cocchictj*, Dionisio *de paul'antonio*, Tommaso *Caraccj*[108] e gli eredi di Vito *de vito*. Detto feudo, posto tra il feudo di *forca di palena* e il territorio della stessa terra, è franco, tranne che dal pagamento della solita *adoha* alla Regia curia *cum omnibus juribus*. Marco, per sua necessità, vende la detta dodicesima parte del feudo ad Antonio *senese* della terra di Palena, salvo il Regio assenso. Cocchitto, Paolantonio, Caraccio e de Vito sono cognomi presenti a Taranta e spesso accompagnati da titoli o appellativi quali nobile, magnifico o onorabile. Questo documento potrebbe anche dare il giusto significato all'aggettivo nobile utilizzato nei confronti della moglie di Giovanni Donato *lippis*, figlia di Annibale *cocchictus*, della terra di Palena di cui al già citato documento del 14 febbraio 1604.

Nel mese di agosto del 1580 il notaio Claudio Paglioni roga uno strumento a Gessopalena, *in domibus* del magnifico U.J.D. Antonio *Paglioni*, con il quale Finadamo *Saurus*, Sante *Morellus*, Giovanni Alfonso *de Lippis*, Giacomo *Mancinus*, e Paolo *de Pizzidente*, vendono al nobile Flaminio *Pellicciotta* un reddito annuo di cinquanta ducati, sui primi frutti di alcuni loro beni, al prezzo di ducati cinquecento.

Dal 9 novembre al 10 dicembre 1582 il notaio Giacomo Tavani di Guardiagrele documenta le operazioni di apposizione dei termini di confine tra l'Università di Taranta e quella di Lettopalena. Il giorno 16 novembre presenziano Leonardo *angelini*, Camerario di Taranta, Sante *de Mazzocco*, procuratore, Annibale *Sauro*

---

[108] Tommaso è il padre di Ottavio *Caraccio* come attestato nello strumento di de Pactis del 13 dicembre 1599 (pag. 84 V.) e, per una genealogia più completa, nello strumento del 22 febbraio 1595 (pag. 4 R.).

e Giovanni Giulio *Gentili*, uomini di Reggimento. Sono altresì presenti il *M.cus U.J.D.* Giovanni Tommaso *de lippis* e Giulio *coccio* di Quadri, in passato Capitano di Taranta. La presenza del magnifico Giovanni Tommaso, l'unico per il quale non viene specificato un ruolo o una funzione, potrebbe essere legata esclusivamente al suo status di suffeudatario e al suo prestigio.

Il notaio Giovanni Domenico Mancini il 9 ottobre 1598, alla fiera di Lanciano, roga uno strumento con il quale Giacomo Antonio *de Lippis* dichiara di dover dare a Cristoforo Cattonio, residente a L'Aquila, a suo fratello Giovanni Battista Cattonio, e a Luca Zeno, milanese, ducati 147 a seguito della vendita di *103 para de garzi bonorum habitorum e receptorum in praesentibus nundinis,* promettendo di pagarli entro la fine di giugno 1597.

Il 24 luglio 1622, in occasione della fiera della Maddalena a Castel di Sangro, Ascanio di Gianfrancesco fa rogare diverse proteste per lettere di cambio non onorate dai suoi creditori. Da uno di questi documenti si viene a conoscenza del fatto che il 6 febbraio 1622 Ascanio aveva prestato a Giovanni Donato *de Lippis* e Ferrante *Cisto* ducati 150. Questi si erano impegnati a restituirli in occasione della suddetta fiera, ma, non essendosi presentati, erano stati messi in mora da Ascanio. Prescindendo da valutazioni sulla correttezza della vicenda, che potrebbe anche essere approfondita sotto l'aspetto di eventuali strategie finanziare, il documento suggerisce l'esistenza di rapporti economici tra i di Gianfrancesco e i de Lippis, la cui dimensione appare notevole, considerando l'importo del prestito.

Da una regestazione dei protocolli del notaio Filippo Mirolli di Torricella Peligna, risulta che il 22 marzo 1623 (pag. 46 R.) Pietro Antonio de Falco di Taranta acquista da Mario de Lippi. Il 24 marzo, (pag. 51 V.), e il 26 marzo, (pag. 54 R. e pag. 56 V.) il dottor Mario de Lippi acquista da tre abitanti di Taranta. In particolare, il 26 marzo acquista da Pierleo *Marinellus* quattromila viti in contrada di *Peschio Manardo*; tra i confinanti compare Ascanio *Ioannis francisci*.

Il 3 aprile 1680 il notaio De Angelis roga a Taranta un atto di retrovendita di un censo a favore del procuratore di Virgilio Malvezzi. Si costituiscono Mario *Lippis* in qualità di Procuratore e Priore della Venerabile Cappella del S.mo Sacramento e di San Carlo il quale dichiara che il 13 agosto 1659 Giovanni *Falciliam*, in quel tempo Priore e Procuratore delle dette cappelle, aveva comprato dal defunto Marchese Sigismondo Malvezzi quindici ducati annui al prezzo di ducati duecentonovanta, sui primi frutti e introiti del mulino, della gualchiera, del purgatore di panni esistenti sul fiume Aventino, *prope menia terræ prædictæ*, con patto di ricompera. Don Giulio Cesare *de Celaya*, procuratore di Virgilio Malvezzi, ricompera i quindici ducati annui versando i duecentonovanta ducati nelle mani di Mario *in moneta*

Argentea. In altri termini, il Marchese Sigismondo Malvezzi aveva chiesto e ottenuto un credito da parte delle menzionate cappelle in cambio di un pagamento annuo di ducati quindici, di cui avrebbero costituito l'interesse, da versarsi fino alla restituzione della somma. Probabilmente deve essersi trattato di un buon affare per le cappelle, considerando che, al momento della restituzione di quanto dato in prestito, avevano incamerato circa trecento ducati in interessi.

Il menzionato notaio De Angelis il 21 settembre 1696 stila un documento di ricognizione di una pietra di confine tra le Università di Taranta e di Lettopalena descrivendone la posizione e i simboli su di essa incisi. Intervengono, in rappresentanza di Taranta il Camerario, magnifico dottor fisico Giacinto *de Simeonibus* e gli uomini di Reggimento Giovanni Pietro *de Lauro* e Mario *Lippis*.

Mario *Lippis* e Maddalena *Bruna* fanno battezzare il loro figlio nel 1660; poiché mediamente l'arco temporale nel corso del quale si può avere un figlio all'incirca va dai venti a cinquanta anni, si può ritenere che Mario sia nato tra il 1610 e il 1640. Ciò fa sì che sia altamente improbabile che possa essere l'omonimo dottore cui si accennava precedentemente in quanto nel 1607 e 1608 già studiava a Roma. Si può invece affermare senza alcun dubbio che il Mario *Lippis*, Procuratore del Santissimo Sacramento e uomo di reggimento che interviene nei su citati documenti del notaio De Angelis sia il marito di Maddalena *Bruna*.

A conclusione di questa lunga disamina di tale importante famiglia tarantolese, si evidenzia, ancora una volta, il fatto che i legami tra de Lippis e Bruno fossero di antica data, visto che già dallo strumento dotale del 7 novembre 1609 si viene a sapere che Giovanni Donato *de Lippis*, insieme a Marco *de petrocone*, è un consanguineo di Cornelia, sorella di Biagio e Giovanni Bernardino *de Bruno*. Una quarantina di anni dopo ancora una volta un de Lippis sposa una Bruno. È da notare altresì che, se è vero che i legami dei Bruno con i de Lippis dovevano essere ben saldi, altrettanto forti dovevano essere quelli con i di Gianfrancesco, considerando che alla metà del XVII secolo, prima Matteo e poi Maddalena Bruno chiedono rispettivamente alla moglie di Marcantonio e a Giovanni Leonardo, entrambi figli di Serafino, di assumersi l'onere del comparatico.

Essere richiesti da famiglie di tale prestigio per una funzione così rilevante non solo dal punto divista religioso ma anche sociale è da ritenersi una attestazione, ancorché indiretta, dell'altrettanto elevato prestigio di cui godeva al tempo la famiglia di Gianfrancesco, nell'ambito della comunità tarantolese.

Famiglia Marzocco

Giovanni Leonardo è richiesto anche da Cinzio *Marzocca* e da sua moglie Giovanna come padrino di loro figlio Giuseppe Antonio, in occasione del battesimo del 23 dicembre 1649.

Le notizie su questa famiglia sono scarsissime, nonostante la sua presenza a Taranta sia attestata sin dal 22 ottobre 1570, quando Antonio *Mazzocchi* partecipò al pubblico parlamento dell'Università per intentare una lite contro Orazio Carrafa il quale negava di aver ricevuto ducati 397.1.6 quale prezzo convenuto per l'acquisto di una certa quantità di grano.

Anche nel già descritto strumento di apposizione dei cippi di confine tra Taranta e Lettopalena del 1582, viene citato Sante *de Mazzocco* quale procuratore dell'Università.

Il 17 gennaio 1599 Nella, figlia ed erede del defunto Sante *mazzocco* e moglie di Francesco di Giovanni Ascenzo *de populo*, vende a Sante *de mariocto* una vigna avuta in eredità, sita in contrada *della valle dellj tesi*, al prezzo di ducati ventidue.

Il 26 gennaio del 1599 Biago *marcociono* dona i suoi beni a Marco Tullio Cicchino. Lo strumento viene rogato in una casa degli eredi di Annibale *Saurj*, sita in contrada *da pedj la ripa*, che era appartenuta a defunto Sante *de mazzocco*.

Il 20 gennaio 1604 il rev. Don Angelo *colarellj* e suo fratello Antonio Piero vendono a Flaminio *Rota* una vigna sita in contrada *della valle delli tesi* confinante, tra l'altro, con i beni di Nella di Sante *mazzocchi*.

L'8 dicembre 1606, nella casa degli eredi di Sante *mazzocco*, sita in contrada *del ponte*, *de Pactis* roga uno strumento con il quale Nella di Sante *mazzocchi*, moglie di Francesco di Giovanni Ascenzo *de populo*, permuta una sua vigna, sita in contrada *della valle tescj*, con un'altra vigna di proprietà di Cesare *de Raffaele*, sita in *contrada della defensa*. Poiché tra i confinanti della vigna ceduta da Nella non compare Flaminio *Rota*, c'è da ritenere che sia quella che, il 20 gennaio 1604, i fratelli *Colarelli* vendono a Flaminio. Tenendo conto di ciò, si può ritenere che Nella possedesse tre vigne in contrada *delli tesci* ovvero: quella che il 17 gennaio 1599 vende a Sante *de mariocto*, quella confinante con Flaminio Rota e infine quella che permuta con Cesare *de Raffaele*. Da questo strumento si apprende anche che Sante *mazzocco* possedeva due case in contrada *da piedj la ripa* ovvero quella che poi viene acquistata da Annibale *Saurj*, nella quale Biagio fa rogare la sua donazione, e quella in cui Nella fa rogare la permuta con Cesare *de Raffaele*. Al riguardo va rammentato che *da pedj la ripa* e *del ponte* erano due denominazioni della stessa contrada.

Non sono stati rinvenuti molti altri documenti attinenti a questo gruppo familiare ad eccezione di ulteriori due che, se effettivamente collegabili, potrebbero suggerire le ragioni di tale scarsezza.

Il 9 maggio 1601 si costituisce l'*honesta mulier* Giulia di Donatuccio di Cola *mazzocchi*, della terra di Palena, moglie del defunto Piernicola *de pompeo*, vedova *jure romano vivens*, la quale vende al Capitano Giovanni Geronimo *de georgijs de Magliano* e a Marco Tullio *francischino* (Cicchino), della terra della Taranta, una terranea, sita *In contrata da piedj la ripa*, con patto di ricompera allo stesso prezzo entro nove anni.

Il cognome e il fatto che anche Giulia, come Nella, possegga una casa in contrada *da pedj la ripa* potrebbero suggerire che questo gruppo familiare si fosse stabilito in quella contrada da relativamente poco tempo, provenendo da Palena. Del resto, vi sono diversi casi accertati di palenesi trasferiti a Taranta in quel periodo; dall'ovvio Giovanni Paolo *palenj* ad Ottavio *caraccj* (*de Pactis* – 17 novembre 1599 - pag. 80 R.) o, con molta probabilità, la famiglia Cocchitto.

L'8 novembre 1604 Domenico *de Georgijs* da Magliano, su procura di suo zio, il Capitano Giovanni Geronimo *de Georgijs* da Magliano, dichiara che in data 9 maggio 1601 il predetto Capitano Giovanni Geronimo e Marcotullio *cicchinus* avevano formalizzato l'acquisto di una certa casa terranea, sita in *contrata da piedi la ripa*, con patto di retrovendita entro sette anni, dalla suddetta Giulia (di Donatuccio di Cola *mazzocchi*), moglie del defunto Pier Nicola *de pompeo* di Taranta, e che successivamente Marco Tullio aveva ceduto la sua parte della casa al detto Capitano Giovanni Geronimo e al detto Domenico, in solido. Domenico, quindi, retrovende la casa all'avente diritto.

Al di là dell'evidente e datato legame con i *de Pompeo*, è difficile capire quali rapporti intercorressero tra i Marzocco e i di Gianfrancesco, tanto da indurre Cinzio a chiedere a Giovanni Leonardo di essere padrino del figlio. Al momento, tenendo conto che i suoi antenati possedevano una casa nella stessa contrada dove abitavano sia i di Gianfrancesco che i *de Pompeo*, l'ipotesi più probabile è che potrebbe trattarsi di rapporti di vicinato che, comunque, potevano sottendere rapporti economico- professionali.

§

Con i Marzocco termina l'analisi dei casi in cui i membri della famiglia di Gianfrancesco o le loro mogli vengono richiesti come padrini o madrine di battesimo e che, dal punto di visita delle famiglie appena descritte, sembrerebbero di tipo essenzialmente orizzontale.

A questo punto vanno approfonditi i gruppi familiari delle persone alle quali i membri della famiglia di Gianfrancesco chiedono di fungere da padrini o madrine al battesimo dei loro figli.

Famiglia Marrama

Come già detto, Liberata, unica figlia di Torquenzia e Mariano *de Pompeo* di cui si è a conoscenza, il 20 agosto 1628 ha come madrina Laudonia, moglie di Giacomo *Marrami*. Come l'approfondimento della conoscenza della famiglia Raffaele è stato di aiuto alla ricostruzione dello status della famiglia Bruno e quindi dei di Gianfrancesco, così approfondire la conoscenza del gruppo familiare dei Marrama è di aiuto alla ricostruzione dello status della famiglia *de Pompeo* e quindi, di riflesso, alla ricostruzione di quello della famiglia di Gianfrancesco.

Poiché i documenti disponibili su questo gruppo familiare sono numerosi, si cercherà di essere sintetici.

La prima attestazione della presenza a Taranta di questa famiglia si rinviene strumento del notaio Cesare Primiani di Atessa, datato 22 ottobre 1570, relativo al già più volte citato pubblico parlamento tenuto dall'Università di Taranta per intentare una lite contro Orazio Carrafa il quale negava di aver ricevuto ducati 397.1.6 quale prezzo convenuto per l'acquisto di grano. Tra i *nobiles* amministratori dell'università di Taranta, compare *magister* Biagio *marramus* in qualità di vice camerario e sindaco.

Nei documenti di *de Pactis* la prima citazione risale invece all'8 novembre 1590, quando Giovan Giulio *marramo* presenzia come testimone letterato alla stesura del testamento dell'*hon.* Rinaldo *de Salvo*.

Il 3 agosto 1591, Milidonia di Mascio *palena*, moglie vedova di Nicola *de Sempronio*, fa rogare il suo testamento dal quale si apprende che sua sorella Camilla è la moglie del magnifico Giovangiulio *marrano*.

Il 7 settembre 1591, nel testamento dell'*hon.* Giovanni Battista *pintj* risulta che *Battista marrano deve dare per un paro dj forfice da cimare docatj quattro.*

Il 31 dicembre 1591 l'*hon.* Battista *marramus* è teste illetterato al testamento dell'*hon.* Marco Antonio *mancini.*

Il 22 febbraio 1595, *In domibus* degli eredi del defunto Francesco *marramj*, Ottavio *caraccius* fa redigere un atto di accordo sulla divisione di beni familiari.

Il 2 marzo per la prima volta viene citato un altro membro della famiglia Marrama, ovvero l'*hon.* Gentile, che presenzia in qualità di testimone a una permuta di due case.

Il 13 marzo 1595 i magnifici Giovanni Giulio *marramus*, Mariano *de Baptista* e Antonio *forconus* sono alcuni dei testimoni presenti al rogito di uno strumento di compravendita tra abitanti di Lama.

Il 4 aprile dello stesso anno, *In quadam apotheca* dell'*hon.* Donato Antonio *marramj* sita *In platea publica*, *de Pactis* roga un ulteriore strumento di compravendita tra abitanti di Lama al quale presenziano, tra gli altri, i magnifici Donato Antonio *marramus*, Fedele *de Blasio* (Marcocioni), Pier Leo *Saurus* e Mariano *de baptista.*

Il 16 aprile 1595 i magnifici Giovanni Giulio *marramus* e Mariano *de Baptista*, letterati, sono alcuni dei testimoni a uno strumento di vendita di un orto da parte dell'Università di Taranta.

Giovanni Giulio è definito magnifico anche in uno strumento del 30 maggio 1595 e onorabile in uno del 24 dicembre 1595.

Il 4 agosto del 1595 Giacomo *de fantasia*, fa rogare lo strumento dotale della sorella Cesarea in occasione del matrimonio con Liberato *curtus* al quale è presente, *loco munualdj*, Donato Antonio *marramj*, definito suo parente più prossimo (probabilmente quindi lo zio materno) al quale presenziano, tra gli altri testimoni, Damiano e Giulio Cesare *de Bruno*. Ulteriore esempio della rete di relazioni esistente tra le varie famiglie.

Il 17 settembre 1595 tra i magnifici testi che partecipano alla stesura del testamento di Marco Antonio *vernisio* compaiono il *magister* Giovanni Giulio *maramus* e Fedele *de Blasio*.

Il 4 novembre 1595 viene stilato un interessante strumento di permuta tra gli *hon.li* Donato Antonio *marramj* e Giovanni Antonio *de cicchino*. Donato Antonio possiede un terreno a Fara San Martino che confina, tra l'altro, con i beni di Ottavio e Cicchino, figli di Giovanni Antonio, che scambia con un terreno che lo stesso Giovanni Antonio, ormai stabilitosi a Fara, possiede ancora a Taranta. La cosa fa pensare alla possibilità che i Marrama, la cui presenza non è attestata a Taranta né nel 1447 né nel 1503, al momento della donazione del sito per la costruzione di San Biagio nuovo, possano esservi giunti da Fara.

Il 21 aprile 1599 Giacomo Antonio *de magistro marino*, Polidoro *macchiola*, Giovanni Augustino *de venturino*, Bernardino *alias* Monaco *de Caruso*, Giacomo *marramus*, Ferdinando *cistus*, Francesco *Scaccus*, Renzo *pizzidentis*, letterati e Dezio *pizzidentis*, illetterato, tutti di Taranta, insieme al *Doctor* Giovan Francesco *Leonius* da Agnone, sono presenti al testamento di Dionora, figlia ed erede del fu *Zocchi Jencanj* e moglie di Domenico *di fantasia*.

Il 5 giugno dello stesso anno, nella casa degli eredi di Biagio *del Duca*, Colangelo *de merlino* consegna la dote della figlia Caradonna per il matrimonio con Bernardino di Raimondo *de forcono*. Sono presenti al rogito in qualità di testimoni Mariano *de baptista*, Prospero *mansueto*, Gentile *marramo*, Guerino *del Urso* e Antonio *forcone*. Praticamente, tra parti e testimoni, si è in presenza di buona parte dei gruppi familiari con cui i di Gianfrancesco sono maggiormente legati.

Il 10 settembre 1599 Gentile *marramus* insieme a Marco Aurelio *natalis*, Giuseppe *Saurus* e il rev.do Don Antonio *Cocchictus*, presenziano, in qualità di testi, alla vendita da parte Alberto *de Odofredus* da Bologna, procuratore di Piriteo Malvezzi, di una casa che era stata di Plutante *de luzio*, successivamente confiscata. La casa viene acquistata da Flaminio *Rota*.

In data 2 ottobre 1599 Ottavio *Caraccius*, Giovanni Antonio *marramus*, Leonardo *de Col'antonio*, Dante *massij mancinj* sono testi all'inventario dei beni dell'eredità del defunto Antonio *de falcocchio* fatto dagli esecutori testamentari Colangelo *porcarus*, Pierluigi *Saurus* e Giovan Sante *de falcocchio*.

Il 18 ottobre 1599 Marta, figlia ed erede di Biagio *de Adario* di Lama, moglie di Renzo *pizzidentis*, consegna al marito la propria dote del valore di ducati 115.6.0. Poiché gli Adario sono una famiglia tarantolese menzionata diverse volte da *de Pactis* e Biagio, in particolare, compare nel testamento di Giovanni Battista *Pintj* del 7 settembre 1591, si può supporre che sia l'ennesimo caso di insediamento a Taranta di gruppi familiari provenienti da centri più o meno vicini.

Il 6 novembre dello stesso anno Giacomo e Gentile *marramus* sono tra i testi presenti alla stesura dello strumento con cui Finadamo e Ottavio *merlini* consegnano la dote di loro sorella Caterina a seguito del matrimonio con Cicco, figlio di Pieleo *Saurus*.

Il giorno 17 novembre 1599, nella casa degli eredi di Francesco *marramj*, Ottavio *Caraccius*, come già avvenuto il 22 febbraio 1595, fa rogare da *de Pactis* uno strumento con il quale vende a Fulvio *campana* due suoi terreni ubicati a Palena. Sembra strano, al riguardo, che Ottavio *Caraccio* si rechi in queste due occasioni nella casa in cui abitano gli eredi di Francesco Marrama, in contrada *dellj frainilj*, *come* se non ne abbia una tale da poter ospitare degnamente tutte le parti interessate al rogito. La soluzione al problema viene da un atto di *de Pactis* datato 1° settembre 1591 con il quale Raimondo *forconus* vende una casa al magnifico Ottavio *Caraccio*, rogato *In domibus* di Miranda *marrana* sita *in contrata dellj frainilj* cosa questa che fa pensare che Miranda sia la figlia del defunto Francesco Marrama e moglie di Ottavio, per cui quest'ultimo abita nella casa della famiglia della moglie. La cosa è confermata da un successivo strumento di *de Pactis* datato 21 dicembre 1599 con il quale si costituiscono Giuseppe *Saurus*, tanto per sé quanto per conto di Finadamo e Marco Antonio, suoi fratelli carnali, figli ed eredi del fu Annibale *Saurj*, da una parte, e Mirandola *marrama* e suo figlio Biagio *caraccius*, con l'espresso consenso, autorità e beneplacito di Ottavio *Caraccj*, marito di detta Mirandola e suo legittimo mundualdo nel presente atto, oltre che padre di detto Biagio.

Un altro tassello utile alla ricostruzione della famiglia Marrama viene da uno strumento del 15 dicembre 1599, rogato a Colledimacine, con il quale Caterina *marrama*, moglie del fu Camillo *Santutij* di Colledimacine, *vidua Jure Romano vivens*, la quale non potendo intervenire personalmente sia per la distanza dei luoghi, sia *etiam ob sexum femininum* e sia per l'essere occupata in più ardui affari, nomina Flaminio *de creta*, di Taranta, suo procuratore generale con l'incarico di comparire a suo nome in Napoli, dinnanzi alla Gran Corte della Vicaria e in altri luoghi e tribunali, regi e baronali.

Nel corso dell'anno 1600 Gentile è teste il 7 febbraio per un accordo su una lite giudiziaria tra abitanti di Lama, il 12 febbraio per una compravendita dei fratelli de Lippis, il 2 marzo, il 19 novembre e il 4 dicembre.

Giovanni Antonio è teste il 18 febbraio 1600 insieme a Giovanni Augustino *de venturino* e Leonardo *de Col'antonio*, il 18 marzo insieme a Sante *mariotta* e Sebastiano *de Camillo* e l'8 maggio, nella prima delle esecuzioni forzate contro i de Lippis.

Il 13 giugno testimonia in occasione della consegna della dote di Vittoria, figlia di Camilla e del defunto *magistri Cantelmj*, in occasione del matrimonio con Domenico *de fantasia*; evidentemente la precedente moglie Dionora, figlia ed erede del fu *Zocchi Jencanj*, che aveva testato il 21 aprile 1599, è deceduta. I Marrama sono stati presenti già tre volte in occasione di rogiti della famiglia *de Fantasia* e ciò evidenzia il legame esistente tra loro e che, dallo strumento del 4 agosto del 1595, sappiamo con certezza essere dovuto a motivi di consanguineità.

Giovanni Antonio è ancora teste il 19 agosto.

Il 28 febbraio del 1600 Giacomo e Battista intervengono, in qualità di testi, alla stesura di uno rogito con il quale Colaranallo *de urso* vende ad Aurigenta, figlia di Giovan Domenico *de Baptista*, un reddito annuo di due ducati sui primi frutti di una sua casa, al prezzo di ducati venti. Lo stesso giorno entrambi intervengono ancora come testi ad una permuta di immobili tra Marino *de Salvo* e Mariano *de Baptista*. Giacomo e Battista presenziano infine ad un terzo strumento, sempre in data 28 febbraio, con il quale Aurigenta asserisci che Colaranallo *de Urso* era stato nominato suo esecutore e curatore dalla corte di Taranta e dichiara di essere stata da lui ben amministrata.

Il 26 agosto 1600 Giacomo interviene come teste alla presa di possesso della *Apotheca* del defunto Giovanni Paolo *palenæ* da parte di Giulio *Guidum montis bodij* che interviene per conto di Piriteo Malvezzi al quale era pervenuta a seguito della morte di Giovanni Paolo senza eredi maschi.

Il 25 settembre è Bernardino che presenzia, insieme ad Ottavio *Caraccio* e Paolo *Schiabuctus*, alla presa di possesso da parte di Alberto *Odofredus* da Bologna per conto di Malvezzi, della casa del defunto Don Bernardino *de croce*.

Lo strumento che *de Patis* roga il 1° ottobre 1600 consente di venire a conoscenza del fatto che Gentile ha una sua *apoteca* in contrada *dj petranzerj*. Il documento riguarda la vendita di un orto da parte di Antonio *forconus* il quale agisce in qualità di tutore di Bernardino *de Salvo*.

L'11 ottobre, nella casa di Gentile e alla presenza di Mariano *de Baptista*, Battista *marramus*, Giovanni Antonio *marramus* e Marco Aurelio *natalis*, Marino *de Salvo* vende allo stesso Gentile un suo terreno, con patto di ricompera entro tre anni.

Il 19 novembre, nella casa di Flaminio *de Creta*, sita in contrada *del castello*, dove però abita Tommaso *de Marinello*, alla presenza di Amato Antonio *Colarellj*, Prospero *mansueto*, Gentile *marramus*, Marco Aurelio *natalis* e Guerino *de Urso*, si costituisce Giovanni Antonio *marramus* il quale agisce per conto di Battista, del quale fa trascrivere la procura del 6 novembre dello stesso anno. Dal testo della procura si viene a conoscenza che Battista e Giovanni Antonio sono fratelli, entrambi figli di Giovanni Giulio, e che Battista è ormai dimorante nella città di San Severo (FG), occupato nei suoi *negocijs*, per cui incarica Giovanni Antonio di vendere tutti i suoi beni mobili e immobili esistenti nella terra di Taranta.

Il 27 febbraio 1601 *de Pactis* roga uno strumento di mortificazione di beni tra due abitanti di Colledimacine, in casa degli eredi del defunto *magistrj* Giovanni Giulio *marramj*, quindi padre di Giovanni Antonio e Battista, sita *in platea publica*.

Il 4 luglio 1601, Gentile *marramus* presenzia a una compravendita tra Giovanni di Biagio *del Duca* (vd. 5 giugno 1599), che vende, e Mariano *de Baptista*, che acquista.

Il 20 gennaio, nella casa di Flaminio *Rota* sita in contrada *del ponte*, alla presenza dei testi letterati Marco Tullio *cicchinus*, Dante *massij mancinj*, Giovan Donato *de lippis* e Biagio *caraccius* (figlio di Ottavio), il reverendo Don Angelo *colarellj* e suo fratello Antonio concedono due loro vigne in enfiteusi a Flaminio *Rota*, all'annuo reddito *sive censu* di salme sei di vino mosto. Una delle due vigne è già gravata dall'onere di versare annualmente all'erede del fu Francesco *marramj* salme tre di vino mosto alla misura napoletana, al momento della vendemmia, nel mese di ottobre.

Il 1° marzo 1604, nella sua casa in contrada *dj petranzero*, Mariano *de Baptista* fa rogare tre strumenti alla presenza di Gentile *marramus*, Antonio *de Bruno*, Giovanni Antonio *marramus* e Pier Sante *Cepollonus*, con il primo dei quali acquista un sito edificabile con cui confina, mentre con gli altri due gli vengono venduti dei redditi annui su alcuni beni da parte di Cesare *de Marinello* e Salvatore *de Cesare*.

Il 9 marzo successivo Mariano *de Baptista* fa rogare altri tre strumenti con i quali gli vengono venduti dei redditi annui da Marino *de Salvo*, Bernardino *forconus* e Marco *Sciarra* alla presenza di Ferdinando *cistus*, *magister* Giacomo *de Russo*, Gentile *marramus*, di Taranta e Pietro *Macteus*, da Pavia.

Gli eredi di Francesco *marramj* godono di un ulteriore reddito annuo di 110 salme di vino mosto che grava su una vigna di proprietà di Ferdinando *cistus* sulla quale, in data 1° agosto 1604, lo stesso Ferdinando vende a Flaminio *Rota* un altro reddito annuo di tre salme, al prezzo di ducati quindici.

Il 19 settembre 1604 Gentile *marramus* dichiara di possedere *uti verum dominum* un terreno aratorio della capacità di tomoli due circa, sito *In contrata della valle delli tesi*. Poiché desidera mettere a coltura detto terreno, si accorda con Antonio *de Leto* e gli affitta, a titolo di locazione, il menzionato territorio al reddito annuo, *sive censu*, di una salma di vino mosto alla misura napoletana, da versarsi nel mese di ottobre, al tempo della vendemmia, a partire dall'anno 1607.

Il 7 novembre 1604, nella chiesa della Divina Madonna delle Grazie, sita in contrada *dell'aravecchia*, si svolge un pubblico parlamento degli abitanti di Taranta, a seguito del quale Gentile *marramj* riceve l'incarico di trattare la riduzione della rata annuale del pagamento dovuto al Barone Ferdinando *de palma*, il quale ha un reddito, *sive censum*, di ducati 2.246 sui primi frutti della gabella della farina, su quella dei panni e su altri beni dell'Università della Taranta.

Il 10 luglio 1606 *de Pactis* roga uno strumento di vendita con patto di ricompera entro quattro anni al quale presenzia, tra gli altri, di Giacomo *marramo* che in questa occasione viene per la prima volta appellato *magister*. Giacomo viene appellato *magister* anche il 2 settembre 1609, il 3 gennaio 1607, in occasione del testamento di Lucrezia *tizzonj* di Guardiagrele e moglie del defunto notaio Pirro *de falco*, il 21 marzo 1607, il 3 maggio 1607, il 17 novembre 1607 in occasione della dote della figlia di Mariano *de Baptista*, il 27 novembre 1607, il 13 marzo 1609, il 3 aprile 1609, il 13 aprile 1609, il 30 maggio 1609 ed il 2 giugno 1609.

Anche Gentile, negli anni 1606, 1607 e 1609 seguita a presenziare come testimone alla stesura di atti notarili. Su di lui si sa altresì che il 3 maggio 1607 e il 17 luglio 1607 ricopre l'incarico di Camerario. Negli stessi anni invece, non si rinvengono più notizie di Giovanni Antonio.

Il 24 luglio 1607 viene rogato il testamento di Donata di Marcangelo *cepollonj*, la quale lascia erede universale di tutti i suoi beni il marito Battista *marramum* e nomina esecutore delle sue volontà, suo cognato Giacomo *marramum*.

Il 13 maggio 1609 Gentile acquista da Virgilia, vedova di Flaminio *Rota*, un reddito annuo di tre salme di vino mosto su una vigna di Ferdinando *cistj*. Presenziano come testi Bernardino *de chio*, Marco *petrocone*, m.r Giacomo *marramo* e Serafino *marcociono*.

Un'ultima notizia utile sui Marrama ottenibile da *de Pactis* deriva da uno strumento dotale rogato il 18 luglio 1609 *In domibus* di Marco Aurelio *de natale*, in contrada *dj santo Blasio*, con il quale il detto Marco Aurelio consegna la dote della figlia Maria Camilla a seguito del matrimonio con *magister* Geronimo *Lonardinus*. Si tratta di una dote importante del valore di ducati 196.4.0 della quale Maria Camilla dà quietanza con il consenso del marito e di Gentile *marramj* e Polidoro *macchiola* definiti da *de Pactis* suoi parenti più prossimi.

Per completare il quadro storico genealogico di questo gruppo familiare sono utili poche ulteriori notizie presenti in altre fonti.

Dalle regestazioni fatte da Marciani dei documenti del notaio Cesare Primiani di Atessa si viene a conoscenza della circostanza che il 20 settembre 1577, nel palazzo del magnifico Finadamo *Sauri*, in contrada *dicta lo fraynile ubi ad presens habitat* Piriteo Malvezzi, quest'ultimo viene a transazione con gli eredi di Biagio Marrani di Taranta e si accontenta di ducati 500 anziché di ducati 1.190 che doveva esigere sulla base di uno strumento rogato a Bologna il 16 gennaio 1559 tra Ercole Malvezzi, suo avo, e il già menzionato Biagio. Marciani precisa che il debito è «*a causa dell'amministrazione di Taranta*»[109] senza però chiarire cosa Biagio avesse dovuto amministrare. Tuttavia, trattandosi di un accordo diretto tra

---

[109] Regesti Marciani, a cura di Corrado Marciani. Japadre editore, l'Aquila – 1989. Vol. 7/IV, pag. 78.

Ercole Malvezzi e Biagio Marrama viene da pensare ad una procura per la gestione degli interessi dei Malvezzi a Taranta.

Il 2 luglio 1595, durante la fiera di Lanciano, *ante logis pannorum Tarantæ*, il notaio Angelo Finamore di Palombaro roga uno strumento di soccida[110] al quale presenziano come testi Desiderio *Scavuttj*, di Taranta, Ottavio *Caracci* di Palena (ma residente a Taranta come risulta chiaramente dai documenti di *de Pactis*), il magnifico Giovanni Giulio *marramo* di Taranta e Giovanni Leonardo *finamori* di Palombaro. Lo strumento è molto importane anche dal punto di vista storico in quanto attesta la presenza nella fiera di Lanciano di una loggia e quindi di una struttura stabile, riservata al commercio dei panni di Taranta, evidenziando l'importanza che i mercanti tarantolesi potevano avervi. La presenza di Desiderio, Ottavio e Giovanni Giulio nei pressi della loggia non è ovviamente da considerarsi casuale ma dovuta ai commerci che gli stessi doveva esercitarvi.

Il 4 luglio 1619, ancora durante la fiera di Lanciano, Domenico Martinelli di Lucca, mercante residente a Lanciano e procuratore di Benigno Roberti, fa rogare una protesta dal notaio Giovanni Francesco Cannarsa per il mancato pagamento di una lettera di cambio di ducati 500, sottoscritta il 2 maggio 1619 a Napoli da Gentile Marrano della Taranta, Giovanni Antonio Marrano della Taranta, Pangratio Carlotto della Taranta a favore del detto Benigno Roberti, per la valuta avuta da lui per il banco dello Spirito Santo[111]. Si tratta quindi di un prestito preso a Napoli, attraverso un banco, da un mercante di Lucca che dà l'idea dell'ampiezza degli orizzonti e dei livelli economici ai quali operavano i mercanti tarantolesi dai quali i di Gianfrancesco non erano estranei. Basta ricorda la protesta fatta rogare da Serafino tre anni dopo per una lettera di cambio non onorata con la quale Francesco *Mancino* di Messina, si era impegnato a restituire, in occasione della fiera della Maddalena di Castel di Sangro del 22 luglio del 1622, la somma di ducati 313.4.10, che aveva ricevuto Girolamo *Salvato* e Serafino *di Giovanfrancesco* il 22 maggio dello stesso anno alla fiera di Aversa (CE).

Giovanni Giacomo *Marramo* interviene anche come testimone alla stesura di una lettera di cambio, rogata dal notaio Prospero Rota il 1° marzo 1622, con la quale Francesco *Cialono* e Sante *Profeta* si impegnano a restituire 50 ducati ad Ascanio, in occasione della fiera della Maddalena di Castel di Sangro.

In data 25 febbraio 1625 il notaio Mancini stila uno strumento con cui il barone Giovan Battista Valignani concede un prestito di ducati 2.000 all'Università di

---

[110] Contratto agricolo per il quale un proprietario di bestiame concede ad altri l'allevamento e lo sfruttamento del bestiame, con equa ripartizione del guadagno e della perdita.
[111] Regesti Marciani, a cura di Corrado Marciani. Japadre editore, l'Aquila – 1993. Vol. 7/V, pag. 209.

Taranta, ponendo una ipoteca sui beni della stessa Università e su quelli privati di alcuni cittadini; Giacomo *marrama* è uno degli uomini di reggimento presenti.

Il 4 febbraio 1662 il notaio Carlo de Angelis roga lo strumento dotale di Virgilia Vernisio in occasione del matrimonio con Carlo Marrama; la dota ammonta a ducati 250.

Per quanto riguarda la genealogia dei Marrama sappiamo che Giacomo, Giovanni Antonio e Battista sono fratelli e figli di Giovanni Giulio; sappiamo altresì che Mirandola è erede di Francesco. Sappiamo infine che nel 1577 Piriteo Malvezzi tratta con gli eredi di Biagio Marrama i quali potrebbero essere quindi Giovanni Giulio e Francesco. Gentile è l'unico non collocabile con certezza; sappiamo che sicuramente non è figlio di Giovanni Giulio, per cui, considerando che nel 1609 è ancora in vita mentre Francesco e Giovanni Giulio sono già morti, viene da pensare che, più che fratello di questi ultimi, potrebbe essere figlio di Francesco.

Considerando infine che il battesimo di Liberata, figlia di Torquenzia e Mariano *de Pompeo*, avviene il 20 agosto 1628, il Giacomo Marrama marito della madrina Laudonia potrebbe essere proprio il *magister* fratello di Giacomo Antonio e Battista.

Famiglia de Falco

Il 29 gennaio 1629 viene battezzato Giovanni Aloisio, terzo figlio di Serafino, avendo come padrino Dionisio *de Falco* e come madrina Cesaria, moglie di Paraninfo *de Falco*; ciò non può che evidenziare una forte relazione tra i di Gianfrancesco e questa famiglia.

La prima notizia su questo gruppo familiare risale al 27 novembre 1503, quando Sante di Falco partecipa alla donazione del sito per l'edificazione della nuova chiesa di San Biagio[112].

Il 24 ottobre 1569 Don Aquilante de Falco aveva il beneficio di San Lorenzo fuori le mura, ricevuto dall'Arcivescovo. Di lui, negli atti delle visite pastorali, si hanno notizie fino al settembre 1593[113].

---

[112] Italo Vincenzo Merlino; Taranta Peligna, Antico Paese Attivo - Pescara, Edizioni Asti, 1973.
[113] Italo Vincenzo Merlino; *Taranta Peligna, Antico Paese Attivo* - Pescara, Edizioni Asti, 1973.

Il 7 settembre 1591, *l'hon.* Giovanni Battista *pintj* fa rogare il suo testamento da cui si apprende che gli eredi di Orazio *dj falco* gli sono debitori di carlini 26 a testa.

Il 2 marzo 1595, Baldovino *de Rigo* e Pacidonia, moglie del defunto Sante *cistj*, permutano delle case di rispettiva proprietà site in contrada *da pedj la ripa*. La casa che Pacidonia dà in permuta da un lato confina con i beni degli eredi del defunto notaio Pirro *de falco*.

Il 4 aprile dello stesso anno Don Aquilante *de falco* è uno dei testi presenti a una compravendita tra abitanti di Lama, rogata *in domo Universitatis* di Taranta.

L'8 giugno 1595 il rev.do Don Aquilante *de falco* insieme ai magnifici Ottavio *Caraccius* e Pier Francesco *de natale* presenzia alla vendita di un terreno al magnifico Giovanni Alfonso *de lippis* da parte di Rinaldo *de gasbarre*.

Don Aquilante è teste anche il 14 ottobre 1595, in occasione della stesura di uno strumento dotale.

Il 20 gennaio 1599 Pierleo *vernisius* vende un terreno a Nardo *de Joanne franc.o*, con patto di ricompera entro tre anni, confinante da un lato con i beni degli eredi di Sante *de falco*.

Il 10 giugno 1599, nella *apoteca aromataria* degli eredi del defunto Piero Battista *natalis* sita *in platea pu.ca*, Giliante *ferrarius* vende a Giovanni Perfetto, Turigio, Dionisio e Paraninfo *de falco*, fratelli della terra di Taranta, una casa con terrata, sita *In contrata del ponte*, al prezzo di ducati trentatré. Sono presenti i testimoni Flamino *Rota*, Ottavio *Caraccius*, Sante *mariocto*, Desiderio *Schiabucta*, Muzio *macchiola*, Marco Tullio *Cicchinus*. Lo strumento è importante sia perché dà importanti informazioni sulla genealogia di questa famiglia, sia perché consente di accertare che il padrino (Dionisio) e il marito della madrina (Paralinfo) di Giovanni Aloisio sono fratelli.

Il 4 settembre 1599, nella casa degli eredi del defunto Maldrano *de magistro Antonio*, sita in contrada *del ponte*, Turigio *de falco* fa rogare il suo testamento. Tra le varie disposizioni, stabilisce che il suo corpo venga sepolto nel monumento sepolcrale dei suoi antenati, posto all'interno di San Nicola, e nomina erede universale sua moglie Perfetta, con patto che la stessa debba tenere, nutrire, alimentare e vestire il figlio o la figlia che nascerà da lei e da esso testatore, per lo spazio di dodici anni. Anche i di Falco sono quindi tra le poche famiglie di Taranta che dispongono di una tomba propria.

Il 16 novembre 1599, alla presenza dei testi Marco Tullio *cicchinus*, Placido *macchiola*, Benedetto *cepollunus*, Dionisio *de falco* e Giovan Bernardino *de Adario*, si costituisce il *magister* Giovan Giulio *vernisius* di Taranta ma abitante nella terra di Fara San Martino, il quale agisce per conto di suo fratello Pietro Sante *vernisio*, come da procura redatta per mano del notaio Giovanfrancesco *de Blasijs*, della città di Lanciano, il giorno dodici del mese di ottobre dell'anno 1598. Giovan Giulio vende e assegna a Flaminio *Rota* una casa *pensile cum toto celo*, sita *In contrata del valso*.

Il 29 novembre 1599, nella casa degli eredi di Don Aquilante *de falco* viene rogato uno strumento di compravendita tra membri della famiglia *de chio*.

Il 27 gennaio 1600 si costituiscono Giovanni Perfetto *de falco* e sua cognata Perfetta di Antonio *de Adario*, vedova ed erede del fu Turigio *de falco*, i quali vendono a Nardo *de Joanne francisco* un annuo reddito, *sive censum*, di due salme di vino mosto alla misura napoletana, sopra una vigna tenuta da Giovan Giulio *de gentile*(?), da versare entro il mese di ottobre; detta vigna è sita *In contrata del colle saltato*, come risulta nel pubblico strumento rogato per mano dello stesso notaio *de Pactis In faciam* del fu Don Aquilante *de falco*.

Il 16 maggio 1600 Giovanni Perfetto *de falco* acquista da Piriteo Malvezzi una casa terranea, sita in contrada *del castello*, appartenuta al defunto Giovanni Paolo *palenj* e devoluta alla corte baronale a causa della morte di Giovanni Paolo senza figli legittimi, al prezzo di ducati venti.

In data 3 luglio 1600 si costituisce Pirro *de Falco* che agisce in nome e per conto della Corte di Taranta, da una parte, e Altobello *macchiola*, dall'altra parte. A seguito della vendita all'asta, Pirro assegna una casa degli eredi del defunto Giovanni Alfonsi *de Lippis* al detto Altobello, in quanto maggiore offerente.

Il 17 gennaio 1601, nella casa degli eredi del defunto notaio Pirro *de falco*, sita in contrada *del castello*, Lucrezia *Tizzona* di Guardiagrele, moglie del defunto notaio Pirro *de falco*, consegna la dote della figlia Midonia a seguito del matrimonio con Marino *de Salvo*.

Il 7 gennaio 1604 Paraninfo *de falco* presenzia come teste al testamento di Dionobia *Naturalis*.

Il 23 marzo dello stesso anno Giovanni Perfetto *de falco* vende a Liberato *de marrone*, di Fara San Martino, una casa di due membri *cum toto celo*, sita in quella terra e precisamente *In contrata della piana de Santi*, al prezzo di ducati quaranta. Poiché la casa apparteneva a sua moglie, Chiara di Rocco *de Gentile*, Giovanni Perfetto la reintegra assegnandole una casa di sua proprietà sita a Taranta, in contrada *di porta dj recchia* confinante, tra l'altro, con i beni di Turigio *de falco*.

Il 9 giugno 1604 Paraninfo *de falco* interviene in qualità di testa alla vendita di annuo reddito a favore di Flaminio *Rota*.

Al pubblico parlamento del 7 novembre 1604, convocato per la riduzione della rata annuale dovuta al barone Ferdinando *de palma*, partecipa Pietro Antonio *de falco* che, come si accerta in diversi atti successivi, è figlio di Pirro.

Il 1° gennaio del 1607 Pietro Antonio *de falco* vende ad Ascanio *marcociono* un terreno sito in contrada *della valle delli tescj*.

Il 3 gennaio 1607, nella casa degli eredi del defunto notaio Pirro *de falco*, sita in contrada *del castello*, Lucrezia *Tizzona* di Guardiagrele, moglie del defunto notaio Pirro *de falco*, fa rogare il suo testamento dal quale si viene a conoscenza che il notaio Pirro, oltre Midonia, aveva avuto altre due figlie, Ottavia e Sabia, in aggiunta a Pietro Antonio, il quale viene nominato erede universale. Dell'esecuzione del testamento viene incaricato Antonio *de Falco*, nipote di Lucrezia, della cui paternità però non viene detto nulla. Tuttavia, il 10 gennaio successivo, tra i confinanti di un terreno sito in contrada *della valle dellj tescj* che Tranquillo *mansuetus* vende a Baldovino *de Rigo*, viene nominato Antonio di Bonfiglio *de falco*.

Antonio di Bonfiglio *de falco* è ancora nominato tra i confinanti di un altro terreno, anch'esso sito *nella valle dellj tescj*, che Cesarea *de petro cisto*, moglie di Baldovino *de Rigo*, retrovende a Pierleone *Saurj*, al quale spettava *Jure vicinitatis*.

Giovanni Perfetto e Pietro Antonio partecipano ai due pubblici parlamenti tenuti il 3 maggio e il 17 giugno del 1607.

Il 19 giugno 1607 Giovanni Perfetto acquista da Giovanni *de caruso* un membro di casa sito in contrada *del castello*. Al rogito sono presenti Gentile *marramo*, Prospero *mansueto*, *magister* Giovanni Augustino *Sciarra* e Leonardo *de Col'antonio*.

Anche Giovanni Perfetto *de falco* possiede un terreno in contrada *della valle dellj tescj* confinante con una vigna sulla quale, il 6 dicembre 1607, Pietro Marco *cocchictus* e suo figlio Giovanfrancesco vendono un annuo reddito a Finadamo *Saurj*.

Il 6 gennaio 1609 *de Pactis* redige un documento interessante per l'inquadramento socioeconomico della famiglia *de falco*. Si costituiscono Leonardo *de mando*, baiulo della corte di Taranta e Gentile *marramj*. Leonardo dichiara che su richiesta del notaio Costantino *de Pactis*, erario baronale, era stata effettuata una esecuzione sopra alcuni beni di Ferdinando *cistj* e dei suoi fideiussori ovvero Pietro Antonio di notar Pirro *de falco*, Nuccio *Inpicciam*, Biagio *cistum* e Antonio *carrabba*, per un debito di ducati 210 dovuti per l'affitto del molino ed era stata messa all'asta, tra gli altri beni, una vigna di Ferdinando *cistj*, sita in contrada *della valle dellj tescj*. Il maggior offerente era risultato *magister* Giacomo *marramo* il quale però dichiarava di aver agito in nome di Gentile *marramj* per cui Leonardo gli assegnava la vigna.

Giovanni Perfetto e Dionisio *de falco* intervengono ancora in qualità di testi il 4 marzo 1609 mentre il 27 settembre 1609 interviene solo Giovanni Perfetto.

In fondo al volume di *de Pactis* dell'anno 1609 è inserito uno strumento rogato dal notaio Prospero Rota, datato 27 marzo 1637, in cui si costituisce Laura *Cocchitta*, moglie di Aquilante *de falco*, la quale dichiara di possedere ducati 450 in beni dotali mobili, immobili e rendite nella terra di Lama. Laura dona 250 dei suddetti 450 al marito.

Paraninfo *de falco* è tra gli uomini di reggimento di Taranta che il 15 febbraio 1625 compaiono nel più volte citato strumento del notaio Mancini con cui il barone Giovan Battista Valignani concede un prestito di ducati 2.000 all'Università di Taranta, ponendo una ipoteca sui beni della stessa Università e su quelli privati di alcuni cittadini.

Il 2 settembre del 1636 Paraninfo dichiara di gestire da quattro anni la gualchiera e il purgatorio dei Malvezzi[114].

Una ricostruzione della genealogia della famiglia *de falco* deve tener conto anche dello strumento del notaio Cesare Primiani di Atessa, datato 22 ottobre 1570, relativo al pubblico parlamento tenuto dall'Università di Taranta per intentare una lite contro Orazio Carrafa il quale negava di aver ricevuto ducati 397.1.6 quale prezzo convenuto per l'acquisto di grano, nel quale, tra gli intervenuti, vengono citato Orazio *de falco* e Vinciguerra *de falco*. Non si può stabilire se i due sono coevi e quindi rappresentano la generazione più antica della famiglia presente a Taranta o, se vi è, un rapporto padre figlio. A questa generazione dovrebbe appartenere anche Don Aquilante, visto che in occasione della visita pastorale del 1589 aveva 55 anni. Di Vinciguerra non sono disponibili altre notizie mentre per quanto riguarda Orazio, come riferito precedentemente, sappiamo che nel 1591 è già morto e che i suoi eredi hanno un debito nei confronti dell'*hon.* Giovanni Battista *pintj*. Ciò fa quindi ritenere che Sante, Pirro e probabilmente Bonfiglio potrebbero essere tutti discendenti di Orazio. Sante ha sicuramente quattro figli ovvero Giovanni Perfetto, Turigio, Dionisio e Paraninfo mentre figli del notaio Pirro sono Pietro Antonio, Midonia, Ottavia e Sabia. Antonio sarebbe infine l'unico figlio di Bonifacio. Nessun collegamento genealogico certo è possibile per quanto

---

[114] Regia Camera della Sommaria – Processi – Attuari diversi - stanza 116 – busta 963 – foto Disc_00131.

riguardo Aquilante marito di Laura Cocchitto; potrebbe essere un figlio di Orazio o di Vinciguerra al quale è stato dato il nome dello zio.

Famiglia de Urso

L'ultima figlia di Serafino è Antonia e viene battezzata il 13 giugno 1633 nella chiesa di San Nicola di Taranta avendo come padrino Pietro Giovanni *de Urso*.

Rileggendo le pagine precedenti nelle quali spesso vengono nominati, diventa evidente che gli Urso sono un'altra delle tante maglie della rete di relazioni sociali ed economiche di cui i di Gianfrancesco/Marcocione erano, al tempo, parte.

Nell'elenco dei capi fuoco nella numerazione del 1447 a Taranta compare un *Ursi*. Ciò potrebbe fare di questa, una delle famiglie più antiche del paese, insieme ai de Lippis.

Il 22 ottobre 1570 nello strumento del notaio Cesare Primiani di Atessa relativo al pubblico parlamento tenuto dall'Università di Taranta per intentare una lite contro Orazio Carrafa, tra i *nobiles* uomini di reggimento compaiono Pietro Giovanni *Ursi* e tra gli intervenuti Ludovico *Ursi*.

Come già visto, il volume dell'anno 1590 dei protocolli di *de Pactis* si apre con la parte finale di uno strumento dotale, la cui parte iniziale è inserita alla fine del volume del 1609. Dalla lettura delle due parti si viene a conoscenza che in una data non definita del detto anno 1590 l'*hon.* Orazio *de Urso* consegna la dote della figlia Persola in occasione del matrimonio con l'*hon.* Mascio di Ciancio *Impitia*. Giovanni Battista di Graziano *de bruno* è presente *loco mundualdj* cosa che fa supporre uno stretto rapporto tra i *de Urso* e i *Bruno*. Tra i testi viene menzionato anche Fabiano *de urso*.

Il 3 settembre 1595, *In domo* degli eredi di Giovanni *paglionj* sita *In contrata del ponte*, l'*honesta mulier* Caradonna *facchina*, vedova *Jure romano vivens*, vende un terreno aratorio a *magistro* Pietro *lombardo*. Sono testimoni i magnifici Giovanni Donato *de lippis*, Benedetto *cepollonus*, Benedetto *de Antonio* e Nicola Rinaldo *de urso*.

Il 5 giugno 1599, in casa degli eredi di Biagio *del Duca*, *de Pactis* roga lo strumento dotale di Caradonna, figlia di Carangelo *merlino*, a seguito del matrimonio con Raimondo *forconus*. I testimoni alla stesura del documento sono Mariano *de baptista*, Prospero *mansueto*, Gentile *marramo*, Guerino *del Urso* e Antonio *forcone*. In questo documento è ancora una volta presente una consistente porzione delle famiglie con cui i di Gianfrancesco erano in rapporti in quel periodo.

Il 27 luglio 1599 Flaminio *de urso*, che agisce per conto del fratello Monforte, si accorda con Mariano, Dorotea e Carmesina *de Salvo* al fine di risolvere pacificamente l'omicidio di Alviana *de Salvo*, sorella di Dorotea e zia di Mariano, uccisa da Monforte in strada.

Il 18 settembre 1599 Nicola Rinaldo *de Urso*, insieme a Prospero *mansueto*, Nicola Pietro Antonio *Cocchictus* e Adante *massij mancinj*, presenzia in qualità di testimone allo strumento dotale di Aurimilla di Giovan Bernardino di Giovan Giulio *de ferdinando* (de Chio) in occasione del matrimonio con Giacomo *de auxilio*.

Il 17 febbraio 1600, in casa di Giuseppe *Saurj* sita *In contrata delli frainilj*, si costituisce il *Doctor U.J.* Giovanni Gregorio *Tranquillus* di Palena, per conto di Felicia *Saura*, figlia ed erede del fu *Doctoris* Giovanni Donato *Saurj*, e di Bonifacio *de Vito* della terra di Palena, marito della medesima Felicia, come da procura rogata *die 8 mensis Jan.ij 1600 13 Indictionis In Terra Palenæ*. Nella procura Felicia *Saura terræ Tarantolæ*, legittima moglie di Bonifacio *de Vito* della terra di Palena, con il consenso espresso di detto suo marito, che si obbliga con i suoi beni a cautelare la detta moglie, dopo aver asserito di possedere diversi beni, mobili e stabili, nel territorio *terræ Tarantolæ*, dichiara che, a causa della distanza dei luoghi *et quotidie deterioram.ta* dovuta alla sua assenza, desidera che detti suoi beni ereditari pervenutigli dal defunto dottor Giovanni Donato *Saurum* della terra della Tarantola, suo padre, siano venduti. Non potendo personalmente, a causa della *distantiam locj et alijs suis magis arduis negocijs occupata et Impedita*, incarica di ciò il detto dottore Giovanni Gregorio, il quale *poterit vendere et alienare cum ampla potestate et facultate faciendj debitas cautelas et instrumenta publica ad consilium sapientis cum amplissima forma ad cautelam futurj emptoris*[115]. Sono presenti alla stesura della procura il notaio Massimiliano *arcangelis Lancianensis*, che la redige di sua propria mano e vi appone il segno di tabellionato, *Io Benefatio de Vito corfermo ut supra, Ego fabritius de Berardinis Interfui et me subscripsi Io Giulio Tinto dj Palena fui presente et me subscripsi Io Antonio Donatillo dj palena fui presente et me subscripsi*. Il detto *Doctor Joannes gregorius* vende, aliena e dà in perpetuo a Giuseppe *Sauro*, della terra della Taranta, presente, e a Finadamo e Marco Antonio, suoi fratelli assenti, *membrum unum domus cum duabos cameris et duas terratas contiguas*, siti *In contrata dellj frainilj*, al prezzo di ducati centoventitrè e carlini quattro. Successivamente il detto *Doctor* Giovanni Gregorio,

---

[115] Acquirente.

affinché la già menzionata Felicia *Saura*, moglie del già menzionato Bonifacio, non rimanga diseredata a seguito della vendita della casa sita nella terra della Taranta e precisamente *In contrata dellj frainilj*, fatta a Giuseppe *Sauri*, e volendola reintegrare e ristorare, le dà e assegna una certa casa di più membri, dove al momento abita il detto Bonifacio, sita nella terra di Palena e precisamente *In contrata della valle*. Giovanni Gregorio assegna altresì a Felicia un pezzo di terreno aratorio con una certa casa, sito nella terra di Palena, *In contrata di colle mecerine dove si dice Le vecenne*, di circa cento tomoli. Il menzionato dottore Giovanni Gregorio assegna alla menzionata Felicia anche tutti gli altri beni, mobili e stabili, presenti e futuri, di detto Bonifacio, necessari a reintegrarla. Si tratta di due strumenti "importanti" dal punto di vista degli intervenuti, della procedura e dei beni interessati a cui presenziano testi altrettanto importanti quali i Rev.di Don Antonio *cocchictus* e Don Fulvio *Sciarra* oltre a Mariano *de Baptista*, Cenzo *petroconus*, Colaranallo *de urso*, Flaminio *de urso*, Giovanni Donato *merlinus*.

Il 28 febbraio 1600, nella casa di Mariano *de Baptista*, Colaranallo *de urso* vende ad Aurigenta, figlia ed erede del defunto Giovanni Domenico *de Baptista*, un annuo reddito di ducati due sopra i primi frutti e introiti di una sua casa di due membri *cum toto celo*, sita in contrada *da pedj la ripa*, al prezzo di ducati venti. Sono testimoni Biagio *de venturino*, Giovanni Augustino *de venturino*, Giacomo *marramus* e Battista *marramus*. Successivamente, sempre alla presenza degli stessi testi, Aurigenta, dopo aver affermato che in passato Colaranallo *de urso* era stato nominato suo curatore dalla corte di Taranta, dichiara di essere stata ben amministrata da lui.

Il 13 giugno 1600 un Nicola *de urso* testimonia in occasione della stesura di uno strumento dotale. Non essendo mai stato nominato in precedenza e non comparendo più nei documenti successivi, potrebbe trattarsi di Nicola Ranallo.

Guerino *de urso* presenzia come teste il 12 agosto 1600 a un altro strumento dotale e il 19 novembre 1600 alla vendita di alcuni beni immobili di Battista *marrami*, vivente a San Severo.

Il 26 novembre 1600 si costituiscono da una parte Carindola, figlia di Orazio *de Leompruno*(?) erede e sorella del defunto Leonbruno, la quale agisce con il consenso del suocero Giovanni Giacomo *de profeta* e del marito Profeta, e dall'altra parte Francesco e Felicita, figlie ed eredi del defunto Giovanni Battista *pintj* le quali agiscono con il consenso di Nardo *de Joannefrancisco* e di Guerino *de urso*, suoi consanguinei. Viene quindi alla luce un legame parentale dei Pinto con gli Urso e con i di Gianfrancesco di Pennadomo.

Nicola Rinaldo *de urso*, insieme a Ottavio *caraccius*, Prospero *mansueto*,

Desiderio *Schiabucto* e Giovanni *de pactis*, il 21 marzo 1601 partecipa quale testimone alla donazione dei beni da parte di Dorotea *Rosata* a suo figlio.

In data 27 agosto 1601 Giuseppe *Saurus*, un tempo priore del Santissimo Sacramento, e Guerino *de Urso*, un tempo priore della confraternita del Divino Rocco, avendo venduto a Bernardino e Nunziato *forconj*, fratelli carnali, una casa con una camera sita *In contrata dj petranzero*, lasciata dalla defunta Alviana *de Salvo* al detto Santissimo Sacramento e alla confraternita del Divino Rocco, fanno redigere il necessario strumento notarile.

Nicola Ranallo testimonia, ancora una volta insieme ad Ottavio *caraccius*, il 6 febbraio 1604 a uno strumento di concordia tra Bernardino, figlio di Piero Leone *de salvo*, e il suo donatario Giacomo Antonio *de lippis*, da una parte, e Flaminio *Rota*, dall'altra parte, e il 10 febbraio 1604 alla vendita di un reddito annuo a Flaminio *Rota* da parte di Marco Tullio *cicchinus*.

Il 1° marzo 1604 si costituisce Francesca *pinta*, *Jure Romano vivens*, la quale, per maggiore cautela, agisce con l'espresso consenso e beneplacito di suo marito Flaminio *de Urso*, da una parte, e Rosato di Marcoantonio *de ferdinando*, dall'altra parte,0 i quali scambiano alla pari delle case di loro proprietà.

Il 16 maggio 1604 si costituisce ancora Francesca, figlia ed erede del defunto Giovan Battista *pintj* e moglie di Flaminio *de urso*, la quale agisce con l'espresso consenso di detto suo marito, da una parte, e Felicita, anch'essa figlia ed erede del fu Giovan Battista *pintus* e moglie di Adario di Antonio *de Adario*, la quale agisce con l'espresso consenso del marito, dall'altra parte. Le due parti dichiarano che tra di esse verte una *lite* nella curia della terra della Taranta in quanto Felicita aveva preso una certa quantità di beni mobili e immobili, paterni e materni, mentre Flaminio, per conto della moglie Francesca, aveva preso ducati trecento, in carlini d'argento, sopra l'eredità del già menzionato Giovan Battista. Flaminio aveva inoltre incassato del denaro, sempre per conto di detto Giovanbattista, da diversi creditori e da una certa *lite* tra sua moglie Francesca e Carindola *de Leompruno*, quale erede di Leompruno *de Leompruno*, primo marito della stessa Francesca. Volendo porre fine amichevolmente alla *lite* pendente, stipulano un accordo in base al quale Felicita rinuncia a quanto deve avere da Francesca sopra l'eredità paterna e materna e, viceversa, Francesca dà a Felicita ducati quarantasei in *beni corredali*.

Il 31 gennaio 1606, nella casa di Ascanio *marcocionj*, sita in contrada *da pedj la ripa*, si costituiscono Dionora *de urso*, moglie del defunto Marco *cepollonj*, e suo figlio Leonardo, i quali asseriscono che negli anni passati il detto Marco aveva acquistato da Pasqua di Giovanni *de Rangello* una casa terranea sita in contrada *da pedj la ripa*. Poiché la detta casa spettava, per diritto di vicinanza, ad Arminia, figlia ed erede di Giovanni Aloisio *de Adario*, Dionora e Leonardo gliela retrovendono. Lo stesso giorno, sempre in casa di Ascanio, Ferdinando *de novello* vende a Dionora *de urso* e a suo figlio Leonardo una vigna sita in contrada *dj terra rossa*.

Il 12 aprile 1606, nella casa degli eredi del defunto Nardo *de Joannefrancisco*, in contrada *dell'aravecchia*, si costituisce Pierleo *vernisio* il quale riferisce che Caterina, moglie di detto Nardo e tutrice dei suoi figli, si era rivolta alla Corte di Taranta per un debito di ducati 15.4.5 che vantava nei confronti del defunto Guerino *de urso* in quanto, dopo la sua morte, non riusciva a recuperare sulla sua eredità giacente. A causa di ciò aveva chiesto che venisse nominato un curatore dell'eredità e due periti al fine di valutare una vigna sulla quale intendeva rifarsi per recuperare il credito. Dopo la stima da parte dei periti nominati dalla corte, Pierleo *verniso* assegna formalmente, per conto della Corte, la vigna a Caterina.

Il 4 giugno 1606 viene data pubblica forma allo strumento dotale di Liberata *de Creta*, sorella di Flaminio e di Vittorio, in occasione del matrimonio con Cenzo di Marco *de petricone*. Il documento era stato stilato dal notaio Pirro *de falco* il 2 luglio 1581, in casa degli eredi di Francesco *de Creta*, sita in contrada detta *da pedj la ripa* alla presenza dei *magnifici virj* Pirro Giovanni *del urso*[116], Marco Tullio *Sciarra*, Giovanni Valerio *petriconj*, Leonardo *Garzonus*, Pietro *Cistus* e Manunzio *Papa*.

Il 19 agosto 1606 in casa di Nicola Ranallo *de urso* si costituisce Giovanni *de pactis* nominato dalla Corte di Taranta curatore dell'eredità giacente di Marco Tullio *cicchino* il quale, dai suoi beni, assegna a Nicola Ranallo una vigna in contrada *della valle dellj tescj* ad estinzione di un credito che vantava nei confronti di Marco Tullio.

Il giorno successivo, 20 agosto 1606, nella casa di Marco Tullio *cicchinj*, in contrada *da pedj la ripa*, Antonio e Giulio Cesare *Brunj* ottengono da Giovanni *de pactis*, in qualità di curatore dell'eredità giacente di Marco Tullio, la restituzione della dote Virgilia, sorella di Giulio Cesare che era stata consegnata al detto Marco Tullio il 13 ottobre 1571 a seguito delle loro nozze. Colaranallo *de Urso* è uno dei testi, insieme a Gentile *marramo* e Muzio *macchiola*.

Nicola Ranallo è ancora teste il 2 settembre e nel mese[117] di ottobre dell'anno 1606.

Il 6 gennaio 1607, in casa di Colaranallo *de urso*, in contrada *da pedj la ripa*,

---

[116] Potrebbe trattarsi di Pietro Giovanni *Ursi*, uomo di reggimento in occasione del pubblico parlamento del 22 ottobre 1570.
[117] Manca la parte di pagina dove era scritto il giorno.

Aurigenta, figlia ed erede del defunto Giovanni Domenico *de Baptista* e moglie di Piero Battista *de Rosato*, retrovende a Nicola Ranallo *de urso* il reddito annuo su una casa, che aveva acquista il 28 febbraio 1600.

L'11 giugno 1607, nella sua casa in contrada *da pedj la ripa*, Giulio Cesare *Brunj* acquista da Antonia di Cicco *de Santo Lombardo* il diritto di appoggiarsi a una parete della sua casa. Sono testimoni al rogito Nicola Ranallo *de urso* insieme a Gentile *marramo* e Prospero *mansueto*.

Il 17 giugno 1607 Colaranallo *de urso*, oltre a partecipare a un pubblico parlamento dell'università di Taranta, presenzia in qualità di testimone a una permuta di due case tra Dionora di Cicco *de ninno*, moglie di Ferdinando *de novello* e Giulio Cesare *de Bruno*; entrambe le case sono site in contrada *da pedj la ripa*.

Il 27 luglio 1607 viene rogato il testamento di Donata di Marcangelo *cepollonj* la quale nomina erede universale suo marito Battista *marramum* ed esecutore suo cognato Giacomo. Presenziano come testimoni Colaranallo *de Urso*, Don Vito *de Vito*, Marco Antonio *Sauro*, Cesare *de Raffaele*, *magister* Giovanni Augustino *Sciarra* e Scipione *mancino*.

In data 5 settembre 1607, nella casa di Pietro *de natale*, in contrada *dell'Aravecchia*, Francesca *carlocta*, moglie di Nicola Ranallo *de urso*, fa redigere in pubblica forma un documento stilato dal notaio premorto Antonio *Naturale* in data 6 agosto 1588 *in domibus* di Giovanni Domenico *de Col'antonio*, in contrada *dj porta dj recchia*. A seguito del matrimonio di Francesca, figlia del fu Giovanni Bernardino *Carloctj* e figliastra di detto Giovanni Domenico *de Col'antonio*, con Pompilio *de marzano*, il detto Giovanni Domenico e Giovanni *Carlocto* consegnano la dote di Francesca che ammonta a ducati 83.1.5. Alla stesura del documento erano stati presenti, tra gli altri, Don Tommaso *de Bapitsta*, l'*hon.* Pienicola *dj pompeo* e Domenico *del Urso*.

Lo stesso giorno, in casa di Colaranallo *de Urso*, in contrada *da pedj la ripa*, lo stesso Colaranallo dichiara che nell'anno 1592 aveva sposato Francesca *carlocta* ricevendo i beni menzionati nello strumento dotale rogato nel 1588 in occasione del primo matrimonio di Francesca con Pompilio *de marzano* e dei quali si dichiara soddisfatto. Sono testi Don Vito *de Vito*, Giovanni Donato *Lippi* e Serafino *marcociono*. Si tratta di una intricata e interessante trama di relazioni: gli Urso che sposano una Carlotto, figliastra però di un Colantonio facendosi assistere da un de Pompeo, da un de Vito, un de Lippis e da un Marcocioni.

Gli eredi di Domenico *de Urso* sono tra i confinanti di una casa terranea, sita in contrada *da pedj la ripa*, che il 16 settembre 1607 Pietro *de cent'anni* e Altilia di Biagio *cistj* vendono a Giovan Sante *de librato*.

Colaranallo presenzia come testimone anche il 22 marzo, il 13 aprile, il 19 settembre e il 27 novembre 1609.

In uno strumento del notaio De Angelis del 4 febbraio 1692, tra i confinanti con un territorio sito nella contrada *della Valle delli Tesci* compare un Matteo *dell'Urso*.

Il 16 marzo 1618 Colaranallo *del Urso* è uno dei tre testi che intervengono alla definizione dell'eredità di Flaminio *Rota*.

La ricostruzione della genealogia di questa famiglia è difficile a causa della mancanza di qualsiasi indicazione al riguardo, con l'unica eccezione dei fratelli Flaminio e Monforte.

Per quanto riguarda il Pietro Giovanni che il 13 giugno 1633 nella chiesa di San Nicola di Taranta è padrino di Antonia, pare difficile che possa essere lo stesso che il 22 ottobre del 1570 è vice camerario e sindaco dell'università; se fosse lui, infatti, anche ammettendo che nel 1570 avesse avuto soli venti anni, avrebbe tenuto a battesimo Antonia a oltre ottanta anni. Più probabilmente potrebbe essere un suo discendente, ad esempio un nipote, al quale, come accadeva frequentemente, era stato imposto il nome del nonno.

Famiglia Campana

Maria Grazia è la prima figlia di Marcantonio e di Giulia de Arruffo; nasce il 23 giugno 1653 e viene battezzata nella parrocchia di San Nicola il giorno successivo. Suo fratello Giuseppe nasce il 5 giugno 1655 a Taranta e viene battezzato il giorno successivo. Entrambi hanno per padrino il Reverendo Don Giovanni Carosi, parroco di San Nicola e Vittoria, moglie del Notaio Giovanni Nicola Campana.

La famiglia Campana è una famiglia di Palena sulla quale si hanno pochissime informazioni. Oltretutto sia presso l'Archivio di Stato di Chieti che presso la Sezione Distaccata di Lanciano non c'è traccia di documenti prodotti da Giovanni Nicola né dagli altri notai della famiglia. Per fortuna nei protocolli di *de Pactis* si riesce a reperire qualche notizia interessante.

Il 17 novembre 1599, nella casa degli eredi di Francesco *marramj* in contrada *dellj frainilj*, Ottavio *Caraccius*, originario di Palena, donatario del fratello

Pompeo, vende a Fulvio *campana* di Palena un terreno aratorio di tomoli[118] dieci, sito in contrada *delle tane* e un altro terreno aratorio di tomoli otto, sito in contrada *l'arsicce*. L'estensione complessiva dei terreni venduti è di circa sei ettari ed entrambi sono confinanti con altre proprietà di Fulvio.

Il 13 dicembre 1599, sempre nella casa degli eredi di Francesco *marramj*, dove Ottavio *Caraccius* vive con la moglie Mirandola *marrama*, si costituisce Tullio *falcocchius*, della terra di Palena, il quale dichiara di avere un annuo reddito, *sive censum*, di ducati sette e tarini uno, in carlini d'argento a ragione, come da strumento censuale rogato in passato dal notaio Giustino *Campana*, della medesima terra di Palena, in favore di Tommaso *Caracij*, sopra i frutti e gli introiti di una sua casa, sita a Palena e precisamente *In platea pu.ca Iuxta* di fronte la piazza, da un lato i beni di Sebastiano *cepolla*, dall'altro lato i beni degli eredi di Nicola *campana*, da piedi i beni degli eredi di detto Tommaso *Caracij* e altri confini, acquistato al prezzo di ducati ottanta in carlini d'argento a ragione. Il detto Tullio, sia per sé che per parte di Sebastiano, di Giovanni Giacomo e di Annibale, suoi figli, solidalmente obbligati per il detto censo, volendo soddisfare il già menzionato annuo censo di ducati ottanta, dà e assegna ad Ottavio *Caracio*, figlio di detto Tommaso, e a Pompeo, nipote ed erede dello stesso Tommaso, la menzionata casa, così come designata e confinata, al prezzo di ducati ottanta. *Et versa vice* i detti Ottavio e Pompeo, eredi *ut supra*, ritenendo di essere stati integralmente soddisfatti da detto Tullio e dagli altri prenominati figli nel detto strumento censuale, *ex nunc per tunc* lo cassano e annullano.

Un altro strumento utile viene rogato da *de Pactis* il 25 febbraio 1601 *In Terra palenæ et In domo* degli eredi del fu Jacobuccio *de Rainaldo alias Rapa*, della detta terra, sita *In contrata della valle.* Si costituiscono da una parte il notaio Giustino *campana*, di Palena, sua moglie Dea, figlia di Cesare *pizzindentis*, della terra della Taranta e loro figlio Giovanni Nicola, mentre dall'altra parte si costituiscono Francesco Antonio *Uranius* e sua sorella Urania. Giovanni Nicola ha sposato la menzionata Urania mentre Francesco Antonio ha sposato Cristina, altra figlia del notaio Giustino e Dea *pizzidentis*, per cui *de Pactis* riporta i relativi capitoli matrimoniali. *In Dei nomine Amen. Capitolj pattj & conventionj habitj initj e formatj fra: notaro Justino Campana et franc.o ant.o Uranio fra il felice matrimonio che col'aiuto de Dio s'havrà da contrahere fra esso Francisco ant.o Uranio da una*

---

[118] I valore del tomolo, espresso in m2, in provincia di Chieti è di 3.243.

banna e, dall'altra banna Christina figlia leg.ma e naturale del detto not.o Justino campana dj palena con l'Intravento consenso e, voluntà de Urania dj m.o Joseppo Uranio sorella carnale del detto frac.o ant.o e dj Gio:cola campana Suo marito Juxto l'uso della Santa Romana Ecclesia quali sono videlicet

In primis l'una parte e l'altra promettono fare e concludere detto solenne matrimonio fra un mese justa lj cerimonij della Santa Ecclesia.

Item promette detto not.o Justino, Urania suo nora et Gio:cola sua marito Incommunare con detto frac.o ant.o tutta l'heredità e benj hereditarij raggionj et attionj ch'ad essa Urania spettasse e potria spettare sopra l'heredità materna della quondam Marfisa de Rainaldis alias Rapa e tirare e far partire In due parti come fossero doj fratellj homininj ciò è la mittà per una renuntiando all'Institutione dell'herede fatta In persona dj detta Urania per la detta quondam Marfisa et allj capitolj fattj nel matrimonio della detta Urania e Gio:cola qualj da mò se danno per rottj e cassj che forno fattj per mano di notaro falco Rapa e, che questj siano valiturj omnj futuro tempore.

Item detto franc.ant.o promette Unire et Incommunare tuttj benj paternj con la detta Urania Sua sorella ciò è del quondam m.o Joseppo Uranio raggionj attionj spettantino e pertinentino In futurorum In qualsivoglia modo reservandose detto franc.ant.o li librj la catena dj oro e braccialettj dj oro per sua moglie e che detto francisc'ant.o sia tenuto della sua propria pecunia o dellj fruttj hereditarj In comune comprare una Catena d'oro ad Urania Sua sorella di valore di docati venti cinque per tutt'il mese di agosto prossimo venturo del presente anno 1601.

Item l'una parte a l'altra e l'altra a l'una promette Incommunare tutti e singoli benj mobili e stabili raggionj et attionj che In futuro potrà succedere ò succedesse al presente per via de fidej commissi legati o donationj fattj o da farsi e praesertim[119] sopra li benj che si spera se donj da Marco dj Ranallo alias Rapa commune ziano che se ne faccia due parti e che In tuttj benj l'uno soccede à l'altro morendo ab Intestato et sine Liberi et che tornando misser Marco e facendo renuntia de soj benj l'una parte e l'altra sia tenuto aiutare e Suvenirlo e manutenerlo Sua vita durante.

Item l'una parte a l'altra e l'altra parte a l'una promette unire loro benj lucrj e guadagni ciò è fruttj [...] e vivens detto not.o Justino con sua moglie e figli e servj con detto francisc'antonio sua moglie Urania Sua sorella e Gio:cola suo marito e loro famiglia per annj dece e vivens quietamente con ogni amorevolezza da padre e figlio e quellj elapsi volendose devider ogn'uno se rivada sopra loro benj nel modo

---

[119] Soprattutto.

ut supra ciò è la mittà per uno al detto francisc'ant.o et ad Urania dellj benj ut supra hereditarij et che not.o Justino sopra li soj verum guadagno seu augum.to e perdita se ne faccia tre partj un'ad esso francisc'ant.o, un'a Gio:cola e l'altro tira detto not.o Justino e che le donne si tengono nella solita reputazione dj loro case senza farlj fare servitij fora di casa Inlicitj.

Item che dellj vestitj della quondam commune matre siano In commune ut supra reservandose esso franc.o ant.o pro sua moglie la veste e robba di velluto con un ammantarello di seta e li fersorj e questa sia la parte dellj vestitj della moglie dj franc.o ant.o et una robba dj raso con una falchiglia dj armesino verde sia della moglie dj detto Gio:cola ciò è Urania.

Item detto not.o Justino promette dare In dote à detto franc.o ant.o de suj benj per la dote dj detta sua figlia docatj doj cento correntj In questo modo videlicet docatj cento de benj mobli corredalj ciò è letto ramo lenzola gonnelle centure et altrj adobbamentj al tempo del sponsalitio à commune stima et altrj docatj cento In denarj da qua e per annj dece che durara predetta unione Verum che morendo senza figli detta Christina dettj benj vadano al tronco della casa dj detto notaro Justino e che tanto la detta Christina quanto la detta Urania morendo senza figli rivadano al tronco loro ne possano testare nec non mancando detto not.o Justino consignare detta dote nel modo ut sopra e presertim li docatj cento per dece annj che sia lecito à detto franc.o ant.o pigliarsene à suo libito tante possessioni e de più chi vorra per qualche causa da detta In communatione partirse statim possa coluj che non vorra partirse pigliarse delle robbe dell'altro docatj cento senza nulla lite e contra dittione per che così è piaciuto à l'una parte et à l'altra.

item che dj quanto in detti Capitoli si contiene se ne faccia publico Istrumento dopo concluso detto matrimonio et firmati detti capitoli e che dea moglie di Notar Giostino rinuntij all'ipoteca di sue doti perche cosi e la volontà di l'una parte e l'altra.
datum in terra palenæ die decimo mensis februarij 14 inditionis 1601.
Io francesco Antonio accetto e confermo quanto di sopra
Io Gio:Cola campana di palena col consenso di mio patre qua presente accepto et confermo ut supra
Io N. Justino Campana di palena accetto et afermo ut supra et manu mea subscripsi
Io Urania di Uranio accetto ut supra
Io Don Hettorre tavano Arciprete di Palena fui presente et me subscripsi
Io Filippo Tatone dell'isola fui presente ut supra
Io Pietro di Jo:Domenico di Acciano fui presente ut supra et me subscripsi

Io pirro rapa fui presento ut supra
Io ant.o di stifano di palena fui presente et me subscripsi.

Il 12 marzo 1601, nella casa di Vittoria di Giovanfrancesco *Saurj*, in contrada *dellj frainilj*, si costituisce Marco *de Rainaldis alias Rapa* di Palena il quale *ob multa grata utilia fructuosa et accepata servitia* che confessa di aver ricevuto da Francesco Antonio *Uranio* e da Urania *Uranij*, figli della defunta Marfisa *de Rainaldis*, sua nipote, e del defunto *magistrj* Giuseppe *Uranij*, e che spera di ricevere anche in futuro con il favore di Dio, oltre che per l'intimo amore nipotale che dichiara di avere nei confronti dei due, dona, a titolo di donazione irrevocabile, tutti i suoi beni, cose e diritti, mobili e stabili, burgensatici e feudali, al predetto Francesco Antonio e a Urania, sua sorella e moglie di Giovanni Nicola Campana, di Palena. Francesco Antonio e Giovanni Nicola, per conto della moglie Urania, in solido accettano i predetti beni, cose e diritti, mobili e stabili, burgensatici e feudali, eredità e debiti di detto donatore, dovunque posti e siti, e allo stesso Marco, donante, in qualunque modo spettanti e di competenza, che gli competeranno o che acquisirà, compresi i mobili e le suppellettili di una casa di più membri sita nella terra di Palena, *In contrata detta la valle seu Subter castrum* confinante davanti con la via pubblica, dalla parte superiore con i beni di Pirro *Rapa*, dall'altro lato con i beni degli eredi del defunto Mariano *campana* e gli eredi del defunto Don Desiderio *de Vincentio*. Inoltre, i beni e le suppellettili di un'altra casa da cielo fino a terra con orto sita nella detta terra *Subter castrum*. Il donante si riserva di poter disporre per testamento al momento della sua morte degli infrascritti beni *videlicet vulgarite loquendo la causa del feudo dj castello ceco che verte nella regia sommaria sito In [...] dj palena una con quello che se potrà recuperare dalla regia corte: nec non il quarto del feudo c'have nel feudo dj preta bonnante territorio di palena con altrj feudatarij una con soj fruttj da recuperarnosj et che dettj donatarij siano tenutj manutenerlo de vitto e vestito et morte seppellirlo con forme à sua qualità et aiutarlo ad ogni Sua necessità tanto In palena quanto In Napoli o dove se troverà, altrimenti detta donatione sia nulla et che ritirandose In palena gli sia lecito retirarse ad una sua casa dove gli parera: nec non se riserba la lite c'have con Midonia Schiedj del peschio et con gli heredj del quondam Branditio Locchettj di palena e quanto da detta lite se recuperarà: nec non poj la stip.ne s'have reservato à se per detta raggione dj testarsi docatj dece*.

Il 31 maggio 1601, *In Terra palenæ et proprie In domo Universitatis dictæ terræ sita In contrata della strada nova*, in presenza del previsto giudice, del notaio e dei testimoni nonché in presenza di Don Luzio de Sangro, Governatore della Terra di Palena e del suo comitato, si costituiscono diversi abitanti di Palena e degli altri centri facenti parte della contea, quali Lama, Lettopalena e Montenerodomo. Il principe di Conca e conte di Palena accetta la proposta dei procuratori delle dette terre e dichiara pubblicamente di affittare e arrendare alle Università e agli uomini delle menzionate terre di Palena, Letto, Lama e Montenegro tutti gli introiti baronali insieme alle funzioni fiscali delle dette terre e dei feudi denominati *colle farurnj, pizzj, casceria, lo castello Ricinuso*. Tra gli abitanti di Palena compaiono Ovidio *campana* e Tommaso *campana*.

Un'ultima notizia è ricavata dalla banca dati "on line" dell'Archivio di Stato di Napoli dove, nell'inventario della "Cancelleria Notariorum", si rinviene una rogatoria del notaio Nicola Campana datata 16 marzo 1554. Si tratta, in sostanza, dell'autorizzazione concessa a operare all'interno del Regno di Napoli.

Che la famiglia Campana sia stata una famiglia di notai appare evidente; Nicola lo è sin dal 1554, Giustino lo è già nel 1601 e, per ultimo, Giovanni Nicola lo è nel 1653/54. L'importanza di questa famiglia è talmente evidente da non necessitare di alcuna ulteriore considerazione. Una riflessione approfondita necessita invece per quanto riguarda la persona di Giovanni Nicola, di sua moglie Vittoria e delle possibili ragioni che la possano aver portato al comparatico con i di Gianfrancesco.

Si è visto che nell'arco di un secolo sono stati individuati tre notai e la cosa potrebbe far pensare a una successione nella professione di padre in figlio. Ammettendo infatti che Nicola sia nato tra il 1525 e il 1530, potrebbe essere padre di Giustino che, avendo nel 1601 due figli in età da matrimonio, potrebbe essere a sua volta nato tra i quaranta e i quarantacinque anni prima, quindi attorno al 1560. Il notaio Giovanni Nicola, se fosse figlio del Giustino che nel 1601 sposa Urania e successivamente acquisisce il titolo di notaio, al momento del battesimo dei figli di Marcantonio potrebbe avere oltre 70 anni ed essere, quindi, coevo di Serafino. Se non fossero la stessa persona l'alternativa sarebbe la contemporanea esistenza a Palena di due omonimi, probabilmente in rapporto di stretta parentela. Optando per la prima ipotesi, si deve di conseguenza supporre che Vittoria sia la seconda moglie di Giovanni Nicola. Che si tratti di un tentativo da parte di Marcantonio di creare un legame tra i suoi figli e questa famiglia, molto probabilmente più abbiente della sua, è evidente; ciò che è praticamente impossibile capire è invece quale sia stato il canale che può avergli consentito di effettuare la richiesta di comparatico. Uno di questi potrebbe essere un prolungato rapporto tra le famiglie, magari risalente a Serafino, dovuto alla professione notarile di Giovanni Nicola al quale potevano aver fatto frequentemente ricorso lo stesso Serafino o Marcantonio per le esigenze legate alle attività di mercatura, quali la stesura lettere di cambio, proteste, contratti e così via. Basti ricordare, al riguardo, il ricorso al Notaio Giovanni Leonardo *Biancolella* ad Aversa il 22 maggio 1622 da parte proprio di Serafino per la stesura di una lettera di cambio o al notaio Prospero Rota da parte di Ascanio per la stessa ragione. Un'altra ipotesi potrebbe essere invece che il legame sia direttamente con Vittoria in quanto facente parte di una famiglia vicina ai di Gianfrancesco.

Famiglia Caruso

Anche su questo gruppo familiare i documenti disponibili sono scarsi e mancano del tutto prima del 1599, per cui si può supporre che sia arrivati a Taranta negli ultimi anni del XVI secolo. Un'ipotesi potrebbe essere suggerita dal testamento di Giovanni *de Benedictis*, fratello di Don Ursino, che *de Pactis* roga a Taranta il 21 luglio 1591 e con il quale Giovanni istituisce erede universale sua figlia Maddalena, moglie di Natale *de Caruso* dalla terra della Lama. I Caruso di Taranta potrebbero quindi essere un ramo dell'omonima famiglia di Lama.

Il 21 aprile 1599 Dionora, figlia ed erede del fu Giovanni Bernardino *alias Zocchi dj Jencano* oltre che moglie di Domenico *de fantasia*, nella sua casa di sita *In contrata da pedj la ripa*, fa redigere il suo testamento. Tra i testimoni presenti compare per la prima volta Bernardino *alias* Monaco *de Caruso*.

Il 4 luglio 1599, nella sua casa sita *In contrata da pedi la ripa*, Ferdinando *de novello* vende a Piero Giovanni *de pizzo* una casa *pensile* con una certa camera *et cum toto celo*, sita anch'essa *In contrata da pedi la ripa*. Poiché la detta casa era di sua moglie, Dionora di Cicco *de ninno*, Ferdinando la reintegra assegnandole una sua casa di tre membri *cum toto celo*, sita *In contrata da pedj la ripa* e confinante di fronte la via pubblica, da un lato con i beni di Giovanni *de Caruso*, dall'altro lato con i beni di Damiano *Brunj* e altri confini. Al rogito è presente, oltre a Dante *massij mancinj*, anche Ascanio *marcocionus*.

In data 2 marzo 1600 Altobella *canorna*, vedova del defunto Domenico di Petruzio *Pintj* e tutrice dei suoi eredi, fa redigere in pubblica forma uno strumento di donazione di una casa da parte del suocero Petruzio a suo marito Domenico, rogato il 15 maggio 1590 dal notaio Antonio *naturalem*. Monaco *de Caruso* presenzia come testimone, insieme a Sebastiano *de Camillo*, Gentile *marramus*, Biagio *de Sempronio* e Piriteo *morgognonus*.

Il 16 maggio 1600 Piriteo Malvezzi vende a Giovanni Perfetto *de falco* una casa in contrada *del castello* che era stata di Giovanni Paolo *palenj*. Anche in questa occasione Monaco *de Caruso* è testimone insieme a Muzio *macchiola*, Dante *massij mancinj* e Giovanni Augustino *de venturino*.

Il 3 luglio 1600, a seguito di un'azione legale di Piriteo Malvezzi, Pirro *de falco*, in nome e per conto della corte di Taranta, vende e assegna ad Altobello *macchiola* una casa dei fratelli de Lippis, sita in contrada *del castello*, che era appartenuta a Marco *de Domino*, confinante sui due lati con altri beni dei de Lippis, di fronte con la via pubblica e sul retro con *la ripa*, per la quale aveva offerto ducati trenta. Ancora una volta Monaco *de Caruso* testimonia al rogito assieme a Gentile *marramus*, Muzio *macchiola* e Benedetto *de Antonio*.

Il 17 luglio 1600, nella casa degli eredi di Annibale *Saurj*, si costituisce Piriteo Malvezzi alla presenza dei testi Ottavio *Caraccius*, Muzio *macchiola*, Monaco *de Caruso*, Marco Antonio *Schiabuctus* e Giovanni Augustino *Sciarra*.

Il 25 dicembre 1600, in casa di Vinciguerra *picconj*, si costituisce Caterina, figlia ed erede del defunto Giovanni Bernardino *de Cardonia* oltre che moglie di Bonfiglio *vinciguerra*[120]. Intervengono come testimoni il reverendo Don Antonio *Cocchictus*, Marco *Petroconus*, Antonio *Brunus*, Bernardino alias Monaco *de Caruso*, Marino *de Salvo* e Giovanni Andrea *Juppa*.

Il 7 settembre 1601, nella casa degli eredi del defunto *Doctoris* Pirro *de lippis* sita *In contrata del castello*, Raniero *de Liscio* consegna la dote a seguito del matrimonio tra sua sorella Nella e Antonio di Bonfiglio *de falco*. Nella, spontaneamente e con il consenso di suo marito Antonio e di *magistri* Giovanni *de Caruso* e di Giovanni Nicola di Antonio *Colarellj*, di detta terra, suoi consanguinei, dichiara di essere stata dotata del paraggio e ultraparaggio che le spettava e di cui dà quietanza, assolvendo suo fratello dai beni paterni e materni a essa spettanti e pertinenti.

Il 9 marzo 1604 *magister* Giovanni *de Caruso* e suo figlio Eusebio vendono a Mariano *de baptista* un annuo reddito di due salme di vino mosto su due loro vigne, al prezzo di ducati dieci. Una delle due vigne, sita in contrada *della valle dellj tesi*, confina da un lato con i beni di Bernadino alias Monaco *de Caruso*.

Il 29 marzo 1604 Anchise *Accettella*, della terra del Gesso, vende uno stiglio[121] aromatario *ciò la mitta delle vasa scattole et altre che se trova in suo favore in servitio di detta vase ad esso consegnate da flaminio Rota com'à marito de*

---

[120] Ovviamente si tratta di Bonfiglio di Vinciguerra *picconj*. Ulteriore ennesimo caso di instabilità nell'uso del cognome.
[121] Stiglio: mobilio, arredo di un negozio.

Vittoria di Benedetto Morello di detta terra a Muzio *macchiola*, con il quale Bernardino alias Monaco aveva già spesso testimoniato. Sono presenti in qualità di testi il reverendo Don Angelo *Colarellj*, Bernardino alias Monaco *de Caruso* e Marco *petroconus*.

Il 19 settembre 1604 Gentile *marramus*, poiché desidera mettere a coltura un suo terreno in contrada *della valle delli tesi*, si accorda con Antonio *de Leto* e gli affitta, a titolo di locazione, il menzionato territorio al reddito annuo, *sive censu*, di una salma di vino mosto alla misura napoletana, da versarsi nel mese di ottobre, al tempo della vendemmia, a partire dall'anno 1607. Tra i confinanti vi è *magister* Bernardino *alias* Monaco *de Caruso*.

Il 6 novembre 1604, nella sua casa sita *In contrata del castello*, *magister* Bernardino *alias* Monaco *de Caruso* consegna la dote della figlia Renza, del valore di ducati 42.6.0, a seguito del matrimonio con Giovanni Dinuccio *Impitia*. Sono presenti, in qualità di testi, Cesare *de Raffaele*, *magister* Giovanni Augustino *Sciarra*, *magister* Nicola *Sciarra* e Ferdinando *cistus*.

Giovanni *de Caruso* compare tra i cittadini di Taranta che partecipano al pubblico parlamento del 7 novembre 1604.

Pochi giorni dopo il matrimonio della figlia, il 23 novembre 1604, Bernardino alias Monaco *de Caruso*, nella sua casa in contrada *del castello*, fa redigere il suo testamento. Tra le altre cose *Item declara esso testatore qualmente contratto matrimonio moltj annj sono tra esso testatore e franzonia dj Bonefatio di palombaro jn tempo se la porto jn sua Casa hebbe et recebbe da essa franzonia tre appartamenti di casa con tutt'il celo e tetto siti jn detta terra della Taranta e propriamente jn contrata dj peschio del gisso assecuratagli dal quondam Giovanni Cornelio di Albentio petrocone primo marito di essa franzonia come n'appare in strumenti li quali appartamenti di casa andarono à terra et esso testatore vendetti pincj scandole e massalettj ascendentino alla summa dj docatj ventj.*
Item dice haver avuto esso testatore e ricevuto da certi detentorj de bonj di essa franzonia della terra di palommanno parecchi docatj del che se ne ricorda ma n'appare polise27 fatta per mano di esso testatore e per mano di notaro Angelo di Mascio di finamore de palummano alle quali s'habbia relazione e quelle da mò esso testatore ratifica et accetta.
Item declama ancora esso testatore haver avuto e ricevuto da Giuseppe Sauro della Taranta docati quattro et uno tarino per causa del salario doveva à petro figlio dj essa franzonia: nec non declara haver avuto e recevuto docatj otto per haver venduto calse cappa e gippone similmente di detto quondam petro figlio dj essa franzonia dellj qualj benj e denarj recevuti il detto testatore per sua negligentia non

ne fece altrimenti cautela alla detta franzonia: ma hora esso testatore ritrovandose jnfine di morte, si per non portarsene per conto nell'altro mondo come anco acciò la detta franzonia possa recuperarte dette quantità de denarj e benj: da mò per all'hora e sempre gli dà cede e concede e la costituisce procuratrice come à sua casa propria una sua casa dove al presente abita de doj membrj e camera sita jn contrata del castello juxta le sue confine nec non uno pezzo di territorio sito jn contrata della valle dellj rescj de detta terra juxta le sue confine con omins suis juribus ad habendum.

Item dice alli annj passatj haver maritata Alliana sua figlia con Cesare de Marinello la quale se portò avanti la sua sposaglia moltj benj dotalj dellj qualj non gli ne fece cautela per tanto per supplemento di legittima che gli potesse toccare gli lassa cinque carlini con pacto non possa domandare altro dellj soj benj et domandando dicada e s'applichi all'jnfra herede. Nomina erede universale suo figlio Biagio ed esecutori del testamento, oltre che tutori di Biagio, Giovanni Filippo *rosatus* e Giovanni Domenico *margagnonus*.

La morte di Bernardino trova conferma in uno strumento del 1° gennaio 1607, rogato in casa di Pietro *de novello*, con il quale Pietro Antonio *de falco* vende ad Ascanio *marcocioni* un piccolo terreno aratorio sito nella *valle dellj tescj*. Tra i confinanti con il terreno compaiono gli eredi del defunto Monaco *de Caruso*.

Il 27 maggio 1607, nella bottega degli eredi di Annibale *Saurj*, sita in piazza, si costituisce Giovanni *de Caruso,* il quale vende a Giuseppe *Sauro* un terreno aratorio sito in contrada *delle colonne*.

Il 19 giugno 1607, nella bottega degli eredi del defunto dottor Giovanni Donato *Saurj*, sita in piazza, Giovanni *de Caruso* vende a Giovanni Perfetto *de falco* una casa di un membro, sita in contrada *del castello*.

Il 16 luglio 1607, in casa di Cusenzia di Vincenzo di Sante *Ramundj*, sita in contrada *del valso*, Giovanni *de Caruso* e sua moglie Cusenzia vendono a Biagio *Prioso* il diritto di andare e tornare dalla sua casa alla casa degli eredi della defunta Crinenzia, moglie di *magister* Biagio. *Magister* Giovanni *de Caruso* reintegra la moglie, proprietaria del diritto, assegnandole una sua vigna in contrada *dellj tescj*, la quale confina, tra l'altro, con i beni di Biagio *de Caruso*.

Il 6 gennaio 1609 si costituiscono Leonardo *de mando*, baiulo della corte di Taranta, e Gentile *marramj*. Leonardo dichiara che su richiesta del notaio Costantino *de Pactis*, erario baronale, era stata effettuata una esecuzione sopra alcuni beni di Ferdinando *cistj* e dei suoi fideiussori ovvero Pietro Antonio di notar Pirro *de falco*, Nuccio *Inpicciam*, Biagio *cistum* e Antonio *carrabba* per un debito di ducati 210 dovuti per l'affitto del molino ed era stata messa all'asta, tra gli altri beni, una vigna di Ferdinando *cistj*, sita in contrada *della valle dellj tescj*. Il maggior offerente era risultato *magister* Giacomo *marramo*, il quale però aveva dichiarato di aver agito in nome di Gentile *marramj* per cui Leonardo assegna la vigna a quest'ultimo. Tra i testi viene nominato Eusebio *de Caruso*.

Il 15 febbraio 1625 Giovanni Battista Valignani concede un prestito di ducati 2.000 all'Università di Taranta ponendo una ipoteca sui beni della stessa Università e su quelli privati di alcuni cittadini. Tra questi Marano(?) di Pietro Nicola garantisce con una sua vigna di 4.000 viti, confinante anche con i beni degli eredi di Biagio *carusij*.

Il 2 febbraio 1692 i fratelli Aloisio e Marcantonio di Gianfrancesco, ormai trasferiti a Lama, fanno redigere uno strumento di vendita dal notaio de Angelis con il quale assegnano definitivamente a Giuseppe *Porreca*, di Taranta, una loro casa con stalla sita in contrada *Piediripa*. Oltre al notaio sono presenti il giudice regio Vincenzo *Caruso* e i testi Francesco *Marrama* e Raimondo *Caruso*.

Vincenzo *Carusi* è il marito di Livia *forcone* la quale, due giorni dopo, il 4 febbraio 1692, dona i beni ricevuti in eredità dal fratello Don Bernardino al figlio, il chierico Domenico *Carusi*. Al riguardo si riporta quanto già scritto nel corso della trattazione della famiglia Forcone. «*Una riflessione potrebbe essere fatta sul Bernardino che testimonia alla stesura della lettera di cambio di Ascanio. Ovviamente la sua presenza potrebbe essere indicativa della fiducia che Ascanio ha nei suoi confronti, forse anche sulla base di precedenti "affari" trattati assieme. Ciò li potrebbe rendere coevi per cui, come Ascanio è il nonno di Giovanni Leonardo, così Bernardino potrebbe essere il nonno di Maria, moglie di Giovanni Leonardo. Si potrebbe a questo punto arrivare ad ipotizzare che, in base alla nota abitudine di riproporre i nomi degli antenati diretti, l'arciprete Bernardino potrebbe a sua volta esserne il nipote e quindi fratello anche di Maria oltre che di Adriana e Livia.*».

Il collegamento dei Carusi con i Forcone potrebbe essere la ragione alla base del comparatico.

Famiglia Mansueto

Pietro Aloisio, figlio di Giovanni Leonardo, in occasione del suo battesimo del 20 luglio 1654 ha per padrino il reverendo Don Bernardino Mansueto.

Come già più volte detto, il volume dell'anno 1590 dei protocolli di *de Pactis* si apre con la parte finale di uno strumento dotale, la cui parte iniziale è inserita alla fine del volume del 1609. Dalla lettura delle due parti si viene a conoscenza che in una data non definita del detto anno 1590 l'*hon.* Orazio *de Urso* consegna la dote della figlia Persola in occasione del matrimonio con l'*hon.* Mascio di Ciancio *Impitia*. Giovanni Battista di Graziano *de bruno* è presente *loco mundualdj*. Tra i testi viene menzionato l'*hon.* Prospero *mansueto*.

Il 2 settembre 1590 l'*hon.* Giovanni Marco *Curtus* e l'*honesta mulier* Dionora, *jure romano vivens, ob multa grata utilia fructuosa et accepta servitia*, ricevuti da Marco Antonio *de felice*, loro nipote, gli donano i propri beni. Marco Antonio si impegna a tenere, alimentare e vestire i detti donatari *loro vita durante* e di trattarli come padre e madre. Presenziano in qualità di testi i magnifici Flaminio *Saurus*, Prospero *mansuetus*, Paolo *pizzidentis*, Giovanni Agostino *de novello*, Leonardo *de Baptista*, Cesare *scabuctus* e Marco *Turcus*.

Il 31 agosto 1591 Giovanni Cornelio *Cocchictus* vende a Leonardo *cocchicto* una certa sua casa sita *in contrata dell'aravecchia*. Sono testi gli *hon.* Sante *marioctus*, Marco Antonio di Paolo *Schiabuctus*, Sebastiano *de Camillo*, Antonio *forconus* e Placido *mansuetus*.

Il 1° settembre 1591 Raimondo *forconus* vende al magnifico Ottavio *Caraccio*, della terra di Palena ma abitante nella terra della Taranta, una casa sita *in contrata dj petranzerj*. Presenziano in qualità di testi il reverendo Don Tommaso *de Baptista* e gli *hon.* Prespero *mansuetus*, Pier Francesco *de natale*, Giovanni Agostino *de novello*(?), ferdinando *cistus*, di Taranta e *magister* Giovanni Vincenzo *magistri Margari*[...] di Palena.

Il 18 settembre 1591 viene rogato il testamento di Giovanni Paolo *palenj*, nella sua casa in contrada *dellj frainilj*, al quale intervengo i *magnifici* Giovanni Onofrio *de pactis utis medecine doctor*, Prospero *mansuetus*, Matteo *Cocchictus*, Sante *marioctus*, Sebastiano *de Camillo*, Pier Nicola *de pompeo*, Flaminio *Saurus*, Pier Francesco *de natale* e Giovanni Alfonso *de lippis*.

Il 31 dicembre 1591 Prospero *mansueto* è tra i testi che presenziano alla stesura del testamento dell'*hon.* Marco Antonio *mancini* in casa degli eredi del fu magnifico Iacone(?) *mancinj*, sita *in contrata dell'aravecchia*.

Il 4 giugno 1595 i magnifici Prospero *mansuetus*, Giovanni Agostino *de novello*, Desiderio *de paulo* e Leonardo *de col'antonio* intervengono alla stesura dello strumento con cui Giacomo Antonio *de lippis*, priore del S.mo Sacramento residente nella Venerabile Chiesa del Divino Nicola di Taranta, dai beni della detta confraternita vende a Muzio *macchiolo* un orto sito *in contrata del ponte*.

In data 9 settembre 1595 i magnifici Prospero *mansueto*, Muzio *macchiolo*, Flaminio *Saurus*, Manlio *picconus*, Biagio *venturinj*(?), Giovanni Agostino *de novello*, Sante *mariotto*, Adamiano *de Bruno* e Dante *massij mancini*, presenziano al testamento di Cesarea *de fantasia*, moglie di Liberato *Curtus*.

L'8 ottobre 1595, nella loro casa sita *In contrata dj porta dj recchia*, l'*hon.* Fedele *de Blasio* e sua moglie Vittoria di Domenico *massij mancinj* "mortificano" e si donano reciprocamente i beni di rispettiva proprietà alla presenza dei magnifici Prospero *mansuetus*, Giovanni Augustino *de novello*, Damiano *de Bruno*, Antonio *mariocto* e Ferdinando *cistus*.

Il 22 novembre 1595 l'*hon.* Piermarino *de Joannefrancisco* della terra della Lama, spontaneamente dichiara che, tra gli altri suoi beni, possiede *uti verum dominum* una certa casa di due membre *cum toto celo*, sita *In contrata della piazza*. Piermarino, *propter multa grata gratuita et fructuosa servitia et beneficia* che dichiara di aver ricevuto dall'*honesta mulier* Palma, sua figlia, le dona la detta casa. Lo strumento viene rogato a Lama e Prospero *mansueto* è l'unico tarantolese che interviene quale teste.

Il 20 gennaio 1599 Pierleo *vernisius* vende a Nardo *de Joanne franc.o*, con patto di ricompera entro tre anni, un pezzo di terreno aratorio della capacità di tomoli uno e mezzo, sito *In contrata dell'Inzappina*, confinante da piedi con i beni di Amatangelo *mansuetj*.

Il 13 febbraio 1599 Polidoro *de magistro Angelo* consegna la dote di sua figlia Donata a seguito del matrimonio con Leone *de Marino*, della terra di Torricella. Anche questo atto viene rogato a Lama e Prospero *mansuetus* è l'unico teste tarantolese.

Il 25 maggio Prospero *mansueto* si costituisce, insieme a Giulio Cesare *de bruno* e Nardo *de Joannefranc.o*, per conto dell'ospedale Taranta e insieme vendono a Orazio *de Berardino*, da Sulmona, tutore degli eredi del fu Annibale *Saurj*, un territorio di sette salme di longitudine e tre di latitudine, sito *In contrata di S.to Blasio*.

Il 5 giugno 1599 si costituisce Merlino di Carangelo *de merlino*, il quale consegna la dote di sua figlia Caradonna a seguito del matrimonio con Bernardino di Raimondo *de forcono*. Sono testi Mariano *de baptista*, Prospero *mansueto*, Gentile *marramo*, Guerino *del Urso* e Antonio *forcone*; tutte famiglie con le quali i Marcocioni erano in relazione.

Da uno strumento del 18 agosto 1599 si apprende che Don Manunzio *Mansuetus* è l'aciprete di Colledimacine.

Prospero è ancora testimone il 18 settembre 1599 insieme a Nicola Rinaldo *de urso*, Pietro Antonio *Cocchictus* e Adante *massij mancinj*.

Il 6 novembre dello stesso anno, Finadamo e Ottavio *merlini* consegnano la dote della loro sorella Caterina a seguito del matrimonio con Cicco, figlio di Pierleo *Suarus*. Tra i testi è presente Prospero *mansueto*.

Il 17 novembre 1599 Mariano *de Baptista*, Prospero *mansueto* e Antonio *mariocto*, presenziano alla stesura del documento con cui Piriteo *malvetius*, utile signore delle terre della Taranta e di Quadri, vende e assegna a Tommaso *de marianello* una casa terranea sita *In contrata di porta dj recchia*, che fu di Fedele *de marcocione*, a lui devoluta a causa della morte di detto Fedele senza figli legittimi.

Il 21 dicembre 1599 Don Angelo *Carlocto*, Don Antonio *Cocchicto*, Prospero *mansueto*, Benedetto *de Antonio*, Gianfrancesco *Leonio* da Agnone *Doctor In medicina*, Don Fulvio *Sciarra*, Giovan Donato *lippi* e Marco *Schiabucto* presenziano ad uno strumento di accordo e concordia per una lite giudiziaria in atto tra Giuseppe, Finadamo e Marco Antonio *Saurus*, figli ed eredi del defunto Annibale *Saurj*, da una parte, e Mirandola *marrama* e Biagio *caraccius*, moglie e figlio di Ottavio *Caraccj*, dall'altra parte.

Lo stesso giorno Prospero presenzia anche ad una compravendita tra Giovan Domenico di Antonio *de Allega*, della terra della Lama, e Rosato di Antonio *de Allega*, della medesima terra della Lama.

Il 18 marzo 1600, nella casa di Prospero *mansueto*, sita in contrada *dellj frainilj*, Piriteo *margagnonus*, dopo aver dichiarato che negli anni precedenti aveva acquistato da Ottavio *caraccio* un terreno aratorio in contrada *della valle delli tesj*, lo retrovende a Placido *mansuetum*, essendo venuto a conoscenza del fatto che il terreno gli spettava per diritto di contiguità con una sua proprietà.

Successivamente Prospero interviene come teste il 23 aprile ad un ennesimo strumento tra abitanti di Lama, rogato nella piazza di Taranta; il 4 settembre, alla vendita di un terreno a Guerino *de Urso* da parte di Piriteo Malvezzi; il 1° ottobre, alla vendita di un orto da parte di Antonio *forconus*, quale tutore di Bernardino *de Salvo*: il 14 novembre, ad un'altra vendita da parte di Piriteo Malvezzi; il 19 novembre, per la vendita di alcuni beni di Battista *marramj* trasferitosi a San Severo e infine il 26 novembre 1600.

Il 25 novembre 1600 si costituiscono da una parte Giovanni Antonio di Cola *Sciarra*, di Taranta, e dall'altra parte Camilla *de petro antonio* di Colledimacine, con il consenso del marito *magister* Nicola *Sciarra*, e il fratello Francesco *de petro antonio*. Giovanni Antonio dichiara che al tempo del matrimonio tra suo figlio Nicola[122] e la menzionata Camilla, gli fu consegnata la dote da parte di Pietro Antonio così come risulta dallo strumento dotale stilato in data 13 gennaio 1596 dal reverendo Don Manuzio *mansuetj* della terra di Taranta, Arciprete di Colledimacine.

Prospero *mansueto* presenzia come teste il 21 marzo 1601, insieme ad Ottavio *caraccius*, Desiderio *Schiabucto*, Giovanni *de pactis* e Nicola Rinaldo *de Urso*, in occasione di una donazione fatta da Dorotea *Rosata* a suo figlio; il 19 aprile, insieme a Tommaso *caraccio*, Pietro *Brunus*, Giacomo Antonio *marranus*, alla locazione di un terreno da parte di Antonia, figlia ed erede del defunto dottor Aloisio *de Rosatis* della terra della Lama e moglie di Pietro Antonio *cocchictj*; il 29 luglio, insieme a Giovanni Antonio *marramus*, Pietro Antonio *Cocchictus*, Don Vito *de vito*, Giovanni *de Pactis*, Pierleo *vernisius*, Giovanni Augustino *Sciarra*, Cesare *de Rafaele*; il 21 agosto 1601 al testamento di Flaminio *dj creta*; il 20 gennaio 1604; il 28 febbraio 1604; il 4 marzo 1604 per la vendita di un terreno del Monte di Pietà a Mariano *de Baptista*; il 25 aprile 1604, insieme al *Doctor fisicus* Antonio *Camerinus*, della terra del Gesso, al reverendo Don Antonio *Cocchictus*, e al *magister* Saverio *Ingargiola*, per la vendita di alcuni *bona aromataria*; il 23 agosto 1604; il 4 settembre 1604, insieme al reverendo Don Antonio *cocchictus*, al *Doctor* Piriteo *quaglialacte*, a Giuseppe *Saurus* e Leonardo *cocchictus,* allo strumento dotale di Colonna di Nunziato *Schiabuctj*, moglie di Giovanni Giorgio *Saurus*; il 13 novembre 1604.

L'8 gennaio 1604 il reverendo Don Manunzio *mansuetus*, della terra di Taranta e Arciprete nella terra di Colledimacine, partecipa in qualità di teste.

Il 20 febbraio 1604 Tranquillo *mansuetus* dà una sua vigna in enfiteusi a Piriteo *margagnonus*, al reddito annuo di due salme di vino, al prezzo di ducati dodici.

Il 31 luglio 1604 Pier Luigi *Saurus* consegna la dote del valore di ducati 79.8.5 in occasione del matrimonio della figlia Giulia con *magister* Giovanni Augustino *Sciarra*. Pieroleone *Saurj* e Prospero *mansuetj*, suoi consanguinei, sono presenti in qualità di *mundualdi*.

Nel corso dell'anno 1606 Prospero interviene come teste alla stesura di cinque rogiti notarili: il 22 marzo, per l'acquisto di un terreno da parte di Piero Leone *Saurj*; il 12 aprile per un debito che Caterina, moglie vedova di Nardo *de Joannefrancisco* vantava nei confronti del defunto Guerino *de urso* e per la locazione di

---

[122] È da notare uno dei tanti casi di riproposizione del nome degli antenati. Qui abbiamo Nicola che è figlio di Giovanni Antonio che, a sua volta, è figlio di Cola, ovvero di Nicola.

una vigna di Mariano *de Baptista* a *magister* Nicola *Sciarra*; il 2 settembre in occasione di uno strumento dotale, assieme a Colaranallo *de Urso*, *magister* Giacomo *marramo*, Renzo *pizzondenti*, Baldovino *de rigo* e Cenzio[123]...; il 20 novembre per una donazione tra coniugi.

Il 10 gennaio 1607 Tranquillo *mansuetj* vende a Bladovino *de Rigo* un piccolo terreno aratorio, sito in contrada *della valle delli tescj*. Però, poiché il terreno è di proprietà della moglie Marta di Pieroalmante *Iuppa*, Tranquillo con un successivo rogito la reintegra assegnandole una sua casa sita in contrada della piazza. Ad entrambi gli strumenti interviene, tra i testi, Prospero *mansueto.*

Prospero è teste anche il 25 febbraio 1607, insieme a Leonardo *de Col'antonio*, Ferdinando *cisto* e Nunziato *forcono*; il 3 maggio e il 17 giugno 1607 partecipa, insieme a Placido e Tommaso, a due pubblici parlamenti dell'Università di Taranta; l' 11 giugno è ancora teste, insieme a Gentile *marramo* e Nicola Ranallo *de urso*, ad uno strumento di Giulio Cesare *Brunj*; il 19 giugno ad una compravendita tra Giovanni *de caruso* e Giovanni Perfetto *de falco*; il 24 agosto ad una compravendita tra Adario di Antonio *de Adario* e Leonardo *de Col'antonio*.

Nel corso dell'anno 1609, Prospero interviene come teste il 3 aprile, in uno strumento di acquisto da parte di Piero Leone *Saurj*; il 22 giugno agli strumenti dotali di Virgilia, figlia di Piero Leone *Saurj* e di Giulia, figlia di Piero Luigi *Saurus* e infine il 4 ottobre.

Non è facile azzardare una ricostruzione della genealogia di questa famiglia a causa della mancanza di qualunque riferimento utile. Prospero, Manunzio, Tranquillo e Placido parrebbero essere quasi coevi, anche se la figura di Prospero appare dominante rispetto alle altre. Manunzio da parte sua è Arciprete e ciò potrebbe far pensare ad una sua età avanzata. Una ipotesi potrebbe essere quindi quella che vede Prospero e Manunzio fratelli mentre Tranquillo e Placido figli di Prospero. L'unico che forse potrebbe essere più giovane è Tommaso in quanto non compare in nessun atto prima del 1607. Potrebbe essere un terzo fratello più piccolo o, considerando che Tranquillo nel 1607 è sposato con Marzia *Juppa* (*de Pactis* – 25 febbraio 1607 – pag. 28 R.), potrebbe essere anche suo figlio. Sicuramente non è identificabile il filo genealogico di Don Bernardino, padrino di Pietro Aloisio.

Il gruppo familiare appare di elevato livello sociale, anche tenendo conto delle caratteristiche degli altri soggetti intervenuti, come parti o come testi, nella maggior parte degli strumenti sopra accennati.

---

[123] Forse *petrocone*. Purtroppo, manca il pezzo di pagina e non si comprende il cognome.

Leggendo i nomi di costoro ci si accorge che moltissimi sono membri di famiglie i cui collegamenti sono stati già abbondantemente evidenziati, ad ulteriore conferma, anche considerando la frequenza con cui ricorrono, dell'esistenza di un complesso sistema di relazioni, di parentele più o meno strette, di rapporti professionali e interessi economici, alleanze e clientelismi tra questi gruppi familiari. Forse è proprio in questa rete di relazioni più che in una forma di utile assoggettamento verso esponenti del clero che va cercata la ragione che ha portato al comparatico di Don Bernardino, ma anche di Don Giovanni *Carosius* e di Don Francesco *de Coladonato* di Fallascoso.

Va infine evidenziato l'apparente legame della famiglia Mansueto con la vicina Lama, suggerito dai numerosi interventi di Prospero in occasioni di strumenti rogati dai suoi abitanti.

Altre famiglie

Per quanto riguarda gli altri casi di comparatico, purtroppo non si è in grado di reperire alcuna notizia. Dell'ostetrica Caterina, infatti, non viene specificato alcun cognome, viene solo evidenziato che è la moglie di Vincenzo da Pizzoferrato mentre con riferimento a Giuseppe *de Circonis* da Pacentro, Don Francesco *de Coladonato* da Fallascoso e Maria *de Papa*, l'essere di fuori Taranta renderebbe necessaria una specifica ricerca storico genealogica. Innegabilmente però la scelta di queste persone per il battesimo dei propri figli è ulteriormente indicativa di relazioni sociali dall'ampio orizzonte, conseguenza, forse, di attività economiche.

Solo con riferimento a Maria *de Papa* sono disponibili alcune notizie. Il 4 giugno 1606 *de Pactis* redige in pubblica forma lo strumento dotale di Liberata, sorella di Flaminio e di Vittorio *de Creta* in occasione del matrimonio con Cenzo di Marco *de Petricone*, che era stato stilato il 2 luglio 1581 dal notaio Pirro *de falco*. Tra i *magnifici viri* presenti in qualità di testi compare anche un Manunzio *Papa*. Una Pellonia *di Papa* compare inoltre nell'elenco dei debitori del testamento di Fedele *de Blasio* dell'8 ottobre 1595. Non trovandosi altre notizie di questa famiglia negli strumenti di *de Pactis* ed essendo Giovanni Aloisio Valerio nato il 17 dicembre 1663, si può pensare che successivamente i *de Papa* si sia trasferita a Lama, rimanendo comunque in contatto con i di Gianfrancesco, oppure che siano originari di Lama da dove, un ramo si sia trasferito a Taranta gli ultimi decenni del XVI secolo.

CONCLUSIONI

Dopo questa lunga carrellata di famiglie e di personaggi della Taranta del XVI secolo, di dati e informazioni più disparati, può essere utile ricapitolare quanto detto e tracciare un definitivo profilo socioeconomico della famiglia di Gianfrancesco.

Dal punto di vista professionale si può affermare con certezza che in quel periodo la famiglia fosse dedita ad attività creditizia di ampio respiro, sia per gli importi delle operazioni sia per l'estensione dell'area in cui operava, che andava dalla ovvia Taranta alla fiera di Aversa, con rapporti con clienti di Messina.

I capitali necessari per poter svolgere questo tipo di attività non potevano derivare esclusivamente dal surplus di attività agricole, se non basate su consistenti possedimenti di tipo latifondistico. I possedimenti terrieri di cui si ha notizia, per quanto non esigui, non supportano questa ipotesi per cui, escludendo anche il coinvolgimento nell'allevamento di ovini, grazie ai preziosi studi di Como, la teoria più probabile rimane l'impegno nella "mercatura".

Utile in questo senso è il testamento di Fedele, cugino di Ascanio e Biagio, rogato nell'ottobre 1591, in appendice al quale vi è il seguente elenco dei suoi debitori e delle ragioni del debito stesso:

Impolito Scacco deve per tanta lana	*d. 3. 6. 0*
Perolione verniso per lana	*d. 2. 0. 0*
olivio dj simione per lana	*d. 1. 7. 3*
berardo dj croce per lana	*d. 3. 3. 0*
Vincenzo merlino per grano	*d. 3. 6. 0*
Gio:Jacono profeta per lana	*d. 3. 8. 0*
l'heredj dj Antonio dj vito per grano	*d. 3. 6. 0*
Marcantonio parlotto obligato	*d. 1. 6. 0*
Rinaldo dj pero matteo per lana	*d. 3. 6. 0*
Johanni dj francesco	*d. 1. 7. 0*
Pellonia dj papa c'è la securtà	*d. 1. 0. 0*
Paoluccio schiavutto	*d. 0. 7. 0*
Johanni dj ferrante c'è la securtà	*d. 3. 8. 0*

Da ciò vediamo che Fedele è dedito principalmente al commercio di lana non lavorata della quale, con tutta probabilità, si rifornisce presso le fiere del Regno e che rivende ai tarantolesi impegnati nella produzione di pannilana. Non può trattarsi infatti di lana locale in quanto questa verrebbe acquistata direttamente dagli allevatori di ovini locali senza la necessità, per i produttori di tessuti, di un intermediario, figura che per loro comporterebbe inevitabilmente un aumento del costo della materia prima.

Anche per il grano venduto ad Antonio *dj vito* potrebbe valere la stessa riflessione anche se non si può escludere in assoluto la possibilità che si tratti di produzione propria.

Ancora più utili e, forse, conclusive sono le due *securtà* riportate con riferimento a Pellonia *dj papa* e Giovanni *dj ferrante*. Scrive al riguardo Benedetto Cotrugli Raguseo nel suo "Il libro dell'arte di mercatura" del 1573: « Capitulo XII. De lo deposito e de lo pegno. ... *Et quel medesmo possamo dire del pegno, lo quale se dà per securtà di cului che inpresta lo denaro...* ». Successivamente si legge: « Capitulo XIIII. De le sicurtà et sicuratori. *Lo assicurare l'è uno [contracto] comune et utile et commodo non solamente a' mercanti che asicurano et che si fanno assicurare, ma eçiamdio l'è commodissimo a le cità et a le republiche per dui potissimi respeti ...* ». [124] Si tratta quindi di forme di assicurazione usate nelle attività di mercatura o di prestito su pegno. Nello specifico del testamento di Fedele c'è da supporre una situazione di questo ultimo tipo.

Considerando la comune discendenza dal nonno Marco, nell'ambito di quella che potrebbe quindi essere una attività "di famiglia", anche per Ascanio e Serafino si potrebbe immaginare una situazione molto simile anche se, con molta probabilità, di maggiore rilevanza.

I titoli attribuiti, gli incarichi svolti dai membri della famiglia, il loro coinvolgimento nell'amministrazione della Università nel periodo tarantolese, testimoniano la collocazione sociale di rilievo degli stessi. Del resto, rilevanza sociale e agiatezza economica si riverberavano e rinforzavano a vicenda, allora come adesso.

Rilevanza sociale e agiatezza economica trovano conferma e rinforzo anche dai gruppi familiari facenti parte della rete di relazioni e di legami interpersonali approfonditamente descritta nelle pagine precedenti.

---

[124] Benedetto Cotrugli Raguseo, Il libro dell'arte di mercatura, a cura di U. Tucci, Venezia, Arsenale Editrice, 1990.

Tutto ciò può ritenersi ancora valido alla fine del XVII secolo. Ricordiamo infatti che il 21 gennaio 1672 Giovanni Leonardo *di GiovanFrancesco* è, insieme ad Antonio *Porreca*, procuratore del Sacro Monte di Pietà di Taranta. Considerando la natura essenzialmente "bancaria" dei Monti, di cui si è detto, il ruolo di suo procuratore rivestito da Giovanni Leonardo non può che attestare la saldezza della collocazione socioeconomica al tempo ancora goduta dalla famiglia.

CAPITOLO 4

Il trasferimento a Lama dei Peligni

Come appena detto, negli ultimi decenni del '600 Giovanni Leonardo era ancora ben inserito nella società tarantolese, per cui non è agevole capire quali possono essere le ragioni che abbiano spinto i suoi tre figli, Giovanni Aloisio Valerio, Apollonio Marco Antonio e Dionora insieme alla nipote Maria Grazia (figlia del fratello Marcantonio), non tanto a sposare cittadini della vicina Lama, quanto a decidere di trasferirvisi in blocco. Non sono stati trovati documenti chiarificatori in questo senso, per cui ancora una volta è necessario un lungo lavoro induttivo.

Sicuramente l'uomo si è da sempre spostato per due ragioni: il miglioramento della propria condizioni di vita o per il mantenimento delle stesse. Ovviamente si tratta soprattutto delle "condizioni" economico-lavorative e di sopravvivenza in genere.

In questo senso diventa utile una preliminare panoramica sulla situazione politica, economica e fiscale nel Regno, in Abruzzo e nella piazza economica più vicina a Taranta, ovvero Lanciano, durante i secoli XVI e XVII.

§

Il Regno di Napoli (L. De Rosa)

Con la pace di Cateau-Cambrésis, siglata nel 1559, la Spagna, uscita vittoriosa dal lungo conflitto con la Francia per la conquista dell'Italia, si assicurava il dominio sulla penisola e la supremazia in Europa.

Filippo II, nato nel 1527 e salito sul trono spagnolo nel 1556, raccoglieva così i successi ottenuti dal padre, l'imperatore Carlo V, dal quale aveva ereditato anche i Paesi Bassi e i domini americani.

Pochi mesi dopo la firma di Cateau-Cambrésis, Filippo II fece ritorno in Spagna e da quel momento al giorno della sua morte lasciò molto raramente la Penisola Iberica. A differenza del padre Carlo V, cresciuto tra la nobiltà fiamminga, Filippo rivendicò il carattere fortemente ispanico della sua personalità e della sua politica e fece della Castiglia e di Madrid, allora poco più di un villaggio, il centro della sua azione.

Il passaggio dell'Impero da Carlo V a Filippo II mostrò chiaramente che, nel cinquantennio e più trascorso dagli inizi del governo castigliano, la pressione fiscale, sebbene aumentata, non aveva prodotto effetti disastrosi; si manteneva entro un margine di compatibilità con l'economia del Paese; aveva, anzi, consentito un notevole progresso economico; progresso che continuò anche agli inizi del Regno di Filippo II. Salito al trono di Napoli, Filippo II, infatti, si guardò bene dall'intervenire subito in materia fiscale, nonostante il bilancio presentasse già nel 1550 un disavanzo che sfiorava il 50% delle entrate presunte. Ma non trascorsero molti anni che anche Filippo II dovette bussare alle tasche dei sudditi napoletani. Nel 1559 impose infatti un donativo di 5-600 mila ducati, che nel 1564 da straordinario divenne ordinario, e si assestò su 1,2 milioni di ducati ogni biennio: in media 600 mila ducati all'anno, quando, in precedenza, tale contributo straordinario era stato, in media annua, tra il 1502 e il 1534, di poco più di 100 mila ducati e dal 1534 di circa 326 mila ducati[125].

Questa fu l'unica imposta decretata fino alla metà degli anni Sessanta; ma altre e non trascurabili entrate Filippo II le trasse da una più rigorosa e onerosa applicazione delle imposte esistenti, e da quella parte del gettito che non era stata alienata. Così nel 1562 fece ricontare i fuochi di quelle terre in cui riteneva fossero aumentati, ricavandone oltre 12.800 da tassare. Inoltre, tra il 1559 e il 1566, se non in via generale, accrebbe in maniera indiretta, più volte, la stessa imposta sui fuochi; attraverso cioè una prima addizionale sui fuochi a beneficio delle strade e dei ponti del Regno, le cui condizioni rendevano assai difficile la viabilità; poi un'altra per la costruzione di torri costiere a difesa dai pirati[126]; ancora un'altra per le retribuzioni degli addetti alle Torri; un'altra, infine, per pagare il soldo ai fanti spagnoli destinati a presidiare il Regno. Mentre questo inasprimento fiscale si faceva sempre più insopportabile per la popolazione, nel 1567 Filippo II invitò la Camera della Sommaria ad accertare le imposizioni in atto, specie quelle decretate dopo la sua ascesa al trono, esaminando se vi fosse la possibilità di imporne altre, e se fossero state vendute, e a quale prezzo, le tratte (cioè, le licenze di esportazione) del grano, delle fave e di altri legumi, e se tale prezzo fosse in seguito aumentato. Dall'accertamento emerse che i tributi imposti da Filippo II sul Regno di Napoli non erano stati né pochi né insignificanti. I soli aumenti sull'esportazione dei grani tra

---

[125] L. De Rosa, *Il Mezzogiorno spagnolo tra crescita e decadenza*, Il Saggiatore - Mondadori, Milano, 1987, pp. 16, 21.
[126] Dal 1543 al 1597 il Regno fu depredato dai Turchi 14 volte cfr. ISTITUTO ITALIANO PER GLI STUDI FILOSOFICI, *Corrispondenze diplomatiche veneziane da Napoli, Relazioni* (d'ora innanzi *Relazioni*), Istituto Poligrafico e Zecca dello Stato, Roma, 1992, p. 148.

il 1556 e il 1567 avevano comportato un introito di oltre 157 mila ducati. Ma a rendere questi introiti, in breve lasso di tempo, per quanto cospicui, inadeguati ai bisogni della Corte, era il fatto che essi venivano in tutto o in parte capitalizzati al tasso allora corrente e ceduti a investitori (enti e privati). Il ricavato della vendita serviva a tamponare le consistenti e immediate esigenze, senza che il bilancio statale ne traesse beneficio, in quanto veniva privato del gettito dell'imposta alienata. Cosicché se si fossero profilati nuove necessità, non vi sarebbe stata altra soluzione che cedere altre entrate e/o imporre altre tasse.

Il modello di finanza pubblica che Filippo II stava contribuendo a definire era aggravato dal fatto che, oltre le cospicue somme di danaro che uscivano dal Regno per le esigenze politiche e militari del governo di Madrid[127], defluivano verso l'estero altre ingenti somme, destinate dagli enti religiosi operanti nel Regno alla Chiesa di Roma e dagli investitori stranieri (fiorentini e soprattutto genovesi) ai loro paesi di origine. Il deflusso impoveriva la circolazione monetaria del Regno basata sul ducato d'argento, e quindi essenzialmente metallica, contribuendo così ad accrescere il prezzo dell'argento, tanto che la tosatura della moneta era assai diffusa e invano perseguita[128]. Per ovviare a questa mancanza di liquidità e per sostituire la gran quantità di moneta tosata il governo era costretto a importare di frequente, e talvolta con urgenza, argenti da coniare[129]. Della pericolosità di questa situazione è traccia già in un documento del 1556, nel quale l'allora viceré del Regno, il Duca d'Alba, faceva pressioni sul Maestro di zecca Gio. Batta Ravaschiero, perché provvedesse "*lo più presto che fosse possibile*" a coniare in moneta del Regno i circa 200 mila ducati in reali di Spagna e i circa 70 mila in verghe e pani d'argento arrivati a Napoli dalla Spagna, data la urgente necessità di pagare gli interessi ai mercanti che avevano prestato capitali alla Corte.

La vittoria di Lepanto sui Turchi (7 ottobre 1571) non produsse effetti favorevoli sulla finanza pubblica del Regno perché, se lo scacchiere mediterraneo sembrava avviarsi verso una stabilizzazione, il fronte aperto in Fiandra continuava ad assorbire risorse che, nel 1573, si presentarono, come scrisse un contemporaneo, "*grandissime et incagliavano il mondo*"[130]. Filippo II non esitò a premere sulle

---

[127] Per esempio, gran parte degli oltre 2.226 milioni di ducati che la Tesoreria del Regno sborsò dal settembre 1564 al febbraio 1569 furono inviati all'estero per pagare munizioni, vettovaglie e mercedi ai soldati. Cfr. Archivio di Stato di Napoli (A.S.N.), Camera della Sommaria, Consulte, vol. 3, ff. 30 sgg.
[128] Già nel 1564 la tosatura era giunta al punto che sulle monete da 8 e su quelle da 9 grana si perdeva dal 60 al 70%. Cf. A.S.N., Sommaria, Consulte, vol. 2, ff. 5 sgg.
[129] Perché se ne abbia un esempio, va ricordato che nel 1552 una prammatica aveva ammesso che, date le continue esportazioni di argento dal Regno, monetato e no, il governo era obbligato a importarlo.
[130] °Cfr. *Narrazioni e Documenti sulla Storia del Regno di Napoli dall'anno 1522 al 1667*, raccolti e ordinati con illustrazioni da F. Palermo, Gio. Pietro Vieusseux, Firenze, 1846, p. 208.

terre del suo vastissimo impero, e in particolare sul Regno di Napoli imponendo, "*con ordine espresso*" e "*senza riguardo a cosa alcuna*", di corrispondere 500 mila scudi. Somma che fu raccolta attraverso l'imposizione di nuove tasse, capitalizzate e cedute ai privati. Si ebbe così, nel 1574, un'imposta sulle carte da gioco; nel 1577 una nuova imposizione sull'olio; un'altra su ogni botte di vino, con la quale l'imposta sul vino in botte raggiunse il 66% del suo valore; e nel 1578, l'imposta sulla manna[131]. Inoltre, nel 1575 il governo aveva rinunciato a eseguire la numerazione dei fuochi, che di solito aveva luogo ogni 13-15 anni, in cambio di un donativo straordinario di un milione di ducati, consentendo altresì che la perdita di 4.636 fuochi, subita da alcune terre e università venisse assunta da altre[132]. Nonostante le nuove imposizioni le esigenze belliche incalzavano in misura sempre più massiccia e nel 1575 l'entrata di bilancio non copriva neppure un terzo della spesa[133].

Combattuta lontano dai confini del Regno, la guerra costituiva il primo vincolo esterno al bilancio del Regno, e, soffocandone le funzioni, impediva che esso potesse divenire strumento di sviluppo economico del Paese. Altro vincolo esterno era rappresentato dal fatto che, se si escludeva l'industria serica e in parte quella laniera, il Regno dipendeva dall'estero - come di lì ad alcuni anni avrebbe spiegato A. Serra[134] - per la grande maggioranza delle materie prime e dei prodotti industriali, e poteva assicurarsene la disponibilità grazie alle esportazioni di seta e soprattutto di cereali, legumi, frutta secca, olio e vino. Bastava che i raccolti andassero a male perché anche questo secondo vincolo esterno incidesse pesantemente sui conti con l'estero, accrescendo l'esportazione di moneta e impoverendo la circolazione monetaria. Fu appunto quel che si verificò agli inizi degli anni Settanta del '500 quando una serie di cattivi raccolti costrinse il governo non solo a proibire l'esportazione di cereali, ma anche a importarne[135].

Furono minacciate gravi sanzioni - la confisca della merce e dei mezzi di trasporto - contro i produttori che avessero tentato di esportare cereali di contrabbando. Tali sanzioni, minacciate nel 1571 contro i produttori abruzzesi di grano,

---

[131] 2 Cfr. L. B1ANCHINI, *Storia delle finanze del Regno delle Due Sicilie*, a cura e con introduzione di L. DE Rosa, E.S.I., Napoli 1971, pp. 266-268; Narrazioni etc, cit., p. 214.
[132] A.S.N., Sommaria, Consulte, voi. 5, ff. 180-180t; BIANCHINI, op. cit., p. 252.
[133] A.S.N., Sommaria, Consulte, voi. 7, ff. 123-126.
[134] S. SERRA, *Breve trattato delle cause che fanno abbondare li Regni d'oro e d'argento*, in L. DE Rosa (a cura di) *Il Mezzogiorno agli inizi del '600*, Laterza, Roma-Bari, 1994, pp. 89 sgg.
[135] La situazione più preoccupante era quella **degli Abruzzi e della Puglia, che erano le regioni maggiormente produttrici di grano, e la cui popolazione si era nel corso del secolo triplicata, mentre nelle rimanenti regioni si era solo raddoppiata**. DE Rosa *Il Mezzogiorno spagnolo ecc.*, cit., pp. 45-47

furono reiterate nel 1574 e nel 1577 nei confronti di tutte le province del Regno[136]. L'estensione e la reiterazione dei provvedimenti mostrano chiaramente che il fenomeno sfuggiva al controllo del governo napoletano. Ne derivavano gravi danni alla situazione della finanza pubblica e dei conti con l'estero, con conseguenti vivaci oscillazioni nei cambi esteri, spesso con balzi in avanti di non poco peso, se si deve dare credito a quanto comunicò al Duca di Urbino nel dicembre 1580 il suo agente a Napoli. Dovendo costui spedire delle somme di denaro al Duca ne ritardò la spedizione in attesa – spiegò - che le quotazioni dei cambi andassero "*un poco abbassandosi*".

In una situazione di cattivi raccolti e di aumento del costo della vita non era possibile accrescere la pressione fiscale[137], e poiché occorrevano fondi per sostenere la guerra[138], lo stesso sovrano ritenne di assicurarseli attraverso la privatizzazione di beni demaniali, ordinando alla Sommaria, la magistratura contabile del Regno, di esaminare nuovamente la situazione delle terre e fortezze demaniali del Regno, specie di quelle di Montecorvino e di Olevano in Principato Citra, per accertare se vi era possibilità di venderle. Il risultato fu negativo e il governo fu costretto a bussare di nuovo alle porte di mercanti e banchieri per nuovi prestiti, e, data l'urgenza, ad accettare tassi di interesse che raggiunsero anche il 15%[139]. Intanto continuava il deflusso di moneta metallica, sicché, contrariamente a quanto sperava l'agente del Duca di Urbino, le quotazioni dei cambi esteri non si ridussero[140]; anzi, a partire dal 1581, peggiorarono. Nel luglio 1582 il Viceré dovette constatare come la moneta scarseggiasse di nuovo nel Regno, e ribadire, contro coloro che esportavano argento, monetato o no, le prammatiche e i bandi precedenti, aggravando le pene. Ma senza grandi risultati. Due anni dopo, nel 1584, si riconosceva che la scarsità di moneta circolante stava minando lo svolgimento del commercio, nonostante fossero stati ripetuti i divieti e inasprite le pene. La situazione si faceva via via più drammatica, come si vide l'anno successivo, nel 1585, quando la carestia conseguente ai cattivi raccolti investì la stessa città di Napoli

---

[136] D. A. VARIO, *Pragmaticae, Edicta, Decreta, Interdicta, Regiaque Sanctiones Regno Neapolitani*, Napoli, 1772, voi. I, pp. 540-541.
[137] Scrisse nel 1576 un contemporaneo: "*Questo Stato è poverissimo; e per le gran gravezze che nel continuo sopportano, che è impossibile a poterle tollerare, in breve tempo se riandranno in campagna*", cioè diventeranno banditi. Cf. Narrazioni e documenti etc. cit., p. 213.
[138] A.S.N., Sommaria, Consulte, vol. 7, pp. 340-345t.
[139] A.S.N., Camera della Sommaria, Consulte, voi. 7, p. 217.
[140] G.B. TURBOLO, *Discorso sopra le monete del Regno di Napoli* (1629), in L. DE ROSA (ed.), *Il Mezzogiorno agli inizi del Seicento*, cit., pp. 260 sgg.

dove, venuti meno alcuni carichi di grano, dirottati verso la Spagna[141], la plebe, affamata e inferocita, non esitò a rivoltarsi contro le autorità, fino a perpetrare la barbara uccisione dell'addetto all'annona, Gio. Vincenzo Starace. Né la situazione migliorò l'anno successivo, nel 1586, quando il governo lamentò nuovamente l'uscita di moneta dal Regno[142].

Assillato dalla necessità di assicurare al commercio i mezzi monetari per il suo svolgimento, e non potendo continuare nei costosi acquisti di metalli preziosi da monetizzare, il governo si accinse, negli anni '70, ad accreditare la circolazione delle fedi di credito emesse dal Monte di Pietà sorto a Napoli nel 1539, autorizzando ad accoglierle nelle casse dello Stato per il pagamento di imposte o per qualunque altro pagamento cui il possessore di fedi di credito fosse tenuto.

Le fedi di credito non erano una novità nel mondo napoletano. A taglio variabile, nominative e girabili, condizionate e no, costituivano certificati di depositi effettuati presso il Monte di Pietà - che pertanto può essere considerato il primo banco pubblico napoletano - e non solo valevano come prova di depositi cauzionali al pari dei comuni depositi notarili, ma, trasferendosi di mano in mano, tramite girata, potevano circolare con carattere liberatorio.

L'agevolazione concessa alle fedi di credito del Monte di Pietà servì a non fare avvertire troppo il rarefarsi della moneta, ma l'accoglienza che circondò la carta emessa dal Monte, con i vantaggi che gli venivano dalla possibilità di investire in rendita pubblica i capitali ricevuti in deposito, spinse altri luoghi pii a richiedere gli stessi privilegi per la carta da essi emessa.

Il primo di questi fu la Casa dell'Annunziata, che nel 1587 rivendicò la sua antica prerogativa di ricevere depositi, di emettere fedi e presentarle nei Regi Tribunali e "*vederle considerate*" come di pubblico banco. Due anni dopo fu la volta dell'ospedale degli Incurabili a chiedere e a ottenere di svolgere attività di banco pubblico sotto la denominazione di Banco di Santa Maria del Popolo. Analoga facoltà venne concessa nel 1591 alla Casa Santa dello Spirito Santo, che si occupava dell'educazione delle fanciulle nate in ambienti moralmente corrotti[143]. Nello stesso 1591 anche l'ospedale di S. Eligio, ottenuta identica autorizzazione, dava

---

[141] A.S.N., Camera della Sommaria, Consulte, voi. 9, p. 162.
[142] F. NICCOLINI, *Il caso dell'Eletto Starace*, in "Bollettino dell'Archivio storico del Banco di Napoli", n. 9-12 (1957), pp. 675 sgg; cf. anche M. MENDELLA, *Il moto napoletano del 1585 e il delitto Starace*, Giannini editore, Napoli, 1967, pp. 42 sgg.
[143] Nel febbraio 1599 si affermava che nella Casa dello Spirito Santo vi erano fino ad allora raccolte "*300 figliuole di donne impudiche*", e la Casa si manteneva, "*con l'amministrazione dell'entrate et elemosine per mano di uomini laici, che tengono anche in piedi un principal banco pubblico di negozio per benefici di detto luogo pio ...* " Cf. ITITUTO ITALIANO PER GLI STUDI FILOSOFICI, Corrispondenze diplomatiche veneziane di Napoli, voi. III (27 maggio 1597 - 2 novembre 1604) Istituto Poligrafico e Zecca dello Stato, Roma, 1991 (d'ora innanzi Dispacci), p. 205.

inizio alla sua attività bancaria, mentre un altro ospedale cittadino, l'Ospedale spagnolo dei SS. Giacomo e Vittoria, venne autorizzato ad esercitare la stessa attività nel 1597.

Con il riconoscimento della qualifica di banchi pubblici a taluni luoghi pii era entrato nel meccanismo della finanza pubblica del Regno un embrione di banca di deposito e circolazione, con il che il governo aveva conseguito due scopi: 1) di sostituire una parte della circolazione metallica interna, divenuta, per l'importazione degli argenti cui era costretto, sempre più costosa, con una moneta a costo zero; 2) di assicurarsi dei prestatori, perché se ai banchi pubblici era vietato concedere prestiti ai privati, era ad essi consentito darli allo Stato o alla Città di Napoli, e a un tasso inferiore a quello prevalente sul mercato. Del resto, per accreditarli ulteriormente, le autorità trasferirono a poco a poco presso di essi i fondi governativi fino ad allora depositati presso i banchi privati. Con il 1594 tali fondi erano tutti presso i banchi pubblici allora operanti: Pietà, SS. Annunziata, Spirito Santo, Popolo, SS. Giacomo e Vittoria e S. Eligio.

L'autorizzazione ai luoghi pii a svolgere attività di deposito e circolazione, cioè la loro qualificazione di banchi pubblici, coincise con il progressivo fallimento dei banchi privati operanti a Napoli. Fallimenti che, verificatisi intorno alla metà del Cinquecento[144], poi intorno al '70[145], e quindi dopo il '90[146], furono quasi contemporanei a quelli che si registrarono in Spagna, dove, costretto più di una volta a dichiarare bancarotta, il governo sospese i pagamenti del debito pubblico nel 1557, 1575 e 1596 (oltre che, più tardi, nel 1607), provocando perdite e fallimenti non solo tra i banchieri spagnoli, ma soprattutto tra i banchieri genovesi che quel debito avevano specialmente finanziato.

I banchi pubblici avevano iniziato ad operare in un periodo difficile non solo per l'attività bancaria, ma anche per l'avversa congiuntura. Tra il 1589 e il 1595 riprese, infatti, la successione di cattivi raccolti[147], con la conseguenza di notevoli

---

[144] Grave, per esempio, fu il fallimento del Banco di Ravaschieri avvenuto nel 1552. Su di esso dr. A. SILVESTRI, *Sui banchieri pubblici napoletani nella prima metà del Cinquecento. Notizie e documenti* in "Bollettino dell'Archivio Storico del Banco di Napoli", n. 2 (1950), pp. 24 sgg. Ma intorno al 1550 - il che prova che essi non erano dovuti solo a cause interne a questo o a quel banco, ma anche ad eventi esterni di carattere più generale - fallimenti bancari su larga scala si verificarono anche in Sicilia, Cf. G. LUZZATIO, *Spagna e Mezzogiorno nella storia dei banchi pubblici*, Ivi, p. 17.

[145] Sui fallimenti degli anni intorno al 1570 dr. A. SILVESTRI, *Sui banchieri pubblici napoletani dall'avvento di Filippo II al trono alla costituzione del monopolio. Notizie e documenti*, Ivi, n. 3, (1951), pp. 3, 8-9, 13, 16-17, 20, 27.

[146] N. Torri, *De origine omnium Tribunalium*, Napoli, 1655, Pars I, Napoli, 1785, pp. 3-4.

[147] P. BURKE, *Southern Italy in the 1590s: Hard Times or Crisis?*, in P. CLARK (ed), *The European Crisis of the 1590s. Essays in Comparative History*, George Allen and Unwin, London-Boston-Sydney, 1985, p. 80

rialzi del prezzo del pane, accresciuto anche dall'ulteriore rarefarsi degli approvvigionamenti a causa delle esportazioni clandestine di grani dal Regno. Questo contrabbando s'intensificò anzi a tal punto, che per il periodo 31 agosto 1591 - 31 agosto 1592 il Viceré stabilì la pena di morte per chi lo commetteva. Cessata però la minaccia della pena capitale, le esportazioni clandestine ripresero di nuovo, e con rinnovata intensità. Nel luglio 1593 il Viceré lamentava che, a causa del contrabbando di grani per l'estero, vi era alterazione del prezzo del grano. L'alterazione del prezzo e la scarsità del prodotto rendevano necessario approvvigionarsi di grano fuori del Regno, con il risultato, per pagare le importazioni, di accrescere il deflusso di oro e argento dal Regno. Per porre un argine a tutto questo una prammatica del marzo 1596, rilevando che "*giornaliermente si commett[eva]no di detti contrabbandi*", decretò, per i colpevoli, la galera a vita se non nobili, e la segregazione se nobili. Alle pene suddette sarebbero stati condannati, oltre quelli direttamente colpevoli, "*tutti i complici, fautori e aiutanti in simili estrazioni*".

I primi effetti del rarefarsi della moneta metallica si ebbero sui cambi esteri del Regno. Pur registrando alti e bassi, essi mostrarono una sempre più chiara tendenza all'aumento. Nel 1595-96 il cambio per le fiere di Piacenza, che rappresentavano le stanze di compensazione dei debiti e crediti intercorrenti fra i vari paesi europei, oscillò, invece che intorno a 126 grana, come di solito in tempi normali, tra 136 e 137[148], e sullo stesso livello si aggirarono quelli per Roma, che pure di norma si muovevano intorno a 126, mentre aumenti significativi segnavano quelli per Firenze, passati da 116 a 124-125; e quelli per Venezia, saliti da 98 a 103-105, ecc.

Il generale e persistente aumento dei cambi dovette preoccupare vivamente il Viceré del tempo, il Conte di Olivares. Ma il bando che emanò, sul finire del 1596, e con il quale fissava il cambio massimo per Piacenza in 126 grani, produsse effetti del tutto contrari. Lo stesso Marco Antonio De Santis, che pure una decina di anni dopo si fece sostenitore, in situazione analoga, di provvedimenti calmieratori, ammise che il bando del 1596 fece "*cessare in tutto il cambio*"[149]; e poiché non si poteva trovare modo d'estrarre danaro dal Regno, i genovesi danneggiati, si è visto, in Spagna, dalla sospensione del pagamento del debito pubblico, e premuti dalle loro necessità, "*diedero ordine [affinché] li fossero rimessi i loro effetti in fiera [di Piacenza] ad ogni prezzo*", e per questo il cambio salì fino a 145.

Fallita la calmierazione, il viceré, nell'intento di ottenere l'abbassamento dei

---

[148] L. DE ROSA, *I cambi esteri del Regno di Napoli dal 1591 al 1707*, Banco di Napoli, Napoli, 1955, p. 364.
[149] M. A., DE SANTIS, *Secondo discorso etc.*, cit., in L. DE ROSA, *Il Mezzogiorno agli inizi del '600*, cit, p. 52.

cambi, seguì un'altra via: quella di accrescere la quantità di moneta in circolazione. Trasse occasione dall'accordo stipulato a Madrid il 27 ottobre 1594 tra Filippo II e il banchiere Antonio Belmosto, che si era impegnato, in cambio di alcuni vantaggi finanziari[150], a trasferire nel Regno di Napoli, nello spazio di due anni, un milione di scudi, sia in monete di Reali che in verghe e pasta d'argento.

L'immissione in circolazione dei 1.500.000 ducati, corrispondente al milione di scudi, avvenne tra la fine del 1596 e gli inizi del 1597. Ma non produsse i benefici che si attendevano; il cambio salì, in effetti, a 147,5. Ma a provocarne una così grave impennata non fu "*la molta moneta [che ha la] proprietà* - secondo quanto sostenne M.A. De Santis - *di far alzare il cambio*", quanto piuttosto la scarsità dei raccolti granari, come si deduce dalla prammatica del 27 novembre 1597. Con questa prammatica veniva ripristinata per coloro che si fossero resi responsabili di esportazioni di grani e di altre derrate alimentari, oltre che d'animali, senza la prescritta licenza, la pena di morte già stabilita - si è visto - dal viceré Conte di Miranda per il 1591-1592, periodo per la quale il contrabbando aveva subito una battuta d'arresto. E non solo fu ribadita la pena di morte per i contrabbandieri, quale che ne fosse la condizione e grado, oltre che la confisca dei grani, delle derrate e degli animali, ma la pena di morte fu estesa anche ai trasportatori, ai servitori, ai famigli, ai padroni di vascelli, e ad altri complici e fautori. E perché tutti fossero interessati a reprimere gli abusi - segno della gravità della situazione alimentare del Paese - si aggiunse che una terza parte delle merci sequestrate sarebbe andata all'accusatore, una terza parte ai ministri preposti alla lotta al contrabbando delle derrate alimentari, e una terza parte al governo.

Tra il 1597 e gli inizi del 1598, l'anno della morte di Filippo II, i cambi esteri del Regno di Napoli continuarono a salire. Fatto è che il 30 dicembre 1597 erano stati rimessi a Milano 12.000 scudi, e ne erano stati promessi al più presto in "*molto maggior summa*". Ma Milano era solo uno dei centri bisognosi di aiuti finanziari. La Spagna e le Fiandre, dove il mantenimento degli eserciti spagnoli richiedeva crescenti somme di danaro, attendevano anch'essi impazienti le rimesse dal Regno di Napoli. Geoffrey Parker ha ricostruito sia in tabella che graficamente il costo delle guerre spagnole all'estero dal 1547 al 1598, ed è stupefacente l'ammontare crescente di denaro che la Spagna vi profuse. Si passò, in milioni di fiorini, dai 2 del 1547-48 ai circa 4 del 1552- 59, ai 5 del 1572-75, per toccare i 9 nel 1590-98.

---

[150] Su di essi e sul lungo contenzioso cui diedero luogo dr. L. DE ROSA, *Il Mezzogiorno spagnolo tra crescita ecc.*, cit., pp. 73 sgg. Sul crescente aumento del debito pubblico napoletano nella seconda metà del Cinquecento cfr. anche A. CALABRIA, *The Cast of Empire. The Finances of The Kingdom of Naples in the Time of Spanish Rule*, Cambridge University Press, Cambridge, 1991, pp. 50-53.

E questo senza che gli spagnoli riuscissero a conseguire alcun miglioramento; anzi, nel 1598, la situazione dell'esercito spagnolo appariva peggiore che nel 1589.

Intanto, lungo tutto il 1598, continuarono a susseguirsi a Napoli fallimenti di banchieri privati. Nell'aprile fallì, per esempio, a Napoli il genovese Banco de' Mari, e il fallimento venne fatto ascendere a 500 mila ducati[151]. Nel maggio seguente, il viceré consentì la moratoria ai superstiti nove banchi privati rimasti a Napoli, in modo da permettere loro di far provvista di danari contanti e così fronteggiare la domanda dei depositanti. Ma pochi giorni dopo, sempre nel maggio, falliva un altro banco genovese: quello degli Olgiati, con un debito di 250 mila ducati, e la sua caduta fu considerata "*gravissima per questa piazza e di interesse a gran parte della città, essendovi poche case civili di cui questo banco non fosse Cassa*". Una settimana dopo seguì il fallimento del Banco Talani e Mari, costituitosi appena due anni prima, con un debito di un milione e mezzo di ducati.

La successione dei fallimenti e la loro gravità avevano creato panico in città, al punto che un contemporaneo poteva scrivere che "*gli uomini di negozi [di Napoli] [erano] costretti a dar conto e [a] pubblicar i loro crediti e maneggi*", per non "*esser tenuti [anch'essi] per falliti*".

La moratoria concessa dal viceré ai superstiti banchi genovesi non produsse il risultato voluto. Nessuno dei banchi privati si salvò. Cosicché, agli inizi del Seicento, come Marc'Antonio De Santis riconobbe, "*tutti li banchi [erano] di lochi pii*", e poiché essi concedevano la "*comodità tanto facile di pagare con uno scritta*[152] *non si ven[iva] a sentire il mancamento che vi e[ra] di moneta*". Tanto più che erano andati assumendo via via un atteggiamento contrario ai pagamenti in contanti. Così se "*per li tempi passati*", i banchieri privati "*tenevano per affronto non pagare con grandissima prontezza tutti coloro che andavano per li loro denari in contanti, delli quali avevano sempre le casse ben fornite*", i banchi pubblici consideravano "*grandissimo affronto*" se qualcuno veniva a richiedere il pagamento in contanti di 200 scudi.

Nel corso del 1598 la tensione bellica sembrò attenuarsi. La Spagna era

---

[151] I fratelli De' Mari furono travolti da un'errata speculazione sul grano. Cfr., Dispacci, 28 aprile 1598, p. 127; 5 maggio 1598, p. 129.
[152] I banchi pubblici adottarono il sistema di contabilità dei banchi privati, cioè la partita doppia; inoltre, per le transazioni tra gli stessi loro clienti, si limitavano, come i banchi privati, a registrare le somme a debito o a credito nei singoli conti senza sborsare danaro.

tornata in quell'anno alla pace con la Francia e si apprestava a stipularla (ma questo sarebbe avvenuto solo nel 1604) anche con l'Inghilterra, anche se continuava la guerra con l'Olanda. Fortunatamente i raccolti estivi erano risultati eccellenti nel Regno e il governo non aveva esitato a rilasciare licenze di esportazione del grano sia dalla Puglia che dagli Abruzzi; e i cambi esteri avevano preso rapidamente a calare: da 146, cui erano giunti, per esempio, quelli da Roma nell'aprile 1598, erano precipitati, nel giugno seguente, a 130. Pur avendo gran bisogno di danari, il governo napoletano non aveva aumentato le imposte. Si era limitato a ridurre il tasso d'interesse sul debito pubblico dal 13 al 7%, utilizzando la differenza del 6%, dopo averla capitalizzata, per venderla, ricavando un milione di ducati. Del resto, l'opinione corrente era che la pace, "*in non molto progresso di tempo*", avrebbe assicurato alla Corona "*larga comodità di danari*".

L'uscita di Filippo II dalla scena costituì il culmine di una lunga fase di crisi della vita economica e sociale del Regno di Napoli; crisi che seppure cominciata agli inizi degli anni Settanta, aveva le sue radici nei decenni precedenti e andò poi aggravandosi fino a diventare pressoché drammatica negli anni Novanta. Ma quali le cause? Di alcune, legate alle condizioni del bilancio statale e ai conti del Paese con l'estero, si è detto. Ma la crisi di fine '500 non fu soltanto dovuta all'aggravarsi del deficit del bilancio statale e della bilancia dei pagamenti. Ebbe anche altre cause. Silvio Zotta le attribuisce ad un complesso di fattori, che vanno dai cattivi raccolti ai disastri naturali, come le complicazioni climatiche e le epidemie che colpirono uomini e animali, ai privilegi concessi alla capitale, ecc.[153]. Ma la sua genesi è anche più complessa. Vi agì, prima di tutto, la mancanza di una coerente linea di politica economica. Basti dire che furono tassati, nel corso del Cinquecento, ma anche dopo, indiscriminatamente, sia i consumi che il commercio di esportazione, mirando, nel concreto, non tanto allo sviluppo economico del Paese quanto ad assicurare entrate alla Corte. Se era comprensibile che si tassasse, e notevolmente, il consumo del vino al dettaglio in una città popolosa e affollata di marinai e soldati come Napoli, rimaneva oscura la ragione per la quale si tassava considerevolmente anche l'esportazione dei vini in un Paese che ne era allora uno dei maggiori produttori, e quindi necessitava di accrescerne, non di ridurne, l'esportazione. Ancora. Se si poteva accettare che le sete consumate nel Regno fossero

---

[153] S. ZOTTA, *Momenti e problemi di una crisi agraria in uno "Stato" feudale napoletano (1585-1615)*, in "*Mélanges de l'Ecole française de Rome*", Moyen Age-Temps modemes, tome 90, 1978, voi. 2 pp. 715-716. Un'edizione abbreviata in inglese è stata pubblicata in A. CALABRIA-J.A.MARINO (eds), *Good Gooernment in Spanish Naples*, Peter Lang, New York-Bem-Frankfurt am Main-Paris, 1990.

sottoposte a un pesante tributo, risultava inspiegabile perché tale tributo dovesse gravare sulle sete da esportare, quando il Paese era tra i principali produttori serici dell'Europa, e le produzioni di seta costituivano uno dei pilastri della sua ricchezza. Così è difficile intendere perché si aumentasse del 50% la tassa da corrispondere per far pascolare le pecore nel tavoliere pugliese, e si aumentasse cospicuamente il prezzo delle tratte, o licenze, per l'esportazione di grani, orzi, legumi anche in anni in cui il raccolto era stato ovunque abbondante e vi era quindi convenienza a intensificarne l'esportazione, ecc.

La crisi economica del Regno fu aggravata e complicata anche dagli errori compiuti in materia monetaria, per aver, cioè, mantenuto pressoché intatto il valore legale e quello intrinseco della moneta napoletana[154], quando intorno al Regno, in tutti gli Stati italiani, Sicilia inclusa, il contenuto di fino, o il peso della rispettiva moneta, veniva sensibilmente svalutato, senza modificarne il valore legale. Lasciando pressoché intatto il valore del ducato, il governo aveva adottato, forse senza saperlo, nei confronti degli altri Stati italiani, una politica deflazionistica, che produsse due importanti effetti. Da un lato, la convenienza ad esportare, dato il maggiore pregio del ducato, rispetto alla moneta straniera, le monete d'oro e d'argento, nonché l'oro e l'argento in verga o a massa, e financo vasi lavorati d'argento e d'oro. Dall'altro, la penalizzazione delle esportazioni. Le più danneggiate furono le esportazioni di sete, e i produttori, per sostenerle sul mercato internazionale, dove le sete toscane e di altre regioni italiane, così come quelle di Francia, facevano già avvertire la loro concorrenza, ridussero i prezzi a scapito della qualità, frodando sui processi di lavorazione, e soprattutto in quello della tintura, specie nella tintura delle sete in nero, le più richieste sul mercato internazionale. Le frodi cominciarono negli anni Settanta e consistevano nell'aggiungere alla tinta allume, limatura di ferro, melassa, feccia secca di botte, ecc., tutte sostanze che contribuivano ad appesantire il prodotto, consentendo di mantenere un prezzo relativamente basso. Negli ultimi lustri del Cinquecento tali frodi si erano diffuse presso tutti i tintori e presto erano insorte liti che avevano mortificato il settore, al punto che il viceré aveva emanato, nel 1591, a difesa della reputazione dell'industria, un bando che indicava le sostanze consentite nella tintura delle sete, minacciando, sia per i tintori che per i mercanti, pene assai severe per i contravventori; bando

---

[154] Scrisse D. TURBOLO (*Discorsi e Relazioni sulle monete del Regno di Napoli* (1629), in L. DE ROSA (ed.), *Il Mezzogiorno agli inizi del '600*, cit., pp. 302 sgg.) che le monete d'oro battute nella zecca di Napoli erano migliori delle altre, fatto che, a suo giudizio, era "*anche errore, e più volte ne [aveva] fatto istanza, per evitare questo danno ai padroni dell'oro e l'utile che si causa alla moneta*".

che fu reiterato nonostante la vivace protesta dei tintori, nel 1599. La perdita di reputazione dell'arte serica napoletana e il manifestarsi e diffondersi delle frodi si riflesse sull'agricoltura. Giustamente è stato sottolineato come, indipendentemente dagli aggravi fiscali, l'esportazione di seta calabrese segnò un netto declino a partire dal 1587-88.

Al decadere dell'arte della seta si accompagnò la crisi agraria particolarmente acuta tra la metà degli anni Ottanta e la fine del Cinquecento[155]. Zotta afferma addirittura che la "*lunga e complessa tempesta congiunturale*" "*mise a nudo tutte le debolezze [dell'agricoltura meridionale] e forse la condannò a un ritardo plurisecolare*". Certo è che la decadenza agricola era evidente dappertutto. Era evidente in Calabria, per la quale il maggior studioso del Cinquecento, G. Galasso, non ha difficoltà a concludere che "*il mancamento delle entrate per fallimento di massari ricorre con frequenza nei relevi di questi anni, e così pure la menzione dell'impossibilità di trovare dei fitti di terreni disponibili*". Ma la crisi agricola non era limitata alla Calabria.

Negli studi sui feudi di Andrea Doria, principe di Melfi, situati in varie parti della Basilicata, Zotta giunge alle stesse conclusioni di Galasso. Nel caso, per esempio, del feudo di Forenza, l'andamento della produzione segnò una dilatazione fino a gran parte degli anni Sessanta. Ma, dopo un'involuzione piuttosto pesante nel 1569-1571, e una fase di parziale ripresa negli anni 1572-1590, seguì, nel periodo 1591-1610, "*una fase di lungo, marcato ripiegamento all'interno del quale due anni di segno contrario, come il 1597 e il 1608, rappresentarono soltanto degli accidenti, ma nessuna possibilità di determinare un'inversione di tendenza*"[156]. Né in un altro feudo dei Doria, quello di Candela, situato tra la Basilicata e la Puglia, si ebbe andamento diverso. L'area che vi fu coltivata si mantenne relativamente stabile fino al 1590, ma, da quell'anno e fino al 1610, la produzione si ridusse del 36% rispetto agli anni 1581-1590, e inoltre la superficie coltivata si contrasse del 12-13% rispetto agli anni 1533-1540, che pure erano stati gli anni della sua minore estensione. Situazione non diversa si verificò nel feudo di Lagopesole. Cominciò anche qui, dal 1591, la caduta dei livelli produttivi, mentre i campi

---

[155] 1 Le crisi agricole si susseguirono con frequenza. Se ne registrarono nel 1534, 1551, 1553, 1558, 1562, 1565, 1570. Cfr. G. PEPE, *Il Mezzogiorno d'Italia sotto gli Spagnoli*, Sansoni, Firenze, 1952, p. 100. Dopo quella del 1585 che causò l'assassinio di G. V. Starace, ci furono gravissime carestie nel 1590, 1591, 1593, 1596, etc. Cfr. A. BLIFON, *Giornali di Napoli dal 1547 al 1706*, a cura di N. CORTESE, voi. I, Napoli, 1932.

[156] ZOTTA, op.cit., p. 748. In un altro studio sempre dedicato al feudo di Forenza (S. ZOTTA, *Azienda agraria e sussistenza in una terra lucana*, in AA.VV., *Economia e classi sociali nella Puglia moderna*, Introduzione di P. VILLANI, Guida editori, Napoli, 1974, p. 163) l'autore giunge alle stesse conclusioni partendo dai dati dei terraggi baronali che dal 1591 precipitano ininterrottamente.

coltivati a grano si ridussero, nel decennio 1591-1600, del 25% rispetto al decennio precedente, anche se, a differenza dei feudi di Forenza e Candela, quello di Lagopesole si riprese notevolmente nel primo decennio del secolo XVII. Sorte che non toccò, invece, al feudo di Lacedonia, nell'Alta Irpinia, dove l'arretramento registrato nel ventennio 1591-1610 del 22-23% si fece ancor più marcato anche dopo il 1610, aumentando nel 1611-1640, e così avvenne anche per gli altri feudi dei Doria, quelli di Leonessa e Cisterna. Se la crisi fu dura per parecchie aree della Basilicata, tuttavia anche là dove, come nei quattro feudi del principe Caracciolo di Brienza, e cioè Brienza, Pietrapesa, Atena e Sasso, la crisi non si presentò con asprezza, essa determinò, fino al 1620, una fase di evidente stazionarietà. La crisi colpì anche la Puglia. M. A. Visceglia ha sottolineato che la caduta della decima fu "*per molti feudi precoce e comunque databile tra gli anni novanta e il primo ventennio del seicento*", come avvenne nei feudi di Carosino, Torricella, Neviano, Cavallino, Oria, Pascalose, Massafra, ecc., per alcuni dei quali la decadenza si palesò già a partire dagli anni Settanta. La crisi incise anche nella Terra di Lavoro. A. Lepre riconosce che non fu solo il territorio del principe di Fondi a presentare chiare "*testimonianze di una situazione difficile*" tra la fine del Cinquecento e i primi decenni del Seicento; la crisi colpì numerose altre aree agricole di Terra di Lavoro, e non solo feudali. Lepre aggiunge che nonostante le ricerche per Terra di Lavoro e Terra d'Otranto debbano essere ancora completate, a mano a mano che quelle "*su singole zone diventano più numerose, i dati, di per sé frammentari, vanno a collocarsi in un quadro generale organico e coerente*".

Non furono solo le vicende congiunturali a danneggiare la condizione contadina. Vi contribuì anche il rafforzamento dei poteri dei feudatari. Non di rado i loro diritti e abusi furono tali da costringere la popolazione a trasferirsi su terre meno oberate da obblighi feudali; così come la promessa di una minore tassazione costituiva un sicuro richiamo per popolare terre disabitate e metterle a frutto. G. Delille ha elencato la serie di gravami feudali che incidevano seriamente sulla vita delle popolazioni[157] e contro i quali esse protestarono e insorsero più volte. Era, comunque, dalla riscossione di questi gravami o diritti, oltre che dal rendimento dell'attività agricola, che derivava la rendita feudale. E non è un caso che, mentre la crisi agricola investiva il Paese nel suo complesso, la rendita feudale mostrò incontestabili segni di crescita. Il fenomeno è stato illustrato per il Principato ultra, grosso modo l'odierna provincia di Avellino, per la Puglia, per il Beneventano

---

[157] G. DELILLE, *Croissance d'une société rurale. Montesarchio et la vallée caudine aux XVIIe et XVII/e siècles*, Istituto Italiano per gli studi storici, Napoli, 1973, p. 92.

(Montesarchio, Cervinara, Ceppaloni, Airola, Arpaia), per Corigliano Calabro e per la Calabria in generale. Ma le indicazioni di abusi relativi ad altri feudi sono rinvenibili negli studi condotti da Lepre, Zotta, ecc. e relativi ad altre aree meridionali. Fatto è che il peso della feudalità, considerata la dimensione territoriale del Regno e la relativa sua povertà, si presentava eccezionalmente gravoso. Alla fine del 1599 si contavano 23 principi, 33 duchi, 65 marchesi, 44 conti, per un totale di 165 nobili, una cifra quasi doppia di quella registrata nel 1528, ma una cifra destinata a crescere negli anni seguenti. Nel 1601 il numero dei nobili era già di 182; era di 239 nel 1613; di 296 nel 1620, ecc[158].

E che il diminuito rendimento degli investimenti nell'attività commerciale e artigianale, contemporaneo al dilatarsi della rendita feudale, indusse nobili, mercanti, finanzieri e togati, magistrati e avvocati, a investire i loro capitali in acquisti di feudi[159], specie di quelli interni, attraverso i quali si svolgeva una parte notevole del commercio, e sul quale era pertanto possibile imporre altri balzelli, tra i quali uno dei più onerosi era quello dei diritti di passo che nel corso del Cinquecento si moltiplicarono, applicandosi, oltre che sulle strade principali, anche su quelle collaterali, e in genere dovunque carri, vetture, viaggiatori potessero passare, e furono anche applicati via via senza più riferimenti alle tariffe generali, soprattutto sulla base di arbitri da parte degli esattori.

La speculazione che s'innescò negli acquisti di feudi a partire dagli anni Settanta ebbe come conseguenza il loro aumento di prezzo. La corsa verso l'acquisto di feudi non significò un "*ritorno alla terra*", dato che, nel corso del Cinquecento, crebbe di continuo il numero dei feudatari che si trasferirono nella capitale, a Napoli, e vi costruirono per dimora sontuosi palazzi.

Infinitamente più costoso di quello sostenuto in provincia, il nuovo tenore di vita comportava per i feudatari, oltre l'impossibilità di occuparsi direttamente della gestione feudale, la necessità di tentare ogni mezzo per massimizzare la rendita. Cosicché, oltre ad affidare a un terzo, l'affittuario, in genere un mercante locale o un forestiero, l'amministrazione delle terre, essi si adoperarono perché i vecchi

---

[158] ASTARITA, op. cit., p. 220; R. VILLARI, *La rivolta antispagnola a Napoli. le origini 1585-1647*, Laterza, Roma-Bari, 1994 (I^ ediz. 1967), pp. 188 sgg,, scrive che, tra il 1590 e il 1675, l'aumento maggiore si registrò nel numero dei principi, che aumentarono di 5,6 volte; in quello dei duchi, che aumentarono di 5,3 volte; in quello dei marchesi, che aumentarono di 3,5 volte, mentre il numero dei conti si ridusse di 11 volte.

[159] "*Viene affermato per cosa certa* - scrisse Girolamo Ramusio, residente veneto a Napoli nel 1597 - *che in Corte si trovano ora polizze per mezzo million d'oro di signori e altre persone napolitane, che cercan titoli e uffici; e sicome alcuni offeriscono buona somma di danari per esso titolo, così altri si contentan di pagarne gran quantità, purché non si vada penetrando nel nascimento loro e di padri ancora. Questa ambiziosa rissoluzione è molto utile al Re, perché Sua Maestà vende il titolo di principe 20.000 scudi, di duca 15.000, di marchese 10.000, di conte 5.000, i quali tanto più ascendono quant'importa il cambio*". Cfr. Relazioni, cit., p. 125.

accordi agrari, "*taciti e basati su una certa concezione dei giusti rapporti tra signori e contadini e vassalli*", fossero sostituiti con fitti di breve durata e con obblighi stabiliti in forma scritta esigibili indipendentemente dall' andamento dei raccolti.

Il mutamento si tradusse a tutto danno dei contadini che, sul finire del Cinquecento, avevano già perduto qualunque diritto sulle terre che coltivavano. Eccezion fatta per le terre appartenenti alla Chiesa, dove gli affitti risultavano più stabili, per le altre terre, specie quelle feudali, poteva avvenire non di rado che la superficie da coltivare venisse suddivisa e data in fitto a più contadini, riducendo pertanto le possibilità di guadagni. È che la rapida crescita della popolazione registratasi lungo tutto l'arco del secolo, e che, appunto sul finire di esso, aveva raggiunto il culmine, aveva reso più acuta la fame di terra. Così non solo la terra da coltivare era sempre più contesa, ma l'accresciuto fabbisogno cerealicolo faceva sì che in molte zone le colture più redditizie fossero sacrificate a vantaggio di quelle cerealicole, e che contemporaneamente si riducessero le possibilità di esportazione dei prodotti cerealicoli. La ricerca di terra da coltivare agì anche sull'allevamento del bestiame, insidiando il sistema dell'allevamento brado e quello della transumanza. Il fenomeno fu visibile in Calabria ma anche in Puglia, dove il gettito netto della Dogana di Foggia, centro principale nel Regno del mercato delle lane e dei prodotti dell'allevamento, segnò, tra il 1579 e il 1598, la massima involuzione[160]. Del resto, i contrasti tra "*pastori*" e "*massari*", già presenti nella prima metà del secolo, si fecero negli ultimi lustri del Cinquecento via via più acuti.

Nel generale sommovimento che il Regno attraversò nel Cinquecento anche le *Universitates* registrarono processi che ne condizionarono, e talvolta ne avvilirono, l'esistenza. In non pochi casi e in non poche province furono costretti a lunghi e defaticanti contenziosi con i baroni che occupavano terreni e/o s'impossessavano di diritti appartenenti al demanio comunale; oppure si rifiutavano di corrispondere tributi e servizi cui erano obbligati dalle delibere comunali. Ma ciò che preme sottolineare è che, specie tra il 1560 e il 1580, si intensificarono gli sforzi delle popolazioni per raccogliere i fondi necessari a riscattare la città dal barone o a impedire che lo Stato la cedesse a baroni, anche se, date le dissestate finanze dello Stato, non era infrequente che esso, dopo aver accettato di mantenere in demanio una città, che faticosamente si era liberata dal servaggio baronale, di

---

[160] J. A. MARINO, *L'economia pastorale nel Regno di Napoli* (tr. it.), Guida editori, Napoli, 1992, pp. 4 72-4 73. Un ordine del Viceré del dicembre 1583, per esempio, impose di mettere a coltura alcuni territori pugliesi appartenenti alla R. Dogana delle Pecore, cfr. A.S.N., Collaterale, *Negotiorum Camerae*, voi. 6, pp. 55-57 (Lettera del Viceré alla Sommaria del 16 dicembre 1583).

nuovo la cedesse ad altro acquirente, come avvenne specie durante la seconda metà del Cinquecento.

Stretti fra le pressioni baronali e le esigenze amministrative non pochi comuni si trovarono a vivere momenti difficili. Una situazione che si fece più grave e diffusa specie nella seconda metà del Cinquecento. Spesso le *Universitates* non erano in grado di sostenere l'elevata e crescente pressione fiscale; e per tentare di limitare l'aumento dei loro deficit pretendevano dai propri cittadini, nobili e popolo, la corresponsione di nuove imposte e tasse. Richiesta non senza conseguenze sul loro assetto di governo, perché, come è stato osservato, ciascun gruppo cercava di scaricare su altri il peso fiscale aggiuntivo, ponendo fine all'espansione delle autonomie comunali e delle libertà contadine, e contribuendo alla costituzione di strutture oligarchiche al governo di molte *Universitates*. Furono, pertanto, le categorie meno abbienti a dover sopportare il maggior peso fiscale, circostanza che generava malcontento e reazioni, che si traducevano talvolta in agitazioni e scontri. D'altra parte, la mancata corresponsione delle imposte allo Stato implicava l'arrivo in loco di un commissario con i suoi collaboratori che, a spese del comune, aveva il compito di indagare sul perché della sua insolvenza, tirando a recuperare allo Stato quanto poteva; e dunque il solo suo arrivo e presenza si trasformavano in un'ulteriore spinta al dissesto delle finanze dell'*Universitas*. È per questa ragione che tutte le province del Regno chiesero e ottennero dal governo, sul finire del Cinquecento, di mutare il sistema fiscale basato sulle imposte dirette, allora prevalenti, in uno fondato su quelle indirette. Mutamento che tuttavia non fu dettato - come giustamente è stato osservato - da "*un mero gioco di interessi della classe che [aveva] in mano le amministrazioni comunali*". Quando neppure l'aumento delle imposte serviva a ristabilire l'integrità del bilancio, allora l'indebitamento era l'inevitabile conclusione, che si realizzava con l'alienazione di entrate e/o di beni comunali, e quindi in ultima istanza, con l'ulteriore impoverimento dell'*Universitas*.

Da quanto si è andati esponendo non dovrebbe suscitare meraviglia se il Cinquecento, e soprattutto la seconda metà, fu attraversato da estesi e aggressivi fenomeni di ribellismo e di banditismo. Sommosse antifeudali, oltre quelle ostili all'introduzione dell'Inquisizione nel Regno, appartennero alla prima metà del secolo, e furono determinate pertanto da cause singole e specifiche. Ma quelle che esplosero nella seconda metà del secolo furono espressione di un più diffuso malcontento. Il fenomeno assunse notevoli e pericolose dimensioni innanzi tutto in larga parte degli anni Sessanta, e interessò la fascia appenninica che attraversa le province di Calabria, Basilicata e Principato Citra. Nei momenti della sua massima espansione giunse a controllare la strada tirrenica che da Napoli portava alle Calabrie, paralizzando i traffici di persone e di cose. Il governo riuscì con una serie di dure misure repressive ad averne ragione, estirpandolo tanto dalla provincia di Principato Citra (odierna Salerno) quanto da quella di Basilicata. Ma con l'aggravarsi della crisi agraria degli anni Ottanta il fenomeno tornò a ripresentarsi e ad alimentarlo furono anche elementi del ceto borghese e anche baronale, segno del divampare del malcontento in più larghi strati sociali. Esso assunse dimensioni così estese che, già nel 1583, fu ripresa la legislazione dell'emergenza. Il fatto che le prammatiche repressive furono reiterate nel 1585, 1586, 1592, 1596 e 1597 sta a testimoniare la consistenza del fenomeno e il suo radicamento nel territorio. I banditi erano riusciti, in sostanza, a controllare le campagne di Terra di Lavoro, Calabria, Basilicata e Abruzzi, e uno dei loro capi, assurse, negli Abruzzi, a vero e proprio mito, capeggiando un consistente numero di persone «*fuggite dalle prigioni e dalle galere, o cacciate di casa dalla fame, o malcontenti della signoria di Spagna*»[161]. C'è da dire che a sostenere Marco Sciarra, tale il nome del bandito, fu anche Venezia che, dopo averlo accolto, se ne servì nella lotta contro gli Uscocchi. Da Venezia lo Sciarra tornò più volte in Abruzzo per incoraggiare i suoi corregionali a resistere. Neanche la sua uccisione nel 1593 pose termine alle scorrerie della banda. I dispacci alla Serenissima del residente Veneto a Napoli continuarono a segnalare di tanto in tanto, per il 1597 e 1598, l'attività di fuorusciti che si azzardavano fin sotto le mura della capitale o, ancora, di bande di briganti in Abruzzo, contro le quali incaricati del Viceré continuavano a combattere.

Né la situazione si presentava più tranquilla in Calabria. Quando nel luglio 1598 Tommaso Campanella giunse a Nicastro il banditismo e il fuoruscitismo registravano una notevole recrudescenza, nonostante fossero stati attribuiti al governatore della regione poteri eccezionali per combatterli. È che le popolazioni si mostravano, proprio tra il 1592 e il 1599, "*più favorevoli che ostili ai banditi*". Erano, infatti, convinte che la Chiesa appoggiasse la ribellione, data la facilità di asilo che accordava ai banditi nelle chiese e nei conventi; che i nobili non li ostacolavano, mossi da vivo risentimento contro il Viceré Olivares che aveva imprigionato parecchi di essi, a loro dire, senza particolari ragioni; che, infine, la potenza spagnola doveva essersi profondamente indebolita se aveva potuto tollerare l'umiliazione inflittale dal Bassà Cicala, un calabrese convertitosi alla religione musulmana, che, a capo di una cospicua flotta navale turca, era entrato spadroneggiando nel golfo

---

[161] N. FARAGLIA, *Bilancio del Reame di Napoli degli anni 1591 e 1592* in "Archivio storico per le provincie napoletane", Società di Storia Patria (ASPN), Napoli, Anno I (1876), fasc. I, p. 213.

di Squillace, devastando larghi tratti di costa e portando via, a viva forza, molte persone del luogo.

Del resto, che il sentimento popolare fosse divenuto contrario al dominio spagnolo era stato colto anche dal residente veneto a Napoli, Ramusio, il quale nel 1597 scriveva al suo governo che la Capitanata e il contado di Molise "*sopporta[va]no malissimo volentieri il governo spagnolo rimpiangendo gli antichi legami con la Serenissima*", nonché che gli spagnoli avevano "*gran timore ... delle rivolte di titolati e baroni, alle quali quando si aggiongesse un tumulto popolare sar[ebbe stato] impossibile resistere*".

La congiura di Campanella, sul finire del Cinquecento, maturò sullo sfondo di questi avvenimenti. Lo stesso Campanella spiegò, d'altra parte, più tardi come alla congiura fosse stato spinto dal fatto che "*con ogn'un che parlava tutti eran disposti a mutazione, et per strada ogni villano sentiva lamentarsi: per questo io [Campanella] più andavo credendo questo havere da essere*". Quando la congiura fu scoperta si constatò che vi erano coinvolti, oltre Tommaso Campanella, nobili, vescovi, cardinali, frati, predicatori domenicani, nonché "*persone principali di molte città e terre, con intelligenza di molte corporazioni dell'una e dell'altra provincia*", e che aveva ramificazioni in una molteplicità di centri della Calabria, tra i più importanti. La delazione che pose termine alla congiura confermò in sostanza la crisi, non solo economica, ma sociale e politica, che attraversavano la Calabria e gran parte del Mezzogiorno al chiudersi del Cinquecento. E delle cause di questa crisi non pare che Madrid fosse all'oscuro se, nel novembre 1599, inviò al viceré l'ordine di tener presenti le "*cause dei disgusti che hanno i sudditi di tutto il Reame così per pagamenti fiscali, come per [gli] alloggiamenti di soldati e altro*". Negli ordini inviati il Re Filippo III raccomandava "*che dove [fosse] na[ta] difficoltà fra vassalli e fisco*" si dovevano sempre favorire i sudditi "*contra il fisco*": "*cosa molto diversa da quello che si e[ra] osservato qui da gran tempo in qua in questa materia ...* ".

§

L'Abruzzo

A partire dal XV secolo gli interessi economici dei centri abruzzesi si erano allontanati dai traffici commerciali gravitanti attorno alla "via degli Abruzzi" asse viario cruciale da annoverare «*tra i grandi itinerari commerciali, diplomatici, culturali e militari dell'Italia trecentesca*»[162], per rivolgersi al cosiddetto Golfo di Venezia. Questo era l'appellativo assegnato al mar Adriatico, dal nome di quella potenza che lungo tutta l'età moderna ne avrebbe regolato i traffici commerciali, detenendo il controllo di gran parte delle coste occidentali della penisola balcanica e delle sue isole, disciplinando le città portuali dalle quali Roma e Napoli guardavano al mercato orientale, mantenendo il controllo di alcune basi nella regione pugliese. Porti abruzzesi come quelli di Giulianova, Pescara, Ortona, San Vito di Lanciano, Vasto consentivano di legare il commercio locale ai molteplici circuiti di traffici che, concentrici e sovrapposti, incorporavano l'Abruzzo in un ampio ventaglio di mercati. All'interno della regione una miriade di piccoli e medi centri fungeva da snodo commerciale, attirando nelle proprie fiere mercanti provenienti dall'Italia centro-settentrionale impegnati nella compravendita dei prodotti locali e stranieri[163].

Sul finire del Cinquecento sarà la fiera lancianese il nuovo punto di riferimento per l'acquisto dello zafferano[164], dopo il primato mantenuto dall'Aquila nei decenni precedenti. La natura di «fiera franca» concessa alla città frentana dal

---

[162] F. SABATINI, *La regione degli Altopiani maggiori d'Abruzzo*

[163] Si registrano nella regione presenze cospicue di mercanti giunti «dallo Stato di Milano (Milano e Como), dalla Repubblica veneta (Venezia, Bergamo, Verona), dallo Stato pontificio, sia dall'area umbra (Norcia, Cascia, Gubbio, Perugia, Spoleto), che da quella marchigiana (Ascoli, Fabriano, Camerino), nonché da Ragusa, dalla Germania e dalla Francia» (A. BULGARELLI LUKACS, L'economia ai confini del Regno, cit., p. 279).

[164] Cfr. C. MARCIANI, Il commercio dello zafferano a Lanciano nel 1500, in ASPN, LXXXI (1963), s. III, pp. 139-161. Il primo punto di riferimento economico nella regione fu Sulmona. Sede del Giustizierato, nel 1234 la città era stata proclamata da Federico di Svevia prima tra le sette fiere annuali del Regno e la sua progressiva crescita era stata supportata dalla ricchezza del territorio e dalla sua posizione strategica lungo la —via degli Abruzzill. Il primato sulmonese venne presto soppiantato dai mutamenti politici in corso e dall'avanzata della vicina e neoedificata L'Aquila, che con le due grandi fiere annuali, quella del Perdono ad agosto e quella di San Matteo a settembre – cui si aggiunse una terza, di San Massimo, a maggio – divenne presto il nuovo polo di attrazione dei mercanti italiani e stranieri. Le modifiche apportate da Ferrante d'Aragona all'allevamento ovino abruzzese segnarono definitivamente l'economia di questo territorio: per invogliare i pastori dell'Aquilano a dirottare le proprie greggi verso i pascoli del Tavoliere pugliese, ponendo fine definitivamente allo spostamento annuale nelle distese erbose laziali, il sovrano concesse loro l'esenzione dai dazi e dai veti previsti lungo quel percorso; importò dalla Spagna pecore di razza superiore per ottenere la fabbricazione di lane migliori e presto L'Aquila ottenne il primato sulla città peligna nella produzione di panni e, coadiuvata dall'apporto di numerose tintorie collocate in tutta la conca aquilana, mantenne questa posizione di rilievo per tutto il XV secolo, fino ai primi decenni del Cinquecento. Il pagamento delle tasse alla corte reale avveniva mediante la consegna di panni e analogamente si comportavano i «castelli extra» nei confronti della città: «la corte, costretta dalle dissestate finanze, fece sempre buon viso a cattivo gioco degli aquilani; del resto i panni ricevuti erano esitati facilmente, impiegandoli a vestire le genti d'arme» (P. GASPARINETTI, La "Via degli Abruzzi" e l'attività commerciale di Aquila e Sulmona nei secoli XIII-XV, in BDASP, LIV-LVI (1964-1966), pp. 5-103, p. 45). Ma nell'ampia gamma di merci che il mercato aquilano offriva, sicuramente il prodotto ritenuto più pregiato era lo zafferano. Preziosa per le difficoltà di produzione che la caratterizzano e fortemente richiesta per la varietà di usi cui si presta, questa spezia attirava nei mercati e soprattutto nelle fiere aquilane numerosi acquirenti fiorentini, veneziani e specialmente tedeschi che prediligevano la pianta abruzzese, mentre Lanciano e soprattutto Venezia ne rappresentavano i principali centri di diffusione sul mercato europeo e mondiale. Sul commercio dello zafferano nelle fiere della regione cfr. P. PIERUCCI, Il commercio dello zafferano nei principali mercati abruzzesi (secoli XV-XVI), in M. COSTANTINI E C. FELICE (a cura di), Abruzzo. Economia e territorio, cit., pp. 161-224; si veda, inoltre, M. R. BERARDI, I monti d'oro: identità urbana e conflitti territoriali nella storia de L'Aquila medievale, Liguori, Napoli 2005.

governo napoletano ne intensificava, infatti, la forza di attrazione poiché le merci vi arrivavano in franchigia da dazi e gabelle. Pertanto, essa acquisì presto un peso di tutto rispetto nei circuiti commerciali locali, adriatici ed europei[165]. Situata nelle vicinanze della costa adriatica, Lanciano aveva inizialmente beneficiato della presenza del porto ortonese ma, già dalla fine del XIV secolo, costruì sul lido di San Vito un proprio molo e si aprì definitivamente al traffico «sottovento» dell'Adriatico, sotto il rigido controllo della Serenissima, *«che le aveva accordato la sua protezione e che la utilizzava quale porta di immissione dei suoi prodotti in tutto il Mezzogiorno»*[166]. Il legame con Venezia favorì l'inserimento della cittadina nei circuiti commerciali della cultura europea, se si considera che essa figura tra le quattro fiere librarie europee rilevanti per la circolazione delle stampe, insieme a Francoforte sul Meno, Lione e Medina del Campo. Lanciano divenne l'emporio abruzzese delle mappe, delle carte, dei libri e dei codici, e qui gli eruditi locali ebbero la possibilità di essere aggiornati sulle novità culturali dettate dall'editoria veneziana.

Quando le navi nord-europee cominciarono ad approdare direttamente sulle coste del Levante, evitando la costosa mediazione dei piccoli e medi centri affacciati sull'Adriatico, l'economia di queste terre, anche quella di Lanciano, subì una forte battuta d'arresto. Contribuirono a questo indebolimento altri due fattori: in primis i violenti attacchi dei pirati e, in secondo luogo, l'affermarsi nel panorama europeo di due nuovi centri del commercio globale, Spalato e Livorno. La prima soppiantò il ponte interadriatico eretto tra Ragusa e Ancona, rinforzando il tragitto terrestre; la città toscana, invece, divenne il principale scalo marittimo di riferimento tra i porti dell'Europa settentrionale e il Mediterraneo.

---

[165] Oscurata definitivamente L'Aquila nella compravendita dello zafferano, l'antica *Anxanum* si distinse anche per il commercio di cristallerie e addirittura di schiavi turchi; significativa dovette essere la cospicua presenza di ebrei in città, confermata anche dagli storici locali. Sul ruolo della fiera di Lanciano nei traffici commerciali tra Medioevo ed età moderna cfr. C. MARCIANI, *Lettres de change aux foires Lanciano au XVIe siècle*, S.E.V.P.E.N., Paris 1962 (École pratique des Hautes Études), poi in ID., *Scritti di storia*, Carabba, Lanciano 1974, pp. 119-136; ID., *Le relazioni tra l'Adriatico orientale e l'Abruzzo nei secoli XV-XVI e XVII*, in «Archivio storico italiano», CXXIII (1965), pp. 14-47; ID., *Scritti di storia*, Carabba, Lanciano 1974, Voll. II, pp. 7-85; F. CARABBA, *Lanciano. Un profilo storico dalle origini al 1860*, Botolini, Lanciano 1995; A. BULGARELLI LUKACS, *«Alla fiera di Lanciano che dura un anno e tre dì»: caratteri e dinamiche di un emporio adriatico*, in «Proposte e ricerche», 1995, n. 2, pp. 116-147; ID., *Da fiera a città: sviluppo fieristico e identità urbana a Lanciano tra XIV e XV secolo*, in Atti dell'Incontro di studio — Attività economiche e sviluppo urbano nei secoli XIV e XVII, 19-21 ottobre 1995, Archivo de la Corona de Aragon in Barcellona, Napoli 1996, ampliato e ripubblicato in ID., *L'economia ai confini del Regno*, cit. pp. 79-112. Sulla fiera lancianese e sugli altri centri fieristici abruzzesi cfr. anche V. MILLEMACI, *Le attività fieristiche e altri aspetti di economia abruzzese*, in *L"Abruzzo dall"Umanesimo all"età barocca*, cit., pp. 55-74.

[166] A. BULGARELLI LUKACS, Introduzione a ID., *L"economia ai confini del Regno*, cit., p. 11. Dalla Sicilia, dall'Egitto, dalla Siria e dalle isole greche giungevano spezie, zucchero, tessuti, sete, pelli, tappeti che nelle fiere lancianesi venivano scambiati con i manufatti tessili e i metalli, grezzi o lavorati, importati da numerose città dell'Italia settentrionale, quali Venezia, Genova, Firenze e Milano, e dell'Europa continentale. Rivolto verso Est, l'altro vettore mercantile guardava alla «perla dell'Adriatico», Ragusa. —Emporio della Turchia balcanicaII, questa città fungeva da tramite tra i mercanti di Istanbul e quelli occidentali, convogliati sul percorso commerciale che da Ancona passava per Firenze e in ultimo giungeva a toccare Londra.

Lungo il confine – che, lo ricordiamo, era regionale e statale – con lo Stato della Chiesa vigevano rapporti di compravendita, scambio e cooperazione mai tramontati. La demarcazione delle ripartizioni politiche e amministrative era superata in virtù di una condivisione di pratiche, usanze, tradizioni e consuetudini che da secoli avevano accomunato la vasta macroarea sovraregionale dell'Italia centrale, compresa tra Marche, Umbria, Lazio e Abruzzo, in cui le cittadine del Regno poste lungo il confine non avevano mai smesso di interagire vivacemente con le limitrofe comunità pontificie, in particolare con quelle della Sabina e dell'area marchigiana. La montuosità del territorio ha indubbiamente «*influito in modo determinante sulla storia e sull'economia delle sue popolazioni*»[167] ma senza ostacolare interazioni e scambi; al contrario essa costituì, tra Medioevo ed età moderna, un «*elemento di sutura che moltiplic*[ò] *contatti e relazioni* [...] *ove alla viabilità antica si congiung*[evano] *via via nuovi sentieri, valichi e snodi funzionali*»[168].

Nonostante esistesse uno specifico ufficio, la cosiddetta "grassa", preposto al controllo del sistema doganale lungo i confini del Regno, la maggior parte dei rapporti economici tra lo Stato Pontificio e il Reame napoletano si svolgeva quasi sistematicamente fuori dal controllo governativo, soprattutto nell'Aquilano, tra Leonessa, Accumoli, Civita Reale, le ville di Amatrice e Tagliacozzo. Questo sistema era conosciuto e anzi supportato dalle forze locali, politiche ed ecclesiastiche, che facevano la loro parte incoraggiando la corruzione delle istituzioni.

La forza magnetica che attirava questa regione centrifuga verso le aree limitrofe rendeva più difficile la costruzione di un mercato abruzzese uniforme e omogeneo che riuscisse a coordinare le città delle due province dell'Abruzzo Citeriore e dell'Abruzzo Ulteriore. Di fatto l'intero Regno di Napoli era carente di un sistema commerciale compatto, in grado di armonizzare i singoli mercati delle città del Mezzogiorno: i traffici maggiori erano quelli orbitanti intorno al Tavoliere delle Puglie, a seguito dell'istituzione della Dogana voluta da Alfonso d'Aragona, a metà Quattrocento, e delle fiere di Foggia, punto di riferimento per i mercanti regnicoli e stranieri.

I rapporti economici con la capitale del Regno erano fondati sul pagamento dell'annona. Grano, cereali e gli altri prodotti della terra erano inviati, assieme al

---

[167] P. GASPARINETTI, *La via degli Abruzzi e l'attività commerciale di Aquila e Sulmona nei secoli XIII-XV*, cit., p. 5. Sull'organizzazione e sull'economia dell'Appennino nell'Italia centrale cfr. A. G. CALAFATI. – E. SORI, Economie nel tempo. Persistenze e cambiamenti negli Appennini in età moderna, Franco Angeli, Milano 2004; P. PIERUCCI (a cura di), Tra Marche e Abruzzo. Commerci, infrastrutture, credito e industria in età moderna e contemporanea, Atti del convegno di San Benedetto del Tronto, 28 ottobre 2006, in «Proposte e ricerche. Economia e società nella storia dell'Italia centrale», n. 58, a. XXX, 2007 e numerosi altri studi pubblicati in questa rivista.
[168] E. DI STEFANO, *Vie di transito ed economia mercantile-manifatturiera nell'Appennino centrale. Linee di sviluppo e condizionamenti ambientali (secoli XIV-XVIII)*, Atti in corso di pubblicazione, p. 4.

bestiame, nella città partenopea dove la domanda era progressivamente aumentata nel corso del Cinquecento, seguendo la curva direttamente proporzionale dell'incremento demografico. Il tragitto praticato era quello che da secoli i mercanti fiorentini, i sovrani meridionali e i loro eserciti, le compagnie di artigiani lombardi avevano percorso: la "via degli Abruzzi". Questa grande arteria viaria che, tra Medioevo ed età moderna, aveva costituito l'asse portante dell'economia peninsulare, congiungendo la capitale partenopea a Firenze e, attraverso i maggiori centri marchigiani, all'Italia settentrionale[169], stimolò vivacemente la vita economica dei piccoli e medi centri produttivi e fieristici dell'Italia centrale, situati tra la costa adriatica e il massiccio appenninico.

A far sì che la "vivacità economica" della montagna appenninica tendesse a calare in età moderna contribuirono molteplici fattori, dalla formazione degli Stati regionali, al rafforzamento del commercio marittimo su quello terrestre e anche all'allargamento del mercato globale. Infatti, l'Abruzzo e tutto il Regno napoletano subirono in prima linea le conseguenze dello spostamento del baricentro dell'economia-mondo dal Mediterraneo all'Atlantico; ma si può osservare una reazione dicotomica tra l'area della montagna interna e quella della collina litorale. Nei primi decenni del Seicento si registra, infatti, una «*tenuta complessiva dell'Appennino centrale*» per quanto riguarda i dati demografici ed economici, che prosegue fino al Seicento inoltrato, quando le piccole comunità si concentravano sulla produzione destinata all'autoconsumo e cercavano di superare la congiuntura adeguandosi alla necessità di far ricorso a un più ampio ventaglio di scelte lavorative[170]. Diversamente «la collina subappenninica e litoranea, la cui produzione era rivolta verso l'esportazione, è quella che per prima risente della caduta della domanda adriatica»[171]. I mercanti stranieri che avevano animato il vivace commercio delle fiere aquilane e di quelle lancianesi si decidevano ad abbandonare quelle piazze, in cui la decadenza era ormai «*vistosa e repentina*»[172]. Lanciano, proiettata ancora

---

[169] La «via degli Abruzzi» era stata migliorata ed ampliata grazie all'intervento degli Angioini che avevano reso più facilmente percorribili le strade che fino ad allora erano state solo mulattiere e sentieri pedonali. Il trasferimento della capitale del Regna da Palermo a Napoli (1266-1268), l'alleanza tra Firenze e la corte angioina avevano favorito l'intensificarsi delle relazioni tra Italia centrale e settentrionale e la pluralità dei centri economici abruzzesi aveva rappresentato un punto di forza per questa regione. Da Napoli arrivava fino a Popoli, «chiave dei Tre Abruzzi», e da qui aveva due diramazioni: l'una, attraverso la valle dell'Aterno, proseguiva fino in Umbria e in Toscana e l'altra, attraverso la valle del Pescara e lungo la costa adriatica, si spingeva verso le Marche e il settentrione.
[170] Riprendendo le parole con cui J.C. Scott descrive la realtà vissuta dai contadini del sud-est asiatico, e ponendola in parallelo con quella delle montagne abruzzesi, Alessandra Bulgarelli Lukacs scrive: «*Se l'economia di sussistenza entra in crisi [...] i contadini faranno tutto il possibile per restare a galla*» (in *L'economia ai confini del Regno*, cit., p. 73).
[171] A. BULGARELLI LUKACS, *L'economia ai confini del Regno*, cit., p. 77.
[172] P. PIERUCCI, *L'economia abruzzese nella crisi del Seicento*, cit., p. 28.

in contesto limitato rispetto alle nuove coordinate su scala intercontinentale, risentiva della stagnazione economica del «Golfo» di una Venezia ormai in crisi e perdeva inesorabilmente la floridezza del secolo precedente: *«La fiera —era discaduta assai dalla grandezza sua!!, sia per le forti imposizioni fiscali, che gravavano sulle transazioni commerciali, sia per le intromissioni dell'autorità regia, che attraverso il governatore mirò a ridurre i privilegi di cui godeva, sia a causa delle incursioni dei Turchi, le cui imbarcazioni infestavano l'Adriatico»*[173].

§

Verso la metà del XVII secolo il malessere della popolazione divenne cronico: la Guerra dei Trent'Anni aveva indirettamente consumato il Mezzogiorno italiano attraverso il sovraccarico fiscale che il governo spagnolo gli aveva imposto per sostenere le spese militari con cui si cercava di far fronte all'ultima guerra di religione in Europa[174]. I moti popolari seicenteschi costituiscono il segno più evidente di una sofferenza collettiva che da decenni logorava il Regno, riconducibile ad una serie di cause – pressione fiscale, malgoverno del viceré, contrasti tra plebe e nobiltà – prontamente messe in luce dall'occhio critico di Pietro Giannone: *«I popoli [...] si dolevano delle imposizioni rese pesanti dal bisogno non solo, ma dall'avarizia de' viceré e de' ministri, da' quali erano stati ridotti a tale stato di miseria e di carestia, che non bastando la fertilità de' nostri campi, né la Sicilia istessa, che si reputa il regno fertile di Cerere e il granaio d'Italia, potendone essere esente, si cominciò da per tutto a patirsene penuria»*[175]. Tra le manifestazioni di malcontento succedutesi nel corso del Seicento, quella avviata nel luglio del '47 da Tommaso Aniello d'Amalfi, meglio noto come Masaniello, costituì l'episodio più significativo: l'eco di quella rivolta si sarebbe presto avvertito in ogni angolo del Mezzogiorno e, in una rapida diffusione a macchia d'olio, nuovi fermenti sovversivi

---

[173] G. BRANCACCIO, In Provincia, cit., p. 31. L'espressione riportata nella citazione è di Serafino Razzi nei suoi Viaggi in Abruzzo (pp. 62-63). Il domenicano, nonostante avesse denunciato la decadenza in cui la fiera lancianese era caduta, seguitava ancora a definirla «il primo luogo fra le fiere d'Italia», a causa del consistente corpo di uomini e imbarcazioni provenienti da molti paesi.

[174] Braudel, analizzando il rapporto tra metropoli e paesi di seconda linea a partire dalla fine del Cinquecento, sosteneva che il principale interesse rivolto dal primo nei confronti del secondo riguardava unicamente la volontà di difendere il territorio dagli attacchi esterni e dalle sollecitazioni interne. Questo periodo coincide, secondo Musi, con la terza e ultima fase con cui si conclude la dominazione spagnola in Italia (si veda *Nel sistema imperiale: l'Italia spagnola*, cit.).

[175] P. GIANNONE, *Sollevazioni accadute nel Regno di Napoli, precedute da quelle di Sicilia, ch' ebbero opposti successi: quelle di Sicilia si placano, quelle di Napoli degenerano in aperte ribellioni*, in *Istoria civile del Regno di Napoli*, Tomo V, G. Gavier, Napoli 1770, pp. 305. In merito cfr. A. MUSI, *La rivolta di Masaniello nella scena politica barocca*, Guida, Napoli 1989.

avrebbero coinvolto i centri meridionali, tanto che «*non avea tante fiamme il Vesuvio, quanto erano gl'incendi ne' quali [il Regno] stava involto*»[176]. Anche le città abruzzesi s'inserirono nel flusso rivoluzionario napoletano e lo fecero perseguendo motivazioni e logiche differenti, che hanno permesso alla storiografia di riconoscere in questa regione «un osservatorio esemplare» in cui «*si leggono tutti i più scottanti problemi delle popolazioni provinciali nell'età spagnola*»[177].

In più di un'occasione la pretesa abolizione delle gabelle, in particolar modo di quelle gravanti sugli alimenti di primo consumo, si aggiunse alla volontà di affrancarsi dal potere baronale: Lanciano insorse contro l'infeudamento imposto dal marchese d'Avalos e similmente si mossero altri piccoli e medi centri della regione, tra cui Ortona, Guardiagrele e Montereale. A Chieti l'eco dei moti masanelliani giungeva in un momento delicato e alquanto difficile della vita civile teatina: la città era stata infatti venduta al duca di Castel di Sangro, Ferdinando Caracciolo, nel 1644 per 170 mila ducati[178]. Il disegno di infeudazione era stato incalzato dalla grande aristocrazia abruzzese e supportato dalla nobiltà locale che desiderava ridurre al massimo la presenza ingombrante dello Stato, ma il nuovo assetto politico istituzionale, che determinava l'immediato trasferimento della Regia Udienza a Teramo, ridimensionava sensibilmente il ruolo della città marrucina sul territorio locale e nel panorama statale[179]. Per questo la comunità teatina aveva reagito duramente, nel desiderio di liberarsi dal peso del giogo baronale e di ottenere di nuovo tutte le prerogative che lo status demaniale le aveva fino ad allora garantito.

A L'Aquila i moti rivoluzionari risvegliarono malesseri che stavano lacerando la comunità ormai da più di un secolo, accentuando la spaccatura che si era aperta tra città e contado: furono proprio gli abitanti della campagna a svolgere parte attiva nella rivolta, insorgendo in molti Castelli contro i baroni che erano visti «*tanto come feudatari quanto come aquilani più o meno bonatenenti*»[180]. A complicare l'assetto sociale della città si aggiungeva una «*netta differenziazione*» nella nobiltà aquilana tra «*i titolati, che si divid*[eva]*no tra la congiura aristocratica ed il lealismo spagnolo*» e «*i cadetti che, con l'aiuto dei ceti borghesi emergenti*», cercavano di sollecitare le masse, ma inevitabilmente fallivano nel loro intento, incapaci di instaurare un dialogo in cui far convergere gli obiettivi delle due parti.

---

[176] P. GIANNONE, *Sollevazioni accadute nel Regno di Napoli*, cit., p. 305.
[177] A. MUSI, *La rivolta di Masaniello*, cit., p. 157.
[178] Cfr. A. DE CECCO, "... acciò non siamo vassalli da liberi che siamo", in L'Abruzzo dall'Umanesimo all'età barocca, cit., pp. 499-514.
[179] R. COLAPIETRA, Società, istituzioni e politica dagli Angioini all'Unità d'Italia, in Chieti e la sua Provincia. Storia, arte e cultura, Amministrazione provinciale, Chieti 1990, pp. 356-396.
[180] R. COLAPIETRA, *Le province del Mezzogiorno*, cit., p. 120.

Nel resto della regione il vortice della protesta portava a colpire ogni simbolo dell'imposta fiscale, senza distinguere le due giurisdizioni, quella feudale e quella regia. Penne era stata tra i primi centri a cogliere il vento rivoluzionario e ben presto erano state incendiate tutte le strutture della fiscalità pubblica, «*i casotti della gabella della farina, il fondaco dei sali,* [...] *le case dei gabelloti*»[181]. Nella città ducale, similmente a quanto accadeva a Sulmona, non si metteva in discussione il dominio dei Farnese – o dei Borghese nel caso dei sulmonesi – quanto piuttosto il «*prepotere aristocratico degli Aliprandi, dei Castiglione, degli Scorpione*»[182] e di quanti nella nobiltà locale si erano progressivamente insinuati nel controllo della città durante la lontananza della grande feudalità parmense. Così anche a Guardiagrele, la popolazione era insorta contro i marchesi Caffarelli di Roma, responsabili dell'inasprimento della pressione feudale, già attuata dai Colonna.

Il mese di settembre segnò l'avvio della parabola discendente dell'esperienza rivoluzionaria, che si concluse con l'elaborazione dei Capitoli delle Università, in cui si ristabiliva il ruolo fondamentale dell'istituto comunale e se ne riaffermava l'autonomia rispetto all'autorità baronale e a quella statale, definendo inoltre alcune distinzioni tra «pubblico» e «privato», decisive nella ripartizione dei carichi finanziari. Il 13 settembre Michele Pignatelli, Preside dell'Abruzzo Citra e Governatore delle due Province, ristabilì l'ordine a L'Aquila e riconfermò il mantenimento della Regia Udienza. Il suo lavoro era stato facilitato dalla rivalità che ancora emergeva tra città e campagna, e dall'appoggio significativo dell'aristocrazia locale: «*per opera principalmente della Nobiltà che unitamente assiste sempre al nostro Preside in servitio di S. M., restò per gratia del Signore quietato detto tumulto*»[183]. Di lì a pochi mesi, nel gennaio del '48, Chieti avrebbe riottenuto lo status demaniale, quando Ferrante Caracciolo, a soli quarantadue anni, era ormai morto da diversi giorni, chiamato in Terra di Lavoro a reprimere gli insorti.

La seconda fase dell'esperienza masanelliana era infatti sfociata, in Abruzzo e nel Regno, nella «*condizione di anarchia statale*» in cui «*il popolo si fa giurare fedeltà, remove i governatori del barone, l'huomini del governo, ne crea altri in nome della repubblica et elegge un capopopolo*»[184], e mentre numerosi nobili locali approfittavano del momento di confusione generale per estendere i propri domini ad altre città, come Teramo minacciata da Alfonso Carafa, al potere

---

[181] A. MUSI, *La rivolta di Masaniello*, cit. p. 158.
[182] R. COLAPIETRA, *Le province del Mezzogiorno*, cit., p. 117.
[183] ASN, Collaterale, Diversi, II Serie, 11. L'espressione è riportata in A. MUSI, *La rivolta di Masaniello*, cit., p. 161.
[184] Sono le parole scritte da Gian Francesco Pasconio, uditore degli Stati farnesiani in Abruzzo nel febbraio del 1648, riportate in A. MUSI, *La rivolta di Masaniello*, cit. p. 158 e nuovamente in G. GALASSO, *Il Regno di Napoli. Il Mezzogiorno spagnolo e austriaco (1622-1734)*, cit., p. 453.

centrale non restava altro che affidarsi alle forze di Giulio Pezzola[185] e della sua banda.

Con la cattura del duca di Guisa e la definitiva cacciata dei Francesi dal Regno, il 13 aprile 1648 si pose definitivamente fine alla rivolta napoletana. Nella regione abruzzese, il nuovo Preside Bernardino Savelli riunì un esercito di alcune migliaia di uomini, in cui partecipavano varie forze – briganti, truppe al servizio del Regno, eserciti guidati dai nobili locali – e finalmente il 17 maggio espugnò le ultime due città in mano ai rivoltosi, Antrodoco e Cittaducale. La situazione tornò dunque a stabilizzarsi del tutto anche nella regione e la popolazione, ormai esausta, fu subito disposta a sottomettersi al potere centrale.

Dal canto suo, la Spagna usciva fortemente indebolita da un cinquantennio di scontri europei e di rivolte interne. Progressivamente il ramo iberico degli Asburgo si avviava all'estinzione: Marianna d'Austria, madre del piccolo Carlo II, succeduto a Filippo IV nel 1665, si mostrava inesperta alla guida del suo Regno e la sua inefficienza amministrativa contribuì ulteriormente ad aggravare i problemi già evidenti di una monarchia proiettata verso un inevitabile declino. Inoltre, la sconfitta contadina e la dura repressione di un governo dai caratteri definitivamente assolutistici avevano aperto le porte alle prime forme di brigantaggio, che nel corso degli avvenimenti del 1647-48 si era diffuso in maniera dirompente nel reame. Nel tentativo di facilitarne la repressione, nel 1684 il viceré Gaspare de Haro, su parere del Consiglio Collaterale e con il consenso del sovrano, istituì la terza sede dell'Udienza Regia a Teramo, che sottraeva il proprio territorio alla giurisdizione di Chieti. Di fatto la nuova istituzione era ancora diretta dal preside di Chieti, mentre, per quanto concerneva l'amministrazione finanziaria, dipendeva da L'Aquila, ma essa costituiva sin da ora la prefigurazione della futura provincia dell'Abruzzo Ultra I, istituita nel 1806 da Giuseppe Bonaparte con la legge 132 Sulla divisione e amministrazione delle province del Regno.

La condizione di malessere generale che la popolazione seguitò a vivere lungo tutto il secolo emergeva sotto vari aspetti: alla recessione demografica, già

---

[185] Brigante nativo di Borgo Velino, allora centro abruzzese posto al confine con lo Stato Pontificio, Giulio Pezzola aveva già posto la sua banda al servizio del duca d'Alba, Antonio Alvarez di Toledo, negli anni Venti quando era stato nominato Capitano di confine. Il 13 novembre del '47 fu chiamato a scortare da L'Aquila a Napoli il nuovo Preside Raimondo Zagariga, terrorizzato dalla rivolta dei contadini; il suo contributo fu essenziale nella soppressione delle rivolte nell'aquilano e nel Regno, al fianco delle truppe reali del Pignatelli, e per questo suo impegno nel 1650 entrò in possesso, con il titolo di barone, del castello di Collepietro, che fu sottratto insieme agli altri suoi feudi ad Alfonso Carafa, colpevole di essersi ribellato alla corona spagnola, e due anni più tardi fu accolto a Madrid dal Re di Spagna e omaggiato con tutti gli onori. Il Pezzola descrisse con dovizia di particolari gli avvenimenti cui partecipò nel suo Memoriale, che in larga parte fu trascritto dall'Antinori nei suoi Annali, insieme ad un'altra importante cronaca anonima coeva, la Cronaca del Prete (cfr. G. MORELLI, Il brigante Giulio Pezzola del Borghetto e il suo «Memoriale» (1598-1673), Amministrazione Comunale, Borgovelino 1982).

avviata sul finire del Cinquecento e imperante lungo tutto il secolo, si aggiunse in questi anni «*una forte mobilità della popolazione sul territorio in cerca di nuove condizioni* [...] *o in fuga dinanzi agli oneri tributari e a qualsiasi impegno di natura finanziaria*»[186]; inoltre furono devastanti gli effetti della peste del 1656-57 e delle carestie che negli anni '70 misero in ginocchio la popolazione abruzzese, già afflitta dal peso fiscale e dalla forza brutale della repressione attuata dal potere centrale. Le popolazioni montane ebbero una resistenza maggiore al ristagno economico secentesco ma a partire dalla metà del secolo si registrò «*l'avvio di una inarrestabile fase di declino della montagna appenninica*»[187] di cui sfuggono i passaggi intermedi.

§

Lanciano (P. Pierucci)

Il contributo più importante dato da Corrado Marciani allo studio della storia abruzzese dell'Età Moderna consiste nella pubblicazione dei regesti dei 64 volumi superstiti di protocolli notarili lancianesi a partire dal XVI secolo. I regesti, disposti in 11 volumi, riportano la sintesi delle imbreviature notarili relative al periodo compreso tra il 1511 e il 1731. Tali volumi offrono cognizioni dirette, di sicuro rilievo storico-economico, sulla storia non solo della città di Lanciano ma di tutto l'Abruzzo Citeriore, anche se purtroppo essi documentano solo una piccola parte dell'attività svolta dai notai, visto che gli atti riguardano soltanto 8 dei 40 notai che rogarono a Lanciano nel XVI secolo. Dalla lettura dei regesti emerge una certa specializzazione dei notai, nel senso di una tendenza a rogare atti relativi a precisi settori merceologici. Come esempio possiamo citare il notaio Giovanni Domenico Mancini il quale, essendo il notaio di fiducia dei pellai di Rocca Contrada, negli anni che vanno dal 1568 al 1574 stipulò, in occasione delle fiere, 1.256 atti relativi al commercio delle pelli e delle suole. Un'altra conferma, anche se indiretta, di una sorta di specializzazione nei diversi settori merceologici la troviamo, a nostro avviso, nel fatto che nei registri superstiti dei notai lancianesi compaiono molto raramente atti relativi alla compravendita dello zafferano. La spezia, che insieme alla

---

[186] A. BULGARELLI LUKACS, *L'economia ai confini del Regno*, cit., pp. 57-77, in particolare p. 61.
[187] E. DI STEFANO, *Vie di transito*, cit., p. 5. Sulle diverse reazioni che le due realtà, quella montana e quella collinare-marittima, hanno avuto nella lunga fase di recessione che caratterizzò il XVII secolo, si vedano A. BULGARELLI LUKACS, *Economia rurale e popolamento*, in M. COSTANTINI e C. FELICE (a cura di), *Abruzzo e Molise. Ambienti e civiltà nella storia di un territorio*, in «Cheiron», 1993, 19-20, pp. 151-194; P. PIERUCCI, *L'economia abruzzese nella crisi del Seicento*, cit., pp. 27-40.

lana rappresentava la materia prima abruzzese più richiesta dai mercanti provenienti dal Nord della penisola, era scambiata in grandi quantità sul mercato di Lanciano e la sporadicità con la quale compaiono i contratti di compravendita che la riguardano può essere probabilmente spiegata con la perdita della documentazione relativa proprio a quei notai specializzati nel commercio dello zafferano contenuto degli atti rogati dai notai lancianesi, così come risulta dai regesti Marciani, cambia lentamente e progressivamente a partire dagli ultimi decenni del XVI secolo; i contratti di natura mercantile e finanziaria, che caratterizzarono la prima metà del Cinquecento e che testimoniano la notevole vivacità mercantile di quell'area, lasciano lentamente ma inesorabilmente il posto a contratti che documentano un maggiore interesse per la proprietà immobiliare e soprattutto per un'attività finanziaria ormai sganciata dai commerci. Segno questo di una progressiva riduzione dei traffici e di una realtà che si andava via via allontanando dalla vivacità economica cinquecentesca per chiudersi inesorabilmente attorno alle attività agro-pastorali. Anche Alessandra Bulgarelli ha studiato la realtà economica lancianese legata alle fiere abruzzesi e in questo caso la fonte notarile è stata usata come indispensabile supporto e complemento di fonti documentarie di natura diversa. La studiosa napoletana, anche con l'aiuto delle fonti notarili, si concentra sulla flessione dell'economia abruzzese legata al fenomeno fieristico, con il progressivo allontanamento della regione dai circuiti internazionali. Nel caso di Lanciano e delle sue fiere la documentazione fornita dai notai, per quanto in parte già utilizzata, consente ancora di aprire molti interessanti campi di indagine, sino ad ora soltanto sfiorati, come quello delle caratteristiche del commercio dei prodotti presenti nelle fiere. Parliamo di pelli, lana, spezie, metalli e cereali, per i quali è possibile risalire alle località di provenienza, ai mercati di smercio, alle qualità presenti sul mercato, ai prezzi, alle modalità di pagamento, ai nominativi dei contraenti e all'eventuale presenza di contratti di assicurazione. I documenti notarili prodotti nel XVII e nel XVIII secolo, invece, testimoniano l'avvenuta trasformazione dell'economia abruzzese, all'interno della quale si erano ormai consolidate le attività legate al mondo agro pastorale. A questo proposito le fonti notarili suggeriscono allo storico economico un ulteriore e pressoché inedito campo di indagine, quello concernente i patrimoni degli armentari abruzzesi. L'attività delle famiglie dei grandi proprietari di greggi è ampiamente documentata dai notai dei centri dell'Abruzzo montano, dai cui atti risultano sia le transazioni legate all'acquisto e alla vendita delle greggi che i contratti relativi alle operazioni immobiliari. Attraverso un'attenta lettura di tali documenti si può seguire la sorte di molte fortune legate al mondo della transumanza tra il 1600 e il 1700 e seguirne l'evoluzione degli investimenti verso altre attività. Dall'analisi della documentazione sei-settecentesca prodotta nei centri del cosiddetto Abruzzo marittimo emerge una netta prevalenza di atti relativi a trasferimenti di proprietà immobiliari e ad attività mobiliari, con una modesta presenza di attività commerciali. Le fonti notarili consentono quindi di analizzare dall'interno le modalità e i tempi della trasformazione della struttura economica e sociale delle città della costa e della collina abruzzese, dove l'attività immobiliare, associata a quella creditizia, rappresenterà l'obiettivo principale delle famiglie borghesi emergenti. Di particolare interesse ci sembra l'uso della fonte notarile per lo studio del settore creditizio. Gli strumenti di credito più diffusi nella realtà abruzzese dell'Età Moderna erano il censo, antico strumento giuridico legato inizialmente e formalmente a proprietà immobiliari, il cosiddetto 'biglietto', termine con il quale si usava indicare la cambiale, che in caso di insolvenza veniva regolarmente protestata di fronte a un notaio, e il mutuo, che però compare con una certa frequenza nelle imbreviature dei notai abruzzesi solo negli ultimi decenni del XVIII secolo. Il censo bollare di tipo "consegnativo" rappresentava in Età Moderna lo strumento creditizio più presente sul territorio regionale. La sua diffusione è ampiamente documentata dalle fonti, data la necessità di ricorrere all'opera del notaio in sede di costituzione, di vendita o di affrancazione. Il censo, pur restando nella forma un contratto di compravendita, nella sostanza svolgeva una precisa funzione creditizia; la sua formula, abbondantemente sperimentata, dal punto di vista economico poteva offrire vantaggi a entrambi i contraenti: il debitore poteva contare su un contratto legale, che prevedeva un tasso di interesse fisso, e non correva il rischio di vedersi richiedere la restituzione della somma che gli era stata anticipata; il creditore, a sua volta, effettuava un investimento sicuro, perché garantito da un'ipoteca iscritta su beni immobili di proprietà del debitore, in più, in caso di bisogno di liquidità, egli aveva la possibilità di cedere il suo credito a terzi smobilizzando l'investimento. Prendendo come base la fonte notarile si presentano allo studioso tutta una serie di opportunità di lavoro. La ricerca, infatti, potrebbe essere rivolta all'individuazione delle caratteristiche peculiari del contratto di censo nelle diverse realtà della nostra regione, come la variazione del numero e dell'entità dei censi, la collocazione sociale dei creditori, l'andamento dei tassi di interesse, l'estrazione sociale dei debitori e i campi di applicazione dei capitali; inoltre, visto che i principali creditori nei contratti di censo risultavano essere i luoghi pii, sarebbe possibile ricostruire la politica creditizia degli enti ecclesiastici, in relazione alle condizioni economico-sociali della popolazione e ai provvedimenti delle autorità religiose. Si potrebbe indagare quindi sul come e in che misura la Chiesa, attraverso l'istituto del censo, era in grado di prestare denaro a chi ne avesse avuto bisogno. Altro aspetto interessante, che la fonte notarile consente di approfondire, è quello del ruolo svolto dai privati e dalle istituzioni laiche nel settore della concessione dei prestiti attraverso l'uso del contratto di censo. A questo proposito alcune indagini appena avviate, proprio sulla base di dati provenienti dai protocolli notarili, sembrerebbero evidenziare per il XVIII secolo, in alcune zone della regione come il Pescarese, una consistente presenza se non addirittura una prevalenza dei privati accanto alle istituzioni religiose.

§

Taranta sicuramente non era passata indenne attraverso le descritte avversità dei secoli XVI e XVII. In particolare, la grande moria delle pecore del 1612 aveva colpito duramente gli allevatori, come ben documentato nel testo di Como, e sicuramente le peste del 1656 aveva falcidiato la sua popolazione. A questo va aggiunto l'inasprimento dei rapporti con il feudatario Virgilio Malvezzi.

Una fotografia di questa situazione è fornita da un interessantissimo strumento di concordia tra l'Università e i Malvezzi, rogato nel 1684.

Nel documento si legge che «*Li predetti Camerlenco et Reggimento asseriscono come l'anni passati, per alcune differenze che vertevano trà detto Ill.mo Marchese Padrone e detta Università, fu intentata lite nel Sacro Consiglio*[188], *dove furono spedite hinc inde diverse provisioni. Ma poi fatta matura consideratione sopra dette pretendenze, con consulta de savij, giudicò meglio detta Università trattare con detto Padrone Ill.mo accordio senza figura di giudicio. Il quale, avendo inteso benignamente le raggioni del pubblico, si compiacque di rimettere l'ultima decisione di quelle al Signor D. Giulio*[189], *il quale, essendosi conferito in questa terra, si è trattato l'ultimo accordo amichevolmente, hoc modo, videlicet:* ». Immediatamente dopo viene ricapitolato quanto accaduto in precedenza e le ragioni della lite giudiziaria. « ... *il Camerlenco e Governo della Taranta, col voto e parere*

---

[188] Il Sacro Regio Consiglio (S.R.C.) era un organo giudiziario a composizione collegiale del Regno di Napoli. Istituito nel XV secolo dagli Aragonesi con funzioni consultive verso il governo, divenne in seguito tribunale di appello sulle decisioni della Regia Camera della Sommaria; infine, sostituendosi all'antica Gran Corte della Vicaria, che pure non fu abolita, divenne Corte Suprema del Regno. Nel XVII secolo divenne l'unica corte competente per le liti inerenti ai feudi e ai feudatari, sia di carattere civile che penale. Su queste liti giudicava in via definitiva e inappellabile, anche se le sentenze potevano essere successivamente riformulate dallo stesso organo. L'enormità di numero delle cause aventi questo tribunale e la mancanza di commissioni o altri organi esaminatori rendeva il procedimento delle diverse istanze molto lungo. Inizialmente composto da un'unica sezione di nove consiglieri "dottori nella legge", due supplenti ed un presidente, il Sacro Regio Consiglio fu poi ampliato ed ordinato in quattro sezioni da Carlo V di Spagna.
[189] Don Iulius Cesar de Celaya, agente generale e procuratore di Virgilio Malvezzi.

de suoi cittadini, congregati in Pubblico Consiglio, humilmente espongono a V.S.I. come l'anno passato insorse lite trà detta Università coll'Ill.mo Marchese Padrone per alcune pretendenze che detto Ill.mo haveva con detta Università. La quale, non per contradire, né per irritare l'animo di detto Signore, mà per l'impotenza in che si trovano li cittadini di essa, in particolare et universale, la quale fù causa che detti vassalli ricorressero con ottenere, adversus dette pretendenze, alcune provisioni. Et perche questa Università, e i suoi cittadini, sono stati sempre fedeli ed osservanti vassalli à suoi Signori Padroni, dalli quali hanno ottenuto in ogni tempo et in ogni occorrenza tutte quelle gratie che hanno saputo dimandare, e colla medesima credenza, con humilissime suppliche dimandano le sottoscritte gratie, videlicet: ...». L'Università di Taranta si era quindi vista costretta ad intraprendere una lite legale contro Virgilio Malvezzi a causa delle sue pretese feudali non più sostenibili né dai singoli né dalla collettività nel suo insieme. Ciò aveva determinato l'emanazione di non meglio specificati provvedimenti, tuttavia i tarantolesi avevano successivamente preferito rettificare la propria posizione e supplicare il loro Barone affinché rivedesse le sue richieste concedendo loro alcune "grazie".

Nel dettaglio, gli abitanti di Taranta « ... *In primis supplicano detto padrone Ill.mo, e per esso il Signor D. Giulio, suo procuratore specialiter delegato à quest'atto, che si degni abolire le pretendenza della successione dei beni in modo, in modo non ne sia più memoria, e che sia lecito ad ogn'uno testare della sua eredità à suo arbitrio e beneplacito à suoi eredi, ò alle Chiese, ò ad altri senza eccettione alcuna, essendosi riconosciuto per esperienza che ciò non sia di beneficio alla Camera Baronale, e di molto pregiudizio al Pubblico, mentre per detta causa si vengono à distruggere le fabriche, e così anco delli stabili di campagna, che si sono destrutti, e con ciò si darebbe animo à vassalli di far nuove fabriche, e nell'habitato, e nella campagna, et à forastieri il concorso in questa terra.* ». La richiesta di abolizione della tassa è accompagnata da una lucida disamina sia delle conseguenze negative che da essa derivavano sia delle opportunità che la sua soppressione avrebbe comportato per tutti. La tassa infatti "*per esperienza*" non era di vera utilità alla Camera Baronale, probabilmente perché, allora come oggi, si cercava di eluderla il più possibile per mezzo di testamenti nei quali non vi era quasi mai una effettiva descrizione del patrimonio del testatore. Tuttavia, oltre un dato limite non si poteva probabilmente andare per cui, ancorché ridotta al minimo, andava comunque versata al feudatario, causando « ... *molto pregiudizio al Pubblico, ...*». Oltre all'abolizione della tassa viene anche chiesta la possibilità di poter testare liberamente assegnando, quindi, il proprio patrimonio agli eredi, alle Chiese o ad altre persone « ... *senza eccettione alcuna ...*». Va ricordato al riguardo che i beni immobili di coloro che morivano senza lasciare eredi maschi venivano incamerati dal feudatario dal quale, come si è visto per Fedele ed in altri casi, erano successivamente venduti e, quindi, nuovamente concessi in godimento ad un altro vassallo. In una congiuntura economica positiva la loro vendita poteva anche risultare facile, ma negli anni Ottanta del XVII secolo la cosa doveva essere alquanto complicata. Alla diffusa crisi economica di quel secolo si era aggiunta la peste del 1656. Questa doveva aver determinato la scomparsa di interi nuclei familiari, per cui la Camera Baronale potrebbe essersi trovata in possesso di un consistente numero di immobili a fronte di una scarsissima richiesta. Ovviamente, se nessuno li avesse comprati, questi beni sarebbero rimasti abbandonati a se stessi e sarebbero deperiti, cosa già verificatasi in precedenza, come ben evidenziato dai tarantolesi. Viene anche sottolineato come l'abolizione della tassa avrebbe, giustamente, favorito l'iniziativa privata all'edificazione di nuove abitazioni, inibita invece dalla prospettiva di non poterne disporre liberamente in punto di morte e dalla certezza che il frutto del proprio lavoro sarebbe stato invece goduto dal feudatario. Per ultimo viene anche messo in risalto, con grande acume, che una buona politica fiscale sarebbe stata in grado di attirare forestieri a Taranta innescando quindi un circuito economico positivo.

In coerenza con questa prima richiesta, i cittadini di Taranta domandano anche che il feudatario: «... *si degni di abolire la terzania*[190], *come cosa ponderosa à poveri cittadini, e di poco rilievo alla Corte Baronale, per che in riguardo di questo peso, li cittadini non fanno compra di stabili, che col tempo si distruggono, ma questo sì, che facendosi compra de beni stabili che siano proprj della Camera Baronale, in tal caso la debba esigere.* ». La riflessione è identica alla precedente: una tassa, oltretutto elevata, oltre alla elusione della stessa mediante la dichiarazione di valori minimi per i beni venduti (magari pagati sottobanco per la parte non dichiarata), incideva negativamente sul mercato dei beni stessi. I tarantolesi quindi ne chiedevano l'applicazione solo per i beni della Camera Baronale.

Nel proseguo del documento gli abitanti di Taranta, tra le altre cose, chiedono altresì:
«... *che l'Università e i suoi cittadini non siano obligati alli comandamenti personali, mà, occorrendo al Signor Marchese di fabricare, ò di portare qualsivoglia legname à suoi edificij, ò fare altre fatighe di qualsivoglia sorte, debba pagare l'opearij, come meglio si potrà convenire, come anco del Balivo, che pro tempore servirà, non possa essere comandato se non per l'atti del Governo.* »;

---
[190] Tassa sulla compravendita di beni immobili pari ad un terzo del valore del bene stesso.

« Item che, mentre detta Università dà al Signor Marchese la 4ª parte dell'affitto del forno, debbia anco soggiacere pro rata alli risarcimenti di esso. »

« Item che detto Padrone resti servita ordinare che l'affittatore dell'edificij molino e balchera, che pro tempore saranno, faccino li capitoli nel principio dell'affitto, acciò che, venendo qualche danno à cittadini, tanto nelli panni, quanto nel grano, per colpa di detti affittatori, vada e sia à carico di detti il risarcirlo, tanto più che il Padrone Ill.mp non ci have danno alcuno.

Et versa vice, havendo l'Università predetta, e suoi cittadini, riguardo alli benificij che riceve, et ha ricevuto dall'Ill.mo Signor Marchese Padrone, si contentano li carlini due per pezza di panno per la balchera, la quale sia sempre à carico del Padrone tenerla atta à balcare d'ogni tempo. E, quando, per caso, detta balchera non fusse all'ordine, li cittadini possino andare à balcare dove li parerà, senza pagare cosa alcuna al Padrone.

Item promette l'Università, e suoi cittadini, pagare a detto Signore li ducati trentatré per la provisione del Capitolo con che si osservi il solito per le cause Civili, come anco li docati cinquanta per il camerlengato e per zecca e portolania.

Item promette detta Università, e suoi cittadini, dare al Padrone Ill.mo, per atto di vera osservanza e gratitudine, come veri e fedeli vassalli, ogn'anno per il presente di Natale docati sei.

Item promette l'Università, e suoi cittadini, dare à detto Signore due salme di legna a foco l'anno et una salma di paglia per ciascheduno camparolo quando venesse detto Signore ad stantiare in questa terra.

Item promette detta Università mantenere il capocerto[191] della forma dell'acqua del molino, mà, succedendo che detta forma si riempisse, ò si dovesse scalzare, ò far forma nova, vada à carico e spese di detto signore, il quale dovrà anco pagare la corrisposta della salma del grano all'Abbate del Letto, com'al solito.

Inoltre supplicano humilmente la benignità e clemenza dell'Ill.mo Marchese Padrone, come anco V.S. Ill.ma come suo agente à rilasciare ogni pretenzione havesse con detta università per causa de maritaggi, fabriche et altro che avesse preteso da questo [momento] innanzi, come anco di abolire, cassare et annullare ogni inquisitione che si trovasse nella Corte contro suoi cittadini fatte per l'adietro, e la supplicano humilmente à volersi degnare farne indulto generale, acciò non via sia per la venire nessun rangore tra i cittadini. Che il tutto riceverà à gratia singolare ut Deus.».

---

[191] Imboccatura del canale.

Già solo da questa selezione delle richieste e delle proposte fatte dai tarantolesi al loro feudatario, viene fuori l'immagine di una comunità appesantita e soffocata dalla tassazione (persino sui matrimoni) e oppressa dai diritti signorili[192] che, in alcuni casi sfociavano, nell'arbitrio. È infine motivo di grande riflessione la richiesta di annullamento di ogni *inquisitione* in atto presso la Corte Baronale contro i cittadini di Taranta e di indulto generale nei confronti degli stessi, al fine di ristabilire una situazione di armonia. L'augurio che, a seguito di ciò, *non via sia per la venire nessun rangore tra i cittadini* fa poi ipotizzare che all'interno della popolazione di Taranta si fossero formate due fazioni: una antagonista al feudatario, che aveva deciso di adire la via giudiziaria contro di lui, successivamente sconfitta dall'altra che, invece, era gli era fautrice. Si ha come l'impressione che le richieste dei cittadini di Taranta e la connessa lite giudiziaria presso il Sacro Regio Consiglio avessero avuto anche dei risvolti non del tutto pacifici, per cui un numero più o meno cospicuo di essi ne doveva rispondere presso la corte locale. Che non sia un'ipotesi del tutto peregrina ma, piuttosto, che la contrapposizione di gruppi portatori di interessi diversi all'interno del feudo fosse una circostanza diffusa nel Regno trova fondamento in quanto scrive Pier Luigi Rovito in una sua interessantissima opera: « *Ovviamente le municipalità potevano difendersi ... [dal] barone soltanto se erano sufficientemente forti e risolute a tutelare i cittadini ed a salvaguardare i diritti del sovrano. Ma già nella seconda metà del Cinquecento questa ipotesi appare compromessa: scomparsa la dicotomia feudalità-Stato, le universitates sono abbandonate a sé stesse o, meglio, agli appetiti di ristrette oligarchie locali. Gli interessi di questi gruppi tendevano, specialmente nei piccoli centri, a saldarsi con quelli del barone. Peraltro, la presenza di un forte partito baronale costituiva per il feudatario una garanzia irrinunciabile. Senza persone "confidenti" nell'amministrazione comunale, il barone poteva trovarsi a dover fronteggiare situazioni difficili, magari davanti ai tribunali della capitale.* »[193]

Don Giulio Cesare Celaya, in qualità di procuratore di Virgilio Malvezzi, dimostra una notevole e, a volte, sconcertante attenzione e disponibilità verso le istanze dei cittadini di Taranta, accettando praticamente la maggior parte delle richieste; nel dettaglio lascia stupiti, ad esempio, che con riferimento alla tassa sulla successione risponda « *Ci contentiamo che resti, da hoggi avanti, abolito affatto il Capitolo de successione bonorum e questo per gratia speciale, et acciò li vassalli*

---

[192] Per un approfondimento vedi oltre e Appendice 5.
[193] Pier Luigi Rovito, *Funzioni pubbliche e capitalismo signorile nel feudo napoletano del Seicento*, Bibliopolis, 1980, pagg. 120-121.

si sollevino magiormente come asseriscono» e accetti anche l'abolizione della terzania.

A conclusione Don Giulio dichiara: « *Et ultimamente, acciò che questi cittadini della Taranta conoschino la nostra buona volontà, alla quale si conforma quella del Signor Marchese Padrone, in virtù dell'autorità a Noi concessa, generale e speciale, nella nostra procura, ci contentiamo di rilasciare à beneficio dell'Università, e suoi cittadini, ogn'interesse patito per le fabbriche fatte per il publico beneficio, facendoli anco rilascio delle raggioni che detto Signore have per li maritaggi, e ci contentiamo ancora d'abolire, cassare et annullare tutte l'inquisizioni che si trovassero nella Corte di questa terra.* »

Parrebbe quindi che per i tarantolesi la vicenda si sia conclusa con una vittoria su quasi tutti fronti, indulto compreso; purtroppo leggendo la restante parte del documento ci si rende conto che non fu proprio così, ma soprattutto che la tanta disponibilità da parte di Don Cesare trovava la sua motivazione nell'immagine a fosche tinte che si ha di Taranta attraverso i documenti di che trattasi.

Innanzitutto, al Pubblico Parlamento convocato per ratificare l'accordo partecipano solo 19 cittadini dando, già solo per questo, l'idea di una comunità ridotta ad ombra del suo passato. A ciò va aggiunto che l'accordo non fu a buon mercato, si legge infatti che « *… per la conclusione dell'aggiustamento della lite che si tiene col Signor Marchese Ill.mo Padrone, col quale si è concluso che, per levare ogni lite et interesse, si debbia dare à detta Signoria Ill.ma docati cinquanta pro una vice tantum …* ».

Ancora più eloquente è la missiva inviata dai cittadini di Taranta al Marchese Malvezzi nella quale è scritto: « *Non pensa V.S.I. che, essendo passato qualche dissapore trà questa Università e V.S.I., sia stato per deviarci dalla vera osservanza et ossequio che si deve à Padrone, mà deve coll'occhio della benignità riflettere che non habbiamo havuto altro fine che d'alleggerirci in parte al peso grave che tenemo, mentre questa Università un tempo fù così numerosa di popolo e di sustanze, al presente si ritrova così scarsa dell'uno e dell'altra, e quel peso che portavano 400 fuochi, adesso lo portano 50 deboli e scarsi. Né abbiamo preteso di dar disgusto à Padrone con litigij, che per mera necessità l'habbiamo fatto. Sì che ricorremo con humilissima supplica alli piedi di V.S.I. e dell'Eccellenza del Signor Marchese Virgilio, suo fratello. La supplichiamo compiacersi guardarci con faccia benigna et unico actu à condonare à questo popolo e suoi cittadini la mossa fatta a comparire à tribunale, che non è stato fatto per altro che per l'impotenza, mentre questa Università supplica humilmente V.S.I. à volersi degnare accettare la buona volontà che havemo di vivere e morire sotto il suo dominio, con accettare e confirmare l'aggiustamento trattato dall'Ill.mo D. Giulio. ...* ». Benché in tale lettera possa esserci tutto il formalismo ossequioso dell'epoca e che le parole vengano utilizzate strumentalmente al fine di riacquistare la benevolenza del feudatario, non di meno si percepisce una popolazione, un tempo numerosa e prospera, costretta ad agire dalla pura e semplice necessità (*quel peso che portavano 400 fuochi, adesso lo portano 50 deboli e scarsi*) e che, dopo un breve tentativo di sedizione (definito *dissapore*), riconferma la propria totale sottomissione al feudatario (*la buona volontà che havemo di vivere e morire sotto il suo dominio*).

Breve e diretta fu la risposta di Gaspare Malvezzi: « *Intendo le vostre giustificazioni che, se fussero state à tempo, sarebbero state più gradite. Ad ogni modo, non mancherò di compiacermi al più che sarà possibile, mentre desidero la vostra quiete più della mia.*». Dopo un accenno alle ragioni e all'importanza di formalizzare l'accordo raggiunto in un documento pubblico, Gaspare conclude scrivendo ai tarantolesi: « *Attendano, dunque, alla vera osservanza che si deve a Padrone. Noi non mancheremo di giovarli in ogni congiuntura et occasione che si li rappresenterà. Roma, 5 aprile 1684.*».

Va precisato che economicamente i Malvezzi non dovevano tuttavia passarsela troppo bene se, come già riferito, il 3 aprile 1680 il notaio De Angelis rogò a Taranta un atto di retrovendita di un censo a favore del procuratore di Virgilio Malvezzi. Nell'occasione si costituì Mario *Lippis* in qualità di Procuratore e Priore della Venerabile Cappella del S.mo Sacramento e di San Carlo il quale dichiarò che il 13 agosto 1659 Giovanni *Falciliam*, al tempo Priore e Procuratore delle dette cappelle, aveva comprato dal defunto Marchese Sigismondo Malvezzi quindici ducati annui al prezzo di ducati duecentonovanta sui primi frutti e introiti del mulino, della gualchiera, del purgatore di panni esistenti sul fiume Aventino, *prope menia terræ prædictæ*, con patto di ricompera. Don Giulio Cesare *de Celaya*, procuratore di Virgilio Malvezzi, ricompera i quindici ducati annui versando i duecentonovanta ducati nelle mani di Mario *in moneta Argentea*. In altri termini, nel 1659 il Marchese Sigismondo Malvezzi aveva chiesto e ottenuto un prestito di duecentonovanta ducati da parte delle menzionate cappelle in cambio di un pagamento annuo di ducati quindici, che avrebbero costituito l'"interesse", da versarsi fino alla restituzione della somma. Probabilmente deve essersi trattato di un buon affare per le cappelle, considerando che, al momento della restituzione (nel 1680) di quanto dato in prestito, avevano incamerato circa trecento ducati in interessi.

La "pace" e la "concordia" tra i cittadini di Taranta e i Malvezzi fu di breve durata; una cinquantina di anni dopo, infatti, presso la Regia Camera della Sommaria ebbe luogo un'altra lunga causa, anche questa per ragioni fiscali; segno evidente che, al di là delle belle parole, i contrasti non si erano sopiti.

§

La grande moria delle pecore dell'inizio del XVII secolo, la tassazione sempre più pesante, il crollo della produttività industriale e agricola a causa delle carestie, lo spostamento del commercio a seguito della scoperta dell'America dal mar Mediterraneo all'oceano Atlantico, la caduta del commercio internazionale che portò con sé anche quello delle attività collegate quali assicurazioni e banche, le epidemie di peste che colpirono l'Italia settentrionale nel 1630-31 e il mezzogiorno nel 1656-57 a seguito delle quali le città di Milano e Napoli persero quasi la metà della loro popolazione, la tendenza al disprezzo del lavoro introdotta dagli spagnoli che favorirono i nobili a svantaggio dei ceti produttivi i quali, di conseguenza, si impegnarono più sulla loro nobilitazione che sulla produttività facendo sì che la società italiana, un tempo così dinamica e vivace, divenisse spenta e inefficiente, le rivolte scoppiate nella capitale e diffusesi in tutto il Regno sono alcuni aspetti della congiuntura, generale e locale, assolutamente sfavorevole, che si protraeva ormai dall'inizio del secolo e in cui si trovarono a vivere e operare Serafino, i suoi figli Marcantonio (II) e Giovanni Leonardo e i suoi nipoti Giovanni Aloisio Valerio e Apollonio Marco Antonio. Anche essi, come tutti, vennero ovviamente coinvolti da quegli eventi e ne dovettero risentire. Ciò che li spinse a maturare la decisione di spostarsi nella vicina Lama, però, non dovettero essere i macro-avvenimenti, i cui effetti si dispiegavano similmente sia su Lama che su Taranta ma, con tutta probabilità, il contesto tarantolese ormai, almeno per loro, non più favorevole. Sicuramente essi erano uno dei 50 fuochi *deboli e scarsi* che, con le difficoltà che abbiamo visto, popolavano ancora Taranta ma non è altresì da escludere in assoluto che qualcuno fosse tra gli "inquisiti" presso la Corte Baronale e per i quali venne chiesto l'indulto. L'ottenimento di quest'ultimo, tuttavia, con molta probabilità non riuscì a spegnere in loro il *rangore* verso *i cittadini* e verso il feudatario.

Che si sia trattato di una vera strategia familiare è evidenziato dal fatto che, come già detto, tutti i membri della famiglia si traferirono a seguito di matrimoni con cittadini di Lama. Riguardo l'importanza delle politiche matrimoniali nell'ambito delle strategie di crescita e affermazione sociale delle famiglie si rimanda a quanto detto in precedenza. Giovanni Aloisio Valerio, Apollonio Marco Antonio, la sorella Dionora e la cugina Maria Grazia a partire dal 1690 sposarono cittadini di Lama e vi si trapiantarono, nell'ambito di un disegno volto a garantire alla famiglia la conservazione del proprio benessere e status sociale oltre che, verosimilmente, ad allontanarsi da una comunità con molti membri della quale i rapporti erano ormai irrimediabilmente deteriorati e la contrapposizione e il risentimento, con molta probabilità, inestinguibili.

Il matrimonio di Apollonio Marco Antonio con Vittoria Corvacchiola, quello di Dionora con Giulio di Mastro Giacomo e quello di Giovanni Aloisio Valerio con Maddalena Cocco sono indicativi della costituzione, nella loro nuova terra, di legami con gruppi familiari godenti di prestigio sociale e prosperità economica. Lo studio di queste famiglie verrà approfondito nel volume relativo ai secoli XVIII e XIX; ciononostante si segnala che, nel Catasto Onciario del 1745, la famiglia Corvacchiola è tra le più in vista della comunità lamese e che, tra gli altri beni, «*possiede la Casa ove abbita di membri venti con un Casaleno diruto da Cielo a Terra in contrada delle Terrate ...*». Per quanto riguarda i de Mastrogiacomo, di cui faceva parte anche il magnifico Pietro che nel 1676 fu agente dell'Ill.mo Don Giacomo d'Aquino, il ramo legato ai di Gianfrancesco, nel corso del XVIII secolo, "nobilitò" il proprio cognome in de Giacomo eliminando il "mastro", una volta caratterizzante l'appartenenza ad una classe sociale distinta e degna di considerazione, ma che con il cambiamento dei tempi evidentemente non più ritenuto consono al loro status. Il legame tra le due famiglie fu duraturo e si estese anche alla generazione successiva, tanto che le due figlie di Apollonio sposarono due fratelli della famiglia di Giacomo.

Va anche segnalato che la dismissione dei beni posseduti dalla famiglia a Taranta iniziò immediatamente; già nel 1690 i due fratelli vendettero a Giuseppe Porreca (figlio di Antonio Porreca, procuratore del Monte di Pietà insieme a Giovanni Leonardo) una casa e una terrata site in contrada da Piedi la Ripa, al prezzo di ducati trentacinque. Malgrado ciò nel 1703 gli eredi Giovanni Aloisio e Marcantonio risultano ancora tra i confinanti di un orto sito anch'esso da Piedi la Ripa e nelle "*Diligenze*" fatte da Don Alfonso Crivelli nella Terra della Taranta a seguito del terremoto del 1706, nell'elenco degli assoggettati al pagamento della Regia Colletta dell'anno 1705 compaiono anche gli "*Heredi di Gio: Lonardo Gio:fran:co*" i quali, tra l'altro, versano anche i carlini 27 dovuti per il "*Fuoco*".

Neanche i rapporti con i gruppi familiari tarantolesi vengono totalmente troncati, tanto che due figli di Aloisio, negli anni Trenta del '700, sposeranno due sorelle del Duca e una figlia sposerà un Merlino. Si tratta di gruppi familiari nuovi rispetto a quelli con i quali i di Gianfrancesco erano collegati nel secolo precedente. Di alcuni di questi gruppi, come di Battista o i Cicchino, non è stata più trovata traccia (sembrano scomparire anche famiglie come i Rota e i Sauro) ma non può escludersi neanche che si tratti di collegamenti frutto di nuove alleanze sorte a seguito dello scontro avuto con i Malvezzi.

A chiusura del capitolo e del volume va fatta un'ultima riflessione andando oltre le ragioni e le conseguenze del trasferimento della famiglia e limitandosi al fatto in se stesso. C'è infatti da tenere bene in considerazione che il Vice Regno è caratterizzato da una forte rifeudalizzazione. Con questo termine è stato definito il nuovo vigore assunto dalla dominazione signorile in gran parte delle campagne nel corso della crisi economica e sociale del XVII secolo. I signori avviarono contro i vassalli un'offensiva tesa a recuperare i livelli di rendita di cui avevano beneficiato prima che l'inflazione ne erodesse il valore, ripristinando e in taluni casi introducendo tasse e gravami di natura propriamente feudale. Anche se dal punto di vista giuridico-istituzionale non si trattò di un ritorno puro e semplice al feudalesimo, sul piano sociale il processo si tradusse nel peggioramento delle condizioni di vita e in forme accentuate di immobilismo e di gerarchizzazione.

Il feudo che veniva concesso dal Sovrano al barone in "*demanium*" era proprietà personale del barone; al possesso del territorio era connessa anche quella degli abitanti considerati come pertinenti allo stesso nella condizione di "*vassallos suos angarios et perangarios*". Quest'ultima particolare condizione istituzionale si traduceva nel dover ottemperare oltre a diverse prestazioni "reali", consistenti in una data quantità (decima, vigesima, nona, quinta) di generi agricoli prodotti nel territorio del feudo (olio, grano, vino o altri frutti) o di animali, e diverse prestazioni "miste", cioè diritti proibitivi che consistevano nell'imporre agli abitanti del feudo l'obbligo di servirsi delle strutture produttive del feudatario (molini, forni, osterie e trappeti), anche all'obbligo di corrispondere al possessore del feudo diversi diritti "personali", con un notevole aggravio quindi delle rispettive condizioni sociali, economiche e istituzionali. L'uomo fu considerato un bene sul quale il feudatario vantava diritti, onde gli era vietato uscire dal feudo e se si fosse allontanato avrebbe potuto essere rivendicato dal feudatario e costretto a tornare sotto la giurisdizione del barone. Traferirsi liberamente da un luogo a un altro non era quindi una cosa scontata così come può esserlo nel XXI secolo.

Che la situazione fosse questa anche a Taranta, oltre che dal documento di concordia precedentemente analizzato, viene chiaramente alla luce in un trafiletto all'interno un più ampio registro contenuto nel fondo della Regia Camera della Sommaria dell'Archivio di Stato di Napoli (*Partium*, vol. 963, fasc. 6). Tale registro contiene copia degli atti di un ennesimo processo che, fra il 1729 e il 1736, vede contrapposti i rappresentanti dell'Università della Taranta e i marchesi Fabrizio, Lucio Vittorio e Sigismondo Malvezzi, feudatari di tale terra, chiamati in giudizio a causa della richiesta di diritti baronali considerati indebiti e ingiustificati da parte degli abitanti di Taranta. Per un'ampia parte (da f. 1r a 39v) il contenzioso è costituito da *relevi* e dichiarazioni di entrambe le parti sui diritti di cui godono o hanno goduto negli anni immediatamente precedenti al processo. Nel 1733 l'indagine però va oltre e, come di consuetudine nei processi di natura feudale, si apre a una più precisa individuazione dell'origine dei diritti vantati dalle parti. La Camera della Sommaria richiede infatti a esse la documentazione originale (o in copia autenticata) degli antichi privilegi nei quali tali diritti erano stati ottenuti, trascrivendoli poi, previo accertamento della loro autenticità tramite alcuni notai. In uno dei fogli (96 r.) viene riportato, in copia, questo trafiletto: « *In causa illustris marchionis Perithei Malvezzi utilis domini terræ Tarantulæ, petentis cogi Marcum Antonium Saurum suo vaxallum, uti angarium et perangarium ad iterum habitandum in dicta terra, et omnes, ut alii cives sumendam, ut e actis super praedictis factis cum commune Regiae Audientiae ordine est. Die septimo mensis septembris 1626 Tarantulae.*» Nella causa il Marchese Piriteo Malvezzi, signore della terra della Taranta, richiede che Marco Antonio Sauro suo vassallo, in qualità di angaro e periangaro, venga obbligato ad abitare nuovamente in detta terra, e che devono essere impiegati tutti gli altri cittadini, come risulta dagli atti, con ordine comune della Regia Udienza. 7 settembre 1626, Taranta.

«. *Per subscriptum regium auditorem dominum Sancitum/ Ramirez , in praesenti causa commissarium deputatum vigore ordinis Sacntae Ecclesiae [...] ad testes, cum notificatione ipsorum et parti eorum depositionibus, privilegio, seu investitura a rege. Ferdinando Primo concessa, fide universitatis absentiae supraditti Marci Antonii, et aliis scripturis pro parte supdicti illustris marchionis praesentatis publicatione in monitione ad dicendum parti notificata, et omnibus actis, fuit provisum et decretum, quod supradictis Marcus Antonius Saurus uti civis terrae Tarantae, in ea infra dies duos redeat ad habitandum, et onus sumendum, ut alios uti civis angarius et perangarius portavit, ut alii cives pareant tam pro terra praeditta illustris marchionis et eorum curiae, quam pro universitate, et in casu renitentiae cogatur realiter et personaliter ad sic observandum, ut tenetur, et ita hoc suum et expediantur debitae provisiones in forma = Ramirez Extracta et praesens copia a suo proprio originali libro in sup(radi)tto processu agitato inter supradittas partes mihi exhibito per capitanum dictae terrae Tarantae Ioannem de Ciprianis et praesentati restituto, cum quo facta collatione concord)t meliori semp(e)r In fidem, Tarantae die 9 septembris 1636. Ita est Marcus Antonius Torre Attuarius Regiae Audientiae* ». Attraverso il regio uditore Sancito Ramirez, deputato ai testimoni con la notifica degli stessi e con le deposizioni di parte di essi, privilegio concesso dal re Ferdinando I, è stato previsto e decretato che Marco Antonio Sauro ritorni a

Taranta entro due giorni e come cittadino sopporti l'angaria e la periangaria, così come gli altri cittadini siano a disposizione per la terra della Taranta del Marchese e della loro curia e per l'università. La copia è tratta dall'originale mostrata dal Capitano della terra della Taranta Giovanni Cipriani.

Come ampiamento detto e dimostrato, i Sauro erano, con tutta probabilità, la famiglia più facoltosa di Taranta; ciononostante erano sottoposti agli obblighi feudali, tanto che nel 1626 Piriteo Malvezzi chiede il rientro nel feudo, dal quale si era allontanato, di Marco Antonio Sauri e la sua sottoposizione alle angarie e periangarie[194].

Al di là dell'ulteriore tassello aggiunto alla ricostruzione del quadro sociale della Taranta del tempo, il documento fa sorgere alcuni interrogativi circa il differente trattamento goduto dai di Gianfrancesco a seguito del loro trasferimento a Lama. Mentre infatti a Marco Antonio Sauro fu intimato di rientrare entro due giorni a Taranta ed egli effettivamente adempì all'ordine, apparentemente i di Gianfrancesco poterono trasferirsi a Lama senza alcun problema. La cosa potrebbe essere segno di un clima migliore nei rapporti tra feudatario e vassalli a seguito della concordia da poco stipulata, ma viene difficile pensare che il feudatario avrebbe accettato con tranquillità la perdita della produttività di alcuni dei suoi vassalli e quindi delle entrate che gli potevano derivare dagli stessi, in considerazione delle difficoltà socioeconomiche in cui si trovavano sia lui che la comunità tarantolese. Ovviamente se questi vassalli fossero tra quelli recalcitranti e riottosi, la "perdita economica" poteva anche essere ampiamente compensata da un guadagno in termini di riaffermata autorità e, quindi, il trasferimento non solo non sarebbe stato ostacolato, ma forse addirittura favorito. In questo caso si avrebbe la conferma di quanto ipotizzato in precedenza circa le cause del trasferimento a Lama.

Un'ultima motivazione dell'eterogeneità del trattamento tra Sauro e di Gianfrancesco può essere infine trovata nella circostanza che questi ultimi non fossero tenuti alle angarie e periangarie in quanto rientrati nella categoria degli uomini *liberi/franci*.

In numerosi documenti antichi lo status di *liberi/franci* è in opposizione alla normale condizione di *homines*, villani e vassalli soggetti a un signore. Gli *homines franci* (o *homines liberi*), erano in genere distinti dagli altri abitanti di una signoria e godevano dell'esenzione completa (molto di rado) o la riduzione (più di frequente) dei normali oneri signorili. Il mondo dei franci era dunque quello, così comune nell'*ancien régime*, di una libertà intesa come privilegio rispetto alla normale

---

[194] Vedi Appendice 5.

prestazione degli oneri signorili. Era una condizione molto elastica e variegata, poiché contrattata localmente. Quello degli *angari* e dei *franci* è, proprio per ciò, un argomento complesso da definire, per cui si è preferito dedicare all'approfondimento l'Appendice 5, cui si rimanda.

Al momento l'ipotesi di una libertà e indipendenza della famiglia di Gianfrancesco, pur potendosi basare esclusivamente sull'incontrovertibile dato empirico del non contrastato ed effettivo abbandono di Taranta da parte della famiglia, potrebbe purtuttavia avere una sua fondatezza anche alla luce della lunga analisi sulle sue condizioni economico sociali che, tra l'altro, andrebbe a corroborare. Oltretutto, come appare chiaramente da quanto accaduto a Marco Antonio Sauri, la disponibilità economica di per sé non garantiva l'esenzione dai vincoli feudali così come per i Lippis lo status sociale non venne intaccato dalla messa all'asta di una consistente porzione delle proprietà, a seguito della loro insolvenza.

APPENDICI

Appendice 1
La questione delle lettere di cambio nel sec. XVII
presso la Regia Dogana di Puglia

di

Michele De Cesare

Le origini della cambiale, nella forma del contratto di cambio prima e in quella della lettera di cambio (la cosiddetta tratta) poi, risalgono ai secoli XII-XIII. Nel contratto di cambio il debitore si obbligava a restituire al creditore o a un suo rappresentante, di persona o mediante un proprio rappresentante, la somma ricevuta nella medesima specie monetaria o in una diversa, ma sempre in un luogo diverso.

La lettera di cambio, invece, era una dichiarazione con la quale il debitore ordinava o invitava un suo rappresentante o corrispondente (trattario) di pagare al creditore (prenditore) la somma dal primo ricevuta in cambio. I soggetti, quindi, che comparivano nelle lettere di cambio erano quattro: il traente o emittente, cioè colui che ordinava il pagamento; il trattario, cioè colui al quale veniva ordinato il pagamento; il beneficiario, colui che doveva ricevere il pagamento; e infine il numerante o remittente, che aveva versato al traente la valuta. Facciamo un esempio pratico: una persona, dovendo effettuare pagamenti fuori piazza e eliminare i rischi inerenti al trasporto di grosse quantità di denaro, depositava nelle mani di un banchiere o di un mercante della propria città la somma dovuta in moneta locale; a sua volta quest'ultimo ordinava per iscritto ad un'altra persona di altra città, col quale intratteneva rapporti d'affari di pagare al creditore una somma, in moneta di quella piazza o di altra, corrispondente a quella depositata dal primo datore. Infine la girata, che cominciò a comparire verso gli inizi del XV secolo ma che si sviluppò ai primi del secolo XVII, agevolò moltissimo la circolazione e il volume degli affari una sola lettera di cambio rendeva possibile l'estinzione di diversi debiti.

Le lettere di cambio, infine, venivano liquidate nelle piazze e nelle fiere tramite un delicato meccanismo di compensazioni: gli importi di specie diversa venivano ragguagliati in riferimento ad una moneta fittizia di mero conteggio costituita appositamente. Il tutto sempre sotto la spada di Damocle della censura per usura delle leggi canoniche.

Un modo controverso di pagamento di una lettera di cambio, causa di liti fra mercanti e di lunghe controversie giuridiche, era la girata in banco, l'iscrizione, cioè, nei libri di un banco della somma del cambio a favore del beneficiario: sembra che l'effetto liberatorio dell'iscrizione non fosse riconosciuto in tutte le città (nel Regno di Napoli era riconosciuto). Ovviamente i problemi nascevano nel caso che la lettera di cambio non fosse stata accettata oppure, se accettata, non fosse stata pagata: bisognava sollevare a quel punto la "*protestatio*" (il protesto); una obbligazione questa che riguardava innanzitutto il trattario stesso. Il protesto era largamente usato nel corso del XIV secolo, ma il primo documento di cui abbiamo notizia è del 1413 ed è contenuto in un registro del notaio Giuliano Canella di Genova. Esso era volto in primo luogo a precisare il tasso ufficiale dei cambi al momento dell'inadempimento, in modo che fosse certo il tasso al quale il beneficiario o il trattario o l'onorante che volesse accettare e pagare *sub protestatione* erano legittimati a trarre sopra l'emittente, cioè a "fare recambio", come si soleva dire.

Nel Regno di Napoli la materia delle lettere di cambio era stata regolata da una serie di prammatiche, raggruppate sotto il titolo *De Literis cambii, seu tesseris collybisticis et apochis banci*. La prima fu emanata il 14 maggio 1565 e nacque dall'esigenza di porre delle regole alla prassi, ormai consolidata, nella materia dei cambi: vennero determinati il giorno, il martedì di ogni settimana, e le modalità di pagamento e riscossione; le regole per porre un freno agli abusi riguardanti le accettazioni, il protesto e le esecuzioni delle lettere di cambio; consacrato il titolo esecutivo di queste (cosa pacifica anche negli altri paesi), la cosiddetta "*esecuzione parata*", alle lettere accettate dal principale oppure da persona che legittimamente avesse la potestà di obbligare il principale stesso, e alle lettere ritornate con protesto nel Regno.

Circa quarant'anni dopo, il 30 giugno 1607, venne emanata un'altra prammatica volta a porre un freno agli eccessivi ed esorbitanti prezzi a cui avvenivano i cambi, con gravi danni per i mercanti e per lo stato stesso: furono, così, inderogabilmente stabilite le cifre dei cambi rispetto alle varie fiere. Dopo pochi mesi, però, l'8 novembre dello stesso anno, fu emanata un'altra prammatica con la quale si sospendeva per un anno esatto la precedente, prorogata di sei mesi prima e poi a tempo indeterminato con la prammatica del 31 maggio 1609, per poter procedere facilmente alla contrattazione per il pagamento, sulle varie piazze, delle grosse quantità di grano necessarie al sostentamento della città di Napoli. Si passò, così, dal sistema dei prezzi fissi, a quello, tipico delle borse, dei prezzi fluttuanti; cioè dei prezzi da stabilirsi di volta in volta, da parte dei sei Deputati nominati ogni tre mesi, in base alle diverse piazze d'Italia: in pratica, alla mattina del giorno designato, il giovedì di ogni settimana, ricevute tutte le lettere di cambio, si procedeva alla determinazione del prezzo.

Molto importante per la storia delle lettere di cambio nel Regno di Napoli, fu la prammatica V del 9 giugno 1617. Questa, oltre a determinare tassativamente le modalità e i termini di pagamento, l'accettazione, il protesto e l'esecuzione delle lettere di cambio, in modo da provvedere al disordine che si era venuto a creare per il mancato, dovuto rigore in materia, stabilì inderogabilmente che la competenza esclusiva, nelle questioni dei cambi, fosse del Regio Collateral Consiglio e del suo delegato, il Commissario per gli affari di cambio. Questo tribunale aveva prevalentemente funzioni legislative: doveva assistere, consigliare e anche controllare il viceré, il quale, a sua volta, doveva obbligatoriamente sentirne il parere. Era competente, inoltre, in materia fiscale, poteva avocare a sé le cause di qualsiasi altro tribunale (fossero esse decise o meno), e, nel campo della giustizia, il suo compito fu esteso alla disamina delle suppliche e delle domande di grazia e di revisione. Si adiva in forma di supplica. Carlo di Borbone, nell'intento di riformare le istituzioni, lo abolì sostituendolo con la Real Camera di Santa Chiara che rilevò quasi tutte le competenze del Collaterale. Questo nuovo tribunale, però, non ebbe vita lunga: dopo Carlo, infatti, sotto Ferdinando, venne a svolgere solo funzioni molto modeste in campo giudiziario e amministrativo.

Le prammatiche che furono emanate fino alla fine del 1600 (11 luglio 1618, maggio 1622, 27 luglio 1632, 16 maggio e 27 settembre 1648, 17 ottobre 1686, 4 gennaio e 31 maggio 1690), erano tutte volte a regolare le modalità di pagamento e riscossione delle lettere di cambio: le monete con le quali potevano essere effettuati i pagamenti, i prezzi per ogni piazza ai quali i cambi potevano avvenire, e infine i divieti, sanciti dalla prammatica emanata il 4 gennaio 1690, di introdurre nuove forme di lettere di cambio e di ammettere nel Regno quelle, di qualsiasi altra piazza o fiera, che contenessero girate. Testimonianze, questi continui interventi, dell'esigenza di sopprimere, o almeno limitare, le continue spinte autonomistiche della pratica quotidiana, a scapito del buon andamento comune.

Alfonso d'Aragona aveva istituito, con la prammatica del 1° agosto 1447, la Regia Dogana della mena delle pecore di Puglia, la struttura che caratterizzò la vita economica, politica e sociale del Tavoliere delle Puglie fino agli inizi del 1800. Essa nasceva dall'esigenza di regolamentare, in favore del fisco, l'antico costume, risalente ai tempi dei romani, di portare, durante la stagione invernale, gli animali a pascolare su quelle terre dal clima mite. In pratica il sovrano pensò di concedere in affitto ai padroni degli animali, gli erbaggi necessari al pascolo dietro il pagamento di un prezzo, la fida, per ogni capo di bestiame. Per tutelare il buon andamento della Dogana, re Alfonso concesse ai padroni degli animali obbligati dietro contratto (il cosiddetto contratto di "fida") a condurre le loro bestie ai pascoli fiscali, che con quello divenivano "locati", cioè sudditi della Regia Dogana, vari privilegi che agevolavano notevolmente le loro condizioni di vita e di lavoro: esenzioni dal pagamento di dazi e gabelle varie, diritti di passaggio, di utilizzare acque, legna, riposi e difese per la notte, ecc., ma, tra tutti, il più importante era quello del foro privilegiato della Dogana, un privilegio, questo, più volte.

Questo, ovviamente, non poteva non far nascere dei conflitti di competenza tra i tribunali del Regno di Napoli, in particolare tra il Regio Collateral Consiglio e il Tribunale della Dogana il cui giudice, il Doganiere, era dotato di *mero et mixto imperio, ac gladii potestate*. Infatti, come risulta dagli atti dei processi civili conservati presso l'Archivio di Stato di Foggia, il Tribunale foggiano era solito occuparsi anche delle questioni riguardanti le lettere di cambio. Addirittura, avocava a sé cause iniziate presso altri tribunali: per esempio, nel 1652 Antonio d'Onofrio, carcerato in Lucera per un debito derivante da una lettera di cambio da lui emessa nel 1647, che tra l'altro sosteneva d'aver onorato, chiese e ottenne di essere trasferito dinanzi ai giudici della Dogana proprio in quanto locato della stessa10. Ancora, nello stesso anno, vi fu un'altra avocazione al tribunale doganale di un processo promosso dinanzi la Regia Udienza di Lucera per il recupero di un credito ex polizza di cambio. Lo stesso avvenne, nel 1655, per una causa iniziata presso la Corte di Melfi.

Nel 1667, invece, vi fu un processo in cui l'attore, un tal Marino Stabile, pubblico mercante di San Nicandro, carcerato presso la Regia Dogana ad istanza di Carlo Pertosa per pretesa soddisfazione di due lettere di cambio, chiese la trasmissione degli atti, per competenza, dal tribunale della Dogana, al Regio Collateral Consiglio presso il duca di S. Angelo, in quanto Commissario per gli affari di cambio. Agli atti del processo venne allegato un documento regio, emanato il 30 ottobre 1664, che oltre a ribadire la competenza esclusiva del Regio Collateral Consiglio e, ovviamente, del suo delegato, in materia di cambi, faceva divieto assolutoal Tribunale di Foggia e agli altri del Regno di interferire in quelle faccende, sotto pena di falso, nullità d'atti e quanto ancora si fosse ritenuto ad arbitrio della Regia Corte.

Questo certo non frenò l'attività dei giudici della Dogana in materia cambiaria; molti processi aventi per oggetto lettere di cambio seguirono negli anni: per esempio, nel 1671, un certo Antonio Carnevale chiese l'invalidazione di una sua lettera di cambio di 45 ducati, emessa, con il nome del creditore in bianco, nell'ottobre del 1670 da pagarsi nel maggio seguente nella città di Napoli. Quegli spedì la lettera in un plico chiuso, ma il destinatario, tal Liberatore Massa di Napoli, dichiarò di non aver mai ricevuto nulla; la nullità della lettera di cambio era indispensabile per evitare che potesse essere indebitamente riscossa da altri, proprio perché in bianco.

Ancora, nel 1685, vi fu una causa in cui l'attore, Nicola Tortorella, lamentò il non pagamento di una lettera di cambio di 220 ducati emessa in suo favore il 19 maggio dello stesso anno. I convenuti, Francesco Azzarito, Vito Piccioni e Gaetano Retaino, debitori in solido, furono arrestati e carcerati in Foggia, i loro beni sequestrati e venduti. Il tribunale della Dogana li condannò al pagamento della somma e degli interessi maturati dal giorno della scadenza fino al 16 giugno 1686 (data in cui ebbe termine il processo).

La soluzione del conflitto tra il Consiglio Collaterale e il tribunale pugliese, mediana tra le contrapposte pretese, avvenne nel 1705 ad opera del Reggente Nicola Gascon, marchese di Acerno, Commissario generale dei cambi, il quale stabilì che la competenza esclusiva in quella materia fosse sempre del Regio Consiglio, ma che per le controversie riguardanti i locati della Dogana, essa potesse essere affidata, in via subordinata e delegata, all'Uditore Parise in qualità di Suddelegato dei cambi in Foggia. Una soluzione, però, non definitiva visti i continui contrasti che seguirono negli anni.

Appendice 2
La normativa sui ceti nell'antico Regno delle Due Sicilie

di

Francesco Morabito

Reale Dispaccio del 24 dicembre 1774 : " ...la Maestà Sua ... ha comandato, con Real Carta del 1° dello andante, che prima di ogni altro si faccia costà la distinzione dei ceti in tre classi. Una cioè delle famiglie nobili, la quale comprender debba tutti coloro che vivono nobilmente e che li di loro maggiori così parimenti hanno vissuto; con includersi in detta classe li nobili di privilegio, cioè, li dottori di legge, li dottori di medicina, in quanto però alle persone non già alle famiglie. Ben inteso che li dottori di legge, subito avranno da padre in figlio acquistato lo stesso onore, debbono essere ascritte le famiglie delli medesimi al primo ceto, purché non si esercitino in mestieri vili e servili. Non così per li medici, l'ascrizione dei quali alla prima classe sarà sempre delle persone tantum, e con condizione espressamente richiesta in detta Real Carta, che non possano giammai essere eletti per individui nel Decurionato o per annuali amministratori dell'Università. Nella seconda classe vuole il Re che vi siano ascritte le famiglie di coloro che vivono civilmente, come ancora li notari, li mercadanti, li cerusici e gli speziali ; e nella terza finalmente gli artisti e li bracciali".

I. – Da qualche tempo l'attenzione socio storiografica sull'antico Regno delle Due Sicilie è in crescita: mostre, convegni, dibattiti e altre iniziative vanno via via mettendo in luce singoli aspetti ed episodi delle vicende portanti e di quelle minute di quello che nel periodo Sei-Settecento fu uno degli stati italici più importanti. Fra le iniziative più significative e meritevoli non si può non menzionare l'attentissimo riesame dell'impianto normativo e regolamentare generale che si deve allo sforzo del Consigliere di Stato, da pochi anni venuto a mancare, Guido Landi, che in due volumi ripercorse le vicende del diritto pubblico del Regno – fatto inconsueto – circa centocinquant'anni dopo la fine del Regno stesso e dunque dalla fine della vigenza delle norme esaminate. Tale lavoro, pubblicato nel 1977, aprì un dibattito fra studiosi cui contribuì, fra l'altro, con un'imponente scheda bibliografica (in forma di recensione al lavoro di Landi) Ettore Rotelli, pubblicata sull'autorevole Rivista trimestrale di Diritto Pubblico nel 1978.

Si è così cominciato a dare qualche importante risposta all'appello lanciato nel 1973 da Ruggero Moscati nel concludere un prezioso capitolo – introduttivo, dedicato appunto ai problemi storiografici, – del suo bel testo dedicato ai Borboni di Italia (a Napoli e a Parma), là dove ravvisava l'esistenza di una "larga zona lasciata in ombra", non soltanto sul solito giacobinismo e sul ruolo dei liberali, ma anche sulle strutture amministrative e sull'economia (in proposito notava: "si pensi ad una storia, vista da Napoli, della filiale dei Rothschild dal 1821 al 1860").

Eppure, da un certo punto di vista, questo e altri sforzi simili (per esempio la bellissima mostra documentale sugli atti amministrativi del Settecento napoletano allestita a Caserta nel 1981) sono stati inutili. Nell'uso comune non si riesce a prescindere dai luoghi comuni post-unitari per cui il massimo del governo retrivo, miope, malfidato e afflitto da una burocrazia fine a sé stessa è necessariamente indicato come "borbonico".

Naturalmente le cose non stavano affatto così. Non è questa la sede per ricordare quali furono i meriti, per es., della settecentesca legislazione sui c.d. catasti onciari con cui l'intera popolazione del Regno fu portata alla dichiarazione dei redditi (possediamo ancora la maggior parte dei dati raccolti famiglia per famiglia) o che l'autogoverno locale, che nel nord finì sostanzialmente con la sconfitta dei Comuni, nel Mezzogiorno preunitario cessò con l'epoca napoleonica (nel 1806 nel napoletano e nel 1809 in Sicilia): in tali autogoverni sia il primo ceto sia il ceto medio eleggevano i rispettivi rappresentanti alle principali cariche cittadine e dal momento in cui tale sistema venne soppresso fu necessario attendere più di un secolo e mezzo per recuperare il concetto stesso di autogoverno. Dei catasti onciari d'età borbonica – che ho studiato a lungo una decina di anni fa con riferimento ad alcune specifiche realtà territoriali – dice in particolare lo studioso francese Gérard Delille che i dati che gli stessi "riportano sono molto più numerosi e precisi di quelli contenuti nei catasti napoleonici poiché comprendono la descrizione dettagliata della famiglia del proprietario, la lista minuziosa delle terre e delle case con i censi di cui sono eventualmente gravati, l'annotazione dei debiti e crediti in denaro e del bestiame [...], ma, poiché non è stata fatta al momento alcuna elaborazione di questa massa di informazioni, qualsiasi utilizzazione esaustiva degli onciari si è rivelata impossibile"; peraltro, non si può non ricordare in proposito il seminario di studi 1979-1983 organizzato a Salerno dal Centro Studi Antonio Genovesi.

II. – Torniamo ora al problema della suddivisione della popolazione regnicola in ceti, del significato di tale suddivisione e del modo in cui si pensava di fornire soluzioni di natura organizzativa alla struttura sociale nel suo complesso.

Rileva anzitutto la visione d'insieme del legislatore, che abbastanza evidentemente si prefiggeva di fare luogo a quel genere di interventi che oggi si direbbero di policy making e di ordine pubblico. In altri termini, non è "soltanto" una legge sulla nobiltà costruita – come le molte coeve emanate un po' ovunque in Europa – per difendere gli interessi della classe dirigente, ma un testo che sembra mirare a fare quel genere di chiarezza che è presupposto indispensabile di un'auspicata pace sociale e anche ad integrare un'azione di "ampliamento-recupero" verso quelle nobiltà minori tradizionalmente escluse sul piano dei fatti dal grande giro aristocratico.

Il Regno di Napoli – come ricordava bene in sintesi lo storico e archivista mons.

Vincenzo F. Luzzi – era composto da città e terre demaniali e feudali che "erano costituite in Università [*universitates civium*]. Nell'ordinamento interno le università erano composte dalla cittadinanza del luogo divise in fuochi (famiglie) e in classi (nobili e popolari). Entrambe le classi partecipavano all'amministrazione della cosa pubblica con doppia rappresentanza, eletta in pubblico parlamento con intervento del governatore locale [regio o feudale], ma senza sua ingerenza. Le università pagavano i contributi fiscali stabiliti dal governo, distribuendoli, unitamente ai contributi locali, tra le famiglie (fuochi) in rapporto ai beni fondiari posseduti e all'attività economica esercitata, con esclusione dei nobili e del clero". Su numerosi di questi concetti si avrà modo di tornare infra. Francesco Calasso, nella voce dedicata ai comuni contenuta all'interno dell'Enciclopedia del Diritto, vol. VIII, osserva che è "con l'età angioina che s'inizia un'attività normativa delle città meridionali in forme non diverse da quelle dell'Italia comunale, che non tarda ad essere ordinata in raccolte più o meno sistematiche, che prendono anch'esse il nome di statuto".

Occorre in generale dire che il giudizio sull'assetto sociale del Regno di Napoli è stato falsato in epoca recente da due opposte storture interpretative. Da un lato, una storiografia di stampo giacobino e liberale ha accreditato il concetto che il Regno fosse una sorta di inferno per le popolazioni, poste alla mercé dei grandi feudatari (molti dei quali – va osservato – vivevano nella Capitale o comunque altrove e mettevano piede nelle loro proprietà non più di una-due volte in tutta la vita): appartengono a questo ceppo coloro che hanno preso per riferimento, per esempio, gli scritti firmati da Pietro Colletta. Dall'altro lato, con un riferimento più giuridico che storico, operò la Consulta Araldica dello stato unitario: preoccupata – per evidenti ragioni politiche – di non creare vistose ed ingovernabili sproporzioni fra i nobili del nord (vincitori e numericamente inferiori) e quelli di origine meridionale (all'opposto), assunse una linea interpretativa forzosamente restrittiva sul ruolo delle classi dirigenti meridionali negando, per esempio, vera e propria dignità nobiliare alla maggior parte dei consessi patriziali delle cittadine minori. L'azione di disturbo – è evidente – si estende dalla messa in dubbio dell'esistenza stessa di vere e proprie aristocrazie cittadine al grado di effettiva autodeterminazione dei governi locali e, più in generale, alla dignità e allo spessore della storia locale: un conto è sostenere che essa fosse il risultato dei capricci, buoni e cattivi, del feudatario, un conto è riconoscere che i corpi locali erano in grado di svolgere compiti importanti di amministrazione e di esercitare fuori da sostanziali interferenze le funzioni giurisdizionali che erano loro proprie. Inoltre, alcune importanti peculiarità dell'ordinamento nobiliare degli stati meridionali vennero cancellate retroattivamente con un colpo di penna: a fare le spese dell'epurazione fu, per esempio, il concetto della successione femminile nei titoli, ammessa nel Regno in mancanza di un erede maschio di pari grado.

A rafforzare l'interpretazione restrittiva sui patriziati fu richiamata anche una distinzione dottrinaria fra i patriziati delle città di "piazza chiusa" (netta separazione delle classi), le città di "piazza aperta" (separazione più sfumata, con ingerenza nelle decisioni del corpo civico del governatore regio) e città infeudate rette in modo simile a quelle di "piazza aperta", ma in cui il patriziato locale sarebbe stato di fatto schiacciato dall'autorità feudale (che esprimeva un proprio governatore); per inquadrare il livello sfumato di separazione fra i ceti il legislatore parlò "non di vera e propria separazione, ma di segregazione o colonna". In proposito si deve ricordare che la giurisprudenza nobiliare del Regno di Napoli – spesso incline ad esprimersi in modo contraddittorio o comunque difforme da decennio a decennio – già si era pronunciata in modo molto prudente sul punto della sussistenza della nobiltà nei luoghi infeudati, sostenendo che, là dove l'infeudazione fosse stata evento temporalmente successivo, non ci sarebbe stata perdita di nobiltà. Sul punto è largamente condivisibile il giudizio di Giovanni Montroni nel suo testo sulla nobiltà napoletana nell'Ottocento: "In teoria solo i centri di sedile chiuso avrebbero dovuto conferire la nobiltà, mentre al patriziato di quelli di sedile aperto non sarebbe dovuta toccare che una semplice distinzione locale. Le cose andavano in sostanza diversamente, e perché l'Ordine di Malta non aveva mai fatto differenze tra le piazze chiuse o aperte e perché il dispaccio reale del 1756, che sarebbe rimasto il cardine della normativa in materia fino alla fine del secolo, non faceva riferimento che alla sola effettiva separazione dalle famiglie 'civili' e particolarmente da quelle 'popolari' ".

Le più recenti indagini mostrano per fortuna che la realtà era diversa e anche la migliore storiografia di quando in quando se ne accorge. E' per esempio Fernand Braudel nel suo capolavoro sulle civiltà mediterranee all'epoca di Filippo II a parlare della "Calabria sempre indomita rispetto al potere centrale" (nella seconda parte, capitolo sugli imperi e paragrafo sulle autonomie locali), ma lo rileva anche – per altro esempio – la studiosa Marta Petrusewicz nel suo mirabile studio del 1989 sul latifondo Barracco, allorché nota che "entro i confini del territorio sociale si mescolava [...] il mondo feudale per antonomasia con l'autonomia locale delle città libere e gelose della loro libertà".

Significativi di una nuova metodologia di indagine sono i criteri enunciati da Francesco Benigno nell'introduzione al lavoro a più mani del 1995 su élites e potere in Sicilia: "L'immagine dell'aristocrazia proposta in queste pagine si discosta non poco dalla visione tradizionale di un corpo sociale omogeneo, politicamente unito, protagonista di un dominio feudale durato cinque secoli e poi persistente, anche dopo la sua abolizione formale, ben dentro l'Ottocento. Essa viene qui riletta piuttosto come un campo di preminenza in cui convergono differenti soggetti portatori di contrastanti interessi e di diversi criteri di legittimità. La costruzione dell'identità nobiliare appare dunque non la presa di coscienza di una naturale primazia derivante dalla soggiacente posizione sociale, ma come un processo collegato alla definizione dei parametri di distinzione che danno accesso al godimento del privilegio economico e alla partecipazione all'arena politica." E prosegue: "La nobiltà 'feudale' siciliana risulta infatti, nella sua fase di formazione tre-quattrocentesca, ideologicamente fragile, incapace cioè non solo di imporre una propria tradizione normativa al resto del tessuto sociale, ma perfino di elaborare una consistente memoria genealogica. Al suo fianco l'emergere di un'importante aristocrazia di servizio e di una forte nobiltà civica concorrono a delineare una classe dirigente dotata di una forte fluidità interna e aperta alla mobilità derivante dall'accumulazione".

In questa logica si muove il testo di Claudio Donati sull'idea di nobiltà in Italia nei secoli XIV-XVIII, del 1988: egli richiama l'attenzione su un'operetta seicentesca di Camillo Tutini: "Tesi di fondo del libro era che, da un lato, i nobili napoletani erano sempre stati divisi dal popolo, ma che allo stesso tempo gli uni e gli altri avevano unitariamente governato la città a partire dal 1495. Ma che cos'era questo popolo di Napoli? Nel capitolo XVII Tutini ne dava questa definizione: 'una sorte di gente, la quale per ragion di natali non convenendo co' nobili, e per virtù e ricchezze lontanissima da' plebei, costituisce una terza spetie', che 'entrando a far parte a qualunque magistrato, e da niuna di qualsiasi dignità della sua patria escluso' gareggiava coi nobili stessi, e anzi poteva a buon diritto essere definito 'nobilissimo' ".

Donati prosegue citando ancora letteralmente Tutini. "Per avvalorare quest'ultima affermazione, l'autore esaminava 'l'essenza della nobiltà', affermando subito che 'il suo vero fonte sieno le virtù'. Aristotele, Seneca, il Platina erano le autorità su cui Tutini fondava l'assunto che 'dall'esser virtuoso niuno ne può essere escluso, e per conseguente a rendersi nobile' ... Nel suo disprezzo per i plebei, Tutini svelava la sua lontananza da quelle forze che, di lì a qualche anno, avrebbero scatenato nel viceregno una delle più vaste e impetuose rivolte antinobiliari dell'Europa secentesca. E tuttavia i brani che abbiamo citato mostrano come a Napoli, ben diversamente che in altre città della penisola, si fosse conservata viva la tradizione umanistica dell'equiparazione non convenzionale tra nobiltà e virtù".

III. – Prima di entrare nel dettaglio dell'esame della norma che sopra è stata trascritta, occorre svolgere alcune osservazioni di cornice.

La norma del 1774 è una delle tante emanate sulla materia delle classi sociali durante il Settecento borbonico, non particolarmente dissimili le une dalle altre: 16 ottobre 1743, 25 gennaio 1756, 1° dicembre 1770. Il complesso di tali norme aveva essenzialmente riguardo alla nobiltà, ceto evidentemente di riferimento nella società dell'epoca, ed era modulato sulla coeva esperienza della legislazione spagnola: 1704, 1711, 1712, 1722, 1768, etc. Della legge napolitana del 1756 (di cui magistralmente esamina un folto gruppo di casi specifici in cui fu applicata) dice Anna Maria Rao – all'interno di una splendida raccolta del 1992 compilata sotto la regia di Maria Antonietta Viscaglia – che essa "avrebbe tuttavia presto rivelato quali fossero i veri destinatari: la nobiltà fuori seggio di Napoli e i patriziati provinciali, che nella sua applicazione avrebbero trovato la via per il pieno riconoscimento della loro nobiltà 'generosa' ...".

Occorre in particolare mettere in luce che tutta la normativa era per più d'un verso di matrice non-formalistica. Da un lato, le previsioni delle fattispecie avevano contorni di per sé sovente scarsamente e imprecisamente definiti, il che frenava non poco interpretazioni rigorosamente letterali; dall'altro lato, la normativa – almeno in queste materie – era redatta con il fine di aiutare l'inquadramento della realtà che comunque restava il dato di riferimento. Veramente nel Regno era nobile o civile (o popolano) chi rispettivamente appariva tale.

Peraltro, sia le leggi napolitane sia quelle spagnole d'epoca settecentesca sopra richiamate non erano – in larga misura – prodotto del loro tempo: in esse venivano ripresi e tutt'al più rienunciati princìpi consuetudinari plurisecolari. Tali princìpi, inoltre, venivano riscritti nella legislazione generale dei regni dopo essere stati soprattutto enunciati – dal Cinquecento in poi – nella miriade degli ordinamenti nobiliari minori locali (gli statuti delle Università cittadine e quelli delle confraternite), nei minori ordinamenti istituzionali (l'espressione è del giurista Guido Landi e rinvia alla teoria della pluralità degli ordinamenti giuridici elaborata da Santi Romano) che facevano capo di fatto alla Corona o meglio alla Dinastia regnante (alludo soprattutto agli ordini cavallereschi che richiedevano per l'ammissione le prove di nobiltà e/o producevano la nobiltà nell'insignito) e nei pochi ordinamenti esterni che avevano rilevanza di fatto nel Regno (l'Ordine di Malta, l'Ordine Stefaniano, i quattro ordini militari spagnoli, etc.). Era piuttosto lo "spirito" ad essere nuovo, ma su questo punto ho già fatto cenno sopra.

IV. – Al vertice della piramide sociale del Regno borbonico era il primo ceto e cioè la nobiltà. Al contrario di quanto accadeva per le nobiltà dell'Europa continentale, quella napolitana non era affatto un corpo chiuso e nemmeno era di stretta derivazione sovrana. A Napoli vigeva appieno il concetto iberico per cui il Re crea i cavalieri (*caballeros*), ma non i nobili (*hidalgos*): questi ultimi creano sostanzialmente sé stessi grazie al meccanismo dell'usucapione di status, la prescrizione acquisitiva (appunto detta "*centenaria prescrizione*") che – come dice molto chiaramente la norma del 1774 – deve protrarsi lungo l'arco di tre generazioni per essere riconosciuta dalla legge. Per la Sicilia vale lo stesso concetto; Domenico Ligresti, scrivendo nel 1995 nel testo a più mani già richiamato su élites e potere nell'isola, nota – a proposito dei processi dei secoli XV e XVI – che la formazione della nobiltà non appare più "mero riflesso della volontà del prìncipe, anzi si manifesta come un movimento generale che nasce e si sviluppa in larga parte autonomamente nel corpo sociale" (e dunque la relativa analisi storiografica deve essere condotta mediante il ricorso alla "formulazione di autonomi criteri di spiegazione e di interpretazione").

Non è chi non veda il grande significato sociologico di un'aristocrazia che, come corpo sociale nel suo complesso (le eccezioni sono sempre possibili), invece di nascere dalla concessione, dalla grazia o addirittura dal capriccio sovrano, muove per lo più i primi passi sulla base del presupposto di fatto. Certo, **successivamente arrivano anche le concessioni di titoli o di dignità**, ma ciò accade di solito ben **dopo che la famiglia abbia raggiunto una precisa collocazione sociale e patrimoniale**. La nobiltà delle province napolitane, almeno alla sua origine, è dunque connotata da forti elementi di meritocrazia. E di realismo: lo status nobiliare non è un fatto astratto che resta immutabile nel tempo per effetto di qualche sbiadita antica pergamena. **E' nobile chi appare nobile** e, per lo stesso principio, cessa di essere nobile chi deroga da quel complesso di condizioni di fatto che appartengono ai costumi dei nobili, alla vita – appunto – "*more nobilium*": sul punto la legge del 1756 parla esplicitamente e con tono tassativo dei casi di perdita della nobiltà per ragioni di indegnità e cioè per l'"esercizio di impieghi bassi", per i matrimoni disuguali, per l'esercizio di "uffici popolari" e per l'esercizio di "arti meccaniche e ignobili" (concetto ribadito con apposito Reale Dispaccio del 20 dicembre 1800; anche in Spagna, nella stessa epoca, ci si muoveva con gli stessi criteri di durezza).

Fra i requisiti che nel Regno delle Due Sicilie, in parte sommandosi gli uni agli altri, integravano nel complesso la fattispecie della "centenaria prescrizione" si solevano ricomprendere: il trattamento di Don e Donna (appoggiato al nome di battesimo) accompagnato alle qualifiche, usate alternativamente, secondo le epoche e i luoghi, "di professione proprietario", "di professione gentiluomo" o "nobile vivente", di cui agli atti pubblici civili e religiosi; le nomine negli ordini cavallereschi o nelle confraternite riservati ai nobili; le alleanze matrimoniali con famiglie nobili; le esenzioni tributarie dalle imposte di "testa" e di "industria"; il giuspatronato; il privilegio di avere nella propria casa un oratorio privato; la sepoltura gentilizia; il dottorato; il possesso di feudi e suffeudi; l'ascrizione al patriziato (o sedile dei nobili) nell'Università cittadina di appartenenza; l'uso delle armi araldiche; l'ammissione al *majorasco*; l'accesso a notabili cariche e gradi di rilievo amministrativi, civili, di corte, militari, ecclesiastici, etc.

In particolare, le esenzioni tributarie sono probabilmente la più autenticamente ispanica delle antiche prove di *hidalguia* e la più tipica dell'Antico Regime. Il gentiluomo pagava tasse commisurate alle proprie rendite fondiarie e immobiliari, non quelle tipiche dei ceti bassi, collegate invece al lavoro ("industria") o al proprio semplice essere persona fisica (il cosiddetto "testatico", cioè l'imposta dovuta da ciascuna "testa"). Sul punto sono molto chiare le istruzioni impartite per la formazione dei catasti onciari del 20 settembre 1742, emanate dalla Camera della Sommaria. Da un lato, i redditi derivanti dalle professioni intellettuali sono assimilati a quelli fondiari e non a quelli del lavoro manuale (il distinguo fra muscoli e cervello è molto significativo): "*Quelli che non fanno mestiere alcuno manuale, ma vivono colle loro rendite, non sono compresi in questa tassa, come né pure sono tassati coloro, che esercitano professioni nobili, le quali … rendono taluno immune dal peso …*". Dall'altro, per quanto riguarda il testatico: "*Per la testa sono tassati tutti coloro, che non vivono nobilmente, cioè tutti coloro, che esercitano qualche arte non nobile, ma manuale. Sono perciò esclusi dalla tassa, così quelli, che vivono delle loro rendite, come anche i Dottori di legge, i Medici Fisici, i Notai, ed i Giudici a Contratti …*". Insomma, ecco come interpretare le specifiche poste eventualmente in apertura delle singole partite catastali ove compaiano le annotazioni "*testa nihil, industria nihil*".

Per ragioni di carattere personale ho esaminato documenti relativi a decine di famiglie napolitane dei primi ceti dimoranti in Università diverse: se dovessi evidenziare uno solo dei requisiti – fra quelli sopra elencati – in base al quale si può definire con sufficiente approssimazione il livello di collocazione sociale di una famiglia, non esiterei a scegliere l'indagine sui matrimoni. Il matrimonio era il caposaldo delle società napolitane preunitarie. Esso era di esclusiva competenza dell'autorità religiosa anche dopo l'epoca dell'occupazione francese, allorché vennero istituiti i registri di stato civile: l'ufficiale di stato civile si limitava a preparare le carte necessarie – i deliziosi *"processetti matrimoniali"* che formano la gioia di ogni studioso – che consegnava al parroco il quale, a cerimonia avvenuta, li restituiva con le proprie dichiarazioni e annotazioni.

Dunque, non c'è dubbio che la conservazione dell'acquisita nobiltà nelle famiglie (per il poco o molto che può valere, anche eventualmente fino ai giorni nostri) passa per i legittimi e religiosi matrimoni; l'indagine sulle famiglie con cui il ramo di una certa casata si era imparentata era ed è il criterio più significativo per appurare la consistenza sociale effettiva di un certo lignaggio. Una singolare controprova di ciò è offerta dal fatto che ho personalmente avuto modo di verificare che le famiglie di buona tradizione, ma impoverite, pur di non *"sdirazzare"*, si imparentavano fra di loro in attesa di tempi migliori.

Ricordava nel 1949 Carmelo Arnone, insieme a Carlo Mistruzzi di Frisinga il più insigne studioso italiano del Novecento delle materie in argomento, che occorreva "una doppia prova: quella del tenore di vita, e questa a sua volta, doveva essere convalidata dalla pubblica opinione, da pubbliche scritture, da testimoni, da atti che qualificavano l'essere nobili. Bisognava insomma dimostrare di avere vissuto per tre generazioni con le proprie rendite, di essere reputati nobili, per stima e concetto pubblico in ogni generazione mediante scritture e testimoni, di aver contratto illustri nozze, non aver esercitato arte meccanica".

Tale complesso normativo non fu abrogato dopo il Decennio francese e comunque con l'eversione della feudalità. Conferme in tale senso si traggono dall'esame di tre disposizioni di legge: l'Atto sovrano dato a Messina il 20 maggio 1815, l'art. 948 del Codice per lo Regno, la Legge 17 ottobre 1822. L'Antico Regime restò dunque formalmente in vigore fino al 1861, l'anno della fine per debellatio dello stato borbonico recepita dalle diplomazie europee (addirittura presso il Sommo Pontefice un rappresentante diplomatico del Capo della Casa delle Due Sicilie, fratello dell'ultimo sovrano regnante, rimase accreditato fino agli ultimi anni del pontificato di Leone XIII).

V. Sotto il primo ceto, i nobili, stava il secondo, quello dei civili, anche detti *"onorati dal/del popolo"* o tout-court *"onorati"*; questa dizione di *"onorati"* era usata con riferimento ai corpi civici di quelle città in cui il relativo sedile – detto dunque *"seconda piazza"* – aveva una storia particolarmente degna di nota.

Si è visto che la legge in esame del 1774 annovera esemplificativamente fra i componenti del secondo ceto *"li notai, li mercadanti, li cerusici e gli speziali"*. Si deve osservare che tali categorie sono in qualche modo i livelli minori di altre categorie professionali tradizionalmente nobili perché composte da laureati (una delle ragioni per cui la laurea comportava nobiltà – oltre quelle di tipo sostanziale – era che la sua natura di *privilegium* proveniente dal sovrano la faceva assomigliare straordinariamente anche nell'aspetto ad un diploma di concessione di titolo; né era infrequente che le armi del laureato venissero miniate sulla pergamena): i notai rispetto ai dottori di leggi, i chirurghi (non laureati) e i farmacisti (diplomati su due livelli) rispetto ai dottori di medicina e gli stessi mercanti al dettaglio rispetto a taluni grandi mercanti che – in via eccezionale – erano stati in passato destinatari di antichi privilegi (erano i mercanti di lana e seta *"però, sempre li figli de' medesimi si stimino, per le circostanze della loro educazione, e beni di fortuna, del di loro padre, in istato di potersi mantenere col decoro corrispondente alla distinzione …"*).

Questi civili non erano paragonabili o comunque riconducibili ad un ceto borghese (cioè, secondo una mia raffigurazione, ad un ceto con una collocazione sociale stabile e caratterizzato da un proprio background socio-economico, culturale ed ideologico sostanzialmente antitetico rispetto a quello di stampo aristocratico): erano un ceto intermedio fra i nobili e il popolo più basso, nel senso che spesso si tramandavano l'arte o la professione, e sovente erano composti da famiglie in transito, in ascesa verso lo status nobile. Arricchendosi, molti di costoro erano in grado di fare studiare i propri figlioli o di avviarli a qualche posizione cospicua che funzionava da trampolino per il salto successivo.

I più interessanti fra costoro erano i notai e gli speziali di medicina (cioè, i farmacisti che avevano completato il loro livello di studio). I notai in particolare erano in una posizione tale da sollecitare – in determinati casi – una preminenza di fatto maggiore di quella accordata dalla legge o da certa consuetudine. Da un lato, essi prendevano le distanze dai "*tabelliones*", cioè da coloro che si limitavano a raccogliere dichiarazioni scritte; dall'altro, fino a tutto il Cinquecento e forse anche oltre (almeno la prima metà del Seicento), l'esercizio del notariato era considerato in termini abbastanza pacifici come carica nobilitante o giù di lì, tanto che qua e là, alla metà del Seicento si trovano ancora notai eletti fra i sindaci dei nobili nelle università cittadine.

Le famiglie dei civili vivevano con grande dignità la dimensione della partecipazione all'amministrazione civica. Nobili e civili, ciascuno per proprio conto, esprimevano i sindaci e via via le altre gerarchie amministrative e giudiziarie dell'università cittadina. Votavano annualmente con un sistema di palle bianche e nere e tenevano le rispettive riunioni in luoghi appunto detti "sedili", secondo una tradizione che gli antichi Greci avevano portato in Calabria e che da lì si era irradiata ai Regni di Napoli e di Sicilia, con il filtro non poco importante dell'esperienza giuspubblicistica maturata in epoca romana. Vorrei provare a sostenere che i sindaci dei nobili e dei civili, che ogni cittadina meridionale espresse annualmente fino all'eversione della feudalità in epoca napoleonica, sono una delle ultime sopravvivenze istituzionali conosciute della stagione dell'antica Roma repubblicana, che appunto esprimeva mandati congiunti e sovrapposti a un console patrizio e a un console plebeo (i Romani, naturalmente, usavano la parola plebeo in senso diverso rispetto a quello d'epoca moderna; ved. infra).

VI. – Il punto su cui tutti gli ordinamenti – centrali e locali – dell'Antico Regime si soffermavano era l'individuazione dei limiti e delle linee di confine fra i diversi ceti. Ciò metteva evidentemente in gioco i livelli di coinvolgimento decisionale della *res publica* cittadina. Chi votava con i nobili, chi votava con i civili, chi non votava affatto. Nota giustamente Giovanni Montroni nel suo testo del 1996 sui primi ceti napolitani nel secolo scorso: "La nobiltà in definitiva costituiva un'area sociale assai diversificata; in particolare presentava un nucleo centrale dai caratteri assai marcati e facilmente identificabile, ma aveva confini che, procedendo da questo nucleo centrale verso l'esterno, divenivano via via più incerti. In questo contesto una definizione troppo rigida della nobiltà meridionale, così come propone la storiografia tedesca, vanificherebbe quasi completamente l'oggetto dell'indagine".

Cito come esempio della suddivisione della cittadinanza in ceti gli statuti (*rectius* capitoli) del 1594 dell'Università di Monteleone in Calabria, l'attuale Vibo Valentia; in essi la ripartizione è molto evidente: "*alii Nobiles, alii Honorati, seu civiles, alii Artifices, alii denique Plebei*".

Solo i primi due ceti concorrevano al governo della cosa pubblica: era – diremmo oggi – un problema di possesso di adeguato know-how. Lo evidenzia, con riferimento alla stessa Città, un giurista settecentesco da me esaminato: "*plebei, vero, cum horum quidem negotiorum essent immunes, eo quod imperiti essent, et ob rerum inopiam ipsis vacare non possent; agros vero colerent, pecus alerent, et artes quaestuosas exercerent lege sancitum est, ne seditiones orirentur, sicut in aliis civitatibus, dum aut humiliores a potentioribus contemnuntur, aut viles, et egeni excellentioribus invident*".

In conclusione, i princìpi generali della normativa sui ceti nel Regno delle Due Sicilie in epoca sei-settecentesca dovrebbero essere ricostruiti facendo luogo a criteri ermeneutici di tipo non-formalistico, badando a non perdere di vista non solo il complesso di norme e indicazioni da ricercare negli ordinamenti centrali e locali, maggiori e minori, nella giurisprudenza amministrativa, etc., ma anche il riferimento alle consuetudini immemoriali e alle consolidatissime prassi di fatto. Che poi a tale eventuale ricostruzione si proceda per legittimi scopi "privatistici" – ad uso di individui o famiglie – o – più auspicabilmente – nel quadro di più ampie indagini per fini storiografici, è fatto che in questa sede non rileva.

Appendice 3
La *Universitas Civium*

Nel meridione d'Italia - Regno di Sicilia e Regno di Napoli - dai Normanni in poi, vi fu un graduale sviluppo delle autonomie comunali, le quali già nel corso del XIII e del XIV secolo si dotarono di propri Statuti da applicare al territorio e alle persone che amministravano, svincolandosi così dal potere centrale e accentratore dello Stato. Con il passare dei secoli, la *Universitas Civium*, intesa come aggregazione di tutti i cittadini di un determinato territorio, contraddistinto con un suo nome e con dei suoi confini, si dette un organo rappresentativo, il Pubblico Parlamento, e una sua struttura amministrativa con propri organi rappresentativi, tra cui il governo cittadino detto Reggimento che deteneva il potere esecutivo.

Struttura amministrativa

In Età moderna, non vi era uno schema fisso di struttura organizzativa adottato dalle *Universitates* cittadine per la propria amministrazione, in quanto le stesse, pur rifacendosi alle Prammatiche Regie, venivano influenzate direttamente dalle molteplici consuetudini locali che, in molti casi, sostituivano le leggi dello Stato, regolando la soluzione di numerosi conflitti e l'amministrazione delle stesse.

Le *Universitates*, a seconda che la popolazione fosse più o meno numerosa, si trovavano ad avere una organizzazione con più o meno organi e uffici. Vi erano piccole *Universitates* con il solo Reggimento e qualche ufficiale universale, altre con una struttura organizzativa più complessa.

In ogni *Universitas*, l'organo principale, nonché vera molla di sviluppo di tutta la comunità e della vita municipale, era il Pubblico Parlamento, ossia l'assemblea dei cittadini. Poi annoverava nella sua struttura diversi uffici con i corrispondenti funzionari che li ricoprivano.

1) Il Reggimento, composto dal sindaco o più sindaci e dagli eletti; 2) Il Razionale; 3) Il Mastro d'atti; 4) Il Segretario e l'archivista; 5) Il Cassiere; 6) l'Esattore dei proventi o erario; 7) I deputati e gli Estimatori; 8) Il Serviente; 9) l'Estimatore di campagna; 10) Il custode dell'orologio; 11) Il custode dell'acquedotto; 12) I guardiani di orti e giardini; 13) Il corriere a cavallo.

Il Pubblico Parlamento

Il Pubblico Parlamento dei comuni del sud Italia del Settecento aveva anch'esso origine nel Medioevo, nei comizi pubblici presso i longobardi e i bizantini che occupavano la Calabria, divenuti poi assemblee del popolo e rimaste tali con i Normanni.

Successivamente, con gli Svevi, gli angioini e, soprattutto, con gli aragonesi si diffusero sempre più i Consigli del popolo detti appunto Parlamento, con i quali gli abitanti di una comunità o luogo si riunivano per eleggere il governo cittadino e per decidere dei problemi più impellenti della comunità. Già a fine Quattrocento con la definizione Pubblico Parlamento si indicava l'assemblea dei cittadini.

Nel corso del Viceregno spagnolo fu comune definire con il termine Parlamento l'assemblea cittadina, alla quale verrà aggiunto il termine "Pubblico", poiché la maggior parte di queste assemblee erano pubbliche.

Difatti, negli Statuti comunali di alcune città del XIV e XV secolo le riunioni dei cittadini venivano definite già Pubblico Parlamento attraverso cui esercitavano il potere deliberativo. Sempre nel XV secolo, il Parlamento era costituito dalla *Universitas in unum congregata*.

In alcuni comuni dove vi era un organo deliberativo più ristretto, detto Consiglio, il Parlamento era composto dai componenti del Consiglio più i cittadini di qualsiasi grado e condizione.

Il Pubblico Parlamento fu detto pure colloquio, comizio, adunanza.

Il Parlamento, secondo il senso della detta Prammatica (Pram. V de admin. Univ. XIV) «*è un adunamento de' capi delle famiglie del popolo in un certo luogo, e tempo, alla deliberazione di cose per la comune utilità, e retta amministrazione dell'Università*».

Il Pubblico Parlamento, quale assemblea di tutto il popolo, era l'organo deliberativo della Universitas. Veniva convocato quasi sempre nella piazza pubblica del paese dov'era solito riunirsi la cittadinanza, oppure dinanzi alla chiesa matrice o all'interno della stessa, in qualche chiostro conventuale abbastanza capiente da contenere un buon numero di cittadini o dinnanzi alla porta della città. «*Deve celebrarsi ne luogo solito, e colle solite formalità; e ogni cittadino deve esser libero a dire il suo parere e dare il suo voto, senza inganni, senza coazione, senza timori, e senza minacce*».

La convocazione e riunione era comunicata dal banditore - quasi sempre il serviente della Universitas - che attraversava le vie cittadine "*gettando*" il bando. Oltre il bando veniva affisso un cartello in luogo pubblico, quasi sempre dove si svolgeva il Parlamento, nel quale venivano segnati i nomi dei cittadini che dovevano intervenire e la materia oggetto della riunione del Parlamento. Il banditore, all'atto di "gettare" il bando, poteva anche usare dei tubicini (tintinnabuli) oppure un corno, una tromba o una campanella, che suonava per attirare l'attenzione dei cittadini.

L'emanazione del *bando* o *banno* era richiesta dalla legge ai fini della validità della convocazione del Pubblico Parlamento, in quanto per mezzo dello stesso i cittadini erano messi a conoscenza della convocazione e degli argomenti oggetto di discussione e deliberazione. La mancata emanazione del bando comportava la nullità del Parlamento.

La convocazione del Pubblico Parlamento poteva essere preceduta anche dal suono della campana della chiesa che comunque veniva suonata sempre dopo che il banditore era passato per le vie cittadine invitando i cittadini a partecipare al Parlamento. In ogni caso si seguivano le consuetudini locali.

La riunione del Pubblico Parlamento veniva indetta da chi aveva l'autorità ossia dal governatore, dal reggimento (sindaco ed eletti) della *Universitas* o dal sindaco singolarmente; nel caso che quest'ultimo si rifiutava di convocarlo, spettava al governatore obbligarlo a fare la convocazione oppure doveva convocarlo lui stesso. In alcune Universitates per la convocazione era richiesta la licenza scritta rilasciata dal governatore di giustizia, mentre in altre la convocazione era libera.

Una volta radunatisi, i parlamentari nella piazza pubblica del paese, data lettura da parte del cancelliere della *Universitas* dell'ordine del giorno che doveva essere discusso nel Parlamento cittadino, si apriva il dibattito sulle materie su cui discutere e decidere.

Le decisioni venivano prese a maggioranza e con voto libero, che poteva essere palese per alzata di mano oppure segreto, soprattutto in determinate materie. Comunque, la votazione era effettuata quasi sempre con voto segreto. gli aventi diritto ricevevano ciascuno una fava bianca e una fava nera; quella bianco era affermativo ossia esprimeva un voto a favore della persona o della materia che doveva essere votata, quella nera esclusivo ossia esprimeva un voto contrario alla persona candidata o alla materia sulla quale bisognava decidere.

Alcune volte al posto della fava nera era utilizzato il lupino. Altre volte ancora venivano usate palle di diverso colore per indicare il voto positivo o negativo. Nel corso della votazione le fave o i lupini venivano depositate in un'urna, che poteva essere costituita da un sacchetto, un berretto o altro. Finita la votazione le fave e i lupini venivano messi su un tavolo e veniva fatto il conteggio dei voti. Vinceva chi otteneva la maggioranza dei voti; in caso di parità di voti prevaleva l'orientamento espresso dei cittadini appartenenti alla classe dei gentiluomini.

In alcuni casi e per alcune materie il voto poteva comunque essere espresso palesemente e veniva annotato dal cancelliere della *Universitas* con l'indicazione del nome del votante.

Nel caso di voto palese, il cancelliere presente al Parlamento annotava nel verbale tutto ciò che era deliberato, il votante e il voto.

Nel corso del Pubblico Parlamento, i cittadini stavano tutti in piedi, tranne coloro che lo presiedevano, ossia il governatore o capitano di giustizia, il Reggimento della Universitas (sindaco ed eletti), il mastro d'atti (cancelliere), che sedevano.

Nelle città dove vi era il sedile di nobiltà[195], il ceto nobiliare poteva anche stare seduto.

Il Pubblico Parlamento vedeva formalmente la partecipazione di tutti i cittadini maggiorenni di sesso maschile da 18 a 65 anni circa, quasi sempre i capifamiglia, esclusi i pazzi, gli infami, gli omicidi, i delinquenti abituali, i debitori della *Universitas*, le donne, i bambini, gli ecclesiastici e tutti coloro che appartenevano alle classi servili, sospette o indegne.

---

[195] Sedili di nobiltà o seggi o piazze erano nati in epoca medievale come punto di aggregazione in un quartiere delle famiglie nobili per discutere di affari pubblici e privati; il più delle volte erano portici o luoghi chiusi da cancelli con una sala.

Era obbligatoria la presenza del sindaco e degli eletti, del governatore di giustizia che poteva farsi rappresentare da un suo delegato, dal cancelliere che verbalizzava nel libro *Parlamentorum* la seduta del Parlamento e ciò che in esso veniva discusso e deciso e la relativa votazione.

I cittadini che partecipavano al Pubblico Parlamento venivano detti parlamentari o vocali e il loro numero variava da paese a paese in base alla legge e alle consuetudini locali.

Vi erano alcune *Universitates* che avevano un numero prestabilito di parlamentari che rappresentavano i ceti cittadini, mentre in altre non vi era un numero preciso.

Difatti, accanto al Parlamento composto dal popolo e da tutti i capifamiglia, si riscontrava in alcune città e paesi una forma minore di Parlamento, composto da trenta o più membri, in rappresentanza delle classi sociali presenti nella comunità.

Nel primo caso si chiamava anche "general Parlamento", a differenza del Pubblico Parlamento propriamente detto, composto da un numero limitato di cittadini scelti a tal fine.

L'esigenza di avere un Parlamento con un numero inferiore di partecipanti era dovuta a un motivo di ordine e regolarità dello stesso, soprattutto per prevenire casi di corruzione e vendita di voti, in quanto poteva accadere che gli appartenenti ai ceti più poveri e deboli vendevano o barattavano il voto.

Il Pubblico Parlamento era l'organo deliberativo e perché avessero efficacia e legittimità le deliberazioni nei confronti dei cittadini, era necessario che alla riunione fossero presenti almeno i due terzi degli aventi diritto; in caso contrario, le deliberazioni erano inefficaci.

Tra le attribuzioni del Pubblico Parlamento vi erano:

1) Eleggeva il Reggimento (governo) della Universitas, ossia il sindaco dei nobili e i due o più eletti dei nobili. difatti, nelle città o paesi dove vi era il sedile di nobiltà, era previsto il doppio sindacato ovvero il sindaco dei nobili e il sindaco del popolo e gli eletti dei nobili e gli eletti del popolo. Nel corso del Settecento il sindaco dei nobili e il sindaco del popolo erano presenti anche in paesi che non erano sede di sedile di nobiltà, come ad esempio a Siderno e Bianco, in quanto si era formata una nobiltà cittadina, i cosiddetti nobili viventi, che altro non erano che gentiluomini (latifondisti, dottori in legge, in filosofia e in medicina) che vivevano *more nobilium*, ossia secondo il costume dei nobili.

2) Eleggeva poi gli altri funzionari della Universitas e altre figure dell'organico cittadino, tra cui: il sindaco del popolo e i due o più eletti del popolo, il cassiere, il cancelliere o mastro d'atti, il mastro giurato dei nobili e il mastro giurato del popolo, i conestavoli, il mastro baglivo, l'esattore dei proventi, i razionali, i deputati e gli estimatori del catasto universale, i cavallari, i torrieri ecc.

3) aveva il compito di esaminare e deliberare sulle questioni più importanti e straordinarie, relative all'amministrazione della Universitas.

4) Interveniva e decideva relativamente alle liti e alle loro transazioni, alle contrattazioni e alla formazione dello Statuto.

5) Imponeva, ripartiva e riscuoteva imposte, pesi e gabelle.

Quale organo deliberante esercitava il suo potere sia direttamente che indirettamente, intervenendo in vari negozi giuridici, nominando ogni qual volta fosse necessario i suoi delegati e rappresentanti, tra cui il procuratore.

6) Dava facoltà a sindaco ed eletti di nominare un procuratore per la stessa, salvo provvedere direttamente.

7) Stabiliva le donazioni in tempi di carestia.

8) Deliberava sui debiti dei cittadini nei confronti della *Universitas*, dichiarandoli impotenti a soddisfare, concedendo dilazioni di pagamento e stabilendo le modalità per estinguere i debiti.

9) Deliberava sui bisogni della popolazione, nel caso vi fosse necessità di acquistare grano e poteva essere convocato in via eccezionale dal sindaco e dagli eletti quanto occorreva smaltire grano in eccesso o acquistarlo.

10) Prendeva in casi eccezionali – calamità naturali, terremoti, alluvioni – le decisioni più immediate da adottare per la tutela della comunità cittadina.

11) decideva, altresì, su: le opere pubbliche da farsi sul territorio della *Universitas*; gli affari annonari; la formazione del catasto; l'alienazione dei beni mobili e immobili della *Universitas*; il prezzo del grano, del pane e altri generi di prima necessità; la rateizzazione del sale e di altri beni di prima necessità; la vendita delle sete; l'occupazione abusiva di terreni della *Universitas* ed eventuali danni; la decisione sul giuramento di *ligio homagio*; l'appalto di uffici pubblici (mastrodattia, catapania, ecc...); la nomina di deputati ed estimatori; la nomina di cavallari, soldati del battaglione a piedi e del battaglione a cavallo.

Per quanto riguarda la nomina dei soldati del battaglione, in base alle

Reali Istruzioni del 1745, al Pubblico Parlamento che aveva a oggetto la nomina dei soldati dovevano intervenire in via eccezionale i parroci di ogni *Universitas* interessata, in maniera che «l'imbussolamento delle persone che andar debbonsi per soldati del battaglione», fosse fatto in maniera corretta, al fine di una migliore tutela e custodia del Regno.

12) decideva sul nominativo del predicatore quaresimale e degli altri predicatori nel periodo delle feste e ricorrenze religiose.

Tra le prerogative del Pubblico Parlamento vi era l'elezione del governo cittadino, denominato Reggimento, composto dal sindaco e dagli eletti, nel quale risiedeva il potere esecutivo.

L'elezione del sindaco e degli eletti, come quella degli altri funzionari dell'apparato amministrativo della Universitas, si svolgeva nei luoghi soliti e consueti, ma era preferibile che il Pubblico Parlamento fosse riunito dopo la celebrazione della messa mattutina.

Il governo cittadino generalmente veniva rinnovato annualmente, visto che i membri dello stesso duravano in carica un anno e non potevano essere rieletti, anche se raramente e in casi particolari si poteva verificare una rielezione.

Una volta eletti, i nuovi amministratori ricevevano da quelli uscenti, secondo la consuetudine vigente nel paese, il suggello della Universitas, le chiavi dell'archivio, le chiavi delle casse universali e i libri "universali".

Nei primi anni del Settecento, la data per l'elezione del Reggimento e degli organi del governo della *Universitas* venne spostata al 25 agosto di ogni anno, in modo che i nuovi amministratori entrassero in carica con il primo settembre.

Successivamente, fu un Reale dispaccio dell'8 settembre 1770 a sancire che gli amministratori universali entravano in carica il 1° settembre di ogni anno, fatte salve le consuetudini locali che prevedevano altre date.

Al Pubblico Parlamento per la elezione degli amministratori dovevano partecipare di diritto il governatore di giustizia o il suo luogotenente. Soltanto la Camera Reale o chi per essa poteva concedere licenza alla *Universitas* di convocare un Pubblico Parlamento senza l'intervento del governatore, nel caso si dovesse muovere causa contro lo stesso o contro il feudatario.

Il Reggimento

Altro organo fondamentale della Universitas era il Reggimento, composto dal sindaco dei nobili (dov'era presente il sindaco dei nobili, si eleggeva anche il sindaco del popolo o sotto sindaco e l'eletto del popolo e comunque potevano esserci più sindaci) e da due o più eletti dei nobili.

Esso costituiva il governo cittadino ed esercitava il potere esecutivo; durava in carica un anno.

Tra i compiti del Reggimento vi era quello di vigilare «*sulla salute, conservazione e tranquillità del popolo*» e vigilava su tutta l'attività relativa alla produzione e al commercio del grano, compresa quella dei panettieri, ai quali il sindaco concedeva la licenza.

I reggimentari dovevano principalmente badare al buon governo della *Universitas* esercitandolo di persona. A tal fine dovevano informarsi dagli amministratori uscenti dello stato degli affari della *Universitas*, dei vari pagamenti, degli affitti, delle vendite, dell'archivio. dovevano inoltre procurarsi i conti dei passati amministratori, pensare alle annue entrate, badare alle spese giornaliere, tenendo un registro delle stesse, far formare il libro per la tassa civica, fare l'appalto delle collette e l'elezione degli altri funzionari, far sì che i Parlamenti si svolgessero nella massima tranquillità e quiete.

Era il Reggimento che doveva dare mandato scritto, visionato dai razionali, quando bisognava spendere una somma superiore a cinque carlini.

Di tutte le spese doveva essere inviata nota al signore feudale se il paese era infeudato, che controllava se quello che si era speso ritornava a beneficio o meno della Universitas.

Era compito del Reggimento vigilare sugli interessi e diritti della *Universitas* e sulla tutela del territorio, per cui poteva intraprendere azione penale, preceduta da debita denuncia, a tutela degli stessi. Egli vigilava sui beni burgensatici ossia privati sul territorio cittadino e sui loro proprietari attestati nel catasto universale, comunicando eventuali variazioni alla Camera della Sommaria in Napoli.

Il sindaco e gli eletti

Il sindaco, quale componente il governo cittadino, stabiliva il tempo di apertura e chiusura dell'apprezzo universale da farsi ogni tre anni. Egli non poteva trattenere denaro della *Universitas*, ma doveva consegnarlo al cassiere per eventuali spese; delle spese affrontate il cassiere dava comunicazione al sindaco e agli eletti, che dovevano sottoscrivere l'eventualeimpegno e mandato di spesa.

Il sindaco e gli eletti erano responsabili delle spese fatte e se le stesse venivano effettuate a danno della cittadinanza, i razionali, al momento della revisione dei conti, dovevano far pagare al sindaco e agli eletti uscenti che avevano firmato il mandato per le spese, l'eventuale perdita di denaro subita dalla *Universitas*.

Il registro dei conti della Universitas veniva firmato dal Reggimento universale e timbrato.

Il sindaco eletto, all'inizio del suo mandato doveva far affiggere nel luogo dove solevano riunirsi i cittadini e negli altri luoghi pubblici delle "*cartelle*" con le quali metteva a conoscenza della popolazione i contratti e le attività da proporre al Pubblico Parlamento nel corso dell'anno del suo sindacato. Egli, inoltre, doveva avere un consultore che lo aiutasse nella sua attività. A tal fine, al momento in cui assumeva la carica, doveva chiedere al signore feudale la destinazione di uno o più consultori.

Sin dal momento in cui assumeva la carica, al sindaco venivano ipotecati i beni e così anche agli eletti, fino alla fine del loro mandato di amministratori. Durava in carica un anno e non poteva essere rieletto, tranne casi eccezionali.

Il sindaco veniva eletto liberamente dai cittadini riuniti in Pubblico Parlamento secondo la consuetudine del paese. Per ricoprire detta carica non doveva essere debitore della *Universitas*, né avere cause in corso contro la stessa, né potevano far parte del Reggimento suoi figli o parenti.

Inoltre, non poteva essere eletto chi avendo amministrato le rendite della *Universitas* non aveva dato conto o avendolo dato era rimasto debitore della stessa. Detta carica non poteva essere ricoperta dalle persone infami, carcerate, figli e fratelli di banditi, sordi, ciechi, furiosi, infermi. Erano escluse anche le donne, i minori d'anni 18, i militari, coloro che inquisiti di un qualsiasi reato, i chierici, i monaci, gli ufficiali dei baroni.

Inoltre, potevano "scusarsi" e rifiutare la carica di sindaco gli esattori dei fiscali, i ministri, gli studenti di legge, i professori d'arti liberali, i dottori in legge, gli oratori, i medici, i cerusici, i grammatici.

Altra causa che comportava la ineleggibilità alla carica di sindaco si aveva nel caso in cui, chi avendo già ricoperto detta carica, non aveva rilasciato i conti della sua amministrazione.

Qualunque cittadino poteva chiedere la nullità delle elezioni degli amministratori cittadini presentando istanza o ricorso davanti al governatore locale oppure producendo una supplica al S.R.C.

Il sindaco e gli eletti, nel corso dell'anno in cui erano carica, non potevano avere guardie personali. Esigevano la cedola dei fiscali (pagamento delle tasse) e la riconoscevano per valida; esigevano altresì la tassa per la vendita di sali e tabacchi che potevano anche appaltare.

Erano il sindaco e gli eletti a pagare la provvisione al razionale e potevano essere delegati anche per la nomina di una persona abile a fare l'erario. Era nelle mani del sindaco che doveva versare la somma di denaro stabilita, colui che voleva affrancare uno stabile che aveva dei pesi nei confronti della *Universitas*.

Il sindaco e gli eletti non potevano far sconti su ciò che riguardava le entrate della *Universitas*, né commettere frodi, altrimenti erano condannati a pagare il quadruplo. Essi non potevano per sè, né per interposta persona partecipare all'asta pubblica per l'affitto di un ufficio o altra cosa relativa all'amministrazione cittadina.

Il sindaco dei nobili doveva tenere tre libri adibiti ai seguenti scopi: 1) nel primo libro registrava tutti gli ordini Regii e del signore feudale; 2) nel secondo registrava tutti i Pubblici Parlamenti e le conclusioni; 3) nel terzo, che doveva essere di almeno trecento fogli, registrava tutti i suoi conti, quelli dell'esattore e del cassiere.

La carica di sindaco del popolo o sotto sindaco poteva essere conferita anche a persone di "mezza cappa", che non erano tenute al pagamento del testatico, però dovevano saper leggere e scrivere.

Tra gli altri compiti del sindaco e degli eletti vi erano: stipulare contratti a favore della Università, tra cui quello per il trasporto della neve, quello per l'approvvigionamento di sale per i cittadini e per l'acquisto del grano.

Il sindaco era altresì responsabile delle carceri e della custodia dei carcerati, e insieme agli eletti e al governatore della Università prendeva parte alla "*cerimonia*" di presa di possesso della Terra ogni qualvolta subentrava un nuovo feudatario.

I sindaci e gli eletti erano tenuti a lasciare i conti della propria attività amministrativa; la mancata presentazione degli stessi comportava una pena pecuniaria notevole. Dal 1762, in virtù di dispaccio Reale, i sindaci e gli amministratori universali che non si curavano di obbedire agli ordini Reali circa il rendiconto economico del loro operato, erano privati per dieci anni della voce attiva e passivo nei pubblici uffici. Rientrava tra i poteri del sindaco e dei reggimentari il compito di vigilare affinché non venissero commessi da falsi procuratori atti e fatti ai danni della *Universitas*.

Tra i vari doveri del sindaco vi era anche quello di tutelare i diritti di ogni cittadino.

Per quanto riguarda la nomina dei sindaci, i signori feudali non avevano il potere di eleggere gli amministratori; in alcune *Universitates*, però, si poteva verificare che il signore feudale indicasse la persona del sindaco, ma se si arrogava il diritto di nominarlo, scavalcando il Pubblico Parlamento al quale, secondo le Regie Prammatiche, spettava tale diritto, poteva accadere che i cittadini si ribellassero e ricorressero volentieri alla Regia giustizia.

Gli eletti, in caso di assenza prolungata del sindaco, potevano convocare il Pubblico Parlamento per l'elezione del nuovo Reggimento.

Gli amministratori della Università, sindaco ed eletti in testa, erano tenuti a osservare e applicare le Regie Prammatiche soprattutto nel rendere i conti del loro operato.

Mastrodattia o Cancelleria

La mastrodattia era retta dal mastro d'atti detto anche cancelliere, funzionario addetto alla certificazione e al rilascio di documenti. Veniva eletto dal Pubblico Parlamento su indicazione del sindaco oppure era il sindaco stesso che appaltava l'ufficio. Durava in carica un anno e si distingueva dal segretario. In alcuni casi poteva esercitare anche la carica di archivista.

Egli teneva e archiviava le varie scritture relative a platee, catasto, gabelle, dazi, libri dei fuochi, pagamenti ed esiti, libri dei razionali.

Altro libro o registro custodito dal mastro d'atti era quello relativo ai servizi personali che ogni cittadino faceva a favore del pubblico secondo la consuetudine locale, tra cui il lavoro prestato gratis per edificare chiese, strade, ponti, fontane e cose simili.

L'ufficio di mastrodattia in alcuni casi veniva dato in affitto con asta pubblica e se lo aggiudicava chi allo spegnimento della candela rimaneva il migliore offerente. L'aggiudicatario, con rogito notarile, si obbligava con l'erario a corrispondere l'affitto annuale dell'ufficio.

Il mastro d'atti, oltre ai compiti di certificazione, redigeva anche atti attinenti all'attività della *Universitas*, registrava le deliberazioni prese dal Pubblico Parlamento che controfirmava e le fedi (attestati dei rendiconti annuali) lasciate dagli amministratori uscenti.

Lo stesso, alla fine del suo incarico, doveva consegnare tutte le scritture, processi verbali, libri di querele, obblighi, libri di Corte e ogni altra scrittura al mastro d'atti entrante, facendosi dare una ricevuta.

Con il mastro d'atti collaborava il computista, che, oltre a tenere i libri contabili, controllava i conti universali e gli atti compiuti dallo stesso mastro d'atti.

Il Razionale

Il razionale o razionali, se vi era più di uno, ispettore amministrativo eletto dal Pubblico Parlamento, aveva il compito di verificare i libri contabili della *Universitas*, ossia le entrate e uscite di denaro (nell'Ottocento si diceva stato discusso, oggi bilancio comunale) e relazionava sulle stesse, prima di presentare i conti all'approvazione della Regia Camera della Sommaria. Se le uscite superavano le entrate, il razionale invitava il governo universale entrante (sindaco ed eletti) a far pagare al governo universale uscente le somme spese in più con danno per le casse comunali.

Il razionale, una volta discussi i conti alla presenza del governatore di giustizia, se li dichiarava nulli, li ridiscuteva dinanzi al consultore, collaboratore del governatore.

Al momento in cui veniva nominato dal Pubblico Parlamento, il razionale otteneva dal Reggimento la "*patente*".

Una volta in carica, il razionale nel momento in cui il Reggimento uscente, il cassiere e l'esattore dovevano rendere i conti, li invitava con una formula predeterminata. Successivamente, con pubblico avviso metteva a conoscenza dei cittadini che aveva iniziato la revisione dei conti lasciati dall'amministrazione uscente. Una volta verificate tutte le scritture, il catasto, le polizze di Corte, le cedole, gli ordini, rilasciava la cosiddetta *significatoria*, con cui faceva conoscere il risultato della revisione dei conti espletata. Quando sorgevano "dubbi" sui conti lasciati, gli stessi venivano elencati e discussi insieme al governo universale in carica.

Una volta controllati i conti, non poteva ricontrollarli e revisionarli, salvo licenza scritta del governatore o del signore feudale.

Nessuna persona del Reggimento - sindaco o eletti - poteva ricoprire la carica di razionale, contemporaneamente a quella già ricoperta.

Il Segretario e l'Archivista

La *Universitas* aveva un segretario per gli atti amministrativi, che nei paesi in cui non vi era l'archivista, esercitava anche questa funzione, tenendo in ordine i registri e stendendo copie degli stessi.

Nell'archivio venivano conservate scritture e libri, tra cui: catasti antichi, onciari attuali, manuali, libretti di tasse civili, libri dei conti di tutti gli ufficiali universali, libri dei Parlamenti, libri delle accensioni di candele (appalti), libri delle rendite annuali, degli obblighi, libro dei registri de' dispacci, ordini Regi, Istruzioni, libri dei Capitoli e Statuti relativi alla Università, tutti gli atti relativi alla revisione dei conti degli ufficiali della Università, libri delle liti, le cautele e varie carte di ogni natura. Ogni archivio aveva inoltre un registro o inventario dei documenti conservati nello stesso.

Il Cassiere

Un altro funzionario era il cassiere, che fungeva da amministratore finanziario ed economo. Colui che ricopriva tale carica non doveva essere parente del sindaco e se avesse amministrato male, della sua cattiva gestione avrebbe risposto anche il Reggimento che l'aveva nominato in Pubblico Parlamento. Il cassiere aveva il compito di custodire il denaro esatto dall'esattore dei proventi, di cui era responsabile il sindaco; ricevuto il denaro dall'esattore, rilasciava ricevuta e lo conservava. Successivamente, al momento della cessazione dalla carica cedeva le chiavi della cassa al suo successore.

L'esattore dei proventi

L'esattore dei proventi veniva anch'egli nominato dal Pubblico Parlamento. Aveva il compito di esigere tutti i proventi dovuti all'Università, le rendite dei vari corpi feudali e tutte le tasse civiche. A tal fine teneva cassa per riporre il denaro esatto che poi versava al cassiere.

In alcune Universitates la carica di esattore o partitario veniva appaltata dal Pubblico Parlamento o in alcuni casi anche dal solo Reggimento. Colui che al terzo spegnimento della candela si aggiudicava l'appalto, si obbligava, previo salario, a riscuotere tutte le partite fiscali, rendite e altro dovute dai cittadini.

Gli esattori annotavano tutte le partite esatte in un libro; quindi, consegnavano il denaro al cassiero che rilasciava ricevuta. Essi avevano potere esecutivo ovvero potevano far vendere la "*roba*" dei debitori.

L'esattore esercitava questo suo potere tramite il magistrato, al quale si rivolgeva per far pignorare i beni dei debitori che sarebbero stati venduti entro 24 ore. Il denaro ricavato dalla vendita veniva assegnato all'esattore.

Nel corso del procedimento esecutivo, l'esattore doveva comportarsi con calma e non essere violento o usare mezzi violenti.

L'esattore non poteva servirsi del denaro della città per fini personali, né lasciare partite da esigere a chi gli succedeva nella carica. Al momento della cessazione dalle sue funzioni, consegnava la cassa e il libro contabile al suo successore e presentava il conto del denaro esatto al razionale. Se il libro delle esazioni presentava partite mancanti, era il sindaco che aveva il potere di aggiungere le stesse.

L'Erario feudale

Nella gestione finanziaria, vi era poi era l'erario della Corte baronale, detto anche erario *loco feudi*, cassiere generale del feudatario, da distinguere da quello dell'*Universitas* detto esattore dei proventi, di cui si è già parlato. Era presente soltanto nelle *Universitates* feudali e non in quelle demaniali.

L'erario della Corte baronale veniva nominato direttamente dal signore feudale e aveva il suo ufficio presso la Corte baronale stessa. Nella sua attività si poteva far aiutare anche da un sotto erario. Amministrava i beni del feudatario; quale suo procuratore, annualmente redigeva e presentava allo stesso un bilancio delle entrate e delle uscite. a sua volta, questi lo faceva annotare dai suoi segretari nei libri mastri del feudo. I *Dispacci Regii* prescrivevano inoltre che l'erario predisponesse una relazione riguardante i beni feudali e quelli burgensatici dell'intero corpo baronale, che veniva inoltrata allo stesso barone.

I Deputati e gli Estimatori

Altri due funzionari erano i deputati e gli estimatori o tassatori. Essi erano adibiti all'ufficio del catasto universale, se la *Universitas* viveva a catasto, e al tempo in cui doveva essere compilata la rivela o nota (oggi diciamo la dichiarazione dei redditi), censivano gli abitanti e facevano la stima dei beni mobili e immobili posseduti dagli stessi, in modo da stabilire la quota di imposta che ognuno doveva versare e dichiarare nella cedola.

I deputati e gli estimatori, in numero di due o tre o anche più a secondo dell'estensione del territorio cittadino, venivano scelti in ogni ceto sociale ossia quello dei nobili, delle maestranze e dei massari e braccianti; essi dovevano saper leggere e scrivere e dimostrare una certa intelligenza e abilità. Collaboravano con gli stessi i cosiddetti apprezzatori, che redigevano l'apprezzo, ossia la stima dei beni immobili presenti sul territorio. Sia i deputati ed estimatori che gli apprezzatori giuravano nelle mani del mastro d'atti.

Giovanni VI Domenico Milano[196] nella sua codificazione fece chiaramente sancire che le tasse dei fiscali andavano fatte per *aes et libram* dai deputati e il sindaco e gli eletti controllavano che dall'esazione delle stesse non derivasse alcun danno per la *Universitas*.

§

Altri componenti la struttura della Universitas potevano essere: il Serviente, il Deputato dei proietti[197], il Corriere a cavallo, gli estimatori di campagna; Il custode dell'orologio pubblico; il custode dell'acquedotto; i guardiani delle campagne.

Sistema Tributario

Il sistema tributario o, meglio, la forma di esazione delle imposte poteva essere a catasto o a gabella[198].

Ogni *Universitas* aveva un ruolo fondamentale nel sistema tributario dello Stato napoletano, in quanto doveva versare allo Stato delle contribuzioni, dette anche funzioni o imposizioni fiscali, che si distinguevano in dirette (distinte in ordinarie e straordinarie), e indirette[199].

In base ai "fuochi" fiscali dichiarati, ogni Università doveva corrispondere un tributo annuo, calcolando una quota fissa per ogni fuoco (si intendeva per fuoco ogni nucleo familiare) che verso la fine del XVII secolo era di 42 carlini a fuoco.

A Napoli, presso la Camera della Sommaria era custodito il libro dei carichi fiscali, nel quale venivano registrati, provincia per provincia e comune per comune, il nome della

---

[196] Giovanni VI Domenico Milano, nipote di Carlo Maria Carafa al nipote, marchese di San Giorgio e Polistena.
[197] A fine Settecento, per far fronte al numeroso numero di bambini abbandonati, ogni *Universitas* istituì un deputato dei proietti e la cosiddetta ruota dei proietti.
[198] Si intendeva che una Università viveva a catasto o a gabella, in relazione al sistema cfiscale adottato dalla stessa. Alcune Università avevano il sistema fiscale a catasto o per *aes et libram*; ciò stava a significare che il pagamento dei tributi avveniva in base al reddito dichiarato da ogni cittadino (capofamiglia). Il sistema fiscale a gabella, invece, prevedeva il pagamento da parte dei cittadini di dazi sui generi di consumo (farina, carne, olio, vino, sale, ecc.).
[199] Per quanto riguarda l'imposta ordinaria, quella più diffusa era il testatico pagato da ogni cittadino capofamiglia; poi vi era il fuocatico pagato da ogni nucleo familiare. La tassa sull'industria veniva pagata da chi esercitava un lavoro artigianale o industriale. Le imposte indirette erano quelle che colpivano i beni di consumo.

Universitas, i fuochi della stessa e, naturalmente, l'ammontare dell'importo da pagare per l'imposta.

Ogni Universitas, prima di pagare l'imposta fiscale o come si diceva «*la cedola dei fiscali*», tassava i propri cittadini attraverso un proprio sistema tributario che poteva essere a catasto oppure a gabella.

Nelle *Universitates* dove vigeva il sistema tributario a catasto, vi era una imposta diretta sui beni posseduti, che i cittadini o, meglio, i capi-fuoco (capifamiglia) versavano nelle casse universali. l'ammontare dell'imposta veniva determinato in base alla rivela fatta da ogni capofamiglia e in base all'apprezzo (stima) dei beni immobili.

Nelle *Universitates* dove vi era il sistema tributario detto a gabella, i capifamiglia pagavano annualmente una imposta indiretta (dazio) sui beni di consumo. In quelle che "vivevano" a catasto, la formazione dello stesso era affidata al Reggimento (sindaco ed eletti), mentre il Pubblico Parlamento eleggeva i deputati e gli estimatori che dovevano fare l'apprezzo.

Prima delle riforme fiscali di re Carlo III di Borbone, la forma della dichiarazione da farsi per il catasto e quella del contestuale apprezzo era stata fissata da re Roberto nel 1333 e, successivamente, da re Carlo II, il 10 luglio 1357, in virtù di Regie Prammatiche.

Dopo queste prime disposizioni, una migliore regolamentazione sul modo di fare l'apprezzo e il catasto venne apportata dal decreto della Regia Camera della Sommaria del 28 aprile 1542.

I cittadini, dopo che veniva emanato il bando generale o editto con il quale venivano indette le operazioni catastali, dovevano redigere la *rivela*. Erano tassati e, quindi, obbligati a redigere la rivela: 1) i capifamiglia e i loro figli che non vivevano più con i genitori e i loro fratelli che vivevano soli; 2) gli ultrasessantenni soltanto se esercitavano ancora un'arte o un'industria. Non venivano tassati e non dovevano fare la rivela i miserabili, gli apprendisti di un lavoro, i mentecatti.

La rivela o cedola del pagamento dei fiscali prima della riforma di Carlo di Borbone aveva uno schema determinato.

I cittadini (capifamiglia) redigevano la rivela, con la quale dichiaravano quanto posseduto e prodotto; in particolare: la casa di abitazione (propria o in affitto), i beni immobili (urbani e rustici), i beni mobili (animali, commercio, crediti e altro), i pesi (debiti, censi e altro).

La rivela era un atto privato e pubblico nello stesso tempo, una dichiarazione di scienza e un atto obbligatorio, per cui veniva punito chi non vi adempiva.

Le rivele venivano confrontate con l'apprezzo fatto da deputati ed estimatori. l'apprezzo era la stima generale di tutti i beni immobili siti nel territorio della *Universitas*. Esso veniva fatto in funzione del catasto onciario, del quale costituiva l'atto principale.

Naturalmente l'apprezzo veniva messo a confronto con le rivele e in base al risultato di questa importante serie di documenti, attestati e verbalizzati nei libri di apprezzo e nei libri delle rivele, si stabiliva, con i fuochi della *Universitas*, l'imposta dovuta da ogni

capofamiglia in base a quanto "rivelato".
L'onciario, quindi, era il documento finale del catasto, che era formato da due parti tra loro connesse: la prima parte raccoglieva quanto risultava dalle rivele e dall'apprezzo; la seconda parte di natura fiscale, conteneva il processo di formazione e liquidazione della tassa, in base ai risultati di apprezzo e rivele.

Il catasto metteva gli amministratori in condizione di valutare i beni e il reddito di ogni cittadino, nonché il numero dei cittadini e dei nuclei familiari presenti.

Tuttavia, finito questo lavoro attraverso cui il fisco regio accertava quanto una *Universitas* doveva pagare a titolo d'imposta, non erano i singoli a trovarsi obbligati verso lo Stato, ma la *Universitas* nel suo complesso. A questo punto, essa sceglieva se provvedere direttamente all'esazione del tributo, versando al fisco le oncie dovute dall'intera collettività, oppure se appaltare (arrendare) a un esattore (arrendatore) la sua riscossione.

L'arrendo (appalto) era un contratto mediante il quale la *Universitas* concedeva la somma da pagare al fisco regio a un arrendatore che percepiva un interesse annuo.

A causa del "grave" carico fiscale imposto dagli Spagnoli, era del tutto normale che le *Universitates* meridionali fossero indebitate con gli arrendatori.

Pertanto, ogni *Universitas* in base alle partite fiscali erano tenuta a versare allo Stato una imposta determinata (partite fiscali), la cui riscossione poteva essere ceduta ai cosiddetti fiscalari.

La *Universitas* si poteva trovare ad avere vari creditori: 1) lo Stato direttamente; 2) i Fiscalari o Consegnatari dei fiscali a cui lo Stato cedeva la riscossione delle imposte; 3) i Creditori istrumentari ossia chi con istrumento (atto notarile) avevano prestato denaro.

Comunque, furono vari i tentativi del governo per migliorare la situazione finanziaria delle *Universitates* e mettere ordine nella finanza locale.

L'operazione venne indicata come gli *Stati Discussi* delle *Universitates* e fu diretta dal reggente Carlo di Tapia, al quale deve addebitarsi in larga parte la stessa ideazione del progetto messo in atto tra il 1627 e il 1633.

In concreto l'operazione si articolava nelle seguenti fasi. Ciascuna *Universitas* del Regno era obbligata a inviare a un'apposita Giunta, che agiva con proprie articolazioni provinciali, una relazione nella quale dovevano essere analiticamente descritti: a) lo stato delle entrate; b) le voci dell'esito ordinario; c) le spese e i pesi straordinari; d) i creditori istrumentari; e) il debito arretrato verso la Regia Corte e verso i terzi; f) l'eventuale credito incerto. La relazione doveva essere accompagnata dalle misure che ogni *Universitas* riteneva opportune per risanare il deficit di bilancio. La Giunta verificava tutto.

Successivamente il condono dei debiti fatto Carlo di Borbone non procurò i risultati sperati per le casse delle *Universitates* del Regno.

Altra imposta diretta era quella pagata sui generi cosiddetti di privativa dello Stato, costituenti diritto proibitivo, *imperio domino*, in capo al Re, gestiti in regime di monopolio, tra cui: il tabacco, la polvere da sparo, il ferro e altri metalli, il sale.

Per l'utilizzo e il consumo dei suddetti prodotti ogni *Universitas* doveva pagare una imposta calcolata in base al consumo per famiglia che si faceva.

Anche il pagamento di questa imposta veniva spesso appaltato a terzi, che in cambio di una percentuale soddisfacevano il debito cittadino.

Struttura giurisdizionale

Magistratura principale

Nelle *Universitates* infeudate era il signore feudale il titolare della giurisdizione di prime e seconde cause civili, criminali e miste; tale funzione la delegava a un governatore o capitano di giustizia, da lui nominato annualmente in ogni suo feudo, il quale reggeva la Corte di giustizia locale, che rappresentava il tribunale civile e criminale di prima sede.

Per l'esercizio della stessa eleggeva anche un mastro d'atti o attuario (cancelliere) che redigeva gli atti giudiziari.

Per quanto riguarda la struttura giurisdizionale e l'amministrazione della giustizia, nelle *Universitates* sede di principato o marchesato l'organo *super partes* era il principe o il marchese, in quelle sede di contea era il conte, in quelle sede di baronia il barone.

Al momento in cui assumeva la carica, il governatore si obbligava a esercitare per un anno il governo di giustizia. Ammesso al governo di giustizia, il governatore riceveva dal sindaco e dal luogotenente la "*verga*" del governo di giustizia e le chiavi delle carceri e dall'attuario le scritture e i processi in corso.

Colui che ricopriva la carica di governatore non poteva e non doveva avere fratelli che ricoprivano cariche in seno al governo cittadino dove amministrava giustizia.

Ferree erano le regole relative al suo comportamento, tra cui quella che gli imponeva il divieto di visitare qualsiasi persona in casa propria o di uscire fuori dal territorio cittadino dove esercitava il suo mandato. Il governatore doveva inoltre evitare di familiarizzare con gli abitanti del posto e di contrarre matrimonio con donne del luogo in cui amministrava giustizia, ed evitare di acquistare in detto luogo beni mobili e immobili.

Il governatore di giustizia, assistito dal mastro d'atti, aveva sede nella Corte baronale locale, Tribunale che decideva ogni controversia in materia civile, penale, mista. Era presso la Corte baronale, alla presenza del governatore o di un suo luogotenente che venivano fatte compravendite, transazioni, dichiarazioni, procure e ogni altro tipo di contratto per il quale non era richiesto l'atto pubblico.

Egli fungeva da arbitro tra le parti, al fine di far raggiungere ai contendenti una transazione; ciò avveniva in caso che qualcuno era debitore di una somma di denaro e al fine di non essere arrestato e aver venduti i beni all'asta, ricorreva al capitano di giustizia per raggiungere una transazione.

Il governatore di giustizia veniva detto anche capitano di giustizia e, come tale, poteva convocare e presiedere il Pubblico Parlamento. Egli, inoltre, esercitava un'azione di controllo sulle finanze locali, costringeva i morosi al pagamento dei pesi fiscali, provvedeva a far rispettare le consuetudini del luogo, aveva diritto alla visita di sindaci ed eletti a Natale, Pasqua e nelle altre festività e in alcuni casi custodiva le chiavi della città e aveva mansioni militari, soprattutto in caso di attacchi pirateschi. Inoltre, dava notizia al signore feudale sulle persone del luogo in cui amministrava giustizia, quando lo stesso doveva concedergli licenza d'armi.

I governatori locali dislocati nei vari paesi delle province del Regno di Napoli avevano il compito di vigilare che gli amministratori entro dieci giorni dalla cessazione dalla carica dessero il conto della loro attività amministrativa e gli stessi venissero discussi dinanzi ai razionali entro trenta giorni.

Il cittadino che voleva veder tutelato un proprio diritto doveva ricorrere al giudice competente e seguire regolarmente ogni grado di giudizio; non poteva adire *per saltum* a giudici superiori in pregiudizio delle Corti di prime, seconde e terze cause.

Il governatore di giustizia era coadiuvato da uno o più mastrodatti e uno o più consultori o assessori. In molte Corti di giustizia, il governatore era sostituito molte volte da un suo luogotenente che esercitava le sue funzioni.

Mastro di Camera

Altro funzionario dell'organico giurisdizionale era il Mastro di Camera o Coadiutore, cancelliere personale del governatore di giustizia.

Vi era poi l'ufficiale di giustizia, corrispondente all'odierno pubblico ministero, il quale, per ricoprire la carica, doveva essere dottore in legge (U.I.D.). Egli non poteva essere rieletto se non trascorreva un quinquennio da quando era cessato dalla carica e avere altro ufficio se non passavano tre anni.

Magistrature Minori

Tra le competenze delle *Universitates* rientravano quelle di poter esercitare attraverso i cittadini che venivano eletti le cosiddette magistrature minori: 1) Catapania; 2) Portolania di terra e di mare; 3) deputato di salute pubblica; 4) Maestrato di fiera; 5) bagliva; 6) Sindacatori e consultori.

La Catapania

Un ufficio importante nel contesto della struttura amministrativa e giurisdizionale era la catapania.

La catapania, magistratura minore, era retta dal catapano, detto anche graffiero, piazzero o gabellotto, e veniva affittata annualmente con asta pubblica. Il catapano esercitava la funzione di controllore annonario. Era suo compito stabilire i prezzi dei beni al consumo e vigilare affinché gli stessi venissero rispettati. Vigilava anche sui pesi. a tal fine aveva il potere di emettere bandi e di arrestare i venditori che maggioravano i prezzi o il peso delle merci.

Il riconoscimento dei suddetti compiti faceva dell'ufficio della catapania una sorta di magistratura minore, anche se era sotto il controllo e dipendenze del giudice della bagliva. Altro compito del catapano era quello di riscuotere determinati tributi annonari.

Al momento dell'assunzione della carica, il catapano doveva prestare cauzione e si obbligava con l'erario della Corte in carica, a pagare il canone per l'affitto del suo ufficio. le ordinanze del catapano erano appellabili dinanzi al governatore.

La Portolania

Altro funzionario era il portolano che reggeva la portolania, ufficio giudiziario minore che poteva essere sia di mare che di terra; durava in carica un anno. Veniva nominato oltre che dal Pubblico Parlamento, anche dal Reggimento, che secondo le consuetudini locali poteva appaltare la carica. Nel caso di elezione da parte del Parlamento, la stessa veniva confermata dalla Regia Camera.

Il portolano, quale tutore della salute pubblica, doveva essere persona prudente, discreta e dotta. Egli vigilava affinché i cittadini non buttassero i rifiuti (letame o altro) nelle strade e che le stesse venissero tenute pulite; anzi, se erano rovinate, doveva adoperarsi per farle riparare. Stabiliva dove andava depositato il terreno rimosso per costruire case e in quali parti del territorio non poteva essere riposto. Obbligava i cittadini a pulire dinanzi alle loro case, a costruire cloache per i bisogni corporali, a non bruciare in strada legname, paglia o altro. lo stesso aveva un consultore.

Il portolano di mare, invece, quando arrivavano imbarcazioni nella rada, regolamentava il modo con cui dovevano sbarcarsi le merci e le persone.

Dalla portolania di mare il feudatario traeva il diritto a una retribuzione da parte del capitano o padrone di barca che prendesse terra per commerciare mercanzie varie, mentre dalla portolania di terra aveva sempre il diritto a una retribuzione per il passaggio o il commercio di merci sul territorio. Si trattava di dazi di transito tipici dell'età feudale, dai quali i baroni traevano delle entrate.

Il portolano di terra, oltre al compito di far pagare la tassa per il commercio delle merci sul territorio, vigilava sullo stesso, sulle merci e sui forestieri che transitavano per il territorio; manteneva puliti e agibili i luoghi pubblici, come strade, piazze, ponti, e tutti i posti dove si svolgevano pubbliche adunanze; tutto ciò al fine di salvaguardare la salute dei cittadini da eventuali pestilenze e malattie. Lo stesso vigilava, inoltre, sulla costruzione di nuovi fabbricati e se veniva a conoscenza che nel territorio cittadino si accingevano a entrare mercanti o persone provenienti da zone o città dove c'era un'epidemia, vietava loro l'accesso o quanto meno acconsentiva a un transito veloce, ma solo nelle parti di territorio disabitato. Tutto ciò faceva parte dei compiti di polizia sanitaria che gli venivano riconosciuti per legge. Egli aveva, altresì, il compito di punire i contravventori delle norme di pubblica igiene.

La Bagliva

L'organico delle magistrature minori era completato dalla bagliva, retta da uno o più baglivi, detti anche giudici annuali, i quali avevano competenza per tutto ciò che riguardava la polizia urbana.

Il baglivo o mastro baglivo (*judex baiulationis*) che, come detto, era incaricato a far osservare le norme di polizia locale, aveva competenza nelle cause il cui valore non superasse i trenta carlini, «*super damnis et faciendis, personaliter vel cum animalibus in defensis ipsius universitatis et aliis possessionibus particularum*».

In alcune *Universitates*, la carica di giudice della bagliva doveva essere ricoperta per sei mesi dal sindaco del popolo e per altri sei mesi dal sindaco dei nobili (quando cessavano dall'incarico) ed essi non potevano farsisostituire o cederla ad alcuno.

Il Barricello

Altro funzionario impegnato nella pubblica sicurezza era il barricello ossia gendarme, detto anche birro o bargello, collegato direttamente alla corte di giustizia e al governatore di giustizia. Veniva eletto dal Pubblico Parlamento e poteva avere ai suoi ordini uno o più soldati o armigeri, con i quali eseguiva gli ordini impartiti dal governatore di giustizia. Egli costituiva una sorta di milizia aggiunta per espletare servizio straordinario di tutela della quiete pubblica.

Giudice a contratti, avvocati e procuratori ad lites

Ogni *Universitas* aveva un giudice a contratti, nominato per tre anni e in alcuni casi a vita dal Sacro Regio Consiglio, il quale interveniva in tutte le contrattazioni pubbliche e private. Erano nominari poi uno o più avvocati affinché curasse gli affari legali.

Oltre all'avvocato, la *Universitas* poteva avere al suo servizio anche un medico, un cerusico, un maestro di scuola, un predicatore quaresimale, un procuratore.

Appendice 4
Economia, attività fieristiche, commerci e prestito nel Regno di Napoli attraverso l'attività dei mercanti ebraici molisani.

I mercanti ebraici viaggiano, dall'alto medioevo in poi, «*da Occidente a Oriente e da Oriente a Occidente sia per mare sia per terra*». Dall'Europa portano nel Medio Oriente broccati, pellicce e spade. Percorrono in lungo e in largo il mar Mediterraneo e, toccando Suez e Medina, arrivano in India e in Cina. Qui, dopo aver acquistato numerose spezie (fra le quali aloe, canfora e cannella) ritornano in Occidente ove vendono i prodotti acquistati [2]. Esprimono, in tale andirivieni, lo spirito genuino del Mediterraneo, antichissimo crocevia culturale, ove i diversi popoli, che s'incontrano, s'intrecciano, si affrontano, si confrontano e si sviluppano, lo rendono mare della dialetticità cosmopolita [3].

Le vicende dell'Italia meridionale, terra dall'innata vocazione mediterranea, in epoca medievale e moderna sono altresì legate a quelle delle comunità ebraiche del regno partenopeo e le storie di tali comunità consentono di collegare, da un lato, lo sviluppo culturale ed economico dei diversi territori del regno di Napoli con quelli dell'Italia centro-settentrionale e dell'Europa dall'altro; di approfondire alcune caratteristiche particolari delle dinamiche commerciali meridionali – si pensi ad esempio ai ferri taglienti di Frosolone – con le aree mercantili del Mediterraneo [4]. Anche nel Molise, che si affaccerà sul mare Adriatico nel 1806, durante il medioevo e l'età moderna vivono e operano alcuni fuochi ebraici. Essi si trovano, per esempio, a Venafro, Isernia, Campobasso [5], Bojano [6], Termoli [7]. Presenze ebraiche sono pure ad Agnone, ancor prima del sacco di Capua del 1505. Da questo anno, infatti, famiglie di religione ebraica si muovono in due direzioni: alcune si spostano verso Campobasso-Boiano per giungere, passando per Casacalenda e Larino, a Colletorto e Termoli; alcune verso Agnone [8], città degli Abruzzi, regione in cui, fino al XVI secolo, non è soggetto al fisco «*quello iudio che non prestasse denari, né avesse modo di tenere banco*» [9].

L'accoglienza degli immigrati ebrei è ovunque ratificata da una sorta di concordato e per i banchieri è previsto un particolare patto: la condotta.
«*Tra le clausole di carattere giuridico-protettivo [della condotta]* – ricorda ancora Attilio Milano – *la più importante è quella che dà* **diritto a ricevere la cittadinanza** *del luogo al prestatore, ai familiari e ai vari addetti. Questa cittadinanza ha effetto limitatamente al periodo di validità della condotta; ma in questo periodo dà al beneficiario diritti più estesi di quelli che hanno gli altri ebrei e perfino i cristiani stessi. A differenza dei primi, il prestatore ed i suoi aiuti possono ricevere l'autorizzazione a non portare il segno, a fissare la loro dimora in qualsiasi zona della città, ad andare armati, a girare liberamente per il contado, a esportare i loro beni al termine della condotta, e talora a possedere case e terre quando questo è interdetto agli altri ebrei. Nei confronti dei cristiani, il prestatore ha diritto,*

in questioni mobiliari, di fruire di un procedimento giudiziario rapido e coercitivo, mentre in questioni di principio riguardanti la condotta, ogni deliberazione è sottratta al potere giudiziario normale e avocata direttamente al signore» [10].

Grande autonomia è riconosciuta agli ebrei *argentari* anche per quanto concerne le tradizioni culturali e religiose. Il prestatore, infatti, «*viene autorizzato a praticare le proprie cerimonie cultuali in un oratorio appositamente scelto e che, nei centri minori, egli ricava da una sala della propria abitazione. Ha diritto a mantenere corsi di istruzione religiosa e laica, sia per i propri figli sia per qualunque altro ragazzo ebreo della città. Gli è consentita la mattazione rituale degli animali, della quale possono beneficiare anche gli altri ebrei residenti nella città e, parimenti, gli viene garantita la facoltà di acquisto di un appezzamento di terreno da destinarsi a luogo di sepoltura esclusivo di tutti gli ebrei del luogo. Queste [sono] le norme principali contenute nella condotta, la quale ha in generale una durata di tre, cinque, dieci anni, raramente di più*» [11].

Sin dal IX secolo i mercanti-prestatori ebrei, al pari di quelli cristiani, provengono da altre realtà e sono detti in genere o lombardi [12] o *forestieri* [13]. Quest'ultima parola, se nell'uso popolare finisce per esprimere la «*diffidenza per tutto quello che non appartiene alla propria comunità e alla propria cultura*», indica tuttavia anche coloro che, in quanto ospiti, bisogna «*trattare con particolare riguardo*» [14] in quanto portatori di fonti di ricchezza e di modelli di comportamento ritenuti emancipati, se non addirittura *à la page*.

Da sempre, al tempo di fiere, i *negotiatores*, percorrendo i tratturi, si spostano di piazza in piazza per vendere i loro prodotti. Dal potere politico sono denominati *pauperes peregrini* perché durante i loro spostamenti sono soggetti a continui rischi (turbolenze climatiche, malattie, briganti) e il breve soggiorno nei diversi paesi ove si recano, se la foresteria è insufficiente, è da molti vissuto in maniera davvero precaria: dormono all'addiaccio, sotto i ponti, sui loro carri. Per questo sono sorvegliati e protetti da quei signori nei possedimenti dei quali o sono di passaggio o svolgono le loro attività commerciali, e tale protezione asseconda i principi delle relazioni solidali dell'etica cristiana che sembra aver mutuato dal linguaggio dei rapporti economici le parole chiave in uso in quello religioso [15].

Sovente, però, i *forestieri*, sono assimilati ai vagabondi, agli *errones* che non solo vagano, errano, appunto, di qua e di là e talora si scostano dal giusto percorso, ma possono errare, allontanarsi cioè dalla verità, smarrire la *diritta via* e quindi peccare; per tale motivo sono «*da tutti odiati*» [17] e ritenuti lontani dalle regole, anche economiche, della cristiana comunità ospitante [18].

La grande depressione sociale e economica della prima metà del XIV secolo è dovuta, come è noto, alla crisi agraria del 1315-1317, al crollo demografico derivante dalla devastante epidemia di peste del 1348 e al catastrofico terremoto del 1349. La primavera del 1315 è così umida da rendere davvero difficile il lavoro degli agricoltori. L'estate piovosa fa marcire gran parte dei raccolti e i vigneti sono resi sterili dai continui temporali autunnali.

Le famiglie, per sostenersi, prosciugano le già grame riserve alimentari, mentre «*i più poveri si rivolgono alle risorse della foresta: radici e piante commestibili, faggine, nocciole e addirittura cortecce di alberi*». L'anno successivo la situazione non muta; nel 1317, poi, può sopravvivere solo chi possiede ancora qualche scorta di sementi o macella gli animali da soma sopravvissuti alla fame. Alla fine dell'inverno il mondo svela il suo tragico profilo: quasi ovunque si vedono bambini abbandonati e talora vittime di atti di cannibalismo; non pochi, poi, sono gli anziani che smettono di nutrirsi per consentire ai giovani di sopravvivere. Muore quindi per inedia e per malattie bronco-polmonari e patologie coleriche circa il 15 per cento della popolazione europea. Trent'anni dopo scoppia un altro e tremendo cataclisma distinto in due micidiali fasi: l'avvento, nel '48, della peste nera, che uccide in Occidente «*un abitante su tre*» [19], e l'apocalittico sisma dell'anno successivo, che mette totalmente in ginocchio specialmente le terre del Mezzogiorno. La recessione è gravissima. Durante la peste «*vengono messe in pericolo non solo le attività economiche e sociali, ma anche le amicizie e i legami parentali e familiari… [Si prende distanza]…da tutto e da tutti. Si affievoliscono sensibilmente la solidarietà, la compassione e il rispetto verso il prossimo. Il terrore di contrarre il morbo tocca anche sacerdoti e religiosi, dopo che alcuni di essi muoiono rapidamente per essersi accostati ai malati assolvendo al loro compito spirituale. Molte abitazioni rimangono piene di cadaveri senza che neppure i familiari abbiano il coraggio di dar loro sepoltura per non infettarsi…Sulla popolazione…si pos[a] un'oscura ombra di morte, che riempi[e] la vita di una paura continua, in un agghiacciante reciproco sospetto*» [20].

Il «savio e avaro» re Roberto d'Angiò [21]– mentre altrove, come in Germania, infuriano i *pogrom* antigiudaici – nonostante l'ostilità di non pochi ecclesiastici meridionali, apre le porte agli ebrei: ha bisogno del loro commercio e del loro denaro per risollevare le sorti del regno. Nel 1315, ad esempio, interviene «*in Puglia per alleggerire la loro miseria*» e per cercare «*di reintegrare in mani ebraiche*» quella mercatura «*fra città e città, che un tempo era stata loro prerogativa*»; l'anno successivo agisce nella stessa maniera a Salerno; nel 1324 fa riaprire le sinagoghe di Rossano e Crotone, sebbene nel 1328, per difendere le frontiere del regno, imponga «*una tassa straordinaria di quindici tarì per ogni ebreo maschio in Valle del Crati, in Terra Giordana e nel resto della Calabria*» [22]. Nel 1330 favorisce l'immigrazione in tutto lo Stato napoletano delle comunità israelite delle Baleari, promettendo loro di tutelarle «*nelle persone e nei beni*» e di non costringerle a nessuna forma di discriminazione fiscale [23].

Con Giovanna I (1343-1381) gli ebrei possono «*conversari, mercari e praticari…et alia facere more hebrehorum*» [24] e con Carlo III d'Angiò Durazzo recuperano gran parte dei privilegi perduti. Nelle terre abruzzesi rifioriscono così le antiche comunità giudaiche, fra le quali quelle di Aterno (Pescara) e Lanciano, città, quest'ultima, dove nel 1303 erano confluiti anche alcuni ebrei di Termoli [25], paese della riviera adriatica che sin dal 1203, per volontà di Federico II, ha rapporti commerciali con Ragusa [26].

La necessità di accelerare la ricostruzione economica e produttiva del regno, spinge Ladislao il Magnanimo ad incrementare i flussi d'immigrazione ebraica e il 27 luglio 1400 emana un diploma con il quale permette ai giudei di Acciano, Acquaviva delle Croci, Alfedena, Arpino, Bomba, Cagnano, Campo di Giove, Casalbordino, Forcapalena, Montorio, Pacentro, Pentima, Prezza, Rivisondoli, Rocchetta, Vittorito [27], dipendenti dal mercante-artigiano Leucio Mele, e a quelli di Sulmona, L'Aquila e Lanciano «*di avere scuole e cimiteri propri, di non osservare le feste cristiane, né di essere obbligati a lavorare nelle feste ebraiche, di non portare il segno distintivo, di non partecipare alle prestazioni di mutui in comune e a qualsiasi altra gravezza e peso, di godere i privilegi, le prerogative e le grazie concesse all'insieme degli ebrei del regno, di acquistare beni stabili, di essere denunziati e accusati civilmente o criminalmente solo ai capitani della città, di non consegnare, se non dopo la restituzione del denaro, quegli oggetti pignorati presso di essi o dagli stessi acquistati, che risultano di provenienza furtiva, di pagare le collette soltanto sui beni stabili, di vendere i pegni appena trascorso un anno dalla data del prestito, di essere giudicati nelle controversie dai capitani delle città di loro residenza, di essere trattati come cittadini cristiani nel pagamento delle gabelle e in tutte le compere e le vendite di qualsiasi merce e bene, di vestire al pari di ogni altro suddito, e di non essere trattenuti o arrestati in nessun luogo*» [28].

Si tratta, insomma, di «uno, di quegli ampi e generosi "diplomi", che servono ad attrarre mercanti e prestatori verso le piazze [meridionali] bisognose di essere vivificate nelle [29]. Tale strategia è seguita da Giovanna II (1414-1435). Nel 1417 la regina riconosce la piena parità giuridica fra giudei e cristiani, tant'è che rilascia ad esempio per Catanzaro, ove gli ebrei gestiscono in maniera felicissima la produzione dei tessuti di seta, un diploma con il quale stabilisce che «*tutti i privilegi accordati alla città debbano andare contemporaneamente a favore di cristiani e di ebrei, senza discriminazione. Anzi gli ebrei, essendo stati maggiormente gravati in precedenza [da oneri tributari], affinché desistano dalla minaccia...di abbandonare la città perché troppo oberati, ottengono la franchigia dal pagamento delle gabelle della tintoria e del [tributo pubblico detto] morthafa, la protezione da ogni molestia che possano dar loro gli inquisitori e gli ufficiali regi*» [30].

Nel 1420 e nel 1423, poi, la sovrana concede «*le licenze di esercizio e di residenza*» ad «*Angelo da Todi e a Mosé figlio di Abramo di Aquila, acciocché abitino e commercino con i congiunti e i dipendenti*» che vivono non solo a L'Aquila, Sulmona, Ortona e Cittaducale, ma anche in altre zone fra le quali Isernia, Venafro [31], la *Terra di Anglonie* Bojano [32]. Gli ebrei che erano vissuti ad Agnone prima dell'età normanna avevano probabilmente introdotto quelle attività artigianali che costituiscono il nerbo dell'economia manifatturiera del paese, i cui Statuti, redatti e riconfermati a partire dal 1404 al 1532, favoriscono, attraverso la franchigia di piazza, i rapporti economici del paese con non poche città, fra le quali non solo l'ebraica Lanciano, centro di fiere di notevole importanza [33], ma anche Furci, Fara San Martino e Solofra [34].

Giovanni da Capestrano, nel corso della sua strenua campagna antifeneratizia, nel 1427 sollecita l'emanazione di un provvedimento regio per relegare gli ebrei di Lanciano in una strada ben precisa e il 13 maggio la regina, seguendo i consigli del francescano, emana addirittura un bando con il quale annulla gli antichi privilegi goduti dalle comunità ebraiche. Dopo tre mesi e mezzo, quando la sovrana si accorge che tale discriminazione sta determinando effetti negativi sulla bilancia Stato, ritira l'editto e dà facoltà agli ebrei di prestare il «*denaro su qualsivoglia pegno in ragione del 45 per cento all'anno*» e, dopo aver riconosciuto «*la ragionevolezza*» di tale tasso d'interesse, affranca i giudei del regno partenopeo «*da ogni taccia di strozzinaggio*» [35].

Sono però specialmente i re aragonesi Alfonso I (1442-1458) e Ferrante (1458-1494) che favoriscono la presenza e le attività economiche delle comunità ebraiche sia per lo sviluppo della «*politica commerciale mediterranea*», sia per «*avere sempre un erario ben fornito*» [36]. Per Alfonso il Magnanimo, il re banchiere [37], la cosa pubblica deve poter esprimere i valori della giustizia e dell'equità dell'arte mercantile. In tal senso, afferma Mario Del Treppo, il sovrano si fa garante della «*gestione unitaria della finanza statale, la quale, su basi conoscitive sicure e sempre aggiornate...[consente]...in ogni momento dell'azione politica la previsione, il controllo e la programmazione della spesa. A tal fine...[re Alfonso promuove e cerca]...i sostegni necessari anche al di fuori dell'ordinamento istituzionale, nei banchi privati*» [38].

Così l'Aragonese, che fa del suo regno il «paese più ospitale» per gli ebrei d'Europa [39], appare quasi un «*grande operatore mercantile che d'un sol tratto, ad ogni istante...[può]...esattamente rendersi conto dello stato dei suoi affari, dei profitti o delle rendite della sua [nazione] azienda*» [40].

Dunque, ritorna il federiciano tempo delle fiere – già recuperato dagli Angioini, dopo il disastro della metà del Trecento – sebbene il modo in cui si guarda alla vita sia sempre quello che «*si staglia sullo sfondo di antiche mai vinte bramosie di ricchezza – l'antica seduzione dell'oro –, quando l'attesa miracolosa di un subitaneo cambiamento di status può affidarsi solo al ritrovamento di un tesoro nascosto*» [41].

L'attività fieristica voluta da Federico II per «*attrarre nel Mezzogiorno mercanzie e capitali forestieri e favorire la circolazione dei prodotti regnicoli*» [42] era fiorente sin dal 1234 nelle piazze di Sulmona (11 aprile-8 maggio), Capua (22 maggio-8 giugno), Lucera (24 giugno-8 luglio), Bari (22 luglio-10 agosto), Taranto (24 agosto-8 settembre), Cosenza (21 settembre-9 ottobre) e Reggio Calabria (18 ottobre-1° novembre). Bloccata negli anni della fame, risorge gradualmente quando «*i traffici tornano a unire città e regioni bagnate dall'Adriatico*» [43] e il concilio provinciale di Benevento del 1374 prescrive «*di non forzare più gli israeliti a convertirsi*» [44]. Per quanto concerne le terre fra Abruzzo e Molise, solo alla fine degli anni Cinquanta inizia la ripresa, allorché, ad esempio, nel 1358 Ludovico d'Aragona e Giovanna I istituiscono ad Agnone, già luogo di frequentazione commerciale di veneti e anconetani, la fiera di S. Giovanni Battista dal 18 al 26 giugno di ogni anno [45].

La ripresa economica del XV secolo è pertanto dovuta soprattutto all'incremento del numero delle fiere che da 7 dell'età dell'imperatore ghibellino passano a 230 nell'epoca aragonese. Ogni attività fieristica del Mezzogiorno, diretta e controllata da specifiche magistrature, dura da otto a quindici giorni, si colloca nell'arco di tempo compreso fra la primavera e l'autunno [46], è organizzata in ben precisi quartieri, costituiti da botteghe e logge (fatte con il legno proveniente, almeno per quanto concerne buona parte dell'Abruzzo Citra, o dai boschi di Castiglione Messer Marino e di Schiavi d'Abruzzo, che si trovano a poche miglia da Agnone, o dalla Dalmazia [47]) e affittate ai mercanti dagli appaltatori delle stesse [48]; così, mentre i *negotiatores* vendono i loro prodotti, i notai – anch'essi sovente prestatori di denaro [49] come avverrà ancora nel Molise durante il periodo della prima emigrazione [50] – rogano i contratti di vendita con formule di saldo dilazionato da uno a tre anni [51], secondo i principi consuetudinari del pagamento differito, del lucro cessante e del danno emergente atti a porre sotto il controllo ecclesiastico la mentalità capitalistico-borghese dei mercanti, contro i quali la Chiesa, a partire dall'alto medioevo, condannando il commercio come forma di innaturale accumulazione di ricchezza, «*continua la serie di rimproveri, invettive*» e «*battute polemiche*» in senso antifeneratizio [52].

Le fiere del regno di Napoli – distinte da Alberto Grohmann in principali e secondarie, ovvero sporadiche, specializzate e complementari [53] – sono organizzate secondo una struttura di sistema, in modo da non accavallarsi e da consentire al Mezzogiorno flussi periodici di mercanti dell'Italia centro-settentrionale e d'oltralpe, «*linfe vitali*» e «*indispensabili*», scrive Grohmann, per «*l'interscambio dei prodotti primari locali con i manufatti stranieri e regnicoli*» [54].

Dal «*punto di vista geografico e viario si possono individuare, all'interno del Regno, cinque zone economico-geografiche ben caratterizzate e distinte fra di loro. Si tratta della fascia abruzzese-molisana, delle Puglie, della Basilicata, della Calabria e della restante area gravitante sulla costa tirrenica. In queste cinque zone sono distribuite le 230 fiere*» dello Stato napoletano. I «*trasporti di merci nel Meridione s'effettuano, soprattutto, col cabottaggio marittimo lungo la costa*» [55] e all'interno si realizzano attraverso la rete dei tratturi, valorizzata, com'è noto, da Alfonso il Magnanimo nel 1447 con la Mena delle pecore di Puglia.

Il sovrano aragonese, in verità, ha a cuore l'«*incentivazione della ricchezza dello Stato, intesa principalmente come massa di capitale monetario e di riserve di metalli preziosi*». L'incremento del numero delle fiere e dei mercati diventa quindi non solo uno «*strumento essenziale*» per agevolare «*il movimento dei capitali, la circolazione delle merci, lo smaltimento delle eccedenze agricole, l'aumento nelle singole piazze di attività artigianali e di nascenti manifatture*», cose queste davvero necessarie all'accelerazione della «*domanda interna e a contrastare l'afflusso dei prodotti stranieri*», ma anche un mezzo capace di limitare «*il potere della feudalità e per sottrarre alla stessa entrate fiscali, in modo da indebolirne la capacità di contrapposizione al potere sovrano*» [56]. In tale prospettiva si comprende l'utilitaristica politica di tolleranza interreligiosa e interconfessionale operata specialmente dagli Aragonesi che vedono in particolare negli ebrei gli uomini chiave per lo sviluppo del Regno. Nel 1469, infatti, Ferrante decreta che «*a tutti iudei extra regnum che veneranno et practicaranno mercantia et altre loro facende intra lo regno, in loro venire et demorare possano gaudere tutte quelle grace che gaudeno li iudei del predicto regno*» [57] e nel 1476 accoglie la richiesta delle comunità giudaiche meridionali di estendere i privilegi dei quali esse stesse godono «*a qualsivoglia università de iudei de qualunque conditione se sia, tanto forestieri, quanto che di novo fussero venuti nel reame, o dovessero venire*» [58].

Le fiere si riempiono nuovamente di ebrei. Si tratta non solo di operatori afferenti agli Strozzi e ai Medici [59], ma anche «*di famiglie di piccoli commercianti o di artigiani*» che vendono «*panni, derrate alimentari, bestiame, argenterie e oreficerie*» e che costituiscono, per le aree interne della dorsale appenninica distanti dagli snodi importanti dei traffici meridionali, «*il tessuto connettivo delle attività economiche*» [60]. In tali aree si colloca anche gran parte del territorio montano dell'Abruzzo e del Molise, con le sue fiere sì secondarie, ma tuttavia importanti per l'economia del Regno. Non è un caso il fatto che Alfonso il Magnanimo il 26 novembre 1453 decida, per esempio, di tutelare le attività commerciali dei ramai agnonesi [61] ai quali, cinque anni più tardi, consente di acquisire liberamente presso i diversi fondaci del Regno «*ogni genere di metallo per la lavorazione dei rami e dei vasi*» [62].

La cosiddetta "via degli Abruzzi" unisce la capitale del Regno con gli Stati dell'Italia centro-settentrionale e passa per Isernia e Venafro che si trovano così collegate con Perugia, Rieti, l'Aquila, Sulmona, Teano e Capua; sebbene poi la prima, grazie al tratturo Pescasseroli-Candela, con il suo punto di riposo di Colle della Guardia, e Bojano, sulla stessa direttrice con il riposo di Santa Margherita, rendano l'Alto Molise una sorta di crocevia delle stagionali migrazioni tanto fieristiche quanto pastorali dell'Abruzzo, del Lazio, della Campania, della Puglia e persino della Basilicata, tant'è che nel 1488 alla fiera di Senise (Potenza), che si apre il 10 maggio di ogni anno, sono presenti anche operatori economici di Isernia e venditori agnonesi [63].

Nel percorso volto a collegare l'Adriatico con il Tirreno diventano rilevanti la fiera di Larino, che inizia il 10 ottobre [64], quella di Fornelli [65] e le fiere di aprile e settembre di Agnone, concesse nel 1438 [66]; quest'ultimo centro, inoltre, è in diretto collegamento fieristico-commerciale non solo con Lanciano, una delle più pregevoli piazze dei traffici e dei mercati finanziari anche giudaici dell'Adriatico centro-meridionale, ma pure con Foggia, la capitale della transumanza [67]. Campobasso, poi – che, come racconta Lorenzo Giustiniani, è sede di importanti mercati, fra i quali uno del 7 e 8 settembre che «*dicesi antichissimo*» e un altro del «*28 e 29 giugno, concedut[o] dalla regina Giovanna II nel 1419*» [68] – grazie al trattuto Castel di Sangro-Lucera, si spinge verso Foggia che è raggiunta dagli agnonesi [69] tramite l'asse Celano-Foggia, passante per la guelfa Trivento, intersecato dal tratturello Sprondasino-Castel del Giudice. Per arrivare a Lanciano, invece, gli agnonesi costeggiano i fiumi Verrino e Trigno in modo da percorrere, andando verso Nord, prima il tratturo Centurelle-Montesecco, quindi quello di Lanciano-Cupello [70].

I tempi per raggiungere le località fieristiche sono lunghissimi: basti pensare che per coprire il tragitto Napoli-Firenze occorrono dodici giorni di cammino [71]. Dunque, fra andata soggiorno e ritorno, i mercanti e i loro dipendenti stanno, in ogni primavera e autunno dell'anno, lontano da casa dai quattro ai sei mesi circa. Tale movimento periodico, che pare mettere in luce embrionali forme di comportamento liberal-borghese abortiti durante il periodo della rifeudalizzazione vicereale [72], corre su *itinera* paralleli a quelli della concorrenziale economia etico-solidalistica del clero regolare, con i suoi conventi eretti anche in prossimità delle fiere [73], e delle carovane della transumanza, impronta decadente, dopo l'aragonese età dell'oro, della travolgente crisi del Seicento [74].

Sui tratturi camminano, però, anche gli emigranti stagionali che si recano a lavorare, ad esempio, nelle masserie di stato di Lucera [75]. Nel 1450, in Puglia, Alfonso il Magnanimo fonda un'azienda agricola di stato, specializzata nella produzione di grano e orzo. Essa è di grandi dimensioni: abbraccia cinque masserie ed è vocata al commercio internazionale. A capo v'è un massaro di campo catalano e per otto anni dirigono l'azienda degli amministratori provenienti sempre dalla Catalogna.

Il centro amministrativo è a Lucera, mentre le masserie distano dalla città al massimo venti chilometri; la loro estensione non è diversa da quelle pugliesi e lucane, sorte in età sveva e angioina e crollate con la crisi del XIV secolo, ma è il progetto economico che le sottende è decisamente moderno e innovatore. L'obiettivo dell'Aragonese, infatti, è quello di trovare efficaci mezzi per lo sviluppo economico delle terre del Regno, allo scopo di rendere più solido il patrimonio statale e correlare efficacemente in chiave commerciale l'attività produttiva del settore tessile iberico con quello agricolo dell'Italia meridionale, tramite forme d'incremento del primario.

L'organizzazione dell'azienda lucerina è davvero articolata. La gestione è statale ed è affidata a tre funzionari della corona: il tesoriere, il maestro massaro e il maestro portolano [76]. Il settore amministrativo è costituito da scrivani, notai e conservatori; quello tecnico da mugnai, fornai, maestranze di carri e aratri e artigiani del ferro e del rame. Esistono poi cinque curatoli (ossia dei vicemassari di campo) ognuno dei quali è responsabile di una masseria ed è sottoposto direttamente al mastro massaro, sorta di direttore generale. La forza lavoro è formata da 492 braccianti che «*rispecchiano la diversa intensità dei flussi migratori stagionalmente sollecitati dall'attività dell'azienda*» [77]. Il 62% degli operai proviene dalla Capitanata e di questa percentuale la metà è costituita da immigrati «*slavi, greci, albanesi, magiari e tedeschi*» che si sono stabiliti a Lucera. «*Il grosso delle località di provenienza [della manodopera] si trova, rispetto a Lucera* – scrive Del Treppo – *dentro un raggio di 35...[chilometri]... Entro un raggio più ampio, di una settantina di...[chilometri]..., si trovano quasi tutte le località del Beneventano, dell'Irpinia, della Basilicata e del Molise*», regione, quest'ultima, dalla quale, in tempo di mietitura, partono per l'azienda pugliese braccianti di Campobasso, Cercemaggiore, Gambatesa, Campodipietra e Tufara [78].

La produzione e il fatturato dell'attività sono alti, tant'è che la struttura rende annualmente allo stato ben 5.800 ducati; i prodotti sono acquistati da «*mercanti toscani e catalani*» che li diffondono nei diversi mercati europei [79]. La caratteristica fondamentale è data dalla stabilità dei prezzi dei prodotti, a meno che non ci si trovi in epoca di recessione, ovvero durante momenti flagellati da guerre, carestie e terremoti, periodi nei quali, tuttavia, non manca la speranza nel futuro se, come si dice nel 1488, «*secondo comunemente sole accadere, si uno anno è moria sono poy deyce anni più de sanitate, et cossì ancora de guerre, accadeno secondo soli tempi che se è visto...[poy]... sono stati anni di pace*» [80].

Durante la metà del XV secolo la popolazione dell'Italia meridionale, insediata nei vari agglomerati montani pulsanti sulle cime e nelle valli della catena appenninica, è decimata dal catastrofico e «*terribil tremuoto*» del 1456 [81], a causa del quale scompaiono definitivamente numerosi villaggi, fra i quali il molisano Staffoli [82]. Per la ricostruzione si favorisce «*l'immigrazione delle maestranze lombarde*» [83], mentre il successivo incremento demografico è, in molti casi, condizionato dal «*flusso di famiglie che emigrano verso l'interno*» [84] per evitare o la minaccia della pirateria saracena o, se sono cristiane ma non cattoliche, le crociate indette contro gli eterodossi.

In queste zone di ricovero, il problema del ripopolamento, derivante dal disastro tellurico, è quindi risolto con l'immigrazione di extraregnicoli per i quali, quasi ovunque, viene attivata, come per gli ebrei, una serie di sgravi fiscali in modo da favorire repentini recuperi produttivi. Nel Mezzogiorno finiscono in tal modo per convivere gente di origine diversa, ognuna con le proprie tradizioni linguistiche, culturali e religiose e questi *forestieri*, scrive Pier Luigi Rovito, «*pur in condizioni estremamente difficili e sotto il tallone di una feudalità esosa, contribuiscono a sorreggere l'approvvigionamento della capitale e, con esso, l'economia del Regno*» [85].

Fra i rifugiati ci sono i contadini valdesi. Espulsi da Lione, condannati dalla Chiesa, sono costretti a cercare ospitalità in zone sicure, fra le quali le valli alpine. Cresciuti di numero, nel corso della metà del XIV secolo si spostano anche nell'Italia meridionale e precisamente in Puglia e in Calabria, già terre di rifugio ebraico, alla ricerca di terre da coltivare. Un secolo dopo a Volturara, paesino dell'Alto Fortore non lontano da Campobasso e Riccia, dopo che il terremoto del 1456 e un'epidemia pestilenziale del 1500 falcidiano la popolazione, s'insedia, per volontà di Giovan Francesco Carafa, signore di Volturara, un gruppo di valdesi delle Alpi Cozie, i quali, a causa del loro credo protestante, sono nelle loro comunità di origine perseguitati e soggetti a *pogrom*. Il feudatario dell'area forturina, per ripopolare il suo territorio, ingaggia «*nel Piemonte nuovi vassalli*», incentivandoli con «*notevoli privilegi fiscali e ordinamentali*», tant'è che gli immigrati ottengono «*l'esenzione dei pesi fiscali per dieci anni»*, il «*grano in donativo per un anno»*, la possibilità di acquistare «*la proprietà "franca senza pagamento alcuno...[su]...case, vigne, horti et giardini...[e]...liberamente senza impedimento alcuno", alienare, attribuire in dote, tramandare in successione. Solo per i terreni, anche questi elargiti dal feudatario, i coloni sono tenuti a corrispondere "a la corte de ogni dodece tomola uno delle victuaglie"*» [86].

I valdesi, inoltre, possono partecipare alla gestione dell'Università di Volturara. Ogni anno, infatti, la comunità protestante nomina tre uomini per gli affari pubblici del paese: due sono addetti alla giustizia, l'altro, scelto dal Carafa, entra a far parte degli amministratori delle finanze locali. I tre deputati, poi, con gli altri nominati dal primo magistrato del borgo, additano le persone più adeguate a collaborare con il «*Capitanio*» per l'organizzazione e la gestione della cosa pubblica. Grazie a tali poteri e privilegi i valdesi non solo conservano i loro usi e costumi e possono professare liberamente la propria confessione religiosa, ma si integrano pienamente nella piccola comunità cattolica: partecipano alla messa domenicale e battezzano i loro figli come fanno tutti, sebbene poi, in un'apposita *Schola*, continuino ad ottemperare ai loro precetti religiosi [87]. L'accoglienza meridionale è però dovuta a ben precisi interessi economici: i feudatari non desiderano «*privarsi dell'apporto di gente veramente apprezzata per operosità e onestà*», mentre gli ecclesiastici temono di perdere le decime che i numerosi contadini valdesi sono soggetti a versare loro [88].

L'azione di governo di Alfonso il Magnanimo – che consente al Regno di Napoli, sebbene ancora in senso colonialistico, di proiettarsi nell'economia-mondo [89] –, e quindi quella di re Ferrante, il quale è convinto che il bene del suo Regno dipenda dalla ricchezza dei sudditi, rinforzano la politica della tutela e della protezione degli eterodossi e degli ebrei, specialmente dopo la caduta di Costantinopoli in mano ai turchi, la scoperta del Nuovo Mondo e il disastro sismico del 1456.

Ferrante, anzi, il 12 luglio 1468 stabilisce che per i prestiti superiori a 50 ducati l'annuo tasso d'interesse non superi il 24 per cento, per quelli inferiori, invece, il 36 per cento; a Cosenza e ad Altaviva il compenso sul denaro è individuato nel 30 per cento; nella capitale, ove è viva la concorrenza fra i diversi banchieri ebrei, il tasso è del 18 per cento [90].

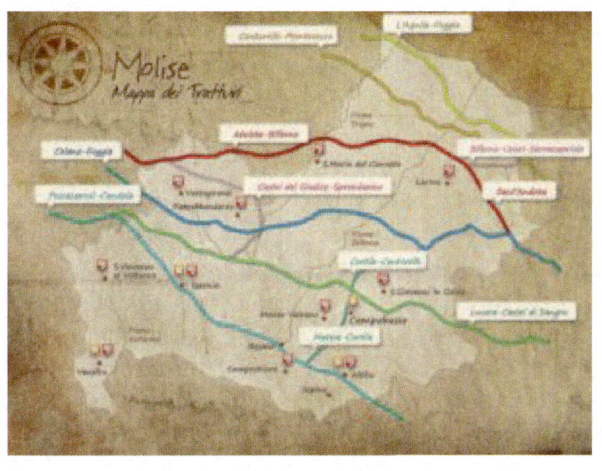

Le terre d'Abruzzo e il Contado di Molise, serrati dagli Appennini e solcati da «*grossi fiumi...sarebbero*», scrive Camillo Porzio nel 1570 nella sua *Relazione* al viceré di Napoli, «*di grande impedimento agli eserciti che volessero farsi innanzi*» [91]. È questo il motivo fondamentale che induce alcuni gruppi di slavi e di albanesi, che cercano scampo dalle vessazioni ottomane e dalle catastrofi ambientali che li affliggono, a immigrare in quelle zone montuose da tanti, fra l'altro, ritenute lontane e misteriose [92].

Chiuse nelle gole montane, le varie comunità meridionali sono fra loro collegate da tratturi, tratturelli e bracci che «*non scansano le montagne, ma le attraversano*», rivitalizzando «*l'intero territorio*» [93]. Lungo le piste erbose degli ovini, oltre ai pastori e alle pecore in tempo di transumanza, e non solo, si vede circolare anche chi è preposto alla vendita delle manifatture artigianali prodotte, per lo più, dalle abili e raffinate mani degli artigiani che vivono in Terra di Lavoro, nella Puglia, negli Abruzzi, nella Calabria e nel Contado di Molise. Si tratta, ad esempio, di addetti allo smercio delle sete non solo di Cosenza e Catanzaro, ma anche di Sulmona [94]; dei tessuti di lana di Giffoni, Cerreto, Piedimonte d'Alife, Amalfi, Cava e Sarno; delle ceramiche abruzzesi di Castelli; dei materiali cartacei amalfitani [95]; delle lame taglienti di ferro e di acciaio di Frosolone e Campobasso, manufatti, questi, che arrivano addirittura nei «*lontani mercati dell'Alta Italia e della Provenza, sfidando l'agguerrita concorrenza dell'analoga produzione lombarda e toscana*» [96].

Su tali arterie si muovono, ancora, orafi di origine veneta, ramai, commercianti marchigiani, fonditori di bronzo e campanari; fra costoro ci sono anche i Marinelli che nel 1339, dopo la terribile peste nera, giungono, solcando le acque dell'Adriatico, dal Veneto alla comunità agnonese ove, appresa l'arte del bronzo da Giuseppe Campato, impiantano poi una fonderia del bronzo [97]. Agnone – città regia dal 1404, la cui comunità è per la gran parte costituita da artigiani, sacerdoti e frati – adagiata sulle alture a confine fra Molise e Abruzzo Citeriore, per accelerare lo sviluppo economico, nel 1456, proprio perché non toccata dal terribile sisma, consente ai forestieri di godere per un lustro di sgravi fiscali, secondo le regole degli Statuti comunali che vincolano, però, i nuovi cittadini alla residenza definitiva nel centro altomolisano: «*I forestieri e stranieri che vogliono fissare il domicilio, ossia venire ad abitare nella Terra di Agnone, siano liberi ed esenti ed abbiano franchigia sul reddito del lavoro personale e degli animali di qualunque specie da essi posseduti, per lo spazio di cinque anni da calcolarsi dal giorno in cui vennero ad abitare...Durante il quale spazio di tempo non sono tenuti né possono esservi costretti a pagare alcune delle collette e tasse che in detto tempo per via ordinaria e straordinaria saranno imposte...Che se per caso, dopo questo periodo di tempo di cinque anni, in un modo qualsiasi si allontanassero da detto domicilio per andare altrove, allora siano tenuti e costretti alla locazione e pagamento intero di tutte le cose predette per tutto il tempo dei detti cinque anni...Sia consentito...agli stessi forestieri venire ad abitare nella medesima terra e ivi permanere per sempre purché non siano angarii e pagarii»* [98].

La franchigia dal diritto plateatico è ad appannaggio anche di coloro i quali, vivendo e lavorando in altri paesi, stringono con gli agnonesi rapporti di compravendita di generi diversi, purché promettano solennemente di non venir meno ai valori dell'economia etica di origine tomistica e sostenuta dai francescani dell'Ordine minore. Recitano gli Statuti: *«...se qualche forestiero venditore o compratore di alcunché dirà di aver comprato o venduto quella cosa per qualcuno abitante nei luoghi sottoscritti, giuri sui Santi Vangeli di Dio, dopo aver toccato il libro [santo] nelle mani del Bajulo o Sindaco di detta Terra, che in tale acquisto non commette frode alcuna e, dato questo giuramento, non si esiga da lui ...[il]...diritto plateatico...Sono questi ...i nomi delle Terre che hanno franchigia del diritto plateatico...in Terra di Agnone e la Terra di Agnone in essi medesimi. Cioè: Alfedena, Scontrone, Castel di Sangro, Santa Maria delle Cinque Miglia, San Pietro Avellana, Macchia Stirnata, Pescopignataro, Sant'Angelo del Pesco, Pilo, Lanciano e dintorni, Rosello, Castelvetere, Scanno, Cucullo con tutto il circondario, Celano, Foggia, La Preta di Montecorvino con Motta e tutta la baronia, Ariano con Apricena e tutto il suo circondario, Padula, Civita Teatina, Frangeto di Manforte, Pescocostanzo, Canzano, Pacentro e Palena, Frosolone, Salcito, Intradacqua, Monte Ferrante, Torino [di Sangro], Atessa, Archi, Morrone...[Si concede inoltre]...che gli uomini di Agnone possano fare franchi del diritto di gabella tutti e singoli gli uomini e le persone che vogliono affrancare gli uomini di Agnone nei loro territori...»* [99].

Se i prodotti di rame, di ferro e di cuoio, al tempo delle fiere, si possono portare con una certa facilità nei centri diversi, ove non pochi posseggono pure dei fondaci nei quali stipano i loro manufatti, come fanno invece i Marinelli a spostare le pesanti campane sugli *«impervi costoni»* e le *«viottole da capre»* che avvolgono come in un gomitolo Agnone? Sono i fonditori a *«trasportarsi nel luogo dove è richiesta la campana»*. Vanno *«dovunque a costruire il forno»*. Il laboratorio è impiantato *«all'aria aperta o in baracche improvvisate; terra refrattaria, mattoni, legna e le...mani»*, ecco ciò che occorre [100].

Il rigorismo etico degli Statuti dell'Università di Agnone vieta alle donne di agghindarsi in modo appariscente con monili preziosi e vesti ricercate; gli abiti muliebri sono severi e i gioielli, nonostante la florida attività degli orafi di origine veneta che qui hanno già da tempo aperto bottega, veramente pochi [102]: per devozione giovani e adulte *«gettano nella colata, dopo averli baciati, i loro anelli d'oro e d'argento, le loro collane»*. Si dice, quasi a conforto, che per questo atto d'amore la voce della campana diventi miracolosamente dolce [103].

Anche Campobasso è paese d'immigrazione. Gli Statuti aragonesi del 1464 hanno concesso «*a la detta Università...che tutte et ciascheduna persona forense et aliena a Terra Campibassi a qual signore o barone si fosse, intendesse venire o venesse ex nunc et omni futuro tempore ad abitare et stare in numero de li altri cittadini et abitanti in essa Terra, possa licite et impune la detta Università accettarli; et non possano per occasione alcuna essere chiamati, vendicati et costretti se debbiano partire et rilassare la detta Terra da Signore o Barone alcuno che fosse o reputasse loro o alcuno di loro superiore; sed libere possano in essa Terra stare et abitare, anco gaudire quella libertà, immunità, prerogativa et gratia che per la detta Università li sarà concessa*» [104].

Affluiscono nel centro molisano non solo gente proveniente dai borghi limitrofi, ma anche artigiani forestieri che svolgono diverse attività: panettieri lombardi, mercanti veneti (fra i quali quelli che abitano ad Isernia e posseggono fondaci anche nel capoluogo), librai, appaltatori del commercio della seta e dello zafferano originari di Bergamo e sarti abruzzesi [105]. Dal 1538 il Contado di Molise passa «*dalla dipendenza di Terra di Lavoro a quella della Capitanata*», amministrata dall'Udienza di Lucera e così Campobasso viene «*ancor meglio ad allinearsi sulla direttrice dello sviluppo dell'industria armentizia, rappresentata dai principali tratturi, i quali solcano tutti la terra molisana*» [106].

Prestiti e Monti di Pietà

Mentre traffici e popolazione s'incrementano, crescono altresì le transazioni economiche relative al prestito privato, gravato dal convenzionale interesse federiciano del 10 per cento [107], transazioni che sovente nel Molise e in alcuni ambiti territoriali della Basilicata e della Calabria sono realizzate attraverso le cosiddette «*monete sostitutive*», ossia «*bestiame e derrate agricole*» [108].

È però nel corso delle crisi di sussistenza dell'età moderna che il gruppo dei benestanti «*costruisce le sue fortune sullo sfruttamento della campagna e del lavoro contadino [...] La virulenza delle crisi finisce con l'esercitarsi prevalentemente sugli addetti alle attività agricole, sugli artigiani soprattutto, i quali, inoltre, a causa della facile comprimibilità dei consumi non alimentari (di fronte all'incomprimibilità dei consumi alimentari), non hanno modo di compensare le diminuzioni dei loro redditi reali con un immediato aumento nominale del prezzo dei manufatti...[Diversamente il proprietario]...ha modo di investire ogni anno, e sempre al momento giusto, una porzione dei propri capitali anticipando denaro ai contadini...con vere e proprie operazioni di prestito usuraio a brevissima scadenza (da qualche mese a qualche anno)...[Così, mentre]...cresce il numero delle richieste di prestito...i salari nominali permangono allo stesso livello e i signori sono in grado di imporre i propri patti alle campagne e i propri prezzi alle città*» [109].

In verità, per porre un argine al dilagare del prestito privato, gestito specialmente dalle comunità ebraiche, si potrebbe far ricorso al Monte frumentario e a quello dei pegni. Ciò, però, non sempre accade per il crescente potere economico tanto dei locati e dei commercianti quanto degli ecclesiastici.

Il Monte frumentario e quello dei pegni nascono a Campobasso nel 1587 ad opera del frate Girolamo da Sorbo, il padre provinciale dell'Ordine dei francescani, che sana il conflitto di interessi e di potere fra le due fazioni in cui il capoluogo del Contado di Molise è diviso: i Trinitari e Crociati [110] che, a causa delle «*loro beghe*» circa le «*elezioni dei dirigenti del Comune*», le «*questioni di precedenza nelle funzioni religiose*» e le «*contestazioni con l'autorità vescovile*», impediscono di fatto che il capoluogo abbia «*la possibilità di sfruttare*» pienamente le concessioni del 1464 «*strutturando l'amministrazione municipale sulla base delle faglie o corporazioni di arti e mestieri*» [111].

I Monti Frumentari e i Monti dei Pegni si ispirano ai Monti di Pietà, istituiti dai frati minori agli inizi della seconda metà del XV secolo, sulla base delle teorie economiche anticapitalistiche della scolastica [112], allo scopo di combattere l'usura. Il capitale dei Monti è costituito dalle largizioni e dai lasciti fatti da «*persone benestanti e timorate*» che versano «*in una cassa comune una cospicua oblazione in denaro a fondo perduto*», nella convinzione di conseguire «*la indulgenza plenaria per ogni peccato commesso*» [113]. Poiché il rapporto fra domanda del credito al consumo è inversamente proporzionale all'offerta, nel 1515 papa Leone X concede che i depositi e i prestiti bancari siano coperti dall'interesse semplice del 5 per cento annuo in modo da far fronte alle spese di gestione dei Monti [114]. La decisione del pontefice non si discosta dalle tesi tomiste. Posta la sterilità del denaro [115] e negato il valore del *lucrum cessans*, S. Tommaso d'Aquino aveva affermato che è lecito chiedere un indennizzo solo quando ci sono ritardi nella restituzione del denaro, «*ma non si può nei patti fissare una ricompensa per il danaro [prestato] dovuto al fatto che con quel denaro uno non può guadagnare*» [116].

I capitali dei Monti sono divisi in piccolissime quote che possono essere cedute in prestito per sei mesi, previa formale dichiarazione di povertà, a coloro che si trovano in situazione di bisogno. Superato il tempo stabilito, entro il quale il debitore può restituire la somma di denaro percepita a tasso zero, il creditore ha diritto ad applicare un lieve interesse sulla somma concessa a titolo d'indennizzo (il *damnum emergens*) su quanto di cui egli si è privato. Fare ciò, come insegna l'Aquinate, «*non è vendere l'uso del denaro, ma evitare il danno...infatti...[nessuno]...ha il diritto di vendere ciò che ancora non ha e che in più modi potrebbe venirgli a mancare*» [117].

L'attivazione di queste opere pie da parte dei francescani è dovuta all'ampia campagna contro l'usura svolta da S. Bernardino da Siena, il quale ritiene illecito e peccaminoso ogni «*compenso richiesto sul capitale prestato, non importa a qual titolo e in quale misura*» [118].

Nel Molise, agli inizi del XVI secolo, il prestito è, come ovunque, alquanto diffuso, tant'è che gli Statuti di alcune comunità lo vietano e lo condannano formalmente. Ad Agnone, per esempio, il 13 marzo 1504 il frate francescano padre Marco da Bologna, che muore nove anni dopo a Campobasso, compila i nuovi Capitoli statutari sulla base di quelli precedenti che s'ispiravano all'economia etica dei francescani, diffusa, nel secolo precedente, da due padri predicatori dell'ordine del Santo di Assisi, i quali avevano soggiornato ad Agnone: nel 1434 S. Giovanni da Capestrano, «*discepolo fervido ed amatissimo di S. Bernardino*», e nel 1456 Francesco D'Aragona [119].

Gli Statuti agnonesi del 1504, agli articoli 5 e 6, condannano espressamente il prestito con saggio d'interesse federiciano, in quanto ritenuto di natura usuraria: «*Capitula reverendi patris fratris Marci da Bonomia petita ad Universitate Angloni obtempta et promissa per ipsam universitatem et homines ipsius sub promissione et observantia ipsorum facta Omnipotenti deo, omnino Universitatem ipsam observaturam, sunt infrascripta videlicet [...] Item el quinto capitulo è che qualincha persona verrà trovato far usura imprestando a dece per cento ovvero più ovvero meno, in qualuncha robba se sia, debba esser privato per la Università predicta de tucto lo capitale applicando alla Camera della Università: et quillo che recepe possa domandar justicia del danno suo et ultra de questo tale dante ad usura incorra in la comunicazione imposta per lo Rev.mo Episcopo, et singuli homini siano cacciati dalla predicta terra de Agnone et in quella mai de nullo futuro tempo torne ad habitar. Item el sexto capitulo è che qualuncha darrà dinari sopra victaglie in erbe non possa far pacto se non come valerrà ad raccolta secondo in lo capitulo antiquo contene et qui farà lo contrario perda tucta la prestanza accusando la persona ne guadagnerà la terza parte; le altre due parti siano confiscate a la Camera de la Università et se li officiali non fanno justitia loro incorrano in dicta pena czo è de pagare quella tale robba[...] Die XXVIII martii 1506 in lo loco de Sancta Croce...Sono stati visti et lecti li capituli et promissioni facti in tempo del Rev.do patre fra Marco de Bologna et retrovando in ipsi doi capituli ne li quali sence faceva alcuna scrupolosità de coscientia non per derogare et diminuire de quelli ma per argomentarli in meglio, e, statuito et reformato in quella promissione che del capitulo del rame dove se contene se possa pigliar tre ducati per migliaro atteso che quilli tre ducati, salva coscientia, considerando el mutuo non se possono pigliar che ce saria la usura che volendose dar dicti rami aliquo pacto non sende possa pigliar cosa alcuna excepto quando volessero fare compagnia licita et justa ad perdita et a guadagno lo che sia inpecto de qualsivoglia che lo vorrà fare*» [120].

Se dunque l'interesse attorno al 10 per cento viene individuato come indicatore di usura, ciò è dovuto al prestito praticato dappertutto e normalmente da coloro che posseggono terre e denaro, tant'è che a Campobasso l'accensione del mutuo, gravato da un interesse mensile oscillante fra l'8 e il 10 per cento, è possibile solo se il mutuatario dichiara di possedere, per fini ipotecari, beni diversi, fra i quali terre, animali e contratti d'appalto [121].

La Chiesa ha fra i suoi obiettivi principali quello di aiutare i bisognosi, specie quando il denaro in circolazione è davvero limitato ed è clandestinamente offerto, anche ai ceti marginali, a tassi d'interesse esorbitanti, tant'è che sovente «*l'interesse viene corrisposto in natura*» [122]. La lotta contro l'attività feneratizia diventa uno degli impegni principali della Chiesa, sebbene molte università, per risolvere i diversi problemi dell'amministrazione comunale, accolgano «*di fatto i prestatori entro le loro mura*». Inizialmente costoro sono dei cristiani che, allontanandosi totalmente dal magistero della Santa Sede, pongono degli interessi sul prestito davvero alti, cosa che si ripete ogniqualvolta si sostituiscono agli ebrei, che sono cacciati dalle comunità ospitanti. È ad esempio il caso di Cosenza ove nel 1506 il tasso d'interesse lucrato dai banchieri cristiani arriva addirittura al 240 per cento all'anno [123]. Il piccolo prestito che invece gli ebrei concedono non è oneroso e ciò permette loro di affermarsi nelle diverse piazze, grandi o piccole che siano, come unici detentori del lavoro bancario [124].

Come accade per i negozianti e i proprietari molisani prestatori del secondo Ottocento, presso i quali gli emigranti accenderanno mutui per recarsi in America in cerca di lavoro[125], così in età moderna «*la feconda attività commerciale*» degli ebrei – che sono al margine di ogni dialettica politica – concentra «*nelle loro mani una cospicua disponibilità di denaro liquido che, in genere, per l'impedimento delle leggi, non si immobilizza in grossi investimenti*», ma viene fatta fruttare attraverso attività finanziarie [126].

Il Tragico Viceregno: Crisi, Malgoverno, ed Emigrazione

Lo sviluppo delle attività mercantili e commerciali del Mezzogiorno, dalla seconda metà del XIV secolo per tutto il Quattrocento e oltre, è, come si è visto, in prevalenza gestito dai gruppi ebraici. Essi non possono radicarsi in modo permanente nel territorio ove vivono per i diversi atteggiamenti che il Papato assume nei loro confronti e per le mutevoli esigenze politiche e confessionali dei vari detentori della corona di Napoli. Le comunità ebraiche sono, pertanto, periodicamente sradicate dalle città, ove risiedono in virtù dei protocolli d'intesa stipulati con le autorità centrali e periferiche.

L'invasività dell'antonomastico pregiudizio del deicidio, che rende gli ebrei perseguibili agli occhi dell'integralismo cattolico, separa loro stessi e, quindi, il loro lavoro, dall'essenza della cosa pubblica e li riduce a gruppi distinti dalla società, ai quali non è lecito partecipare alle dinamiche politiche delle realtà in cui tuttavia operano, cosa che favorisce la possibilità per le comunità giudaiche di relazionarsi ai detentori del potere solamente quale forza economica non politica [127].

Parallelamente, invece, tanto l'avvento della chiesa recettizia, favorita nel suo nascere e nel suo consolidarsi dai baroni delle diverse comunità [128], quanto i gruppi cristiani regolari – fra i quali i missionari della Buona Novella secondo gli intenti di S. Francesco, per molti versi anch'essi punti di riferimento della feudalità guelfa – si diffondono ovunque, specialmente nei territori chiave dello sviluppo economico-politico del Mezzogiorno [129], anche come divulgatori dei modelli, fra i quali quelli agnonesi, dell'economia morale anticapitalista e solidalidaristica [130].

Questa trova radici nelle teorie tomistiche circa l'appetibilità dell'uso strumentale della ricchezza materiale per combattere la povertà involontaria, quella cioè determinata dalla concentrazione delle risorse nelle mani di uomini avari e spregiudicati, ostacolanti il bene che *l'opulentia* può favorire, ossia il sollievo materiale e morale degli indigenti [131]. Se dunque da un lato il commercio, fonte di indebito arricchimento individuale e di accumulazione capitalistica, è condannato non solo perché è contro natura far derivare denaro da altro denaro [132], ma altresì perché l'opera del *negotiator* esprime forme di smodata avidità [133], dall'altro le attività di compravendita e le altre transazioni economiche sono cristianamente ammesse se, posto il giusto prezzo, favoriscono la distribuzione di quei beni, fondamentali per il sostentamento e «*per vivere decentemente secondo la propria conditio e il proprio status*» [134].

Il commercio, tuttavia, è un male necessario perché il mercante diffonde i prodotti anche nei luoghi poveri di risorse, e la sua opera si orienta verso il bene se ha come scopo non il profitto, ma l'equo compenso alle fatiche quotidiane, frutto di applicazione di prezzi secondo il principio dell'indigenza; molti oggetti, infatti, avverte l'Aquinate, non sono valutati «*secondo la dignità della loro natura, altrimenti un topo, animale dotato di sensi, dovrebbe essere di maggior valore di una perla, cosa inanimata. Alle cose invece si attribuisce un valore a seconda di quanto gli uomini indigenti di esse per il proprio uso*» [135].

Con la scoperta del Nuovo Mondo il baricentro dell'economia planetaria si sposta dal *mare nostrum* ai bacini dell'Europa settentrionale. Carlo V è convinto che il suo potere abbia un fondamento metafisico e che la sua missione sia quella di realizzare una monarchia cristiana universale [136]: fra il 1510 al 1541 scaccia, anche in nome della *limpieza de sangre* [137], definitivamente gli ebrei dal Viceregno di Napoli, a meno che essi non si siano convertiti, e il Mezzogiorno, oramai monco di una parte del ceto imprenditoriale capace di assurgere a dignità di classe borghese, come avviene nelle altre parti della Penisola e dell'Europa, diventa «*ben poca cosa: un "puntino" adagiato sul Mediterraneo*», cioè «*uno Stato a sovranità limitata, marginale e privo d'appeal*» [138].

L'ingresso sullo scenario della storia di Carlo V s'intreccia con la Riforma protestante, la Controriforma, la colonizzazione dell'America e l'avvento degli imperi commerciali. Nel 1525, il re di Francia Francesco I, che nutre mire espansionistiche su Milano, è sconfitto e fatto prigioniero dall'Asburgo a Pavia. Dopo un anno di reclusione firma la pace con il sovrano spagnolo. Subito dopo, però, dà vita alla Lega di Cognac, alla quale partecipano l'Inghilterra, Venezia, Milano, Genova, Firenze e il papa Clemente VII de' Medici. I lanzichenecchi, i terribili mercenari di Carlo V, sconfitta la Lega, entrano a Roma il 6 maggio 1527 distruggendola.

L'obiettivo dell'iberico è quello di annullare l'equilibrio fra gli stati italiani e le potenze europee al fine d'indurre queste ultime al riconoscimento dell'egemonia della Spagna sulla penisola italiana. Nel 1528 Genova rompe i rapporti con il sovrano francese ed appoggia finanziariamente Carlo V, cosa che favorisce lo scacco dell'iniziativa di Francesco I che vuole impossessarsi del Regno di Napoli avvalendosi dell'esercito comandato da Odet de Foix, visconte di Lautrec, sbaragliato dall'ammiraglio genovese Andrea Doria.

I baroni e la capitale del regno napoletano condividono l'iniziativa francese volta al dominio sul Mezzogiorno, ma il sovrano spagnolo respinge il blocco dei nobili filofrancesi e, dopo aver loro confiscato i beni, introduce nel Sud d'Italia una feudalità a lui pienamente leale. Anche il Molise è vittima delle lotte fra Francia e Spagna; basti pensare a Pesche, che si trova sulla strada per Napoli, quando, come ricorda nel 1694 l'anonimo estensore del «Catasto generale» del piccolo borgo dell'Isernino, «*Mdsù Lo Trecco, capitano generale dell'armata di Francesco primo di Francia...[è]...mandato in Italia all'acquisa, assieme con il duca di Borbone...che venendo per la via del Tronto, con grandissima armata di sedici mila fanti e dieci mila cavalli...passando da queste parti la distru[gg]e a forza di laudonari per non voler soccorre [e] darli sussidio*» [141].

Il feroce dilagare delle forze ottomane [142] e la volontà di ripristinare il governo mediceo a Firenze legano le sorti della Santa Sede a quella del re asburgico. Nel 1529 – un anno prima che Carlo V sia incoronato re d'Italia e imperatore del Sacro Romano Impero – papa Clemente VII sigla con il sovrano iberico il trattato di Barcellona, con il quale, in chiave assolutistica, viene riconfermato l'istituto del patronato regio, risalente al XIII secolo, ovvero la facoltà del re di «*scegliere il vescovo per una diocesi vacante e di presentarlo al pontefice al fine di ottenere l'investitura canonica*» [143]. Il trattato, in verità, consente d'imporre nell'Italia spagnola gli stessi rapporti che subordinano la Santa Sede alla politica madrilena [144]. Inoltre, grazie a tale accordo, lungo il perimetro costiero del Viceregno napoletano vengono individuate ventiquattro sedi episcopali di patronato regio, tredici delle quali luoghi di rilevanti fiere [145]; fra le sedi prescelte vi è Trivento, importante città «di cerniera» [146] tra Abruzzo e Molise, prossima al Trigno (il fiume che «per un lungo tratto» segna il «confine» con l'Abruzzo), solcata da una strada battuta che, unendo «l'alto Vastese e l'alto Molise», la unisce ad Isernia, innescandosi «sulla fondamentale *Via degli Abruzzi*» [147].

L'avvento del Viceregno napoletano è caratterizzato dalla rifeudalizzazione e dalla subordinazione della Chiesa al potere imperiale, tant'è che nel Campobassano il dominio feudal-militare dei Monforte, scrive Costantino Felice, «*acquista rilievo anche sotto l'aspetto economico, giacché per il Molise un tale assetto politico-militare comporta sicuramente un ulteriore risucchio verso la pastorizia pugliese. Nel Molise così pugliesizzato, tanto sotto il profilo doganale (con Foggia) che istituzionale (l'udienza a Lucera), si producono effetti non trascurabili di periferizzazione, almeno per alcune aree. In particolare, Isernia, tradizionalmente favorita dalla sua collocazione sulla classica Via degli Abruzzi, appare ora soverchiata dal più netto inserimento nel sistema armamentario di località contermini quali Capracotta, Vastogirardi e Frosolone*» [148].

Agli inizi del XVI secolo il Molise viene unito alla Capitanata e da questo momento si accresce «*il ruolo di Campobasso, situata in posizione più vantaggiosa (rispetto ad Isernia, per esempio) nei collegamenti con la Puglia, tanto dal lato amministrativo e militare che da quello economico (controllo sulla via delle pecore). I legami molisani col Tavoliere si rafforzano poi con Andrea Di Capua, il quale a fine Cinquecento, riaggregando i possedimenti dei Di Sangro e dei Monforte, costruisce a sua volta un vastissimo complesso feudale che si estende oltre il Fortore fino a Serracapriola*» [149].

All'interno della forza economica dei locati, ossia i proprietari delle aziende pastorali, di origine tanto aristocratica quanto borghese, «*dall'alto Sangro debordano nel Molise anche i D'Affitto con la contea di Trivento. Conseguenza del duraturo e pervadente dominio di questa feudalità...è il consolidarsi di un sistema agro-pastorale che tende ad attrarre la regione nell'area pugliese, allentando i collegamenti con l'Abruzzo e ritardando l'alternativa cerealicola in direzione di Napoli*» [150].

La diocesi di Triveneto, la quale abbraccia i territori che dall'alto Chetino confluiscono in quelli dell'attuale alto Molise, è dunque di vitale importanza per la struttura economica del sistema agro-pastorale. Esso è articolato sull'attività della transumanza su cui gravitano non solo le organizzazioni del potere feudale, espressioni speculari dei rapporti fra Santa Sede e impero carolino, quelle del clero regolare e delle chiese recettizie, ma anche le dinamiche delle fiere il cui numero, però, dopo l'aumento notevole dovuto alla dominazione spagnola, le rendono utili solo «*ai contadini e agli abitanti dei piccoli centri, che vi accorrono per approvvigionarsi di beni che essi non sono in grado di produrre e ai proprietari fondiari che se ne servono per smerciare le eccedenze agricole*» [151].

L'introduzione nel 1554 del "privilegio dell'alternativa" – ossia l'alternanza dei vescovi regnicoli e forestieri per l'equilibrio nella «composizione episcopale» – consente all'imperatore non solo «*di recuperare alla causa della monarchia i settori più influenti dell'aristocrazia napoletana, ancora in larga parte riottosa a collaborare...con i nuovi padroni...[ma anche di garantire]...la sicurezza dei domini italiani...favorendo l'inserimento e la partecipazione dei ceti forti nel governo delle strutture amministrative centrali e periferiche del Regno*» [153].

L'attribuzione dei vescovi delle diocesi di regio patronato è dunque utilizzata *come "strumento di ricompensa" per rafforzare i vincoli di collaborazione e di solidarietà con l'intera aristocrazia meridionale. L'accesso alla mitra appare in questo modo pesantemente regolato da ragioni politiche e il reclutamento episcopale nelle diverse diocesi regie tende ad essere pregiudizialmente segnato da scelte che vanno quasi sempre ad esclusivo vantaggio di elementi appartenenti alle classi privilegiate della società regnicola*» [154], cosa che ovviamente emerge anche nella controriformista diocesi triventina [155].

L'espulsione della popolazione di religione ebraica dalle terre del Mezzogiorno, promulgata nel 1533 e resa esecutiva solo otto anni per la decisa «*opposizione popolare all'estensione dell'Inquisizione spagnola nel Regno*» [156], determina nell'Italia meridionale «*un depauperamento di risorse umane e materiali, di capacità tecniche ed operative, di servizi necessari ed utili*» [157].

Il settore dell'artigianato va a grado a grado sclerotizzandosi mentre per la terribile recessione che caratterizza la seconda metà del XVI secolo e l'intero Seicento, dovuta anche alle continue e penosissime guerre [158] e alle ripetute bancarotte spagnole [159], il costo del denaro aumenta, il potere d'acquisto dei salari, quando essi non sono in natura, diminuisce e l'erario pubblico incontra notevoli difficoltà nella riscossione dei tributi. Il processo di pauperizzazione dei ceti meno abbienti e la persecuzione che viene attivata con violenza estrema contro i non cristiani – è il caso dei valdesi di Calabria fra il 1561 e il 1563 [160] – e gli eretici mettono in moto la macchina dell'emigrazione.

Paese d'immigrazione è la Spagna, la terra meno sensibile all'aumento demografico che caratterizza l'Europa dalla metà del XV secolo fino all'inizio di quello successivo [161]. La Francia e l'Italia sono invece Paesi «sovrappopolati» perché alta è la densità della loro popolazione per chilometro quadrato. La forte miseria che caratterizza le realtà più depresse li rende pertanto dotati «di una forza esplosiva» popolare la quale è in parte ridotta dall'emigrazione [162]. Così, ad esempio, i lavoratori della regione francese dell'Alvernia si recano in Spagna «in cerca di salari più elevati», ma alcuni, essendo di confessione protestante, una volta giunti in Castiglia, sono perseguitati dall'Inquisizione e diventano vittima «oltre che della propria fede, anche dell'inflazione del costo della vita» [163].

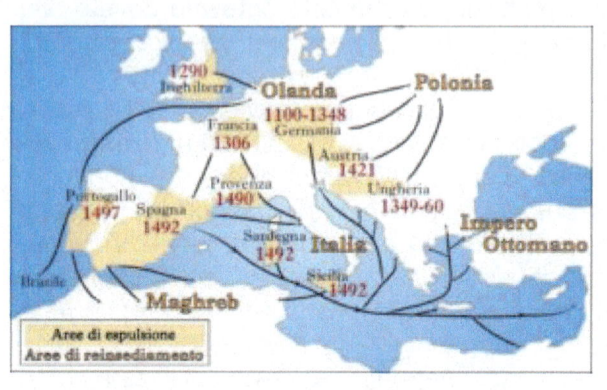

Un migliaio di italiani, poi, si trasferisce ogni anno in Spagna per andare in America, la terra dell'oro [164]. Molti ebrei del Mezzogiorno, specialmente dopo il 1541, emigrano invece nell'Impero ottomano che, con Maometto II il Conquistatore, Selim I e Solimano II il Magnifico, li accoglie con favore perché sono periti nell'arte delle manifatture e del commercio. Agli immigrati gli ottomani impongono soltanto il «pagamento di un testatico richiesto a tutti i non musulmani». Questa tassa consente ai giudei di essere esonerati dalla corresponsione dei vari tributi gravanti invece sui sudditi islamici, di «esercitare ogni specie di professione e di mestieri», di rivestire «cariche civili» e «di conservare la propria nazionalità e la propria religione». Città d'emigrazione degli ebrei dell'ex Regno di Napoli è specialmente Salonicco ove le sinagoghe sono chiamate con il nome delle province meridionali di provenienza, cosa che avviene anche a Costantinopoli e Adrianopoli, in Albania, Grecia, Siria, Bulgaria, a Rodi e Cipro, luoghi in cui questi emigranti mantengono a lungo gli usi e i costumi, emergenti anche nelle particolari parlate, originale sintesi fra lingua italiana e diversi dialetti meridionali [165].

Non è un caso che nel 1555 Ogier Ghiselin de Busbecq, il fiammingo ambasciatore imperiale presso la corte del sultano Solimano il Magnifico, nota che la caratteristica peculiare dell'enorme impero musulmano è quella di valorizzare non solo «i meriti personali» anziché «quelli di nascita», ma anche «lo spirito di sacrificio» e «la disciplina»[166]. Per tali motivi a un viaggiatore proveniente dall'Inghilterra i turchi appaiono come «l'unico popolo moderno grande nell'agire» [167].

[1]Ada Labanca,
[2]P. G. DONINI, *Le comunità ebraiche nel mondo*, Roma, Editori Riuniti, 1988, p. 67. V. anche il mio saggio pubblicato sulla "Rivista Storica del Sannio", n. 1/2006, pp. 125-156. Ed ancora il mio *Giurisdizione regia e commerci nel Molise nella prima età moderna*, in M. SPEDICATO (a cura di), *Stati e chiese nazionali nell'Italia di antico regime*, Atti del Seminario, Lecce, 29-30 settembre 2006, Università del Salento, Dipartimento di Studi Storici dal Medioevo all'Età moderna, Galatina (LE), EdiPan, 2007, pp. 265-284.
[3]F. BRAUDEL, *La Méditerranée et le monde méditerranéen à l'époque de Philippe II*, Paris, A. Colin, 1949 ; *Il Mediterraneo. Lo spazio la storia gli uomini le tradizioni*, trad. it. G. Socci, Roma, Newton & Compton Editori, 2002; G. BRANCACCIO, *Nazione genovese. Consoli e colonia nella Napoli moderna*, Napoli, Guida, 2001.
[4]Cfr., L. FRANGIONI, *I ferri taglienti del Molise nel XIV secolo*, Quaderni di Studi Storici, 3, Campobasso, 1993 (Università degli Studi del Molise, Dipartimento di scienze economiche gestionali e sociali).
[5]N. FENORELLI, *Gli ebrei nell'Italia meridionale al secolo XVIII*, Torino 1915, Bologna, Arnaldo Forni Editore, 1999pp. 55, 64, 65, 117, 150, 178.
[6]M. CAMPANELLA, *Boiano tra storia e cultura popolare*, Boiano, s. e., 1977, p. 16.
[7]N. FENORELLI, *Gli ebrei nell'Italia meridionale*, cit., p. 64; A. LIBERATO, *Gli ebrei in Abruzzo*, Lanciano, Editrice Itinerari, 1996, cit., pp. 34, 211.
[8]G. BRANCACCIO, *Nazione genovese. Consoli e colonia nella Napoli moderna*, Napoli, Guida, 2001; A. ARDUINO-C. ARDUINO, *Agnone nella memoria*, IV, Agnone, Editore Cristian Arduino, 2003, p. X;
[9]Archivio di Stato di Napoli (da ora in poi ASNA), *Regia Camera Sommaria*, Part. 20, fasc. 30 t, in N. FENORELLI, *Gli ebrei nell'Italia meridionale*, cit., p. 134.
[10]Ivi, p. 117.
[11]*Ibidem*.
[12]Scrive Gemma Volli: il mestiere di prestatore «veniva esercitato anche dai cristiani, specialmente italiani; ed è perciò che essi [ebrei] erano chiamati *Lombardi*, nome dato loro nei paesi d'oltre Alpe, sebbene fossero prevalentemente toscani e soprattutto fiorentini» (Cfr., G. VOLLI, *Breve storia degli ebrei in Italia*, II.
[13]La «massiccia presenza in Italia meridionale dei mercanti stranieri – scrive Giovanni Vitolo – già si era manifestata in tutta evidenza durante gli anni di regno di Federico II (1208-1250) e anzi affondava le sue radici nei decenni precedenti» (Cfr., G. VITOLO, *Il Regno angioino*, in *Storia del Mezzogiorno*, IV/1, Roma, Edizioni del Sole per Rizzoli, 1986, p. 12). Non a caso gli ultimi sovrani normanni «erano stati costretti, nel timore di una invasione imperiale, a sollecitare l'aiuto...delle repubbliche marinare italiane mediante la concessione di ampi privilegi commerciali» (*Ibidem*). Fra il XII e il XIII secolo, negli Stati centro-settentrionali della Penisola è già «in atto una fase di intensa urbanizza-

zione e di espansione demografica» e le città, caratterizzate da «una struttura prevalentemente industriale» e da una serie di prodotti agricoli «sempre più insufficiente alle loro necessità» cercano specialmente nel Mezzogiorno, «uno sbocco alla loro produzione industriale» (*Ibidem*). Per tale motivo i mercanti forestieri finiscono per diventare «un elemento propulsivo» per le attività economiche del regno meridionale. Venezia, poi, ha «innanzitutto relazioni con la Puglia: all'inizio del secolo XII, mercanti baresi [la] frequentano e nel 1232 viene proibito agli abitanti del Regno di importare da Venezia prodotti che non provengano dal Regno stesso» (Cfr., J. M. MARTIN, *Città e campagna: economia e società*, in *Storia del Mezzogiorno*, III, Napoli, Edizioni del Sole per Rizzoli, 1990, p. 349). I mercanti ebrei delle Marche, regione considerata «il più attivo corridoio commerciale dell'Adriatico», percorrendo «la via di Roma», smistano i prodotti anche dell'Italia centro-meridionale nelle «più importanti città del Nord e su su, fino alle lontane Fiandre». Fra i beni destinati al commercio vi sono pure le pelli e il cuoiame dai quali derivano una quantità di manufatti; infatti, appartiene inizialmente a loro «l'arte di conciare in modo perfetto [persino] le pelli locali, poiché sanno come estrarre l'allume dalle vecce»; mentre dal cuoio ricavano «tavoli, armature, apparati o più semplicemente scarpe» (Cfr., M. L. MOSCATI, *Breve storia degli ebrei marchigiani*.

[14]A. GIANNI-L. SATTA, *Dizionario italiano ragionato*, Firenze, G. D'Anna-Sintesi, 1988, p. 742.

[15]G. TODESCHINI, *Commerciare nell'Occidente medievale: il Sacro quotidiano*, in Internet, dipeso.economia.unimib.it/pdf/iniziative/todeschini%20wp.pdf, p.1. Maurizio Blondet, nella recensione al saggio di Giacomo Todeschini *I mercanti e il tempio. La società cristiana e il circolo virtuoso della ricchezza fra Medioevo ed Età moderna* (Bologna, Il Mulino, 2002), sottolinea che lo storico milanese ha prima di tutto ricordato come «l'economia "razionale" sia nata nell'ambito culturale del cristianesimo. Già Max Weber aveva affermato nel 1919 che l'inventore collettivo dell'economia scientifica era stato il monachesimo occidentale, ovviamente quello di san Benedetto, dell'*ora et labora*: proprio perché metodicamente applicati al fine ultimo, la Salvezza, i monaci programmavano e rendevano funzionale allo scopo ogni attimo della vita, compreso quello economico. La giusta e utile amministrazione della ricchezza è già nelle parole di Cristo. La moltiplicazione dei pani e dei pesci, il mutare l'acqua in vino alle nozze di Cana additano fin dal principio un Cristo "economista", attento al benessere materiale degli uomini. San Paolo diceva di sé nella *Lettera ai Filippesi*di poter vivere di poco (*penuriam pati*), ma anche navigare nel benessere (*abundari*) senza venir meno al proprio ideale cristiano. Beni spirituali e beni materiali sottilmente si identificano, e nello stesso tempo vengono mantenuti distinti nella coscienza cristiana. Nel 1239, per esempio, re Baldovino, per le necessità del regno, dà in pegno a mercanti veneziani la Corona di spine creduta autentica. Baldovino, però, non potendola riscattare, supplica Luigi IX di Francia di farlo per lui. Ma lo fa aristocraticamente: non gli cede un'obbligazione creditizia, bensì dona al francese la reliquia impegnata che re Luigi riscatta a carissimo prezzo. Le reliquie, quindi, potevano circolare come

moneta, essere barattate, rubate, senza essere tuttavia ridotte a meri beni economici soggetti a speculazione» (Cfr., "Avvenire", 18 Maggio 2002, anche in Internet, www.kattoliko.it/leggendanera/medioevo/partita_doppia.htm).

[17]V. PAGLIA, *Storia dei poveri in Occidente. Indigenza e carità*, Milano, Rizzoli, 1994, p. 233.

[18]V., p. e., O. LANGHOLM, *L'economia in Tommaso d'Aquino*, Milano, Vita e Pensiero, 1996; G. CECCARELLI, *Il gioco e il peccato*, il Mulino, Bologna, 2003;O. BAZZICHI, *Alle radici del capitalismo. Medioevo e scienza economica*, Cantalupa (Torino), Effatà Editrice, 2003; G. TODESCHINI, *La ricchezza degli ebrei: merci e denaro nella riflessione ebraica e nella definizione cristiana dell'usura alla fine del Medioevo*, Spoleto, Centro Italiano di Studi sull'Alto medioevo, 1989; Id., *Il prezzo della salvezza. Lessici medievali del pensiero economico*, Roma, La Nuova Italia Scientifica, 1994; Id.,*Ricchezza francescana. Da povertà religiosa alla società di mercato*, Bologna, Il Mulino, 2004. In quest'ultimo studio l'A. sottolinea la modernità della visione francescana del mercato, prospettiva che, sin dal suo sorgere, considera la ricchezza individuale un elemento fondamentale del bene comune. Le valutazioni sulle fortune possedute dai cristiani definiscono il modo in cui i credenti devono fare buon uso dei beni terreni. I francescani, quindi, producono testi sulla circolazione del denaro e sulle regole del mercato, distinguendo tra investimento sociale della ricchezza e accumulazione improduttiva. La figura del mercante operoso è positiva se la sua attività consente l'affermarsi della cristiana felicità comunitaria, mentre la ricchezza del proprietario terriero, qualora esprima l'egoistica ed indebita accumulazione di beni e risorse, appare, dinanzi agli occhi di Dio e del suo popolo, sterile e negativa.

[19]P. ACOT, *Storia del clima*, Roma, Donzelli, 2004, pp. 109-111.

[20]E. BUTTERI ROLANDI, *Anno 1347-1348. La terribile peste nera. Vittime: metà della popolazione italiana*, in Internet, www.cronologia.it/storia/aa1347b.htm, p. 1.

[21]A. MILANO, *Storia degli ebrei in Italia*, Torino, Einaudi 1992, p. 56.

[22]Ivi, p. 185.

[23]Ivi, p. 186.

[24]ARCHIVIO DI STATO DI NAPOLI (da ora in poi ASNA), Cancelleria Angioina, Registri, 366, f. 111, in N. F. FARAGLIA, *Codice diplomatico sulmonese*, Lanciano 1898, in N. FENORELLI, *Gli ebrei nell'Italia meridionale*, cit., p. 63, anche in A. MILANO, *Storia degli ebrei in Italia*, cit., p. 186.

[25]N. FENORELLI, *Gli ebrei nell'Italia meridionale*, cit., p. 64; Nel 1172 a Termoli s'insedia una colonia di mercanti di Ravello che costruiscono i loro alloggi in un quartiere *extra moenia*(C. CAPPELLA, *Cronologia degli avvenimenti che hanno coinvolto il territorio di Termoli*, Termoli 1990, anche in Internet, www.comune.termoli.cb.it/LaCitta/Storia/ragusa.htm, p.3).

[26]Nel 1203 Termoli stringe rapporti commerciali con Ragusa, ratificati dal trattato del 3 marzo: «Noi Mainardo, Ruggero e Guglielmo Lombardo, giudici imperiali della città di Ter-

moli, e io Trasmundo milite camerario, unitamente all'intero popolo della stessa città, volendo sempre mantenere e avere in comune con i Ragusei vera fratellanza e intatta amicizia, con pari consenso e comune volontà, accogliamo tutti i Ragusei a parità di condizioni tra i nostri cittadini, e vogliamo e desideriamo che gli stessi si sentano tutelati e sicuri nella nostra città. Pertanto, condoniamo e quietanziamo a tutti i cittadini di Ragusa ogni tributo di piazza e di alberaggio, affinché, a parità di condizioni, essi siano presso di noi liberi ed esenti dai suddetti tributi, e nessuno presuma o si senta autorizzato ad esigerli, né essi Ragusei siano tenuti a dare ragione di ciò a nessuno. Abbiano i Ragusei nella nostra città gli stessi diritti e le stessi agevolazioni che noi siamo soliti avere» (Cfr., Internet.

[27] appartenenti a Giacomo Cantelmo (Cfr. N. FERORELLI, *Gli ebrei nell'Italia meridionale*, cit., p. 65). «In Abruzzo i Cantelmo vennero con Giacomo nel 1284, che fu nominato dal re Carlo II d'Angiò Giustiziere di Abruzzo Citra. Dopo di allora ebbero molti feudi in Abruzzo e Molise, tra cui Acciano, Acquaviva delle Croci, Alfedena, Arpino, Bomba, Cagnano, Campo di Giove, Casalbordino, Forcapalena, Montorio Pacentro, Pentima, Prezza, Rivisondoli, Rocchetta, Vittorito».

[28] ASNA, Cancelleria Angioina, Registri, 366, f. 111, N. F. FARAGLIA, *Codice diplomatico sulmonese*, Lanciano, s.e., 1898, pp. 262 ss., G. PANSA, *Gli ebrei in Aquila nel sec. XV, l'opera dei Frati Minori ed il Monte di Pietà istituito da San Giovanni della Marca*, in "Bollettino della Società di Storia Patria negli Abruzzi", XVI(1905), ser. II; C. MINIERI RICCIO, *Notizie storiche tratte da 62 registri angioini nell'Archivio di Stato di Napoli*, Napoli 1877, in N. FERORELLI, *Gli ebrei nell'Italia meridionale*, cit., pp. 64-65.

[29] A. MILANO, *Storia degli ebrei in Italia*, cit., p. 187.

[30] Ivi, p. 188.

[31] N. FERORELLI, *Gli ebrei nell'Italia meridionale*, citato.

[32] ASN, Cancelleria Angioina, Registri, 377, f. 43.

[33] Cfr., p.e., A. BULGARELLI LUKACS, *La difficile conquista dell'identità urbana: Lanciano tra XIV e XVI secolo*, in "Società e storia", 1997, 75, p. 12; Id.,*«Alla fiera di Lanciano che dura un anno e tre dì». Caratteri e dinamica di un emporio adriatico*, in "Proposte e ricerche", 1995, 35; Id.,*Da fiera e città: sviluppo fieristico e identità urbana a Lanciano tra XIV e XV secolo*, in "Archivio Storico del Sannio", 1996, 1; Id.,*Mercati e mercanti in Abruzzo (secoli XV-XVIII)*, in M. COSTANTINI-C. FELICE (a cura di), *Abruzzo. Economia e territorio in una prospettiva storica*, Vasto, Cannarsa, 1998; A. BULGARELLI LUKACS, *Il commercio in Abruzzo tra Quattrocento e Settecento*, in *Storia dell'Abruzzo, 3*, Roma-Bari, Laterza, 1999, in A. GROHMANN, *Le fiere dell'Italia meridionale in età moderna*, in P. LANARO (a cura di), *La pratica dello scambio. Sistemi di fiere, mercanti e città in Europa*, Venezia, Marsilio Editore, 2003, p. 93, nota 25; L. RUSSO, *Le fiere di Lanciano*, Lanciano, Carabba Editore, 2003.

[34] Archivio Comunale di Agnone, 1539-1543: richieste delle Università di Furci, Fara San Martino e Solfora di voler mantenere l'uso della franchigia di piazza nel commercio, bs. 28, fasc. 256.

[35]A. MILANO, *Storia degli ebrei in Italia*, cit., p. 189.
[36]Ivi, p. 190.
[37]M. DEL TREPPO, *Il re e il banchiere. Strumenti e processi di razionalizzazione dello stato aragonese di Napoli*, in *Spazio, società, potere nell'Italia dei Comuni*, Napoli, Quaderni di "Europa mediterranea", 1986, 1.
[38]M. DEL TREPPO, *Il regno aragonese*, in *Storia del Mezzogiorno*, IV, Roma, Edizioni del Sole per Rizzoli, 1986, p. 151.
[39]N. FERORELLI, *Gli ebrei nell'Italia meridionale*, cit., p. 71.
[40]M. DEL TREPPO, *Il regno aragonese*, cit., p. 141.
[41]Ivi, p. 151.
[42]A. GROHMANN, *Le fiere dell'Italia meridionale in età moderna*, in P. LANARO (a cura di), *La pratica dello scambio. Sistemi di fiere, mercanti e città in Europa (1400-1700)*, Venezia, Marsilio, 2003, n. 27, p. 93.
[43]M. MORONI, *Mercanti e fiere tra le due sponde dell'Adriatico nel basso medioevo e in età moderna*, in P. LANARO (a cura di), *La pratica dello scambio*, cit., p. 54.
[44]N. FERORELLI, *Gli ebrei nell'Italia meridionale*, cit., p. 57.
[45]Cfr., F. LA GAMBA (a cura di) *Statuti e Capitoli della Terra di Agnone*, Napoli, Athena Mediterranea, 1972, n. 26, pp. 187. Ai veneti si deve la costruzione della chiesa di S. Marco Evangelista, agli anconetani quella di S. Emidio (Cfr., A. ARDUINO-C. ARDUINO, *Agnone nella memoria*, I, citato).
[46]A. GROHMANN, *Le fiere del Regno di Napoli in età aragonese*, Napoli, Istituto Italiano per gli Studi Storici, 1969, p. 60.
[47]L. RUSSO, *Le fiere di Lanciano*, cit., p. 103.
[48]*Ibidem*.
[49]È il caso, ad esempio di tal notar Angelo che il 15 aprile 1445, durante la fiera di Bitonto, presta a certo Nicola Antonio un'oncia e 15 tarì, denaro che deve riottenere entro e non oltre il 25 dicembre del 1446, pena una mora pari al doppio della somma prestata (Cfr., A. GROHMANN,*Le fiere del Regno di Napoli in età aragonese*, cit., p. 406).
[50]Carte Labanca, *Memoria di Antonino Labanca*, Agnone agosto 1871: testamenti di Luigi Mario, abate della chiesa di S. Salvatore di Agnone.
[51]A. GROHMANN, *Le fiere del Regno di Napoli in età aragonese*, cit., pp. 151 ss.
[52]R. MANSELLI, *Il pensiero economico del medioevo*, in L. FIRPO (diretta da), *Storia delle idee politiche economiche e sociali*, Torino, UTET, 1983, pp. 830, 842.
[53]A. GROHMANN, *Le fiere del Regno di Napoli in età aragonese*, cit., p. 59.
[54]*Ibidem*.
[55]Ivi, p. 57.
[56]A. GROHMANN, *Il tramonto di un'istituzione: le fiere dell'Italia meridionale in età moderna*, in P. LANARO (a cura di), *La pratica dello scambio. Sistemi di fiere, mercanti e città in Europa (1400-1700)*, Venezia, Marsilio, 2003, pp. 82, 83.
[57]ASNA, Regia Camera della Sommaria, Communae 11, f. 95 t., in N. FENORELLI, *Gli*

ebrei nell'Italia meridionale, cit., p. 72.

[58]ASNA, Regia Camera della Sommaria, Privilegiorum 19, f. 15, in N. FENORELLI, *Gli ebrei nell'Italia meridionale*, citato.

[59]A. GROHMANN, *Le fiere del Regno di Napoli in età aragonese*, cit., pp. 50, 156, 157.

[60]Ivi, p. 169.

[61]Scrive Antonio Arduino: «In sostanza gli Ufficiali, i Commissari e gli altri Tribunali del Regno, sotto pena della regia indignazione e della multa di mille ducati per i contravventori, non potevano e non dovevano impedire che i maestri ramai di Agnone vendessero nelle varie Province del Regno oggetti di rame *vasa elaborata* con i manici di ferro» (Cfr., A. ARDUINO-C. ARDUINO, *Agnone nella memoria*, I, cit., p. 203).

[62]Ivi, p. 209.

[63]A. GROHMANN, *Le fiere del Regno di Napoli in età aragonese*, cit., pp. 453, 459.

[64]A. GROHMANN, *Le fiere dell'Italia meridionale in età moderna*, cit., p. 95,

[65]*Ibidem*.

[66]Si tratta delle fiere di S. Marco Evangelista (che va da 22 aprile al 3 maggio) e della Natività della Madonna (5-16 settembre). Cfr., F. LA GAMBA (a cura di), *Statuti e capitoli della Terra di Agnone*, cit., p. 187.

[67]Ivi, p. 192. Non poche sono le famiglie che, adottato il cognome Di Lanciano, dopo la peste del 1656 sono presenti per la prima volta ad Agnone, assieme ad esempio ai Della Banca, commercianti e artigiani del cuoio derivanti dai mercanti-banchieri veneti Anselmo e Troilo Del Banco (Cfr., Archivio Parrocchiale della Chiesa di S. Marco Evangelista, *Libro dei battesimi*, secoli XVII-XVIII; Carte Labanca, *Memoria*, citata. Sull'attività dei Del Banco nel XV secolo, v., p. e., A. MILANO, *Storia degli ebrei in Italia*, cit., pp. 205, 278, 279 e A. GROHMANN, *Le fiere del Regno di Napoli in età aragonese*, cit., p. 205).

[68]L. GIUSTINIANI, *Dizionario geografico ragionato del Regno di Napoli*, III, Napoli 1797, in A. GROHMANN, *Le fiere dell'Italia meridionale in età moderna*, cit., p. 105.

[69]*Statuti e capitoli della Terra di Agnone*, citato.

[70]È specialmente il tratturo Pescasseroli-Candela a collegare il Molise ad Ariano Irpino, Casalbore, Greci, Monteverde e Pungoli dell'Avellinese; a Buonalbergo, Circello, Morcone, Pesco Sannita, San Bartolomeo in Galdo, San Giorgio la Molara, San Marco dei Cavoti, Santa Croce del Sannio del Beneventano (Cfr. N. PAONE, *La transumanza. Immagini di una civiltà*, Isernia, Iannone, 1987, pp. 37-45).

[71]A. GROHMANN, *Le fiere del Regno di Napoli in età aragonese*, cit., p. 48.

[72]P. L. ROVITO, *Il viceregno spagnolo di Napoli*, Napoli, Arte Tipografica, 2003.

[73]R. COLAPIETRA, *Abruzzo Citeriore – Abruzzo Ulteriore – Molise*, in *Storia del Mezzogiorno*, VI, Napoli, Edizioni del Sole per Rizzoli, 1986, pp. 17-266.

[74]S. DI STEFANO, *Ragioni per la generalità de' locati della Mena delle pecore di Puglia*, Napoli 1705.

[75]M. DEL TREPPO, *Imprese e imprenditori nel Mezzogiorno aragonese*, in *Il Regno aragonese*, in *Storia del Mezzogiorno*, IV/1, Roma, Edizioni del Sole per Rizzoli, 1986, pp.

154-157.

[76]Ivi, p. 156.

[77]Ivi, p. 155.

[78]*Ibidem*. Sui contratti di mietitura di trentadue braccianti di Campolieto con la masseria di Botacina, stipulati nel 1578, cfr., V. LOMBARDI, *Il fenomeno dell'emigrazione a Campolieto*, Isernia, Iannone, 2004, p. 27. Sul fenomeno degli spostamenti periodici del bracciantato, cfr., p.e., G. MASSULLO, *Molise: dalle migrazioni stagionali alla prima emigrazione transoceanica*, in E. NOCERA (a cura di), *Almanacco del Molise*, Campobasso, Edizioni Enne, 2002-2003.

[79]M. DEL TREPPO, *Imprese e imprenditori nel Mezzogiorno aragonese*, cit., p. 156.

[80]Ivi, p. 157.

[81]Afferma il Muratori: «Nel dì 5 di dicembre [1456], e in altri susseguenti giorni un sì terribil tremuoto scosse la terra nel Regno di Napoli, che fu creduto non essersi da più secoli indietro provato un somigliante eccidio in quelle contrade...Le persone morte sotto le rovine chi le fece ascendere sino a centomila, con esserne perite nella sola città di Napoli, per attestato d'alcuni, venti, o trentamila» (L. A. MURATORI, *Annali d'Italia*, XXXVI, Venezia 1790, pp. 514-515). Il sisma «...rovinò in parte – ricorda Anton Ludovico Antinori – con morte di uomini, molte città, e terre per lo che molti, lasciate le case, andarono ad abitare nella campagna, danneggiò non poco Lanciano, Fossacesia, Turino, Paglieta, altri Castelli d'intorno, e il Monistero di S. Giovanni in Venere» (A. L. ANTINORI, *Annali degli Abruzzi dalle origini all'anno 1777*, XV, Bologna, Forni Editore, 1971-1973). Relativamente alla particolare situazione abruzzese e molisana scrive Raffaele Colapietra: «L'anno 1456 è...memorabile sotto l'angolazione ambientale e culturale della storia delle nostre regioni per il grande terremoto della notte di S. Barbara, il 4 dicembre, che sconvolse letteralmente l'amplissima zona che ne costituì l'epicentro, tra Caramanico...Benevento e Campobasso..."Il Matese se ruppe la faccia" avrebbe annotato l'agnonese Marino Jonata...[nel suo]...*Giardeno*...In verità le testimonianze sono quanto di più agghiacciante e catastrofico si possa immaginare, 625 morti a Lanciano, quindi circa un sesto della popolazione, 433 ad Ortona, circa 300 a Vasto, 225 morti su 965 abitanti, pari al 23,3 per cento, a Castel di Sangro, un centinaio a Tocco...Isernia *"totaliter ruinata et conquassata, et omnia aedificia a maiore usque ad minus proiecta in terram"* con strage di non meno 800 persone, che salivano alla cifra forse iperbolica di 1300 per Bojano...350 vittime furono calcolate a Macchiagodena, 317 a Frosolone, 211 a San Giuliano del Sannio, 120 a Vinchiaturo...1313...a Larino...In questo scenario apocalittico le due massime conseguenze di fondo furono costituite dall'abbandono definitivo dei minori centri appenninici e dall'inizio massiccio dell'immigrazione delle maestranze lombarde per i grandi lavori ricostruttivi» (Cfr., R. COLAPIETRA, *Abruzzo Citeriore – Abruzzo Ulteriore – Molise*, cit., pp. 55-56). Sulla mortalità rilevata nella diocesi di Bojano e derivante dal terremoto del 1456 v., p. es., G. DI FABIO, *Storia di una diocesi. I vescovi di Bojano e di Bojano-Campobasso*, Campobasso, Arti Grafiche La Regione, 1997, pp. 63-66.

[82] Il borgo sorgeva nell'attuale ed omonimo bivio a ventuno chilometri da Agnone. Cfr., p.e., A. LABANCA, *Catastrofi ambientali e rimedi nell'età moderna*, in P. L. ROVITO (a cura di), *Il Fortore. Origini e cadenze di una solitudine*, Napoli, Arte Tipografica, 1998, p. 304.
[83] R. COLAPIETRA, *Abruzzo Citeriore–Abruzzo Ulteriore–Molise*, cit., p. 56.
[84] G. MATACENA, *Architettura del lavoro in Calabria tra i secoli XV e XIX*, Napoli 1983, p. 13, in G. LABROT, *La città meridionale,* in *Storia del Mezzogiorno*, VIII, Napoli, Edizioni del sole per Rizzoli, 1991, p. 233. V. a., R. COLAPIETRA, *Abruzzo Citeriore–Abruzzo Ulteriore–Molise*, citato.
[85] P. L. ROVITO, *Dalle «trasturevoli selve» ai pianori «sterili e franati». Note sul disastro ambientale della Campania*, in "Rivista Storica del Sannio", 2001, n. 16, p. 299.
[86] ASNA, *Collaterale Iustitiae*, vol. 9, fasc. 47, in G. SACCO, *Gli eretici «oltremontani» dell'Alto Fortore*, in "Rivista Storica del Sannio", 1995, 3, p. 157.
[87] *Ibidem.*
[88] Per tali motivi, scrive Giorgio Tourn, «i signori di quei luoghi, temendo che il Papa si accorgesse di questa situazione e potesse far disperdere quella gente con ricadute negative sulla ricchezza del paese, premevano sui curati affinché non si lamentassero dei Valdesi, anche in virtù del fatto che percepivano le decime in maniera molto consistente. Così la protezione dei signori del luogo, nei confronti dei coloni, durò fino al 1560, quando i valdesi calabresi, avendo saputo che i loro fratelli delle valli del Piemonte avevano reso pubblica la loro fede, vollero fare altrettanto, nonostante fosse stato consigliato dal pastore Gilles di riflettere a lungo su questo e di spostarsi in luoghi dove vi era più libertà per le coscienze, onde evitare di esporsi ad estremi pericoli e quindi a persecuzioni. Ma i valdesi di Calabria non vollero abbandonare il loro paese…perciò decisero di continuare a vivere dove stavano e di professare lì la loro fede. Chiesero, dunque, a Ginevra di inviare qualche pastore che potesse predicare nei loro templi costruiti da poco e così arrivò in Calabria il cuneese Gian Luigi Pascale, che vi giunse con un collega e due maestri elementari; così nella regione si sparse subito la voce dell'arrivo di un pastore che predicava liberamente la dottrina di Calvino (come si diceva). Appreso ciò il marchese Salvatore Spinelli, signore dei luoghi dove si trovavano le principali chiese riformate e che aveva favorito fino ad allora i suoi sudditi, mandò a chiamare alcuni di essi. Questi chiesero al pastore Pascale che li accompagnasse dal marchese che consideravano persona saggia, civile e coraggiosa, sicuri com'erano che avrebbe sposato la loro causa. Ma lo Spinelli, sentito dire che il clero si era allarmato contro i suoi sudditi a causa del rumore provocato dalla venuta del pastore, volle prevenire i rimproveri che temeva gli sarebbero stati rivolti accusandoli di eresia e proclamando che occorreva convertirli o sterminarli benché in segreto ne desiderasse la loro conservazione; perciò, fece incarcerare il Pascale a Fuscaldo in data 2 maggio 1559. Dopo la prigionia del pastore Pascale nelle carceri di Fuscaldo, Cosenza, Napoli e Roma e il suo martirio in questa città il 9 settembre 1560, all'azione del marchese subentrò l'Inquisizione che con l'aiuto delle truppe del viceré, fece piazza pulita delle località

abitate dai Valdesi, decapitando e massacrando o gettando in prigione tutti coloro che si rifiutarono di abiurare (è famosa a Guardia Piemontese la "porta del sangue"). Questo eccidio presenta due analogie con quello perpetrato nel 1545 in Provenza : 1) le popolazioni che emigrano in Provenza e in Calabria non lo fanno per evangelizzare quelle regioni, ma per trovare un luogo in cui vivere in maniera tranquilla e dignitosa; 2) in entrambi i casi fu punita una minoranza religiosa che commise il solo "errore" di voler predicare il Vangelo in pubblico e testimoniare a suo modo la fede in Gesù Cristo» (Cfr. G. TOURN, *I valdesi nella storia*, Torino, Claudiana, 1996, in Internet, www. chiesa valdese. net/valdesi_di_calabria. htm). Dunque, il territorio di Cosenza è luogo di immigrazione. Non è certo questo l'unico periodo durante il quale il Cosentino accoglie immigrati protestanti. Un secolo prima, per esempio, un feudatario, aveva affittato una parte dei suoi possedimenti a dei valdesi di Angrogna che erano giunti nei pressi di Montalto già centro di comunità ebraica. Durante la metà del XV secolo costoro, dopo aver concordato con il signore ospitante di versare annualmente un tributo di cinquanta ducati, si stabiliscono definitivamente nella regione calabrese ove fondano San Sisto, Guardia Piemontese (oggi La Guardia Ultramontana), Vaccarizzo e San Vincenzo. (Cfr., p.e., P. GIANNONE, *Dell'Istoria civile del regno di Napoli*, a cura di A. Marongiu, VI, Milano 1970, p. 63; L. AMABILE, *Il Sant'Officio della Inquisizione di Napoli*, I, Città di Castello 1892, p. 235; E. PONTIERI, *La crociata contro i valdesi di Calabria nel 1561*, in "Archivio Storico per la Calabria e la Lucania", 1938, n. 2, p. 121.; M. SCADUTO, *L'epoca di G. Lainez*, II, Roma 1974, p. 687; A. MARRANZINI, *I Gesuiti Bobadilla, Croce Xavierre e Rodriguez tra i valdesi di Calabria*, in "Rivista Storica Calabrese", 1983, 4, pp. 393 ss., in G. SACCO, *Gli eretici «oltremontani»*, cit., p. 156; Id,*"Heretici marci e relassati". La comunità valdese del Fortore nel sec. XVI*, in P. L. ROVITO (a cura di), *Il Fortore. Origini e cadenze di una solitudine*, Napoli, Arte Tipografica, 1998, p. 209).

[89] I. WALLERSTEIN, *Il sistema mondiale dell'economia moderna. L'agricoltura capitalistica e le origini del sistema mondiale dell'economia europea nel XVII secolo*, Bologna, Il Mulino, 1978.

[90] ARCHIVIO COMUNALE DI AGNONE, *Civitatis Angloni Privilegia*, caps. I, fasc. II-XVI [dal 1404 al 1523]; Id, M. DE ALESSIO, *Summarium hoc ex diplomatibus a praeteris huius Regni Regibus*, a. 1782, bs. 7, fasc. 93, in C. ARDUINO-A. ARDUINO, *Agnone nella memoria*, I, cit., pp. 191, 196.

[91] C. PORZIO, *Relazione del Regno di Napoli al marchese viceré di Napoli tra il 1677e il 1579*, Napoli, Officina tipografica, 1839, p. 27, in C. FELICE, *Il Sud tra mercati e contesti*, cit., p. 19.

[92] V., p. es., G. BOCCACCIO, *Calandrino e l'elitropia*, in R. CESERANI- L. DE FEDERICIS, *Il materiale e l'immaginario*, III, Torino, Loescher, 1983, p. 431.

[93] P. L. ROVITO, *Dalle «trasturevoli selve» ai pianori «sterili e franati»*, cit., p. 301.

[94] M. DEL TERPPO, *Il regno aragonese*, in *Storia del mezzogiorno*, IV/1, Roma, Edizioni del Sole per Rizzoli, 1986, p. 179.

[95] I. ZILLI, *Arti manifatture nel Mezzogiorno in età moderna (secc. XVI-XVIII)*, Campobasso, Università degli Studi del Molise, 1996, pp. 16, 20. Sui ferri taglienti di Frosolone e Campobasso, v. anche, p. es., C. FELICE, *Il Sud tra mercati e contesti*, cit., pp. 61, 74-75.

[96] L. FRANGIONI, *I ferri taglienti del Molise nel XIV secolo*, in «Quaderni di studi storici», Campobasso, Università degli Studi del Molise, 1993, n. 3, p. 15, in C. FELICE, *Il Sud tra mercati e contesti*, cit., pp. 61.

[97] G. MARINELLI, *Arte e fuoco. Campane di Agnone*, Campobasso 1980, pp. 142-144; Id,*Campane da mille secoli*, in "Il Molise", Roma 1990, pp. 179-180, in V. FERRANDINO, *Una comunità molisana in età moderna. Economia, finanza e società ad Agnone*, Napoli, Edizioni Scientifiche Italiane, 1994, pp. 173-174.

[98] Cfr., F. LA GAMBA (a cura di), *Statuti e Capitoli della Terra di Agnone*, cit., pp. 233-234

[99]F. LA GAMBA (a cura di), *Statuti e Capitoli della Terra di Agnone*, cit., pp. 32, 191-192

[100]F. JOVINE, *Viaggio nel Molise*, Campobasso, Nocera, 2001, pp. 31-32.

[102] «Sia consentito a dette donne [abitanti in detta Terra di Angloni]che vogliono portare addosso argento, che possano portare nelle maniche delle loro tuniche il peso di un'oncia di argento lavorato per pezzo e così per ogni manica ci siano sei pezzi e non oltre…[E possano portare]…le cinture o cinghie con 4 once d'argento lavorato e non più. Chi contravverrà sia punito con la pena di un augustale per ogni volta. E il padrone, ossia il principale di casa, sia tenuto per tutta la famiglia…Giacché a causa della vanità in molte maniere si offende Dio, sia proibito espressamente che in nessun'altra maniera, tovaglie…[giubbe e bustini]…né altro panno di seta o di lino si facciano, ossia siano lavorati con oro come un tempo si faceva, ma si facciano e possano farsi fare soltanto di seta pura oppure di lino senza oro». Cfr., F. LA GAMBA (a cura di), *Statuti e Capitoli della Terra di Agnone*, cit., pp. 67, 234-235

[103] F. JOVINE, *Viaggio nel Molise*, citato.

104]Statuti e Capitoli aragonesi della Terra di Campobasso, in V. E. GASDIA, *Storia di Campobasso*, II, Verona, s. e., 1960, p. 333, in U. D'ANDREA, *Storia economica di Campobasso durante il periodo 1506-1806. Appunti e documenti*, Abbazia di Casamari, 1994, p. 12.

[105] U. D'ANDREA, *Storia economica di Campobasso*, cit., pp. 15-18.

[106] Ivi, p. 13.

[107] Tale saggio d'interesse, in verità, è precedente alle norme stabilite da Federico II di Svevia. Già nel lontano 997 venne rogato a Napoli un contratto di mutuo che stabilì un interesse pari al 10 per cento all'anno (Cfr., J. M. MARTIN, *Città e campagna: economia e società (sec. VII-XIII)*, in *Storia del Mezzogiorno*, III, Napoli, Edizioni del Sole per Rizzoli, 1990, p. 344). In Puglia, invece, «i primi esempi – scrive Jean-Marie Martin – risalgono al X secolo; la pratica del prestito su pegno, il solo documentato all'inizio, tale rimane almeno fino al 1180 circa, mentre esiste già da un certo tempo una forma più moderna di credito:

il prestito a interesse con ipoteca. Il primo esempio (atipico) si trova ad Amalfi nel 1020: l'interesse viene corrisposto in natura. A Salerno verso il 1030 compare un interesse regolare corrisposto in moneta, *da quinque in sex*, cioè del 20 per cento all'anno. In Puglia (vale a dire nel Barese: la Capitanata usa pochissimo il credito) tale forma di prestito non compare prima del 1080 e si diffonde quarant'anni dopo; ma l'interesse è allora più basso: *de sex in septem*, cioè del 16,66 per cento all'anno» (*Ibidem*). L'interesse sui mutui d'età federiciana è riconfermato non solo dagli angioini, ma anche da Venezia che, all'indomani della terribile peste nera, permette che il esso passi dal 4 all'8 e al 10 per cento «per operazioni cautelate da pegno, e al 12 senza pegno» (Cfr., A. MILANO, *Storia degli ebrei in Italia*, cit., pp. 97, 98, 137), mentre nel corso del XVI secolo «per i prestiti allo Stato» si arriva al 15 per cento (Cfr., F. BRAUDEL, *Espansione europea e capitalismo 1450-1650*, Bologna, Il Mulino, 1999, p. 57).

[108] J. M. MARTIN, *Città e campagna*, citato. V. a., p.e., G. P. TRIFONE, *Tra morale e ragion pratica: il dilemma delle "usurae" in Alfonso de' Liguori*, in «Rivista Storica del Sannio», 2004, 22, pp. 56-96.

[109] A. PLACANICA, *La Calabria nell'età moderna*, I, Napoli, Edizioni Scientifiche Italiane, 1985, pp. 67,69,70.

[110] G. MASCIOTTA, *Il Molise dalle origini ai nostri giorni*, II, Campobasso, Lampo, 1989, pp. 82, 75.

[111] U. D'ANDREA, *Storia economica di Campobasso*, cit., p. 14.

[112] O. LANGHOLM, *L'economia in Tommaso d'Aquino*, Milano, Vita e Pensiero, 1996, pp. 34 ss.

[113] A. MILANO, *Storia degli ebrei in Italia*, cit., p. 164.

[114] *Ibidem*.

[115] In natura il simile genera il simile. Il denaro ha carattere di merce perché sostituisce gli oggetti che nel mercato vengono scambiati. Esso è cosa artificiale, non naturale e, pertanto, non può fruttare. La richiesta di interessi sui prestiti è dunque un peccato. Lo scopo naturale del denaro è quello di essere un mezzo di permuta non di generazione di altro denaro (Cfr., O. LANGHOLM, *L'economia in Tommaso d'Aquino*, cit., pp. 73-74).

[116] S. TOMMASO D'AQUINO, *Summa theologiae*, II-II, 78, 2, ad 1, in O. LANGHOLM, *L'economia in Tommaso d'Aquino*, cit., p. 86.

[117] *Ibidem*.

[118] A. MILANO, *Storia degli ebrei in Italia*, citato.

[119] N. MARINELLI, *Agnone francescana*, Agnone, tip. Sammartino-Ricci, 1927, p. 43.

[120] F. LA GAMBA (a cura di), *Statuti e Capitolo della terra di Agnone*, cit., pp. 74, 75, 77

[121] U. D'ANDREA, *Storia economica di Campobasso*, cit., pp. 18-28.

[122] J. M. MARTIN, *Città e campagna*, cit., p. 344.

[123] *Ivi*, p. 222.

[124] A. MILANO, *Storia degli ebrei in Italia*, cit., p. 112.

[125] V., p.e., ASCB, *Atti notarili di Agnone*, notaio Apollonio, a. 1868, r. 29, cc. 58 ss.; r.

36, cc. 68 ss; r. 37, cc. 7 ss.
[126] A. MILANO, *Storia degli ebrei in Italia*, cit., p. 113.
[127] W. SOMBART, *Gli ebrei e la vita economica*, II, Padova, Edizioni Ar, 1989, p. 42.
[128] La Chiesa nel Mezzogiorno è caratterizzata dalla diffusissima presenza della chiesa recettizia. Essa è diretta un abate e «fondata da laici, i "recepti", che hanno tutti gli stessi diritti e doveri. I "recepti" possiedono dei territori che mettono in comune e dei quali dividono la gestione in modo equo. Alla base delle chiese recettizie vi è infatti una forma di organizzazione agraria. Nel Mezzogiorno non esiste la canonica: il sacerdote rimane nella casa dei genitori» e grazie a lui cresce il benessere della famiglia. «Il compito di parroco è svolto a rotazione dai recepti, nello spirito della equa ripartizione dei doveri. Le chiese recettizie possono essere numerate o innumerate, le prime sono quelle che accolgono un numero determinato di partecipanti, mentre le seconde non impongono alcun limite al numero dei membri. Ogni chiesa [poi] possiede un *procurator ad lites*». La recettizia è un modello di chiesa d'impronta spagnola che tramonta definitivamente con l'avvento dell'unità d'Italia (Cfr., L. FEMIA-M. BARRECA, *Ambiente, cultura e fede d'età giacobina nel Regno di Napoli*, in Internet, www. diel.it /helios/99/5/femia.html, p. 2). Nelle chiese recettizie (presenti anche in ogni paese molisano, sulle quali, però, ancora storicamente non s'indaga) non vi sono né benefici né dignità; il loro patrimonio è costituito da beni, censi, decime amministrate, massa comune. Alla massa comune possono partecipare un numero determinato di sacerdoti locali, detti "figli patrimoniali". I preti partecipanti, il cui obbligo pastorale si riduce alla celebrazione della messa giornaliera, sono gelosi delle loro prerogative economiche e ostacolano, per questo motivo, la partecipazione alla massa comune di altri preti se non quelli delle famiglie locali che godono diritto di patronato sulla chiesa recettizia. È chiaro che il prete, ossia il "figlio patrimoniale", è sempre più preoccupato di controllare i propri interessi economici, anziché svolgere, come dovrebbe, la sua attività pastorale. La giurisdizione reale, che teme l'ingerenza della Curia romana negli interessi economici del Regno, e il clero indigeno ostacolano fortemente l'intervento del vescovo nella questione della partecipazione. La vita religiosa delle comunità locali è perciò molto spesso avvelenata dai contrasti fra clero partecipante e quello non partecipante, dai dissidi tra i vescovi e il baronaggio locale, vero padrone delle chiese recettizie (Cfr., G. DE ROSA, *Ordinamenti e statuti delle chiese recettizie*, in G. DE ROSA-A. CESTARO, *Territorio e società nella storia del Mezzogiorno*, Napoli, Guida, 1973, pp. 410-411).
[129] R. COLAPIETRA, *Abruzzo Citeriore-Abruzzo Ulteriore-Molise*, cit. pp. 17 ss, ; C. FELICE, *Il Sud tra mercati e contesto*, cit., p. 66.
[130] V., p.e., F. LA GAMBA (a cura di), *Statuti e capitoli della Terra di Agnone*, cit., pp. 17-19.
[131] O. LANGHOLM, *L'economia in Tommaso d'Aquino*, cit, p. 34.
[132] «In natura si osserva che nella procreazione si genera il proprio simile: quando il

denaro aumenta tramite il denaro, quindi, si ha una sorta di parto. Tale modalità di acquisizione è contro natura: secondo natura, infatti, il denaro va ottenuto in cambio di oggetti naturali, non in denaro...[Ma]...il metallo della moneta è sterile e quindi non può procreare» (Ivi, pp. 73-74).

[133] R. MANSELLI, *Il pensiero economico del Medioevo*, cit, pp. 817 ss., O. LANGHOLM, *L'economia in Tommaso d'Aquino*, cit., p. 50.

[134] O. LANGHOLM, *L'economia in Tommaso d'Aquino*, cit., p. 47.

[135] T. D'AQUINO, *Sententia libri Ethicorum*, v. 9, a Aristotele, v. 5, 1133a 26-27, in O. LANGHOLM, *L'economia in Tommaso d'Aquino*, cit., pp. 61-62.

[136] H. G. KOENIGSBERGER, *L'Europa occidentale e la potenza spagnola*, in R. BRUCE WERNHAM (a cura di), *La controriforma e la rivoluzione dei prezzi*, in *Storia del Mondo Moderno*, III, Milano, Garzanti, 1968, p. 301.

[137] N. FERORELLI, *Gli ebrei nell'Italia meridionale*, cit., pp. 220 ss.

[138] P. L. ROVITO, *Il Viceregno*, cit., p. 47.

[139] Fra il 1493 e il 1520 gli iberici saccheggiano Santo Domingo, Cuba e le Antille per conseguire un prelievo dell'oro che passa da circa il 5 per cento del primo decennio del XVI secolo al 9 per cento di quello successivo. La ricerca dell'oro alluvionale è effettuata con un abuso così intensivo del lavoro degli indigeni tanto da determinare il loro repentino sterminio, mentre il volume delle esportazioni del prezioso metallo scende dai dieci quintali del quinquennio 1510-1515 agli otto di quello successivo. Dal 1521 al 1540 gli spagnoli, dopo aver sottomesso e distrutto le grandi civiltà precolombiane, fanno saccomanno dei loro tesori. La ricerca dell'argento avviene parallelamente a quella dell'oro. Dagli anni Quaranta si avvia lo sfruttamento delle miniere d'argento del Messico e del Perù e l'estrazione del metallo – nonostante l'estrazione del metallo e il crollo pressoché totale della popolazione indigena sia per la violenza dei *conquistadores* sia per l'alta letalità delle malattie infettive diffuse dagli europei – continua ad essere favorevole. L'argento è tratto dal minerale grezzo utilizzando il mercurio che, fino al 1570, è importato dall'Europa. Nel corso di questo anno è individuato a Huancavelica, nel Perù, un rilevante giacimento di mercurio che soddisfa pienamente le esigenze degli spagnoli d'America. La distanza di questa miniera da quella d'argento di Potosì (centro della Bolivia a quattromila metri sul livello del mare) è di milleottocento chilometri e il trasporto è effettuato attraverso il lavoro forzato degli indigeni che, ridotti allo stremo, sono ben presto annientati da un'ecatombe di gigantesco livello (Cfr., M. VERGA, *Il tesoro americano*, in A. DE BERNARDI-S. GUARRACINO, *L'operazione storica*, II, Milano, Bruno Mondatori, 1992, p. 152).

[140] H. G. KOENIGSBERGER, *The Practice of* Empire, Ithaca (N. Y.), Cornell University Press, 1969, p. 48, in H. G. KOENIGSBERGER, *L'Europa occidentale*, cit., p. 303; ripreso in D. R. GABACCIA, *Emigranti. Le diaspore degli italiani dal Medioevo a oggi*, Torino, Einaudi, 2003, p. 15.

[141] A. LABANCA, *Poveri pastori e peste nel Molise moderno: il tempo del destino*, in "Rivista Storica del Sannio", 1996, 2, p. 34.

[142] Agli inizi del secolo XVI, dopo la cacciata completa degli Arabi dalla Spagna da parte dei re cattolici, migliaia di mori profughi si rifugiano sulle coste dell'Africa settentrionale fra il Marocco e la Libia, in tutto quell'esteso territorio detto dai musulmani Magreb e dagli europei Barberia, aggiungendosi alle popolazioni berbere già dedite alla pirateria, e aizzandole contro i popoli cristiani; vi si affiancano turchi e sudditi turchi che popolano le terre e le isole egee cadute sotto il dominio dell'impero turco di Costantinopoli, ed inoltre molti cristiani rinnegati, banditi e avventurieri che cercano fortuna con le rapine. La pirateria magrebina continua a seminare il terrore nel Mediterraneo, con assalti a coste e riviere per saccheggiare interi paesi e soprattutto per catturare uomini, donne e ragazzi, sia per venderli come schiavi sui mercati che per guadagnare sui riscatti. Sorta per vendetta politica, la pirateria barbaresca, con basi ad Algeri, Tunisi e Tripoli, mira inizialmente alle coste iberiche. La Spagna si accinge alla conquista dell'Africa settentrionale e nel 1509-11 occupa Orano, Algeri, Bona, altre località della costa algerina e marocchina e Tripoli. Tale azione determina una reazione musulmana e dall'Egeo accorrono altri pirati: l'audace Arug, con il fratello Kair ed Din, si pone al servizio dell'emiro di Tunisi ed ha da questi la "patente di corsa", cioè il documento che lo autorizza a correre il mare in armi contro i nemici del paese: i cristiani. Egli si trasferisce nel 1512 nell'isola di Gerba, grande covo di predoni, e vi crea la sua base, alternando le ruberie di pirata alle azioni di guerra del corsaro. Nel 1516 conquista Algeri costituendo un regno personale, ma gli spagnoli non gli danno tregua: lo cacciano da Gerba, lo inseguono fino al Marocco e lo uccidono nel 1518. Suo fratello, detto il Barbarossa, dichiaratosi vassallo del sultano turco di Costantinopoli Solimano il Magnifico già installatosi in Egitto, in nome di lui riprende Algeri e gli altri presidii spagnoli della costa algerina tranne Orano e ricostituisce il regno formalmente dipendente dalla Turchia. Le sue gesta fanno sì che il sultano nel 1534 lo nomini" capitano del mare", cioè comandante supremo della flotta imperiale turca e gli conceda armi e forti somme di danaro per le sue imprese. Egli è il vero organizzatore della guerra di corsara e con la sua potente flotta, formata da navi veloci condotte da uomini attirati solo dalle rapine, non conosce praticamente sconfitte. Inseritosi nella lotta tra Francesco I e Carlo V, incomincia ad attaccare, oltre alla Spagna, l'Italia meridionale e la Sicilia. Sempre nel 1534 devasta diversi villaggi costieri siciliani e calabresi, si spinge fino a Napoli passando per Pesche d'Isernia che è rasa al suolo (A. LABANCA, *Poveri pastori e peste nel Molise moderno*, citato). Giunto sulle coste tirreniche, saccheggia Procida e Terracina, sbarca poi a Sperlonga distruggendola e prosegue fino a Fondi per catturare Giulia Gonzaga e mandarla in omaggio a Solimano; ma la donna, avvertita in tempo, riesce di notte a fuggire, mentre i fondani sono massacrati. Al ritorno dall'Italia, il Barbarossa, approfittando di una lite dinastica, s'impossessa anche di Tunisi, in nome del suo sultano. Carlo V, preoccupato di difendere i suoi domini sempre più minacciati, organizza una grossa spedizione punitiva e il 15 giugno 1535, con 400 navi cariche di 30 mila uomini, sbarca in questa città, difesa da 50 mila musulmani, e l'assedia finché la prende fra il 14 e il 20 luglio; costringe, così, il Barbarossa alla fuga e libera un gran numero di cristiani, catturati precedentemente

dal nemico durante le razzie (Cfr., p.e., G. CONIGLIO, *I viceré spagnoli di Napoli*, Napoli, Fausto Fiorentino, 1967, pp. 71 ss.).

[143] M. SPEDICATO, *Il mercato della mitra. Episcopato regio e privilegio dell'alternativa nel Regno di Napoli in età spagnola (1529-1714)*, Bari, Cacucci, 1996, p. 9.

[144] Scrive Koenigsberger: «I rapporti della Spagna con il papato, a differenza di quelli con Genova, furono piuttosto tempestosi... La corona spagnola si servì degli amplissimi diritti di patronato ecclesiastico per assicurarsi la lealtà degli aristocratici, degli *hidalgos* e della borghesia colta delle città. Fin dal tempo di Ferdinando e di Isabella, i sovrani spagnoli avevano perseguito una linea politica tesa a limitare l'influenza del papato sulla chiesa spagnola. Perciò avevano reclamato il diritto di vietare la pubblicazione in Spagna di certe bolle e di certi brevi papali e avevano cercato d'impedire che i tribunali ecclesiastici spagnoli s'appellassero a Roma. I papi della prima metà del XVI secolo si erano dimostrati abbastanza accomodanti su tutti questi punti; i papi della controriforma, invece, tentarono di riguadagnare il terreno perduto...A Napoli e in Sicilia il re esercitava sulla chiesa un controllo ancora più rigido che in Spagna: infatti, mediante il diritto dell'*exequatur,* analogo al *droit de vérification* esercitato dai sovrani francesi, il re poteva vietare la pubblicazione di qualsiasi bolla papale. In Sicilia, inoltre, il re deteneva anche *l'apostolica legazia*, esercitava cioè i diritti e i poteri di un legato apostolico permanente. La prerogativa si basava su una presunta concessione fatta da Urbano II al conte di Sicilia Ruggero I d'Altavilla. Il papa contestò questo privilegio che in pratica conferiva al re, nei confronti della chiesa siciliana, lo stesso potere che i sovrani inglesi esercitavano sulla. chiesa d'Inghilterra. La disputa non fu risolta e rimase aperta fino alla revoca formale dell'apostolica legazia da parte di Pio IX nel 1864» (Cfr., H. G. KOENIGSBERGER, *L'Europa occidentale e la potenza spagnola*, cit., pp. 330-331).

[145] Si tratta di L'Aquila (sede di fiera), Lanciano (sede di fiera), Trivento, Ariano (sede di fiera), Trani (sede di fiera), Giovinazzo, Monopoli, Potenza (sede di fiera), Matera (sede di fiera), Mottola (sede di fiera), Oria, Brindisi (sede di fiera), Otranto, Ugento, Gallipoli, Taranto, Cassano allo Jonio, Crotone (sede di fiera), Reggio Calabria (sede di fiera), Tropea, Salerno (sede di fiera), Castellammare (sede di fiera), Pozzuoli (sede di fiera), Acerra, Gaeta (sede di fiera).

[146] C. FELICE, *Il Sud tra mercati e contesto*, cit., p. 77.

[147] Ivi, p. 64.

[148] Ivi, p. 82.

[149] *Ibidem*.

[150] *Ibidem*.

[151] A. GROHMANN, *Le fiere dell'Italia meridionale in età moderna*, cit., p. 87.

[153] M. SPEDICATO, *Il mercato della mitra*, cit., p. 12.

[154] Ivi, pp. 12-13.

[155] M. SPEDICATO, *Il mercato della mitra*, cit., pp. 168 ss.; G. B. MASCIOTTA, *Il Molise dalle origini ai nostri giorni*, I, Napoli 1914; rist., Campobasso, Lampo, 1988, pp. 216-222.

[156] M. CASSANDRO, *Intolleranza e accetazione. Gli ebrei in Italia nei secoli XIV-XVIII. Lineamenti di una storia economica e sociale*, Torino, G. Giappichelli Editore, 1996, p. 174.
[157] Ivi, p. 175.
[158] Fra le quali la terribile guerra dei Trent'anni, ormai da tutti definita Prima Guerra Mondiale.
[159] Si tratta specialmente di quelle del 1557, 1575, 1577, 1596, 1607 e 1627, bancarotte alle quali è collegata la storia dei mutui della corona madrilena. I prestiti che l'imperatore contrae sono per lo più a breve termine. Carlo V sovente si avvale anche dell'istituto dello *juro*, con il quale lo Stato, in cambio del denaro, rilascia al prestatore un titolo di credito a rendita perpetua. Alla fine del XVI secolo la Spagna vanta entrate pari a 3.671 maravedi (antica moneta spagnola) dei quali circa la metà sono impegnate nel pagamento degli interessi sui mutui accesi in precedenza. Il bilancio fallimentare degli spagnoli per tutto il Cinquecento è il seguente:

ANNO	INTERESSE ANNUO (in maravedi)	SAGGIO DI INTERESSE (in %)	TOTALE DEL DEBITO (in ducati napoletani)
1504	112.362.468	10	2.996.332
1515	129.300.000	9.75	3.536.410.
1522	137.926.000	9.50	3.871.607
1526	186.555.000	9,00	3.327.555
1536	269.530.000	8,00	8.984.333
1340	266.700.000	7,00	10.160.000
1550	323.689.811	6,25	13.811.149
1560	550.687.280	6,78	21.659.283
1573	1.031.892.650	6,78	40.585.748
1584	1.431.318.546	5,81	65.694.482
1598	1.737.860.239	5,79	80.039.619

(Cfr., H. VAN DER WEE, *Sistemi monetari, creditizi e bancari*, in *Storia economica di Cambridge*, V, Torino, Einaudi, 1978, p. 431, cit. in A. DE BERNARDI-S. GUARRACINO, *Storia del mondo moderno*, II, Milano, Bruno Mondatori, 1993, p. 101).
[160] V., p.e., G. CONIGLIO, *I viceré spagnoli di Napoli*, cit., pp. 100 ss.
[161] Popolazione europea fra il XVI e il XVII secolo

NAZIONI	NUMERO DEGLI ABITANTI	DENSITÀ DELLA POPOLAZIONE PER KM^2
Germania	20 milioni	29 abitanti
Francia	16 milioni	35 abitanti
Italia	13 milioni	45 abitanti
Spagna e Portogallo	10 milioni	17 abitanti
Inghilterra e Galles	4 milioni e mezzo	31 abitanti

Dati tratti da F. C. SPOONER, *L'economia dell'Europa dal 1559 al 1609*, in R. B. WERNHAM (a cura di), *La Controriforma e la rivoluzione dei prezzi*, in *Storia del Mondo Moderno*, III, Milano, Garzanti, 1968, pp. 35-36. Ricorda Spooner: «Nel 1672 l'ambasciatore di Venezia a Lisbona scriveva al senato che difficilmente potevano esserci nella provincia del Portogallo più abitanti di quanti ve ne erano, dato che questa regione veniva depauperata dagli emigranti verso le Indie. E l'osservazione avrebbe potuto essere estesa alla Spagna...[Le]...cifre di densità e di entità della popolazione appaiono basse, almeno ai nostri occhi, ma lo stesso si può dire circa la rivoluzione dei prezzi del XVI secolo in rapporto a quelle del XX secolo. Tutto è relativo e il XVI secolo deve essere giudicato anzitutto in ragione dei limiti della sua vitalità e delle stesse dimensioni dei suoi fenomeni» (Ivi, p. 36).
[162] *Ibidem*.
[163] F. C. SPOONER, *L'economia dell'Europa*, cit., p. 23.
[164] *Ibidem*.
[165] A. MILANO, *Storia degli ebrei in Italia*, cit., pp, 231, 232, 233, 235, 236. Sulla questione ebraica nel Viceregno di Napoli v., p.e., G. CONIGLIO, *I viceré spagnoli di Napoli*, cit., pp. 23-24, 56-58.
[166] A. BOMBAI, *L'Impero ottomano*, in *Nuove questioni di storia moderna*, I/1, Settimo Milanese, Marzorati, 1990, p. 558.
[167] H. BLOUNT, *A Voyage into Most Interesting Voyages*, X, Londra 1808-1814, p. 222, in L. S. STAVRIANOS, *The Ottoman Empire Was It the Sick Man of Europe?*, New York 1957, in A. BOMBAI, *L'Impero ottomano*, citato.
[168] A. BOMBAI, *L'Impero ottomano*, cit., p. 569.

Appendice 5
Angari e franci. Il villanaggio meridionale

di

Sandro Carocci

Nel 1329, il vescovo di Cefalù leggeva sconsolato gli antichi documenti del suo archivio. A migliaia, riportavano i nomi dei *villani* che verso il 1140 re Ruggero II aveva donato alla chiesa. E invece, nessuno più restava! Tutti avevano ormai ottenuto la libertà (*sunt libertatem adepti*). Qualcuno era stato fatto chierico, altri addirittura cavalieri. I disordini bellici, l'avvicendarsi delle dinastie, la sacrilega violenza dei potenti e la stessa *negligentia* dei suoi predecessori erano colpevoli, secondo il vescovo, di tanta dissipazione[200]. Oppure, ecco un altro documento. È una lettera di Federico II, del 1222. Sanciva che tutti gli abitanti di quattro villaggi calabresi erano discendenti di *servi* del monastero di S. Stefano del Bosco, e tali dovevano restare con i loro figli[201].

Come interpretare queste fonti? È corretto parlare di un "*parte sostanziale della popola- zione contadina*" costituita da "*uomini certamente non liberi*", che "*n'ont la libre disposi- tion ni de leur personne, ni des biens qu'ils détiennent*"?[202] Con alcune sfumature, questa è in effetti l'impostazione che la storiografia ottocentesca ha trasmesso al secolo successivo, e (in parte) al nostro. Il suo successo è stato dovuto all'enfasi posta sulla conquista normanna, e sulle sue conseguenze in termini di asservimento delle popolazioni rurali. Ma è dipeso anche dallo stesso meritorio lavoro dell'erudizione ottocentesca sulle fonti greche e arabe, dove tuttavia, in modo del tutto arbitrario, nei regesti e nelle traduzioni furono introdotti in gran numero termini come "*servo*" o "*villano*", viceversa assenti negli originali greci e arabi. Nella storiografia del secondo Novecento, è restata l'idea di "*una fascia vastissima di coltivatori (…) assimilata in un'unica condizione di non liberi*". L'immagine di un diffuso asservimento, peraltro, è stata declinata in termini di volta in volta diversi, con l'accento posto talora sull'eredità tardoantica e bizantina, altre volte sulle differenze di etnia e religione (gli

---

[200] *Rollus Rubeus. Privilegia ecclesie Cephaleditane*, a cura di C. Mirto, Palermo 1972, pp. 39-41: "villani qui ob prelatorum negligentiam et otentiorum usurpationem sacrilegam et mutationem dominii nec non guerrarum discrimina sunt libertatem adepti, quamvis de eis aliqui, quadam libertatem usurpata, clerici facti sunt in eadem ecclesiam, aliqui [arma] militaria usurpative sumpserunt". Tornerò su questo testo più oltre, in corrispondenza della nota 108.
[201] J.L.A. Huillard-Bréholles, *Historia diplomatica Friderici secundi, sive constitutiones, privilegia, mandata, instrumenta quae supersunt istius imperatoris et filiorum eius*, Paris 1859-1861, II.1, pp. 275-277.
[202] Citazioni da G. A. Loud, *L'attività economica dei monasteri nel principato di Salerno durante il XII secolo*, in *Salerno nel XII secolo. Istituzioni, Società, Cultura*. Atti del Congresso Internazionale, Raito di Vietri sul Mare (Salerno), 16/20 giugno 1999, a cura di P. Delogu e P. Peduto, Salerno 2004, pp. 310-336, a p. 314; F. Chalan- don, *Histoire de la domination normande en Italie et en Sicile*, I-II, Paris 1907 (rist. an. New York 1960-1969), a pp. 533-534.

asserviti sarebbero stati in tal caso musulmani e greci), altre volte ancora sulle difformità regionali[203]. Alcune sintesi recenti recepiscono questo quadro, ma in parte lo sfumano, sottolineando come una condizione servile dei villani sia sostenibile solo in epoca tarda, e non divenisse mai prevalente in alcune regioni[204]. Oppure spostano il piano del discorso, cercando il confine fra libertà e servitù nel rapporto con il potere pubblico. Sostengono così che tutti i rustici soggetti a nobili e chiese fossero privi della libertà, garantita soltanto dalla soggezione diretta al dominio e alla protezione del sovrano[205].

In apparenza, gli argomenti a favore di queste interpretazioni abbondano. Nelle fonti meridionali compaiono attestazioni precocissime di *servi glebe*, di *coloni*, di *ascripticii*. Le leggi descrivono schiavi in fuga, e i notai utilizzano con disinvoltura, per classificare i dipendenti contadini, termini numerosi ed evocatori (*censilis*, *recommendatus*, *affidatus*, *defensus*, e tanti altri). Singoli documenti, come i due sopra citati, sembrano chiarire ogni dubbio.

Invece stendere il manto della servitù sulle campagne meridionali è un'operazione sbagliata. Impedisce un'esatta visuale delle società rurali. Per contrastarla, non basta richiamare i pochi studi che hanno affermato la generale libertà dei contadini meridionali[206]. Occorre, piuttosto, complicare il quadro. Potremo così constatare quanto sia scorretto presentare sotto la generica etichetta di "servitù" (o di "libertà") statuti della dipendenza in continua evoluzione, per effetto delle trasformazioni sociali e politiche, della riflessione colta, delle legislazioni sovrane.

---

[203] Manca ancora una ricostruzione dettagliata sulla vicenda storiografica della servitù meridionale. Come esempi influenti delle posizioni ottocentesche, e del primo Novecento, mi limito a rinviare a R. Gregorio, *Considerazioni sopra la storia di Sicilia dai tempi normanni sino ai presenti*, Palermo 1972 (apparso nel 1805-1816), I, pp. 265-270; M. Amari, *Storia dei Musulmani di Sicilia*, Palermo 1854-1872, III, pp. 233-271; Chalandon, *Histoire* cit., pp. 528-538. Inserimento di una terminologia servile in regesti e traduzioni di documenti, ad esempio, in: S. Cusa, *I diplomi greci ed arabi di Sicilia, pubblicati nel testo originale, tradotti e illustrati*, Palermo 1868-1882; C. A. Garufi, *Censimento e catasto della popolazione servile. Nuovi studi e ricerche sull'ordinamento amministrativo dei Normanni in Sicilia nei secoli XI e XII*, in "Archivio storico siciliano", XLIX (1928), pp. 1-100. Nella storiografia sul villanaggio, importante è stato il libro di I. Peri, *Il villanaggio in Sicilia*, Palermo 1965 (ora in Idem, *Villani e cavalieri nella Sicilia medievale*, Roma-Bari 1993, pp. 3-121), con una rapida ma utile ricostruzione degli studi anteriori alle pp. 7-9. Una buona panoramica della ricerca è P. Corrao, *Il servo*, in *Condizione umana e ruoli sociali nel Mezzogiorno normanno-svevo (Atti delle none giornate normanno-sveve. Bari, 17- 20 ottobre 1989)*, a cura di G. Musca, Bari 1991, pp. 61-78. Fra gli studi più recenti, ricordo F. Panero, *Schiavi servi e villani nell'Italia medievale*, Torino 1999, pp. 295-304 e 324-330, dove si ipotizza anche l'origine siciliana dei *villani* attestati nelle regioni continentali.

[204] J. M. Martin, *La vita quotidiana nell'Italia meridionale al tempo dei Normanni*, Milano 1997 (ed. orig. Paris 1994), pp. 222-231; D. Matthew, *I Normanni in Italia*, Roma-Bari 1997 (ed. orig. Cambridge 1992), pp. 175-189; P. Corrao, *Gerarchie sociali e di potere nella Sicilia normanna. Questioni storiografiche e interpretative*, in *Señores, siervos, vasallos en la Alta Edad Media*, XXVIII Semana de Estudios Medievales, Estella 16-20 julio 2001, Pamplona 2002, pp. 459-481, in partic. pp. 475-481.
[205] E. Conte, *Servi medievali. Dinamiche del diritto comune*, Roma 1996, pp. 219-223.
[206] Ad esempio, per la Campania del XII secolo, P. Toubert, *Dalla terra ai castelli. Paesaggio, agricoltura e poteri nell'italia medievale*, Torino 1995, pp. 306-307.

1. Problemi di impostazione

Per il meridione italiano come per tante altre regioni europee, la comprensione della vicenda storica della servitù è stata complicata dalla presenza, e dalla commistione, di due diverse impostazioni d'analisi.

Da un lato, la servitù è stata considerata come uno statuto bene caratterizzato, ovviamente in maniera negativa, sul piano giuridico e della considerazione sociale. Dall'altro lato, la ricerca ha parlato di condizione servile non sulla base delle concezioni del tempo, ma semplicemente in presenza di determinati vincoli personali e patrimoniali (obblighi di residenza, controlli sui matrimoni, carattere personale ed ereditario della subordinazione, ecc.).

Proprio questa duplice possibilità di definizione è stata all'origine di un violento e (storiograficamente) celebre attacco: quello mosso da Leo Verriest alle tesi di Marc Bloch in materia di servitù, poco dopo la sua morte. Bloch era stato tormentato dal problema della servitù, tentando a più riprese di chiarire cosa definisse la condizione servile, che a suo avviso accomunava la massa dei soggetti ai signori[207]. Com'è noto, pur sottolineando le continue trasformazioni della servitù, il suo carattere composito e fluttuante, aveva concluso che un buon indizio di servitù fosse la sottomissione a tre oneri signorili, lo *chevage*, la manomorta e il divieto di *formariage*[208].

Storico del diritto, Verriest affermò invece, con puntiglio e violenza di toni, che andassero considerati come *servi* solo i contadini definiti come tali dalle fonti, e ricordò che in molti documenti anche personaggi dichiarati esplicitamente liberi apparivano sottomessi agli obblighi presentati da Bloch come indizi di servitù[209].

È una polemica significativa. Mostra come la diversità di concezioni abbia complicato l'analisi quando è prevalso un atteggiamento antagonistico, con i sostenitori di una definizione sicuri nel proclamare l'illegittimità dell'altra. Invece entrambe le impostazioni sono legittime, e utili. Ognuna focalizza l'attenzione su aspetti diversi delle relazioni di autorità e di soggezione che percorrevano il mondo rurale.

---

[207] "Il servaggio tormentò Marc Bloch": R. Boutruche, *Signoria e feudalesimo*, vol. II, *Signoria rurale e feudo* (1970), Bologna 1974, p. 57. Gran parte dei numerosi interventi blochiani in materia sono raccolti in M. Bloch, *Rois et serfs et autres écrits sur le servage*, Paris 1996; fra le analisi della ricerca blochiana, ricordo solo: P. Bonassie, *Marc Bloch, historien de la servitude : réflexions sur le concept de « classe servile »*, in *Marc Bloch au jourd'hui. Histoire comparée et sciences sociales*, Paris 1990, pp. 363-387 (con aggiornamenti, ora in Idem, *Les sociétés de l'an mil. Un monde entre deux âges*, Bruxelles 2001, pp. 23-50); D. Barthélemy, *Postface*, in Bloch, *Rois et serfs* cit., pp. 311-332; F. Panero, *Le nouveau servage et l'attache à la glèbe aux XIIe et XIIIe siècles: l'interprétation de Marc Bloch et la documentation italienne*, in "Mélanges de l'École française de Rome. Mo- yen Âge", 112 (2000), pp. 551-561.

[208] Lo *chevage* era una tassa fissa e personale, solitamente versata con ritualità volte a sottolineare la subordina- zione ; la manomorta, in questo caso, designa il diritto del signore a tassare la successione di un sottoposto, e ad incamerarne i possessi in mancanza di figli; il *formariage* era il matrimonio all'esterno del gruppo dei dipendenti signorili.

[209] L. Verriest, *Institutions médiévales*, Mons 1946, alle pp. 171-248; cfr. Bonnassie, *Marc Bloch* cit., pp. 26-28, e Barthélemy, *Postface* cit., pp. 321-324.

Accanto a pregi, sui quali tornerò dopo, i due modi di concettualizzare la servitù presentano però degli inconvenienti. Seguire la prima impostazione, e dunque pensare la servitù soltanto come uno statuto dichiarato e percepito dai contemporanei, può riportarci alle astrattezze di una vecchia tradizione storico-giuridica. Il rischio principale è quello di reificare un modello astratto di servitù, pretendendone la fissità e l'oggettività, senza percepire come, all'apposto, la nozione di servitù mutasse continuamente, al pari di ogni altra rappresentazione sociale, a seconda dei contesti geografici, delle relazioni di potere, delle strutture sociali, della riflessione colta.

Per comprendere questo punto, è utile paragonare servitù e nobiltà. Di *nobilitas* e soprattutto di *nobiles* o termini analoghi, le fonti sono ricche in tutte le regioni e le epoche. Ma dopo dibattiti accesi, ormai fra gli storici dell'alto e pieno medioevo v'è una (sostanziale) concordia nel considerare la *nobilitas* e la qualifica di *nobilis*, piuttosto che una classe o una condizione sociale precisa, una forma di rappresentazione della superiorità sociale: uno schema di inquadramento della preminenza cangiante e mutevole quanto diverse e sempre nuove erano le vie alla supremazia. Allo stesso modo occorre guardare alla nozione di servitù. Piuttosto che una condizione oggettiva, era una rappresentazione dell'inferiorità sociale ed economica: uno schema e un lessico della subordinazione che potevano o meno attivarsi a seconda dei contesti, delle dinamiche politiche, della congiuntura economica, delle convenienze, del contesto argomentativo. La servitù, e ogni esplicita definizione di inferiorità personale o di ceto, vanno considerate insomma come strumenti di dominio. Erano mezzi per affermare e mantenere l'assoggettamento, piuttosto che descrizioni oggettive delle condizioni sociali.

Questa coscienza è mancata, e tuttora manca, in molti sostenitori, come Leo Verriest, della necessità di attenersi al lessico delle fonti e alle definizioni colte della servitù. Ma anche quando è chiaro il carattere strumentale e performativo degli idiomi servili, alcuni inconvenienti restano. Rimane il rischio di subordinare l'analisi alle rappresentazioni e ai linguaggi dei contemporanei, che mancavano di precisione e univocità. È facile, inoltre, sopravvalutare l'influenza della cultura giuridica, e in particolare delle elaborazioni di Irnerio e dei giuristi successivi sulle disposizioni teodosiane in materia di colonato. Infine, le epoche tarde, posteriori alla metà del XII secolo, vengono immancabilmente privilegiate.

Guardando agli obblighi e alle costrizioni del sottoposto, la seconda impostazione sembra affidare la definizione del fenomeno servile alla forza delle cose. È certamente la più utile per penetrare nelle concrete articolazioni della società, e per descrivere l'assoggettamento e il potere. Vanta per questa ragione una tradizione storiografica illustre, che, con posizioni diversificate, attraversa il XIX secolo, annovera figure di spicco come Marc Bloch, e giunge vitale fino ad oggi. Una recente inchiesta collettiva sulla servitù nelle regioni mediterranee si è conclusa con l'invito a esaminare il fenomeno servile "con un'accezione larga", che ne riveli la "quasi onnipresenza":

servo andrebbe considerato qualsiasi uomo in una situazione di dipendenza ereditaria, e quindi vendibile o cedibile, da solo o con le sue terre[210]. Da parte loro, le migliori introduzioni didattiche all'età medievale propongono in buona so-stanza di identificare, per il X-XIII secolo, servitù e sottomissione al dominio di un signore, ricordando, con ragione, come la vera *libertas* fosse nei fatti appannaggio soltanto di aristocratici e cittadini, cioè dei soli gruppi sociali che appunto rimanevano esterni alla dipendenza signorile[211].

Fare discendere la definizione della servitù dal giudizio dello storico, prescindendo dai linguaggi e dai discorsi dei contemporanei, è tuttavia sempre un'operazione complessa e, in una certa misura, arbitraria. È una astrazione intenzionale, una interpretazione storiografica talora utilissima per l'analisi, ma non una descrizione della realtà sociale. Non a caso, nel definire la servitù i criteri cambiano molto a seconda delle opzioni interpretative e, anche, delle realtà locali. Troppo spesso, inoltre, questa operazione viene intrapresa senza tenere conto delle rappresentazioni dei contemporanei, liquidate come "*categorie verbali arbitrarie, più che fatti sociali*"[212]. Anche in questo caso, il parallelo con la nobiltà può aiutare a chiarire il discorso. La ricerca ha accertato come i fattori che garantivano la superiorità sociale fossero molteplici, e diversi a seconda delle epoche e del contesto locale: allo stesso modo occorre ammettere che è impossibile stabilire una volta per tutte gli elementi che determinavano l'inferiorità. In questo, l'enfasi posta da Bloch sulla manomorta, il *formariage* e lo *chevage* appare certamente poco felice.

Ma va ripetuto: entrambe le impostazioni sono legittime, con i loro pregi e i loro difetti. Anzi, questa divaricazione concettuale può essere un elemento di ricchezza per la riflessione. Al patto, naturalmente, di percepirla con chiarezza. Invece nel Mezzogiorno, come del resto in altre regioni europee, talvolta questa diversità di concezioni ha complicato l'analisi perché non è stata sufficientemente consapevole. Si sono verificate allora confusioni pericolose[213].

---

[210] *La servitude dans les pays de la Méditerranée occidentale chrétienne au XIIe siècle et au-delà*, Actes de la table ronde de Rome, 8 et 9 octobre 1999, in "Mélanges de l'École française de Rome. Moyen Âge", 112 (2000): si vedano in particolare la *Introduction* e la *Conclusion* di M. Bourin e P. Freedman, pp. 633-641 e 1039-1055 (le citazioni a p. 1043).

[211] P. Cammarosano, *Guida allo studio della storia medievale*, Roma 2004, pp. 76-77 e 80. Buone rassegne della storiografia italiana e francese in materia di servitù sono F. Panero, *La cosiddetta «servitù della gleba»: un problema aperto*, appendice a ID., *Terre in concessione e mobilità contadina. Le campagne fra Po, Sesia e Dora Baltea (secoli XII e XIII)*, Bologna 1984 (Studi e testi di storia medioevale, 9), pp. 207-276, e Idem, *Schiavi servi e villani* cit.

[212] Così Bourin e Freedman, *Introduction* cit., p. 635, con riferimento alle posizioni di Georges Duby.

[213] Ad esempio, l'attestazione di restrizioni ai diritti personali e patrimoniali è stata interpretata come una prova di una precisa condizione servile dei contadini che le subivano; di rimbalzo, alla variegata terminologia usata per indicare quei contadini (*villanus, censilis, ascripticius*, ecc.) è stata attribuito un significato tecnico, forma- le; e la (presupposta) natura tecnica di questi termini è stata usata per dimostrare lo stato di servitù degli uomini con essi qualificati e il carattere "tipicamente" servile degli obblighi loro imposti. Si è realizzata insomma una circolarità di ragionamento, tanto più dannosa in quanto è mancata la coscienza di come, lo vedremo, la definizione di statuti personali istituzionalizzati fu molte volte successiva alla comparsa degli obblighi e dei termini che li definivano. (Fra i numerosi e tuttora influenti esempi di questa circolarità di ragionamento, ricordo Chalandon, *Histoire* cit., pp. 528ss, e R. Trifone, *'Censiles' e 'angararii' nella vita agricola salernitana del Duecento*, in «Rassegna storica salernitana», 1, 1937. pp. 110-121).

È opportuno, quindi, dichiarare in partenza le proprie scelte. Avverto allora che nei primi paragrafi analizzo gli obblighi "servili": mi muovo dunque in un ambito caro alla seconda impostazione. Risulterà evidente l'irriducibile molteplicità del mondo della dipendenza. Nel resto dell'articolo, però, privilegio le rappresentazioni, le categorie ordinatrici e le distinzioni proposte dai contemporanei. Scelgo, cioè, di attenermi alla prima impostazione. Mi guardo tuttavia, va ripetuto, dall'accogliere l'idea di una "oggettiva" e immutabile nozione di servitù. All'opposto, l'enfasi sulle rappresentazioni ha proprio lo scopo di esaltarne la natura contingente e il carattere di strumento per il dominio.

La scelta di privilegiare la seconda impostazione è certo, per alcuni aspetti, limitante. Ma è la più utile per gli obbiettivi di questo saggio: in questa sede, non voglio descrivere le forme del dominio signorile (che certamente trarrebbero risalto da una accezione larga di servitù), quanto decostruire alcuni circuiti interpretativi della ricerca meridionale che sono meglio falsificabili appunto se guardiamo ai lessici della sottomissione e della diversificazione sociale proposti dalle fonti[214]. Riusciremo così a restituire respiro cronologico a paradigmi della subordinazione che conobbero evoluzioni complesse, in una dinamica cui contribuivano le trasformazioni sociali e economiche, la riflessione colta, la legislazione regia, la violenza e la sopraffazione. Solo in chiusura, accennerò a come questa attenzione ai lessici della subordinazione possa essere preziosa per comprendere la concreta storia del potere.

---

[214] L'esame è stato circoscritto alle fonti documentarie e legislative, e non include narrazioni storiche e fonti letterarie. Un ampio sondaggio sulle cronache meridionali ha peraltro mostrato che la nozione di servitù vi compare raramente, e in almeno tre accezioni diverse. In primo luogo, e più di frequente, risulta usata per designare veri e propri schiavi: ad es. Amato di Montecassino, *Storia de' Normanni volgarizzata in antico francese*, a cura di V. de Bartholomaeis, Roma, 1935, p. 279; *Historia o Liber de Regno Siciliae e la Epistola ad Petrum Panormitanae Ecclesiae thesaurarium di Ugo Falcando*, a cura di G.B. Siragusa, Roma 1897, pp. 80, 108 e 158. In secondo luogo, la servitù funge da figura retorica per le lamentele aristocratiche contro il controllo monarchico: ad es. *Historia o Liber de Regno*, cit., p. 64 (per restare fedeli al re, i grandi nobili del regno si sono ridotti "velud in servitutem"; inoltre il controllo regio sui loro matrimoni li rende come "servilis conditionis homines"). Infine, la *servitus* indica la soggezione al dominio e alle richieste di beni e *corvées* da parte dei Normanni e dello stesso re: Falcone di Benevento, *Chronicon Beneventanum : città e feudi nell'Italia dei Normanni*, a cura di E. D'Angelo, Firenze 1998, pp.6-8 (nel gennaio 1113, Landolfo della Greca, comestabile di Benevento, aveva sottratto numerosi abitanti "a Normandorum servitute") e 128 (per ottenere il sostegno di Benevento nella lotta contro il ribelle Rainulfo d'Alife, nel 1132 Ruggero II promette di liberare i loro beni "a Normandorum servitute et tributis");; Goffredo Malaterra, *De rebus gestis Rogerii Calabriae et Siciliae Comitis et Roberti Guiscardi Ducis fratris eius*, a cura di E. Pontieri, in RIS, V, 1, Bologna 1927, pp. 18-19 (nel 1056, spaventati dalle truppe di Ruggero I, le città e i castelli di Calabria gli inviano ambasciatori che consegnano doni, ostaggi, e fortissimi castelli "in servitutem") e pp. 95-96 (nel 1090, Ruggero I promette ai prigionieri cristiani che aveva sottratto ai Saraceni di dare a ciascuno di loro, se decidono di insediarsi in Sicilia, una "villam francam, idest libe- ram" da ogni richiesta, da parte dello stesso Ruggero, di prodotti o di altra "servili exactione"). Ricordo infine un brano del *Liber de Regno Sicilie* (pp. 144-145) utilizzato tradizionalmente dalla storiografia come prova dell'asservimento dei villani siciliani, poiché vi compare la distinzione fra *cives* e *oppidani* da un lato, e dall'altro i *villani* saraceni e greci: la recente ricerca ha invece mostrato che, lungi dal descrivere le realtà sociali, il passo le travisi volutamente (G. Petralia, *La "signoria" nella Sicilia normanna e sveva: verso nuovi scenari?*, in *La signoria rurale in Italia nel medioevo*, Atti del II Convegno di studi, Pisa 6-7 novembre 1998, a cura di M.T. Ceccarelli Lemut e C. Violante, Pisa 2004, pp. 217-254, a pp. 243-245).

2. Possedere schiavi

Bisogna in primo luogo sgombrare il campo da un equivoco che nasce dalla presenza di dure forme di assenza di libertà. Per tutto il XII secolo e oltre, le fonti menzionano episodicamente, ma a più riprese, *mancipia*, *servi* e *ancille*. È tuttavia sbagliato attribuire a vasti gruppi di contadini queste attestazioni documentarie, che sono relative invece alla ristretta categoria degli schiavi veri e propri, o ad altre forme di privazione della libertà del tutto eccezionali.

Nel 1127, ad esempio, le consuetudini di Troia si preoccupavano dei furti perpetrati da *servi* e *ancille* appartenenti ai cittadini[215], oppure nel 1164 il cittadino barese Meliciaccia rendeva *aldius* "*Simeonem servum meum*", impegnandosi a renderlo del tutto libero dopo cinque anni di suo gratuito servizio "giorno e notte, ad ogni richiesta" ("*die et nocte in omni iussione mea*")[216]. Il riferimento, in questi casi, è chiaramente ad individui e gruppi in condizione di vera e propria schiavitù, in buona misura di residenza urbana.

È bene avere coscienza sia del carattere tecnico di termini *mancipia*, *servus* e *ancilla*, sia delle profonde differenze che separavano questi gruppi ristretti, soggetti alla schiavitù o a fortissime riduzioni della libertà, dal resto della popolazione, anche ai livelli sociali più de- pressi.

Talvolta la distinzione risulta abbastanza evidente. Le assise di Ariano, ad esempio, riservando il termine *servus* alle norme circa l'acquisto di un "*servus christianus*" da parte di ebrei e alla vendita di un uomo libero come schiavo, attestano di riferirsi a veri e propri schiavi[217]. Altre volte la confusione fra *servi* e contadini sembra in una qualche misura suggerita dalle stesse fonti, ma va egualmente evitata. Ad esempio, i privilegi sovrani per le chiese e i monasteri menzionavano in effetti senza distinzioni "*villanos, servos et aldios*". Tuttavia, è soltanto, chiaramente, una pratica formulare. Sarebbe un errore sostenere che essa attesti l'assimilazione dei *villani* agli schiavi e ai semiliberi. Deriva, invece, dalla volontà di enumerare tutti i possibili cespiti d'entrata

---

[215] J.-M. Martin, *Les chartes de Troia. I, 1024-1266*, Bari 1976, n. 50, pp. 182-185.
[216] *Le pergamene di S. Nicola di Bari. Periodo normanno (1075-1194)*, a cura di F. Nitti, Bari 1902, n. 122. Su queste forme di servitù, cfr. J.-M. Martin, *L'esclavage en Pouille (fin du Xe siècle - milieu du XIIIe siècle)*, in *I rapporti demografici e popolativi*, Roma 1981 (Congressi sulle relazioni tra le due sponde adriatiche, 2), pp. 55-74; Corrao, *Il servo* cit., pp. 63-64; V. D'Alessandro, *Servi e liberi*, in *Uomo e ambiente nel Mezzo- giorno normanno-svevo, (Atti delle ottave giornate normanno sveve, Bari, 20-23 ottobre 1987)*, a cura di G. Musca, Bari 1989, pp. 293-317; P. Corsi, *Arredi domestici e vita quotidiana*, in *Terra e uomini nel Mezzogiorno normanno-svevo (Atti delle settime giornate normanno-sveve. Bari, 15-17 ottobre 1985)*, Bari 1987, pp. 75-111, a pp. 97-100.
[217] *Le Assise di Ariano. Testo critico, traduzione e note*, a cura di O. Zecchino, Cava dei Tirreni 1984, pp. 34, 58, 72 e 90 (vat. 12 e 36; cass. 6 e 25); non tengo conto della assisa che nega il diritto di asilo nelle chiese al "servus, aut colonus, aut servus glebe" (vat. 6 e cass. 4, pp. 28-32 e 72), poiché probabilmente rimaneggiata (cfr. la nota 54). Avverto che la traduzione delle Assise proposta dall'editore introduce il termine "servo" anche per l'assegnazione alla curia o al fisco regio di quanti trasgrediscono alcuni ordini regi: operazione impropria, poiché il termine non viene usato dalla fonte, che pure, come si è detto, lo impiega in altri passi (ad es. p. 95, cass. 33 e 34).

dell'istituzione accolta sotto la protezione regia (del resto alcuni privilegi ricordavano, dopo i villani, gli schiavi e gli aldi, anche i monaci e i conversi)[218]. Come anche è stato errato attribuire a ipotetici "servi della gleba" le disposizioni di Guglielmo II e Federico II relative alla cattura e alla consegna direttamente alla *magna curia* dei *servi et ancille* o *mancipia fugitiva*. Il riferimento, infatti, è a veri e propri schiavi, intesi come persone di proprietà altrui e nettamente distinti (forse su base etnica) dalle popolazioni locali[219].

3. Oneri servili?

Per la storia della "servitù" contadina nel Meridione, a prima vista l'analisi dei concreti obblighi imposti ai contadini sembra una strada promettente. Nelle fonti meridionali sono in effetti attestate obbligazioni ritenute da molti storici tipicamente servili, come le restrizioni alla possibilità di alienare beni immobili, i diritti signorili all'eredità dei possessi contadini, i controlli sui matrimoni con estranei alla signoria, i vincoli alla emigrazione.

Ancora all'inizio del Duecento, ad esempio, i *milites* e le chiese di Sorrento imponevano ai propri contadini (*villani*) di richiedere la *licentia* per il matrimonio delle figlie con *extra- nei*[220], mentre nei decenni precedenti alcune consuetudini attestano il prelievo di una tassa, la *exitura*, quando una donna sposava un uomo esterno al gruppo dei dipendenti signorili[221]. Molto diffusi sono poi i limiti posti alla circolazione

---

[218] Ad es. *Rogerii II. regis diplomata latina*, a cura di C. Brühl, Köln-Wien 1987 (= *Codex diplomaticus Regni Siciliae*, 1,2,1), n. 78, pp. 224-228, a. 1149, per il monastero di S. Maria in Elce di Calitri. Cautele esegetiche di questo tipo debbono riguardare ogni attestazione documentaria di *servi*. Ad esempio, le concessioni fatte ad Eboli dal conte di Principato nel 1128 eccettuavano dalla libertà di immigrare nella città e di usufruire dei privilegi concessi ai suoi abitanti sia gli *homines* sottoposti alla signoria del conte e dei suoi baroni, sia – genericamente – i *servi* e le *ancille*. L'accostamento è nella fonte. E tuttavia guardiamoci dall'ipotizzare un'identità di condizioni fra gli schiavi e gli "homines mei et baronum meorum". In questi ultimi dobbiamo infatti riconoscere gli uomini a qualsiasi titolo soggetti al conte e ai suoi feudatari, che erano esclusi dai privilegi garantiti ai *cives* ebolitani a causa non di una mancanza di libertà, ma per evitare che un loro massiccio inurbamento danneggiasse le risorse economiche del nobile e dei suoi *barones*; l'esclusione degli schiavi di entrambi i sessi, di qualsiasi provenienza fossero, derivava viceversa solo dalla condizione giuridica. L.-R. Ménager, *Les fondations monastiques de Robert Guiscard, duc de Pouille et de Calabre*, in "Quellen und Forschungen aus italienischen Archiven und Bibliotheken", 39, 1959, pp. 1-116, n. 33, pp. 105-107.

[219] Oltre che dall'esplicito uso di termini come *mancipia*, che le norme riguardino veri e propri schiavi è reso palese dalla evidente riconoscibilità dei fuggitivi e dalla loro rivendicazione al fisco (al pari dei tesori scoperti di cui trattano le stesse disposizioni) in caso di assenza di padrone, in base al principio che attribuiva all'erario i beni vacanti. *Die Konstitutionen Friedrichs II. für das Königreich Sizilien*, hrsg. von W. Stürner, Hannover 1996 (=MGH, Const. 2. Supplementum), pp. 401 e 403, III.34 e 36; per la normativa sui tesori scoperti, pp. 402-403, III.35 e 36. Per un rapido inquadramento delle normative romane e altomedievali in materia di tesori, mi limito a rinviare a B. Kübler, *Thesaurus*, in *Paulys Realencyclopädie der Classichen Altertumswissenschaft*, München 1890-1978, VI, A1, coll. 7-13, e A. Azara, *Tesoro*, in *Novissimo Digesto Italiano*, XIX, Torino 1977, pp. 235-243, a p. 237.

[220] Huillard-Bréholles, *Historia diplomatica* cit., II.1, pp. 381 e 383 (l'obbligo del consenso signorile venne appunto abolito nel 1224).

[221] V. ad esempio le consuetudini di S. Magno del 1171 (G. Coniglio, *Le pergamene di Conversano*. I, *(901- 1265)*, Bari 1975, p. 239) e di Montecalvo del 1190 (G. e A. Magliano, *Larino. Considerazoni storiche sulla città di Larino*, Campobasso 1895, p. 399); il divieto di matrimonio "extra castrum sine licentia speciali" dei signori fu abolito a Rivogualdo, nei

dei beni immobili. Nella Puglia centrale e meridionale, i signori si erano appropriati del *mortizum*, cioè del diritto appartenuto in passato ai sovrani longobardi di incamerare i beni dei defunti senza eredi[222]. Inoltre, come in tutte le signorie europee, era scattata la vigilanza sulla compravendita di terre in concessione, che veniva di norma circoscritta ai soli dipendenti dalla signoria e, talora, subordinata al pagamento di una tassa[223]. Per tutta l'età normanna, simili limitazioni riguardavano anche i beni allodiali, almeno nei casi di una loro cessione a proprietari, come le chiese e i monasteri, meno controllabili dei contadini[224].

Nel complesso, la casistica dei controlli e delle restrizioni appare ampia. Non presentava, però, esempi di particolare severità. Nessuna limitazione gravava sul matrimonio degli uomini, mentre per le successioni appare enorme la distanza rispetto alle restrizioni e agli ingenti versamenti imposti agli eredi da istituti come la *mainmorte* francese o il *gersum* e l'*heriot* d'Inghilterra. Anzi la maggioranza delle signorie, riprendendo l'antica legislazione longobarda, garantiva la successione dei beni in concessione e in proprietà fino al settimo grado di parentela[225].

A meritare un'analisi dettagliata, peraltro, è soprattutto il problema, ritenuto centrale dalla storiografia sulla servitù, delle limitazioni alla mobilità. Obblighi di residenza esistevano in effetti anche nel meridione italiano. Occorre tuttavia interrogarsi sulla loro diffusione, e sulla capacità di definire una inferiorità giuridica. Un rapido panorama attraverso le regioni è a questo punto necessario.

Il territorio unificato dal dominio normanno fu connotato, com'è noto, da enormi differenze locali. Alla pluralità di situazioni politiche e sociali anteriori ai Normanni si

---

pressi di Sepino, solo alla metà del XIV secolo (E. Cuozzo J.-M. Martin, *Le pergamene di Santa Cristina di Sepino (1143-1463)*, Rome 1998, n. 88, pp. 253-256). In altre convenzioni, invece, i signori si impegnano esplicitamente a non imporre limitazioni: ad esempio a Traetto del 1061 e Suio del 1079, oppure a S. Giovanni in Venere nel 1200: L. Fabiani, *La Terra di San Benedetto. Studio stori- co-giuridico sull'Abbazia di Montecassino dall'VIII al XIII secolo*, Montecassino 1968, I, nn. 1 e 2, pp. 421- 424; H. Houben, *Una lista di monaci dell'Abruzzo: San Giovanni in Venere, 1° gennaio 1200*, in Idem, *Tra Roma e Palermo. Aspetti e momenti del Mezzogiorno medioevale*, Galatina 1989, pp. 219-237 (trad. it. dell'articolo apparso in *Person und Gemeinschaft. Festschrift für Karl Schmid zu seinem 65. Geburtstag*, Sigmaringen 1988, pp. 477-490), a p. 233.

[222] J.-M. Martin, *La Pouille du VIe au XIIe siècle*, Roma 1993, pp. 307-308.

[223] Per una panoramica europea, con esempi tratti anche dal meridione italiano, mi permetto di rinviare a S. Carocci, *Poteri signorili e mercato della terra (Italia ed Europa occidentale, secc. XI-XIV)*, in *Il mercato della terra. Secc. XIII-XVIII*, XXXV Settimana di Studi dell'Istituto Internazionale di Storia Economica "F. Datini", Prato 5-9 maggio 2003, a cura di S. Cavaciocchi, Firenze 2004, pp. 194-221, pp. 206-212.

[224] Ad es. L.-R. Ménager, *Recueil des actes des ducs normands d'Italie, 1046-1127*, I, *Les premiers ducs (1046- 1087)*, Bari 1981, I, pp. 68-72 e 95-98.

[225] Così ad es. a Montearatro e a S. Lorenzo in Carminiano nel 1100, a S. Pietro de Olivola nel 1126, a Piedi- monte nel 1183, ecc. (Martin, *Les chartes de Troia* cit., nn. 33-34, pp. 144-146; M. Martini, *Feudalità e monachesimo cavense in Puglia*, I, *Terra di Capitanata*, Martina Franca 1915, n. 13, p. 351-352; Fabiani, *La Terra* cit., vol. I, n. 4, pp. 426-427): il riferimento è al capitolo 153 dell'editto di Rotari (*Le leggi dei Longobardi. Storia, memorie e diritto di un popolo germanico*, a cura di C. Azzara e S. Gasparri, Milano 1992, p. 42). Altre consuetudini limitavano invece la successione intestata al terzo grado: ad es. a Fella in Calabria nel 1207, e poi in molti centri sottoposti alla signoria di Montecassino (Fabiani, *La Terra* cit., I, pp. 295ss; J.-F. Guiraud, *Économie et société autour du Mont-Cassin au XIIIe siècle*, Montecassino 1999, p. 103; E. Gattola, *Ad historiam abbatiae Cassinensis accessiones*, Venetiis 1734, I, p. 284).

aggiunsero le diverse modalità della conquista. In Sicilia e Calabria, la conquista e la successiva spartizione di uomini e terre non si svolsero nella competizione armata e nell'anarchia, ma con relativo ordine e nel rispetto della gerarchia dei capi. Nelle altre regioni, invece, l'espansione normanna fu poco o nulla coordinata, affidata a guerrieri estranei ad ogni stabile gerarchia, e per molti versi caotica e casuale. Sommandosi alle grandi differenze nella storia anteriore delle singole aree, le forme della penetrazione normanna determinarono assetti del potere aristocratico sugli uomini molto diversi. Massime nell'età ducale e della prima monarchia, queste difformità si attenuarono col tempo, quando lentamente e per gradi la corona e le aristocrazie condussero un'opera di uniformazione degli statuti di soggezione e di dominio locale, che proseguì fino alla piena età angioina.

Nelle regioni a settentrione della Calabria, le modalità della conquista e i precedenti assetti di potere indirizzarono con maggiore rapidità, salvo alcune notevoli eccezioni (come la Puglia centrale), verso forme di dominio signorile più "classiche", basate sul controllo nobiliare di territori e sul possesso fondiario. Talora questo dominio locale si accompagnava ad obblighi di residenza.

Dall'Abruzzo fino alla Basilicata, le attestazioni di obblighi di residenza sono più esplicite per l'XI secolo. In alcune concessioni, i primi duchi normanni non soltanto rinunciavano ad ogni esazione sopra i contadini di chiese e monasteri, ma li vincolavano alla residenza, conferendo ai signori il diritto, stabiliva ad esempio nel 1080 il privilegio di Roberto il Gui- scardo per Cava, di riportarli sulle terre monastiche[226]. Ancor prima, la possibilità che i signori imponessero obblighi di residenza è testimoniata, per contrasto, dall'impegno a la- sciare la più completa libertà di emigrazione che figura nel privilegio concesso nel 1061 dall'abate di Montecassino agli abitanti di Traetto, che per l'Italia meridionale è la più anti- ca fra le pattuizioni collettive superstiti, e nel contempo quella che meglio illumina i timori sollevati dal dominato signorile fra il gruppo dei sottoposti[227].

Questi obblighi, peraltro, erano tutt'altro che generalizzati[228]. Come vedremo, la legislazione dei sovrani normanni è priva di qualsiasi cenno ad obblighi di residenza[229].

---

[226] "Eos ad rem monasteriorum revocare": *Codex Diplomaticus Cavensis*, I-X, Napoli, poi Milano-Pisa-Napoli, poi Badia di Cava, 1873-1990, X, n. 138, pp. 331-333; anche in Ménager, *Recueil* cit., n. 33, pp. 105-108.
[227] Fabiani, *La Terra* cit., I, n. 1, p. 421.
[228] Ad esempio, nei documenti relativi alla più antica signoria del Cilento, quella di Capaccio, il vincolo alla resi- denza compare una volta sola, nel 1045, mentre in tutti gli altri casi, del 1074-1079, è esplicitamente previsto che i dipendenti (uomini *sub dominio et defensione*) possano emigrare, conservando per otto anni il diritto a rientrare in possesso dei beni in concessione (*Codex diplomaticus* cit., VI, n. 1049, p. 278; IX, n. 59, pp. 191-195; X, nn. 23-26, 30, 48, 51 e 115, pp. 79-88, 94-97, 132-134, 137-140 e 275-277): si tratta peraltro sempre di resi- denti provvisti di beni e qualificati come *liberi homines*. Sulla signoria di Capaccio e questi documenti, v. da ul- timo Loré, *Monasteri, principi* cit., pp. 157-159.
[229] In apparenza fa eccezione la assisa *De fugacibus*, che vieta a tutti, senza distinzione, di abbandonare i beni posseduti durante i periodi di pace, quando non bisogna *fugire labores*, ma anzi lavorare per il bene del Regno; ai contravventori commina il sequestro di tutti i beni a vantaggio del loro *dominus* e l'assegnazione della loro persona alla curia regia (*Le Assise di Ariano* cit., p. 94, cass. 33). Il contesto e la destinazione della norma non sono chiari. Figura in un unico codice delle assise, e non venne menzionata o in altro modo ripresa dalla legislazione sveva. Pur se sembra stabilire obblighi di

Tutte le fonti, allo stesso tempo, attestano come vaste schiere di coloni e immigrati da terre lontane e vicine percorressero i territori sottopopolati del Mezzogiorno. Il divieto di emigrare doveva dunque configurarsi, nelle regioni del continente, come un onere di tipo puntuale, imposto da singoli signori in determinate occasioni e a determinati gruppi di dipendenti.

Nessuna delle convenzioni collettive e delle *consuetudines* locali di età normanna e sveva attesta esplicitamente il divieto. Anzi, molte pattuizioni signorili garantiscono a chiare lettere la più completa libertà di emigrazione. Oltre che a Traetto nel 1061, la libertà di "*introitus et exitus*" venne ad esempio proclamata a Troia nel 1127 e a Rocca San Giovanni nel 1200, e più tardi in altri centri, come in tutta la signoria cassinese[230]. Altre pattuizioni tacciono sulla questione, ma la forza della comunità e l'ampiezza delle prerogative in altri campi concesse ai sottoposti lasciano credere che il silenzio sulla facoltà di emigrare non attesti un divieto, ma all'opposto il carattere scontato di un diritto del tutto acquisito. I casi più evidenti sono quelli di Eboli nel 1128, Corneto nel 1172 e Isernia nel 1254[231].

Nella maggioranza delle altre carte, infine, gli obblighi di residenza sono attestati solo in modo indiretto, perché l'emigrazione comportava il pagamento di un'imposta specifica, l'*exitura*. Non rappresentavano, cioè, un vincolo assoluto, ma un onere aggirabile previo assenso signorile tradotto in tassa. Lo constatiamo a partire dalle più antiche *consuetudines* concesse nel primo quarto del XII secolo ad alcuni casali o piccoli centri della Capitanata, e poi in quelle successive di Puglia, Molise e Cilento. L'*exitura* era di ammontare variabile ma in genere cospicuo, almeno per le tasche dei meno abbienti (poteva raggiungere l'imposta annuale versata dai contadini più ricchi)[232]. Il suo pagamento garantiva, oltre all'emigrazione, anche la libertà di vendere

---

residenza generalizzati, validi per tutti i coltivatori, dovette in realtà avere un carattere contingente e motivazioni innanzitutto economiche.

[230] Martin, *Les chartes de Troia* cit., p. 184 (da cui cito); Houben, *Una lista* cit., p. 232; Guiraud, *Économie et société* cit., pp. 84ss.

[231] Ménager, *Les fondations monastiques* cit., n. 33, pp. 105-107: oltre a garantire il rispetto delle antiche con- suetidines e una serie di privilegi nel commercio, nel risarcimento delle spese di guerra e in campo giudiziario, il giuramento del conte di Principato agli *homines Eboli* attesta anche l'autonomia politica della cittadina, prevedendo che essa potesse stipulare autonomamente la pace con Ruggero II e impegnando il conte a non costruire nessuna fortezza nel territorio circostante (avverto inoltre che l'attestazione di abitanti di Eboli che si recano in altri territori del conte non riguarda emigrati, ma personaggi dediti ai commerci, ai quali so- no assicurate l'esenzione dal plateatico e garanzie contro furti e altri danni); G. Del Giudice, *Codice diplomatico del regno di Carlo I e II d'Angiò*, Napoli 1863-1902, cit., n. xxvii, pp. liii-lviii: per il contesto in cui avvenne il riconoscimento delle consuetudini di Corneto vedi oltre, il testo a nota 68 (avverto che il divieto di "extra tenimentum Corniti ire" è relativo alla prestazione di *corvées*, non all'emigrazione); E. Jamison, *The administration of the County of Molise in the Twelth and Thirteenth Centuries*, in «The English Historical Review», 44, 1929, pp. 529-559, e 45, 1930, pp. 1-34; rist. in Idem, *Studies on the History of Medieval Sicily and South Italy*, a cura di. D. Clementi, Aalen 1992, pp. 1-65, doc. n. 6, alle pp. 61-65.

[232] In Capitanata, nei primi decenni del XII oscilla fra i 12 e i 20 denari, mentre il *tributum* annuale di un bracciante è fra i 4 e gli 8 denari e quello di chi possiede una coppia di buoi fra i 20 e i 40 denari: Martin, *Les chartes de Troia* cit., nn. 33-34, pp. 144-146 (Montearatro e S. Lorenzo in Carminiano, a. 1100); *Regii neapolitani archivi monumenta edita ac illustrata*, Napoli 1845-1861, n. dlxiv, pp. 17-19 (S.Severo, a. 1116); Martini, *Feudalità* cit., n. 13, pp. 351-352 (S. Pietro de Olivola, a.1126).

ad altri sottoposti del signore i beni ricevuti in concessione, e in particolare la vigna e la casa, cioè i possessi più valorizzati dal lavoro dell'emigrante. Se l'*exitura* veniva pagata, il consenso all'emigrazione non era negabile. Al più, come si stabilì a Montecalvo nel 1190, per ragioni di sicurezza ("*per timorem*") il signore poteva procrastinarlo per una ventina di giorni[233].

L'*exitura* è stata tradizionalmente considerata come una prova della generale facoltà signorile di imporre l'obbligo di residenza, e come un ulteriore esempio del diffuso fenomeno di conversione in denaro dei diritti signorili. Essa ha avuto, certamente, questo significato. Ma è legittimo vederla soprattutto da un'altra prospettiva. Più ancora che al desiderio contadino di riscattarsi da un obbligo e allo sforzo signorile di bloccare le emigrazioni, l'*exitura* sembra infatti attribuibile al desiderio dei signori di tassare tutte le occasioni di circolazione di ricchezza fra i sottoposti, e dunque anche quelle attivate dalla mobilità degli uomini (e dal matrimonio, come avveniva per l'*exitura* richiesta per le nozze di donne con *extranei*)[234].35 Nel contempo, l'imposizione di un oneroso versamento per allontanarsi dalle terre signorili rivela tanto la volontà di ostacolare la mobilità contadina, quanto l'incapacità signorile di bloccarla.

4.I " rijâl al-jarâ'id"

In Sicilia e Calabria, la situazione appare diversa. Gli obblighi di residenza hanno avuto una diffusione maggiore. Ma per comprenderne il reale significato occorre illustrare con qualche dettaglio i risultati di recenti ricerche sul mondo dei *villani* siciliani.

Con metodi e procedure diversi, Annliese Nef e Pino Petralia hanno mostrato come, nella storiografia insulare, sia prevalsa la tendenza a proiettare indietro, fino al momento della conquista normanna, una condizione di assoggettamento del mondo rurale frutto invece di una lunga evoluzione[235]. La Sicilia è stata così presentata "*quale caso esemplare di trapianto riuscito delle tipiche forme 'occidentali'*" di dominio stabilito da una classe di guerrieri su una terra e i suoi uomini"[236]. Ai rustici sarebbe stata imposta una condizione di completa subordinazione politica ed economica, riassunta con l'etichetta storiografica, generica e fuorviante, del villanaggio. Un'analisi attenta

---

[233] Magliano, *Larino* cit., p. 400.
[234] In proposito, è significativo che, come principale sanzione per chi emigrava senza licenza, in alcuni centri le carte negassero la possibilità, garantita invece a chi pagava l'*exitura*, di rientrare in possesso, in caso di ritorno, sia degli allodi non venduti, sia del feudo abbandonato (ad es. a Montecalvo e, in parte, a S. Pietro de Olivola: Magliano, *Larino* cit., p. 400; Martini, *Feudalità* cit., pp. 351-352).
[235] A. Nef, *Conquêtes et reconquêtes médiévales: la Sicile normande est-elle une terre de réduction en servitude généralisée?*, in "Mélanges de l'École française de Rome. Moyen Âge", 112 (2000), pp. 579-607 (concentrato sulla popolazione musulmana, ma frutto di un innovativo riesame dei documenti arabi); Petralia, *La "signoria"* cit. Una buona rassegna delle posizioni anteriori è Corrao, *Gerarchie sociali* cit.
[236] Petralia, *La "signoria"* cit., p. 217.

della tradizione documentaria isolana, particolarmente complessa per il carattere trilingue e per l'insufficienza di apparati critici, ha invece ricostruito una trasformazione ben più complessa. Si è così giunti ad una visione del tutto nuova dei vincoli alla mobilità.

Le nuove analisi hanno mostrato come nella storia della signoria siciliana vadano riconosciuti processi diversi. Alcune signorie nacquero in modo per così dire classico, dal possesso fondiario e da esenzioni accordate dal sovrano. Accadde soprattutto nelle colonizzazioni intraprese, nella Sicilia orientale, da episcopati e monasteri che concedevano terre a immigrati. Ai nuovi coltivatori era garantita una libertà di movimento completa, pur se di fatto limitata dall'obbligo di rinunciare ai beni concessi. Nella maggioranza dei casi, tuttavia, il dominio signorile ebbe un'origine diversa, e davvero inusuale nel complessivo panorama europeo (con paralleli, peraltro, in Puglia e Calabria): la signoria consistette per l'essenziale nella spartizione fra i conquistatori delle risorse dello stato musulmano[237]. I "signori" siciliani furono in primo luogo quelle chiese e quei nobili ai quali Ruggero I e i suoi successori concedevano le imposte e gli altri oneri che i contadini, tanto cristiani che musulmani, erano soliti prestare al fisco dello stato islamico.

Dopo la conquista, questi contadini furono vincolati alla residenza dai sovrani normanni. I loro nomi vennero registrati in elenchi, chiamati *jarâ'id* ("*giaride*") o *plateae*[238].39 Nei docu- menti regi in lingua araba furono chiamati *rijâl al-jarâ'id*, vale a dire "uomini degli elenchi" o "delle platee" (e non "servi" o "villani", come invece venne detto nei regesti e nelle traduzioni erudite). Gli obblighi di residenza e l'elencazione nominativa non avevano tuttavia lo scopo di creare un ceto di "servi", ma quello di garantire nel tempo, al fisco degli Altavilla o a chi li aveva ricevuti in concessione, il cespite di entrata che quegli uomini rap- presentavano. I *rijâl al-jarâ'id* erano tutt'altro che contadini privi di proprietà e di mezzi. All'opposto, costituivano quella popolazione di piccoli e medi proprietari fondiari, tanto cristiani che musulmani, che risiedeva nell'isola prima della conquista normanna. Continuavano a vivere in attive comunità, sia greche che musulmane, con proprie gerarchie e con funzioni importanti per la giustizia interna[239]. Anche gli obblighi loro imposti male si accordano con l'idea di un gruppo di "servi": gli uomini elencati nelle giaride erano immuni da qualsiasi prestazione di lavoro[240], e dovevano soltanto un'imposta fondiaria fissa e un'imposta

---

[237] Petralia, *La "signoria"* cit., e Nef, *Conquêtes* cit. Fondamentale per accertare la storia degli uffici regi e il carattere fiscale degli elenchi di uomini da essi prodotti è stato il libro di H. Takayama, *The Administration of the Norman Kingdom of Sicily*, Leiden-New York-Köln 1993; le sue conclusioni sono accolte, nella sostanza, da J. Johns, *Arabic Administration in Norman Sicily : the Royal Dīwān*, Cambridge 2002, che peraltro ha teorizzato l'influenza del modello amministrativo dei califfi fatimidi egiziani sulle riforme di Ruggero II.
[238] Il libro di Johns, *Arabic Administration* cit., propone alle pp. 46-143 una dettagliata analisi di tutte le *jarâ'id* supersiti, dal 1095 fino al tardo XII secolo; l'interpretazione della condizione dei *villani* (pp. 145-161) appare peraltro ancorata a vecchi schemi, e rifiuta le proposte innovative di A. Nef in una rapida nota (p. 146, nota 5).
[239] In attesa della pubblicazione delle ricerche di A. Nef, rinvio solo a Petralia, *La "signoria"* cit., pp. 238-239.
[240] Nef, *Conquêtes* cit., p. 599; Petralia, *La "signoria"* cit., pp. 229-230.

personale, diretta erede della *gizia* richiesta dai musulmani ad ebrei e cristiani, ed estesa con i Normanni anche agli stessi musulmani[241]. Fin oltre la metà del XII secolo, gli obblighi di residenza imposti dai sovrani normanni ai *rijâl al-jarâ'id* colpivano insomma ex-contribuenti del fisco islamico, non gruppi dalla fisionomia economica e sociale di tipo servile.

Da queste basi, avvenne un'evoluzione complessa, connotata da una tendenza di fondo: l'aggravamento delle condizioni della dipendenza contadina. Nobili, ecclesiastici e, nei fatti, la stessa corte palermitana tesero a creare forme di dominio sugli uomini più stringenti. Al processo contribuirono la fondazione di castelli, le iniziative di colonizzazione, lo sviluppo di prerogative giurisdizionali di tipo territoriale, estese sopra tutti gli abitanti di un territorio, l'incremento delle riserve signorili, le sopraffazioni dei potenti, nonché la stessa resistenza e le fughe dei contadini, che alimentarono feroci repressioni. Nel pieno Duecento, poté infine realizzarsi un allineamento, peraltro molto parziale, con gli assetti del potere di altre regioni meridionali: un tipo di signoria in definitiva meno lontano da quelli diffusi in gran parte dell'Occidente latino. In questo nuovo contesto, i limiti alla mobilità dovettero cessare di connotare la gran parte dei dipendenti elencati nelle *jarâ'id*, per restringersi solo al gruppo degli *angararii* di età federiciana, sul quale torneremo oltre.

La situazione calabrese è, al momento, meno chiara[242]. Da un lato, a differenza di quanto avveniva in parte almeno della Sicilia musulmana, in età bizantina in Calabria già esistevano vasti patrimoni fondiari, per lo più ecclesiastici, dotati con ogni verosimiglianza di contadini dipendenti (le fonti, peraltro, mancano)[243]. Dall'altro lato, però, la situazione della Calabria, soprattutto meridionale, presentava molti punti di contatto con la realtà siciliana, e questa somiglianza di base trovò sanzione, in età monarchia, nella sottomissione di entrambe le regioni all'amministrazione di uno stesso ufficio centrale, la *duana de secretis*. Come la Sicilia, la Calabria era stata conquistata da un gruppo ben gerarchizzato di guerrieri, determinando una stretta subordinazione dell'aristocrazia militare a Ruggero I e ai successori, e il netto prevalere dei territori demaniali su quelli dei nobili; la redazione di elenchi di uomini (*platee*) sembra poi un elemento strutturale delle pratiche amministrative locali. In alcuni studi recenti queste

---

[241] Nef, *Conquêtes* cit., 592-594 e Petralia, *La "signoria"* cit., pp. 225-227.

[242] Peraltro, cfr. ora J.-M. Martin, *Centri fortificati, potere feudale e organizzazione dello spazio*, in *Storia della Calabria medievale. I quadri generali*, a cura di A. Placanica, Roma 2001, pp. 487-522; Idem, *Société et communautés chrétiennes en Calabre méridionale (XIe-XIIIe siècles)*, in *Calabria cristiana. Società Religione Cultura nel territorio della Diocesi di Oppido-Mamertina-Palmi*, a cura di S. Leanza, Soveria Mannelli 1999, pp. 225-250.

[243] Il più convincente sostenitore della forte continuità fra le forme bizantine e quelle normanne di assoggettamento contadino in Calabria è Jean-Marie Martin, *Struttura dei redditi e realtà socio-economiche*, in questo volume, che peraltro correttamente sottolinea la totale assenza di documentazione d'età bizantina. È stato inoltre supposto che ai contadini dipendenti si applicassero statuti personali tipici del mondo bizantino, come quello dei *paroikoi*: ma è impossibile chiarire la questione, tanto più che lo statuto dei *paroikoi* mutava molto a seconda delle epoche e delle regioni (mi limito a rinviare a M. Kaplan, *Paroikoi*, in *Dizionario enciclopedico del medioevo*, dir. A. Vauchez, Roma 1999, p. 1408, e J. Lefort, *Société rurale et histoire du paysage à* Byzance, Paris 2006, in partic. pp. 400-404).

somiglianze hanno permesso di ipotizzare che, in una prima fase, gli *homines* e i *villani* concessi da Ruggero I e dal figlio a chiese, monasteri e nobili vadano considerati, come in Sicilia, piuttosto antichi contribuenti del fisco statale, che non contadini assoggettati a grandi proprietari[244].

5. Dipendenze ereditarie

La rassegna delle limitazioni ai diritti fondamentali della persona illustra, come si vede, la pluralità degli statuti della dipendenza. Nel contempo, mostra l'impossibilità di definire la servitù attraverso una rassegna degli obblighi e dei vincoli attestati dalle fonti. Troppo spesso oneri "servili" risultano gravare anche su personaggi di sicura condizione libera. Al- tri sono testimoniati solo in negativo, come pretese signorili vietate o liberamente aggirabili previo pagamento di una tassa. Oppure, come i limiti alla mobilità imposti ai *rijâl al- jarâ'id* della Sicilia, definiscono soltanto un aspetto di fisionomie sociali molto più complesse. Al più, briciole di statuto servile si combinano con elementi estranei ad ogni servitù[245]. Fino al XIII secolo, quando come vedremo fu elaborata la nozione di *angararius*, è difficile capire quanto queste obbligazioni e questi vincoli fossero tali da definire una inferiorità legale dei villani che li subivano.

Resta allora la possibilità di accogliere l'accezione storiograficamente più onnicomprensiva di servitù, e domandarsi, riprendendo la classica formulazione di Marc Bloch (*"l'uomo che non può scegliere il suo signore non è libero, ma servo"*)[246], se sia utile parlare di condizione servile per tutte le dipendenze di tipo personale, che si trasmettevano con il sangue e si acquisivano dalla nascita.

In apparenza, la documentazione meridionale fornisce qualche appiglio a una simile posizione. Rare prima della conquista normanna, la donazione di un uomo e della sua discendenza, o la sua concessione come feudo, o ancora la sua vendita conoscono una notevole diffusione a partire dagli ultimi lustri dell'XI secolo. Questi negozi sembrerebbero attestare un'assenza di libertà personale. Come in altre regioni italiane, però, non vanno fraintesi. Indicano che era aumentato l'elemento personale nella definizione dei legami di dipendenza, in precedenza qualificati soprattutto come subordinazioni di tipo patrimoniale. Ma non possiamo piegarli a provare una assenza di libertà. Le cessioni, naturalmente, potevano in effetti riguardare servi, e ovviamente

---

[244] Takayama, *The Administration* cit., pp. 38-40 e 163; Petralia, *La "signoria"* cit., in partic. pp. 221-225; Johns, *Arabic Admnistration* cit., pp. 43-45 e 301.

[245] Takayama, *The Administration* cit., pp. 38-40 e 163; Petralia, *La "signoria"* cit., in partic. pp. 221-225; Johns, *Arabic Admnistration* cit., pp. 43-45 e 301.

[246] M. Bloch, *Signoria francese e maniero inglese. Lezioni sulla proprietà fondiaria in Francia e Inghilterra*, Milano 1980, p. 121.

anche veri e propri schiavi. Però in genere oggetto di alienazione non erano propriamente gli uomini, ma soltanto i redditi e le prestazioni che i contadini e le loro terre dovevano. Di solito, passavano al nuovo titolare in modo stabile[247].

Non deve meravigliare, pertanto, che venissero alienati anche *affidati*, cioè uomini liberi che si erano sottomessi a un signore in modo volontario, e conservavano la libertà di emigrare, oppure altri personaggi esplicitamente definiti come liberi. Oppure che oggetto di
vendita fosse solo la metà di un uomo e della relativa famiglia[248]. Donazioni, cessioni e vendite potevano riguardare, del resto, anche personaggi di buon livello economico e sociale. Il caso limite è quello di Giovanni, figlio di un cavaliere di Camerota. Con il consenso del padre, nel 1146 fu donato a Cava dal signore del castello, il *dominus Roggerius*, assieme a tutti i beni datigli in feudo, "*in modo tale che il detto Giovanni sia sempre sotto il dominio del monastero*", e dunque fosse tenuto a prestare all'abate i servizi (militari) e quant'altro fino ad allora doveva al signore[249].

Ma vi è di più. Oltre all'analisi degli atti di cessione di uomini, è il complessivo contesto delle relazioni di dipendenza che rende difficile accogliere la ricordata formulazione di Bloch. La ricerca ha infatti accertato quanto ampie fossero, in tutti gli insediamenti del Mezzogiorno, la diffusione e la varietà tipologica delle dipendenze personali ed ereditarie. Nelle campagne come nelle città, *commendati*, *defensi*, *affidati*, *extranei sub defensione* o, più genericamente, *homines* e *vassalli* di un altro residente componevano l'immenso mondo dei dipendenti di tipo personale, accomunati appunto da un legame particolare, e in genere ereditario, nei confronti di un altro uomo, ma diversissimi per origine, condizioni socio-economiche e livello di subordinazione. È insomma impossibile leggere uniformemente in chiave servile tutte queste dipendenze di tipo personale (né naturalmente lo facevano i contemporanei).

Del resto, una dipendenza ereditaria, che i padri trasmettevano ai figli, gravava nei fatti anche sopra una parte consistente dei gruppi più favoriti della popolazione rurale.

---

[247] Per il territorio di Monte Cassino, buona analisi delle cessioni di uomini in Fabiani, *La Terra* cit., II, p. 309- 310, ma molti esempi sono forniti anche dagli altri fondi archivistici. Fra i tanti atti di alienazione di sottoposti conservati ad esempio nell'Archivio di Cava (con generosità, Vito Loré mi ha fornito le trascrizioni), ricordo che nel 1104 Turgisio di San Severino donava all'abbazia Riccardo di Pietro *de Radualdi*, di Bracilio, "cum filiis et cum omnibus rebus suis stavilibus pertinentibus"; negli stessi mesi, il principe di Capua Riccardo II aggiungeva poi "unum nostrum hominem habitatorem Matalonis, scilicet Iohannes Sabatini, cum familia et tota substantia sua", alla donazione effettuata in favore di Cava dalla madre, e costituita da una chiesa, nove terre e tre *villani*, anche essi di Maddaloni, con i relativi figlie beni (Archivio della SS. Trinità di Cava dei Tirreni, *Pergamene* [d'ora in poi: AC], D, nn. 44 e 45). Analisi dei documenti di Cava in V. Loré, *Monasteri, principi, aristocrazie. La Trinità di Cava nei secoli XI e XII*, Spoleto 2007, pp. 153ss, e Loud, *L'attività economica* cit., pp. 313-316.
[248] Codice Diplomatico Verginiano, a cura di P. M. Tropeano, Montevergine 1977-1986, III, n. 257, pp. 239-243, a. 1139.
[249] "Ea ratione ut ipse Iohannes semper sit iuris et dicionis ipsius monasterii": AC, G, n. 50, segnalato da Loud, *L'attività economica*, a pp. 315-316, peraltro con alcune esitazioni interpretative.

Era il caso persino di molti liberi e agiati proprietari contadini. Quando vivevano in un territorio sottoposto al dominio di un signore, essi ereditavano dai padri una serie di legami di clientela, relazione economica, sangue e, appunto, di dipendenza verso i signori: spezzare tali legami, vendere i propri beni, ed emigrare, doveva essere per costoro davvero un'operazione complessa – certamente *più* complessa che per i contadini poveri, ai quali in fin dei conti bastava scappare nottetempo. Non a caso, come dimostra la donazione del figlio del *miles* di Camerota, quando il signore riteneva di dovere trasferire ad altri questi legami di clientela, accadeva che il trasferimento assumesse (mettendo in imbarazzo genera- zioni di storici) la forma di una cessione della persona.

6. *Assenze e presenze*

Giunti a questo punto, dovrebbero essere chiare alcune delle ragioni che mi inducono a privilegiare, in materia di servitù, le rappresentazioni e i discorsi dei contemporanei.

Prima di tutto, questa impostazione consente una sobria presa d'atto: se consideriamo il complessivo atteggiamento delle fonti meridionali verso il mondo contadino, del tutto eccezionali appaiono i riferimenti ad uno stato servile o ad un'altra condizione di inferiorità giuridica dei rustici. Quasi sempre gli abitanti delle campagne compaiono nella documentazione in qualità di piccoli possessori fondiari, oppure in quanto soggetti ad una signoria. Il panorama è dominato dagli atti di cessione di beni fondiari e dai negozi che le famiglie contadine sviluppavano intorno a tali beni, e poi da contratti agrari, da pattuizioni individuali e collettive con proprietari e signori, e ovviamente da documenti relativi al possesso e alla gestione di signorie e grandi patrimoni.

Solo raramente, viceversa, all'origine del processo documentario troviamo questioni relative a esplicite situazioni di inferiorità giuridica. Le differenze cronologiche, in questo caso, sono rivelatrici. Nel X secolo, pur in un tessuto di documenti molto più rado, compare una diffusa presenza di servi, testimoniati da pie affrancazioni in rimedio dell'anima, da per- mute, dal consenso a matrimoni con liberi[250]. Questi documenti sono le ultime testimonianze di una condizione servile "altomedievale": tema oggetto di ampie discussioni storiografiche, che tuttavia ammettono l'evidente presenza, nei secoli VIII-X, di uno statuto servile definito esplicitamente come assenza di libertà e utilizzato sia per indicare subordinazioni stringenti, come quella dei *servi* domestici

---

[250] Ad esempio, nei documenti del *Codex Diplomaticus Cavensis* cit., alcuni casi di pia affrancazione in punto di morte sono i nn. 149 (a. 928), 225 (a. 964), e 334 (a. 981); permute di servi i nn. 244, a. 966, e 463, a. 993; una licenza di matrimonio è il n. 383, a. 986.

oggetto di vere e proprie compravendite, sia per definire situazioni di dipendenza più morbide, ma che venivano pur sempre presentate come di statuto servile (ed erano dunque soggette a limitazioni personali, giudiziarie, patrimoniali, ecc.)[251]. Dalla fine del secolo successivo, invece, elenchi nominativi di *servi*, contenziosi intorno alla condizione servile di individui e collettività, affrancamenti, ammissioni di un proprio statuto servile, contratti di asservimento, permute di servi, licenze di matrimonio, leggi e consuetudini circa la testimonianza del servo contro uomini liberi[252], e altri analoghi negozi sono assenti o molto rari[253]. Anche gli elenchi calabresi di *angararii* (e di *homines franci*) non costituiscono, come vedremo, una eccezione. Nelle franchigie e nelle *consuetudines* signorili tutti gli abitanti fanno parte delle comunità locali, senza distinzione di statuto giuridico (le sole eccezioni riguardano gli immigrati). Allo stesso modo, non vi è traccia di quei riti, come i denari che il servo francese offriva sulla propria testa al signore, destinati a perpetuare, attraverso forme simboliche, le condizioni servili.

Continuavano a esistere, naturalmente, sia singoli personaggi ridotti in vera e propria schiavitù[254], sia l'idea stessa di *servitus*. I primi erano però rari, mentre la nozione di *servi- tus* appare vaga, sfumata. Soltanto nell'unica menzione presente nelle Assise di Ariano il termine fu usato con un'accezione piena, per indicare la privazione di ogni libertà[255]. Nelle fonti private, le rarissime attestazioni della *servitus* indicano piuttosto l'assoggettamento ad un signore, e appaiono riferite anche a uomini liberi. Ad esempio, il termine compare nei patti stabiliti nel 1171 fra il monastero di S. Benedetto di Conversano e due uomini che si impegnavano a riedificare la chiesa rurale di S. Magno e a coltivarne le terre: costoro e- rano personaggi ben provvisti di mezzi e restavano liberi di emigrare, eppure il canone parziario di un decimo e gli altri

---

[251] Un recente quadro generale sulla servitù altomedievale è L. Feller, *Paysans et seigneurs au Moyen-Âge, VIIIe-XVe siècles*, Paris 2007, pp. 40-71 ; cfr. inoltre P. Cammarosano, *Storia dell'Italia medievale. Dal VI all'XI secolo*, Roma-Bari 2001, pp. 185-167, per la cosiddetta "recrudescenza servile della fine del X secolo", cioè per il moltiplicarsi delle attestazioni di *servi* tipico delle fonti italiane di quei decenni, e testimoniato anche dalle citate carte di Cava.

[252] Solo apparente l'eccezione rappresentata dalla costituzione federiciana *De pugnis sublatis*, che vietava la testimonianza di "nullus angarius vel villicus seu quicumque villanus, qui in villis et casalibus habitat, et postremo nullus vilis condicionis", contro conti, baroni e cavalieri in processi di rilievo, che prevedevano la condanna capitale o coinvolgevano grandi patrimoni nobiliari: la norma non deriva da un'incapacità giuridica del contadiname (che infatti può pienamente intervenire in altri processi, anche contro nobili), ma da quella concezione della nobiltà come ceto chiuso e privilegiato che connota l'intero *Liber Augustalis. Die Konstitutionen* cit., II.32, pp. 337-339).

[253] Non esamino qui la celebre assisa normanna che eccettuava dal diritto di trovare asilo nelle chiese "servus aut colonus aut servus glebe", fuggito con o senza beni rubati. Al di là infatti della possibilità, da più parti sostenuta, che la menzione di coloni e servi della gleba sia frutto di rimaneggiamenti tardi, è tutta la legislazione regia sul mondo contadino che richiede un'analisi nuova, che affronterò più avanti. *Le Assise di Ariano* cit., pp. 28-30 e 72 (vat. 6, e cass. 4). Per la presenza di rimaneggiamenti posteriori suggerita dalla sorprendente maturità di terminologia e di cultura romanistica del testo tradito delle assise ruggeriane, mi limito a rinviare a Conte, *Servi medievali* cit., pp. 214-216, e Nef, *Conquêtes* cit., alle pp. 582-585 (segnalo qui che di recente, Loud, *L'attività economica* cit., p. 320, ha trovato menzione, in un contratto di locazione stipulato da Cava nel 1183, di un "censilis ad glebam").

[254] Per le attestazioni di *mancipia, ancille* e *servi*, cfr. sopra il § 2.

[255] La *perpetua servitus* è la pena prevista per quanti vendano come schiavi uomini liberi (*Le Assise di Ariano* cit., pp. 59 e 90: vat. 36 e cass. 25).

(modesti) obblighi allora pattuiti vennero presentati come *"debita servitutis"*. Allo stesso modo, questa e altre convenzioni definivano l'esenzione dei preti dal prelievo signorile come un'esenzione *"ab omni onere servitutis"* o *"servitutis ob- staculo"*[256]. Prima ancora, nel 1114, il testamento di un nobile salernitano, assegnando un castello al vescovo di Conza, cercava di tutelare gli abitanti da ogni appesantimento signorile stabilendo che rimanessero *"liberi e senza alcuna condizione servile"*[257]. Una vaghezza definitoria ancor maggiore va poi riconosciuta all'uso del verbo *servire* per esprimere la dipendenza contadina. Utilizzato con frequenza per indicare la prestazione di un canone, di un'imposta, di una *corvée* o di un qualsiasi altro obbligo verso il signore, *servire* appare scollegato alla distinzione fra liberi e non. Era usato anche per personaggi liberi e abbienti, e persino per indicare la dipendenza onorevole delle *élites* tenute a *servire cum equo*, o gli obblighi richiesti a personaggi di elevata condizione sociale[258].

Un'unica volta, in tutta la documentazione analizzata, mi è occorso di trovare traccia di una condizione non libera bene caratterizzata sul piano giuridico e nel contempo applicabile a settori cospicui del mondo contadino: è la citata lettera di Federico II del 1222, che infliggeva in perpetuo la *"nuda servitus"* agli abitanti di quattro casali del monastero calabrese di S. Stefano del Bosco. Ma era l'esito di una storia del tutto peculiare.

La triste vicenda degli *"homines seu villani"* monastici inizia nel marzo del 1221, quando alcuni loro rappresentanti presentarono alla curia imperiale di Federico II, in viaggio per la Sicilia, una petizione dove lamentavano le esorbitanti richieste dei monaci certosini[259]. Subito queste proteste vennero ritenute fondate, e il camerario imperiale ingiunse all'abate di rinunciare *"indebitis servitis et multis molestiis"*.

L'abate reagì. Ebbe così inizio un contenzioso vivace, in poco tempo sottoposto al giudizio del giustiziere di Calabria, poi dell'arcivescovo di Reggio, poi di nuovo del giustiziere e dell'arcivescovo insieme, e da ultimo del solo giustiziere. I contadini si mossero con determinazione, tassandosi per sostenere le spese legali, accordandosi

---

[256] Coniglio, *Le pergamene di Conversano* cit., pp. 236-241; la seconda citazione è tratta dalle consuetudini concesse ai cittadini di Isernia nel 1254: Jamison, *The administration of the County of Molise* cit., n. 6, pp. 61-65.

[257] "Liberi et absque omni condicione servitutis": AC, F, n. 28.

[258] Per l'impossibilità di usare la diffusione del verbo *servire* per sostenere l'identificazione fra servitù e sottomissione alla signoria, e più in generale per l'influsso del linguaggio feudale e della connessa idea di *servitium*, rinvio a S. Carocci, *Le lexique du prélèvement seigneurial : note sur les sources italiennes*, in *Pour une anthropologie du prélèvement seigneurial dans les campagnes médiévales*. II, a cura di M. Bourin e P. Martinez Sopena, Paris 2007, pp. 137-157 (con cenni anche al persistere, al livello formulare, di cultura ecclesiastica e forse anche di mentalità, di un collegamento di origine antica fra lavoro contadino e semantica "servile").

[259] La vicenda è testimoniata dal lungo *iudiciale instrumentum* fatto redigere nel novembre 1221 dal giusti- ziere della Calabria, con inserti i mandati imperiali e l'altra documentazione (edito in Huillard-Bréholles, *Historia diplomatica* cit., II.1, pp. 208-217). L'episodio è stato ricordato, fra gli altri, da M. Del Treppo, *Prospettive mediterranee della politica economica di Federico II*, in *Friedrich II. Tagung des Deutschen Insti- tuts in Rom im Gedenkjahr 1994*, a cura di A. Esch e N. Kamp, Tübingen 1996, pp. 316-338, a pp. 321-322, e da D. Matthew, *I Normanni in Italia*, Roma-Bari 1997 (ed. orig. Cambridge 1992), pp. 185-186 e 409-411.

nel rifiutare la prestazione di tutti i servizi e i canoni, alternando alle sedute giudiziarie il diretto ricorso all'imperatore, che altre due volte, a luglio a Messina e a settembre a Trapani, fu raggiunto da emissari dei rustici, ora qualificati come "<u>homines fideles nostri</u>", e scrisse ai certosini ordinando di astenersi "*indebitis exactionibus et inconsuetis molestiis*"[260].

Due elementi dovevano alimentare negli abitanti dei casali di S. Stefano la speranza di giungere ad un sostanziale addolcimento degli oneri signorili: la politica intrapresa dal sovrano contro gli effetti delle violenze e delle sopraffazioni aristocratiche avvenute nel lungo periodo d'instabilità successivo alla morte di Guglielmo II, e poi l'oggettiva durezza delle loro condizioni. Oltre a versamenti parziari (un quinto delle olive e dei prodotti orticoli, un decimo del vino), a canoni per la casa e gli altri possessi, a donativi di galline e uova, e a imposte (*adiutorium*, *herbaticum*, *glandaticum*, e la *licentia* al matrimonio delle figlie), ogni *homo seu villanus* dei quattro casali doveva infatti effettuare ben centodiciotto *corvées* annuali sulle terre dei monaci, e altre dodici di trasporto[261]!

I contadini, tuttavia, persero. Per batterli, dimostrando che con ottime ragioni si trovavano in una condizione di assoggettamento del tutto eccezionale, l'abate mosse loro la più tremenda delle accuse concepibile nella cultura politica federiciana: il tradimento del sovrano. I contadini discendevano dagli abitanti di Capua – sostenne che, nel 1098, avevano congiurato contro la vita di Ruggero I. Salvatosi grazie al miracoloso intervento di san Bruno, il conte aveva condannato a morte i traditori: ma il santo aveva interceduto per essi, ottenendo di commutare la condanna a morte nella riduzione "*in servos*" e nella deportazione, in stato di "*perpetua servitus*", nelle terre del monastero dal santo stesso fondato. La versione dei monaci è, ovviamente, sospetta, tanto più che non trova riscontro nelle poche fonti agiografiche sul santo certosino e fu accompagnata da un'intensa attività di falsificazione[262]. È possibile, peraltro, che si basasse su una tradizione radicata localmente, e che il primo popolamento dei casali

---

[260] Huillard-Bréholles, *Historia diplomatica* cit., II.1, pp. 210 e 215.
[261] Huillard-Bréholles, *Historia diplomatica* cit., II.1, pp. 212-214.
[262] La falsità di una quindicina di privilegi di Ruggero I e dei suoi successori (molti dei quali editi in *Regii neapolitani*, cit.: in particolare la donazione di Ruggero I del 1098 è nel vol. V, pp. 249-254; l'edizione più completa è quella di B. Tromby, *Storia critico-cronologica diplomatica del patriarca S. Brunone e del suo ordine Cartusiano*, Napoli, Presso Vincenzo Orsino, 1773-1779, vol. II, Appendice, nn. 22 ss, pp. lxxxvi-xci, dove figura anche un elenco di centodieci "*proditores*") fu sostenuta per primo da F. Vargas Macciuca, *Esame delle vantate carte e diplomi de' RR. PP. della certosa di S. Stefano del Bosco in Calabria*, Napoli 1765; cfr. anche Chalandon, *Histoire* cit., pp. 304-307, in nota, e J. Dubois, *Bruno (Brunone), santo*, in *Dizionario degli istituti di perfezione*, I, Roma 1974, coll. 1606-1615, a col. 1615; per gli eccessi critici, che hanno condotto a dubitare anche di documenti genuini, cfr. L.R. Ménager, *Lanfranco, notaio pontificio. La diplomatica ducale italo-normanna e la Certosa di S. Stefano del Bosco*, in "Studi storici meridionali", 3, 1983, pp. 3-37. Per quel che riguarda la donazione del 1098 e l'elenco dei *proditores*, sicuramente falsi, è molto probabile che l'opera di falsificazione risalga all'età sveva, e che vada messa in relazione proprio con la causa del 1221: lo indicano la citazione quasi testuale, nella sentenza del giustiziere imperiale, appunto della donazione del 1098, e più in generale l'ampia presenza, nel testo della donazione, della terminologia e delle questioni tipiche dell'attività legislativa federiciana.

fosse stato appunto assicurato da deportati provenienti da Capua e sottoposti a dure restrizioni.

Minacciati dalla controffensiva monastica, che si accompagnava alla richiesta di una loro riduzione "*ad perpetuam servitutem*", i contadini esibirono una franchigia signorile elargita dal defunto abate Guglielmo[263]. In essa, l'ammontare del prelievo signorile, delle prestazioni d'opera e degli altri oneri era fissato agli elevati livelli ricordati poco sopra: ma la definizione di *remissio seu gratia* data al documento, e il fatto stesso che fosse stata gelosamente custodita dalla comunità contadina, lasciano capire che la franchigia aveva sancito un alleviamento delle condizioni di questo gruppo così penalizzato.

Nel 1221, i contadini avevano dunque cercato di compiere un ulteriore passo in avanti, di- minuendo il prelievo (come s'è detto elevato) stabilito dalla franchigia. Fallirono invece, e clamorosamente. I giudici imperiali accolsero in pieno la versione dei monaci. Nel 1222 Federico II, arrabbiato per essere stato raggirato dalle loro richieste e desideroso di ribadire l'enormità dell'antico crimine, annullò la franchigia dell'abate Guglielmo e invalidò qualsiasi futuro addolcimento degli oneri signorili. Non più *fideles nostri*, ma *servi*, i contadini furono condannati a restare in perpetuo nella situazione di "nu*da primaque servi- tus*" stabilita da Ruggero I, mentre tutti i loro beni mobili e immobili vennero assegnati al monastero[264].

Per quanto punizioni di massa e deportazioni abbiano in più casi accompagnato il dominio normanno, è evidente l'impossibilità di applicare genericamente al contadiname meridionale condizioni frutto di una vicenda così peculiare.

7. Espansione signorile e distinzioni sociali

A questo punto, è bene ricordare due sviluppi centrali nella vicenda meridionale dell'XI- XIII secolo: la crescita signorile e la crescita monarchica. Con la conquista normanna si avviò, proseguendo fra soste e arretramenti, un secolare processo di espansione dei rapporti signorili. Questa crescita signorile era determinata, in primo luogo, dall'ampliamento e dall'irrobustimento delle dipendenze territorialmente assise. Si ebbe una dilatazione delle aree detenute in "feudo" da famiglie nobili e di quelle soggette al dominio di monasteri e chiese, e, nel contempo, anche uno sviluppo (poco

---

[263] L'"*instrumentum remissionis seu gratie*" fu presentato dal procuratore dei villani nella seduta giudiziaria del 20 agosto, in risposta alla richiesta di una loro riduzione "ad perpetuam servitutem" accompagnata dalla presentazione, da parte dei monaci, di un "privilegium donationis" di Ruggero I, dove si raccontava del miracolo di s. Bruno e della deportazione "in servos perpetuo" dei complottatori (probabilmente il falso indicato alla nota precedente). L'autenticità delle *remissio* fu riconosciuta dal procuratore dei certosini, e il suo contenuto riassunto nella sentenza emessa dal giustiziere (Huillard-Bréholles, *Historia diplomatica* cit., II.1, pp. 212-213).

[264] Huillard-Bréholles, *Historia diplomatica* cit., II.1, pp. 275-277.

lineare ma nel lungo periodo indubbio) dei diritti di comando locale esercitati dalle élites religiose e nobiliari[265]. Quanto al potere dei conti di Sicilia e Calabria prima, e poi dei re, rappresenta un connotato innegabile della storia del meridione, anche se com'è noto ebbe molte lacune e arretramenti.

In questo contesto, la distinzione sociale di base, il grande discrimine di status non era la contrapposizione fra liberi e servi, ma quella fra i sottoposti al dominio di un istituto ecclesiastico o religioso, di un nobile o anche semplicemente di un altro abitante influente, e chi invece era soggetto esclusivamente e direttamente al potere del sovrano. Insomma, per riprendere il *Liber Augustalis*, il principale confine correva fra gli *"uomini di chiese, conti e baroni o cavalieri"*, e gli *"uomini del nostro demanio"* che *"spettano senza alcuna mediazione alla altezza imperiale e al potere regio"*[266]. Anche nella documentazione privata, questa differenziazione compare con frequenza, sia in modo implicito, nella insistenza con cui signori di ogni tipo parlano di *villani mei*, *homines nostri*, *censiles nostri* e via dicendo[267], sia in alcuni contenziosi, come quello scoppiato nel 1159 intorno allo status di alcuni abitanti di Lauro, che il priorato cassinese di San Pietro di Scafati rivendicava come *"liberi homines sancti Petri et nostri"*, mentre l'ufficiale pubblico locale sosteneva essere *"liberi homines de dominio regis"*[268].

Gli abitanti del demanio, direttamente soggetti al sovrano, vennero sottoposti a una speciale tutela. Nel 1182 Guglielmo II emanò per Sicilia e Calabria (almeno) una norma che ordinava il ritorno alla residenza originaria degli abitanti dei territori demaniali emigrati nei territori di chiese e baroni[269]. Federico II riprese e ampliò il provvedimento,

---

[265] Per questo aspetto della vicenda signorile meridionale, mi permetto di rinviare al mio studio citato sopra, alla nota *.

[266] "Ecclesiarum homines, comitum seu baronum vel militum"; "homines nostri demanii"; "nullo mediante ad imperialem celsitudinem et regiam pertineant potestatem": *Die Konstitutionen* cit., pp. 368 (III.4.2), 371 (III.6) e 376 (III.10). Ma la distinzione fra uomini direttamente sottoposti al sovrano e uomini sottoposti a chiese e no- bili innerva tutto il corpus federiciano; nelle assise normanne, appare per certi aspetti anticipata dal ripetuto riferimento agli *homines*, ai *subiecti* e ai *subditi* di chiese e nobili (ad es. *Le assise di Ariano* cit., pp. 28, 32, 70, 72, 96 e 102).

[267] La terminologia utilizzata nelle fonti private per definire i dipendenti signorili è molto variata. Alcuni termini rinviano a rapporti di soggezione ben caratterizzati (*affidati*, *raccomandati*, *franci*, *angararii*, ecc.). I termini di gran lunga più utilizzati sono però quelli di *homines*, *habitatores*, *villani*, *fideles* e *vassalli*, accompagnati in genere dall'indicazione del luogo di residenza o del signore. Sono termini, nei fatti, sinonimici, anche se naturalmente ognuno ha un proprio ambito semantico privilegiato. *Fideles* e *vassalli* adombra il legame personale e in senso lato "politico" che unisce il sottoposto al signore, in genere sancito appunto da giuramenti di fedeltà; *villani*, come anche il diffuso *rustici*, insiste sulla ruralità, per così dire, dei dipendenti, "*qui in villis et casalibus habitant*" (è la nota definizione del *Liber Augustalis*: *Die Konstitutionen* cit., p. 338); con *habitatores* l'accento è posto sulla residenza in un determinato luogo; *homines*, infine, è la definizione più generica e diffusa.

[268] *Regesto di Sant'Angelo in Formis*, a cura di di M. Inguanez, Montecassino 1925, n. 50, pp. 140-143. Sul documento cfr. Matthew, *I Normanni* cit., pp. 182-183, e Conte, *Servi medievali* cit., p. 220, che tuttavia ritiene esso provi "la coincidenza fra libertà e soggezione al dominio del re".

[269] Per il provvedimento di Guglielmo II (relativo a nobili e chiese privi dell'autorizzazione ad accogliere nuovi dipendenti e testimoniato per la Sicilia da una *jarâ'id* del 1183 edita in S. Cusa, *I diplomi greci ed arabi di Sici lia, pubblicati nel testo originale, tradotti e illustrati*, Palermo 1868-1882, vol. I, pp. 245-286, 245-246, e rege- stato nel vol. II, pp. 732-733), vedi Petralia, *La "signoria"* cit., pp. 231-232, e Nef, *Conquêtes et reconquêtes* cit., pp. 600-602, che fornisce anche una nuova traduzione dall'arabo (altra analisi e traduzione in Johns, *Arabic Administration* cit., pp. 165-167). La norma doveva peraltro estendersi a tutti i territori amministrati dalla *duana de secretis*, e dunque riguardare anche la Calabria: nel gennaio 1183 i giustizieri della Val Sinni compiono, su ordine del *magister camerarius regie duane de secretis*, un'inchiesta per *revocare in*

senza porre limiti né di condizione sociale, né di tempo[270]. L'obbligo di ritornare nelle terre demaniali gravava sia sui *villani* che sui *burgenses*, e nei primi anni venne applicato anche ad emigrazioni avvenute in tempi remoti; solo nell'aprile del 1235 fu introdotta una esplicita prescrizione per le emigrazioni avvenute prima del 1189[271].

Devo ribadire che la distinzione fra i soggetti a signoria e i soggetti al re non va interpretata come una distinzione fra liberi e non[272]. Né la distinzione fra gli *homines demanii* e quelli dei signori deve occultare un connotato importante dei *villani* meridionali: il persistente rapporto con il potere regio e le strutture pubbliche. Tutti i contadini, indistintamente, anche se erano sottomessi a un signore, restavano sotto la diretta protezione del sovrano. Potevano fare appello alla sua *defensa*, e accedevano ai tribunali regi[273]. Almeno in parte, conservavano dunque quel legame diretto con l'apparato pubblico che, in altre regioni europee, era considerato dai contemporanei, e oggi dagli storici, come esclusivo dei liberi.

Questo legame operava anche nel caso di *villani* dalla condizione così subordinata, come quelli di S. Stefano del Bosco, da venire addirittura presentati come discendenti di schiavi. Eppure, nessuno mise loro in discussione il diritto e la possibilità di rivolgersi al sovrano e ai suoi uffici. In epoca normanna, un esempio di forte intervento regio, relativo peraltro a una comunità più fortunata, riguarda Corneto (Vallo di Lucania). Nel 1172, i suoi abitanti denunciarono a Guglielmo II i propri signori, accusandoli di avere introdotto nuove richieste (*nove et illicite consuetudines*). Convocati dai giustizieri regi, ai quali il sovrano aveva affidato la questione, i *domini Corniti* accettarono di riconoscere le antiche *consuetudines* del castello, così come apparivano in un documento presentato dai sottoposti. Poi, a ulteriore garanzia, gli abitanti di Corneto si recarono una seconda volta presso la curia regia, ottenendo che una nuova copia delle consuetudini venisse redatta di fronte ai giustizieri, e con le correzioni da loro introdotte[274].

---

regium demanium i *villani* e i beni illecitamente detenuti (L. Mattei Cerasoli L., *La badia di Cava e i monasteri greci della Calabria superiore. S. Maria di Kyr-Zosimo o Cersosimo*, in «Archivio storico per la Calabria e la Lucania», 8, 1938, pp. 265-85; 9, 1939, pp. 279-318, a pp. 292-294, doc. XII).

[270] *Die Konstitutionen* cit., pp. 371-372 (3.6, *Quisquis de burgensibus*).

[271] *Die Konstitutionen* cit., pp. 461-462, E.4, del 28 aprile 1235 (con cui si corregga E. Winkelmann, *Acta Imperii inedita saeculi XIII et XIV*, Innsbruck 1880-1885, n. 807, p. 628). Va peraltro notato che già nel 1233 un mandato imperiale indicava come termine la morte di Guglielmo II, condannando la pratica, seguita dai giustizieri, di richiamare al demanio anche gli emigrati al tempo di tale re e del suo predecessore (F. G. Savagnone, *Mandati inediti di Federico II per la interpretazione ed esecuzione di costituzioni*, in "Annali del Seminario giuridico dell'Università di Palermo", 6, 1917-1920, pp. 305-370: n. 8, p. 370).

[272] Così invece Conte, *Servi medievali* cit., pp. 219-223.

[273] Sembra dunque eccessivo sostenere che "la libertà finisce per confondersi con la soggezione all'immediata signoria del re": Conte, *Servi medievali* cit., pp. 219-223, che si basa principalmente sulla costituzione III.4.2 (*Die Konstitutionen* cit., p. 368), dove però l'affermazione che i soggetti *nullo medio* al sovrano "omnes merito liberi censentur" ha un chiaro carattere enfatico, relativa com'è non già a gruppi sociali depressi, ma a baroni e cavalieri del demanio, di cui richiede la restituzione alla diretta soggezione alla corona qualora siano arbitrariamente detenuti da conti e altri potenti nobili.

[274] Del Giudice, *Codice diplomatico* cit., n. xxvii, pp. liii-lviii.

Va sottolineato il carattere del tutto ordinario di questi interventi. Da Ruggero II in poi, la legislazione e la pratica amministrativa dei re previdero ampi controlli e interventi della monarchia nella gestione interna delle signorie. A tutti i signori, i sovrani sottrassero l'amministrazione della giustizia per alcuni reati di maggior peso, e nel caso delle signorie meno importanti anche per le questioni criminali di minor conto. Furono stabiliti il tipo e l'ammontare delle tasse straordinarie (*adiutoria*) che nobili e chiese potevano legittima- mente richiedere ai sottoposti. Si intervenne anche per uniformare i diritti signorili e le forme di gestione. Prevaricazioni e violenze signorili, certamente, non cessarono. Ma al- meno al livello teorico il rapporto fra i *domini* e i loro sottoposti non sfuggì mai all'ambito d'azione che la monarchia rivendicava e, quando poteva, praticava.

8. Libertà come (parziale) esenzione: i "franci"

In assenza di esplicite definizioni di uno statuto servile, probabilmente l'elemento che più ha spinto gli storici del meridione a parlare di una servitù di massa sono le attestazioni di *homines franci* (o *homines liberi*), distinti dagli altri abitanti di una signoria.

Testimoniati soprattutto dagli ultimi decenni del XII secolo, questi *franci* o *liberi* (i due termini, in questo contesto, sono sinonimi) dovevano al privilegio la loro condizione. Ave- vano ottenuto, in genere a titolo oneroso, l'esenzione completa (molto di rado) o la ridu zione (più di frequente) dei normali oneri signorili. Nel 1196, ad esempio, la dispensa dalla prestazione di *corvées* e da altre richieste signorili concessa da Monte Vergine ad un suo contadino del castello di Mercogliano, Guglielmo *Racco*, lo fece passare nel gruppo dei "*franci et liberi homines Mercoliani*"[275].

Con la diffusione di accordi individuali e collettivi che sancivano condizioni privilegiate di una parte dei sottoposti, si moltiplicarono i documenti che opponevano lo status di *liberi/franci* alla normale condizione di *homines*, *villani* e *vassalli* soggetti ad un signore. In Calabria, in Puglia, in Campania e altrove, di volta in volta (ma sempre con il medesimo si- gnificato) ai *franci*, *liberi* o *phraggoi anthropoi* erano contrapposti gli altri dipendenti, che per enfatizzare la distinzione venivano in questi casi spesso qualificati con termini come *servitiales*, *angararii*, *villani* e *billanoi*[276]. Nelle infeudazioni,

---

[275] *Codice Diplomatico Verginiano* cit., X, n. 1000, pp. 327-328: per ottenere la *nominata francicia* Guglielmo cedette al mona- stero due terreni e, inoltre, il figlio Giacomo, che era dunque eccettuato dalla franchigia garanti- ta al padre e agli altri suoi eredi.

[276] Oltre ai documenti citati alle note seguenti, vedi: Gattola, *Accessiones* cit., I, p. 284 (*servitiales* e *franci* a Fella in Calabria nel1207); Trinchera, *Syllabus*, n. 246, pp. 333-335 (nel suo testamento del 1198, il signore di un castello calabrese rende un notaio "pienamente libero [*panteleutheros*: nel senso appunto di esente] rispetto al canone, alla corvée e ad ogni prestazione, come gli uomini franci [*phraggoi anthropoi*]"). Una singolare testimonianza di come le esenzioni parziali possano

per precisare che i diritti con- cessi riguardavano la totalità dei sottoposti, si ricorreva così alla formula *homines villani et franci*[277].

Le concessioni signorili e le frodi dei sottoposti fecero molto dilatare il gruppo dei privilegiati. A Cosenza, come vedremo, i *franci* erano circa un terzo degli oltre mille dipendenti vescovili registrati nella platea del 1223; e la loro presenza risulta ancor più massiccia nell'altra grande platea duecentesca calabrese, quella di Bisignano, dove i *franci* quasi eguagliavano in numero gli *angararii*[278]. Nei vasti dominii di Montecassino, fra XII e XIII secolo dalla massa dei residenti, chiamati *angararii*, si distinse il gruppo dei *franci* (detti anche *liberi* o *immunes*). Costoro dovevano in misura ridotta canoni, *corvées* e altre prestazioni, e usufruivano di questo statuto privilegiato (di norma ereditario) talvolta come corrispettivo del servizio armato a cavallo, altre volte in seguito a concessioni compiute dall'abate o da altri grandi ufficiali monastici, oppure grazie al matrimonio con figlie di privilegiati o, semplicemente, per consuetudine familiare. In alcuni castelli della *Terra sancti Benedicti* il gruppo dei *franci*, in continua espansione, giunse nella seconda metà del Duecento a comprendere oltre un terzo della popolazione; gli altri soggetti a Montecassino restavano nella condizione di *angararius* o di *rusticus*, definita, appunto in contrapposizione a quella del privilegiato, come la condizione dell'"*homo sine franchitiam*"[279].

Il mondo dei *franci* era dunque quello, così comune nell'*ancien régime*, di una libertà intesa come privilegio rispetto alla normale prestazione degli oneri signorili. Era una condizione molto elastica e variegata, poiché contrattata localmente. Questa idea di libertà fondata su una parziale esenzione trovò in alcune consuetudini attestazioni ripetute. In quelle di Rocca S. Giovanni, ad esempio, continuamente ricorre la garanzia di possedere terre "*libere et france*", o di effettuare compravendite "*libere et sine redditu*", o di usufruire di beni in "*liberum et francum usum*": fino alla rubrica dove si stabilisce che i figli dei *milites*, una volta ricevuto l'addobbamento, "*perpetuo sint liberi*"[280].

Con lo sviluppo della signoria, la nozione di libertà aveva aggiunto un altro volto a quelli che la individuavano da secoli. Come corrispettivo, si verificò forse un'analoga complica- zione dell'idea di servitù? Allorché l'esenzione, anche parziale, dagli obblighi

---

dare vita a classificazioni sociali per coppie antonimiche viene da un piccolo centro piemontese del XVII secolo, dove i parrocchiani che versavano la decima nella misura del 3,6% erano detti *franchi*, e i restanti, che davano il 5%, erano chiamati *servi* (A. Torre, *Il consumo di devozioni: religione e comunità nelle campagne dell'ancien regime*, Venezia 1995, p. 49).

[277] A. Pratesi, *Carte latine di abbazie calabresi provenienti dall'Archivio Aldobrandini*, Città del Vaticano 1958, n. 87, pp. 220-221, a. 1208: Federico II concede ai cistercensi calabresi di Sambucina un feudo già appartenuto ad un nobile e costituito da un mulino, alcune terre e da "*homines villani et franci*".

[278] P. De Leo, *Un feudo vescovile nel Mezzogiorno svevo. La platea di Ruffino vescovo di Bisignano*, Roma 1984, dove sono *franci* centocinquantasette dei trecentotrentacinque dipendenti del vescovo (utilizzo le somme effettuate dagli stessi compilatori della platea, avvertendo che sono riferite non ai singoli dipendenti, ma a famiglie che comprendono spesso più maschi adulti, tutti elencati nella relativa posta).

[279] Fabiani, *La Terra* cit., pp. 243, 307 e 322 ss; Guiraud, *Économie* cit., pp. 83-84 e 110-114.

[280] Houben, *Una lista* cit. (a. 1200).

signorili fu presentata come libertà, il normale stato di soggezione ad una signoria venne identificato come servitù?

La risposta deve essere negativa. Alla presentazione come *franci* e *liberi* di quanti si sottraevano, in parte o in tutto, a canoni e prestazioni d'opera, non si accompagnò una definizione in termini esplicitamente servili degli altri sottoposti. E questa mancata qualificazione come una condizione di servitù, va aggiunto, avveniva come sappiamo con ottime ragioni perché, oltre ai *franci / liberi*, anche gli altri dipendenti di una signoria disponevano in linea di massima di molti o di tutti i principali connotati della libertà sotto il profilo della capacità di agire nella sfera patrimoniale, dell'accesso ai tribunali pubblici, della protezione diretta del sovrano e via dicendo.

Occorre però, su questo punto, essere chiari. Identificare come servitù la normale soggezione ad una signoria è una posizione legittima, che, come ho ricordato, è sostenuta da numerosi storici, in ogni angolo d'Europa. Inoltre, poiché libertà e servitù sono nozioni relative, di per sé l'esistenza di una categoria di esenti qualificati come *liberi* autorizza a definire come non liberi quanti erano privi di quella esenzione. A mio avviso, tuttavia, per il meridione italiano questa opzione rischia di portare ad un pericoloso appannamento di visuale. Appiattisce infatti in una generica condizione di servitù realtà diversissime, che inoltre, nella maggioranza dei casi, non erano socialmente e giuridicamente percepite come di status servile (a differenza di quanto avveniva ad esempio in Inghilterra e in Francia).

9. *"Franci" di Cosenza*

È opportuno accordare spazio ai *franci* di Cosenza. Per la storia dei *franci*, infatti, una platea redatta dal vescovo cosentino Luca costituisce, in tutto il meridione, la fonte più interessante. Attesta come sappiamo l'ampiezza del gruppo di privilegiati, ne lascia intuire le modalità di formazione, permette di osservarne la diversificazione.

I *franci* non costituivano una ristretta élite, ma gruppi consistenti. Nell'insieme delle platee redatte dal vescovo Luca, i *franci* sono cinquecentodue, pari ad oltre un terzo dei sottoposti al vescovo, e la percentuale resta simile anche considerando la sola platea del 1223 (trecentosessantacinque *franci* su millecinquantuno dipendenti vescovili del quale fu indi- cato lo statuto)[281].

La platea cosentina distingue fra i *franci* e i *franci per cartam*. La distinzione non scaturiva tanto da differenze di status, quanto dalla diversa epoca di acquisizione dello statuto privilegiato.

Per i semplici *franci*, la platea del 1223 presenta il privilegio come frutto di una

---

[281] Mi baso sui dati forniti rispettivamente da E. Cuozzo, *La platea di Luca arcivescovo di Cosenza*, Avellino 2007, p. 72.

discendenza familiare. Di ogni *francus* venivano precisati gli antenati e tutti i diversi nuclei familiari di parenti che, nel loro insieme, costituivano una *domus* o *familia*. Questa attenzione per le parentele non dipendeva dalle strutture familiari, ma dall'assetto del prelievo signorile. Infatti, a Cosenza, al contrario che in altri centri (ad iniziare dalla vicina Bisignano), le prestazioni al signore gravanti su un *francus* si trasmettevano invariate nel tempo anche se questi aveva una discendenza numerosa[282]. Di conseguenza i nipoti, i pronipoti e gli altri suoi discendenti prestavano collettivamente al vescovo i servizi e i pagamenti dovuti dall'antenato che, per primo, aveva ottenuto lo status di *francus*. A Speciano, ad esempio, cinque o sei nuclei familiari costituivano la *familia presbiteri Iohannis Mangonensis*: tutti discendevano appunto dal prete Giovanni, e si ripartivano gli obblighi che un tempo Giovanni doveva[283]. Le *familie* o *domus* erano dunque, in primo luogo, unità amministrative, anche se certamente la comune responsabilità nella prestazione di imposte, donativi, servizio militare e obblighi di lavoro doveva garantire forme di solidarietà fra le diverse unità domestiche che le costituivano.

In questi casi, lo statuto di *francus* era un dato da tempo consolidato, e certamente già recepito nella perduta platea del vescovo Rufo, del 1184, che servì da base per la compilazione di quella del 1223. Il capostipite di una *familia* era spesso il nonno o il bisnonno dei *franci* registrati nel 1223, e dunque l'acquisto dello statuto privilegiato era avvenuto almeno due o tre generazioni prima[284].

I capostipiti menzionati nella platea, che avevano ottenuto lo statuto di *francus*, molto spesso erano preti. Evidentemente, erano riusciti ad ottenere l'esenzione, per sé e la di- scendenza, appunto grazie al clericato. In questi casi siamo, cioè, di fronte a quei passaggi di *status* connessi all'assunzione degli ordini sacri che, come vedremo, Ruggero II ritenne necessario limitare, e che proprio nelle aree di rito greco, dove esisteva il matrimonio del clero, si rivelavano particolarmente pericolosi per i diritti del sovrano e dei signori[285].

I *franci* per discendenza familiare, dunque, erano stati registrati come tali già nel 1184, e di conseguenza i compilatori della platea del 1223 non avevano ragione di ricordare, per giustificare il loro statuto privilegiato, l'avvenuta concessione di una *carta* di franchigia. Questa è la ragione della differenziazione fra i semplici *franci* e i *franci per cartam*. Per questi ultimi, la condizione privilegiata non era sancita da un'antica

---

[282] La notazione è di Peters-Custot, TITOLO, cit.
[283] Questi nuclei familiari discendevano da Nicola, Geremia e Bono, tre figli del *presbiter Iohannes* che nel 1223 erano tutti già defunti: la platea registra due figli di Nicola, altrettanti di Geremia (uno era già morto, e viene registrato il nipote), mentre per Bono compaiono i discendenti di un figlio e anche di una figlia, entrambi già morti. Cuozzo, *La platea di Luca*, p. 131.
[284] Talvolta il capostipite risulta un antenato ancora più lontano, ed è legittimo pensare che la franchigia risalisse alla prima età monarchica. Anche per gli antenati più remoti menzionati nel 1223, restavano comunque sia la memoria che la capacità di ricostruire la discendenza: due elementi che invitano a limitare all'arco di un secolo, di per sé già cospicuo, la storia della *familia*.
[285] Cfr. oltre, il testo corrispondente alle note 83-86.

appartenenza familiare, registrata già nella platea del 1184, ma da una concessione scritta effettuata con ogni probabilità dopo tale data. Ottenuta con denaro o ad altro titolo, questa franchigia (*carta libertatis*) sembra infatti, di massima, recente. Nel 1223 risulta acquisita o da personaggi ancora in vita, oppure dai padri o, tutt'al più, dai nonni. Per i *franci per cartam*, il passaggio di status appare dunque cronologicamente posteriore rispetto a quello dei *franci* per discendenza familiare. Lo testimoniano anche la loro collocazione all'interno della platea, sempre successiva ai *franci* per appartenenza familiare, e la frequente assenza di obblighi di tipo antico, come il servizio militare nel castello costiero di San Lucido.

A Cosenza come nelle altre regioni, lo statuto di "franco" o "libero" era, insomma, quello di un gruppo privilegiato, che aveva ricevuto una riduzione degli oneri signorili. Poteva anzi accadere che membri del gruppo di *franci* beneficiassero di ulteriori privilegi, come quello ottenuto prima del 1223 da alcuni esponenti di una *familia* di *franci* del vescovo cosentino, che li rese del tutto esenti: dei quattro o cinque nuclei domestici che costituivano allora la *familia presbiteri Michaelis filii Sillicti*, quello costituito dai figli del giudice Nicola venne "*liberatum per cartam ab onere servicii et redditus*", cioè dalle *corvées* e dalle imposte che continuavano invece a gravare sugli altri discendenti del *presbiter* Michele[286].

10. *"Intuitu persone"*

Contrapposti ai *franci*, nelle fonti compaiono spesso gli *angararii*. Per capirne origine e caratteri, dobbiamo affrontare una tematica di rilievo: il nesso fra legislazione regia e realtà sociali. Occorre riformulare la tradizionale interpretazione di alcune leggi. Da un lato, vanno inserite nelle trasformazioni in atto all'interno dei rapporti di dipendenza. Dall'altro lato, bisogna mostrare come i legislatori meridionali applicassero al mondo rurale sviluppi dottrinali e categorie ordinatrici che in parte recepivano le classificazioni presenti nella società, e in parte le modificavano, in una dialettica talvolta imprevista.

Il contesto complessivo è abbastanza chiaro. La storia del Regno, da questo punto di vista, è soltanto una variante di un processo europeo di costruzione, istituzionalizzazione e definizione giuridica della dipendenza contadina. Salvo pochi casi, non fu un processo di disvelamento di statuti personali in precedenza nascosti, ma una vera e propria creazione ex novo. In Catalogna, Inghilterra, Francia orientale, Emilia, Toscana, Umbria, e in altre aree, vennero elaborati e formalizzati nella dottrina

---

[286] Cuozzo, *La platea di Luca* cit., pp. 131-133.

e nelle leggi precisi statuti di servitù[287]. Invece nel Regno meridionale (e in altre regioni italiane ed europee) la tendenza a istituzionalizzare l'assoggettamento contadino condusse solo eccezionalmente a proclamare l'assenza di libertà.

Nelle rappresentazioni sociali e nell'attività legislativa dei sovrani normanni e svevi vennero privilegiati due percorsi, per così dire, della dipendenza: quello che muoveva dall'esistenza di un legame personale di subordinazione, non estinguibile unilateralmente, e quello che nasceva dalla cessione coatta della propria forza lavoro. Questi due sviluppi paralleli finirono per incontrarsi nella definizione della figura dell'*angararius*, che costituiva uno statuto di subordinazione in ampia misura nuovo.

Prenderemo le mosse dalla innovativa interpretazione della normativa normanna su *a-scripticii* e *villani* proposta da Giuseppe Petralia[288]. Una prima assisa di Ruggero II stabili- va che gli *ascripticii* non potessero accedere al chiericato senza l'assenso dei loro signori, vietando nel contempo a questi ultimi di ricevere compensi per accordare la licenza[289]. A muovere il re non era, come finora si interpretava, il rischio di simonie e l'incompatibilità di origine giustinianea fra condizione clericale e sottomissione personale, ma una concretissima preoccupazione d'ordine fiscale. La norma sembra infatti riguardare soprattutto la situazione siciliana (e calabrese), e riferirsi con il termine *ascripticii* a quel composito mondo di "uomini delle *jarâ'id*" (o platee), costituito da antichi contribuenti del fisco islamico (e, in Calabria, del demanio regio) appunto registrati, *adscripti*, negli elenchi delle giaride o platee[290].

Come sappiamo, gli Altavilla vincolarono alla residenza questa popolazione, assegnandone gruppi più o meno consistenti a chiese e nobili, che acquisivano così il diritto a riscuotere le imposte dovute. Questi *ascripticii* costituivano dunque una risorsa fiscale ceduta dal sovrano, che veniva sminuita dai passaggi alla condizione clericale, e di conseguenza esente. Ogni volta che un uomo dato in concessione a un nobile o a una chiesa diveniva chierico, acquisiva la (parziale) esenzione per sé, le proprie terre e l'eventuale discendenza. Di qui il tentativo di limitare il numero delle nuove consacrazioni, impedendo che l'assunzione degli ordini sacri fosse lasciata alla libera iniziativa del clero e degli stessi villani, e sottoponendola all'autorizzazione del signore,

---

[287] Per le regioni del Mediterraneo occidentale, la sintesi più recenti sono raccolte in *La servitude dans les pays de la Méditerranée occidentale* cit. (per la generale "institutionnalisation des status serviles" in partic. pp. 1046-1048 della *Conclusion* di M. Bourin e P. Freedman); per l'Inghilterra, la sintesi più aggiornata è C. Dyer, *Villeins, Bondsmen, Neifs, and Serfs: New Serfdom in England, c. 1200—1600*, in *Forms of servitude in Nor- thern and Central Europe : decline, resistance, and expansion*, a cura di P. Freedman e M. Bourin, Turnhout, Brepols, 2006, pp. 419-436.

[288] Petralia, La "signoria" cit., pp. 245- 252, alla cui intelligente analisi rinvio per quanto non altrimenti giustificato. Eccessivamente liquidatoria sulle possibilità di utilizzare, nonostante i probabili rimaneggiamenti posteriori, le assise di Ruggero II per lo studio della dipendenza contadina è Nef, *Conquêtes* cit., p. 585.

[289] *Le Assise di Ariano* cit., pp. 32 e 72 (vat. 10; cass. 6; cfr. inoltre il testo accolto nel *Liber Augustalis* in *Die Konstitutionen* cit., pp. 364-365, 3.2): "Ascripticios sine voluntate et assensu eorum quorum subditi sunt, et potestati, nullus episcoporum ordinare presumat [...]. Hii quorum ascripticii sunt, si quod premium pro data licentia consecrandi suscepise convicti fuerint, huiusce ascriptii perdant qui dedit pecuniam ab ordine cadat, fisco vero cum omnibus rebus suis vendicetur".

[290] Sulla possibile sinonimia di *rijâl al-jarâ'id* con il greco *enapographoi* e il latino *ascripticii* vedi Johns, *Arabic Administration* cit., *ad indicem*, e Nef, *Conquêtes* cit., pp. 588-589.

che era il primo a venire danneggiato dall'aumento del numero dei sottoposti esenti. V'era tuttavia la possibilità che il signore richiedesse un *premium*, come dice l'assisa, ricavando un vantaggio dal passaggio di status. I nobili e le chiese, ai quali i villani erano stati temporaneamente concessi, finivano così per alienare, in cambio di un *premium* immediato per la concessione della *licentia consecrandi*, cespiti d'entrata pubblici e teoricamente perpetui, quali erano appunto quelli garantiti dagli uomini loro concessi. Della ricompensa ricevuta nulla andava al sovrano, al quale invece in ultima analisi spettavano i contadini concessi in signoria al nobile o alla chiesa. Anche una simile operazione venne allora vietata. Proprio la platea di Cosenza rappresenta come abbiamo visto una chiara testimonianza dell'ampiezza del fenomeno, attestato dal gran nu- mero di *franci* che dovevano la propria condizione privilegiata a un antenato *presbiter* vissuto all'epoca dei re normanni.

In questo caso, particolarmente complessi appaiono i rapporti che si stabilivano fra realtà sociali e politiche in continua trasformazione da un lato, e dall'altro le distinzioni e le categorie ordinatrici dei legislatori. La norma era mossa dal riferimento ad una situazione specifica, ma soprattutto fuori dall'isola i signori la intesero come un generale divieto alla libera consacrazione dei contadini sottoposti. Questa interpretazione, esplicitamente dichiarata erronea dal sovrano, rese necessario un suo intervento chiarificatore, recepito in uno dei due codici delle Assise con il titolo *rescriptum pro clericis*. Per spiegare il senso della sua prima legge, il sovrano inseriva la categoria degli *ascripticii* in una più generale categoria di uomini obbligati *personaliter*. Poteva così chiarire che il divieto di chiericato valeva solo per questi ultimi, cioè per i villani tenuti a "servire personalmente, a causa della loro persona (*intuitu persone*), come *ascripticii et servi glebe*", e per chiunque altro, insisteva il *rescriptum*, dovesse le sue prestazioni a titolo personale, e non a causa delle terre ricevute. La licenza non era invece richiesta, proseguiva con inusuale prolissità il legislatore, a quanti erano obbligati in seguito ad una concessione fondiaria ("*respectu tenimentorum vel aliquorum beneficiorum que tenent*"), a patto però che restituissero i beni ricevuti[291]. Sebbene il giudizio sia complicato dalla probabile rielaborazione subita dal *rescriptum* nel tardo XII secolo, in questo caso l'attività legislativa sembra piuttosto creare istituti, che sanzionarne l'esistenza. Nulla indica che la distinzione fra *villani intuitu persone* e *villani respectu tenimentorum* articolasse la dipendenza contadina con la nettezza sostenuta dal legislatore. Forse la distinzione già esisteva in alcune aree e in singoli casi. Al livello del Regno intero, però, la curia regia sembra proporre una lettura delle relazioni di assoggettamento nel mondo rurale per molti aspetti inedita. Nelle fonti private, non compaiono mai né la distinzione, né la sua terminologia.

---

[291] *Le Assise di Ariano* cit., p. 102 (cass. 39), accolta poi in *Die Konstitutionen* cit., p. 366 (3.3) e il commento a pp. 74-77 per la datazione di questo *rescriptum*, attribuibile a Ruggero II ma con ogni probabilità rielaborato sotto Guglielmo II; perplessità sulla datazione anche in Conte, *Servi* cit., pp. 214-216, che sottolinea come la norma recepisca una dottrina canonistica precisatasi solo nella seconda metà del XII secolo.

Nello stesso *rescriptum*, la difficoltà (e la novità) di questa doppia classificazione dei villani è attestata dal bisogno di entrare nei dettagli e dalla preoccupazione che il testo fosse ancora una volta "*male interpretatum*"[292].

Va notato che le categorie dei *villani intuitu persone* e dei *villani respectu tenimentorum* non indicavano, di per sé, due livelli diversi di subordinazione, ma due sue diverse origini. Tuttavia, la nozione di *villani intuitu persone* venne presto utilizzata per designare dipendenti connotati da un legame particolare, personale e intenso, con un determinato signore. Negli ultimi decenni del secolo, la dottrina canonistica sviluppava poi proprio la distinzione fra contadini vincolati ad obblighi derivanti da un contratto, e dunque estinguibili, e contadini obbligati direttamente nelle persone, che non potevano liberarsi unilateralmente dalle obbligazioni e quindi erano di fatto limitati nella loro libertà[293].

11. "*Angararii*"

Alla stessa altezza cronologica, oltre all'enfasi sulle soggezioni intuitu persone, per identificare forme stringenti di dipendenza contadina veniva manifestandosi una tendenza parallela, che innanzitutto guardava, come in altre regioni europee, alla prestazione di corvées[294]. E, ancora una volta, nell'evoluzione intervenne la legislazione regia. In via preliminare, va chiarito che fino alla metà del XIII secolo (e oltre) la richiesta di prestazioni d'opera restò molto frequente. Quando parlano di angarie e opere, le consuetudini meridionali del XII secolo le addossano a tutti gli abitanti, ad eccezione di ristretti gruppi di *milites* e di *boni homines*. Nel secolo successivo, l'inchiesta condotta nel 1249 nel casale siciliano di Sinagra accertò che sia i dodici nuclei familiari di *burgenses*, sia i ventotto di *angararii* e i sessantuno di *villani* dovevano effettuare *corvées*, anche se in quantità diversa (in media una famiglia *burgensis* lavorava per cinque giorni e mezzo l'anno, quelle dei *villani* per sette e mezzo e quelle degli *angararii* per otto e mezzo); nel vicino casale di S. Lucia, dove queste differenziazioni erano assenti, tutti i centotto *homines* erano soggetti a due *opere* annuali[295]. Negli stessi anni, in una serie di centri della Capitanata censiti nel co- siddetto *Quaternus de excadenciis*,

---

[292] La scarsa importanza pratica della distinzione ruggeriana era già stata sottolineata da Chalandon, *Histoire* cit., II, p. 530. Tutt'al più, si può notare l'insistenza sulla *persona* dei sottoposti inizia a diffondersi nell'ultimo terzo del XII secolo: una delle prime attestazioni esplicite è costituita da un inventario del 1182, dove fra i con- tadini soggetti a Rainone di Sorrento quelli sottoposti alle maggiori prestazioni appaiono qualificati come ho- mines de persona: I. Giorgi, *Confessione di vassallaggio fatta a Rainone da Sorrento dai suoi vassalli del ter- ritorio di Maddaloni*, in "Bullettino dell'Istituto storico italiano", 5 (1888), pp. 89-99.
[293] Conte, *Servi* cit., pp. 156ss.
[294] È ad esempio nota l'enfasi posta da Marc Bloch sulle *corvées* per spiegare l'origine del *villeinage* inglese (M. Bloch, *La società feudale*, Torino 1977, pp. 304-309; Idem, *Signoria francese* cit., pp. 162-163).
[295] D. Girgensohn – N. Kamp, *Urkunden und Inquisitionen der Stauferzeit aus Patti*, in " Quellen und Forschungen aus italien- ischen Archiven und Bibliotheken", 45 (1965), nn. 7-8 alle pp. 133-148.

i servizi in lavoro, pur se non generali, restavano abba- stanza diffusi: a Tufara riguardavano sessantatré dei circa ottanta abitanti, mentre nei centri vicini la percentuale era più bassa[296]. A Bisignano e Cosenza, tutti gli *homines* dei vescovi erano sottoposti alle *corvées*, compresi i *franci* che a Bisignano prestavano fra le due e le otto opere annuali, e a Cosenza (in genere) tre.

Per definire le condizioni personali, sembra dunque che a lungo, più della soggezione a lavori obbligatori, di per sé molto comune, dovettero in realtà contare soprattutto la quantità e la durezza delle prestazioni, e forse anche se potevano o meno essere prestate per interposta persona. Inoltre, in alcuni casi, e primo fra tutti proprio a Cosenza, la richiesta di lavoro colpiva i singoli *angararii*, mentre per i *franci* riguardava raggruppamenti familiari anche molto vasti.

Tuttavia, nonostante l'ampia diffusione, sempre più spesso le *corvées* vennero assunte come prova di particolare dipendenza. Ecco allora entrare in scena il termine *angararius*. Il vocabolo, va detto, è storiograficamente fra i più usurati, in quanto molti studiosi lo considerano dotato già nell'XI secolo di una precisa accezione tecnica, volta ad individuare un gruppo sociale ben definito sul piano giuridico.

In realtà la sua storia è inquinata da falsificazioni e anacronismi. Le attestazioni più antiche, di solito nella forma di *angarius*, provengono in linea di massima da documenti falsi, o comunque sospetti[297]. Ancora per il regno di Ruggero II, tutte le menzioni presenti nei diplomi regi in latino compaiono in atti interpolati. Solo dopo la metà del XII secolo il termine si diffonde. Ma fino all'età sveva sembra privo, nella maggioranza delle attestazioni, di una valenza tecnica, finalizzata a individuare una categoria di rustici distinta dal resto dei *villani*. *Angararii*, genericamente, sono definiti i contadini di modesta condizione soggetti ad alcune restrizioni. Vengono ricordati, per lo più, perché era loro vietata l'oblazione di sé e dei propri beni in favore di istituti religiosi[298].

Con Federico II, il termine assunse un significato tecnico. All'interno del mondo dei *villani*, finì per designare gli individui e i gruppi più assoggettati. In questa evoluzione, un passaggio importante fu costituito dalla distinzione fra i *villani simpliciter* e i *villani angararii*.

Generazioni di storici ne hanno sottolineato l'importanza. Va allora detto che, nel

---

[296] G. De Troia, *Foggia e la Capitanata nel Quaternus excadenciarum di Federico II di Svevia*, Foggia 1994, pp. 87-432.

[297] In particolare, segnalo che la citatissima donazione del 1136 che menziona *angarius servus sive liber* è un falso di metà Duecento (*Codice diplomatico verginiano* cit., III, n. 232, pp. 128-134); falso è anche il diploma ducale del 1080 dove compare l'espressione *servus sive angarius* (Menager, *Recueil* cit., n. 56, pp. 191-197).

[298] F. Ughelli, *Italia sacra...*, I-X, II ed. a cura di N. Coleti, Venezia 1717-1722, IX, coll. 344-345, a. 1193 (donando il casale di Lungro per la fondazione di un monastero di S. Maria delle Fonti, i signori calabresi di Braholla – oggi Altomonte – concedevano a tutti i propri dipendenti la facoltà di divenire oblati del monastero con i propri beni, ma eccettuavano gli *angarii* a loro stessi sottoposti o ai loro baroni; Winkelmann, *Acta Imperii* cit., I, n. 63, pp. 60-61, a. 1211 (fra le concessioni di Ottone IV agli ospedalieri, figura la facoltà di ricevere oblazioni, ma anche in questo caso "exceptis angaris et hiis qui feudi annexi sunt"), e n. 127, pp. 107-108 (a. 1215).

corpus legislativo federiciano, il senso della distinzione è poco chiaro, poiché la sua unica attestazione fu rapida e incidentale: il sovrano la richiamò per ribadire che le limitazioni imposte all'acquisto di terre appartenenti a residenti del demanio regio colpivano tutti gli *homines* sottoposti a nobili e chiese, "sia gli *angararii*, sia anche i villani semplici o di qualsiasi condizione"[299]. Nel resto della legislazione *angararius* risulta in prevalenza usato in via generica, per esprimere una condizione di debolezza sociale ed economica, nonché la presenza di pesanti obblighi di lavoro[300].

Un chiarimento decisivo viene, però, da altre fonti. Nel 1239 e nel 1247, alcuni mandati imperiali attestano come chiese e nobili potessero pretendere il ritorno dei dipendenti qualora costoro fossero stati *villani angarari* e fossero emigrati dopo l'incoronazione di Federico II nel 1220[301]. Gli *angararii* erano dunque contadini assoggettati, a partire dall'effettivo inizio del regno di Federico II, a forti limitazioni alla mobilità. Queste limitazioni dovevano già esistere nel 1231, al momento della promulgazione del *Liber Augustalis*[302], ed è molto probabile che, a loro volta, riprendessero e ampliassero norme anteriori. Già all'inizio del regno federiciano, sembra infatti che i signori potessero rivendicare i dipendenti fuggiti che dovevano loro prestazioni d'opera. L'indizio più esplicito appare nel 1224, in una sentenza dei giudici imperiali relativa ai *villani* delle chiese, dei monasteri e dei *milites* di Sorrento. In caso di fuga dei dipendenti, la sentenza garantiva "lo stesso diritto che, in altre zone del Regno, era attribuito ai signori contro i contadini sottoposti a *corvées* che erano fuggiti"[303]. Con ogni probabilità, il riferimento riguardava la possibilità di richiamare i fuggitivi, ma sembra anche alludere, piuttosto che ad una normativa ben delineata e di

---

[299] "Sive angararii sint sive etiam villani simpliciter aut cuiscumque condicionis": *Die Konstitutionen* cit., p. 376, III.10. Su questa distinzione ha insistito fra i primi Peri, *Villani e cavalieri* cit., pp. 18-19.

[300] In tutto il *Liber Augustalis*, il termine *angararius* compare in realtà solo quattro volte (molto utile *Vocabularium Constitutionum Regni Siciliae Friderici Secundi Imperatoris*, a cura di A.L. Trombetti Budriesi, Pratola Serra 2002, p. 142): *Die Konstitutionen* cit., p. 209, I.50 (la punizione per le città che si costituivano in libero comune nominando consoli, podestà o altri ufficiali era la distruzione fisica e la riduzione degli abitanti allo stato di *angararii*); p. 338, II.32 (divieto di dare fede a "nullus angararius vel villicus seu quicumque villanus, qui in villis et casalibus habitat, et postremo nullus vilis condicionis", in processi che coinvolgevano nobili e questioni di rilievo); p. 376, III.10 (norme relative all'acquisto di beni di abitanti del demanio da parte degli *homines* di chiese, conti, baroni e cavalieri, "sive angararii sint sive etiam villani simpliciter aut cuiuscumque condi- cionis"); p. 431, III.60 (divieto di nominare giudici o notai i figli dei chierici e gli altri illegittimi, nonché "qui vilis condicionis sit, villanus aut angararius forsitan"). Come si vede, sono tutti passi che, pur senza proporre net- te distinzioni fra gli *angararii* e gli altri abitanti delle campagne, adombrano per i primi uno stato particolare di *vilitas condicionis*.

[301] Winkelmann, *Acta Imperii* cit., n. 834, pp. 643-644, a. 1239; n. 920, pp. 695-697, a. 1247-1248.

[302] Una delle costituzioni del 1231 ordinava il ritorno alla residenza originaria degli uomini che fossero emigrati dopo l'incoronazione imperiale del 1220 dai territori di signori laici ed ecclesiastici, e che fossero soggetti a *personalia servitia*. *Die Konstitutionen* cit., pp. 371-372, III.6 ("Equa etiam lance sancimus, ut ecclesiarum homines, comitum seu baronum vel militum, qui tamen dominis suis de personalibus servitiis minime teneantur, si a tempore nostre coronationis felicis ..., redire ad terras dominorum suorum compellantur"). L'indicazione "minime" circa la prestazione di servizi personali, va intesa, piuttosto che come un'esclusione, l'indicazione anche di una modesta quantità (un cinquantennio dopo Melfi, già Marino da Caramanico glossava: "vel verbum minime fuit hic positum vitio scriptoris, vel exponas minime, id est parum"; *Constitutionum Regni Siciliarum Libri III : Cum Commentariis veterum Jurisconsultorum*, Neapoli 1773, I, p. 306).

[303] "Illud ius quod de aliis villanis fugientibus, qui angarias et perangarias debent, per alias partes regni dominis eorum servatur" : Huillard-Bréholles, *Historia diplomatica* cit., II/1, p. 383.

generale applicazione, ad una prassi diffusa in alcune aree soltanto del Regno.

12. Epilogo

Per classificare l'articolato mondo dei dipendenti rurali, le due distinzioni (fra *villani angararii* e *simpliciter*, e fra *villani intuitu persone* e *respectu tenimentorum*) erano sorte in modo indipendente. La dura realtà della subordinazione contadina rese però inevitabile il loro incontro.

Prime convergenze fra lo sviluppo che enfatizzava la dipendenza *intuitu persone*, e quello che muoveva dalle *corvées*, sembrano presenti fin dalla tarda età normanna. L'indizio più significativo è rappresentato da una precisazione aggiunta nel 1172 (o forse nel 1189), su mandato dei giustizieri del re, alle consuetudini di Corneto: essa richiamava la legislazione sovrana (*regia assisa*) per privare gli *angarii* del castello della libertà di accesso al chiericato, in precedenza garantita a tutti gli abitanti[304]. Sia l'inserimento del nuovo termine (*angarii* non compare mai nella redazione originaria delle consuetudini), sia la sostanza del divieto mostrano come la curia regia tendesse a identificare appunto negli *angarii* quei *villani intuitu persone* dei quali soltanto si parlava, nel citato *rescriptum* ruggeriano, per vietare gli ordini sacri. Un primo incontro fra le due diverse letture dell'assoggettamento contadino era dunque già avvenuto.

Il *Liber Augustalis* non teorizzò questo collegamento[305]. Ma era la realtà stessa dei rapporti sociali che doveva ormai suggerire un legame, nel qualificare i livelli più depressi del mondo rurale, fra soggezione personale e prestazioni d'opera. Le situazioni di più stretto assoggettamento comportavano sia la prestazione di un elevato numero di *corvées*, sia una subordinazione di tipo personale.

Nella tarda età normanna e, soprattutto, all'inizio del regno di Federico II il termine *anga- rarius* subì dunque un'evoluzione e una formalizzazione, finendo per diventare un nuovo istituto. Come abbiamo visto, era l'esito di un processo complesso, a lungo negletto dalla ricerca. L'iscrizione in liste di contribuenti e assoggettati (*adscripticii*) era evoluta nella categoria dei sottoposti *personaliter*, nella loro persona. Muovendo dalla pratica in sé del tutto comune del lavoro obbligatorio, in altre situazioni la nozione di *angararius* era servita ad indicare i contadini più subordinati. Infine, questi due modelli di subordinazione si erano incontrati e fusi, attribuendo alla figura di *angararius* connotati nuovi, di una subordinazione definita allo stesso tempo dalla natura personale e dagli obblighi di lavoro[306]. Anche le platee calabresi recano traccia di questa trasformazione. A Bisignano i contadini

---

[304] Del Giudice, *Codice diplomatico* cit., p. LVI.
[305] L'assisa ruggeriana sul sacerdozio dei *villani*, con la sua distinzione fra soggetti *intuitu persone* e quelli *respectu tenimenti*, venne riproposta invariata, senza aggiungere alcun riferimento alla nozione di *angararius*: *Die Konstitutionen* cit., p. 366 (3.3).
[306] La complessità di questa evoluzione impedisce di accogliere l'idea, corrente nella storiografia, di una diretta derivazione degli *angararii* federiciani dagli *adsripticii* e dai *villani intuitu persone* di Ruggero II (è un punto sul quale insiste giustamente Petralia, La *"signoria"* cit., p. 250).

del vescovo che erano stati qualificati genericamente come *villani* nella conferma dei possessi episcopali effettuata nel 1192 da Celestino III, risultano poi definiti *angararii* nella platea, successiva alla metà del Duecento[307]. All'epoca di redazione delle platee di Cosenza, invece, l'evoluzione sembra ancora in corso. Il termine *villani* risulta utilizzato soprattutto nelle platee più antiche, poco posteriori all'elezione del vescovo Luca nel 1203[308], mentre è molto raro in quella del 1223. Inoltre, contadini presentati come *villani* nelle platee più antiche, furono qualificati come *angararii* nel 1223[309], e spesso si ha l'impressione che le menzioni di *villani* che ancora vi figurano siano il residuo di inventariazioni anteriori[310]. Questa lettura dell'assoggettamento contadino per un certo tempo prevalse. Le norme contro la mobilità dei contadini soggetti a prestazioni di lavoro furono mantenute dai sovrani angioini, che mutuarono dai predecessori anche questo tipo di rappresentazione della dipendenza contadina[311].

La legislazione degli Angiò (e in minor misura anche la corrispondenza) in realtà quasi non menziona più né gli *angararii*, né addirittura i *villani*[312], preferendo il termine di *vassalli*. Ma per tutta l'età angioina numerosi sono i mandati dei sovrani volti a richiamare alla residenza d'origine i contadini che si erano allontanati dai territori di nobili e chiese pur essendo tenuti a *servitia personalia* o ad *angarie et perangarie*[313]. La richiesta proveniva di solito dal feudatario stesso, che segnalava le emigrazioni per ottenere una diminuzione dei propri obblighi feudali. L'incarico di ottenere il ritorno dei *vassalli* tenuti ad *angarie* era affidato ai giustizieri, che però non dovevano molestare gli emigrati stabilitisi

---

[307] De Leo, *Un feudo vescovile* cit., pp. 22-23.

[308] Per l'epoca di compilazione delle platee delle parrocchie e delle prebende, cfr. Cuozzo, *La platea di Luca* cit., pp. xxv-xxix.

[309] Ad es. *Michael filius Belprandi* è presentato come villano nella platea delle prebende (Cuozzo, *La platea di Luca* cit., p. 25) e come *angararius* in quella delle *baiultiones* (p. 95).

[310] Indicative del cambiamento in corso nella terminologia della dipendenza sono anche annotazioni come quella relativa a p. 37: "Prebenda Sancti Salvatoris est ipsa ecclesia cum villanis suis et cadentiis; villanorum quorum nomina sunt hec"; tuttavia prosegue poi: "apud Discalciatos hii sunt angararii: Rogerius filius Dactuli ..." (seguono una ventina di nomi).

[311] La continuità con l'età sveva è anche nella meccanica ripresa della distinzione ruggeriana fra soggetti "ratione persone" e quelli "rerum tantummodo ratione". La citazione nel testo è tratta dalla *Constitutio super ordinatione Regni Sicilie* emanata nel 1285 da Onorio IV (*Les Registres d'Honorius IV (1285-1287)*, a cura di M. Prou, Paris 1886-1888, n. 96-97, coll. 72-89, in partic. *item* 37 del n. 96, e *item* 9 e 15 del n. 97; edita anche, ma da una copia trecentesca molto scorretta, in *I registri della cancelleria angioina ricostruiti da Riccardo Filangeri con la collaborazione degli archivisti napoletani*, Napoli 1950-, XXXI, n. 147, pp. 208-220). Le norme riprendevano precedenti provvedimenti dei sovrani angioini, e nel 1286 furono riproposte invariate da Federico III per la Sicilia (Peri, *Villani e cavalieri* cit., p. 24; F. Testa *Capitula regni Siciliae*, Palermo 1741-1743, I, p. 23, n. 38). Cfr. inoltre R. Trifone, *La legislazione angioina*, Napoli 1921, n. 44, pp. 47-50; i capitoli di Carlo II editi in *Constitutionum Regni Sicilie* cit., II, p. 47, e il commento alle costituzioni federiciane redatto nel primo Trecento da Andrea da Isernia ed altri (*ivi*, I, p. 305).

[312] Come notato da Trifone, *La legislazione angioina* cit., pp. clxxxvi-clxxxviii.

[313] Nei mandati regi, peraltro, ritorna sporadicamente il termine *angararius*, e in via eccezionale anche quello di *ascripticius*. Esempi di mandati per il ritorno di contadini alla residenza d'origine sono, fra gli altri: *I registri della cancelleria angioina* cit., III, nn.137, 267, 293 e 299 (a. 1270); VI, nn. 381, 489, 506 e 507 (a. 1271); IX, nn. 251, 257 341, 349, 354 (a. 1272-1273); XI, n. 48 (a. 127 3). Una analisi in G. Vitolo, *Rivolte contadine e brigantaggi nel Mezzogiorno angioino*, in «Annali dell'istituto Alcide Cervi», 16, 1994, pp. 207-225, a pp. 210-212. Ancora nel 1432, Alfonso d'Aragona concedeva al conte di Sinopoli il ritorno di "tucti li vassalli soy ascripti seu villani" (*Fonti aragonesi*, I, Napoli 1957, n. 9, a pp. 7-8).

da oltre un l demanio regio. Allo stesso tempo, restavano in vigore anche le norme che imponevano il ritorno agli abitanti del demanio, di qualsiasi condizione fossero, che si erano trasferiti nei territori di nobili e chiese[314].

L'efficacia di questa normativa è dubbia, tanto più che numerosi elementi mostrano che i signori, in un periodo di crescita demografica, accettavano volenti o nolenti l'emigrazione dei sottoposti. Nella platea di Bisignano, ad esempio, vennero registrati anche numerosi *angararii* che avevano cambiato residenza, e, ciò nonostante, conservavano i beni ricevuti in concessione dal vescovo[315]. Nelle vaste terre di Montecassino, poi, tutti gli *angararii* avevano diritto di emigrare, vendendo le terre possedute; all'abbazia spettavano un terzo del prezzo di vendita e tutti i beni che l'emigrante non aveva alienato (la devoluzione scattava peraltro dopo un anno e un mese di assenza)[316].

Con Federico II e con gli Angioini, siamo ormai nel pieno e tardo Duecento. A questa altezza cronologica, la nozione di servitù, oggetto di ampie discussioni, era già stata bene caratterizzata sul piano giuridico. È allora tanto più significativo che non venisse applicata ai contadini nelle disposizioni dei sovrani. Esplicite definizioni della condizione di *angararius* o di *villanus* come uno stato di assenza di libertà compaiono, a ben guardare, solo in tardi commentari al corpo legislativo federiciano e angioino[317]. Né si deve dare peso alle nostalgie, reazionarie e travisanti, di signori come il vescovo di Cefalù, ricordato all'inizio, che, osservando i lunghi elenchi di uomini assegnati ai suoi lontani predecessori da Ruggero II, li interpretava come concessioni di *villani* di condizione servile, e lamentava come tutti fossero "*libertatem adepti*"[318].

Oltre a travisare il passato, questi lamenti tradivano il presente. Erano inutili e

---

[314] *I registri della cancelleria angioina* cit., XIII, n. 311 (a. 1276).

[315] De Leo, *Un feudo vescovile* cit., ad es. pp. 145, 156 e 186; una notevole mobilità degli *angararii* è rilevabile anche nella platea di Cosenza.

[316] Fabiani, *La Terra di S. Benedetto* cit., II, pp. 242-245.

[317] Inusuale, ma connessa a sapienti riferimenti al dibattito dottrinale (e alle assise di Ruggero II recepite nel *Li- ber Augustalis*), è poi una petizione indirizzata nel 1290 a Carlo II dal suo ostiario, Giovanni *de Honella*. Ricevuto in feudo il castello di *Turris de Zuppis*, Giovanni, oltre a lamentare l'emigrazione di *vassalli angararii*, protestava contro le franchigie che il precedente feudatario aveva concesso, a pagamento, a sei abitanti, che comportavano una diminuzione dei redditi feudali. Per sostenere l'illegittimità di queste concessioni, e ottenerne la revoca, si affermava che riguardavano *ascriptitii* ed erano avvenute *contra juris pheudorum observan- tiam* (*Le carte di Léon Cadier alla Bibliothèque nationale de France. Contributo alla ricostruzione della Cancelleria angioina*, a cura di S. Morelli, Rome 2005, n. 61, pp. 38-39).

[318] Il celebre testo enumera ottantadue "villani exteri" (nel senso, forse, di *exografoi*, cioè di non elencati in giaride: Johns, *Arabic Administration* cit., p. 62) e menziona tremilaottocentotto "villani civitatenses" (forse *rijâl al-jarâ'id*). Rinvio all'edizione del *Rollus Rubeus* cit., pp. 39-41, da preferire a C. A. Garufi, *Censimento e catasto della popolazione servile. Nuovi studi e ricerche sull'ordinamento amministrativo dei Normanni in Sicilia nei secoli XI e XII*, in "Archivio storico siciliano", XLIX (1928), pp. 1-100, a pp. 97-100, con erronea attribuzione al 1244 (risale invece al 1328-1329: cfr. Peri, *Villani e cavalieri* cit., pp. 32 e 80; le liste di villani risalivano probabilmente al 1139 o al 1143: Johns, *Arabic Administration* cit., p. 6). Sempre dovuto all'iniziativa dei presuli di Cefalù è poi il citatissimo riconoscimento del proprio status di *villanus*, con i connessi obblighi di prestare canoni e *corvées* e di "obedire in omnibus ... sicut alii villani vestre ecclesie", imposto nel 1279 ad un abitante di Collesano che aveva invece voluto comportarsi come un "libero" ("me gerebam pro libero"): un tipo di documento significati-vamente molto raro, connesso al bisogno di sostenere una signoria in crisi, che attesta una pulsione a definire in termini servili il villanaggio, ma che anche tradisce la consueta idea di libertà come esenzione (cfr. Corrao, *Il servo* cit., p. 65).

anacronistici.

Sempre più l'evoluzione economica, sociale e politica mutava le relazioni fra signore e sottoposti, sottraendo spazio alle soggezioni personali e al lavoro obbligatorio. In alcuni casi, nuova enfasi veniva posta su rapporti di tipo più esplicitamente economico, con l'utilizzazione di salariati, l'introduzione di nuovi contratti agrari, la scomparsa delle riserve signorili. Ma molto cresceva anche il rilievo attribuito alle forme di dipendenza di tipo territoriale, a quei "feudi" che massicciamente si dilatavano sia nei poteri dei titolari, sia nelle dimensioni, a spese del potere centrale e di un demanio regio che tanto nei territori angioini che nella Sicilia aragonese conosceva una fortissima contrazione. A tutto questo si sommavano una mobilità geografica e sociale accresciuta prima dagli sconvolgimenti del conflitto angioino-aragonese e poi dalla crisi demica, le rivendicazioni dei sottoposti contro gli oneri signorili, le conversioni delle *corvées* in versamenti monetari e il ruolo crescente delle *universitates* demaniali e feudali.

***

La lezione che viene dal Mezzogiorno italiano è, in primo luogo, un invito a guardarsi dalla genericità, dalla pulsione ad appiattire e semplificare. Ci ricorda quanto il mondo della dipendenza fosse un mondo irriducibilmente plurale, "*variopinto come la veste di Arlecchino*"[319]. Non basta dunque rovesciare radicati cliché storiografici, e constatare come davvero il silenzio delle fonti più sopra notato derivi dalla mancata qualificazione servile di un generalizzato e omogeneo villanaggio. Piuttosto, occorre ricostruire la complessa evoluzione innescatasi dal tardo XI secolo con il moltiplicarsi delle dominazioni personali e territoriali. La signoria riprese e diffuse l'idea di esenzione, di privilegio come libertà rispetto al normale statuto di subordinazione. Quest'ultimo, però, non venne definito come inferiorità servile. Scattarono, invece, evoluzioni complesse, in una dinamica cui contribuivano le trasformazioni sociali e economiche, la riflessione colta, la legislazione regia.

La mancata qualificazione servile dell'assoggettamento contadino non ha nulla di sorprendente, ma va comunque spiegata. Era l'esito della partita giocata intorno alla soggezione dei rustici dalla monarchia, dai nobili e dalle chiese, dalle élites locali, dagli stessi contadini. Il linguaggio della servitù, infatti, era altamente performativo, influenzava e costruiva la realtà che descriveva. In tutta Europa, fu quindi uno strumento di dominio, al quale i dominanti fecero ricorso quando era possibile e opportuno. Ad esempio, signori potenti come i baroni del Lazio e della Toscana meridionale non ebbero alcun bisogno di ricorrervi. Viceversa nella Toscana centrale e in Franconia (solo per fare altri due esempi), signori più deboli e in maggiore competizione promossero la definizione servile dei sottoposti per contrastare la pressione di signori concorrenti e i

---

[319] Bloch, *Signoria francese* cit., p. 121.

processi di emancipazione dal basso[320].

Come spiegare, allora, l'evoluzione meridionale? Con la forza della "feudalità", che rese inutile affermare la non libertà dei sottoposti? Con la resistenza dei dominati? O piuttosto con gli orientamenti della politica regia? Una risposta completa porterebbe lontano dall'ambito scelto per quest'articolo: dovremmo abbandonare i percorsi sinuosi dei linguaggi e delle rappresentazioni, e immergerci nella realtà della dipendenza contadina e del potere signorile. Ma va detto, comunque, che le nostre conoscenze inducono tutte a privilegiare il fattore monarchico.

Certamente, contarono la determinazione dei sottoposti e lo sviluppo di molte comunità. Come pure dovettero giocare il loro ruolo, rendendo superfluo lo strumento servile, sia la potenza di alcuni signori, sia l'appoggio contro le rivendicazioni contadine che le strutture pubbliche garantivano anche ai *domini* meno forti. In primo luogo, però, l'argomento ser- vile restò lontano dal proscenio delle relazioni fra gli uomini poiché i sovrani temevano i suoi effetti sul potere regio. Una formalizzata servitù avrebbe accentuato nei signori la pretesa ad una pienezza di dominio, che era inevitabilmente destinata a marginalizzare l'intervento degli ufficiali pubblici.

È una riprova della forza, e dell'ambizione, della monarchia meridionale. Nella stessa epoca, i re normanni d'Inghilterra definivano il *villeinage* per sottoporre alla propria diretta giurisdizione almeno i contadini liberi, distinguendoli dai *villeins*, destinati ad essere soggetti solo ai tribunali signorili[321]. I sovrani meridionali, viceversa, restarono orgogliosamente attaccati a una visione del territorio e dei poteri pubblici che copriva l'intero Regno e tutti gli abitanti, senza accettare quelle zone d'ombra che una formalizzata nozione di servitù avrebbe di necessità creato.

---

[320] Per Lazio e Toscana, S. Collavini, *Il «servaggio» in Toscana nel XII e XIII secolo: alcuni sondaggi nella documentazione diplomatica*, in «Mélanges de l'École française de Rome. Moyen Âge», 112, 2000, pp. 775-801; per la Franconia, J. Demade e J. Morsel, *Les Eigenleute de Franconie aux XIII--XV siècles: essai d'apprehension spatiale et semantique d'une categorie sociale malmenée*, in *Forms of servitude* cit., pp. 75-114.
[321] Per le recenti interpretazioni sull'origine del villanaggio inglese, che hanno spostato l'accento dai fattori economici (l'incremento delle corvées) al ruolo della monarchia, v. Dyer, *Villeins, Bondsmen, Neifs* cit.

Tavola genealogica

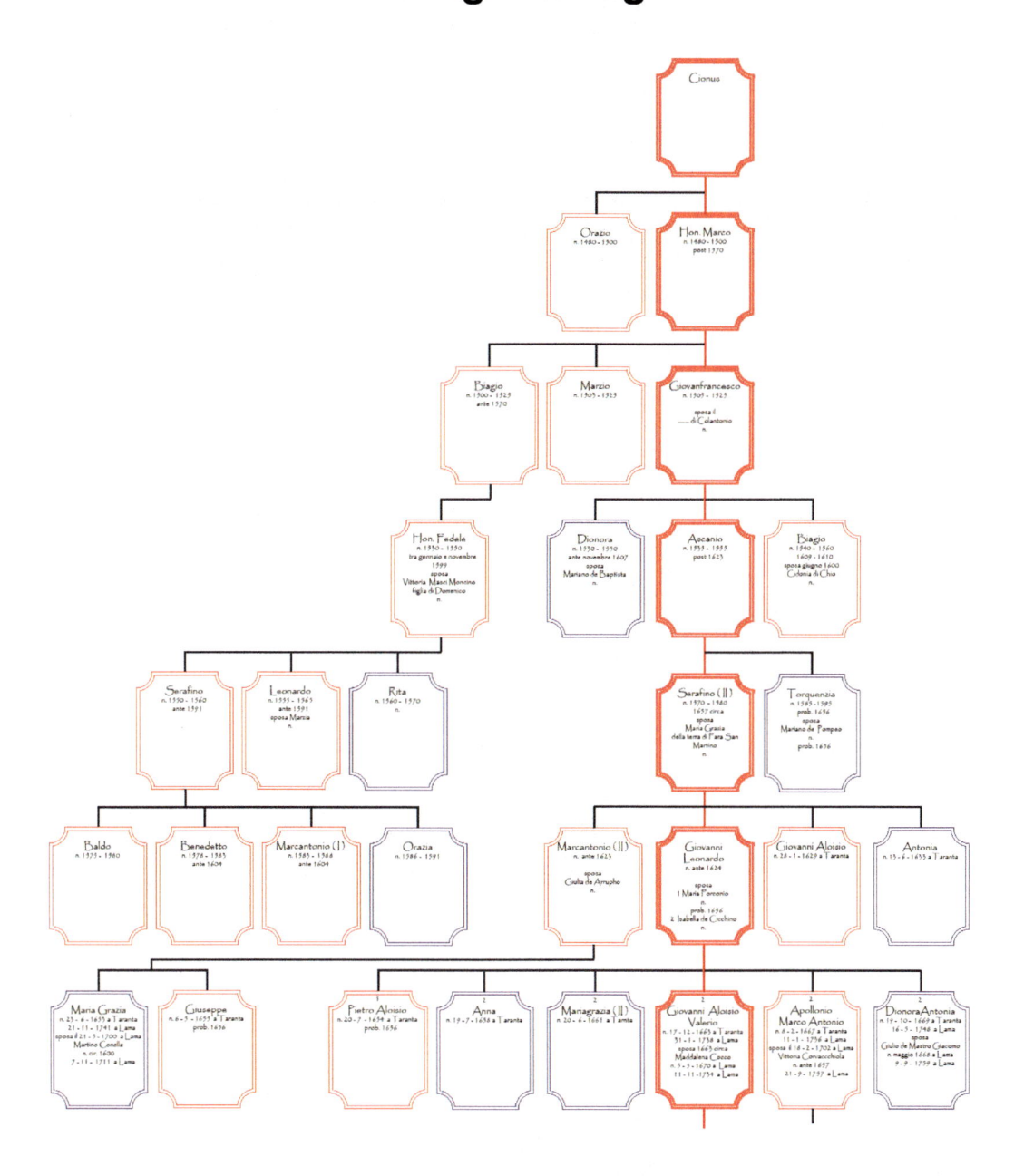